# Sobre a guerra

*Napoleão Bonaparte*

# Sobre a guerra

Organização e notas de
*Bruno Colson*

Tradução de
*Clóvis Marques*

Revisão técnica de
*Renato Janine Ribeiro*

3ª edição

Rio de Janeiro
2024

Copyright © PERRIN, 2011
Copyright da tradução © Civilização Brasileira, 2015

Título original: *De la guerre*

CIP-BRASIL. CATALOGAÇÃO NA FONTE
SINDICATO NACIONAL DOS EDITORES DE LIVROS, RJ

N173s
3ª ed.
Napoleão I, Imperador dos franceses, 1769-1821
   Sobre a guerra / Napoleão Bonaparte; apresentação e notas Bruno Colson; tradução Clóvis Marques. – 3ª ed. – Rio de Janeiro: Civilização Brasileira, 2024.
580 p.: il.; 23 cm.

Tradução de: De la guerre
Inclui bibliografia e índice
ISBN 978-85-200-1178-2

1. Napoleão I, Imperador dos franceses, 1769-1821. 2. França – Política e governo – 1789-1815. 3. Liderança. I. Colson, Bruno. II. Título.

14-17186

CDD: 944.05
CDU: 94(44)'1789/1915'

Todos os direitos reservados. É proibido reproduzir, armazenar ou transmitir partes deste livro, através de quaisquer meios, sem prévia autorização por escrito.

Texto revisado segundo o novo Acordo Ortográfico da Língua Portuguesa.

Direitos desta tradução adquiridos pela
**EDITORA CIVILIZAÇÃO BRASILEIRA**
Um selo da
**EDITORA JOSÉ OLYMPIO LTDA.**
Rua Argentina, 171 – Rio de Janeiro, RJ – 20921-380 – Tel.: (21) 2585-2000

Seja um leitor preferencial Record.
Cadastre-se e receba informações sobre nossos lançamentos e nossas promoções.

Atendimento e venda direta ao leitor:
sac@record.com.br

Impresso no Brasil
2024

# Sumário

*Introdução*   13

### LIVRO I
### A NATUREZA DA GUERRA

**1. O que é a guerra?**   35
A ética do oficial   35
"Não conheço guerra com água de rosas"   37
As guerras civis   39
Guerra e paz   41

**2. A guerra e o direito**   49
As regras de capitulação das praças   50
Não à capitulação em campo aberto   51
A "pérfida Albion"   55
O respeito do direito internacional e das leis militares   58
O direito das gentes em terra e no mar   60

**3. O gênio guerreiro**   66
Ter o gênio da guerra   66
As qualidades do chefe: mais caráter que inteligência   74
Retratos de generais   80
O general de mar e o general de terra   85

**4. Do perigo na guerra**   89
Preocupações e perigos   89
A morte, o luto   92

**5. Do esforço físico na guerra**   97
Doenças, cansaço e privações   97
Cuidar dos homens   100

6. **A informação na guerra**   102
Saber o que o inimigo está fazendo   102
Interrogatório de prisioneiros   106

7. **A fricção na guerra**   109
Acidentes, circunstâncias, atrasos   109
Tirar partido do momento   112
Adaptar as ordens às circunstâncias   114

**Conclusão do livro I**   116

## LIVRO II
### A TEORIA DA GUERRA

1. **Divisão da arte da guerra**   123
Tática, grande tática, grandes operações   123
Estratégia   127

2. **Sobre a teoria da guerra**   130
A vontade de teorizar a guerra   130
Maquiavel, Folard, Maurice de Saxe   133
Frederico II, Guibert, Lloyd, Bülow   135
Jomini   139
Rogniat e Marbot   142

3. **Arte da guerra ou ciência da guerra**   146

4. **Metodismo**   150
Os princípios   150
Eixos de referência de uma curva   153

5. **A crítica**   157

6. **A propósito dos exemplos**   161
Aprender a guerra pela história   161
O exemplo dos grandes capitães   164
Feuquière   165
A educação militar pelo exemplo e seus limites   168

**Conclusão do livro II**   170

# LIVRO III
## DA ESTRATÉGIA EM GERAL

1. **Estratégia**   177

2. **Grandeza moral**   180
   Na guerra, tudo é opinião   180
   O número de inimigos   182
   Preservação do moral e controle da imprensa   184
   Implicações morais dos movimentos estratégicos   185

3. **As principais forças morais**   188

4. **Disposição guerreira do exército**   190
   A disciplina   190
   A honra, a emulação, o espírito de corpo   193
   Instrução das tropas   198
   O que os chefes devem dizer aos soldados   200

5. **A intrepidez**   203

6. **A perseverança**   206

7. **A superioridade numérica**   209

8. **A surpresa**   216

9. **A astúcia**   220

10. **Reunião das forças no espaço**   223
    A concentração de forças no ponto decisivo   223
    Manter-se unido quando perto do inimigo   225

11. **Reunião das forças no tempo**   231

12. **A reserva estratégica**   236

13. **Economia de forças**   238

14. **Caráter da guerra moderna**   241

Conclusão do livro III   243

## LIVRO IV
## O COMBATE

**1. Caráter da batalha moderna**  249

**2. O combate em geral**  253
Predominância do fogo  253
As disposições de batalha  255
Detalhamento da tática  259

**3. A decisão do combate**  264
O momento decisivo e "o acontecimento"  264
As fases da batalha  267

**4. Consentimento das duas partes para o combate**  269

**5. A batalha principal e sua decisão**  271
Valer-se dos próprios ases  271
Resolução e perseverança  272

**6. A batalha principal — O uso da batalha**  275
A busca da batalha  275
Batalha principal e plano de campanha  277

**7. Meio estratégico de utilizar a vitória**  281

**8. Retirada após uma batalha perdida**  285

Conclusão do livro IV  287

## LIVRO V
## AS FORÇAS MILITARES

**1. Panorama geral**  291

**2. A relação entre as armas**  293
Proporção e equivalência das armas  293
A artilharia  296
Cavalaria  299
A infantaria, o soldado francês  304
O corpo de engenharia  308
O serviço de saúde  310

3. Ordem de batalha do exército  312
   A articulação do exército  312
   A unidade de comando  316

4. Disposição geral do exército  318

5. Vanguarda e postos avançados  321

6. Forma eficaz dos corpos avançados  324

7. Os campos  327

8. As marchas  331

9. O abastecimento  338

10. Linha de comunicação e linha de operações  342

11. A região e o terreno  350

Conclusão do livro V  353

## LIVRO VI
## A DEFESA

1. Ataque e defesa  359

2. Relação entre o ataque e a defesa na tática  362

3. Relação entre o ataque e a defesa na estratégia  364

4. Caráter concêntrico do ataque e excêntrico da defesa  366

5. Caráter da defesa estratégica  369

6. A batalha defensiva  372

7. As fortalezas  373
   Utilidade das fortalezas  373
   Praças de quartel e praças de campanha  375
   Fronteiras e capitais  376
   Defender-se até o último momento  379

8. A posição defensiva  383

9. Posições fortificadas e campos entrincheirados  388

10. A defesa na montanha  393

11. A defesa dos rios   395

12. A defesa dos pântanos — As inundações   399

13. O cordão   400

14. Chave de região   403

15. Retirada no interior do país   405

16. O povo em armas   407

17. Defesa de um teatro de guerra   412

Conclusão do livro VI   419

## LIVRO VII
## O ATAQUE

1. Relação entre o ataque e a defesa   425

2. Natureza do ataque estratégico   426

3. A batalha ofensiva   428
As batalhas de Frederico II e a ordem oblíqua   428
A forma e os meios do ataque   431
Batalhas navais   433

4. A travessia dos rios   435

5. Ataque a posições defensivas   440

6. Ataque a uma cordilheira   444

7. A manobra   448

8. Ataque a fortalezas   454

9. A invasão   457
Guerra de invasão e guerra metódica   457
Conquistar a confiança dos povos invadidos   459
Dificuldades da ocupação e do posicionamento das tropas   461
Meios de contrainsurreição   465
Meios de pacificação   470

Conclusão do livro VII   476

## LIVRO VIII
## O PLANO DE GUERRA

1. **O plano de campanha**   483

2. **O objetivo da guerra e o centro de gravidade do inimigo**   488

3. **Guerra e política**   496
   Influência do objetivo político no objetivo militar   496
   O exército, baluarte do Estado   497
   Primazia do civil sobre o militar   498

4. **O general em chefe e o governo**   502

5. **O plano de guerra quando o objetivo é a destruição do inimigo**   507

**Conclusão do livro VIII**   513

*Conclusão*   515
*Abreviações*   523
*Notas*   525
*Fontes e bibliografia*   613
*Índice onomástico*   621

# Introdução

Não é preciso ser francês para ver em Napoleão o maior guerreiro de todos os tempos. Ele comandou tantas batalhas quanto Alexandre, o Grande, César e Frederico II da Prússia juntos, em terrenos, em condições climáticas e contra inimigos muito diversificados. Seu domínio da guerra de massa e sua capacidade de mobilizar, organizar e equipar exércitos numerosos revolucionaram a arte da guerra e assinalaram o início da idade contemporânea. Embora sua carreira tenha terminado em derrota e exílio, nem por isto foi afetada a admiração que os próprios inimigos tinham por seus talentos militares.[1] Enquanto a reputação da maioria dos grandes chefes de guerra repousa num sucesso espetacular ou em algumas vitórias, Napoleão ganhou quase todas as cinquenta batalhas campais que travou.[2] De certa maneira, todos os oficiais do mundo se identificam com ele, pois conferiu à profissão militar uma envergadura intelectual e um profissionalismo ainda hoje reivindicados. Paralelamente, a história militar, tal como a concebemos hoje no Ocidente, tanto no nível acadêmico quanto no do grande público, nasceu verdadeiramente com o estudo das guerras napoleônicas e com a tentativa de extrair delas lições para o ensino militar.[3] Acontece que Napoleão não escreveu uma obra organizada a respeito, ao contrário de outros grandes capitães que o antecederam, como Montecuccoli e Maurice de Saxe.[4] Várias vezes, todavia, acalentou tal projeto. Suas reflexões sobre a guerra pontuam sua correspondência, suas *Mémoires*, suas proclamações e seus escritos de Santa Elena, devendo ser localizadas em meio ao resto.

O trabalho já foi feito em parte e originou inúmeras coletâneas de "máximas", em várias línguas. Uma das primeiras edições foi a do conde de La Roche-Aymon, que emigrou já no início da Revolução para servir no exército de Condé e depois no exército prussiano, voltando a integrar o exército francês na Restauração, com a patente de general de brigada.[5] Vieram depois outras edições, especialmente a dos generais Burnod e Husson, no Segundo Império.[6] Esse regime não podia deixar de levar a público de maneira sistemática as palavras do grande homem. Além da bem conhecida publicação da *Correspondance*, o regime patrocinou uma edição, dirigida por Damas Hinard, das opiniões e avaliações de Napoleão I, por ordem alfabética, e não apenas no terreno militar.[7] Em 1898, o tenente-coronel Grouard, autor de várias obras de estratégia e estudos críticos de campanhas, retoma algumas máximas conhecidas e as comenta com exemplos históricos, extraídos sobretudo da guerra de 1870.[8] Até então, a origem dessas coletâneas é obscura, e nenhuma delas fornece referências precisas sobre as fontes de onde são extraídas as máximas, transmitidas de uma edição à outra. Cabe notar, todavia, que em 1838 Honoré de Balzac publicou, por razões pecuniárias, uma coletânea de *Maximes et pensées de Napoleón*, acrescentando frases de sua própria invenção.[9] Frédéric Masson denunciou esta mistificação, mas o mal já estava feito, e parece provável que certas máximas da lavra de Balzac tenham se insinuado duradouramente nas coletâneas napoleônicas.[10] Assim, provavelmente devemos ao autor de *A comédia humana* as seguintes frases: "Na guerra, o gênio é o pensamento nos fatos"; "O melhor soldado não é tanto aquele que luta, mas aquele que marcha."

Essas máximas e algumas outras não se encontram na coletânea do tenente-coronel Ernest Picard, chefe da seção histórica do Estado-Maior do exército, que publica em 1913 aquela que ainda hoje pode ser considerada a coleção mais séria e escorada em referências dos textos militares essenciais do imperador.[11] No clima intelectual favorável a Napoleão que antecede a Primeira Guerra Mundial, Picard volta aos textos originais. Mais ou menos longos, eles são agrupados em três categorias: preceitos, homens, campanhas. Na primeira categoria, as citações são organizadas por títulos, em ordem alfabética. Esta simples nomenclatura tem o interesse de efetuar uma primeira seleção, mas não confere qualquer coerência às ideias esparsas de Napoleão nem

INTRODUÇÃO

é acompanhada de qualquer comentário. Também tem a marca das preocupações dessa época no que diz respeito à escolha das citações. Tampouco leva em conta o diário redigido em Santa Helena pelo general Bertrand, no qual são particularmente numerosas e interessantes as reflexões do imperador sobre a guerra. Esse diário ainda não tinha sido publicado na época.

Em 1965, saem os três volumes de *Napoléon par Napoléon*.[12] Os dois primeiros não passam de uma reprodução do dicionário de Damas Hinard, sem que ele seja mencionado. Acrescentou-se um prefácio de André Maurois. O general Pierre-Marie Gallois escreve o prefácio do terceiro volume, dedicado à arte da guerra. Também aqui se trata apenas de uma reprodução das máximas publicadas anteriormente pelo general Grisot, sem quaisquer referências.[13] André Palluel realiza um trabalho mais útil no bicentenário de nascimento.[14] A origem das citações, classificadas alfabeticamente a partir de "abdicação", é sumariamente indicada. Nenhum comentário é acrescido. Em 1970, os generais Delmas e Lesouef publicam um estudo sobre a arte da guerra e as campanhas de Napoleão, em grande parte constituído de cartas suas e remetendo às coletâneas publicadas da correspondência. É um trabalho meticuloso, mas, além da difusão limitada, leva em conta apenas a correspondência.[15] A publicação dessas obras razoavelmente volumosas não impediu a proliferação de pequenas coletâneas de máximas sem referências às fontes, mas perfeitamente convenientes para os leitores apressados e os editores em busca de rentabilidade.[16]

Na Inglaterra, um fragmento das anotações do conde de Las Cases contendo máximas de Napoleão foi publicado já em 1820.[17] A existência desse texto seria atestada três anos depois na biblioteca do Royal Military College de Sandhurst.[18] No início da década de 1830, o general de exército britânico sir George C. d'Aguilar traduz 78 máximas que viriam a constituir a base da edição mais divulgada em língua inglesa, relançada por David Chandler até o início do século XXI. Várias edições de regras e pensamentos militares de Napoleão vieram a público na Rússia no século XIX, tornando-se muito populares entre os oficiais. Houve outras edições: alemã, espanhola, sueca, venezuelana, canadense.[19] Os Estados Unidos, dilacerados pela Guerra de Secessão, assistiram à circulação de uma edição nos estados do Norte, retomando o texto de D'Aguilar com prefácio do general Winfield Scott, e de uma outra nos estados do Sul.[20] "Stonewall" Jackson, um dos melhores generais confederados, tinha um exemplar em sua bagagem de campanha.[21] Na Segunda Guerra Mundial, um coronel do exército americano publicou uma nova edição, comentada e ilustrada com campanhas conhecidas dos americanos, como a Guerra de Secessão e a ocupação das Filipinas em 1899.[22] Confirmando essa tradição americana, Jay Luvaas, professor do US Army War College, interessa-se inicialmente pelo que Napoleão diz sobre a arte do comando.[23] Conhecendo a edição do coronel Picard, ele se preocupa com as remissões e com razão frisa o interesse das cartas a Joseph Bonaparte e a Eugène de Beauharnais, nas quais Napoleão tentava transmitir o essencial daquilo que fazia um bom general. Luvaas levou vários anos reunindo e traduzindo o que Napoleão dissera sobre a arte da guerra. Produziu um trabalho no qual as fontes são citadas, mas às vezes de segunda mão.[24] Dotado de um índice valioso e com comentários reduzidos ao mínimo, *Napoleon on the Art of War* organiza as citações em dez capítulos, de "criação da força de combate" a "arte operacional". O fato de o livro culminar nesse tema é muito significativo do contexto em que Luvaas levou a cabo seu trabalho. A década de 1980 assistiu a um ressurgimento do interesse pelo "nível operacional da guerra" no exército americano.

À parte o fato de que esse trabalho tampouco leva em conta o diário de Bertrand em Santa Helena, nosso objetivo é mais amplo e mais sintonizado com as preocupações de nossa época. Ele não se limitará à arte da guerra, vale dizer, à sua conduta, contemplando o "fenômeno guerra" em sua globalidade. Até agora, todas as coletâneas de textos de Napoleão sobre a guerra tentaram desvendar o mistério de seus êxitos empenhando-se em identificar seus preceitos, suas avaliações, sua maneira de ver. Não vamos aqui encarar Napoleão apenas como um mestre da arte da guerra, mas também como uma testemunha privilegiada da guerra em todos os seus aspectos. Em outras palavras, estaremos mais próximos de Clausewitz que de Jomini. E estaremos

INTRODUÇÃO

ainda mais próximos daquele na medida em que vamos organizar as citações de Napoleão acompanhando os títulos dos livros e, na medida do possível, dos capítulos de *Da Guerra [Vom Kriege]*, de Clausewitz.[25] Uma comparação já havia sido esboçada, em certos pontos, por Jay Luvaas, que identificou várias semelhanças.[26] No interior dos capítulos, vamos acrescentar títulos de parágrafos específicos. Este método permitirá não só conferir certa lógica às ideias do imperador, ainda que apenas em matéria de apresentação, como também compará-las com as do general prussiano, mestre incontestado da reflexão sobre as guerras napoleônicas e sobre a guerra em geral. Pode ficar parecendo um exercício intelectual algo estratosférico, mas é fácil entender que, se se manifesta uma certa convergência de ideias entre os dois personagens, teremos aí reflexões e análises essenciais.

Não ignoramos as dificuldades da empreitada. Os escritos de Napoleão, em sua maioria ditados no calor da ação ou em reação a certas leituras em Santa Helena, concentram vários conceitos e muitas vezes estão ligados a acontecimentos específicos. Vários textos napoleônicos poderiam constar em pelo menos dois capítulos de *Vom Kriege*. Mas esse livro também contém repetições. Não temos a menor pretensão de resumir o conjunto do tratado clausewitziano nem de efetuar uma comparação sistemática das ideias dos dois personagens. Em Clausewitz, consideraremos apenas o que contribui para estruturar as palavras de Napoleão. Dessa perspectiva, também levaremos em conta o esboço do tratado de tática que deveria ser adicionado a *Da Guerra*, trabalho dedicado apenas à estratégia. Já os escritos históricos de Clausewitz serão deixados de lado. Privilegiando as reflexões de ordem geral, não vamos aqui estabelecer um paralelo com a análise desta ou daquela campanha. É um exercício que poderia ser tentado, a propósito das guerras de Frederico II, por exemplo, ou da campanha de 1812 na Rússia. Mas isso viria a adquirir uma tal dimensão que teria de ser objeto de trabalhos específicos. Caberia talvez contestar nossa classificação das ideias de Napoleão em função das ideias de Clausewitz, mas em cada caso tentamos apreender aquela que nos pareceu a ideia dominante do texto citado. Mas uma ou outra repetição era inevitável. Às vezes destinados a algum general em campanha, os textos de Napoleão são necessariamente muito mais sucintos que as longas considerações de Clausewitz, que durante longos anos entregou-se à reflexão para compor um *magnum opus* que, como sabemos, não chegou a ser concluído.

O leitor fará sua avaliação, mas fomos surpreendidos com a relativa facilidade de contextualização das citações de Napoleão no plano de *Da Guerra*. Não devemos esquecer que essa obra resultou de uma vida dedicada ao estudo da guerra, tal como Napoleão a havia praticado e revelado.[27] Clausewitz, que lia o francês, tomou conhecimento das *Mémoires pour servir à l'histoire de France*, ditadas pelo imperador a seus companheiros de Santa Helena. Em *Da Guerra* ele faz várias alusões a um trecho específico, como veremos mais adiante. Em sua história da primeira campanha da Itália, com frequência ele usa as *Mémoires* de Napoleão como fonte, comparando-as a relatos austríacos e à narrativa de Jomini. Cita as páginas da edição que leu e lamenta uma "total ausência de sinceridade", sobretudo em matéria de efetivos.[28] O que talvez não seja tão lembrado é que Napoleão provavelmente leu um texto de Clausewitz em seu exílio. Sabe-se que em sua biblioteca de Santa Helena havia uma coletânea em nove volumes de várias peças relativas aos acontecimentos de 1813 e 1814.[29] *Le Mémorial de Sainte-Hélène* faz referência a ela.[30] Obra de um publicista próximo dos meios militares prussianos que ocupavam Paris, essa coletânea continha uma "Súmula da campanha de 1813 até a época do armistício de 6 de junho de 1813, pelo sr. de Kleisewitz" [*sic*].[31] Trata-se da primeira tradução de uma obra de Clausewitz e também da única publicação feita ainda em sua vida que não seja anônima, muito embora seu nome esteja algo adulterado.[32]

*Da Guerra* leva a efeito uma autêntica pedagogia para ajudar o leitor a entender a guerra. Clausewitz mais provoca o desejo de entender do que ensina propriamente. Não encontramos soluções no que ele escreve, mas estímulos à curiosidade. "Ele é mais um animador que um professor."[33] Convida a ruminar a complexidade da guerra a partir de alguns pontos de referência. Ele é como uma das "lentes de aumento do microscópio

# INTRODUÇÃO

militar".[34] Essa "lente" pode nos ajudar a estruturar as ideias esparsas de Napoleão, tanto mais que assistimos nos primeiros anos do século XXI a uma revivescência dos estudos clausewitzianos e que *Da Guerra* é hoje mais bem compreendido que nunca. A obra é considerada muito mais aberta a situações de guerra múltiplas e cambiantes. Foi escrita justamente para permitir que seja apropriada de diferentes maneiras. Seu principal interesse reside no espírito de investigação, na capacidade de estímulo para compreender acontecimentos mas também pensamentos sobre a guerra.[35] Clausewitz quis estabelecer os fundamentos de um conhecimento objetivo a partir do qual possamos pensar a guerra como tal. É o que confere eternidade à sua pertinência. Ele nos fornece diretrizes para conduzirmos nossa própria análise crítica.[36] E é particularmente legítimo utilizá-lo para melhor compreender aquele que foi não só seu contemporâneo mas, também, o verdadeiro ponto de apoio de toda a sua reflexão e de sua vida de oficial prussiano.

Se Napoleão por um lado aprofunda menos os conceitos, por outro aborda temas mal aflorados ou totalmente ausentes em Clausewitz: a guerra civil, a guerra naval, a ocupação, a guerra em terras muçulmanas, a guerra de cerco, a saúde dos soldados, a imprensa. Essas categorias serão eventualmente acrescentadas, mas sempre integradas às de *De la guerre*, cujo desdobramento vamos acompanhar escrupulosamente, se necessário deixando de lado certos capítulos, quando não for possível associá-los a palavras de Napoleão. Sua experiência é muito mais vasta que a de Clausewitz, não só porque foi comandante em chefe, mas por ter feito a guerra em muitos mais lugares. Para um leitor do século XXI, a diversidade das situações enfrentadas é espantosa. As guerras napoleônicas não foram apenas uma sucessão de grandes batalhas nas quais estrugia a artilharia, a infantaria avançava em formação debaixo de tiros e a cavalaria investia ao som das trombetas, de sabre em punho. No Egito, na Palestina e na Síria, o general Bonaparte aprendeu a conhecer combatentes muçulmanos de tradições diferentes. Na Espanha, mas também na Itália, mais que na Alemanha ou na Áustria, suas tropas tiveram de enfrentar os eternos problemas da ocupação e da pacificação. Precisaram desenvolver técnicas de contrainsurreição. Embora não estivesse presente em toda parte, Napoleão abordava tudo isto em sua correspondência e estudava todos os aspectos, geográficos e históricos, dos teatros de operação de seus exércitos. Em outras palavras, não só aspectos essenciais dos conflitos recentes, como também, às vezes, os lugares por eles afetados foram estudados por Napoleão. Não vamos aqui estabelecer paralelo algum. O leitor fará as comparações que quiser. Vai perceber que os aspectos humanos da guerra e do comando, dominados pelo perigo e pelo estresse do combate, passam de uma época a outra, e que as palavras de Napoleão ainda podem dar margem a reflexão.

As fontes que estão na origem dessas palavras foram publicadas, mas nem sempre com o necessário rigor. Cumpre exercer a crítica externa, impondo-se o reexame de certos manuscritos. A produção escrita de Napoleão é imensa, considerando-se uma vida tão breve.[37] Ela pode ser dividida em três períodos: escritos da juventude (notas de leitura, romances, escritos filosóficos, históricos, militares, políticos, diário e início da correspondência); escritos da época gloriosa ou do poder (o essencial da correspondência, proclamações, discursos, relatórios, anotações); e escritos de Santa Helena.[38] A partir de 1804, seus escritos em sua maioria não são mais autógrafos, mas ditados a secretários ou a membros de seu *entourage*. Devemos admitir que nada prova de maneira irrefutável a autenticidade dos escritos de Napoleão. Muitos foram organizados e mais ou menos corrigidos por outros. Os escritos de Santa Helena são de fato seus, mas Napoleão ditava rápido demais para que o resultado fosse literalmente exato.[39] Quanto às cartas propriamente ditas, a *Correspondance générale* atualmente em processo de publicação pela editora Fayard suplanta, por seu caráter científico e sua quase exaustividade, a edição da *Correspondance* do Segundo Império e os suplementos publicados posteriormente. Mas esta continua sendo útil por incluir outros textos, além das cartas: anotações e memórias sobre determinada situação militar, proclamações às tropas, boletins dos exércitos e, nos últimos volumes, os escritos de Santa Helena. Estes haviam merecido em 1867 uma publicação à

INTRODUÇÃO

parte, sob o título *Commentaires*, mas deve-se preferir a versão da *Correspondance*, pois para ela foram consultados os manuscritos.[40]

Entre os textos mais interessantes atribuídos a Napoleão figura a "Nota sobre a posição política e militar de nossos exércitos do Piemonte e da Espanha" (1794). O general Colin a cita *in extenso* em *L'Éducation militaire de Napoléon*, fazendo dela um elemento fundamental de seu trabalho. O general Camon, outro grande intérprete da guerra napoleônica, a cita praticamente em todos os seus livros. Mas o texto não é assinado. Camon esclarece que ele foi entregue por Robespierre o moço (Augustin), a 1° termidor ano II, ao Comitê de Salvação Pública, e que "o autor certamente é o general Bonaparte".[41] Comandante da artilharia do exército da Itália, este teria entregado esse relatório a 19 de julho de 1794 a Augustin Robespierre, representante do povo nesse exército.[42] A nota consta do acervo da correspondência de Napoleão no arquivo do Serviço Histórico da Defesa em Vincennes.[43] O boletim analítico que acompanha a peça de fato a atribui ao general "Buonaparte" e identifica a caligrafia de Junot, seu ajudante de campo, que não se separava dele e tomava seus ditados para escrever seus textos. A comparação com outras peças o comprova.[44] A nota havia escapado aos editores da *Correspondance* do Segundo Império por estar sob o nome de Robespierre o jovem. Lazare Carnot, membro do Comitê de Salvação Pública, escreveu a data de recepção no manuscrito de Junot: "1° termidor ano II" (19 de julho de 1794). A nota foi publicada pela primeira vez por Edmond Bonnal de Ganges, que foi conservador no Entreposto da Guerra, antecessor do SHD*.[45] O general Colin reconhece não só a caligrafia de Junot, como também o papel especial usado no Estado-Maior da Artilharia do exército da Itália, "papel do qual não encontramos amostra nos arquivos, fora as peças assinadas por Bonaparte ou das quais é comprovadamente autor. Mais que esses detalhes materiais, o estilo e o ordenamento das ideias revelam a origem napoleônica do documento. Não merece atenção por um instante

---

\* Serviço Histórico da Defesa, o centro de arquivos do Ministério da Defesa francês. (*N. do T.*)

sequer a ideia de que um dos Robespierre, habituado a uma retórica retorcida, tivesse um dia encontrado o segredo dessa poderosa concisão".[46] Como frequentamos assiduamente o estilo napoleônico para preparar esta coletânea, podemos compartilhar a opinião do general Colin. Jean Tulard também reproduziu a nota em sua antologia dos escritos napoleônicos.[47]

Os ditados de Napoleão em Santa Helena, intitulados *Mémoires pour servir à l'histoire de France*, constituem uma fonte importante para o nosso tema.[48] Encontramos neles a narrativa crítica de várias campanhas. Entre as que empreendeu, Napoleão teve tempo de relatar apenas as da Itália, do Egito e da Bélgica. Mas também descreveu campanhas que se desenrolaram em outros teatros, como a Alemanha em 1796 e a Suíça em 1799. Debruçou-se igualmente sobre as guerras de Júlio César, de Turenne, de Frederico II. Todos esses relatos compõem material para reflexões sobre a guerra. Finalmente, o imperador ditou comentários sobre os autores que lia, entre os quais historiadores e teóricos como os generais Jomini e Rogniat. As *Considérations sur l'art de la guerre* desse último lhe foram entregues a 4 de dezembro de 1818, como parte de um lote de 28 volumes comprados por um negociante britânico, entre os quais constavam em particular a *Súmula dos acontecimentos militares* de Mathieu Dumas, o primeiro tomo das *Victoires, conquêtes... des Français, de 1792 a 1815* e a história da campanha de Portugal pelo general Paul Thiébault.[49] Napoleão fizera no início do ano uma lista das obras de cuja publicação tomara conhecimento e que desejava receber. Ele leu as *Considérations* de Rogniat entre fevereiro e abril de 1819 e a seu respeito ditou dezoito notas ao mameluco Ali.[50] Essas notas constituem um dos textos mais interessantes de Napoleão sobre a guerra.[51] Cabe naturalmente ressalvar aí sua vontade de refutar tudo o que incriminasse seus atos e intenções. Os ditados passaram por sucessivos estados. Philippe Gonnard e Nada Tomiche explicaram o método de trabalho de Napoleão e seus colaboradores.[52] No que diz respeito a esses textos, a edição da *Correspondance* do Segundo Império é a que se impõe, quando mencionava que o manuscrito original pôde ser consultado.[53] Quando essa edição

INTRODUÇÃO

afirma basear-se nas *Mémoires* ditadas a Gourgaud e a Montholon, voltamos a estas. A primeira edição dessas *Mémoires* (1823-1825) foi lida por Clausewitz.[54] Quando não são extraídas da correspondência, as "máximas de guerra" atribuídas a Napoleão são em sua maioria provenientes desses relatos e comentários ditados.

Vêm em seguida os relatos dos companheiros de Santa Helena, que reproduzem muitas declarações de Napoleão, em estilo direto ou indireto. *Le Mémorial de Sainte-Hélène* do conde de Las Cases, como sabemos, teve enorme sucesso já ao ser publicado em 1823-1824. Como as *Mémoires* ditadas aos generais, essa obra escrita a duas mãos representa de fato, segundo Gonnard, o que Napoleão quis dizer.[55] Ele se apresenta a uma luz favorável, como precursor do liberalismo e herói romântico.[56] Esse trabalho é na realidade o verdadeiro testamento político de Napoleão, a última peça na construção de sua legenda. Nós o citaremos na edição de 1830, na qual Las Cases pôde introduzir os trechos eliminados pelos Bourbon.[57] Cotejamos sempre esse texto com o da primeira edição, reproduzido com notas e críticas por Marcel Dunan, para constatar que o texto não fora modificado, à parte um ou outro acento ou sinal de pontuação.[58] O relato de Barry O'Meara, o médico irlandês do imperador, também é uma fonte segura quando reproduz as palavras deste.[59] Mas já devemos desconfiar mais, por princípio, do médico corso Antommarchi,[60] que no entanto reproduz algumas declarações interessantes de Napoleão, as quais evidentemente não poderia ter inventado.

Entre os relatos "santa-helenianos", todavia, os diários de Gourgaud e Bertrand, escritos no dia a dia, se revelaram as fontes mais ricas para o nosso escopo. Era de se esperar que esses dois generais provenientes das "armas eruditas", respectivamente a artilharia e a engenharia, se tivessem mostrado particularmente atentos às considerações do imperador em matéria militar. Eles também estavam em melhor posição de compreendê-las e suscitá-las. Para Philippe Gonnard, a natural franqueza de Gourgaud torna seu texto ainda mais digno de crédito do que o de Las Cases. Nele, as conversas não são maquiadas. Não só elas se dão entre companheiros de armas, como, ao contrário do que acontece com o texto de Las Cases, não ocorreram com a intenção de ser publicadas.[61] Vieram a sê-lo, todavia, porém tardiamente, primeiro por iniciativa do visconde de Grouchy e de Antoine Guillois, e depois de Octave Aubry.[62] Essas edições apresentam alguns erros nos nomes de pessoas. Tratamos de retificá-los, voltando ao manuscrito. Este, conservado no Arquivo Nacional, apresenta lacunas, em relativa desordem cronológica e sem indicação de folhas ou páginas.[63] Gourgaud usou uma caligrafia minúscula para dissimular seu texto, o que não facilita a leitura.[64] As edições precisam de certa interpretação, pois as notas nem sempre formam frases completas. Citaremos o diário de Gourgaud em sua versão original manuscrita, com remissão às páginas da edição de Aubry entre parênteses.

Quanto aos cadernos de Bertrand, são ignorados por Philippe Gonnard e por todas as coletâneas militares napoleônicas, até mesmo as mais completas. Foram publicados apenas a partir de 1949, por Paul Fleuriot de Langle.[65] Conservados no Arquivo Nacional, são praticamente um documento estenográfico.[66] A ordem dos cadernos foi alterada e nem sempre corresponde ao texto publicado. Os nomes próprios têm apenas a letra inicial, muitas palavras são abreviadas. Constatamos que Paul Fleuriot de Langle tomou algumas liberdades com o texto original. Certos trechos são omitidos; outros, invertidos. Algumas abreviações são mal resolvidas. No conjunto, contudo, as ideias do imperador são corretamente transcritas. Com algumas exceções, não há erros de sentido importantes. Em vários lugares, não fomos capazes de decifrar melhor, de tal maneira é difícil ler o manuscrito. Por outro lado, Fleuriot de Langle transcreve legitimamente em estilo direto as palavras de Napoleão que Bertrand sempre reproduz em estilo indireto. Aqui faremos o mesmo. Também acrescentaremos pontuação num texto que, escrito com toda a rapidez, praticamente não a comporta. Remeteremos ao manuscrito no estado bem desordenado em que o encontramos em 2010-2011, indicando a paginação manuscrita acrescentada a lápis. A referência às páginas da edição de Fleuriot de Langle constará sempre entre parênteses. Os elogios ao manuscrito de Gourgaud feitos por Philippe Gonnard também valem

INTRODUÇÃO

para o texto de Bertrand, que é inclusive o mais realista de todos a respeito dos últimos momentos de Napoleão. Bertrand ficou em Santa Helena até o fim, ao passo que Gourgaud deixara a ilha em março de 1818. Não só os cadernos de Bertrand abarcam todo o exílio, como, no plano militar, são ainda mais interessantes, pois o autor era mais antigo que Gourgaud e ocupou funções mais importantes de comando.

Finalmente, os *Récits de la captivité* escritos pelo conde de Montholon, embora publicados antes dos diários desses autores, só foram redigidos por volta de 1846, a partir de notas pessoais e da leitura do *Mémorial* de Las Cases.[67] Também parecem ter empréstimos ao texto de Gourgaud, mas são empréstimos inábeis, comportando às vezes uma deformação do sentido. Montholon redigiu tarde demais, num contexto em que já florescia a legenda napoleônica.[68] "General de corte", ele não era tão experiente na guerra quanto Gourgaud e Bertrand. Assim é que utilizamos muito pouco os seus *Récits*.

A última categoria de fontes é a das *Memórias* de todos os personagens que conviveram com Napoleão antes do exílio em Santa Helena. Compreende-se que aqui era necessário levar em consideração apenas os personagens mais passíveis de terem falado a Napoleão e de o terem ouvido. No nível dos marechais e generais, o círculo dos memorialistas aos quais Napoleão poderia ter confiado alguma reflexão profunda sobre a guerra é muito reduzido: só Caulaincourt, Gouvion Saint--Cyr e Marmont revelaram-se interessantes. Curiosamente, são mais numerosas as *Memórias* de civis reproduzindo declarações de alto nível sobre a guerra: Chaptal, Gohier, Roederer, a Sra. de Rémusat, Thibaudeau. Cabe naturalmente desconfiar de certas *Memórias* e recorrer à indispensável bibliografia crítica de Jean Tulard, completada por Jacques Garnier.[69] O que nos leva à importante questão da crítica interna das declarações de Napoleão.

Prefaciando uma edição das "máximas", David Chandler reconhece que seu valor "prático" é passível de debate.[70] Quando escrevia aos subordinados, Napoleão dava-lhes ordens ou conselhos ligados a uma situação específica. Raramente lhes dirigia considerações de ordem geral. O pensamento de Napoleão, reconheçamos desde logo, é difícil de apreender porque ele próprio embaralhou as cartas desde o início. Sempre dando mostra de um grande oportunismo, ele preconiza antes de mais nada, na guerra, a adaptação às circunstâncias. É possível, assim, encontrar contradições, sobretudo em sua correspondência, em função do contexto. Ele sempre quis chegar a seus fins por todos os meios possíveis, o que nos impede de reconhecer a menor sinceridade na expressão de suas intenções. E, por sinal, enganar o adversário a respeito das próprias intenções constituía um aspecto fundamental de sua maneira de fazer a guerra. Ainda que, como veremos nesses textos, ele tanto preconize a honra como um valor essencial da profissão militar, podemos perguntar-nos se o que predomina nele não é antes de mais nada o pragmatismo.[71] Bem sabemos que Napoleão sempre alimentou a própria legenda, desde a primeira campanha da Itália, e também o quanto tratou em Santa Helena de tecer sua imagem não só de herói liberal como também de general infalível. Em todas as suas declarações, devemos sempre suspeitar da encenação, da autorrepresentação e da autoglorificação. Particularmente em Santa Helena, ele procura moldar sua imagem para as novas gerações. Também se empenha em reagir às campanhas de difamação contra ele organizadas pelas forças políticas "ultras" da Restauração. Como justificadamente escreveu Antoine Casanova, "Napoleão desenvolve múltiplas reflexões nas quais se entrelaçam empenho consciente de apologética, soluções imaginárias e ilusórias às contradições que vivenciou e que o impregnam, e pertinente lucidez".[72] Um estudo desapaixonado de seus textos deve proceder a certa seleção, fazendo seu comentário crítico e cotejando-os com trabalhos sérios.

Ao contrário de David Chandler, não tentaremos estabelecer um conjunto de bons conselhos para os militares. Eles estão presentes, mas não são o nosso objetivo. Este consiste em apreender de perto o que Napoleão entendeu da guerra, como ele a via. Esperamos também evitar um equívoco ao privilegiar as ideias, as considerações gerais e teóricas, e não os acontecimentos. Estes surgirão apenas como pano de fundo, especialmente nas reflexões extraídas da correspondência e nos exemplos. Como os personagens, eles só serão objeto de esclarecimentos

INTRODUÇÃO

ou de referências bibliográficas se isto se revelar indispensável para entender o pensamento de Napoleão ou retificar alguma alegação cuja falsidade tenha sido demonstrada por estudos rigorosos. Por princípio, não entraremos numa análise crítica das campanhas napoleônicas, exceto se for indispensável para a compreensão de uma ideia importante. Nunca será demais lembrar o quanto a versão do imperador marcou a história militar desse período, particularmente na França. É difícil a derrubada de muitos mitos. Mas alguns trabalhos recentes permitem retificar as versões tradicionalmente apregoadas. Também neste sentido, uma coletânea crítica como a que propomos vem no momento certo. Concentrando-nos nas considerações teóricas ou gerais sobre a guerra, estaremos em terreno mais firme. Da mesma forma, quando Napoleão comenta as campanhas de Turenne, do príncipe Eugênio de Saboia ou de Frederico II da Prússia, tem maior probabilidade de avaliá-las objetivamente que às suas próprias. De resto, Napoleão se dedicou a tecer sua própria lenda nas intenções e nos princípios políticos que se atribuía mais do que em seu relato dos fatos.[73] E também é necessário distinguir os textos. Os diários dos companheiros de Santa Helena contêm reflexões autocríticas que às vezes entram em contradição com as posições declaradas nos ditados. Napoleão foi mais sincero nas conversas íntimas que nos textos que pretendia legar à posteridade.

Seu estilo permite entrever o que podia ser seu carisma. A frase de Napoleão é sempre interessante e surpreendente. Nada perdeu de sua força magnética, e ainda pode inspirar energia e força de caráter não só ao oficial como a qualquer homem de ação. Jules Bertaut soube expressar bem essa força de atração da sentença napoleônica: "Breve ou circunstanciada, cortante ou sutil, espontânea ou ondulante, ela quase sempre surpreende pela experiência de que vem carregada, assim como pelas perspectivas profundas que descortina. Podemos discuti-la, combatê-la, execrá-la, mas não podemos negar sua solidez nem o alcance de sua repercussão."[74] A pressa marca todos os escritos de Napoleão, sobretudo sua correspondência. Ele se habituou a ir diretamente ao essencial "por um raciocínio simples, com fórmulas lapidares".[75] Tem suas expressões favoritas, utiliza frequentemente o raciocínio pelo absurdo, as oposições de palavras ou formulações. Seu método de argumentação é o dos patriotas da Revolução e dos nacionalistas do século XIX: consiste em transformar qualquer incidente, mesmo sem importância, num problema de Estado e numa questão de princípio.[76] Ele forjou um estilo simples, vívido, extremamente enérgico: a "garra de leão" de que falava Sainte-Beuve.[77] O general Lewal, fundador da Escola Superior de Guerra, já não se deixava levar tanto pela forma, mais preocupado com o fundo: "Admirável encenador, nem sempre preocupado com a exatidão, ele [Napoleão] gostava de estimular a imaginação, de esculpir nas mentes uma imagem concisa, para fixá-la profundamente. Sua palavra lapidar, incisiva, cheia de antíteses, à maneira dos oráculos, tinha uma aparência de misteriosa profundidade. Nela, o pensamento muitas vezes se encobria, podendo ser interpretado de maneiras diferentes."[78] Em Santa Helena, ele dispunha de mais tempo e de uma considerável documentação. Suas máximas às vezes tinham menos vivacidade, mas não raro maior altivez, menos espontaneidade e mais subentendidos cheirando a justificação e a vontade de escrever para a posteridade. Napoleão tinha inegáveis qualidades de escritor.[79]

Como nosso objetivo não é apenas publicar belas páginas ou tiradas de eloquência, o leitor será convidado, a exemplo do general Lewal, a privilegiar o alcance analítico das declarações do imperador.[80] A eventual comparação com Clausewitz poderá contribuir para isso. Não nos deteremos em certos projetos de organização militar destinados a provocar debate e cujo conteúdo remete a detalhes materiais por demais específicos, como os equipamentos de infantaria, a metragem das trincheiras em campo aberto ou a estrutura das pontes sobre pilotis. Considerações dessa ordem não aparecem em *Da Guerra*. Para facilitar a leitura e esboçar uma análise das ideias de Napoleão, interligaremos seus textos com um comentário em que vai aparecer regularmente a comparação com Clausewitz. Nem todos os textos de Napoleão serão objeto de um comentário ou de uma crítica densa.[81] São evocados demasiados aspectos que exigiriam muitas verificações, por exemplo, no que diz respeito ao direito internacional público.

INTRODUÇÃO

Só as correspondências com as ideias de Clausewitz, hoje muito mais bem compreendidas, merecerão um tratamento constante, como dá a entender o título de nosso trabalho. Introduzimos uma pontuação nos textos manuscritos que dela careciam, respeitamos a dos textos editados, adaptamos e uniformizamos a ortografia de certos nomes próprios (Aníbal = Haníbal), corrigimos os arcaísmos mais incômodos. Explicitamos entre colchetes o que poderia faltar para a compreensão do texto. No todo, essas ligeiras correções são muito pouco numerosas.

Agradeço a Hervé Coutau-Bégarie, Guy Stavridès e Benoît Yvert, que estimularam e permitiram a publicação desta coletânea. A identificação da "Nota sobre a posição política e militar de nossos exércitos do Piemonte e da Espanha" (1794) foi possível graças à colaboração do vice-almirante de esquadra Louis de Contenson, então chefe do Serviço Histórico da Defesa, do coronel F. Guelton, chefe do Departamento do Exército de Terra, e do conservador do patrimônio B. Fonck, chefe da seção de arquivos históricos, em Vincennes. A Sra. Ségolène Barbiche, responsável pela seção de arquivos privados no Arquivo Nacional, autorizou-me excepcionalmente a consultar o manuscrito original do general Bertrand. Quero aqui expressar toda a minha gratidão, assim como a todo o pessoal da seção. O general Lucien Poirier, meus colegas e amigos Martin Motte, Thierry Widemann e Jacques Garnier dispuseram-se a ler este trabalho, fazendo observações extremamente úteis.

LIVRO I **A natureza da guerra**

De sua infância corsa, Napoleão já trazia certa ideia da guerra. Cedida por Gênova à França em 1768, a ilha da Beleza* foi dilacerada por partidos opostos e permaneceu sob comando militar francês durante os primeiros anos do jovem Napoleão. Desde o início a sociedade deve ter-lhe parecido naturalmente impregnada de violência. Em setembro de 1786, quando teve sua primeira licença semestral como jovem oficial, ele voltou à sua ilha natal com uma caixa de livros da qual constavam obras de Plutarco, Platão, Cícero, Cornélio Nepos,[1] Tito Lívio e Tácito, traduzidas para o francês, assim como as de Montaigne, Montesquieu e do abade Raynal.[2] Anotando os pensamentos que lhe causavam mais impressão, ele ampliou seu horizonte intelectual e conferiu uma dimensão histórica e filosófica às suas ideias sobre a guerra, que considerava como uma das grandes molas da atividade humana.[3] O desencadeamento da Revolução Francesa veio apenas corroborar essa impressão. Mas antes de seu início ele recebera formação de oficial e abraçou decididamente a ética da profissão, dominada pelo sentimento da honra. Preocupava-se muito com as relações entre a guerra e o direito, ao contrário de Clausewitz. Este define a guerra como "um ato de violência destinado a obrigar o adversário a cumprir nossa vontade. A violência, para enfrentar a violência, arma-se com as invenções das artes e das ciências. É acompanhada de ínfimas restrições, que mal merecem ser mencionadas, e que impõe a si mesma com o nome de leis do direito das gentes, mas que na verdade não enfraquecem a sua força".[4]

---

* Como os franceses se referem à Córsega. (*N. do T.*)

# 1. O que é a guerra?

> Aos vinte e dois anos, eu tinha sobre a guerra as mesmas ideias que depois.[1]

Esta frase estabelece uma continuidade que pode surpreender. Em 1791, Napoleão concluíra sua formação militar e recebera as primeiras nomeações num regimento de artilharia. O general Colin comprovou a veracidade da afirmação em epígrafe. Antes de empreender sua primeira campanha da Itália, Napoleão já tinha sobre a guerra um conjunto de ideias que não seriam fundamentalmente alteradas. Seus escritos de juventude contêm as ideias iniciais de seu sistema de guerra.[2] Uma constatação semelhante foi feita a propósito de Clausewitz por vários de seus melhores especialistas.[3]

## A ética do oficial

Napoleão formou-se em escolas militares nas quais aprendeu o código de honra dos oficiais do Antigo Regime, e disto sua correspondência sempre guardaria vestígios. Assim é que ele muitas vezes se dirige aos adversários nos termos mais corteses. Antes do início das operações de sua primeira campanha da Itália, ele escreve ao general austríaco Colli,[4] cujos soldados estima muito:

> Tenho do senhor uma opinião demasiadamente boa para pensar que seja capaz de algum excesso que possa ser desaprovado pelo homem de honra e faça correr rios de sangue. O senhor seria responsabilizado aos olhos da Europa inteira e, em particular, de seu próprio exército.[5]

Ele escreve para uma troca de prisioneiros ou na esperança de que os governos cheguem a selar a paz.[6] Seu desejo de limitar a guerra também transparece nas ordens de não devastar o país conquistado.[7] Uma carta ao comandante do exército austríaco cercado em Mântua em outubro de 1796 mostra sua concepção humana da guerra, embora seja também uma exortação à capitulação:

> O cerco de Mântua, senhor, é mais desastroso para a humanidade que duas campanhas. O bravo deve enfrentar o perigo, mas não a peste de um pântano. Sua cavalaria, tão preciosa, está sem forragem; sua guarnição, tão numerosa, está mal alimentada; milhares de doentes precisam de um novo ar, de muitos medicamentos e de alimentos sadios: eis aí razões de destruição. Creio ser do espírito da guerra, do interesse dos dois exércitos, chegar a um acerto. Entregue ao imperador a sua pessoa, a sua cavalaria e a sua infantaria; entregue-nos Mântua: todos ganharemos com isto, e a humanidade ainda mais que nós.[8]

O "espírito da guerra" é chegar a um acordo. Em outras palavras, não se trata de uma irrupção cega de violência, de uma luta mortal. O conceito de guerra implica os adversários aceitarem certas regras, proveitosas para ambos os lados. A concepção napoleônica da guerra ainda está ligada à dos oficiais do Antigo Regime, à da nobreza e de seu senso da honra. Para Napoleão, os militares, qualquer que seja seu campo, pertencem a uma mesma família na medida em que compartilham os mesmos valores, a mesma ética. Em Santa Helena, ele conversa várias vezes com oficiais

LIVRO I — A NATUREZA DA GUERRA

britânicos. Quando o regimento responsável por sua guarda, o 53º de infantaria, é deslocado para outra missão, os oficiais vão todos juntos despedir-se dele. O imperador os indaga sobre seus anos de serviço, seus ferimentos. Diz-se muito satisfeito com o regimento, e que sempre terá prazer em ser informado do que lhe acontecer de bom.[9] Dias depois, à partida do 53º, ele pensa em montar a cavalo, uniformizado, para saudá--los, mas reflete melhor e conclui que pareceria estar correndo atrás dos ingleses, o que magoaria seus partidários na França.[10] Razões políticas o levam a não obedecer a seu primeiro impulso de militar.

## "Não conheço guerra com água de rosas"

O desenvolvimento de uma ética militar baseada num código de honra caracteriza as guerras europeias desde o fim do século XVII. Esse ideal entra em contradição com a natural violência da guerra:

> Turenne era um homem de bem, mas suas tropas saqueavam. É a realidade da história da guerra, e não o romance.[11]

Em 1814, os franceses poderiam ter lutado com mais dureza, brigado mais pela vitória diante dos aliados:

> A França então conduziu-se mal, para mim. Os romanos, em Cannes,[12] redobraram esforços, mas é que na época todo mundo tinha medo de ser violado, degolado, saqueado. É isto guerrear, ao passo que, [nas] guerras modernas, é tudo na base da água de rosas.[13]

Gourgaud prossegue:

> Quarta-feira, 7 [de janeiro de 1818] — Sua Majestade está de mau humor e se levanta, diz que atualmente os povos fazem a guerra com água de rosas. "No momento certo, antigamente os vencidos eram massacrados ou violados ou escravizados. Se eu tivesse feito isto em Viena, os russos não teriam chegado tão facilmente a Paris. A guerra é

uma coisa séria." Eu digo a Sua Majestade que se matássemos todos, as conquistas seriam mais difíceis, os povos se defenderiam melhor, que o fuzil gerou a igualdade entre os homens, e cito a Espanha. Comportamo-nos lá como antigamente, de modo que toda a população se insurgiu e nos expulsou. Sua Majestade se aborrece, diz que se Ela tivesse ficado na Espanha, esta teria sido submetida [...].

Domingo, 25 [de janeiro de 1818] — [...] O imperador fala de artilharia e queria um canhão atirando dois pés acima do parapeito; depois conversa sobre Masséna: "Ele ainda poderia resistir dez dias em Gênova.[14] Alguém comenta que estavam morrendo de fome. Bah! nunca vão me convencer de que ele não podia resistir mais dez dias. Ele tinha 16.000 homens da guarnição, a população era de 160.000. Poderia conseguir víveres tomando-os dos habitantes. Algumas velhas, velhos etc. teriam morrido, mas no fim das contas ele teria conservado Gênova. Se se tem humanidade, sempre humanidade, não se deve fazer a guerra. Não conheço guerra com água de rosas."[15]

Estas frases são de capital interesse quanto à compreensão da natureza da guerra. Napoleão distingue a guerra que teve de conduzir no contexto de uma Europa moderna e civilizada daquilo que é para ele a guerra em sua natureza profunda, na qual todos os golpes são permitidos. Em mensagem ao Senado em novembro de 1806, ele já se referira a uma forma de guerra mais violenta, como na época antiga, mas dessa vez se tratava de justificar a dura ocupação da Prússia, até a paz geral, assim como o bloqueio das Ilhas Britânicas:

Custou-nos fazer com que os interesses dos particulares dependessem da disputa dos reis, e retornar, depois de tantos anos de civilização, aos princípios que caracterizam a barbárie das primeiras épocas das nações; mas fomos obrigados, pelo bem de nossos povos e de nossos aliados, a opor ao inimigo comum as mesmas armas de que ele se valia contra nós.[16]

Ao assinar o decreto de Berlim, estabelecendo o bloqueio da Grã-Bretanha, Napoleão aceitava a ideia de que a guerra fosse até o fim: um dos dois adversários devia tombar, não havia compromisso possível.[17]

LIVRO I — A NATUREZA DA GUERRA

Clausewitz também considerava que a guerra em si não podia ser feita com água de rosas: "As almas filantrópicas poderiam então facilmente imaginar que existe uma maneira artificial de desarmar e vencer o adversário sem derramar muito sangue, e que é a isto que tende a arte verdadeira da guerra. Por desejável que isto possa parecer, trata-se de um erro que é preciso eliminar. Numa questão tão perigosa quanto a guerra, os erros decorrentes da bondade da alma são precisamente a pior das coisas."[18] Ele também qualifica a guerra de "meio sério em vista de um fim sério".[19] É conveniente que as nações europeias tenham adotado entre si certas regras limitando a violência, mas essas regras eram preexistentes à guerra em si mesma. Fazem parte de um contexto sociopolítico superior. O ódio feroz sempre pode ressurgir nas nações civilizadas, pois toda guerra é capaz de gerar esse sentimento. A guerra, com efeito, é uma ação recíproca em que a violência teoricamente pode ser sem limites. Como conceito, a guerra naturalmente vai aos extremos, podendo acarretar um uso ilimitado da força. Clausewitz discorreu longamente sobre algo que Napoleão apenas evocou, mas ambos perceberam a mesma coisa. As guerras napoleônicas não foram "guerras totais" no sentido que a expressão viria a adquirir no século XX, mas começaram a anunciá-las. Voltaremos a esta questão essencial um pouco mais adiante e no fim do livro VIII.

## As guerras civis

Napoleão fez algumas considerações gerais sobre as guerras civis a propósito da Vendeia, à qual, por sinal, Clausewitz dedicou um breve estudo.[20]

> É que todos os partidos se assemelham: uma vez acesas as tochas civis, os chefes militares não passam de meios de vitória; mas é a multidão que governa. [...]
> É típico das revoltas: a igualdade dos interesses as inicia, a união das paixões dá-lhes continuidade e o mais das vezes elas acabam na guerra civil, que se estabelece nas próprias revoltas. [...]

NAPOLEÃO BONAPARTE

> Nas guerras civis, nem todo homem sabe conduzir-se; é necessário algo mais que prudência militar, é necessário ter sagacidade, conhecimento dos homens... [...]
> Nas guerras de partido, aquele que é vencido uma vez fica dissuadido por muito tempo. É sobretudo nas guerras civis que a fortuna é necessária.[21]

No início do Consulado, o general incumbido de pacificar os departamentos do Oeste é convidado a confiar nos que se submetem, a se entender com os párocos e a facilitar a viagem dos chefes que queiram ir a Paris. Recebe também a seguinte instrução:

> Se fizer a guerra, faça-a com rapidez e severidade; é a única maneira de torná-la menos longa, e em consequência menos deplorável para a humanidade.[22]

Em Santa Helena, Napoleão diz o seguinte a respeito da guerra entre César e Pompeu:

> Era Roma que se tinha de preservar; lá é que Pompeu deveria ter concentrado todas as suas forças. No começo das guerras civis, é preciso manter todas as tropas reunidas, pois elas se eletrizam e adquirem confiança na força do partido; apegam-se a ele e a ele se mantêm fiéis.[23]

Anotações sobre o restabelecimento da autoridade francesa em Santo Domingo rendem a constatação paradoxal de que

> [...] as guerras civis, em vez de enfraquecer, retemperam e tornam aguerridos os povos.[24]

Em compensação, as tropas que servem nesse tipo de guerra esquecem aos poucos como se luta contra um exército regular. Da Itália, em outubro de 1796, o general Bonaparte escreve o seguinte a propósito dos novos generais que lhe são enviados:

LIVRO I — A NATUREZA DA GUERRA

Todos aqueles que nos chegam da Vendeia não estão acostumados à grande guerra; a mesma censura fazemos às tropas, mas elas se tornam destemidas.[25]

Aconteceu de Napoleão qualificar certos conflitos entre países europeus como guerras civis. Durante uma recepção ao corpo diplomático e aos membros do Parlamento britânico a 15 frutidor ano X (2 de setembro de 1802), numa Europa pacificada pelo tratado de Amiens, ele comentou com Charles James Fox, chefe do partido Whig e partidário de uma aproximação com a França:

Existem apenas duas nações, o Oriente e o Ocidente. A França, a Inglaterra e a Espanha têm os mesmos costumes, a mesma religião, as mesmas ideias, até certo ponto. É apenas uma família. Aqueles que querem vê-las em guerra querem a guerra civil.[26]

Esta reflexão, profetizando ao mesmo tempo o "choque das civilizações" e a unidade da Europa, seria apenas uma tirada circunstancial ou refletiria as ideias profundas de Napoleão? A campanha do Egito deu-lhe experiência de guerra com orientais. Devemos aqui voltar-nos para outras alusões à guerra e à paz entre europeus para melhor entender sua posição.

## Guerra e paz

Uma longa conversa com um conselheiro de Estado, num momento em que a Europa está em paz, após o tratado de Amiens mas antes da proclamação do Consulado vitalício, vale dizer, entre o fim de março e o início de agosto de 1802, é muito esclarecedora quanto à relação de Napoleão com a guerra e a paz:

O Primeiro Cônsul: [...] a Inglaterra nos teme, as potências continentais não gostam de nós. Assim sendo, como esperar uma paz sólida?! De resto, o senhor acha que uma paz de cinco anos ou mais conviria à forma e às circunstâncias do nosso governo?

O conselheiro de Estado: Creio que esse repouso conviria muito à França depois de dez anos de guerra.

O Primeiro Cônsul: O senhor não está me entendendo: não questiono se uma paz franca e sólida é um bem para um Estado consolidado; mas me pergunto se o nosso já se consolidou o é o bastante para não ter mais necessidade de vitórias.

O conselheiro de Estado: Não refleti o suficiente sobre uma questão tão grave para responder de forma categórica: só o que posso dizer, ou antes, o que sinto, é que um Estado que só fosse capaz de se consolidar pela guerra está numa situação bem infeliz.

O Primeiro Cônsul: A maior infelicidade seria não avaliar bem sua posição, pois é possível sustentá-la quando ela é conhecida. Ora, responda-me: o senhor acredita na inimizade perseverante desses governos, apesar de terem acabado de assinar a paz?

O conselheiro de Estado: Seria muito difícil eu não acreditar.

O Primeiro Cônsul: Pois bem, considere as consequências! Se esses governos continuam tendo a guerra *in petto*, se devem retomá-la um dia, mais vale que seja cedo do que tarde; pois cada dia que passa enfraquece neles a impressão das últimas derrotas, tendendo a diminuir em nós o encanto de nossas últimas vitórias; a vantagem toda está portanto do lado deles.

O conselheiro de Estado: Mas, cidadão cônsul, o senhor não leva em conta o partido que pode tirar da paz para a organização interna?

O Primeiro Cônsul: Eu ia chegar aí. Com certeza essa importante consideração não é alheia ao meu pensamento, e eu provei, mesmo em plena guerra, que não negligenciava o que diz respeito às instituições e à boa ordem no interior; mas não me limitarei a isto; ainda resta muito a fazer; mas não seriam necessários novos sucessos militares para impressionar e conter esse interior? Lembre-se de que um Primeiro Cônsul não é como esses reis pela graça de Deus que encaram seus Estados como uma herança. Seu poder tem como auxiliares os velhos hábitos. Em nosso país, pelo contrário, esses velhos hábitos são obstáculos. O governo francês de hoje não se assemelha a nada que o cerca. Odiado pelos vizinhos, obrigado a conter no interior várias classes de mal-intencionados, ele precisa, para se impor a tantos inimigos, de ações de efeito, e, consequentemente, da guerra.

LIVRO I — A NATUREZA DA GUERRA

O conselheiro de Estado: Confesso, cidadão cônsul, que o senhor tem muito mais a fazer para consolidar seu governo que os reis nossos vizinhos para manter os deles; mas, por um lado, a Europa não ignora que o senhor sabe vencer, e, para lembrar-se disto, não precisa que o senhor lhe forneça novas provas todos os anos; por outro, as ocupações da paz nem sempre são obscuras, e o senhor será capaz de despertar admiração através de grandes obras.

O Primeiro Cônsul: Antigas vitórias, vistas a distância, já não impressionam muito, e grandes obras de arte só causam grande impressão àqueles que as veem; é a minoria. Minha intenção é de fato multiplicar tais obras; o futuro talvez me traga mais reconhecimento por elas do que por minhas vitórias; mas no presente nada seria capaz de ressoar tão alto quanto sucessos militares: é o que penso; é uma infeliz posição. Um governo recém-nascido como o nosso, repito, precisa, para se consolidar, deslumbrar e espantar.

O conselheiro de Estado: O seu governo, cidadão cônsul, não é, ao que me parece, realmente recém-nascido. Ele envergou a túnica viril já em Marengo: dirigido por uma cabeça forte e sustido pelos braços de trinta milhões de habitantes, ocupa um lugar de grande destaque entre os governos europeus.

O Primeiro Cônsul: Acredita então, meu caro, que isso basta? É preciso *que ele seja o primeiro entre todos ou vai sucumbir*.

O conselheiro de Estado: E para alcançar este resultado, o senhor enxerga apenas a guerra?

O Primeiro Cônsul: Sim, cidadão... Eu suportarei a paz se nossos vizinhos souberem preservá-la; mas se eles me obrigarem a retomar as armas antes que elas se tenham embotado pelo descuido ou por uma longa inação, eu verei isso como uma vantagem.

O conselheiro de Estado: cidadão cônsul, que nome daria então a esse estado de ansiedade que, em plena paz, leva a sentir falta da guerra?

O Primeiro Cônsul: Meu caro, não sei o suficiente sobre o futuro para responder a essa pergunta; mas sinto que, para esperar mais solidez e boa-fé nos tratados de paz, é necessário que a forma dos governos que nos cercam se aproxime da nossa, ou então que nossas instituições políticas estejam um pouco mais em harmonia com as deles. Existe sempre um espírito de guerra entre velhas monarquias e uma república nova. Eis a raiz das discórdias europeias.

NAPOLEÃO BONAPARTE

O conselheiro de Estado: Mas esse espírito hostil não pode ser reprimido por lembranças recentes e contido pela atitude que o senhor assume?

O Primeiro Cônsul: Os paliativos não são remédios; em nossa posição, encaro qualquer forma de paz como uma curta trégua e minha decenalidade[27] como destinada a guerrear quase sem interrupção. Meus sucessores farão o que puderem. (Era antes do Consulado Vitalício.)[28] De resto, não vá acreditar que eu queira romper a paz; não, não vou desempenhar o papel de agressor. Só é de meu interesse deixar a iniciativa aos estrangeiros. Eu os conheço bem; eles serão os primeiros a retomar as armas, ou a me dar motivos justos para retomá-las. Estarei preparado para qualquer acontecimento.

O conselheiro de Estado: Assim, cidadão cônsul, o que eu temia, momentos atrás, é precisamente o que o senhor espera.

O Primeiro Cônsul: Eu aguardo; e meu princípio é que mais vale a guerra que uma paz efêmera: veremos o que será esta. No momento, ela é de grande importância. Sela o reconhecimento de meu governo por parte daquele que por mais tempo lhe opôs resistência; eis o mais importante. O resto, vale dizer, o futuro, em função das circunstâncias.[29]

Nesse notável diálogo, Napoleão faz uma análise sistêmica das relações internacionais *avant la lettre*. Como escreveria mais tarde Raymond Aron, ele vê no caráter heterogêneo do sistema de Estados a causa primeira da guerra.[30] Para ficarmos na análise teórica das relações internacionais, não surpreende encontrar também na boca de Napoleão reflexões claramente "realistas":

[...] até o momento, não tenho a menor ideia de que a Áustria queira fazer a guerra; mas o sistema militar consiste em opor a força à força, e a boa política quer que estejamos sempre na defensiva, a partir do momento em que uma força parece ameaçar-nos.[31]

LIVRO I — A NATUREZA DA GUERRA

Em 1807, ele lembra a ideia perfeitamente romana

[...] de que o momento em que se fala de paz é aquele em que se torna necessário redobrar os preparativos e multiplicar os recursos.[32]

Tampouco causa surpresa que, pouco tempo depois de Austerlitz, ele tivesse recriminado seu irmão Joseph por ter proclamado um pouco cedo demais que a paz seria assinada, como se os franceses, que acabavam de obter uma vitória tão espetacular, a desejassem mais que tudo:

Meu irmão, era perfeitamente inútil anunciar com tanta ênfase o envio de plenipotenciários e disparar o canhão. É uma boa maneira de adormecer o espírito nacional e de dar aos estrangeiros uma falsa ideia de nossa situação interna. Não é gritando "Paz!" que a obtemos. Eu não pretendera fazê-lo constar de um boletim, nem muito menos anunciá-lo num espetáculo. A paz é uma palavra vazia de sentido; o que precisamos é de uma paz gloriosa. Nada conheço portanto de mais impolítico e mais falso que o que foi feito em Paris nessa oportunidade.[33]

O conceito de "paz gloriosa" deriva em parte do Antigo Regime. Na realidade, qualquer transação limitando sua hegemonia no continente é inaceitável para Napoleão.[34] Dois dias depois, ele acrescenta:

Você verá que a paz, por vantajosa que eu a pudesse tornar, será considerada desvantajosa por esses mesmos personagens que tanto a exigem, pois são tolos e ignorantes que nada podem saber a respeito. É perfeitamente ridículo que eles não parem de repetir que se deseja a paz, como se a paz quisesse dizer alguma coisa; são as condições que fazem tudo.[35]

Em 1807 ele dá esta definição:

A paz é um casamento que depende de uma reunião de vontades.[36]

A mesma ideia foi anotada por Bertrand em Santa Helena. A noção de paz deve atender a certas exigências:

> A maneira de ter a paz não é dizer que não se pode mais fazer a guerra. A paz é a diagonal entre duas forças, é uma capitulação entre duas forças que lutam; se uma delas é aniquilada, não há paz.[37]

Os historiadores franceses em geral reconhecem o papel da personalidade impaciente e dominadora de Napoleão na sucessão de guerras entre 1803, ano do fim da paz de Amiens, e 1815. Mas insistem na herança da política revolucionária — Napoleão fazendo da conservação das conquistas da Grande Nação um ponto de honra — e também na continuidade em relação às rivalidades de poderio do Antigo Regime.[38] Os historiadores anglo-saxônicos enfatizam mais o desejo de glória de Napoleão e sua incapacidade de contemplar uma paz necessariamente baseada em certas concessões ao adversário.[39] Napoleão não era um monstro, escreve Charles Esdaile. As execuções políticas foram muito raras em seu reinado, e o número de prisioneiros políticos foi muito pouco elevado. Napoleão era capaz de se mostrar encantador, e sua generosidade era notória. Mas seu comportamento sugere que uma política de paz, com seus corolários de confiança e autolimitação, era muito pouco compatível com sua personalidade. A natureza febril de seu temperamento, que o fazia passar muito rapidamente de um plano a outro, também interferia. Sem chegar a afirmar que a perspectiva de uma batalha lhe proporcionava satisfação física, Esdaile não considera absurdo pensar que o triunfo militar compensava nele alguma falta na vida pessoal. O diálogo com Thibaudeau citado anteriormente bem demonstra que Napoleão precisava da glória militar por motivos políticos. Esdaile acredita que ele também precisava dela por motivos pessoais.[40] Para Steven Englund, Napoleão era mais um discípulo de Hobbes que de Rousseau. Tinha uma visão pessimista das relações humanas: o estado natural era o estado de uma luta permanente pela dominação. Ele era incapaz de fazer a paz. Cabe lembrar que, pelos valores da época, o triunfo no campo de batalha representava o *"nec plus ultra"* da

LIVRO I — A NATUREZA DA GUERRA

glória e da grandeza. Englund justificadamente insiste na necessidade de levar em conta esse elemento. Embora as guerras mundiais tenham mudado fundamentalmente as mentalidades, o "estremecimento" que o nome de Napoleão continua inspirando certamente é impregnado de medo e desaprovação, mas ainda hoje comporta certa admiração e sem dúvida também certo temor diante da atração que ele exerce sobre nós.[41]

O próprio Napoleão reconheceu que seu regime, ainda que não tivesse "necessidade" da guerra, não podia negligenciar as oportunidades de obter sucessos militares. Em junho de 1813, durante o armistício, Napoleão escreve ao chanceler-mor Cambacérès, responsável pelo cumprimento de suas ordens em Paris, uma carta em que se manifestam todas as nuanças de sua posição:

> O ministro da Polícia, em suas notas de polícia (com as quais em geral fico muito satisfeito, por muitos detalhes nelas contidos, e pelas provas frequentes de seu zelo que nelas encontro), parece querer tornar-me pacífico. Isso não pode ter o menor resultado, e me magoa, pois pressuporia que não sou pacífico. Eu quero a paz, mas não uma paz que me ponha de novo as armas nas mãos três meses depois e que seja desonrosa. Conheço melhor que ele a situação de minhas finanças e do Império; ele não tem portanto nada a me dizer a este respeito. Faça-o entender o que essa maneira tem de inconveniente. Eu não sou um fanfarrão; não faço da guerra uma profissão, e ninguém é mais pacífico que eu; mas a solenidade da paz, o desejo de que ela seja duradoura e o conjunto de circunstâncias em que se encontra meu império é que decidirão em minhas deliberações sobre esta matéria.[42]

Após receber a resposta de Cambacérès, o imperador continua desenvolvendo seu pensamento doze dias depois:

> Recebi sua carta de 23 de junho. Toda a tagarelice dos ministros sobre a paz faz muito mal aos meus negócios; pois se fica sabendo de tudo, e eu vi mais de vinte cartas de ministros estrangeiros que escrevem em seus países que em Paris se quer a paz a qualquer preço,

que meus ministros diariamente a recomendam a mim. É assim que se pode tornar a paz impossível; e a culpa é sobretudo do ministro da Polícia. Seria necessário que, em vez desse tom pacífico, se assumisse um pouco o tom guerreiro. Há em Paris ideias bem equivocadas, se se creem que a paz depende de mim. As pretensões dos inimigos são excessivas, e eu sei muito bem que uma paz que não fosse adequada à opinião que se tem na França sobre a força do Império seria muito malvista por todo mundo.[43]

Bem se vê o fundo de realismo maquiavélico de Napoleão, seu senso da honra profundamente corso, sua ideia de que a opinião pública francesa só o apoia se ele obtiver uma paz vantajosa, tudo isso constituindo um sistema de pensamento em que ele se fechou, impedindo-o de compreender o cansaço da guerra entre os franceses. Napoleão tinha exigências demais para a paz, fazia dela um ideal por demais elevado, ao passo que ela repousa sobre certa disposição para o compromisso. No fim das contas, seu temperamento, sua cultura, sua história pessoal e a da França desde 1789 o haviam acostumado à guerra, de certa maneira levando-o a temer a paz, por medo de cair em desgraça. Foi este o seu drama, mas também o de milhões de franceses.

## 2. A guerra e o direito

As guerras da Revolução e do Império, se intensificaram o envolvimento das nações, não questionaram completamente os princípios do direito internacional e do direito da guerra, tacitamente estabelecidos no fim do século XVII. Ao contrário da imagem idealizada que se tem às vezes, esses princípios não eram muito mais respeitados no Antigo Regime.[1] Sabemos que Napoleão muitas vezes ignorou o direito internacional público, quando mandou sequestrar o duque de Enghien no ducado de Bade ou quando transformou a República italiana em reino, passando por cima do tratado de Lunéville. Os exércitos napoleônicos algumas vezes atravessaram territórios neutros: a manobra de Pia cenza, em maio de 1796, foi efetuada atravessando-se o ducado de Parma, e em 1805 o corpo de Bernadotte passou pelo território prussiano de Anspach.[2] Diante das necessidades operacionais, Napoleão não se prendia a escrúpulos. É verdade que as delimitações territoriais ainda eram de tal maneira complexas, e os principados tão numerosos, que os exércitos das grandes potências muitas vezes não os levavam em conta. Os próprios aliados violaram a neutralidade da Suíça no fim de 1813 e no início de 1814 para invadir a França.[3] A par disso, a correspondência de Napoleão mostra que ele atribuía certa importância ao direito internacional público, e, mais ainda, ao *"jus in bello"*, vale dizer, ao contexto jurídico que enquadrava certas situações na guerra.

## As regras de capitulação das praças

Para o jurista suíço Emer de Vattel, os generais "sábios e humanos" devem instruir o comandante de uma praça a não contar inutilmente com a defesa de uma derradeira posição e oferecer-lhe uma capitulação honrosa e vantajosa. "Se ele se obstinar, sendo enfim forçado a se render plenamente", acrescenta, "pode-se usar contra ele e os seus todo o rigor do direito da guerra. Mas esse direito nunca chega ao ponto de tirar a vida de um inimigo que depõe armas, a menos que seja culpado de algum crime contra o vencedor."[4] Se o comandante de uma praça decide enfrentar um ataque, ele sabe que põe em risco a vida de todas as pessoas que se encontram na praça, militares e civis, assim como suas propriedades. Para Georges-Frédéric de Martens, se a praça é tomada de assalto, "a guarnição deve render-se plenamente; neste caso, a única exigência em seu benefício é a da vida, e não é contrário às leis da guerra entregar a praça à pilhagem".[5] É a essas leis que o general Bonaparte às vezes se refere. A propósito de uma posição conquistada pela força aos austríacos, ele escreve:

> O próprio general Koebloes defendia La Chiusa com 500 granadeiros.[6] Pelo direito da guerra, os 500 homens deviam ser passados ao fio da espada; mas esse direito bárbaro sempre foi ignorado e nunca foi praticado pelo exército francês.[7]

No Egito, Bonaparte manda explicar ao comandante árabe do forte de El-Arich que "as leis da guerra, em todos os povos, são que a guarnição de uma cidade tomada de assalto deve ser passada ao fio da espada". Ele o exorta a enviar dois homens para acertar os detalhes de uma capitulação "de acordo com o que se pratica nesta circunstância em todos os povos organizados da Terra".[8]

LIVRO I — A NATUREZA DA GUERRA

Em Jafa, o governador responde apenas mandando decapitar o emissário do general Bonaparte. Ordenado o ataque e tendo sido bem-sucedido, este escreve:

> Às 5 horas, estávamos no controle da cidade, que durante vinte e quatro horas foi entregue à pilhagem e aos horrores da guerra, que nunca me pareceu tão chocante. 4.000 homens das tropas de Djezzar[9] foram passados ao fio da espada; havia 800 artilheiros. Uma parte dos habitantes foi massacrada.[10]

A guerra tornou-se mais cruel. Entretanto, embora ele o negue, podemos nos questionar sobre a insensibilidade de Bonaparte aos horrores da guerra, uma vez que considera necessário recorrer a eles por motivos políticos.[11] Para Steven Englund, "Bonaparte tinha a mesma capacidade que César de tomar decisões moral e intelectualmente arriscadas sem se questionar muito".[12] Entre as campanhas por ele empreendidas, as do Egito e da Síria foram as mais cruéis. Também na Itália e na Espanha ele mandou aplicar medidas rigorosas, invocando o direito da guerra. Foi o caso com os rebeldes calabreses em 1806:

> São necessários exemplos severos. Imagino que a aldeia tenha sido pilhada pelos soldados. Assim devem ser tratadas as aldeias que se revoltam. É o direito da guerra, mas é também um dever prescrito pela política.[13]

A cidade de Cuenca, na Espanha, é tomada de assalto em 1808:

> A cidade foi pilhada: é o direito da guerra, pois foi tomada de armas em punho.[14]

## Não à capitulação em campo aberto

A capitulação de uma praça de guerra de acordo com as modalidades e nas condições mencionadas anteriormente não se aplica às operações em campo aberto. Napoleão empenhou-se em esclarecer esse ponto numa longa exposição em Santa Helena:

> As leis da guerra, os princípios da guerra acaso autorizariam a um general ordenar a seus soldados depor armas, entregá-los aos inimigos e constituir todo um corpo de prisioneiros de guerra? Esta pergunta não deixa margem a dúvida para uma guarnição de uma praça de guerra: mas o governador de uma praça está numa categoria à parte. As leis de todas as nações o autorizam a depor armas quando há falta de víveres, as defesas da praça estão aniquiladas e ele resistiu a vários assaltos. Com efeito, uma praça é uma máquina de guerra que forma um todo, que tem um papel, um destino prescrito, determinado e conhecido. Um pequeno número de homens, protegido por essa fortificação, defende-se, contém o inimigo e preserva o quartel que lhe é confiado contra os ataques de um grande número de homens; mas quando essas fortificações são destruídas, não mais oferecendo proteção à guarnição, é justo e razoável autorizar o comandante a fazer o que considerar mais adequado ao interesse de sua tropa. Uma conduta contrária seria despropositada e teria o inconveniente adicional de expor a população de toda uma cidade, velhos, mulheres e crianças. No momento em que uma praça é atacada, o príncipe e o general em chefe, incumbidos da defesa dessa fronteira, sabem que essa praça só poderá proteger a guarnição e conter o inimigo por algum tempo, e que, passado esse tempo, destruídas as defesas, a guarnição deporá armas. Todos os povos civilizados concordaram a esse respeito, e o único objeto de discussão foi sempre a maior ou menor defesa oferecida por um governador antes de capitular. É verdade que existem generais, entre eles Villars,[15] que acham que o governador nunca deve render-se, mas como último recurso mandar explodir as fortificações e surpreender o exército sitiante durante a noite; ou, não sendo viável a primeira destas duas alternativas, pelo menos sair com sua guarnição e salvar seus homens. Os governadores que adotaram essa solução se reintegraram ao seu exército com três quartos de sua guarnição.
>
> Pelo fato de que as leis e a prática de todas as nações autorizarem especialmente os comandantes das praças-fortes a entregar as armas

## LIVRO I — A NATUREZA DA GUERRA

estipulando seu interesse, nunca tendo autorizado nenhum general a ordenar a seus soldados que depusessem armas em qualquer outro caso, podemos depreender que nenhum príncipe, nenhuma república, nenhuma lei militar os autorizou a fazê-lo. O soberano ou a pátria ordenam ao oficial inferior e aos soldados obediência a seu general e seus superiores, em tudo aquilo que convenha ao bem ou à honra do serviço. As armas são confiadas ao soldado com o juramento militar de defendê-las até a morte. Um general recebeu ordens e instruções de mobilizar suas tropas na defesa da pátria: como poderia ter autoridade para ordenar a seus soldados que entregassem suas armas e se deixassem acorrentar?

Praticamente não há batalhas em que algumas companhias de infantes ou granadeiros, não raro alguns batalhões, não se vejam momentaneamente cercados em casas, cemitérios, bosques. O capitão ou chefe de batalhão que, uma vez constatado o fato de estar cercado, capitulasse estaria traindo seu príncipe ou sua honra. Praticamente não há batalhas em que a conduta observada em circunstâncias análogas não tenha decidido a vitória. Ora, um general de exército é para um exército o que um chefe de batalhão representa para uma divisão. As capitulações de corpos cercados, seja durante uma batalha, seja durante uma campanha ativa, são um contrato, no qual todas as cláusulas vantajosas são em favor dos indivíduos que contratam e todas as cláusulas onerosas são para o príncipe e os outros soldados do exército. Esquivar-se ao perigo para tornar mais perigosa a posição dos companheiros é naturalmente uma covardia. Um soldado que dissesse a um comandante de cavalaria "Aqui está meu fuzil, deixe-me voltar para minha aldeia" seria um desertor na presença do inimigo, e as leis o condenariam à morte. E que outra coisa faz o general de divisão, o chefe de batalhão, o capitão que diz "Deixem-me voltar para casa, ou recebam-me e eu lhes entregarei minhas armas"? Existe apenas uma maneira honrosa de ser feito prisioneiro de guerra, é ser capturado isoladamente com as armas na mão e quando não se pode mais fazer uso delas. Assim é que foram capturados Francisco I, o rei João[16] e tantos bravos de todas as nações. Nessa maneira de entregar as armas, não há condição, não poderia haver condição honrosa; é a vida que se recebe, pois não se está em condições de tirá-la do inimigo, que a concede a nós com a condição de represália [*sic*], pois assim quer o direito das Gentes.

Os riscos de autorizar os oficiais e generais a depor armas, em virtude de uma capitulação particular, numa posição diferente daquela em que eles formam a guarnição de uma praça-forte, são incontestáveis. Seria destruir o espírito militar de uma nação, debilitar sua honra, abrir essa porta aos covardes, aos homens tímidos ou mesmo aos bravos desencaminhados. Se as leis militares proferissem penas inflitivas [*sic*] e infamantes contra os generais, oficiais e soldados que depõem armas em virtude de uma situação infeliz, esse expediente jamais ocorreria aos militares para sair de uma situação infeliz; só lhes restaria recurso na coragem ou na obstinação, e que coisas já não pudemos vê-los fazer! [...]

Mas que deve fazer então um general cercado por forças superiores? Não saberíamos dar outra resposta senão a do velho Horácio.[17] Numa situação extraordinária, é necessária uma resolução extraordinária; quanto mais perseverante for a resistência, maiores serão as chances de ser socorrido ou abrir uma brecha. Quantas coisas que pareciam impossíveis foram feitas por homens decididos, já não tendo mais outro recurso senão a morte! Quanto mais se resistir, mais numerosos serão os mortos no inimigo, e menos necessário será nesse mesmo dia ou no dia seguinte investir contra os outros corpos do exército. Esta questão não nos parece suscetível de outra solução, sem perder o espírito militar de uma nação e se expor às maiores desgraças.

Caberia à legislação autorizar um general, cercado longe de seu exército por forças muito superiores, e tendo sustentado combate persistente, a deslocar seu exército durante a noite, confiando a cada indivíduo a própria salvação e indicando um ponto de convergência mais ou menos afastado? A questão pode ser duvidosa; mas não é duvidoso que um general que tomasse semelhante decisão numa situação desesperada salvaria três quartos do seu contingente, e, o que é ainda mais precioso que os homens, haveria de se salvar da desonra de entregar suas armas e suas bandeiras pelo resultado de um contrato que estipula vantagens para os indivíduos, em detrimento do Exército e da pátria.[18]

## LIVRO I — A NATUREZA DA GUERRA

Muito zeloso desse ponto, Napoleão volta a ele mais uma vez:

> Não se deve capitular em campo aberto. Há que se ter isto como um Princípio Básico. Nesse caso, é preciso dizimar, como os romanos. Dupont e Sérurier capitularam em pleno campo aberto na Itália.[19] Não o teriam feito com uma boa legislação militar. [...] Pode-se largar as armas, mas não capitular para salvar a bagagem. É preciso saber morrer. A guerra é contra a natureza. [...] Um navio não deve capitular numa batalha: ele causa a perda da batalha, pois os canhões que estavam voltados contra ele irão contra um outro. Se o navio estiver sozinho, é diferente, ele pode capitular; está no mesmo caso que uma praça.[20]

### A "pérfida Albion"

Descendente de uma linhagem de advogados toscanos e corsos, Napoleão tem o direito em alta conta, em tudo aquilo que autoriza ou proíbe. A ele confere uma importância às vezes ingênua, considerando-se o discípulo de Maquiavel que é em outras questões.[21] Diante dos ingleses, que dele têm uma concepção muito mais pragmática, em virtude de seus interesses ("Deus e meu direito"), ele fica indignado, especialmente quando eles desautorizam uma convenção firmada por um de seus generais com o exército francês do Egito, o que embaralha e confunde "todas as ideias do direito internacional":

> [...] já não se pode aceitar que tanta má-fé, tanta insolência e ferocidade possam pautar o gabinete de uma nação tão esclarecida e tão digna, sob tantos aspectos, de ser citada como exemplo.[22]

Ao Primeiro Cônsul foram apresentadas provas de envolvimento do governo de Londres numa tentativa de atentado contra sua pessoa. Ele dá a conhecer o que sente por meio de seu ministro de Relações Exteriores, Talleyrand:

O estado de guerra que existe entre os dois povos sem dúvida rompeu em parte os vínculos que naturalmente uniam os povos vizinhos. Mas os ingleses e os franceses, apesar de estarem em guerra, acaso já não seriam tanto, uns e outros, uma nação civilizada e europeia? E o direito internacional, que abranda os males da guerra, não impede de dar proteção a monstros que desonram a natureza humana?[23]

Os prisioneiros são normalmente vestidos e alimentados pelo país que os detém. Vem então um comissário inglês solicitar trajes para os prisioneiros franceses na Inglaterra. É lembrado de um costume do direito internacional:

O ministro de Relações Exteriores comunicará a esse comissário que o governo francês não se vai afastar, no que diz respeito a seus prisioneiros na Inglaterra, do que está estabelecido entre as potências civilizadas da Europa. Ele mantém e veste os prisioneiros russos, alemães etc., e esses governos não criam qualquer dificuldade para manter os prisioneiros franceses; cabe portanto ao governo inglês decidir se quer ou não se afastar dos costumes e convenções estabelecidos.[24]

Prisioneiro por sua vez dos ingleses em Santa Helena, Napoleão volta várias vezes a tratar de seu comportamento duro e contrário aos costumes do continente:

Durante toda a guerra, eu constantemente ofereci a troca de prisioneiros; mas o governo inglês, considerando que ela me seria vantajosa, sempre a recusou, a este ou àquele pretexto. Nada tenho a dizer a respeito: a política na guerra caminha antes do sentimento; mas por que se mostrar bárbaro sem necessidade? E foi o que eles fizeram, quando viram aumentar o número de seus prisioneiros. Começou então para nossos infelizes compatriotas o pavoroso suplício dos pontões, com o qual os antigos teriam enriquecido seu inferno se sua imaginação tivesse sido capaz de concebê-los.[25]

LIVRO I — A NATUREZA DA GUERRA

A crítica dos ingleses remonta à Convenção e mesmo a Bossuet, um dos primeiros a acusá-los de deslealdade.[26] Napoleão está apenas dando continuidade à anglofobia do século XVII e os argumentos dos jacobinos.[27] Mas estabelece uma distinção, como se pode ver, entre a má-fé dos dirigentes e as qualidades da nação. Quanto à questão propriamente dita, ele não reconhece que o comportamento britânico devia-se em grande parte à diferença que ele próprio fazia entre os prisioneiros continentais, em geral bem-tratados, e os do Reino Unido. Havia de ambas as partes uma atitude de desconfiança que felizmente não se estendia aos campos de batalha, nos quais as tropas dos dois beligerantes, especialmente na península Ibérica, sempre se enfrentaram de maneira cavalheiresca, como se quisessem distinguir-se dos guerrilheiros sem lei.[28] Os pontões ingleses lembraram a Napoleão um episódio pouco glorioso da carreira de Júlio César. Este dera mostra de desnecessária crueldade com os gauleses da região de Vannes, massacrando os senadores e leiloando a população:

> Não podemos deixar de abominar o comportamento de César contra o senado de Vannes. Aqueles povos não se haviam revoltado; tinham entregado reféns, haviam prometido viver tranquilos; mas estavam na posse de toda a sua liberdade e de todos os seus direitos. Certamente haviam dado a César motivos de guerrear, mas não de violar o direito internacional no que lhes dizia respeito nem de abusar da vitória de maneira tão atroz. Aquela conduta não era justa; nem muito menos política. Esses meios nunca alcançam seu objetivo; eles exasperam e revoltam as nações. A punição de alguns chefes é só o que a justiça e a política permitem; é uma regra importante tratar bem os prisioneiros. Os ingleses violaram essa regra de política e de moral ao conduzir os prisioneiros franceses aos pontões; o que os tornou odiosos em todo o continente.[29]

## O respeito do direito internacional e das leis militares

O direito da guerra é invocado para justificar a intervenção nas questões venezianas em 1797:

> A República de Veneza é vizinha do exército da Itália; o direito de guerra confere ao general o poder da lei sobre os países onde ela transcorre. Como dizia Frederico, o Grande: "Não pode haver país livre onde há guerra."[30]

Antes de empreender a campanha de Austerlitz, o imperador escora-se no direito internacional público para lançar o Grande Exército contra a Áustria, que reúne tropas nas proximidades da Baviera. Ele diz a Talleyrand, ministro de Relações Exteriores, que comunique a Viena:

> [...] que em qualquer país do mundo um armamento não motivado nas fronteiras do vizinho equivale a uma declaração de guerra, e que não resta a menor dúvida de que a Áustria hoje se arma.[31]

No fim do mês de setembro de 1806, prepara-se uma guerra com a Prússia, mas enquanto ela não é declarada Napoleão insiste junto aos seus marechais para que a linguagem seja pacífica e não ocorra nenhuma hostilidade.[32]

De volta da ilha de Elba, em abril de 1815, Napoleão cai em desgraça em toda a Europa. São rompidas as comunicações com a França, mas a guerra ainda não foi declarada. O imperador expressa sua preocupação com esse comportamento a Caulaincourt, seu ministro de Relações Exteriores:

> Senhor duque de Vicence, queira dar ordens a Estrasburgo, ao governador e ao general, para que perguntem ao general e às autoridades civis do outro lado por que não se permite a passagem dos mensageiros do gabinete. Como a guerra tem como objetivo trazer a paz, interromper as comunicações é agir contra o direito internacional.

LIVRO I — A NATUREZA DA GUERRA

Envie alguém a Bade e escreva ao ministro para dizer o quanto essa conduta é surpreendente; pergunte-lhe se estamos em guerra ou em paz.[33]

Em seu exército, ele faz questão de que as leis militares sejam escrupulosamente observadas, sobretudo no que diz respeito aos soldados, vale dizer, aos mais fracos. No Cairo, escreve esta carta a Berthier:

> Encontrará anexa, cidadão general, a situação dos militares franceses detidos na cidadela; rogo-lhe que cuide de lá enviar um oficial de estado-maior, para que me faça um relato mais detalhado, esclarecendo sobretudo se as leis militares, que conferem aos oficiais superiores o direito de encarcerar soldados por alguns dias, não foram transgredidas; se vários soldados não continuam detidos apesar de ter expirado o tempo de sua detenção proferido pelos conselhos militares; e, finalmente, se as sentenças dos conselhos militares estão de acordo com as leis, e se os conselhos de revisão solicitados pelos condenados lhes foram concedidos.
> Bem pode ver o quanto a missão desse oficial interessa à ordem e à humanidade.[34]

Os guerrilheiros não têm direito ao tratamento dos soldados. Capturados, tornam-se prisioneiros de Estado, e não prisioneiros de guerra, como é lembrado a Berthier em junho de 1813:

> Os oficiais prussianos e o oficial de estado-maior de Lützow devem ser considerados prisioneiros de Estado, enviados em comissão e sem se comunicar com ninguém até Mogúncia, onde ficarão numa prisão de Estado, sem autorização de escrever. A mesma coisa será feita ao capitão Colomb e a todos os comandantes dos guerrilheiros; o costume na guerra outrora era enforcá-los.[35]

## O direito das gentes em terra e no mar

Foi em especial a propósito do conflito com a Inglaterra que Napoleão desenvolveu uma reflexão sobre a guerra e o direito. O longo trecho que segue compara o direito das gentes [ou direito internacional público] em terra e no mar. Nele é aprofundada a questão da neutralidade. Essas questões preocupavam particularmente Napoleão. As páginas a elas dedicadas em Santa Helena dão testemunho da pregnância dessa contenda fundamental entre a potência francesa e a potência inglesa. Foi o pano de fundo das guerras da Revolução e do Império.

O direito das gentes, nos séculos de barbárie, era o mesmo em terra e no mar. Os indivíduos das nações inimigas eram feitos prisioneiros, fossem capturados de armas em punho ou fossem simples habitantes, e só saíam da escravidão pagando um resgate. As propriedades mobiliárias e mesmo fundiárias eram confiscadas, no todo ou em parte. A civilização rapidamente se fez sentir e mudou completamente o direito das gentes na guerra em terra, sem chegar a ter o mesmo efeito na do mar. De tal maneira que, como se houvesse duas razões e duas justiças, as coisas são reguladas por dois direitos diferentes. O direito das gentes, na guerra de terra, não acarreta a espoliação dos particulares, nem uma mudança no estado das pessoas. A guerra age apenas sobre o governo. Desse modo, as propriedades não mudam de mãos, as lojas de mercadorias mantêm-se intactas, as pessoas continuam livres. São considerados prisioneiros de guerra apenas os indivíduos capturados de arma em punho, e fazendo parte de corpos militares. Essa mudança diminuiu muito os males da guerra. Tornou a conquista de uma nação mais fácil, a guerra menos sanguinolenta e desastrosa. Uma província conquistada presta juramento e, se o vencedor exigir, entrega reféns e armas; as contribuições são recolhidas em proveito do vencedor, que, se julgar necessário, fixa uma contribuição extraordinária, seja para prover a manutenção de seu exército, seja para se ressarcir das despesas que a guerra lhe causou. Mas essa contribuição nada tem a ver com o valor das mercadorias em loja; trata-se apenas de um aumento proporcional mais ou menos forte da contribuição ordinária.

# LIVRO I — A NATUREZA DA GUERRA

Raramente essa contribuição equivale a um ano das contribuições recebidas pelo príncipe, e ela é imposta sobre a universalidade do Estado; de tal maneira que nunca acarreta a ruína de nenhum particular.

O direito das gentes que rege a guerra marítima conservou toda a sua barbárie; propriedades de particulares são confiscadas; indivíduos não combatentes são feitos prisioneiros. Quando duas nações estão em guerra, todas as embarcações de uma ou de outra, navegando nos mares ou existentes nos portos, são passíveis de confisco, e os indivíduos a bordo dessas embarcações são feitos prisioneiros de guerra. Desse modo, por uma evidente contradição, uma embarcação inglesa (na hipótese de uma guerra entre a França e a Inglaterra) que se encontrar no porto de Nantes, por exemplo, no momento da declaração de guerra, será confiscada; os homens a bordo serão prisioneiros de guerra, apesar de não combatentes e simples cidadãos; ao passo que uma loja de mercadorias inglesas, pertencendo a ingleses existentes na mesma cidade, não será sequestrada nem confiscada, e os negociantes ingleses em viagem pela França não serão feitos prisioneiros de guerra, e receberão seu itinerário e os passaportes necessários para deixar o território. Uma embarcação inglesa navegando e capturada por um navio francês será confiscada, muito embora sua carga pertença a particulares; os indivíduos encontrados a bordo dessa embarcação serão prisioneiros de guerra, apesar de não combatentes; e um comboio de cem carroças de mercadorias pertencendo a ingleses e atravessando a França no momento do rompimento entre as duas potências não será apreendido.

Na guerra em terra, nem mesmo as propriedades territoriais de súditos estrangeiros são submetidas a confisco; serão no máximo submetidas a sequestro. As leis que regem a guerra de terra estão portanto mais de acordo com a civilização e o bem-estar dos particulares; e é de se desejar que venha um tempo em que as mesmas ideias liberais se estendam à guerra no mar, e no qual os exércitos navais das duas potências possam combater sem dar lugar ao confisco dos navios mercantes, e sem que sejam constituídos prisioneiros de guerra os simples marinheiros do comércio ou os passageiros não militares. O comércio então seria feito, no mar, entre as nações beligerantes, como se faz em terra em meio às batalhas que opõem os exércitos.[36]

Ao seguir as prescrições do direito internacional esboçadas pelos Gentili, os Grotius, os Vattel, as potências europeias tinham conseguido limitar a guerra às forças combatentes.[37] Essa evolução tivera início no fim do século XVII e se impusera realmente no século XVIII. Apesar da introdução de uma dimensão nacional mais acentuada com a Revolução Francesa, a guerra, na época napoleônica, limitava-se quase sempre aos exércitos. Encontramos muitos depoimentos provando que as tropas do Grande Exército tinham relações bastante cordiais com as populações alemãs em 1805 e em 1806. A atitude dos austríacos foi menos receptiva em 1809 e, em 1813, a má vontade dos habitantes manifestou-se na Silésia, e, em menor medida, no Saxe. Mas em nenhuma circunstância essas populações eram objeto de medidas vexatórias constantes de algum plano. Se eram submetidas à presença das tropas, as requisições eram objeto de indenizações. Só os exércitos eram alvo dos planos estratégicos dos adversários. Raramente ocorriam bombardeios de cidades. Viena foi alvo deles por pouco tempo em 1809. As batalhas não faziam nenhuma vítima civil.[38] A guerra da Espanha envolveu em parte as populações, mas se tratava antes de mais nada de bandos organizados. As relações dos exércitos franceses com os espanhóis nem sempre foram tão marcadas pelo ódio quanto se costuma crer. Muitas vezes se comete o erro de aplicar às guerras napoleônicas pulsões nacionalistas que só viriam a se manifestar no século XX. Naturalmente, foi dado um passo em direção à "guerra total", mas isto se deu progressivamente.[39] Como seus contemporâneos, Napoleão se formara no espírito do Iluminismo e encarava a guerra como um confronto regulamentado entre exércitos. Não se frisou o suficiente a que ponto ele dava importância às limitações introduzidas pelo direito das gentes. Este texto pouco conhecido bem o demonstra. Nele descobrimos também que Napoleão chama a atenção para um desequilíbrio no confronto franco-inglês. Em terra, onde se dá o domínio da França, o direito das Gentes não permite fazer qualquer coisa. No mar, onde reina a Inglaterra, o direito praticamente não existe. A Inglaterra faz o que quer. Napoleão desenvolve suas reflexões:

LIVRO I — A NATUREZA DA GUERRA

O mar é o domínio de todas as nações; estende-se por três quartos do globo e estabelece um vínculo entre os diversos povos. Uma embarcação carregada de mercadorias, navegando pelos mares, está sujeita às leis civis e criminais de seu soberano, como se estivesse no interior de seus Estados. Uma embarcação navegando pode ser considerada como uma colônia flutuante, na medida em que todas as nações são igualmente soberanas nos mares. Se os navios mercantes das potências em guerra pudessem navegar livremente, mais motivos ainda haveria para que os neutros ficassem isentos de qualquer inquirição. Entretanto, como se tornou um princípio que as embarcações mercantes das potências beligerantes podem ser confiscadas, necessariamente decorre daí a norma jurídica de que todas as embarcações de guerra beligerantes se certifiquem da bandeira da embarcação neutra que encontram; pois, se fosse inimiga, elas teriam o direito de confiscá-la. Donde o direito de visita, que todas as potências reconheceram nos diferentes tratados; donde, no caso das embarcações beligerantes, o de mandar escaleres para abordar as embarcações neutras de comércio, a fim de verificar seus documentos e assim se certificar da sua bandeira. Todos os tratados se empenharam no sentido de que esse direito fosse exercido com todo o cuidado possível, de que a embarcação armada ficasse fora do alcance dos canhões e apenas dois ou três homens pudessem desembarcar no navio visitado, para que nada tivesse aspecto de força e violência. Foi reconhecido que uma embarcação pertence à potência cuja bandeira ostenta, quando está munida de passaportes e documentos em regra e o capitão e a metade da tripulação têm a respectiva nacionalidade. Todas as potências se comprometeram, pelos diferentes tratados, a proibir seus súditos neutros de fazer comércio de contrabando com as potências em guerra; e com essa designação se referiam ao comércio de munições de guerra, como pólvora, balas de canhão, bombas, fuzis, selas, rédeas, couraças etc. Considera-se que qualquer embarcação tendo tais objetos a bordo estará transgredindo as ordens de seu soberano, visto que este se comprometeu a proibir esse comércio aos seus súditos; e esses objetos de contrabando são confiscados.

A visita efetuada pelas embarcações cruzadoras deixou portanto de ser uma simples visita para se certificar da bandeira; e o cruzador passou a exercer, em nome do próprio soberano cuja bandeira era desfraldada pela embarcação visitada, um novo direito de visita, para se certificar de que essa embarcação não continha produtos de contrabando. Os homens da nação inimiga, mas apenas os homens de guerra, foram equiparados aos objetos de contrabando. Desse modo, essa inspeção não constituiu uma isenção do princípio de que a bandeira cobre a mercadoria.

Logo se configurou um terceiro caso. Embarcações neutras se apresentaram para entrar em praças sitiadas, e que estavam bloqueadas por esquadras inimigas. Essas embarcações neutras não transportavam munições de guerra, mas víveres, madeiras, vinho e outras mercadorias, que podiam ser úteis à praça sitiada e prolongar sua defesa. Depois de longas discussões entre as potências, elas concordaram, através de vários tratados, em que, no caso de uma praça estar realmente bloqueada, de tal maneira que fosse evidente para uma embarcação o perigo de tentar nela entrar, o comandante do bloqueio poderia proibir à embarcação neutra a entrada nessa praça, e confiscá-la, caso, apesar dessa proibição, ela recorresse à força ou à astúcia para se introduzir.

As leis marítimas são portanto baseadas nestes princípios: 1° A bandeira cobre a mercadoria. 2° Uma embarcação neutra pode ser visitada por uma embarcação beligerante, para se certificar de sua bandeira e sua carga, no sentido de que não haja contrabando. 3° O contrabando aplica-se apenas às munições de guerra.[40] 4° Embarcações neutras podem ser impedidas de entrar numa praça, se ela estiver sitiada, desde que o bloqueio seja real e haja evidente perigo de nela entrar. Esses princípios formam o direito marítimo dos neutros, pois os diferentes governos se comprometeram livremente, através de tratados, a observá-los e fazê-los observar por seus súditos. As diferentes potências marítimas, Holanda, Portugal, Espanha, França, Inglaterra, Suécia, Dinamarca e Rússia, em várias épocas e sucessivamente assumiram umas com as outras esses compromissos, que foram proclamados nos tratados gerais de pacificação, como os da Vestfália, em 1646 [sic], e de Utrecht, em 1712.[41]

LIVRO I — A NATUREZA DA GUERRA

Foi nas leituras que Napoleão adquiriu seus conhecimentos em matéria de direito internacional, e aqui ele dá uma verdadeira aula, preparando sua análise do comportamento da Inglaterra:

> A Inglaterra, na guerra da América, em 1778, alegava 1° que as mercadorias próprias para a construção de embarcações, como madeiras, cânhamo, alcatrão etc., eram contrabandeadas; 2° que uma embarcação neutra tinha o direito de ir de um porto amigo a um porto inimigo, mas que não podia traficar de um porto inimigo a um porto inimigo; 3° que as embarcações neutras não podiam navegar da colônia à metrópole inimiga; 4° que as potências neutras não tinham o direito de escoltar suas embarcações mercantes com embarcações de guerra, ou que, neste caso, não estavam livres da visita.[42]

Tais pretensões causaram indignação naquela que ainda não era conhecida como a "comunidade internacional" mas a ela correspondia. A Grã-Bretanha não ousou aplicar essas medidas, mas o contexto das guerras contra a França revolucionária, a partir de 1793, haveria de permiti-lo.

# 3. O gênio guerreiro

## Ter o gênio da guerra

> Aquiles era filho de uma deusa e de um mortal: é a imagem do gênio da guerra; a parte divina é tudo aquilo que decorre das considerações morais do caráter, do talento, do interesse de nosso adversário, da opinião, do espírito do soldado que é forte e vitorioso, fraco e derrotado, conforme seja a sua própria peça; a parte terrestre são as armas, as trincheiras, as posições, as ordens de batalha, tudo que tem a ver com a combinação das coisas materiais.[1]

Podemos observar nesta definição que a parte "divina" congrega tudo aquilo que não é material, mas tão importante na guerra. Ao lado do caráter e dos talentos, o interesse do adversário abrange toda a parte da interação na guerra, o que Clausewitz chama "ação recíproca".[2] A opinião e o espírito do soldado remetem também às "forças morais", às quais voltaremos no livro III. Napoleão fornece aqui uma autêntica definição da guerra, através de seus componentes essenciais. Clausewitz também se vale do conceito de gênio no sentido de uma combinação propícia. Refere-se com isto a uma "capacidade espiritual eminente em certas atividades".[3] A noção implica uma combinação harmoniosa de forças, na qual esta ou aquela pode predominar,

LIVRO I — A NATUREZA DA GUERRA

mas nenhuma deve opor-se a outra. Pressupõe um nível intelectual alto e portanto uma época de alta civilização. Era o caso em Roma e na França, afirma Clausewitz.

O gênio da guerra é algo que se tem ao nascer ou não. Napoleão queixou-se ao conselheiro de Estado Roederer de que seu irmão Joseph, tendo subido ao trono da Espanha, não era um militar:

> Eu, de minha parte, o sou porque é o dom especial que recebi ao nascer; é minha existência, é meu hábito. Onde quer que estive, eu comandei. Comandei aos vinte e três anos o cerco de Toulon. Comandei em Paris em vendemiário; mobilizei os soldados na Itália assim que me apresentei. Eu tinha nascido para isto.[4]

Para Napoleão, o sucesso na guerra não é fruto do acaso, muito embora este esteja presente nos acontecimentos e seja necessário sempre contar com ele. O gênio dos grandes generais não se discute:

> Não existem grandes ações contínuas que sejam obra do acaso e da sorte; elas sempre decorrem da combinação e do gênio. Raramente os grandes homens fracassam em seus empreendimentos mais perigosos. Vejam-se Alexandre, César, Aníbal, o grande Gustavo[5] e outros, eles sempre têm êxito; será por serem venturosos que assim se tornam grandes homens? Não; é que, sendo grandes homens, foram capazes de dominar a ventura. Quando tratamos de estudar as razões de seus sucessos, ficamos espantados de ver que tudo haviam feito para alcançá-lo.[6]

Esse "domínio sobre a ventura" por parte dos grandes chefes guerreiros é ainda mais bem explicado numa conversa de 1804 relatada pela Sra. de Rémusat:

> A ciência militar, dizia ele, consiste em bem calcular todas as chances para começar, e depois em estabelecer ao certo, quase matematicamente, a contribuição do acaso. É neste ponto que não pode haver engano, podendo um décimo a mais ou a menos alterar tudo. Acontece que esse convívio da ciência com o acaso pode dar-se

apenas numa cabeça de gênio, pois é necessário onde quer que haja criação, e com certeza a maior improvisação do espírito humano é aquela que confere existência ao que não tem. O acaso, portanto, será sempre um mistério para os espíritos medíocres, tornando-se uma realidade para os homens superiores. Turenne não pensava muito nele, valendo-se apenas do método. Creio, acrescentava ele, sorrindo, que o teria derrotado. Condé[7] atentava mais que ele para isto, mas era por impetuosidade. O príncipe Eugênio [de Saboia][8] foi um dos que melhor souberam apreciá-lo.[9]

Napoleão também revelou à Sra. de Rémusat que havia desenvolvido sucessivamente o espírito de geometria e o espírito de fineza ao longo de sua formação:

> Fui criado, dizia, na Escola Militar, e só mostrava tendência para as ciências exatas. Todo mundo dizia a meu respeito: "É um menino que só terá vocação para a geometria." [...] Quando entrei para o serviço, entediava-me nas guarnições; comecei a ler romances, e essa leitura me interessou vivamente. Tentei escrever alguns; essa ocupação conferiu asas à minha imaginação, misturou-se aos conhecimentos positivos que eu tinha adquirido e muitas vezes eu me divertia sonhando, para em seguida medir meus devaneios no compasso do meu raciocínio. Pelo pensamento, eu me atirava num mundo ideal, tentando descobrir de que maneira ele diferia, precisamente, do mundo em que me encontrava.[10]

Devemos retornar aqui ao que Napoleão diz sobre o equilíbrio entre a ciência e o acaso. Ele conhecia as pesquisas de Pierre Simon Laplace sobre as probabilidades. Tivera-o como professor na Escola Real Militar em 1785. Para Laplace, "a teoria dos acasos consiste em reduzir todos os acontecimentos do mesmo gênero a certo número de casos igualmente possíveis, vale dizer, aqueles diante dos quais fiquemos igualmente indecisos quanto à sua existência, e em determinar o número de casos favoráveis ao acontecimento cuja probabilidade buscamos. A relação desse número com o de todos os casos possíveis é a medida dessa probabilidade, que desse modo não passa de uma fração,

## LIVRO I — A NATUREZA DA GUERRA

cujo numerador é o número de casos favoráveis e cujo denominador é o número de todos os casos possíveis".[11] Em 1812, Laplace dedica sua *Théorie analytique des probabilités* a Napoleão, que recebe um exemplar no início da campanha da Rússia e lhe responde o seguinte:

> Senhor conde Laplace, é com prazer que recebo seu tratado do cálculo das probabilidades. Houve um tempo em que o haveria de ler com interesse; hoje, devo limitar-me a dar testemunho da satisfação que sinto sempre que o vejo produzir novas obras que aperfeiçoam e ampliam esta que é a primeira das ciências. Elas contribuem para a ilustração da nação. O progresso e o aperfeiçoamento das matemáticas estão intimamente ligados à prosperidade do Estado.[12]

Voltaremos a encontrar o acaso mais adiante, no capítulo 7, a propósito do conceito clausewitziano de "fricção". Notemos desde já que a integração do acaso nos cálculos é uma marca essencial do gênio guerreiro e, em particular, do gênio napoleônico. O marechal Marmont explica muito bem isso: "Quanto mais elementos admitimos em nossos cálculos, mais dominamos os acontecimentos. A previdência deve abarcar o possível e o provável; será possível garantir-se até mesmo contra os riscos fortuitos. Assim é que, no momento dos reveses, é possível prever as grandes catástrofes. Essa previdência era uma das maiores faculdades de Napoleão no melhor de sua glória. Como seus adversários quase sempre eram desprovidos dela, os resultados que ele alcançou então espantaram o mundo."[13] A previdência repousa num trabalho constante. O gênio não é simples improvisação:

> Na guerra, nada se consegue senão pelo cálculo. Tudo aquilo que não for profundamente meditado em seus detalhes não produz qualquer resultado.[14]

> Se eu sempre pareço pronto para responder a tudo, para enfrentar tudo, é que antes de empreender qualquer coisa meditei por muito tempo, previ o que podia acontecer. Não é um gênio que me revela de repente, em segredo, o que eu preciso dizer ou fazer numa circunstância inesperada para os outros; é a minha reflexão, é a meditação.[15]

Estamos aqui no cerne do segredo da estratégia napoleônica, a darmos crédito a um professor da Columbia Business School, cujos trabalhos despertaram particular interesse no exército americano: Napoleão é o general que mais êxitos obteve na história, e Clausewitz o atribui ao seu "coup d'oeil" — utilizando a expressão "golpe de vista" em francês no seu texto. Ela significa uma súbita intuição mostrando por qual linha de ação optar; o golpe de vista baseia-se naquilo que permitiu alcançar êxito em situações passadas e portanto pressupõe conhecimento da história; ele permite encontrar instantaneamente a combinação que convém à situação atual. Napoleão tinha refletido sobre as campanhas dos grandes comandantes.[16] Para Clausewitz, o golpe de vista "traduz simplesmente a rapidez com que nos deparamos com uma verdade que é invisível ao olhar de um espírito comum ou só é distinguida após longo exame e profundas reflexões".[17]

Progressos científicos recentes confirmam a existência da "intuição do especialista", uma espécie de sexto sentido baseado não em sonhos visionários, mas no estudo do passado e em conhecimentos sólidos: essas descobertas confirmam as palavras de Napoleão, sua divisão entre o que diz respeito ao cálculo e o que é do acaso. O conhecimento daquilo que outros fizeram em situações semelhantes é fundamental: a intuição de Napoleão não se baseia num excesso de autoconfiança de um "grande homem", mas numa forma de humildade na qual ele leva em conta a experiência de outros.[18] A primeira fonte de inspiração de Napoleão eram os livros.[19] Ele leu muito, em todos os gêneros, o que já ficou bem caracterizado.[20] A ciência não contrapõe mais a análise à intuição como duas funções separadas, localizadas em duas partes diferentes do cérebro. Elas estão de tal maneira vinculadas que muitas vezes é difícil distingui-las. Não pode haver uma boa análise sem intuição, nem boa intuição sem análise. Elas funcionam juntas em todas as situações. Os cientistas consideram hoje que o cérebro assimila dados para o estudo, colocando-os em sua memória a curto ou longo prazo e tratando de escolhê-los e combiná-los em golpes de vista intuitivos ("flashes of insight"). Alguns falam de "memória inteligente",[21] outros, de "inteligência emocional".[22]

LIVRO I — A NATUREZA DA GUERRA

O gênio guerreiro é inato. É o que escreve Napoleão a Eugênio de Beauharnais, que comanda o exército da Itália em 1809 e que está recuando ante os austríacos:

> A guerra é um jogo sério, no qual podemos comprometer nossa reputação e nosso país; sendo sensato, o indivíduo deve sentir e saber se é ou não feito para esse ofício. Eu sei que na Itália o senhor finge desprezar Masséna; se eu o tivesse enviado, o que aconteceu não teria ocorrido. Masséna tem talentos militares diante dos quais devemos nos inclinar; é preciso esquecer seus defeitos, pois todos os homens os têm. Ao lhe entregar o comando do exército, eu cometi um erro; deveria ter-lhe enviado Masséna e ter-lhe entregue o comando da cavalaria, sob suas ordens.[23]

Masséna tinha o raro talento de se prevalecer dos erros do inimigo, e também o de rapidamente corrigir um fracasso, o que pressupõe ainda maior sangue-frio, como relata Chaptal:

> Qualquer homem, dizia ele, pode formular um plano de campanha, mas poucos podem fazer a guerra, pois só o gênio verdadeiramente militar é capaz de se comportar em função dos acontecimentos e das circunstâncias. O que faz com que os melhores táticos muitas vezes sejam maus generais.[24]

Masséna teve origens modestas, não tem muita cultura e gosta de dinheiro. Mas num campo de batalha ele tem o espírito de decisão. Está "acostumado aos grandes acontecimentos":[25]

> Joubert tinha o gênio da guerra, Masséna, uma audácia, um golpe de vista que só pude constatar nele; mas era ávido de glória e não suportava que o privassem dos elogios que julgava ter merecido.[26]

O silvo das balas transformava Masséna, insuperável quando se tratava de dirigir o combate ou decidir sobre um movimento.

Em tais momentos, o chefe é tudo. Napoleão não se cansava de fazer comentários a respeito, e não estava pensando só nele:

> Na guerra, os homens não são nada, é um homem que é tudo.[27]
> A presença do general é indispensável; ele é a cabeça, ele é o todo de um exército: não foi o exército romano que sujeitou a Gália, mas César; não era o exército cartaginês que fazia tremer a república nas portas de Roma, mas Aníbal; não foi o exército macedônio que chegou ao Indo, mas Alexandre; não foi o exército francês que levou a guerra ao Weser e ao Inn, mas Turenne; não foi o exército prussiano que durante sete anos defendeu a Prússia contra as três maiores potências da Europa, mas Frederico, o Grande.[28]

> [...] na guerra, só o chefe entende a importância de certas coisas, só ele pode, por sua vontade e seu superior esclarecimento, vencer e superar todas as dificuldades.[29]

> Pois, no fim das contas, o que quer que se faça, qualquer que seja a energia demonstrada pelo governo, por mais vigorosa que seja a legislação, um exército de leões comandados por um cervo jamais será um exército de leões.[30]

Clausewitz desenvolveu muito bem essa ideia: "À medida que as forças dos indivíduos se dissipam uma a uma, que sua vontade já não basta para gerar e manter essa força, todo o peso de inércia das massas aos poucos acaba recaindo exclusivamente na vontade do comandante. O ardor de seu coração, as luzes de seu espírito precisam estar constantemente iluminando o ardor da resolução, a luz da esperança em todos os demais."[31]

O método de comando extremamente centralizado de Napoleão mostraria seus limites a partir de 1812, quando ele precisou confiar exércitos autônomos a certos marechais e estes, habituados a receber ordens, já não se revelavam capazes de assumir uma tal responsabilidade. As palavras que se seguem, endereçadas ao marechal Berthier,

LIVRO I — A NATUREZA DA GUERRA

chefe de estado-maior do Grande Exército e portanto seu braço direito, seriam brandidas por muitos comentadores para dar conta desse excesso de centralização:

> Restrinja-se estritamente às ordens que lhe dou; cumpra regularmente suas instruções; que todo mundo fique em guarda e se mantenha em seu posto; só eu sei o que devo fazer.[32]

Vamos encontrar um eco desta última frase nas *Mémoires* do marechal Marmont. Na noite de 12 para 13 de setembro de 1813, ele discute a repartição dos comandos no vasto teatro da campanha da Alemanha, onde os aliados movimentam vários exércitos. Ao deixá-lo, Napoleão diz-lhe:

> O tabuleiro está bem confuso; só eu sou capaz de me entender aí.[33]

Berthier era apenas um executante. O imperador era o seu próprio chefe de estado-maior, na medida em que era o único a preparar e formular suas decisões em campo.[34] Segundo o general Bonnal,[35] Napoleão teria percebido esse defeito de seu método de comando, aplicado a um exército de grandes efetivos, quando deixou escapar na presença do conde Roederer, em 1809:

> Talvez seja um mal que eu comande em pessoa, mas é minha essência [privilégio].[36]

Pode-se dizer a seu favor que ele havia constatado nos exércitos da Revolução e no exército austríaco os defeitos da tomada de decisão em grupo. Era assim estimulada a diluição das responsabilidades, e a natureza hierárquica das estruturas militares também levava os grupos a carecer de audácia, a tomar apenas decisões conformistas e rotineiras. Cabe lembrar também que a estruturação em corpos de exército e em exércitos era nova, que ela na verdade só era realmente entendida por Napoleão e, em menor medida, por Berthier.

Mesmo em 1813, escreve o general Riley, não havia ainda anos de experiência suficientes nem sobretudo possibilidade de formação de oficiais para levar a um trabalho de estado-maior do tipo que viria a ser desenvolvido posteriormente.[37] Mas o imperador de fato desejaria desenvolver outros talentos militares que não o seu, fundamento de seu poder político?[38]

## As qualidades do chefe: mais caráter que inteligência

Napoleão desdobrou-se em considerações sobre as qualidades necessárias a um general, sobretudo em Santa Helena. Montholon, Gougaud, O'Meara, Las Cases recolheram declarações que convergem:

> A primeira qualidade de um general em chefe é ter uma cabeça fria, que receba impressões justas dos objetos, que nunca se exalte, que não se deixe ofuscar, embriagar por boas ou más notícias; que as sensações sucessivas ou simultâneas que ele receba ao longo de um dia nele sejam classificadas, ocupando apenas o lugar justo que merecem ocupar; pois o bom senso, a razão resultam da comparação de várias sensações levadas em igual consideração. Há homens que, por sua constituição física e moral, por tudo são levados a imaginar coisas: quaisquer que sejam o saber, a inteligência, a coragem e as boas qualidades que possam ter, a natureza não os chamou ao comando dos exércitos e à direção das grandes operações da guerra.[39]

Mais uma vez, Clausewitz tece considerações muito próximas destas. O chefe deve ter "um espírito que mesmo no meio dessa maior escuridão não perca todo traço da clareza interna necessária para conduzi-lo até a verdade; e, além disso, a coragem de se guiar por essa luzinha fraca".[40] Essa coragem diante das responsabilidades, diante do perigo moral, é a "coragem do espírito" [Courage de L'Esprit] — em francês no texto de Clausewitz —, embora não seja propriamente um movimento do espírito, mas do temperamento. Clausewitz também fala em "resolução": ela tem

LIVRO I — A NATUREZA DA GUERRA

a função de afastar os tormentos da dúvida e os riscos da hesitação. Napoleão avança no mesmo registro, sem muita modéstia:

> Para ser bom general, é preciso conhecer matemática. Isto serve em mil circunstâncias para retificar as ideias. É possível que meus êxitos se devam às minhas ideias matemáticas. Um general nunca deve imaginar coisas, é o pior de tudo. Só porque um combatente ocupou uma posição, não se deve achar que todo o exército esteja envolvido nisso. Meu grande talento, o que mais me distingue, é ter sempre clareza. É inclusive o meu tipo de eloquência, logo enxergar sob todos os aspectos o fundo da questão. É a perpendicular que é mais curta que a oblíqua.[41]

A paixão de Napoleão pela matemática remonta pelo menos aos 8 anos de idade. Ele brilhou nessa matéria na escola de Brienne. Não tinha gosto pelas belas-letras, pelo latim, pelas línguas e pelas artes de entretenimento. Seu espírito eminentemente prático o voltava para as ciências que lhe pareciam necessárias ao ofício da guerra, por ele escolhido. Na Escola Militar de Paris, mais uma vez foi na matemática que ele se revelou melhor.[42] Sua biblioteca em Santa Helena contava várias obras dessa disciplina, entre elas a *Géométrie descriptive* de Monge e a *Exposition du système du monde* de Laplace.[43]

Um bom general, diz ele, não deve "imaginar coisas": não deve deixar-se impressionar facilmente, precisa manter a cabeça fria, pois a guerra é feita de acontecimentos dramáticos, de imprevistos. Em outras palavras, o general deve ter firmeza de caráter. A presença de espírito é mais uma outra qualidade, pois permite ver com clareza numa situação confusa, o que vem a ser parecido com o golpe de vista:

> O espírito de um bom general, diz ele, deve assemelhar-se, em sua clareza, ao vidro de um telescópio de campanha, *e nunca imaginar coisas*. De todos os generais que me antecederam, e talvez dos que me haverão de suceder, o maior é Turenne. O marechal de Saxe era apenas general,[44] mas *não tinha espírito*; Luxemburgo[45] tinha *muito*; Frederico, o Grande extremamente, e via as coisas rápida e perfei-

NAPOLEÃO BONAPARTE

tamente: vosso Marlborough[46] não só era um grande general, como também tinha muito espírito. Avaliando as ações de Wellington por seus despachos e sobretudo por seu comportamento em relação a Ney, eu seria tentado a dizer que é *um homem de pouco espírito, sem generosidade e sem grandeza d'alma*. Sei que a opinião de Benjamin Constant e da Sra. de Staël é que, abstração feita de seus talentos militares, ele não era capaz de juntar duas ideias. Como general, todavia, teríamos de voltar à época de Marlborough para encontrar um equivalente a ele em vossa nação. Creio que ele ficará na história como *um homem tacanho*.[47]

O caráter e o espírito devem se equilibrar, como relata Las Cases:

É raro e difícil, dizia ele em outro momento, reunir todas as qualidades necessárias a um grande general. O mais desejável, aquilo que logo contribuía para destacar alguém, é que o espírito ou o talento estivesse equilibrado com o caráter ou com a coragem: era o que ele chamava de ser *reto* na base e na altura. Se a coragem era muito superior, prosseguia ele, o general empreendia de maneira viciosa além de suas concepções; e, em sentido inverso, ele não ousava realizá-las se seu caráter ou sua coragem ficassem abaixo de seu espírito. Ele citava então o *Vice-Rei*,[48] cujo único mérito era esse equilíbrio, bastando todavia para fazer dele um homem dos mais eminentes.

A partir daí, muito se conversou sobre a coragem física e a coragem moral; e a respeito da coragem física o imperador dizia que era impossível a Murat e a Ney não serem corajosos; mas que eles não tinham mais cabeça que os outros, sobretudo o primeiro.

Quanto à coragem moral, ele dizia ter constatado ser muito rara a de duas horas depois da meia-noite; vale dizer, a coragem do imprevisto, a qual, não obstante os acontecimentos mais repentinos, abre espaço para a mesma liberdade de espírito, julgamento e decisão. Ele não hesitava em afirmar que ele próprio era quem mais demonstrava ter essa coragem de duas horas depois da meia-noite, e que havia encontrado pouquíssimas pessoas que não ficassem muito para trás.

Dizia depois disso que se tinha uma ideia pouco adequada da força de alma necessária para empreender, com uma plena avaliação das consequências, uma dessas grandes batalhas das quais

LIVRO I — A NATUREZA DA GUERRA

dependerão o destino de um exército, de um país, a posse de um trono. E observava então que raramente são encontrados generais ansiosos por entrar em batalha: "Eles de fato tomavam posição, se estabeleciam, analisavam suas combinações; mas começavam então suas indecisões; e não há nada mais difícil e no entanto mais precioso que saber se decidir."[49]

O gênio militar é um dom celestial, mas a qualidade mais essencial de um general em chefe é a firmeza de caráter e a resolução de vencer a qualquer custo.[50]

Como vimos anteriormente, Clausewitz menciona a resolução como a segunda qualidade indispensável ao general, depois do golpe de vista.[51] Fala também de firmeza, força de caráter, autocontrole, qualidades, todas elas, evocadas por Napoleão:

[...] a vontade, o caráter, o empenho e a audácia é que me fizeram ser o que sou.[52]

É através do vigor e da energia que salvamos nossas tropas, que conquistamos sua estima [e] que conseguimos nos impor aos malvados.[53]

A qualidade essencial de um general é a firmeza de caráter, que além do mais é um dom celestial. Eu prefiro Lefebvre a Mathieu Dumas.[54] Lefebvre tinha o fogo sagrado. Bem podemos ver que em última análise ele queria defender Paris, e com certeza tinha razão, era possível defendê-la. Turenne não brilhava pela inteligência, mas tinha o gênio do general.[55]

A firmeza de caráter, o vigor, o espírito de decisão são portanto as qualidades predominantes, mais necessárias ainda que o talento e a inteligência ou o espírito, conceitos ligados à capacidade de intuição, à imaginação e também à formação intelectual, à instrução, aos conhecimentos:

Na guerra, não é necessária tanta inteligência assim. O mais simples é o melhor.[56]

O príncipe Jérôme recebe em 1807 a seguinte resposta:

> Sua carta contém por sinal inteligência em excesso. O que não é necessário na guerra. Exatidão, caráter, simplicidade, eis o que é necessário.[57]

É preciso ver onde está o essencial. Acontece que tudo induz o espírito humano a imaginar coisas demais, a violar a regra do que Jean Guitton chama de "o único essencial", tanto mais que em todas as épocas, segundo ele, o exército divide, ele secciona ao mesmo tempo o espaço e o tempo, ensina a repartir as obrigações, ensina invariavelmente a subdividir.[58] Durante a Guerra dos Sete Anos (1756-1763), os comandantes do exército francês tinham muita inteligência mas eram totalmente carentes de caráter. Isto nunca foi tão evidente quanto na vergonhosa derrota do príncipe de Soubise[59] para Frederico II da Prússia em Rossbach, em 1757:

> Nessa época não se sabia guerrear. Havia nos exércitos franceses excesso de homens inteligentes, argumentadores, retóricos. Era necessário um chefe de caráter forte para se ater a suas decisões, zombar dos cultos e fazer-se obedecer. O marechal de Saxe não era uma grande águia, mas tinha caráter e se fazia obedecer. Atualmente, não há general, coronel ou chefe de batalhão que não se comporte melhor que Soubise.[60]

> Essa gente da corte era o verdadeiro flagelo dos exércitos franceses. Só faltavam generais entre eles. Mas não podia havê-los. Quando se dispõe de nascença e sem esforço de todos os títulos, todos os favores, não é preciso assim tanto esforço para conquistá-los. Eles eram corajosos, sem dúvida, e no entanto!... Dispunham-se a empreender uma pequena campanha e ter tempo de voltar em outubro para Versalhes. Não é assim que se faz a guerra. Trata-se de uma profissão penosa, que exige continuidade, constância, caráter. Havia bons coronéis, bons majores, faltavam apenas generais.[61]

LIVRO I — A NATUREZA DA GUERRA

Trata-se de uma importante evolução, consagrada pelas guerras da Revolução e do Império. O inverno já não interrompia necessariamente as operações.

O general em chefe deve ser de uma têmpera nitidamente superior à dos generais a ele subordinados. Deve ser mais exigente consigo mesmo. O princípio é válido em todos os níveis:

É quando os generais dão o exemplo que os subalternos cumprem seu dever.[62]

Num corpo de exército, o olho do chefe deve remediar tudo. Capitães, oficiais, quaisquer que sejam seus méritos, estão constantemente num estado de desatenção se a presença do chefe não se faz sentir continuamente.[63]

É necessário coragem, mas não qualquer coragem. Napoleão diz também o seguinte a respeito de seu irmão Joseph, que não era militar:

Ele tem coragem, mas é uma coragem de resignação, e não de atividade. Ele tem de sobra a coragem necessária para morrer, em vez de se desonrar. Mas é realmente de morrer que se trata! É preciso salvar a si mesmo e aos outros.[64]

Finalmente, um chefe deve ser amado por seus homens:

A alma de todos os exércitos, e sobretudo dos exércitos navais, é a franca afeição de todas as partes ao chefe.[65]

Senhor Mouton, meu ajudante de campo, desejo que converse com o contra-almirante Allemand: ele é por demais duro; seus capitães e oficiais não gostam dele e o deixam. Faça-o entender que é vantajoso para o bom andamento do serviço ser amado.[66]

E com efeito:

Não basta dar ordens, é necessário fazer-se obedecer.[67]

NAPOLEÃO BONAPARTE

Um chefe precisa de amigos:

> Amigos na guerra, meu caro Bertrand, não pode haver nada
> melhor. Nada mais é necessário. Antes de tudo os amigos, isto pode
> substituir muitas coisas.[68]

Paradoxalmente, para comandar, são necessárias "qualidades civis":

> O comando é atualmente coisa civil. O soldado quer que seu general
> seja o mais sábio e um dos mais corajosos. É pelas qualidades civis que se
> comanda. Uma qualidade de um general é o cálculo: é uma qualidade
> civil; é o conhecimento dos homens: qualidade civil; é a eloquência,
> não a dos juristas, mas a eloquência que eletriza: qualidade civil...[69]

## Retratos de generais

Napoleão já se havia referido à diferença entre a inteligência e o
caráter no início da campanha de 1812 na Rússia, numa conversa
relatada pelo marechal Gouvion Saint-Cyr:

> Napoleão disse em seguida que a arte da guerra era a mais difícil
> de todas as artes; e que por isto é que a glória militar era conside-
> rada, na opinião geral, como a maior de todas; que os serviços dos
> guerreiros eram recompensados por um governo sensato de prefe-
> rência e acima de todos os outros; que era necessário a um general
> inteligência, e, o que era ainda mais raro, um grande caráter. Ele
> tomou como objeto de comparação um navio e disse: "A inteligência
> são as velas; o caráter é o calado: se este for considerável, e o mastro,
> fraco, o navio não avança muito, mas resiste ao empuxo do mar;
> se, pelo contrário, o velame for forte e elevado, e o calado, fraco,
> o navio pode navegar no tempo bom, mas à primeira tempestade
> afundará. Para a boa navegação, é necessário que o calado e o ve-
> lame estejam em exata proporção. Enviei Marmont à Espanha; ele é
> muito inteligente: ainda não conheço seu calado, mas logo poderei
> avaliar, pois agora ele está entregue a si mesmo."[70]

LIVRO I — A NATUREZA DA GUERRA

Dias depois, a 22 de julho de 1812, Marmont era derrotado por Wellington em Arapiles, perto de Salamanca... Proveniente da artilharia, Marmont era um homem instruído. Os oficiais da artilharia e da engenharia eram os mais instruídos. O general Bertrand era um brilhante engenheiro, mas nem por isto tinha as qualidades necessárias para comandar um corpo de exército:

> O senhor deu mostra, em diferentes circunstâncias, de eminentes talentos; mas a guerra se faz apenas com vigor, decisão e uma vontade constante; não se pode tatear nem hesitar.[71]

A imagem do navio foi retomada em Santa Helena a propósito do general Schérer:[72]

> Schérer não carecia de inteligência nem de coragem, mas de caráter; ele falava da guerra com audácia, mas vagamente; não se mostrava adequado. É necessário que um homem de guerra tenha tanto caráter quanto inteligência; os homens muito inteligentes mas dotados de pouco caráter são os menos adequados; é um navio de mastro desproporcional ao lastro; mais vale muito caráter e pouca inteligência. Os homens de inteligência medíocre mas de caráter proporcional muitas vezes terão êxito nessa profissão; é necessário ter tanto base quanto altura. O general que tem muita inteligência e caráter no mesmo grau é César, Aníbal, Turenne, o príncipe Eugênio e Frederico.[73]

Jourdan, o vitorioso de Fleurus em 1794, não carecia de qualidades:

> O general Jourdan era extremamente corajoso num dia de combate, diante do inimigo e no meio do fogo, mas não tinha a coragem da cabeça em plena calma da noite, às duas horas da manhã. Não lhe faltavam percepção, faculdades intelectuais, mas ele era sem resolução e imbuído dos mais falsos princípios de guerra.[74]

NAPOLEÃO BONAPARTE

Tampouco se deve dar mostra de uma audácia irrefletida, como a do general austríaco Beaulieu na Itália:[75]

> Finalmente atravessamos o Pó. A segunda campanha começou. Beaulieu está desconcertado; ele calcula muito mal, cai constantemente nas armadilhas que lhe são preparadas. Talvez queira entrar em batalha, pois esse homem tem a audácia da fúria, e não a do gênio.[76]

A bravura é necessária para ganhar batalhas, mas pode ter seu reverso se não for acompanhada de prudência:

> Lefebvre é a causa da vitória de Fleurus. É um sujeito corajoso que não se preocupa com os grandes movimentos que ocorrem à sua direita e à sua esquerda e só pensa em bem combater, que não tem medo de morrer. O que é bom. Mas depois essas pessoas se veem numa situação arriscada, cercadas por todos os lados, capitulam e então se tornam covardes para sempre.[77]

A instrução conta. Muitas vezes ela faltou aos generais franceses:

> Não temos bons generais em chefe no exército francês, nenhum deles tem suficiente instrução; são todos homens da natureza; o fogo sagrado certamente é muita coisa, mas não é tudo. O estado-maior austríaco é muito mais preparado que o nosso.[78]

Certos conhecimentos são indispensáveis. O russo Suvorov não dispunha deles:[79]

> O marechal Suvorov tinha alma de grande general, mas não a cabeça. Era dotado de vontade firme, de uma grande atividade e de uma intrepidez a toda prova; mas não tinha o gênio nem os conhecimentos da arte da guerra.[80]

## LIVRO I — A NATUREZA DA GUERRA

Murat precisava diariamente de "luxo, mulheres, uma mesa de Epicuro":

> É um grande erro para um comandante de exército não saber controlar suas paixões ou seus gostos; desse modo, é possível pôr a perder a vida de milhares de homens.[81]

Napoleão volta a esses defeitos de Murat numa avaliação de vários generais, na qual considera antes de mais nada que nas diferentes posições de um exército os chefes podem ter qualidades diferentes:

> Os homens são como músicos num concerto; cada um executa sua parte. Ney era inestimável por sua bravura, sua perseverança nas retiradas. Era bom para conduzir 10.000 homens. Fora isto, era um autêntico idiota. Lannes era, creio eu, como ele no campo de batalha. Esses dois, em matéria de brilho no combate, só teriam como possível comparação Rapp.[82] Murat também era muito corajoso.
>
> Murat sabia conduzir uma campanha melhor que Ney, mas apesar disso era um general sofrível. Sempre fazia a guerra sem mapas. Em Marengo, eu o enviei para a tomada da Stradella. Ele de fato havia mandado para lá o seu corpo, que já estava combatendo, mas tinha permanecido em Pávia para receber uma infeliz doação de 40.000 francos. Mandei-o partir imediatamente, mas isto nos custou 600 homens. Foi necessário expulsar o inimigo de uma posição que poderíamos ter ocupado antes dele. Quantos erros não terá cometido Murat para ter seu quartel-general num castelo onde houvesse mulheres. Precisava delas diariamente. Assim é que tolero perfeitamente que um general tenha em sua companhia uma prostituta para evitar esse inconveniente.
>
> Minha excelente reputação na Itália deve-se em parte ao fato de que não saqueava e só pensava no meu exército. É uma função muito importante, a de general em chefe. O menor erro custa a vida a milhares de homens.[83]

> Murat, Lannes e Ney eram os três mais corajosos do exército, e os mais corajosos são capazes de tudo, até mesmo de covardia, por falta de coragem moral.[84]

Quando dá a seu irmão Joseph o reino de Nápoles, Napoleão diz-lhe de que maneira usar seus generais em diferentes tarefas, em função de suas aptidões:

> No ofício da guerra, como nas letras, cada um tem seu gênero. Em caso de ataques vivos, prolongados e nos quais fosse necessário dar mostra de muita audácia, Masséna seria mais adequado que Reynier.[85] Para assegurar o reino contra qualquer ataque em sua ausência, Jourdan é preferível a Masséna.[86]

Em Santa Helena, Napoleão arrependeu-se de ter confiado responsabilidades militares a Joseph, especialmente na Espanha. Da maneira mais vívida, ele fez esta descrição de suas divergências em matéria de guerra:

> Quando Suchet fez prisioneiro o general Blake[87] e outros, disse que era impossível que fosse comandado por Joseph, que se eu quisesse ir ou mandar-lhe um homem capaz ele estaria disposto a me servir, mas que era perder tempo e sacrificar-se inutilmente servir ao rei Joseph; que ele não tinha o menor caráter, que não queria trabalhar e que era necessário muito caráter para governar os espanhóis, exatamente tudo que eu tinha. Joseph não tinha nenhuma política. Escrevi-lhe cem vezes dizendo que convocasse as cortes, que chamasse as cortes a si. Ele não o quis, sob pretextos frívolos, [dizendo] que não queria enfraquecer a autoridade real ou outra [coisa]. Era preciso começar reinando e se assegurando do trono.
>
> Ele se queixava a mim que as tropas saqueassem.
>
> — Mas é a você, que está no comando, que vou cobrar — dizia eu. — É estranho que me faça essa censura, quando é a você que eu devia fazê-la.
>
> Quando eu estava na Espanha, Joseph queria que o informasse de minhas operações, que o convocasse a meus conselhos. Julgava ter talentos militares:
>
> — Está zombando de mim — respondi —, não tenho conselhos e não consulto ninguém. Eu saio na rua, interrogo os passantes, os prisioneiros, os soldados, tomo minha decisão e vou em frente. Como quer que o consulte? Você não tem ideia da guerra.

LIVRO I — A NATUREZA DA GUERRA

Ele se julgava militar e talentoso! [...] Convidava para jantar os oficiais da Guarda e lhes concedia favores. Eles o lisonjeavam e ele se julgava militar. Ele era inteligente, tinha letras, excelentes qualidades, mas não era militar.

— Então, estou me saindo melhor que Masséna, que Lannes?

— Você não é digno de desatar o cadarço dos sapatos deles. Esses homens são heróis. Mesmo este capitão que está à minha porta, não se pode dizer que você esteja à sua altura. Se eu lhe dissesse que fosse com dez homens a tal colina, você não saberia o que fazer para lá chegar. Nunca comandou um batalhão! A guerra não é um ofício de tanta inteligência — exceto no que tem de sublime. Diz você: o inimigo está lá e é para lá que eu vou. Mas já é uma arte o simples fato de saber se o inimigo está lá, de que forças dispõe. Você não dá a menor importância a Masséna ou a Lannes. É muito diferente de Alexandre.[88] Quando eu viajava de carruagem, ele afastava as moscas do rosto de Lannes, quando estava dormindo. A seus olhos, Lannes era um herói. E a todo momento o interrogava: Aquela ali seria uma posição? Como haveria de defendê-la? Como atacaria? Tinha com ele cuidados e vaidades de uma amante. [...]

Somos dois homens muito diferentes, dizia eu a Joseph. Em você, tudo vai para a cabeça, você precisa se apaixonar. Em mim, nada vai para a cabeça. Se estivesse no alto da catedral de Milão e fosse atirado ao solo de cabeça para baixo, cairia calmamente, olhando ao meu redor.[89]

O que o ofício tem de "sublime", no penúltimo parágrafo, é uma lembrança das "partes sublimes da guerra" de que falava o marechal de Saxe, distinguindo-as das "partes de detalhe".[90] Voltaremos a essa distinção no capítulo 2 do livro II.

## O general de mar e o general de terra

Seriam necessárias as mesmas qualidades para comandar no mar e em terra?

Um general comandando em chefe um exército naval e um general comandando em chefe um exército de terra são homens que

NAPOLEÃO BONAPARTE

precisam de qualidades diferentes. O indivíduo nasce com as qualidades adequadas para comandar um exército de terra, ao passo que as qualidades necessárias para comandar um exército naval só podem ser adquiridas com a experiência.

Alexandre,[91] e Condé acederam ao comando ainda muito jovens; a arte da guerra de terra é uma arte de gênio, de inspiração; mas nem Alexandre nem Condé, aos vinte e dois anos, teriam comandado um exército naval. Neste, nada é gênio ou inspiração; tudo é positivo e experiência. O general de mar precisa apenas de uma ciência, a da navegação. O de terra precisa de todas, ou de um talento que a todas equivalha, o de se prevalecer de todas as experiências e de todos os conhecimentos. Um general de mar nada tem a adivinhar, ele sabe onde está seu inimigo, conhece sua força. Um general de terra nunca sabe nada ao certo, nunca pode ver bem seu inimigo, nunca sabe positivamente onde ele está. Quando os exércitos se defrontam, qualquer acidente no terreno, a menor vegetação podem ocultar uma parte do exército. O olhar mais experiente não é capaz de dizer se está vendo todo o exército inimigo ou apenas três quartos dele. É pelo olhar da inteligência, pelo conjunto dos raciocínios, por uma espécie de inspiração que o general de terra vê, sabe e avalia. O general de mar precisa apenas de um golpe de vista experiente; nada lhe é ocultado das forças do inimigo. O que dificulta o ofício do general de terra é a necessidade de alimentar tantos homens e animais; se deixar-se guiar pela intendência não sairá do lugar, e suas expedições fracassarão. O de mar nunca é incomodado; leva tudo consigo. Um general de mar não precisa fazer reconhecimento, examinar o terreno ou estudar o campo de batalha. Mar das Índias, mar da América, Mancha, será sempre um campo aberto líquido. O mais hábil terá como única vantagem sobre o menos hábil o conhecimento dos ventos que se apresentam nestas ou naquelas paragens, a presciência dos que devem se apresentar ou os sinais da atmosfera; qualidades que são adquiridas pela experiência, e exclusivamente pela experiência.

O general de terra nunca conhece o campo de batalha onde terá de operar. Seu golpe de vista é o da inspiração, ele não dispõe de qualquer informação positiva. Os dados, para chegar ao conhecimento do local, são tão eventuais que quase nada se aprende com

LIVRO I — A NATUREZA DA GUERRA

a experiência. Uma facilidade consiste em apreender desde logo as relações entre os terrenos, de acordo com a natureza da região; trata-se no fim das contas de um dom a que damos o nome de golpe de vista militar, e que os grandes generais receberam da natureza. Entretanto, as observações passíveis de serem feitas nos mapas topográficos, a facilidade obtida com a educação e o hábito de ler esses mapas podem ser de alguma ajuda.

Um general em chefe de mar depende mais de seus capitães de navio que um general em chefe de terra de seus generais. Este tem a possibilidade de assumir pessoalmente o comando direto das tropas, de se deslocar para todos os pontos e remediar os movimentos em falso com outros. O general de mar tem influência pessoal apenas sobre os homens da embarcação em que se encontra; a fumaça não permite ver os sinais. Os ventos mudam ou não são os mesmos em todo o espaço coberto por sua linha. Entre todos os ofícios, portanto, trata-se daquele em que os subalternos mais precisam assumir a responsabilidade.[92]

Napoleão estabelece uma diferença essencial entre os que veem o fogo e os demais. Ele respeita profundamente os que assumem riscos e só vota desprezo aos "acomodados":

Prefiro, diz Sua Majestade, um bom capitão de artilharia que sabe tirar partido do terreno no campo de batalha, para dispor suas peças, e que é corajoso, aos oficiais de manutenção, dos parques etc. Não se pode comprar aquele que tem o fogo sagrado, ao passo que é possível comprar todos os outros. O mesmo penso a respeito da engenharia, prossegue S.M. Um bom oficial de engenharia é aquele que faz a guerra, cercos, defesas de posições e sabe adaptar a cada terreno a fortificação que lhe convém. Com toda a certeza Haxo ou Rogniat construiriam melhor uma praça que Fontaine.[93] Aqueles são homens de guerra, o outro não passa de um pedreiro. Só a guerra confere experiência. Carnot não teria concebido seu sistema se conhecesse os efeitos da bala de canhão.[94] A autêntica nobreza está em quem entra no fogo. Eu poderia entregar minha filha a um oficial de batalha, mas jamais a um oficial de parque. Este é como um organizador, um administrador. Masséna só se torna inteligente em pleno fogo e em meio aos perigos. Só então ele é capaz de proceder a boas disposições. Eu gostava de Murat por causa de sua brilhante bravura, e foi por isso que lhe perdoei tantas tolices. Bessières era um bom general de cavalaria, mas um pouco frio. Tinha de menos o calor que Murat tinha em excesso. Ney era um homem de uma bravura rara. Lefebvre, no cerco de Danzig, inicialmente só me escrevia tolices. Quando os russos desembarcaram, ele se viu em seu elemento, e seus relatórios passaram a ser os de um homem que enxerga bem. Na França, nunca faltarão homens inteligentes, capazes de traçar planos etc., mas faltarão homens de caráter e vigor, enfim, homens dotados do fogo sagrado.

[...] O que Nelson tem a mais que o engenheiro construtor não pode ser adquirido. É um dom da natureza. Reconheço todavia que um bom diretor de parque é perfeitamente útil, mas não me agrada recompensá-lo como àquele que derrama o próprio sangue. Por exemplo, foi contra a vontade que nomeei Évain general.[95] O causador foi você. Não posso tolerar um general que progride num gabinete. Sei perfeitamente que são necessários generais que nunca viram arder uma escorva, mas isto me repugna. [...] Estimo apenas aqueles que fazem a guerra.[96]

# 4. Do perigo na guerra

**Preocupações e perigos**

Na véspera dos combates, os homens experimentam sentimentos especiais. Napoleão achou que eles estavam bem expressos na *Ilíada*:

> Homero deve ter guerreado: ele se mostra verdadeiro em todos os detalhes de seus combates. Invariavelmente, temos a imagem da guerra. Na noite que antecede o combate de...,[1] parece que eu estou na véspera de Iena e Austerlitz.
>
> São as mesmas preocupações quanto ao grande acontecimento que vai chegar, os sentimentos que o agitaram e que são experimentados por todos os militares. O terreno está sempre à nossa frente. É a pintura da verdade.[2]

O perigo imediato impõe-se aos soldados. O chefe às vezes precisa enxergar mais longe:

> [...] é que os homens só pensam em evitar um perigo presente, sem se preocupar com a influência que seu comportamento possa ter nos acontecimentos posteriores; é que a impressão de uma derrota só se apaga da mente do homem comum gradualmente, com o tempo.[3]

O perigo na guerra é um fator de igualdade entre os homens:

> [...] nada é mais propiciador da igualdade que a guerra, em que todos têm o mesmo destino, correm os mesmos riscos.[4]

O general em chefe deve mostrar que se expõe ao perigo. É o que Napoleão escreve a seu irmão Joseph, de partida para comandar o exército de Nápoles:

> Não dê ouvidos aos que pretenderem mantê-lo longe do fogo; você precisa mostrar seu valor. Se a oportunidade se apresentar, exponha-se ostensivamente. Quanto ao verdadeiro perigo, está em toda parte na guerra.[5]

Napoleão de fato adotou essa conduta. Nenhum monarca de sua época se expunha ao fogo como ele. Na embarcação que o trazia da ilha de Elba, ele deu a seguinte explicação a seu *entourage*:

> Poucos homens, diz ele, exerceram mais que eu uma grande ascendência sobre as massas, mas seria uma tolice levar-me a dizer que tudo está escrito nessa questão e que, caso se apresentasse diante de mim um precipício, eu não deveria desviar-me para não cair nele. Minha convicção é a de qualquer ser razoável, que na guerra, onde o perigo é em quase toda parte igual, não se deve deixar uma posição sabidamente perigosa para se mover para um lugar onde a morte também nos possa espreitar, e se conformar com o próprio destino. Bem assentados nessa ideia, tornamo-nos senhores de nossa coragem e sangue-frio, o que é transmitido aos homens que temos sob nossas ordens; o mais poltrão deles se exaltará na coragem.[6]

Os perigos enfrentados no mar não são os mesmos que em terra:

> A guerra terrestre consome em geral mais homens que a de mar; é mais perigosa. O soldado de mar, numa esquadra, só combate uma vez numa campanha, o soldado de terra combate diariamente. O soldado de mar, quaisquer que sejam os esforços e perigos ligados a

LIVRO I — A NATUREZA DA GUERRA

esse elemento, os enfrenta em muito menor número que o de terra: nunca passa fome, sede, sempre tem a seu dispor seu alojamento, sua cozinha, seu hospital e sua farmácia. Os exércitos de mar, nos serviços da França e da Inglaterra, nos quais a disciplina mantém a limpeza, e nos quais a experiência levou ao conhecimento de todas as medidas necessárias para conservar a saúde, têm menos doentes que os exércitos de terra. Independentemente do perigo dos combates, o soldado de mar enfrenta o das tempestades; mas a arte de tal maneira diminuiu esse risco que ele não pode ser comparado aos de terra, como a sublevações populares, os assassinatos parciais, as surpresas das tropas leves inimigas.[7]

Em sua longa carreira militar, Napoleão se expôs pessoalmente aos perigos da guerra; não sofreu nenhum ferimento grave, mas várias vezes passou perto da morte. No cerco de Toulon, ele foi ferido no rosto (15 de novembro de 1793), atirado no chão pela corrente de ar deslocada por uma bala de canhão (16 de dezembro) e atingido por uma baioneta ou lança na coxa esquerda (17 de dezembro).[8] A 23 de abril de 1809, diante de Regensburg, foi atingido por uma bala no calcanhar. Embora não fosse profundo, o ferimento revelou-se muito doloroso.[9] A 6 de julho do mesmo ano, em Wagram, um obus explodiu diante de seu cavalo. Um outro atingiu levemente o general Oudinot, ao seu lado.[10] Na batalha de Arcis-sur-Aube, a 20 de março de 1814, o imperador estava indicando pontos a serem ocupados quando um obus caiu bem na frente da vanguarda de uma companhia. Para mostrar que nada temia, Napoleão conduziu seu cavalo até o obus e o manteve imóvel perto do projétil fumegante. Este explodiu, o cavalo foi dilacerado, tombou em meio à fumaça com o cavaleiro, que se levantou ileso e subiu numa nova montaria.[11] Esta relação de episódios não é exaustiva. No total, Napoleão teria tido dezoito cavalos mortos ou feridos quando os montava.[12] Em Santa Helena, ele dissertaria sobre os riscos corridos pelos generais:

> Há homens que são felizes na guerra. Desde o Império, Murat nunca foi ferido,[13] e diariamente dava estocadas na vanguarda. Ney nunca foi ferido. Masséna nunca foi ferido. Eu não fui ferido gravemente,

quando me atingiram diante de Regensburg. Essa ligeira contusão me deixou febril. Se nesse dia tivesse sido necessário entrar em batalha, provavelmente eu não teria sido o que fui em outras circunstâncias. Assim é o homem: uma indisposição influencia sua cabeça.

Eu estava com a perna estendida no palácio do arquiduque Maurice em Regensburg quando recebi uma deputação da Suíça. Estava de péssimo humor. Sentia dores.

Em nossas batalhas, os generais ficam muito mais expostos que em outras épocas; quando os combates eram com armas brancas, eles só podiam ser feridos de perto. Não se sabe que Alexandre o tenha sido. Hoje, uma menina de quinze anos, vestida de hussardo, mata um herói, o homem mais vigoroso. O canhão não poupa ninguém. Praticamente não houve batalhas em que não morresse alguém em meu grupo. Quando às vezes eu me aproximava de uma trincheira, num momento de crise, a coisa não era agradável a quem a comandava: "O imperador acaso pensa que precisamos de sua presença para cumprir nosso dever?"

O heroísmo de um soldado não é o de um capitão, o de um capitão não é o de um divisionário, o do general divisionário não é o de um general em chefe. Se o general em chefe for morto ou ferido, certamente muda a situação do dia, ou pelo menos terá probabilidade de ser mudada. Ele não deve, portanto, expor-se inutilmente.[14]

Esta última frase nuança ou esclarece o conselho dado anteriormente a Joseph.

## A morte, o luto

Um dos piores dilemas morais enfrentados por Napoleão na guerra foi o das vítimas da peste em Jafa em março de 1799. A situação pode se repetir em qualquer época da história, e nos lembra de certos *westerns* e filmes de guerra americanos. Na impossibilidade de transportar os soldados doentes e para evitar que, caindo nas mãos dos turcos, eles fossem submetidos a terríveis torturas, o general Bonaparte provavel-

LIVRO I — A NATUREZA DA GUERRA

mente mandou administrar-lhes veneno para que morressem sem dor, como relata Bertrand:

> Cabe lembrar que se tratava de não deixar os prisioneiros nas mãos dos turcos, que nas doze horas que lhes restassem de vida haveriam de cortar-lhes as partes, fazê-los ingerir chumbo derretido... etc. Acontece que, caso se tratasse de minha mulher ou de meu filho, eu me teria comportado da mesma forma, caso estivesse na impossibilidade de retirá-los dali, pois o primeiro princípio da caridade é fazer ao outro aquilo que gostaríamos que nos fizessem [...]. Nessa questão, não devemos consultar civis, mas militares. Perguntem ao 53°. Eles responderiam de uma só voz.[15]

O 53° de infantaria britânico estava incumbido nessa ocasião da guarda do prisioneiro de Santa Helena. A menção do sentimento dos militares de outra nacionalidade mais uma vez dá testemunho dessa proximidade de Napoleão com todos os homens da profissão. A ausência de hesitação de sua parte no momento de tomar a decisão em Jafa sempre poderá dar margem a discussão. Ele não estava preocupado com a moral dominante nem com os ensinamentos da Igreja ao tomar a decisão que, sinceramente, considerava a menos penosa para seus homens.

A morte em combate é uma questão que todo soldado pode esperar enfrentar. Não nos cabe aqui analisar profundamente os sentimentos de Napoleão a esse respeito, mas incontestavelmente havia nele certo fatalismo.[16] Como já pudemos ver em certas citações e voltaremos a ver em seguida, se sua maneira de guerrear não poupava os homens, ele achava sinceramente que as operações rápidas evitavam maiores sofrimentos. Com frequência defrontando-se com a morte de homens próximos, havia vezes em que ele deixava transparecer sua compaixão. Sabemos da profunda impressão que lhe causou o espetáculo do campo de batalha de Eylau após o terrível confronto de 8 de fevereiro de 1807. Ele fez então este comentário:

> Um pai que perde os filhos não saboreia encanto algum da vitória. Quando o coração fala, a própria glória não oferece mais ilusões.[17]

Ele escreve a Josefina:

> Minha amiga, continuo em Eylau. A região está coberta de mortos e feridos. Não é a parte bela da guerra; nós sofremos, e a alma fica oprimida por ver tantas vítimas.[18]

A 26 de junho de 1813, em Dresden, Napoleão mostrou outra face ao príncipe Metternich. Segundo as memórias do diplomata austríaco, o imperador bradou, é verdade que num momento de raiva:

> Eu cresci nos campos de batalha, e um homem como eu pouco está ligando para a vida de um milhão de homens.[19]

Em Santa Helena, ele dá a entender que acabara se acostumando a essa convivência com a morte:

> É verdade que a ideia de Deus é uma ideia perfeitamente natural. Em todos os tempos, em todos os povos, ela existiu. Mas morremos tão rapidamente, na guerra eu vi tantas pessoas morrerem de repente e passarem com tanta rapidez do estado de vida ao de morte, que me familiarizei com a morte.[20]

Em outro momento, ele esclarece, falando de um livro do naturalista Buffon:

> O que ele diz da morte é certo. Ela não é pavorosa, pois cinco sextos [dos homens] morrem sem sofrer, e mesmo aqueles que parecem sofrer na agonia sofrem pouco, pois os que dela voltaram não se lembravam. A máquina é então desorganizada e não se sente tanta dor quanto se imagina, pois ela não deixa traços. Carlos XII levou a mão à espada, segundo se diz, quando uma bala de canhão ou uma bala o feriu mortalmente.[21] A dor não era tanta, portanto, que lhe tirasse o desejo de se defender, ela não era extrema.[22]

LIVRO I — A NATUREZA DA GUERRA

Devemos a Napoleão algumas das mais belas cartas de condolências já escritas:

> O seu sobrinho Elliot foi morto no campo de batalha em Arcole. Esse jovem se havia familiarizado com as armas, várias vezes marchou à frente das colunas; seria um dia um oficial estimável. Morreu gloriosamente e diante do inimigo; não sofreu um só instante. Que homem sensato não sentiria inveja de uma morte como esta? Quem é aquele que, nas vicissitudes da vida, não optaria por deixar assim um mundo tantas vezes desprezível? Quem de nós não lamentou cem vezes não ter se livrado, assim, dos efeitos poderosos da calúnia, da inveja e de todas as paixões odiosas que parecem orientar quase exclusivamente o comportamento dos homens?[23]

> Seu marido foi morto com um tiro de canhão, combatendo a bordo. Morreu sem sofrer, da morte mais suave, a mais invejada pelos militares.
> Sinto vivamente a sua dor. O momento que nos separa do objeto que amamos é terrível; ele nos isola da terra; leva o corpo a sentir as convulsões da agonia. As faculdades da alma são aniquiladas; ela só preserva relações com o universo através de um pesadelo que tudo altera. Sentimos nessa situação que, se nada nos obrigasse a viver, muito mais valeria morrer. Entretanto, quando, depois desse primeiro pensamento, apertamos os filhos contra o coração, lágrimas, sentimentos ternos reanimam a natureza, e vivemos pelos filhos; sim, senhora, haverá de chorar com eles, de formar sua infância, de cultivar sua juventude; haverá de lhes falar do pai, de sua dor, da perda que sofreram, da que atingiu a República. Depois de vincular sua alma ao mundo através do amor filial e do amor materno, dê algum valor à amizade e ao vivo interesse que sempre terei pela mulher de meu amigo. Esteja certa de que há homens, em pequeno número, que merecem ser a esperança da dor, pois eles sentem calorosamente as aflições da alma.[24]

Essa peça de eloquência, notável em seu sentimento de humanidade, evidencia uma profunda sensibilidade. Raramente encontramos palavras tão justas para consolar de um luto. Napoleão entendia o sofrimento dos outros. Várias vezes lhe ocorreu de chorar depois de uma batalha. Ele também contribuiu muito para o desenvolvimento de uma retórica do heroísmo militar e da morte gloriosa. Se o brutal derramamento de sangue da Primeira Guerra Mundial sem dúvida acabou para sempre com a credibilidade desse tipo de discurso na Europa Ocidental, não devemos nos enganar de época. No fim do século XVIII e no início do século XIX, a vida era tão dura e sua expectativa de tal maneira mais curta que a morte em combate podia se apresentar como uma saída, senão invejável, pelo menos aceitável.

# 5. Do esforço físico na guerra

## Doenças, cansaço e privações

No fim de sua primeira campanha na Itália, o general Bonaparte escreve:

> Minha saúde está completamente deteriorada, e a saúde é indispensável, nada podendo substituí-la na guerra.[1]

Quatro dias depois da batalha de Eylau, o marechal Lannes, doente, recebe estas palavras:

> Augereau estava tão doente que não podia mais montar a cavalo; mas insistiu em fazê-lo, por zelo; na guerra, contudo, é necessário ter saúde, pois precisamos montar uma parte da noite para resolver nossas questões. Trate portanto de se curar, para poder reassumir o seu comando dentro de uma quinzena.[2]

Como sabemos, Napoleão, em campanha, era capaz de dormir onde e quando quisesse, e não precisava de muitas horas de sono. Era à noite que ele tomava suas grandes decisões. Ao longo dos anos, todavia, foi tomado pela fadiga, e já não cavalgava tanto durante a noite:

É sobretudo à noite que um general deve trabalhar. Se ele se cansar inutilmente durante o dia, ficará prostrado pela fadiga. Em Vitória, fomos derrotados porque Joseph dormia demais.[3] Se eu tivesse dormido na noite de Eckmühl, não teria feito a bela manobra que foi a mais [bela] que já fiz.[4] Com cinquenta mil homens, derrotei cento e vinte mil. Multipliquei-me através de minha atividade. Despertei Lannes dando-lhe pontapés, de tal maneira estava adormecido. Um general em chefe não deve dormir. Ah, meu Deus!, talvez a chuva de 17 de junho tenha influenciado mais que supomos na derrota de Waterloo. Se eu não estivesse tão cansado, teria passado a noite em montaria. Os acontecimentos aparentemente menores muitas vezes têm os maiores resultados.[5]

A partir da campanha de 1812, Napoleão sentiria muito mais o cansaço da guerra. No trenó que o trazia de volta da Rússia, ele confidenciaria a Caulaincourt:

Estou ficando pesado e gordo demais para não querer repousar, para não precisar disso, para não considerar como uma grande fadiga o deslocamento, a atividade exigida pela guerra. Meu físico necessariamente tem, como nos outros homens, influência sobre o meu moral.[6]

A guerra é sinônimo de cansaço e também de privações, tanto mais que os armazéns não conseguem acompanhar o ritmo das marchas rápidas inauguradas já na primeira campanha da Itália, sendo portanto necessário "viver localmente", tratando de improvisar. Os veteranos o sabem perfeitamente quando o Primeiro Cônsul dirige-se a eles no dia em que a Constituição do ano VIII é promulgada:

Não há entre vocês ninguém que não tenha feito várias campanhas, que não saiba que a qualidade mais essencial de um soldado é saber suportar as privações com firmeza.[7]

LIVRO I — A NATUREZA DA GUERRA

Aos conselheiros de Estado, durante uma sessão em Paris, Napoleão diz certo dia:

> Senhores, a guerra não é uma profissão de rosas; só a conheceis aqui, em vossos bancos, pela leitura dos boletins ou pelo relato de nossas vitórias. Não conheceis nossos acampamentos, nossas marchas forçadas, as privações de todos os tipos, os sofrimentos de todas as espécies. Pois eu os conheço, pois os vejo e às vezes os compartilho.[8]

Para Clausewitz, "se só fosse possível dar uma opinião sobre fatos de guerra transido de frio, morto de calor ou de sede ou arrasado pelas privações e pelo cansaço, certamente haveria ainda menos opiniões objetivamente justas, mas pelo menos elas o seriam subjetivamente, isto é, refletiriam a exata relação entre a pessoa que julga e o objeto de seu julgamento".[9]

O esforço físico é de tal ordem na guerra que não se deve entrar nela depois de certa idade. Em janeiro de 1813, de volta da Rússia, o imperador exclama diante do conde Molé:[10]

> Ah!, acredite-me, Sr. Molé, a partir dos trinta anos começamos a estar menos preparados para fazer a guerra. Alexandre morreu antes de pressentir o declínio.[11]

Os recrutas eram convocados aos vinte anos para prestar serviço durante cinco anos:

> Seria conveniente ampliar para dez anos a duração do serviço, ou seja, até a idade de trinta anos, cinco dos quais no serviço ativo e cinco na reserva. É dos vinte e cinco aos trinta[12] que o homem está em plena força, e é portanto a idade mais favorável para a guerra. Devemos por todos os meios estimular os soldados a permanecer no exército; o que será conseguido mostrando-se grande consideração pelos velhos soldados [...].[13]

## Cuidar dos homens

Em várias oportunidades, Napoleão recomendou aos seus oficiais que cuidassem bem de seus homens:

> O general em chefe comunica aos oficiais incumbidos de comandar destacamentos que levará à corte marcial aqueles que não se mostrarem solícitos com todos os homens sob suas ordens. Há que esperar os retardatários, e a preocupação de um chefe é marchar com todos os seus homens reunidos.[14]

> É necessário que se certifiquem da boa apresentação e da boa administração dos corpos de seu exército; não devem estar sempre recorrendo aos chefes de brigada, mas ir ao encontro do soldado e, se ele tiver queixas, fazer-lhe justiça.[15]

> Recomendem novamente ao marechal Jourdan que cuide da saúde de suas tropas. É o inimigo mais perigoso que ele tem.[16]

> Com esta finalidade, o general Marmont deve criar, como eu fiz no exército da Itália, e disto ele haverá de se lembrar, pequenos quartéis de convalescença, arejados e salutares, para os quais enviará todos aqueles que saírem dos hospitais da Dalmácia, para, de lá, remetê-los em destacamentos de uma centena de homens para Cattaro e Ragusa, por via marítima. [...] Somente tomando constantemente esses pequenos cuidados é que se pode impedir a destruição de um exército. [...] A metade da arte da guerra consiste na arte de reformar rapidamente seu exército, de poupar deslocamentos inúteis e, por via indireta, a saúde do soldado.[17]

> Se houver homens cansados nessas diferentes colunas, envie-os para um hospital de convalescentes que tratará de montar em Berlim, deixando-os lá durante cerca de oito dias. Será possível assim salvar homens; e nos poupamos de doenças.[18]

LIVRO I — A NATUREZA DA GUERRA

Cuide para que os recrutas de passagem sejam bem-tratados no monte Cenis e tenham vinho. Trate de passá-los em revista ao chegarem a Turim, e permita, se preciso, que repousem por um, dois e três dias, quando estiverem cansados. É com esse tipo de cuidados que se conserva a saúde do soldado; dois ou três dias de repouso evitam que um homem cansado caia doente.[19]

Na época napoleônica, os soldados morrem com mais frequência de doenças que de um ferimento recebido em combate.[20] A necessidade de montar acampamento para as tropas em lugares salubres é uma preocupação constante de Napoleão:

Recomendo-lhe acima de tudo a saúde das tropas. Se elas forem instaladas em lugares insalubres, o exército vai-se fundir e reduzir-se a nada. Trata-se da primeira de todas as considerações de ordem militar.[21]

Mais vale enfrentar a batalha mais sangrenta que instalar as tropas num lugar insalubre.[22]

Aferre-se ao espírito da ordem que dei e afaste-se da letra. Um dia ou dois de distância nada são quando está em questão a saúde das tropas; regiões salubres antes de mais nada. De que servem homens doentes, sem qualquer utilidade, quando se apresenta o inimigo?[23]

# 6. A informação na guerra

O "gênio guerreiro" assentava numa enorme quantidade de informações reunidas e arquivadas na memória para contribuir para a decisão. Napoleão constantemente se informava, estivesse em Paris, em campanha ou em visita.[1] Gostava disso e sentia especial prazer em tomar conhecimento da exata condição de suas forças armadas:

> A boa situação de meus exércitos decorre do fato de me ocupar deles por uma ou duas horas diariamente, e quando mensalmente me são enviados os relatórios sobre minhas tropas e minhas frotas, que já formam cerca de vinte espessos libretos, deixo de lado qualquer outra ocupação para lê-los detalhadamente, para ver a diferença entre um mês e outro. Tenho mais prazer nessa leitura que uma mocinha na leitura de um romance.[2]

## Saber o que o inimigo está fazendo

É sempre difícil ter uma ideia do comportamento do inimigo. Deve-se desconfiar do que imaginam os teóricos, que raciocinam de forma excessivamente abstrata sobre o que o inimigo deveria fazer em função de seus interesses. Em Schönbrunn, em julho de 1809, pouco

## LIVRO I — A NATUREZA DA GUERRA

depois da batalha de Wagram, Napoleão diz a Jomini, que acaba de prestar-lhe contas sobre as operações na Galícia:

> É uma mania dos senhores táticos; eles supõem que o inimigo fará sempre o que deveria fazer! Mas, se assim fosse, ninguém teria coragem de dormir na guerra, pois seria este o momento mais oportuno para o inimigo atacar um exército.[3]

É sempre muito difícil avaliar a força numérica do exército que se tem pela frente:

> O difícil, na guerra, é avaliar a força do inimigo. É o instinto da guerra que permite [avaliá-la]. Não há bom senso na guerra, especialmente da maneira rápida como ela é feita hoje em dia. Isto era bom, no máximo, quando se ficava dois meses na mesma posição. O príncipe Carlos [da Áustria] levava oito dias para fazer o que eu fazia num quarto de hora.[4]
>
> Em Ligny, as opiniões variavam de uma pessoa a outra a respeito das forças do adversário. O bravo pequeno Gourgaud dizia que havia apenas 10.000 homens. Querendo saber que força de cavalaria eu tinha diante de mim, perguntei a Bernard:[5] "Quantos são eles?" "6.000 homens, senhor, temos aí 6.000 homens, no máximo seis esquadrões, o inimigo está de partida." "Bernard", dizia Gourgaud, está vendo a primeira linha, mas na floresta, cabe lembrar, há uma segunda linha." Cada um avalia segundo seu temperamento, suas possibilidades.
>
> Em Bautzen, enquanto eu examinava o campo de batalha, no dia seguinte, quando o inimigo já se desfizera de 30.000 homens, estávamos muito incertos se o inimigo era mais fraco. Alguns enxergavam posições a menos, outros viam o mesmo número de fogos. No fim das contas, não se discernia grande coisa. É o que torna tão difícil o ofício de general. É a diferença entre terra e mar. No mar, sabemos com que estamos lidando. Em terra, nunca se sabe.[6]

Seja como for, é em função do inimigo que a decisão é tomada:

> Na guerra, tomamos uma decisão diante do inimigo. Contamos sempre com a noite para nos preparar. O inimigo não se posiciona

sem ser reconhecido; mas não devemos calcular teoricamente o que queremos fazer, pois isto está subordinado ao que faz e fará o inimigo.[7]

Conhecer o adversário é essencial na guerra. Mas às vezes sua reputação não corresponde à realidade, como afirma o general Bonaparte ao Diretório a respeito do arquiduque Carlos da Áustria, depois de enfrentá-lo na Itália:

> Até então, o príncipe Carlos manobrou mais desajeitadamente que Beaulieu e Wurmser;[8] cometeu erros a cada passo, e erros extremamente grosseiros; o que lhe custou muito, mas lhe teria custado muito mais se sua reputação não me tivesse de certa maneira contido, nem me tivesse impedido de me convencer de certos erros que percebia, supondo-os ditados por objetivos que na realidade não existiam.[9]

Nesta frase complicada transparece um aspecto essencial da guerra, a interação e a retroação permanentes entre os adversários, tratando-se aqui da reputação de um dos generais em chefe mais famosos da época. Napoleão esclarece de que maneira se informava, durante as campanhas, sobre a posição do inimigo:

> Nos grandes movimentos, não podemos conhecer a posição do inimigo. Isto só se dá quando ele se encontra acampado, em posições onde permanece vários dias, e nunca quando está em marcha. Ou pelo menos não é neste caso [que é possível conhecê-la] pela espionagem. [...]
> Tomei conhecimento do ataque de Wurmser a Corona em minha carruagem [ao] me dirigir de Brescia a Peschiera com Josefina.[10] Um soldado, vendo a carruagem, desconfiou que fosse o general e me disse:
> — Ah! Aí está, tanto melhor! O senhor era esperado, sua presença é necessária. O senhor está bem, vá em frente!
> — Para onde?
> — Para Corona, lá estão em combate.
> — Você não sabe o que está dizendo.

LIVRO I — A NATUREZA DA GUERRA

— Oh! Fui ferido ao nascer do dia, estão em renhido combate, faz calor.

Eu entro em Peschiera. Vou ao encontro do general Guillaume:[11]

— Muito bem, estão combatendo em Corona.

— Não.

— Estão combatendo, sim. Você não viu esse soldado?

— Oh! Todo dia dizem a mesma coisa.

O soldado, considerando que o general fora informado, atravessara a cidade e prosseguira em seu caminho. Havia sido ferido e, depois de receber um curativo, voltava ao seu quartel.

Soldados feridos e vendedoras de víveres logo percorreram quatro a cinco léguas e chegaram com notícias. Assim foi que muitas vezes recebi notícias.

Eu montava meu quartel-general na bifurcação de um caminho, numa estrada, e fazia perguntas aos passantes. É esta a verdadeira espionagem: 1° interrogar os prisioneiros e desertores, esta é a melhor maneira. Eles conhecem a força de sua companhia, batalhão, regimento em geral, o nome do general comandante e até do general de divisão, os lugares onde dormiram, o caminho que percorreram. É assim que se passa a conhecer o exército inimigo; 2° os camponeses e viajantes. Tiramos proveito. Os viajantes estão sempre de passagem. Há também os que chegam; 3° as cartas interceptadas, sobretudo se são de um oficial de estado-maior, e nesse caso são importantes; mas as que mais habitualmente vêm a ser apreendidas são dos oficiais de tropa e de postos avançados, que sabem poucas coisas. Certamente, quando é possível saber da condição do exército, como Czernitchev,[12] é muito bom, mas raro.

Donde meu hábito de mandar acender uma fogueira de acampamento numa estrada, na saída de uma ponte, na entrada de uma aldeia, numa encruzilhada, para fazer perguntas.[13]

Aquele que comanda no mar não pode sair em busca de informações, como em terra:

[...] seria necessário que fosse o próprio general, como em terra, o primeiro a ter oportunidade de observar o inimigo; mas no mar o almirante nunca pode deixar seu exército, pois nunca estará certo de poder voltar ao seu encontro, uma vez tendo-o deixado.[14]

NAPOLEÃO BONAPARTE

E no entanto é a respeito da esquadra inglesa, de cuja dispersão tem conhecimento, que Napoleão escreve a seu ministro da Marinha, num momento em que ainda julga possível invadir as Ilhas Britânicas, esta frase igualmente válida para a guerra em terra:

> Nada proporciona mais coragem nem esclarece mais as ideias que conhecer bem a posição do inimigo.[15]

## Interrogatório de prisioneiros

O interrogatório de prisioneiros deve ser sistemático:

> É necessário diariamente fazer com que as vanguardas façam prisioneiros, em todas as direções que ameaçam o inimigo: é a maneira de ter notícias do inimigo; não há nenhuma outra mais eficaz.[16]

Num momento em que ainda não se deslocou para a Espanha para tomar as coisas nas próprias mãos, o imperador faz em agosto de 1808 as seguintes observações sobre a maneira de obter informações:

> Não temos informações sobre o que o inimigo faz. Sempre se diz que não é possível ter notícias, como se esta posição fosse extraordinária num exército, como se fosse habitual encontrar espiões. Na Espanha, como em qualquer outro lugar, é necessário enviar tropas de batedores para sequestrar o pároco ou o prefeito, um chefe de convento ou o diretor dos correios, e sobretudo todas as cartas, às vezes o responsável pelas carruagens de correios, ou quem exerce suas funções. Eles ficam detidos até falar, sendo interrogados duas vezes por dia; são mantidos como reféns e incumbidos de enviar viajantes a pé e de dar notícias. No momento em que se decidir tomar medidas de força e rigor, será possível obter notícias. É necessário interceptar os correios, as cartas.
>
> Pelo simples motivo de conseguir notícias, pode-se decidir formar um grande destacamento de 4.000 a 5.000 homens que, entrando numa grande cidade, se apoderem das cartas nos correios, dos cidadãos mais ricos, de suas cartas, documentos, gazetas etc.

LIVRO I — A NATUREZA DA GUERRA

Não resta dúvida de que, mesmo na linha dos franceses, os habitantes estão informados do que acontece; com mais forte razão ainda fora da linha. Que impede então de capturar os homens marcantes, levá-los e libertá-los depois, sem maltratá-los? Constata-se assim, quando não se está num deserto, mas numa região povoada, que se o general não está informado é porque não soube tomar as medidas convenientes nesse sentido. Os serviços prestados pelos habitantes a um general inimigo não o são por afeição, nem mesmo para receber dinheiro; os mais reais entre os obtidos são oferecidos para ter salvaguardas e proteções, para conservar os bens, a vida, a cidade, o mosteiro.[17]

Três dias depois, uma nova nota sobre as questões da Espanha retoma mais ou menos os mesmos argumentos. Fazer a guerra é antes de tudo obter informações:

Finalmente, é preciso fazer a guerra, vale dizer, obter notícias através dos párocos, dos prefeitos, dos chefes de conventos, dos correios; será possível então ficar perfeitamente informado.

As missões de reconhecimento que diariamente serão enviadas na direção de Soria, de Burgos, perto de Palencia, e para os lados de Aranda podem proporcionar três correios interceptados por dia, três relatórios de homens detidos, que serão bem tratados e libertados quando tiverem fornecido as informações desejadas. E então assistiremos à aproximação do inimigo; poderemos reunir todas as forças, impedi-lo de avançar e atacar seus flancos no momento em que ele estiver planejando uma ação ofensiva.[18]

Pode-se notar, nesses dois textos, que Napoleão exige que os homens interrogados não sejam maltratados. Há uma boa maneira de interrogar que consegue extrair informações. Em junho de 1809, Eugênio de Beauharnais ainda precisa melhorar nessa questão:

É inconcebível que um general de brigada capturado há seis dias ainda não tenha chegado a mim. O senhor julga ter tirado da situação todo o partido possível e tê-lo interrogado; mas se engana:

a arte de interrogar prisioneiros é um dos resultados da experiência e do tato na guerra. O que ele lhe disse pareceu-lhe perfeitamente indiferente; se eu o tivesse interrogado, teria extraído dele as maiores informações sobre o inimigo.[19]

Conceito também utilizado por Clausewitz, o "tato" designa uma aptidão intelectual adquirida pela prática. Graças a ele, é possível ter a reação mais adequada em qualquer situação nova ou urgente. Essa faculdade mental não é um simples impulso irracional, nem consequência de uma inspiração extraordinária. Decorre antes da experiência reflexiva.[20] As informações são obtidas com "tato", e nunca maltratando os prisioneiros, nem mesmo no Egito:

> O emprego bárbaro do espancamento de homens que supostamente teriam segredos importantes a revelar deve ser abolido. Já se reconheceu em todos os tempos que essa maneira de interrogar os homens, submetendo-os à tortura, não produz nenhum bem. Os infelizes dizem qualquer coisa que lhes venha à cabeça e tudo aquilo que percebem que se deseja saber. Em consequência, o general em chefe proíbe a utilização de um recurso reprovado pela razão e pela humanidade.[21]

O inimigo, por sua vez, não deve obter informações. Sabemos o quanto Napoleão controlava a imprensa. Vários críticos o censuraram por não transmitir seus planos a seus generais, mas ele sabia que os homens gostam de dar com a língua nos dentes. Transformou o segredo num verdadeiro estilo de comando. No início da campanha da Rússia, ele escreve ao irmão Jérôme:

> Não deve confidenciar-se com ninguém, nem mesmo com seu chefe de estado-maior.[22]

# 7. A fricção na guerra

## Acidentes, circunstâncias, atrasos

A fricção ou atrito designa, no pensamento de Clausewitz, o conjunto de imponderáveis, o acaso, os acidentes que sempre impedem que a guerra corresponda ao que estava previsto. Este aspecto foi particularmente frisado por Napoleão:

> Do triunfo à queda é apenas um passo. Pude constatar, nas maiores circunstâncias, que um nada sempre decidiu os maiores acontecimentos.[1]

> É preciso ter feito a guerra por muito tempo para entendê-la; é preciso ter empreendido um grande número de guerras ofensivas para saber que o menor acontecimento ou indício encoraja ou desencoraja, decide uma operação ou outra.[2]

> [...] na guerra, acontecimentos não calculados podem acontecer a cada quinze dias.[3]

> [...] é o destino das batalhas, muitas vezes, depender do menor acidente.[4]

Analisando Clausewitz, Alan Beyerchen explica estes comentários de Napoleão. A fricção remete à maneira como causas tão pequenas que chegam a ser imperceptíveis podem ampliar-se em tempo de guerra, a ponto de causar efeitos sérios e desproporcionais; e estes nunca podem ser previstos. As interações em todos os níveis, seja no interior dos exércitos ou entre os adversários, amplificam as microcausas até produzir macroefeitos inesperados. É impossível conseguir as informações precisas necessárias para prever esses efeitos.[5] Na guerra, não se pode deixar de abrir espaço para o acaso:

> Todas as expedições marítimas empreendidas desde que eu estou à frente do governo sempre fracassaram, porque os almirantes sofrem de visão dupla e enxergaram não sei onde que é possível fazer a guerra sem enfrentar nenhum acaso.[6]

> Em todas as coisas, é preciso deixar algo às circunstâncias.[7]

O que não impede que a intervenção do acaso seja reduzida ao mínimo pela previdência do general em chefe, como ele recorda a Murat, em março de 1808:

> Se tomo todas essas precauções, é porque meu hábito é nada entregar ao acaso.[8]

Voltaremos ao "gênio guerreiro" mencionado antes, capaz de calcular com precisão a incidência do acaso. Uma das mais importantes manifestações da fricção na guerra é o atraso. Ora, o elemento tempo é essencial:

> A perda de tempo é irreparável na guerra; as razões alegadas são sempre injustificadas, pois as operações só fracassam por causa dos atrasos.[9]

> Na política, como na guerra, o momento perdido não volta mais.[10]

> Numa guerra combinada como esta, os dias são da maior importância.[11]

LIVRO I — A NATUREZA DA GUERRA

Esta última frase foi escrita durante a campanha do outono de 1813, quando a guerra combinada atingiu seu mais alto grau de complexidade, pois dessa vez as massas eram de tal ordem que o imperador entregou vários corpos de exército a um marechal, criando o escalão "exército", ao passo que ele próprio, ao mesmo tempo que comandava o conjunto, se posicionava à frente de uma "massa de manobra" capaz de socorrer este ou aquele dos exércitos dos marechais. Desnecessário acrescentar que essa mudança não poderia deixar de aumentar a incidência da fricção nas operações. A expressão "guerra combinada" surgira na segunda metade do século XVIII, para designar as "altas partes da guerra", as que não podem ser reduzidas a uma abordagem geométrica, mas, recorre ao contrário, à dialética.[12]

Falando de fricção, Clausewitz também se refere à confusão gerada pelo rumor e pelos boatos. A expressão "névoa da guerra" remete menos à falta de informação que à maneira como a distorção e o excesso de informações geram incerteza quanto à situação real.[13] Não se deve dar crédito a todas as informações obtidas, nem muito menos ao primeiro boato. Também aqui é uma questão de tato. Napoleão tenta fazê-lo entender aos subordinados menos habituados às grandes responsabilidades: seu irmão Joseph em 1808, os generais Lauriston e Arrighi de Casanova, duque de Pádua,[14] em 1813:

> Na guerra, os espiões, as informações de nada valem; fiar-se neles seria expor a vida dos homens a cálculos sem fundamento.[15]

> O senhor anda rápido demais e se alarma com excessiva facilidade; está dando crédito demais aos boatos. É necessário ter mais calma na direção das questões militares, e, antes de dar crédito aos relatos, é preciso discuti-los. O que os espiões e agentes dizem, sem terem visto com os próprios olhos, de nada vale, e muitas vezes, quando chegaram a ver, não é grande coisa.[16]

> Não se deve dar o alarme de maneira leviana; não devemos deixar-nos apavorar por quimeras, mostrando maior firmeza e discernimento.

Escreva ao duque de Pádua para dizer-lhe que se alarma com excessiva facilidade, mostrando-se por demais inclinado a dar ouvidos a todos os boatos falsos espalhados pelo inimigo. Não é assim que deve agir um homem experiente: será preciso ter mais sangue-frio.[17]

Clausewitz generaliza a afirmação de Napoleão: "As notícias chegadas em tempo de guerra são em grande parte contraditórias, e falsas em parte ainda maior; e as mais numerosas são de longe razoavelmente duvidosas. O que se pode a este respeito solicitar ao oficial é certo discernimento que só pode ser adquirido graças à competência psicológica e profissional e à capacidade de avaliação."[18]

## Tirar partido do momento

Cabe esperar que a fricção seja superada pelo senso de pertinência, indispensável no chefe militar:

Há sempre um chefe no exército. Quando o chefe se ausenta, outro comanda em seu lugar. Não se pode recomendar-lhe que não combata se seus forrageiros forem atacados. Ele terá de apoiá-los. A guerra é uma questão de momento.[19]

É possível tirar partido da fricção, como relata Las Cases:

Ele dizia que a guerra era composta apenas de acidentes, e que, apesar de obrigado a obedecer a princípios gerais, um chefe nunca podia perder de vista tudo aquilo que fosse capaz de deixá-lo em condições de se prevalecer desses acidentes. O homem comum daria a isto o nome de ventura, e no entanto seria privilégio do gênio...[20]

Todos os grandes acontecimentos invariavelmente dependem de um fio de cabelo. O homem hábil de tudo se aproveita, nada negligencia daquilo que pode dar-lhe algumas chances a mais; o homem menos hábil, desprezando às vezes uma só delas, põe tudo a perder.[21]

LIVRO I — A NATUREZA DA GUERRA

Reencontramos o gênio guerreiro. Napoleão revelou ter refletido por muito tempo sobre as interações entre o acaso e as circunstâncias históricas:

> Sempre gostei de apreciar os acasos que se misturam a certos acontecimentos.[22]

Um grande general tentará tirar vantagem dos efeitos desproporcionais e das situações imprevisíveis gerados pela não linearidade.[23] Jean Guitton fala de um general que de certa maneira atrai os riscos por ter em seu gênio a faculdade do contra-aleatório.[24] É preciso agarrar o momento, pois talvez ele não volte a se apresentar:

> Aproveite os favores da sorte, quando seus caprichos lhe forem favoráveis; tema suas mudanças de humor, pois ela é mulher.[25]

> O sucesso na guerra, prosseguiu ele, de tal maneira depende do golpe de vista e do momento que a batalha de Austerlitz, uma vitória tão completa vencida, teria sido perdida se eu tivesse sido atacado seis horas antes.[26]

Mais uma vez, trata-se de uma questão de tato. É preciso aprender a enxergar com clareza em meio à "névoa da guerra":

> Antes de fazer um movimento, é preciso ver com clareza, e foi por ter percebido que o senhor agia com demasiada rapidez, e antes de se dar conta do desenvolvimento dos projetos dos inimigos, que eu proibi minhas tropas de deixarem Hanau. A experiência haverá de lhe ensinar a diferença entre os rumores que o inimigo espalha e a realidade. Jamais, nestes dezesseis anos em que venho exercendo o comando, dei alguma contraordem a um regimento, pois sempre espero que uma situação amadureça e que eu possa conhecê-la bem antes de proceder a manobras. Minhas tropas só sairão de Hanau quando eu souber o que elas deverão fazer.[27]

Em abril de 1809, o príncipe Eugênio entrega fácil demais o norte da Itália aos austríacos. Não se deve antecipar-se ao inimigo, cedendo-lhe o que ele não exige. O inimigo não conhece exatamente a situação em que se está. A fricção aqui representa uma vantagem, que não deve ser perdida:

> O Piave era uma linha suficientemente boa para que se tentasse preservá-la. Os austríacos estão tão pouco acostumados a fazer a guerra assim que se espantaram ao constatar que o senhor não conservava a linha de Livenza, que era uma boa linha de arregimentação para os nossos; de modo que não entendem que o senhor tenha abandonado o Piave. Na guerra, vemos os nossos males e não vemos os do inimigo; é preciso dar mostra de confiança.[28]

## Adaptar as ordens às circunstâncias

Levando em conta a fricção, Napoleão contou muito mais do que se costuma dizer com a capacidade de seus subalternos de decidir em função das circunstâncias. Várias ordens dadas em campanha vão nesse sentido:

> De resto, dar-lhe-ei de acordo com os acontecimentos que se apresentarem todas as instruções necessárias, na certeza de que, em quaisquer circunstâncias, venha a agir em função do espírito da guerra que combatemos.[29]

> O senhor deve sentir, general, que na distância em que se encontra, e com a sua patente, não é uma ordem literal que deve fazê-lo mover-se, mas o volume dos acontecimentos.[30]

> Senhor duque de Feltre, as instruções que deu para a marcha do comboio de Barcelona são demasiado precisas. Cabe permitir que o general Baraguey d'Hilliers[31] venha a modificá-las de acordo com as circunstâncias. Recomende-lhe que faça chegar o comboio a Barcelona, mas escolhendo bem o momento. Cinco batalhões, que não

LIVRO I — A NATUREZA DA GUERRA

chegam a somar 2.000 homens, talvez não sejam suficientes para ir a Barcelona. Ordens dessa natureza, quando provêm do ministério, devem ser cumpridas de forma vaga e circunspecta. Minhas tropas devem ser poupadas, e é necessário evitar qualquer chance de comprometê-las. Seria uma perda irreparável se esses cinco batalhões de excelentes tropas viessem a amargar um fracasso.[32]

Em 1812, na Rússia, as distâncias são maiores que nunca entre os componentes do Grande Exército. Berthier deve então explicar a Jérôme, rei da Vestfália, no comando de um grupo de três corpos de exército e um corpo de cavalaria, que não podem ser dadas ordens precisas demais:

Diga-lhe que a carta que lhe enviou a 10 esclarece suficientemente minhas intenções; mas que estamos de tal maneira afastados que hoje cabe a ele manobrar, de acordo com as circunstâncias, no espírito geral de suas instruções.[33]

Berthier escreve a mesma coisa pouco mais tarde ao marechal Macdonald:

O imperador não lhe pode dar ordens positivas, mas apenas instruções gerais, pois o afastamento já é considerável e vai se tornar ainda maior.[34]

# Conclusão do livro I

Clausewitz participou de quatro campanhas comandadas por Napoleão: as de 1806, 1812, 1813 e 1815. Em 1806, Clausewitz é capitão e ajudante de campo do príncipe Augusto da Prússia. Em 1812, tendo-se demitido do exército prussiano, serve como tenente-coronel em diversos estados-maiores russos. É oficial de ligação russo junto ao estado-maior de Blücher em 1813, e depois chefe de estado-maior de um corpo multinacional de 22,6 mil homens. Só volta a vestir o uniforme prussiano em 1815, como coronel e chefe de estado-maior do 3º corpo.[1] Ele se viu diante de Napoleão apenas em quatro grandes batalhas: Moskova (Borodino), Lützen, Bautzen e Ligny. Ao chegarmos ao fim deste primeiro livro, contudo, causa impressão a semelhança das considerações dos dois sobre o que é a guerra. Ela é uma coisa séria envolvendo derramamento de sangue. Não se deve tapar os olhos. Se é fato que as nações civilizadas introduziram certas regras, por outro lado o conceito de guerra em si mesmo está em tensão com o de humanidade. A guerra em si não pode ser feita "com água de rosas", mas na prática a Europa moderna já não combate com a ferocidade de épocas antigas. Esta, contudo, sempre pode ressurgir, como aconteceu na Vendeia. Nas circunstâncias em que se encontrava a França do Consulado e do Império, o próprio Napoleão reconheceu que seu regime precisava de êxitos militares para se manter. São circunstâncias ligadas aos abalos da Revolução, mas a própria personalidade de Napoleão se adequava à agitação da guerra.

Mais que Clausewitz, Napoleão se preocupava com as relações entre a guerra e o direito, pois era um chefe de Estado em busca de legitimidade, mas também porque certamente guardara algo de seu pai

LIVRO I — A NATUREZA DA GUERRA

jurista e de sua cultura latina. Ele se escorava no direito para justificar o saque de uma cidade tomada de assalto ou a proibição de capitular em campos abertos. Ficava revoltado com as liberdades tomadas pelos britânicos e com o vazio jurídico que prevalecia nos mares. Clausewitz não chega a abordar essas dimensões, mas se aproxima de Napoleão no que diz respeito ao "gênio guerreiro" e às qualidades do general em chefe. Este deve calcular muito e ao mesmo tempo abrir espaço para o acaso. A força de caráter é mais importante que as sutilezas da inteligência, embora estas possam ser valiosas. Um chefe deve saber decidir na incerteza e dar mostra de coragem moral superior, a coragem "das duas horas depois da meia-noite". Para o general britânico Riley, combatente no Iraque e no Afeganistão no início do século XXI, a essência da concepção napoleônica do generalato continua válida: numa organização militar, o general é o homem capaz de apreender toda a problemática em causa em sua globalidade, de definir o que é passível de conduzir à decisão, de aplicá-la e modificar a situação de forma vantajosa para vencer. Riley também considera que a tomada de decisão intuitiva de Napoleão convém mais que nunca às guerras contemporâneas: um general que seguisse cegamente os procedimentos e se deixasse submergir pela onda de informações oferecidas pelos sistemas de inteligência atuais ficaria prisioneiro desses processos e esquemas rígidos supostamente capazes de tudo prever. Deixar de lado a liderança instintiva significa escorar-se exclusivamente na tecnologia e no puro raciocínio. Numa atividade competitiva como a guerra, na qual está em jogo a sobrevivência, seria não só antinatural mas extremamente perigoso.[2]

A guerra está cheia de perigos. Nela, a morte ronda, e é preciso acostumar-se. Ela é feita de cansaço e privações. Napoleão certamente não fez o suficiente para aliviar o sofrimento de seus soldados — que chefe poderia estar certo de ter feito o máximo? —, mas sua correspondência dá mostra de empenho nessa questão, especialmente a respeito dos acampamentos em lugares salubres. A informação é indispensável à guerra, pois ela só pode ser conduzida em função do que o inimigo está fazendo. As informações são obtidas com tato e avaliadas com "certo discernimento que só pode ser adquirido graças à competência psicológica e profissional e à capacidade de avaliação".[3] A guerra está cheia de imprevistos e nada se realiza de acordo com o plano inicial. O chefe hábil deve prevalecer-se desses acidentes e aproveitar os favores da sorte, pois eles não se apresentam duas vezes. A experiência ensina a enxergar com clareza em meio à névoa. "Na escuridão, a pupila do olho se dilata e absorve a pouca luz existente, de tal modo que aos poucos o olho consegue distinguir mais ou menos os objetos e acaba se situando muito bem. O mesmo acontece com o soldado treinado na guerra, ao passo que para o aprendiz é tudo uma noite escura."[4]

# LIVRO II  A teoria da guerra

Napoleão inventou uma nova prática da guerra. Foi o primeiro a se mostrar capaz de dirigir grandes massas de homens para um objetivo preciso: deixar os exércitos inimigos fora de combate em tempo recorde. Para esse homem de ação, a teoria da guerra não era a principal preocupação, embora ele tivesse lido algumas obras sobre o tema em sua juventude. O conde Jacques de Guibert era na época o teórico mais em vista. Em seu *Essai général de tactique* (1772), ele enfatizava a rapidez nas operações e a possibilidade de separar o exército em vários corpos durante as marchas, para voltar a reuni-los no ponto em que se desse a batalha. Napoleão releu Guibert em Santa Helena e fez comentários sobre outros teóricos. Não tinha especial inclinação para classificações e definições, mas distinguia diferentes níveis na arte da guerra.

# 1. Divisão da arte da guerra

## Tática, grande tática, grandes operações

Napoleão deu em Santa Helena esta definição da tática, relatada por Gourgaud:

> Lagrange[1] disse certo dia a Sua Majestade que considerava que a tática era a arte de levar a combate homens que não o desejavam. S.M. respondeu que a tática era a arte de conduzir à ação, com a maior vantagem, o mais prontamente possível e na maior obediência, simultaneamente, um grande número de indivíduos armados.[2]

Para Clausewitz, a tática era "a teoria relativa ao emprego das forças armadas em combate", e a estratégia, "a teoria relativa ao emprego dos combates a serviço da guerra".[3] Peter Paret frisou que as definições de Clausewitz não eram descritivas, mas funcionais: levam em consideração o objetivo e os meios e podem ser aplicadas a todos os períodos e a todos os tipos de conflitos armados.[4] De alcance mais restrito, a definição napoleônica da tática também é funcional. O que está em questão são o objetivo e os meios. A tática implica ordem. Recorre à inteligência, ao conhecimento e à organização:[5]

NAPOLEÃO BONAPARTE

> Dois mamelucos faziam frente a três franceses, pois estavam mais bem armados, montados, treinados, tinham dois pares de pistolas, um bacamarte, uma carabina, um capacete com viseira, um colete de malha, vários cavalos, vários homens a pé para servi-los. Mas 100 cavaleiros franceses não temiam 100 mamelucos; 300 não temiam 400; 600 não temiam 900, e dez esquadrões dispersavam 2.000 mamelucos, tão grande é a influência da tática, da ordem e das evoluções! Os generais de cavalaria Murat, Lasalle e Leclerc se apresentavam aos mamelucos em três linhas e uma reserva: no momento em que a primeira estava a ponto de ser sobrepujada, a segunda avançava por esquadrão à direita e à esquerda em batalha; os mamelucos mudavam de rumo para sobrepujar essa segunda linha, que tratava de investir contra eles assim que era prolongada pela terceira; eles não conseguiam fazer frente a esse choque e se dispersavam.[6]

A tática é ensinada em disposições chamadas "escolas", que correspondem a um tipo de unidade:

> A cavalaria precisa mais de ordem, de tática, que a própria infantaria; além disso, precisa saber combater a pé, estar treinada na escola de pelotão e de batalhão.[7]

Como Guibert e Jomini no início da carreira, Napoleão valeu-se da expressão "grande tática" para evocar o que Jomini viria em seguida a chamar de grandes operações, vale dizer, os movimentos combinados das grandes unidades de um exército, divisões, depois corpos, concorrendo para um mesmo objetivo. Esses movimentos se realizam antes e depois da batalha, induzindo-a e permitindo explorar seus resultados. Estabelece-se assim uma continuidade entre as marchas ou manobras, os combates e a perseguição. Esse encadeamento foi a contribuição essencial de Napoleão à arte da guerra. O nível da grande tática adquiriu no século XX o nome de arte operativa ou operacional.[8] Os marechais do Império muitas vezes se mostravam excelentes no campo de batalha, mas não raro não entendiam a grande tática. O marechal Lannes talvez o tivesse conseguido:

LIVRO II — A TEORIA DA GUERRA

Ele não tivera muita educação, a natureza fizera tudo. Era superior a todos os generais do exército francês no campo de batalha quando se tratava de manobrar 15.000 homens. Ainda era jovem e se aperfeiçoou; talvez tivesse chegado a se tornar hábil até mesmo na grande tática.[9]

Napoleão denegria com insistência o general Moreau, por ter sido seu rival na glória e depois seu adversário político. Moreau derrotara os austríacos em Hohenlinden a 3 de dezembro de 1800, de forma mais decisiva que o Primeiro Cônsul em Marengo no dia 14 de junho anterior. Devemos portanto desconfiar da seguinte avaliação:

Moreau não tinha qualquer sistema, nem na política nem no militar; era excelente soldado, de grande bravura pessoal, capaz de bem conduzir um pequeno exército num campo de batalha, mas absolutamente alheio aos conhecimentos da grande tática.[10]

Sabemos que Napoleão, no início do Consulado, ainda não era suficientemente forte no plano político para impor seus pontos de vista, nem mesmo no plano militar. Teve de confiar a Moreau o comando do principal exército, o da Alemanha. E não pôde impedi-lo e a seus comandados de deixar escapar oportunidades que ele próprio teria explorado se estivesse presente. De acordo com as conversas de Santa Helena, o Primeiro Cônsul costumava dizer:

Mas que querem? Eles não sabem; não conhecem os segredos da arte, nem os recursos da grande tática![11]

As questões de grande tática não podem ser reduzidas a regras. Para deter a invasão do país, de que maneira defender a capital? Caberia ao exército de campanha cobri-la diretamente, manobrar ou recuar para um campo entrincheirado e, de lá, investir contra o flanco do inimigo?

Depois do caso de Smolensk, em 1812, como o exército francês marchasse direto sobre Moscou, o general Kutuzov cobriu esta cidade com movimentos sucessivos, até que, chegando à fortaleza de

NAPOLEÃO BONAPARTE

Mojaisk, ofereceu resistência e aceitou a batalha.[12] Tendo-a perdido, ele deu prosseguimento à sua marcha e atravessou a capital, que caiu em poder do vencedor. Se ele se tivesse retirado na direção de Kiev, atraindo para si o exército francês, teria precisado cobrir Moscou com um destacamento, e se teria enfraquecido ainda mais; e no entanto nada teria impedido o general francês de lançar no encalço desse destacamento um destacamento superior, que o teria obrigado igualmente a evacuar essa importante capital.

Questões dessa natureza que fossem propostas a Turenne, Villars ou Eugênio de Saboia os teriam deixado muito embaraçados. Mas a ignorância de nada duvida,[13] ela quer resolver por uma fórmula de segundo grau um problema de geometria transcendente. Todas essas questões de grande tática são problemas físico-matemáticos indeterminados, que não podem ser resolvidos pelas fórmulas da geometria elementar.[14]

A primeira edição desse texto, lida por Clausewitz, comportava a seguinte variante para a penúltima frase:

Dogmatizar sobre algo que não se praticou é apanágio da ignorância: é julgar resolver por uma fórmula de segundo grau um problema de geometria transcendente capaz de empalidecer Lagrange ou Laplace.[15]

Na retomada final dos argumentos contra a obra do general Rogniat, essa edição acrescentava o nome do matemático suíço Leonhard Euler:

Alexandre, Aníbal, César, Gustavo Adolfo, Turenne, o príncipe Eugênio, Frederico, o Grande, ficariam muito embaraçados se convidados a se decidir sobre essa questão, problema de geometria transcendente, que tem grande número de soluções. Só um iniciante pode julgá-la simples e fácil: Euler, Lagrange, Laplace levariam muitas noites para equacioná-la e identificar suas incógnitas.[16]

Clausewitz confunde um pouco os nomes dos cientistas — não estando excluída a hipótese de que se recuse deliberadamente a citar

LIVRO II — A TEORIA DA GUERRA

os franceses —, mas reconhece que leu essa edição: "Bonaparte disse muito judiciosamente a este respeito que muitas decisões que cabem ao chefe guerreiro poderiam representar para um Newton ou um Euler problemas matemáticos de que não seriam indignos."[17]

A partir de 1807, Jomini daria o nome de *Traité de grandes opérations militaires* à obra que inicialmente intitulara *Traité de grande tactique* (1805-1806).[18] Napoleão raramente fez essa substituição, mas vamos encontrá-la em sua boca em Moscou em 1812:

> O duque de Reggio [Oudinot] é corajoso num campo de batalha, mas o general mais medíocre, mais incapaz que pode haver. [Gouvion] Saint-Cyr é um homem superior, mas sistemático; só enxerga o ponto em que se encontra, ao passo que é necessário que tudo esteja vinculado num sistema de grandes operações como este.[19]

## Estratégia

Napoleão só usou a palavra estratégia em Santa Helena e principalmente ao comentar uma obra do arquiduque Carlos da Áustria, que empregava a expressão:[20]

> A obra de estratégia do príncipe Carlos, pela qual eu não esperava ter grande interesse — não me interesso muito por coisas científicas, e pouco estou ligando —, não deixou todavia de me interessar muito, pois li os três volumes no mesmo dia. Passei rapidamente por muitas [coisas] pois não entendo muito o que o arquiduque quer dizer: a distinção entre estratégia e tática, entre ciência e arte da guerra. Essas definições são ruins. As que vêm a ser fornecidas por Jomini numa nota são melhores, embora ainda medíocres. A estratégia, diz ele, é a arte de pôr as tropas em movimento; e a tática, a arte de mobilizá-las. Melhor seria dizer: a estratégia é a arte dos planos de campanha; e a tática, a arte das batalhas.
>
> Isto pode ser interessante para abrir as mentes e dar algumas ideias, mas não ensina a guerrear. É inteligência demais: não é preciso tudo isso na guerra. Esses princípios talvez sejam de hoje.

A guerra é uma questão de momento: o que era bom ao meio-dia deixa de sê-lo às duas horas. Que podem ensinar a respeito os livros?

Castiglione[21] desperta admiração. Se alguma coisa há a louvar, é a decisão que tomei de levantar o cerco [de Mântua], de abandonar sua execução, de reunir minhas tropas. A conduta de Wurmser é simples. Ele recebeu ordens de acabar com o cerco de Mântua. Julga que quero atacar em Mântua, e marcha sobre Mântua. Eu vejo a tempestade e sinto que dificilmente poderia evitá-la. Desisto então do cerco, marcho sobre a coluna de Peschiera, derroto-a e retorno. Poderia, em vez disso, marchar sobre a coluna de Montechiaro. Haveria de derrotá-la e rechaçá-la, mas à noite estaria cercado, e minha vitória só me teria levado à minha ruína. Em vez disso, fiz uma coisa muito simples: como minhas comunicações estavam ameaçadas pela coluna de Peschiera, marchei para garantir minha retaguarda. Até um imbecil o teria feito. Nada temos aí que mereça tanta admiração, e a "inteligência" que poderia levar-me a atacar Montechiaro teria precipitado minha ruína.

Como ensinar essas distinções da hora, do momento? Sem dúvida eu derrotei o inimigo, eis aí o fato, sem tanta inteligência e sem empregar palavras gregas. Não o fiz em Leipzig, mas poderia tê-lo feito se tivesse disposto da cavalaria e conhecido os movimentos do inimigo.[22]

Este trecho dos *Cahiers* de Bertrand é transcrito a partir do manuscrito original. A edição de Fleuriot de Langle elimina várias frases, especialmente aquelas em que Napoleão dá suas definições: "a estratégia é a arte dos planos de campanha; e a tática, a arte das batalhas." Este trecho, até então inédito, pode ser aproximado das definições de Clausewitz mencionadas no início deste capítulo. A divisão entre as duas esferas segue os mesmos critérios. A tática tem como objetivo o uso das forças armadas no combate; a estratégia, o uso dos combates a serviço da guerra.[23] Como Napoleão, Clausewitz liga a estratégia ao planejamento: "ela estabelece um plano de guerra e, em função do objetivo em questão, fixa uma série de ações próprias para conduzir em sua direção; ela elabora portanto os planos das diferentes campanhas e organiza os diferentes combates destas."[24] Utilizada já em 1771 pelo francês Joly de Maizeroy como sinônimo de grande tática, a palavra estratégia só começa a se impor em 1799, com o prussiano Dietrich von Bülow.[25] O arquiduque Carlos vem então a consagrá-la, e Jomini a introduz na França. Em outubro de 1819, Napoleão acrescenta este esclarecimento sobre a mesma obra do arquiduque Carlos:

> O que é histórico é precioso e bem-feito. Há relatos de situações, é uma verdadeira história. Quanto à estratégia, não entendo grande coisa. Não sei o que é uma posição estratégica, por mais que me tenha esforçado. Sequer entendo muito bem a palavra estratégia. Jomini fornece uma definição mais clara em sua nota quando diz que a tática é a arte de dirigir as tropas e as massas num campo de batalha; que a estratégia é a arte de dirigir as tropas nos movimentos de uma campanha. É o que se chamava antigamente de grande tática. O trabalho de Jomini é bom.[26]

## 2. Sobre a teoria da guerra

### A vontade de teorizar a guerra

Para Napoleão, certos aspectos da guerra podem ser objeto de considerações teóricas, mas já é muito menos o caso no que diz respeito às "partes altas". Clausewitz seria da mesma opinião em *Da Guerra*, lembrando que as primeiras obras de teoria da guerra diziam respeito ao ataque e à defesa de posições, ou seja, o terreno da engenharia e da artilharia, no qual os aspectos materiais eram predominantes.

Na primeira edição das *Mémoires* de Napoleão, ele terá lido este trecho:

> Os generais em chefe são guiados por sua própria experiência, ou por seu gênio. A tática, as evoluções, a ciência do engenheiro e do artilheiro podem ser aprendidas nos tratados, mais ou menos como a geometria; mas o conhecimento das partes altas da guerra só é adquirido através da experiência e do estudo da história das guerras e batalhas dos grandes capitães. Acaso se aprende na gramática a compor um canto da *Ilíada*, uma tragédia de Corneille?[1]

Encontramos mais uma vez aqui a distinção entre a parte material e a parte imaterial mencionada no livro I a respeito do gênio da guerra. A primeira corresponde à formação recebida por Napoleão em

LIVRO II — A TEORIA DA GUERRA

Brienne, Paris, Auxonne, onde adquiriu um conhecimento profundo de todos os detalhes materiais da guerra: fabricação de pólvora, fortificação permanente, detonação, treinamento da infantaria etc.[2] A segunda remete às leituras e à experiência. Dessas leituras constava uma história da Guerra dos Sete Anos escrita pelo galês Henry Lloyd. Autêntica encarnação do cosmopolitismo no século XVIII, esse autor foi também espião e oficial nos exércitos francês, prussiano, austríaco e russo. Também fazia uma distinção entre "o material da arte que pode ser fixado em preceitos; o outro, que não tem nome, é a parte sublime da guerra, que não se pode definir nem ensinar; é essa maneira justa e rápida de aplicar os princípios à infinita multidão de circunstâncias que se apresentam. Não há história, estudo, por assíduo que seja, nem experiência, por mais longa, que ensine essa parte. É fruto do gênio, que pertence apenas à natureza".[3] Essa concepção clássica do Iluminismo pode ser encontrada na maioria dos pensadores militares dessa época, como o francês Bourcet e o prussiano Scharnhorst.[4] Clausewitz estabeleceu uma distinção semelhante: "Existem instruções para o serviço interno, sobre a maneira de se instalar num acampamento, de deixá-lo, sobre a maneira de utilizar as ferramentas de trincheiras etc. Mas não existem instruções sobre a maneira de conduzir uma campanha, de enfrentar uma batalha ou montar uma máquina."[5]

A edição da correspondência no Segundo Império retomou o manuscrito original do texto de Napoleão, e apresenta uma versão algo diferente. A frase introdutória desapareceu. O fim do parágrafo também foi modificado:

> A tática, as evoluções, a ciência do engenheiro e do artilheiro podem ser aprendidas nos tratados, mais ou menos como a geometria; mas o conhecimento das partes altas da guerra só é adquirido através do estudo da história das guerras e batalhas dos grandes capitães e da experiência. Não existem regras precisas, determinadas; tudo depende do caráter que a natureza imprimiu ao general, de suas qualidades, de seus defeitos, da natureza das tropas, do alcance das armas, da estação e de mil circunstâncias que fazem com que as coisas nunca sejam parecidas.[6]

O conhecimento da história militar é que dá conteúdo ao "golpe de vista" do gênio guerreiro mencionado no livro I. O que Napoleão afirma sobre o golpe de vista, a resolução e os exemplos tirados da história é confirmado pelas pesquisas modernas sobre a intuição estratégica. Esta pode ser definida como "a projeção seletiva de elementos do passado no futuro, numa combinação nova como linha de ação que pode corresponder ou não aos objetivos anteriores, com o compromisso pessoal de ater-se a ela e acrescentar detalhes no caminho".[7]

Já em 1807, Napoleão falava da necessidade do estudo da história militar no Collège de France:

> Viria em seguida a história da arte militar francesa. O professor daria a conhecer os diferentes planos de campanha adotados nas diferentes épocas de nossa história, fosse para invadir ou para se defender; a origem dos êxitos, a causa das derrotas, os autores, as memórias nas quais seria possível encontrar os detalhes dos fatos e as provas dos resultados. Essa parte da história, curiosa para todo mundo, e tão importante para os militares, seria da maior utilidade para os homens de Estado. Na escola especial da engenharia, é mostrada a arte de atacar e defender praças; não é possível mostrar a arte da guerra de grande envergadura, pois ela ainda não foi criada, se é que pode vir a sê-lo; mas uma cadeira de história na qual se desse a conhecer de que maneira nossas fronteiras foram defendidas nas diferentes guerras pelos grandes capitães só poderia ser de grande proveito.
>
> [...] Sem esse estabelecimento, os militares, por exemplo, não poderão dispor por muito tempo dos meios de aprender a se aproveitar dos erros que causaram reveses e a apreciar as disposições que poderiam tê-los prevenido. Toda a guerra revolucionária poderia ser fértil em lições, e para recolhê-las muitas vezes é necessário aplicar-se em vão longamente e se entregar a longas pesquisas. Isto não decorre de não terem sido escritos os fatos em detalhes, pois de qualquer maneira o foram, e em toda parte, mas de não se empenhar ninguém em tornar a pesquisa fácil e em dar as indicações necessárias para que seja feita com discernimento.[8]

LIVRO II — A TEORIA DA GUERRA

A história e a experiência, muito mais que a teoria, são necessárias para conhecer "a arte da guerra de grande envergadura". Scharnhorst dizia a mesma coisa.[9] Voltaremos ao valor dos exemplos históricos no capítulo 6 deste livro. Em novembro ou dezembro de 1799, o jovem Primeiro Cônsul declarava certa noite, no palácio do Luxemburgo:

> Eu poderia escrever sobre a arte da guerra cinquenta páginas, que, creio eu, seriam novas e úteis.[10]

Embora pudesse esporadicamente ser tentado pela possibilidade de teorizar, isto não o impedia de lembrar ao irmão Jérôme em 1807:

> A guerra só pode ser aprendida enfrentando o fogo.[11]

Segundo Jean Colin, Napoleão leu relativamente poucos autores militares na juventude, essencialmente Feuquière, du Teil, Guibert, Lloyd e Bourcet.[12] Mas os leu ao longo de toda a vida, especialmente em Santa Helena, como evidenciam vários comentários.[13]

## Maquiavel, Folard, Maurice de Saxe

Ao abordar os autores criticados por Napoleão, devemos ter em mente que ele tinha como posição de princípio dizer que nada devia a ninguém, em plano algum.[14] Seus comentários de leitura, assim, são em geral negativos. Em *A arte da guerra* de Maquiavel,[15] ele encontra

> pouca coisa que mereça uma observação. [...] Maquiavel falou da guerra sem tê-la feito e prudentemente recusou um comando que lhe era oferecido por um príncipe de sua época.[16]

O cavaleiro Jean-Charles de Folard foi o autor militar mais debatido da primeira metade do século XVIII. Veterano das últimas guerras de Luís XIV, ele escrevera *Commentaires sur Polybe* (1727), preconizando ataques de infantaria em coluna, e não em linha, pois para ele o choque tinha maior impacto que o fogo. Havia-se inspirado na tática dos gregos e dos romanos.[17] No domingo, 12 de janeiro de 1817, Napoleão fez este comentário a seu respeito:

> É fácil escrever e fazer digressões sobre as guerras dos Antigos e dos Modernos. Eu gostaria de ter Folard[;] haveria de pulverizá-lo em quatro palavras. Minhas reflexões sobre a guerra dos Antigos e dos Modernos não podem coincidir com as de muita gente. Existem coisas decisivas.[18]

Os *Commentaires sur Polybe* de Folard, como sabemos, alimentaram a reflexão tática de um dos melhores marechais do Império, Davout.[19] Napoleão quer dizer aqui que Folard, que fizera a Guerra de Sucessão da Espanha, está evidentemente superado, e que, se ele próprio se empenhasse em escrever uma obra militar, deixaria muito para trás as dos outros. Mas a declaração reproduzida por Bertrand também significa que Napoleão não dispõe nessa altura (janeiro de 1817) dos *Commentaires sur Polybe* de Folard. As lembranças do doutor Antommarchi, embora mereçam ressalvas em muitos pontos, convergem aqui com as de Bertrand. A 25 de setembro de 1819, ele diz que Napoleão acaba de receber uma caixa e que nela espera encontrar *Polybe*:

> Se pelo menos eu tivesse *Polybe*! Mas talvez ele me chegue por alguma outra via.[20]

A obra só chegaria alguns meses antes da morte do imperador, que sabemos tê-la lido a 12 de março de 1821.[21]

As *Rêveries* do marechal de Saxe ainda eram lidas pelos oficiais do Grande Exército:[22]

> As *Rêveries* do marechal de Saxe ocupam diariamente os militares, mas o marechal de Saxe não era instruído. Para começar, não conhecia a língua, não era engenheiro nem artilheiro.[23]

LIVRO II — A TEORIA DA GUERRA

Em carta ao marechal Berthier, no início de 1812, Napoleão evidenciara um pouco mais de consideração pelo personagem e sua obra:

> Meu primo, existem nas *Rêveries* do marechal de Saxe, entre muitas coisas extremamente medíocres, ideias que me pareceram boas sobre a maneira de fazer com que os países inimigos contribuam sem cansar o exército. Leia-as e aplique seu conteúdo a uma instrução que deverá ser enviada a meus generais na Espanha.[24]

## Frederico II, Guibert, Lloyd, Bülow

Napoleão não apreciava tanto assim as famosas *Instructions* de Frederico II da Prússia a seus generais. Relata Gourgaud:

> Disse-lhe que tenho as *Instructions* de Frederico, [Sua Majestade] as lê, diz que há charlatanismo.[25]

O imperador acrescenta mais ou menos o seguinte:

> Existem coisas boas nessas instruções, mas foram escritas às pressas e sem suficiente aprofundamento. [...] Frederico não quis dizer tudo, deixou muita coisa vaga em suas instruções, poderia ter feito melhor, mas não quis.[26]

De que obra se trata exatamente?[27] O diário de Gourgaud não chega a esclarecê-lo, como tampouco os registros da biblioteca de Santa Helena. Trata-se provavelmente de um texto autêntico do rei, e não da *Instruction secrète* que lhe teria sido furtada e que na realidade é da autoria do príncipe de Ligne.[28] As *Instructions* de Frederico II a seus generais eram muito conhecidas no Grande Exército. Até mesmo um general algo grosseiro e inculto como Boussart dispunha de um exemplar.[29]

Desde o estudo do general Colin sobre a educação militar de Napoleão, interessante mas desprovido de referências precisas, considera-se em geral que o *Essai général de tactique* do conde de Guibert profetizou e inspirou a arte napoleônica da guerra. Guibert "não podia deixar de agradar ao jovem entusiasmo de Napoleão. Tudo parecia conduzi-lo à leitura de Guibert, que ele encontrava em toda parte. Não havia uma biblioteca pública ou particular que não possuísse o *Essai général de tactique*".[30] Napoleão de fato leu Guibert.[31] Mas já é exagerar um pouco dizer que o apreciou muito.[32] Concedeu uma pensão à sua viúva e teve amizade por seu sobrinho, que foi seu ajudante de campo no Egito, onde veio a morrer. Em Santa Helena, ele não fala bem de Guibert. Lendo para o imperador uma obra deste, provavelmente o *Essai général de tactique*,[33] Gourgaud ouviu dele o seguinte comentário:

> É uma obra de inteligência, mas muito prussiana, querendo introduzir entre nós o espancamento. Em Paris, encontramos homens inteligentes em qualquer lugar, mas não homens de guerra. Guibert era um pretensioso.[34]

Em seu caderno do mês de agosto de 1818, o general Bertrand registra uma conversa sobre a *Tactique* de Guibert, obra que o imperador considera "vazia", mas o autor tinha apenas vinte e quatro anos.[35] As reedições recentes das obras de Guibert invariavelmente mencionam, como única avaliação de Napoleão, esta frase elogiosa: "O *Essai général de tactique* é um livro próprio para formar grandes homens."[36] Na realidade, a frase foi extraída do prefácio da edição das obras militares de Guibert em 1803. O texto exato é o seguinte: "Frederico II incluía o *Essai général de tactique* entre os pouquíssimos livros cuja leitura recomendava a um general; este simples julgamento é um elogio completo. Washington fazia desse trabalho o companheiro de sua glória; e Bonaparte, que o levava consigo para os campos, dizia que era um livro próprio para formar grandes homens."[37] Os historiadores que enxergam Guibert por trás de Napoleão escoram-se nessa passagem, atribuindo-lhe "um valor comprobatório", pois não poderia ter sido publicada sem a autorização do Primeiro Cônsul.[38] É possível, mas até agora ninguém se deu conta de que Napoleão, que justamente

LIVRO II — A TEORIA DA GUERRA

dispunha dessa edição de 1803 em Santa Helena, desautorizou explicitamente essa passagem redigida por Bertrand Barère, sobre quem dizia Robespierre: "Basta que se ofereça um trabalho, e Barère dispõe-se a fazê-lo. Ele sabe tudo, conhece tudo, está pronto para tudo."[39] Quanto a Napoleão, diz exatamente o seguinte em novembro de 1818:

Guibert fez sua *Tactique* aos vinte e quatro anos, o que explica tudo. Barère diz em sua prosopopeia de Guibert que Washington e o general Bonaparte tinham nos bolsos a *Tactique* de Guibert, e que portanto a ele devemos uma parte do sucesso de ambos. Mas está muito enganado! [...]

Guibert escreve bem; tem ideias vagas, inteligência, nada de positivo, nada a aprender. São usadas bagagens em excesso [escreve ele]. Muito bem. Qual a quantidade necessária? Ele não diz. Rejeita as empresas [de provisão] e prefere os [fornecedores] regimentais. É cabível, mas seria necessário debater, e não impor. É uma questão importante. Eu utilizei os [fornecedores] regimentais e tinha um homem excelente, o Sr. Maret.[40] Entretanto, não estou convencido de que seja uma boa coisa. [...]

Guibert não conhece a história de Frederico nem a de César. Ele diz que César, indo à África, não levou víveres, e que isto é característico de um grande homem. O que só serve para dar ideias falsas sobre a guerra. Por que não levar víveres? [...]

Guibert diz que os romanos não cuidavam dos víveres. Mas está errado. Esses detalhes muitas vezes faltam na história. [...] Guibert diz que o soldado deve jejuar. É uma tolice. Ele não pode jejuar, precisa viver como uma pessoa qualquer: de batatas, carne etc. Precisa comer.

Ele [Guibert] parece estar querendo dizer: deem-me um exército para comandar e verão como haverei de conduzi-lo. Provavelmente o teria conduzido mal. Tinha intelecto demais. Entretanto, a natureza é tão imprevisível que ele bem poderia ter sido capitão de companhia. Procurei várias coisas em seu trabalho e nada encontrei de positivo. Convocado ao Conselho, Guibert enviou aos regimentos coronéis adjuntos, majores, o que teria causado a ruína da artilharia e da engenharia, que haviam entrado em acerto.[41] Eles foram rejeitados na artilharia. Teria havido muitos oficiais mortos. Os homens da corte queriam tomar nossas posições como na linha [...][42]

NAPOLEÃO BONAPARTE

Há intelecto demais no livro de Guibert. Não é necessário tanto na guerra, mas bom senso. É preciso seguir o próprio caminho com retidão. Trata-se acima de tudo de uma profissão de bom senso. Ele [Guibert] diz que antigamente não se sabia marchar, que a guerra está nas pernas. Que significa isto? Que não são necessárias posições?

[Ele diz] que a ordem oblíqua foi inventada por Frederico, ao passo que ela sempre existiu, que nunca se ganharam batalhas senão pela ordem oblíqua.[43] É um amontoado de coisas mal digeridas. Diz o bom senso que quando se quer atacar um ponto é necessário conduzir a ele todas as forças, e não há um homem tão simples que jamais o tenha deixado de fazer ao atacar.

Ele [Guibert] quer praças por província. Que tem a ver a província, que é um distrito político, com as praças, que são uma coisa física? Por que se haveria de ter uma praça por província, e não por diocese ou por departamento?[44]

Não se pode comparar a sabedoria com a loucura; acontece que se pretendeu apresentar o movimento de Kolin como uma obra-prima.[45] Guibert, com seu culto fanático [por Frederico II] e seu conhecimento da língua [alemã], quer transformá-lo numa maravilha. Não seria possível abusar de maneira mais ridícula das pessoas que se tem como interlocutoras.[46]

Parece um julgamento definitivo. Ainda assim, Guibert foi talvez o autor militar mais perspicaz de sua época. Ele entendeu que as guerras futuras assistiriam a uma mistura dos níveis estratégico e tático.[47] Tampouco devemos desprezar a hipótese de que Napoleão, querendo exaltar-se, depreciasse Guibert e aquilo que lhe devia.

Henry Lloyd escreveu uma história da Guerra dos Sete Anos que teve certo sucesso.[48] Napoleão a leu, mas também se mostrou muito severo a seu respeito:

Nunca li uma obra mais medíocre nem vi reunidas mais ideias falsas. Ele quer armar a infantaria em seções de lanças. Encurta o fuzil em doze polegadas, o que inutiliza o fogo da terceira fileira, diminuiu o alcance e sobretudo a precisão da arma. Posiciona a lança

LIVRO II — A TEORIA DA GUERRA

na quarta fileira, de tal maneira que metade dos soldados não faz fogo; esse batalhão perde assim metade de sua força. [...]

A cavalaria é inútil, segundo Lloyd, exceto para as guardas, as patrulhas. Ela é útil antes, durante e depois da batalha. Sem cavalaria, uma infantaria é penetrada, exemplo em Nangis, Champaubert,[49] [?] etc. A cavalaria é a única maneira de aproveitar a vitória. [...] Priva o cavaleiro do mosquetão ou da carabina. Sistema muito perigoso: como é que a cavalaria haverá de se defender em seus acampamentos[50] [?].

A 13 de abril de 1817, Napoleão chama Lloyd de louco: afirma este que o fuzil não é bom, ao passo que é a melhor arma que já existiu, sobretudo com sua baioneta.[51] Quanto ao prussiano Bülow, Napoleão leu em Santa Helena sua história da campanha de 1800. A obra lhe havia sido emprestada por um oficial britânico. O imperador fez anotações a lápis no exemplar, todas muito duras com o autor: mau, muito mau, absurdo. O oficial britânico publicou os comentários e julgou de bom alvitre destacar como epígrafe esta anotação de Napoleão:

> Se alguém quiser aprender a maneira de fazer com que um exército superior seja derrotado por um exército inferior, que estude as máximas desse escritor; terá então ideias sobre a ciência da guerra, ele recomenda o contrário do que é preciso ensinar.[52]

## Jomini

Jomini era o chefe de estado-maior do marechal Ney em meados de agosto de 1813, quando mudou de lado e ofereceu seus serviços aos russos. Napoleão escreveu então o seguinte a Cambacérès, chanceler-mor do Império:

> Jomini, chefe de estado-maior do príncipe da Moskowa, desertou. É aquele que publicou alguns volumes sobre as campanhas, e que há muito era perseguido pelos russos. Ele cedeu à corrupção. É um militar de pouco valor; mas é um escritor que teve algumas ideias sensatas sobre a guerra. Ele é suíço.[53]

Tendo Jomini se tornado ajudante de campo do czar, Napoleão não constatou que os aliados cometessem menos erros:

> Os inimigos não deram mostra de talento em Dresden,[54] o que prova que Jomini, apesar de útil, podia perfeitamente não ter as grandes ideias da guerra.[55]

Nos diários de Santa Helena, todavia, Bertrand e Gourgaud mencionaram várias referências favoráveis a Jomini. Quem primeiro se manifesta é Gourgaud:

> Eu digo que acho que foi um erro permitir a impressão de uma obra como a de Jomini.[56] Sua Majestade me olha e diz: "Não é verdade que se trata de uma obra singular?" "De tal maneira, senhor, que eu atribuo os sucessos de nossos inimigos a essa obra." S.M. me responde com veemência: "Posso garantir-lhe que não a havia lido quando fiz [as] campanhas de Ulm, Austerlitz e Iena. Mas é realmente espantoso, caberia supor que eu segui seus conselhos."[57]

> Jomini desenvolveu bem meu sistema, e nisto prestou um mau serviço.[58]

> Em Jomini, encontramos coisas muito boas.[59]

Napoleão viu em Jomini antes de mais nada um historiador das campanhas de Frederico II e muitas vezes aprovou sua análise crítica:

> Existem boas coisas no trabalho de Jomini. Lamento não tê-lo consultado.[60]

O imperador se explica a este respeito num outro momento:

> Vendo hoje as batalhas de Frederico, entendo a ideia que se podia ter da cavalaria prussiana. Antes, eu só conhecia por alto as campanhas de Frederico. Se as tivesse estudado mais, teria sido muito útil para mim na campanha da Prússia.

LIVRO II — A TEORIA DA GUERRA

Presumo que havia incluído Jomini no meu gabinete com esta finalidade, para que ele me indicasse os campos de batalha, mas ele não foi capaz de me falar a respeito oportunamente.[61] Tinha certa dificuldade de se fazer entender, de tal maneira que não lhe dei muita atenção. Eu dispunha de tão pouco tempo! Daí resultaram certas contrariedades. Ele [Jomini] entendeu perfeitamente o meu sistema, e isto já em Castiglione. Fez boas observações sobre a campanha de Dumouriez.[62]

Mas Jomini cometeu erros em sua história da primeira campanha da Itália:

Jomini escreveu uma bela obra sobre a Itália, com boas intenções, mas cheia de erros. Pretendi inicialmente fazê-lo ver, mas eles eram em número grande demais. Em geral, ele segue mais os relatos austríacos que os nossos. Não dá o devido crédito às nossas narrativas, julgando-as exageradas, mas está equivocado. Ele conhece Rivoli e a Favorite. Mas não conhece Arcole e Castiglione. [...]
Em geral, o tom é bom. Ele escreve como homem benevolente que expõe suas dúvidas quando não sabe.[63]

Napoleão quer fazer anotações para corrigir certos erros de Jomini:

Sempre será bom, na eventualidade de minhas campanhas da Itália não serem publicadas. Indicando os erros contidos na obra, contribuirei para que Jomini seja lido, pois merece ser conhecido.[64]

Jomini permitiu a Napoleão resgatar o nome de seus adversários:

Sua obra é muito agradável, pois nela encontramos os nomes de todos os generais inimigos que eu não conhecia ou havia esquecido. [...][65]
É bom que Jomini tenha escrito seu trabalho: ele dá a conhecer minhas campanhas. É de se desejar que o conclua, pois tem os relatórios e materiais do inimigo, que eu não poderia ter. Eu acabei esquecendo muitas coisas. Os acontecimentos e várias datas se confundem na minha cabeça, e pude retificá-los várias vezes com base no trabalho de Jomini.[66]

A 26 de abril de 1821, dias antes de morrer, o exilado de Santa Helena pergunta-se quem poderia escrever a história de sua época. Pensa então em seu irmão Lucien e em Jomini:

> Lucien deveria abandonar suas poesias e cuidar de fazer uma história da Revolução e de meu reinado; sendo trabalhador, facilmente poderia em torno disso produzir quinze ou vinte volumes, mas quem haverá de fazer a história militar? Jomini é até o momento o único que demonstrou talento, mas atualmente está vendido à Rússia.[67]

Globalmente, como vemos, Napoleão considera Jomini muito mais como historiador do que como teórico.

## Rogniat e Marbot

Napoleão mostrou-se muito severo com as *Considérations sur l'art de la guerre* do general Rogniat:[68]

> Esse trabalho contém grande número de ideias equivocadas e tendentes a contribuir para o retrocesso da arte militar.[69]

As "Dezoito notas sobre a obra intitulada *Considérations sur l'art de la guerre*" foram ditadas para publicação. Nelas, Napoleão criticava enfaticamente Rogniat. O diário de Bertrand contém inicialmente reflexões mais nuançadas do imperador, antecedendo críticas não menos vívidas:

> A obra de Rogniat foi a que mais me impressionou. É obra de um homem inteligente, que tem conhecimentos e mérito, mas não é obra de um general de exército da engenharia. Está muito bem para um capitão que [só] diz o que quer, sem consequências, para um general em chefe que exerceu o comando, mas não para um general de exército da engenharia, de quem temos o direito de exigir coisas profissionalmente precisas. Ele se entrega a sonhos, mas não deveria. Existem praças demais [diz ele]. Não é esta a questão.

LIVRO II — A TEORIA DA GUERRA

Caberia botá-las abaixo? Para poder julgar seu sistema, ele deveria dizer: a fronteira tem praças aqui e ali, mas deveria tê-las apenas lá e acolá. Seria possível então comparar os dois sistemas. Ele quer praças pequenas que possam ser mantidas com pouca gente, tendo entre elas alguns redutos. Quer quatro fortes ao redor de uma praça. Por que quatro, e não dois? Não seria o suficiente para dar apoio a um exército? Ele pensa que um exército pode entrincheirar-se e se proteger, não do canhão, mas da fuzilaria e da metralhadora e da cavalaria. Tem a esse respeito ideias salutares e sensatas. Conhece bem a maneira de acampar dos Antigos, de se comportar em batalha, de combater, suas armas, seu peso, suas dimensões. Haveria de nos ser muito útil para a obra que estamos preparando.[70]

Ele critica Austerlitz e Iena. Mas não as conhece.[71] Diz que Marengo é uma bela manobra, mas que não a inventei, que Aníbal já a havia feito. Não parece claro o que Aníbal tem em comum com a campanha do exército de Reserva, na qual cortei as comunicações do exército de Mélas, posicionando-me entre Milão, a Áustria e ele, e fazendo-o capitular. Será que Aníbal isolou Cipião ou algum outro? Essas críticas são penosas da parte de um general de exército da engenharia que deveria estar preocupado com seu compasso e seu nível.

De maneira geral, essa obra me impressionou desagradavelmente. [...]

É uma obra extravagante, por parte de um oficial-general que comandou em Dresden e Waterloo. Ele escreve sob a influência da amargura e da ambição ou talvez de algum erro ou algum pressentimento do erro, se estiver patente, e quer dar um jeito de escapar. Será uma obra concluída, ordenada? Denegrir Iena, Essling, quase todas as minhas batalhas! Em Waterloo, aumentar a glória de Wellington! Isso por parte de um homem que comandou a engenharia em Waterloo! Que um homem que não comandou uma companhia[72] tagarele sobre a guerra, pode-se imaginar, [mas] falar de seu sistema sobre a artilharia, a cavalaria, as vanguardas com pessoas que exercem a profissão há vinte anos, é revoltante. [...]

Quantas tolices apregoadas como maravilhas por um homem sem experiência! Essa obra é vergonhosa para ele. Não se trata de "devaneios" interessantes como os do marechal de Saxe. É vergonhoso para o caráter nacional ver um general de exército que comandou em Waterloo erguer semelhante monumento crítico contra mim e exaltar Wellington.[73]

NAPOLEÃO BONAPARTE

A refutação de Rogniat por Marbot[74] agradou enormemente a Napoleão:

> Eis o melhor livro que li nos últimos quarenta anos, aquele que mais prazer me deu. Ele [Marbot] não pode ter tomado conhecimento de minha obra.[75] De bom grado eu haveria de entregar-lhe uma segunda edição. Há coisas que ele diz melhor que eu. Ele as sabe melhor, pois no fundo era mais chefe de corpo que eu.
>
> Depois, temos as grandes partes, nas quais ele não me alcança. Ele não o sabe. A artilharia é muito inferior. Mas, quando ele fala das companhias formadas numa fileira e de um batalhão formado em três fileiras com três companhias, está realmente combatendo, está no seu terreno. Compartilho sempre de sua opinião. Ele me convenceu. Num dos trechos, afirma que não é possível ser chefe de corpo de nove mil homens, sendo possível ser o seu general, mas isto é outra coisa. Quem diz chefe de corpo está se referindo a um homem que entra em todos os detalhes, conhece todos os indivíduos.[76]

Os livros têm sua utilidade. Escrevendo a Marmont, comandando a praça de Alexandria no Egito, Bonaparte afirma:

> Releia cuidadosamente o regulamento sobre o serviço das praças sitiadas: está cheio de boas coisas.[77]

Gourgaud reproduz uma conversa do exílio, a 16 de dezembro de 1816:

> O imperador me fala de armas antigas e considera que, na infantaria, a primeira fileira deveria enterrar-se algumas polegadas, e a terceira, composta dos homens mais altos, usar tamancos. Cada soldado deveria carregar um pau ferrado. No Egito, nos primeiros tempos, os infantes franceses estavam munidos deles: é uma grande vantagem contra a cavalaria e as surpresas. Eu lhe digo que Gay Vernon fala do tempo necessário para se entrincheirar. Solicito a obra, S.M. a lê durante duas horas, [e declara que] não existe um livro tão ruim que não seja possível aprender algo com ele.[78]

LIVRO II — A TEORIA DA GUERRA

Conforme ao diário de Bertrand, Napoleão, dias antes de morrer, mandou queimar as notas de suas obras militares. Não queria que delas restassem vestígios. Mas Montholon também diz a Bertrand que o imperador queria "deixar coisas boas" a respeito de suas ideias militares; que ele próprio havia recolhido algumas junto ao marechal de Saxe e a Frederico da Prússia; que se poderia entregar a Marbot suas notas sobre Rogniat; que no fundo havia muitas coisas que Marbot sabia mais que ele.[79]

A 12 de janeiro de 1817, o imperador descrevia o conteúdo dessas notas militares que não chegaram até nós:

> Será um trabalho sem pretensão de coisas detalhadas, o que me prometo, e sem me dar conta posso escrever uma obra em dois volumes que será muito interessante, instrutiva e servirá para fixar as ideias a respeito de muitos pontos sobre os quais diariamente se divaga, o que cessa. [...] Tenho muita experiência da guerra, fiz muitos planos de campanha, refleti muito.[80]

# 3. Arte da guerra ou ciência da guerra

Napoleão ainda usa a palavra "arte" no sentido de um conjunto de conhecimentos técnicos próprios de um ofício, no caso, o da guerra. É assim que se refere aos trabalhos de fortificação de campanha que devem sustentar sua posição tática em torno de Dresden em 1813.[1] Esses conhecimentos técnicos são próprios dos povos civilizados, como dá a entender o imperador ao comentar as guerras de César:

> César tem três belas campanhas: a guerra civil, a guerra da África, que é sua obra-prima, a guerra da Espanha contra os generais de Pompeu e mesmo a que empreendeu contra os gauleses, mas se tivesse apenas essa última não seria o bastante para fundar uma grande reputação. Trata-se de bárbaros, de multidões armadas, corajosas mas sem disciplina, sem conhecimento da arte da guerra, ao passo que nas três outras campanhas ele luta contra exércitos hábeis e disciplinados como o seu.[2]

As técnicas podem ser rapidamente dominadas por todos os povos:

> Voltaire disse que a Europa não poderia mais ser invadida pelos bárbaros por causa da arte da guerra moderna. Ideia equivocada. [...] Os bárbaros logo tomarão conhecimento do que há de importante na artilharia.

LIVRO II — A TEORIA DA GUERRA

> Durante o cerco do Cairo, um armênio fundiu canhões em vinte dias. Um oficial europeu teria sido capaz de fazê-lo?[3]

Napoleão foi além desse sentido primeiro da arte da guerra, para considerá-la como um modo de proceder, uma maneira inteligente de conduzir a guerra:

> A arte da guerra nada mais é que a arte de aumentar as próprias chances.[4]

> A arte da guerra consiste, com um exército inferior, em dispor sempre de mais forças que o inimigo no ponto que se ataca, ou no ponto que é atacado; mas essa arte não pode ser aprendida nos livros nem pelo hábito; é um tato na conduta, propriamente constitui o gênio da guerra.[5]

A definição pode ser negativa, como escreve Berthier em 1812 ao marechal Marmont:

> Sua Majestade não está satisfeita com o rumo que o senhor vem imprimindo à guerra: o senhor tem superioridade sobre o inimigo, e, em vez de tomar a iniciativa, está constantemente a sofrê-la. Agita e cansa suas tropas. Não é a arte da guerra.[6]

A experiência, portanto, não ensina mais que os livros, o que parece entrar em contradição com a frase citada anteriormente, segundo a qual "a guerra só pode ser aprendida enfrentando o fogo". Napoleão está querendo dizer que a experiência não basta para fazer um bom general. Como vimos no livro I, o "gênio guerreiro" é um dom. E, por sinal, o imperador voltaria a este ponto:

> A guerra é uma arte singular. Posso garantir-lhes que combati sessenta batalhas. Pois bem, nada aprendi que já não soubesse na primeira. Veja-se César: ele combate sua última batalha como a primeira, está no momento de perdê-la.[7]

NAPOLEÃO BONAPARTE

O que vai ao encontro de nossa primeira citação, no início do capítulo 1 do livro I. Napoleão também se pronunciara no mesmo sentido em Dohna, no Saxe, no início do mês de setembro de 1813. É o que o marechal Gouvion Saint-Cyr relata em suas *Mémoires*. O imperador estava jantando com ele e Murat quando um de seus ajudantes de campo, o general Lebrun, veio comunicar-lhe a derrota de Ney em Dennewitz:[8]

Napoleão o interrogou, entrando nos menores detalhes dos movimentos efetuados pelos diferentes corpos com o sangue-frio mais imperturbável; explicou então, de uma forma que nos pareceu tão clara quanto precisa e justa, as causas dos reveses, mas sem o menor movimento de irritação, sem nenhuma expressão desagradável ou dúbia contra Ney ou qualquer dos generais seus colaboradores; atribuiu tudo às dificuldades da arte, que segundo ele estavam longe de ser bem conhecidas. Acrescentou que, se um dia tivesse tempo, faria um livro para demonstrar seus princípios de forma tão precisa que eles ficariam ao alcance de todos os militares, e que seria possível ensinar a guerra como se ensina uma ciência qualquer. Eu lhe disse que era realmente de se desejar que a França não perdesse a experiência de um homem como ele; mas que sempre duvidara que alguém fosse capaz de fazer esse trabalho; entretanto, se isso fosse possível, ninguém teria, mais do que ele, direito de alimentar essa pretensão. Acrescentei que, até aquele momento, parecia-me que a experiência ou a prática mais longa não era a melhor maneira de adquirir essa ciência; de que todos os generais vistos à frente dos exércitos da Europa, amigos ou inimigos, no longo decurso das guerras que a Revolução Francesa ocasionou, nenhum me parecia ter aprendido muito com a experiência, e que ele não poderia ser tido por exceção, considerando sempre sua primeira campanha da Itália como sua obra-prima militar. Ele me disse que eu tinha razão, e que, levando em conta os escassos meios que então tivera então à sua disposição, considerava-a também como sua mais bela campanha; que ele próprio só conhecia um general que sempre aprendia com a experiência; que esse general era Turenne, cujos principais talentos eram fruto dos estudos mais aprofundados, e que mais se havia aproximado da meta que ele pretendia demonstrar, se um dia tivesse tempo de escrever a obra de que acabava de falar.[9]

LIVRO II — A TEORIA DA GUERRA

Não terão passado despercebidos o emprego da palavra "ciência" e, mais uma vez, uma contradição em Napoleão, acreditando aqui que a guerra poderia ser aprendida num livro, se um dia ele próprio viesse a escrevê-lo... o que ele não fez, justificando nossa iniciativa.

Relatando uma anedota do final dos Cem Dias, Napoleão repetiu que a guerra era uma questão de educação pelo hábito, de intuição, e que era difícil fazê-la entender:

> Depois de minha abdicação, quando eu estava em Malmaison, vieram dizer-me que a vanguarda [inimiga] estava lá etc. Eu não me mexi.
>
> — Mas é possível — dizia Joseph. — Por que não aceita que assim seja?
>
> — É de fato possível, e no entanto não é. Só a educação da guerra é capaz de dizê-lo, se assim posso me expressar. Com o batalhão que aqui se encontra, eu poderia enfrentar tudo que acaso acontecesse. Não há nada, evidentemente nada a temer aqui, de acordo com os movimentos do inimigo e o que sabemos das primeiras posições.
>
> Fazer entender era algo impossível. Eis a guerra: a intuição do ofício.[10]

# 4. Metodismo

## Os princípios

Várias vezes Napoleão se escorou na existência de princípios da guerra:

> A arte da guerra conta com princípios invariáveis, que têm como objetivo principal proteger os exércitos contra o erro dos chefes quanto à força do inimigo, erro que de uma forma ou de outra sempre ocorre.[1]

> Todos os grandes capitães da Antiguidade, prosseguia Napoleão, e aqueles que, mais tarde, dignamente seguiram seus passos, só fizeram grandes coisas quando se conformaram às regras e aos princípios naturais da arte; vale dizer, pela adequação das combinações e a relação lógica dos meios com suas consequências, dos esforços com os obstáculos. Só tiveram êxito por se conformarem a esses, quaisquer que fossem a audácia de suas empreitadas e o alcance de seus sucessos. Nunca deixaram de constantemente fazer da guerra uma verdadeira ciência. Só por isto é que são os nossos grandes modelos, e somente ao imitá-los é que poderemos ter a esperança de aproximar-nos deles.
>
> Meus maiores atos têm sido atribuídos à boa sorte, e não deixarão de imputar meus reveses a meus erros; mas, se eu relatar minhas campanhas, haverão de se espantar ao constatar que nos dois casos, e sempre, minha razão e minhas faculdades não deixaram de ser exercidas em conformidade com os princípios etc.[2]

LIVRO II — A TEORIA DA GUERRA

Arthur de Ganniers captou bem a concepção napoleônica dos princípios da guerra. Ao passo que as primeiras leituras tendiam a orientar o jovem Bonaparte para a política, o cerco de Toulon levou-o a entrever uma promissora carreira militar. Ele desencavou as *Mémoires* de Feuquière, de Maillebois, de Villars, de Catinat, de Rohan e vários trabalhos do antigo corpo de estado-maior.[3] Seus estudos políticos lhe haviam proporcionado uma sólida base para o estabelecimento das partes altas da guerra, seu intelecto bem-dotado permitiu-lhe quase instantaneamente associar a ela as grandes verdades da ciência militar transmitidas de maneira esparsa nesses escritos. Longe de buscar regras a serem aplicadas, ele não teve dificuldade de identificar, com sua inteligência viva e profunda, não só os princípios básicos, como também o porquê dos princípios e seus efeitos. Ele poderia ver-se em apuros se tivesse de esclarecer onde havia identificado este ou aquele princípio, mas desenvolveu uma maneira bem pessoal de percebê-los nas fontes, de extraí-los, concebê-los e aplicá-los.[4]

Quais são os princípios identificados por Napoleão? Alguns remontam à Antiguidade:

> Os princípios de César foram os mesmos que os de Alexandre e Aníbal: manter as forças reunidas, não ser vulnerável em ponto algum; mover-se com rapidez para os pontos importantes, escorar-se nos recursos morais, na reputação das próprias armas, no temor que inspirava, e também nos meios políticos para manter os aliados fiéis e os povos conquistados obedientes; buscar todas as oportunidades possíveis de se assegurar da vitória no campo de batalha; para isto, reunir nele todas as suas tropas.[5]

> [...] reunião de forças, atividade e firme resolução de morrer com glória. Esses três grandes princípios da arte militar sempre me tornaram a sorte favorável em todas as minhas operações.[6]

O comentário das campanhas de Turenne permite identificar um princípio mais preciso, ligado aos exércitos da época moderna:

> É um dos princípios mais importantes da guerra, raramente violado impunemente, *reunir os acantonamentos no ponto mais distante e mais ao abrigo do inimigo.*[7]

Este princípio é retomado com dois outros em "Observações sobre as operações militares das campanhas de 1796 e 1797, na Itália". Surge então o conceito de linhas de operação. Ele será desenvolvido no livro V, mas cabe esclarecer desde já que se trata da rota ligando um exército em campanha a um centro de agrupamento de víveres, munições e hospitais:

> A marcha na Alemanha por duas linhas de operação, do Tirol e da Ponteba, não iria de encontro ao princípio de que *um exército deve ter apenas uma linha de operações?* A reunião desses dois corpos de exército na Caríntia, tão distante do ponto de partida, não seria contrária ao princípio de *jamais reunir as colunas diante e perto do inimigo?* [...]
> A marcha da divisão Bernadotte sobre Groetz, que poderia representar certa vantagem se fosse feita sem inconvenientes, teria contrariado as regras; a marcha que ela efetuou, pelo contrário, está de acordo com os princípios de concentração que são os verdadeiros princípios da guerra.[8]

É necessário evitar as marchas que expõem o flanco ao inimigo. Carlos XII da Suécia não levou isso em conta em sua invasão da Rússia em 1708:

> Eis o grande erro que ele cometeu contra os princípios da guerra. Esse comboio expôs o flanco ao inimigo ao longo de trezentas léguas. [...] Eis a utilidade de conhecer o ofício. Há coisas que só se devem às inspirações do gênio, mas há alguns preceitos que podem ser conhecidos, como este.[9]

LIVRO II — A TEORIA DA GUERRA

Princípios e regras devem combinar-se num sentido muito genérico, pois é necessário calcular, prever, refletir, adequar as ambições às proporções dos meios disponíveis:

> Toda guerra deve ser metódica, pois toda guerra deve ser conduzida de acordo com os princípios e as regras da arte,[10] com a razão, ter um objetivo; ela deve ser feita em função das forças disponíveis. Existem duas espécies de guerra ofensiva: a que é bem concebida, de acordo com os princípios da ciência, e a que é mal concebida e os viola. Carlos XII foi derrotado pelo czar,[11] o mais despótico dos homens, porque sua guerra foi mal pensada; Tamerlão o teria sido por Bajazet[12] se seu plano de guerra se tivesse assemelhado ao do monarca sueco.[13]

A mesma ideia surge neste trecho, acrescida da necessidade de segredo:

> Na guerra, o maior princípio do general em chefe é ocultar o que faz, ver se tem meios de superar os obstáculos e tudo fazer para superá-los quando estiver decidido.[14]

É necessário um "sistema", ou seja, um cálculo, repete o imperador ao irmão Joseph, rei de Nápoles, em 1806:

> A expedição à Sicília é fácil, pois há apenas uma légua de trajeto a ser feita; mas ela deve ser feita seguindo-se um sistema, pois o acaso nunca leva ao êxito. [...] Na guerra, só se consegue alguma coisa pelo cálculo. Tudo aquilo que não for profundamente refletido nos seus detalhes não gera qualquer resultado.[15]

## Eixos de referência de uma curva

A importância concedida aos princípios é relativa. Eles são guias para a ação, mas longe estão de tudo dizer:

> É verdade que Jomini estabelece positivamente princípios, sobretudo. O gênio age por inspiração. O que é bom numa circunstância é ruim em outra. Mas é preciso levar em conta os princípios como

eixos em torno dos quais gira uma curva. Já é alguma coisa que numa ou noutra oportunidade se considere estar deixando para trás os princípios.[16]

A referência aos eixos e à curva é retomada para situar o papel da teoria num comentário sobre a guerra naval:

> O princípio de não fazer nenhum movimento senão depois de um sinal do almirante é um princípio tanto mais equivocado na medida em que um capitão de navio sempre poderá encontrar motivos para se justificar de ter executado mal os sinais recebidos. Em todas as ciências necessárias [à] guerra, a teoria serve para dar ideias gerais, que preparam o bom senso; mas sua execução estrita sempre é perigosa. São os eixos que devem servir para traçar a curva. Por sinal, as próprias regras obrigam a raciocinar, para avaliar se é necessário afastar-se das regras etc.[17]

Clausewitz desenvolveu uma concepção muito próxima. Ele criticava Jomini e Bülow porque seus princípios eram normativos e sua execução estrita era sempre perigosa, para retomar as palavras de Napoleão. Mas estava convencido de que certos princípios emanavam das relações de causa e efeito, estabelecendo modelos discerníveis no tempo e permitindo construir uma teoria científica da guerra. Já a sua aplicação era uma questão de avaliação, de experiência, requerendo certa sensibilidade, certo tato. Na guerra, infelizmente, em situações de estresse características do combate, há uma tendência a recorrer a listas sobre o que fazer em vez de exercer o discernimento.[18] Os princípios só se tornam viciosos quando demasiado rígidos, quando deixam de funcionar como guias do pensamento e se transformam em regras normativas.[19] Como escrevia o general Lemoine, "embora não tenham caráter absoluto, os princípios são tendências das quais podemos por vezes nos afastar, mas às quais devemos nos esforçar por conferir preponderância".[20] Não poderia estar mais próximo da formulação napoleônica.

LIVRO II — A TEORIA DA GUERRA

À maneira de Frederico II, Napoleão desejou redigir para seus generais instruções reunindo certos princípios, mas acabou se eximindo de fazê-lo:

> Eu tinha vontade de escrever a respeito, mas certos generais foram derrotados dizendo que haviam seguido os princípios. São tantos os elementos. Mas podemos escrever sobre a guerra para ver a diferença em relação aos Antigos.[21]

Se certos princípios são úteis como eixos, não devem ser em quantidade excessiva. Não devem ser demasiado precisos e só valem na prática:

> De que serve uma máxima que nunca pode ser posta em prática, e que, posta em prática fora de propósito, muitas vezes seria a causa da ruína do exército?[22]

Enganam-se aqueles que transformam movimentos precisos em princípios. Não é possível prescrever em detalhes:

> Era a ladainha de Clarke, é o que Dumas fica repetindo, sem saber nada da guerra: alternar as alas. São esses falsos princípios e essas palavras vazias de sentido que Jomini justificadamente critica.[23]

No fim das contas, Napoleão confessa:

> Eu preferiria não estabelecer nenhum princípio; o que é muito difícil: as circunstâncias mudam tudo. A cada duas horas, um exército está numa posição diferente. O que era sensato e inteligente às cinco horas da manhã é uma loucura às dez horas. Podemos apenas, portanto, estabelecer alguns preceitos gerais: que não se devem fazer marchas de flanco diante do inimigo. Não se vai preconizar nada de ousado: seria precipitar um general em sua ruína, pois tudo isso é uma *questão do momento* e sobretudo depende da maneira de executar.
>
> Assim, ao deixar Verona, eu de fato pretendia fazer minha campanha na região de Bassano;[24] mas isto dependia de tudo que estava acontecendo.

NAPOLEÃO BONAPARTE

Ganhei a batalha de Roveredo e fiz 9.000 prisioneiros. Isto mudou a posição do inimigo. Antes de partir, recebi notícias de Trento dando conta de que, segundo os relatórios de meus espiões, nada havia em Vicenza, o quartel-general de Wurmser ainda não estava em Passeriano. Se tivesse tomado conhecimento de um movimento do inimigo na direção de Verona, é provável que retornasse de Trento. Não me recordo exatamente da localização de minhas tropas, mas estou convencido de que tinha um corpo em marcha na direção de Verona, a sete ou oito léguas, que me teria servido como vanguarda, e que eu teria chegado à noite a Verona. A notícia que recebi sobre a tranquilidade do inimigo decidiu-me a seguir meu projeto. Esse projeto era portanto acompanhado, refletido, recalculado de doze em doze horas. É esta maneira de executar um programa que significa sabedoria. Não pude, portanto, manter meu plano inicial.[25]

Um bom exército seria aquele em que cada oficial soubesse o que deve fazer de acordo com as circunstâncias. O melhor é o que se aproxima disto.[26]

Foi exatamente o que Clausewitz quis fazer em *Da Guerra* em benefício dos oficiais prussianos: "A teoria existe para que cada um não precise a cada vez organizar as coisas e abrir caminho, já encontrando as coisas ordenadas e esclarecidas. Destina-se a educar a mente do futuro chefe guerreiro, ou a orientar sua educação pessoal, e não a acompanhá-lo no campo de batalha, como um pedagogo esclarecido orienta e facilita o desenvolvimento espiritual do jovem sem por isso mantê-lo sob rédeas ao longo da vida inteira."[27]

# 5. A crítica

Napoleão exerceu a crítica no sentido clausewitziano de análise das campanhas. Em 1786, ele volta de Paris para a Córsega com uma mala cheia de livros. Diante dos oficiais do quartel de Bastia, comenta, com um espírito crítico que os surpreende, as guerras da Antiguidade, os êxitos e os erros dos grandes capitães.[1] Em campanha, Napoleão busca sempre os antecedentes históricos, exemplos de operações no mesmo teatro, ao mesmo tempo que incumbe de seu cuidadoso reconhecimento generais e oficiais nos quais deposita toda confiança. A 5 de julho de 1794, no comando da artilharia do exército da Itália, ele é informado de que um oficial participou da guerra nessa região em 1747. Ordena que seja então abordado, para que dele se extraiam todas as informações possíveis.[2] Antes de dar início à sua primeira campanha da Itália, ele manda buscar na Biblioteca Nacional as *Mémoires pour servir à la vie de catinat*, duas obras sobre o príncipe Eugênio de Saboia,[3] vários mapas e descrições do Piemonte e da Lombardia, as campanhas de Vendôme e de Maillebois por Pezay: são as narrativas de todas as guerras recentes no teatro em que o exército da Itália vai iniciar sua campanha.[4] No fim de agosto de 1805, manda Murat percorrer incógnito a Baviera até a Boêmia, ordenando-lhe inicialmente que consiga um relato da campanha do marechal de Belle-Isle nessas regiões durante a Guerra de Sucessão da Áustria. Ele também deve visitar o campo de batalha de Mösskirch, onde os generais Moreau e Lecourbe derrotaram os austríacos a 5 de maio de 1800.[5] Em 1808, ordena a seu bibliotecário que constitua uma biblioteca portátil de obras que lhe permitam uma abordagem e uma compreensão precisas, racionais e rigorosas das realidades do passado no tempo e no espaço.[6] Comentando em Santa Helena as campanhas de Frederico II, ele afirma, a propósito da batalha de Kunersdorf (1759), na qual o rei da Prússia fora batido pelos austro-russos:

> Não creio que haja grandes erros a serem censurados a Frederico. Lamento não ter visitado esse campo de batalha quando estava na região, e não ter conhecido suficientemente suas campanhas. Teria sido benéfico para mim na campanha de Dresden conhecer essas posições.[7]

Segundo o general Colin, Napoleão estudara as operações do rei da Prússia numa *Vie de Frédéric II* em quatro volumes, sem identificação de autor, atribuída a certo professor Laveaux e publicada pelo editor Treutell em 1787, em Estrasburgo.[8] Não era de fato a melhor obra para conhecer as campanhas do rei. Em 1788, o jovem Bonaparte aceitava o que ia encontrando. Em Santa Helena, ele registrou suas reflexões sobre essas campanhas e lamentou mais uma vez não tê-las explorado mais:

> Frederico tinha uma grande audácia moral. Estou ditando minhas observações sobre suas campanhas, o que será bem interessante. Deveria ter mandado explicar suas campanhas na Escola Politécnica e nas escolas militares. Jomini teria sido excelente para isso. Essa função teria originado muitas ideias nessas jovens cabeças.[9]

Jomini, como sabia Napoleão, fizera história crítica. Esta só é possível quando se tem o ponto de vista de cada campo. Napoleão, naturalmente, tinha consciência disso:

> Comecei, como sabe, uma obra que, se chegar a concluir, será bem interessante. Embora fosse um grande homem, Frederico

LIVRO II — A TEORIA DA GUERRA

cometeu muitos erros, Kolin, por exemplo; mas seus historiadores eram prussianos. Seria o caso de ler suas campanhas escritas por um oficial de Daun.[10]

Napoleão estava perfeitamente consciente da necessidade de confrontar os pontos de vista dos adversários, o que certos historiadores de batalhas ainda não entendem. Ele insistia na importância de uma história crítica para formar os generais, segundo relata Gourgaud:

> Sua Majestade diz que, se continuar a escrever seu trabalho sobre as campanhas, será a melhor obra para formar generais, mas que não deverá ser impressa. "Sem falar de princípios gerais", diz S.M., "farei a crítica de cada campanha, as razões a favor e contra, e será possível que cada um se forme, refletindo."[11]

Os materiais que permitiam refletir sobre os prós e os contras eram reunidos durante as campanhas. Assim, em novembro de 1805, Napoleão pede que um oficial da engenharia proceda ao reconhecimento de um caminho percorrido entre Steyer e Viena, "marcando o caminho que foi seguido, o que poderia ter sido seguido e aquele que teria sido o melhor".[12] Clausewitz preconizaria uma história crítica no mesmo sentido, não se pretendendo que "o conhecido baste para explicar os efeitos que lhe são atribuídos. [...] Nem é preciso dizer que isso oferece ao exame um campo muito vasto; facilmente nos perdemos na dificuldade de enunciar uma infinidade de hipóteses sobre as coisas que não aconteceram de fato mas que, sendo prováveis, não poderiam ser excluídas de nossas considerações".[13] A história pode oferecer material a exercícios de julgamento.[14] Isso teria constituído o essencial de uma formação imaginada pelo imperador, antecipando-se às escolas de guerra:

> Gostaria de montar um curso de guerra em Fontainebleau. Teria convocado Gérard, Maison e os que eu quisesse promover; teria feito excelentes generais.[15]

NAPOLEÃO BONAPARTE

Para fazer a crítica de certas operações, é essencial saber distinguir épocas e momentos. Napoleão diz o seguinte a propósito de sua campanha contra o arquiduque Carlos, em 1797, na Itália:

> Muitas vezes tenho dito que a guerra é como um combate a golpes de sabre. Um golpe de pique no coração é mortal, mas, se o atacante esperar para desferi-lo no momento em que o inimigo estiver com a mão erguida e pronto para rachar-lhe a cabeça, estará fora de combate antes de conseguir desferir seu golpe de pique. Era possível, um momento atrás, dar o golpe, mas neste momento o atacante se vê obrigado a esquivar-se e a se defender, em vez de procurar matar. Essa nuança, essa questão do tempo a ser apreendida, é que é o espírito da guerra. [...]
> Com frequência ouvi críticas a muitas operações por parte de pessoas que, não distinguindo as épocas e os momentos, raciocinavam de maneira equivocada, mas com uma aparência de razão.[16]

# 6. A propósito dos exemplos

## Aprender a guerra pela história

O general Colin frisou com razão que o jovem Bonaparte não dispunha de tantas obras de história militar quanto poderíamos supor. Não havia na década de 1780 obras científicas completas sobre as guerras recentes. Faltavam recursos.[1] Antes de 1796, Napoleão provavelmente estudou na Itália as operações da Guerra de Sucessão da Áustria, as campanhas da Guerra de Sucessão da Espanha, as *Mémoires* (1737) de Feuquière e a *Histoire du vicomte de Turenne* (1735) de Ramsay.[2] Para Napoleão, mais ainda que para nossos contemporâneos, a história muitas vezes revelava verdades contraditórias, e não uma única verdade, escreve Las Cases, de tal maneira os relatos podiam variar:

> Temos de convir, dizia-me hoje o imperador, que as *verdadeiras verdades*, meu caro, são muito difíceis de alcançar, tratando-se de história. Felizmente quase sempre elas são objeto de curiosidade mais que de real importância. Existem tantas verdades!... A de Fouché, por exemplo, e outros intrigantes de sua laia; e até mesmo a de muitos homens de bem às vezes, vão diferir muito da minha. Essa verdade histórica, tão implorada, tão pressurosamente invocada por todos, às vezes não passa de uma palavra: ela é impossível no exato

momento dos acontecimentos, no calor das paixões cruzadas; e se mais tarde prevalece o acordo é porque os interessados, os contestadores, não existem mais. Mas que é então essa verdade histórica, a maior parte do tempo? Uma fábula combinada, como já foi dito muito engenhosamente. Em todas essas questões, existem duas partes essenciais muito distintas: os fatos materiais e as intenções morais. Os fatos materiais aparentemente deveriam ser incontroversos; e no entanto veja se há dois relatos semelhantes: alguns se transformam em questões eternas. Quanto às intenções morais, qual a maneira de tomar pé nessa questão, mesmo partindo-se do princípio da boa-fé dos narradores? E que acontece se são movidos pela má-fé, o interesse e a paixão? Dei uma ordem; mas quem terá lido no fundo do meu pensamento minha verdadeira intenção? E no entanto cada um vai se apropriar dessa ordem, medi-la em sua escala pessoal, acomodá-la ao seu plano, ao seu sistema individual. Veja as diversas cores que lhe vai atribuir o intrigante cuja perfídia ela vem perturbar ou pode, pelo contrário, servir, a torção que haverá de lhe imprimir. O mesmo acontecerá com o importante a quem os ministros ou o soberano terão confidencialmente deixado escapar algo a respeito; o mesmo acontecerá com muitos desocupados do palácio, que, nada mais tendo que fazer senão ouvir atrás das portas, inventam quando não ouvem. E cada qual terá absoluta certeza do que vai contar! E as camadas inferiores, que haverão de recebê-lo dessas bocas privilegiadas, também estarão absolutamente seguras por sua vez! E então as memórias, e as agendas, e os ditos espirituosos, e as anedotas de salão vão correr soltos!... Meu caro, eis no entanto o que é a história!

Eu vi contestarem, a mim, o pensamento de minha batalha, contestarem a intenção de minhas ordens, e se pronunciarem contra mim. Não seria o desmentido da criatura diante daquele que a criou? Não importa; meu contestador, meu opositor terá seus partidários. Foi então o que me dissuadiu de escrever minhas *Mémoires* particulares, de externar meus sentimentos individuais; dos quais decorreriam naturalmente as nuanças do meu caráter privado. Eu não poderia descer a confissões a Jean-Jacques, que seriam atacadas pelo primeiro que chegasse. Pensei então que aqui só vos deveria ditar o que se refere aos atos públicos. Também sei perfeitamente

LIVRO II — A TEORIA DA GUERRA

que mesmo essas relações podem ser combatidas; pois que homem aqui embaixo, qualquer que seja seu direito e a força e a potência desse direito, não é atacado e desmentido pela parte adversária? Mas aos olhos do sábio, do imparcial, de quem reflete, do razoável, minha voz, no fim das contas, terá tanto valor quanto a de outro, e não temo muito a decisão final. Existem já hoje tantas luzes que, quando as paixões tiverem desaparecido, quando as paixões tiverem passado, posso confiar no brilho que ficará. Mas quantos erros intermediários! Com frequência haverão de conferir muita profundidade, muita sutileza de minha parte ao que terá sido talvez a coisa mais simples do mundo; haverão de me atribuir projetos que nunca tive.[3]

Mas a história é a melhor maneira de aprender a guerra:

> Que meu filho leia e medite com frequência a história; é a única autêntica filosofia. Que ele leia e medite as guerras dos grandes capitães; é a única maneira de aprender a guerra.[4]

É preciso apropriar-se na história daquilo que pode ser útil:

> *Por que* e *como* são perguntas tão úteis que nunca é demais fazê-las. Eu menos estudei a história do que tratei de conquistá-la; ou seja, dela só quis e só retive o que pudesse dar-me uma ideia a mais, deixando de lado o inútil, e me apropriando de certos resultados que me agradavam.[5]

Napoleão voltou a tratar com Caulaincourt dos anos em que devorava a história:[6]

> A leitura da história muito cedo me deu, disse-me ele, o sentimento de que eu poderia fazer tanto quanto os homens aos quais ela atribuíra as posições mais elevadas, mas sem um objetivo fixo e sem ir além das esperanças de um general. Toda a minha atenção voltou-se para a grande guerra e para os conhecimentos da arma à qual me julgava destinado. Não demorei muito para me dar conta de que os conhecimentos que desejava adquirir e que considerava como

NAPOLEÃO BONAPARTE

o objetivo que pretendia alcançar estavam muito longe daqueles aos quais poderia chegar. Redobrei, assim, minha aplicação. O que aos outros parecia uma dificuldade, a mim parecia fácil.[7]

## O exemplo dos grandes capitães

Os princípios da guerra ressaltam, por si mesmos, da história das campanhas dos mestres de outras épocas:

> Os princípios da arte da guerra são aqueles que dirigiram os grandes capitães cujas proezas extraordinárias nos foram transmitidas pela história: Alexandre, Aníbal, César, Gustavo Adolfo, Turenne, o príncipe Eugênio, Frederico, o Grande.
> Alexandre fez oito campanhas, durante as quais conquistou a Ásia e uma parte das Índias; Aníbal fez dezessete, uma na Espanha, quinze na Itália, uma na África; César fez treze, oito contra os gauleses, cinco contra as legiões de Pompeu; Gustavo Adolfo fez três, uma na Livônia contra os russos, duas na Alemanha contra a casa da Áustria; Turenne fez dezoito, nove na França, nove na Alemanha; o príncipe Eugênio de Saboia fez treze, duas contra os turcos, cinco na Itália contra a França, seis no Reno ou em Flandres; Frederico fez onze, na Silésia, na Boêmia e às margens do Elba. A história dessas oitenta e três campanhas seria um tratado completo da arte da guerra; os princípios a serem seguidos na guerra defensiva e ofensiva naturalmente haveriam de decorrer delas. [...]
> Mas querem saber como ocorrem as batalhas? Leiam, reflitam sobre os relatos das cento e cinquenta batalhas desses grandes capitães. [...]
> Façam a guerra ofensiva como Alexandre, Aníbal, César, Gustavo Adolfo, Turenne, o príncipe Eugênio e Frederico; leiam, releiam a história de suas oitenta e três campanhas, modelem-se a partir deles; é a única maneira de se tornar um grande capitão e surpreender os segredos da arte; seu gênio assim esclarecido os levará a rejeitar as máximas opostas às desses grandes homens.[8]

LIVRO II — A TEORIA DA GUERRA

O prussiano Scharnhorst tinha um discurso semelhante, escorando-se nos mesmos nomes.[9] Os erros cometidos por certos generais também devem merecer reflexão. Em Santa Helena, Napoleão investiu contra o general Championnet, que comandava o exército dos Alpes em 1799:

> As manobras e os movimentos desse general devem ser estudados como uma sucessão de erros. Ele não fez um só movimento que não fosse contrário aos princípios da guerra. [*riscado*: e aprender assim a evitá-los].[10]

Napoleão prenuncia Clausewitz ao preferir os exemplos das guerras modernas aos das guerras antigas. A pólvora introduziu mudanças por demais importantes:

> Como já dissemos, a formação em batalhão ou em coluna, os acampamentos, os escalões, tudo na guerra é resultado da invenção da pólvora. Se Gustavo Adolfo ou Turenne chegassem a um de nossos campos na véspera de uma batalha, poderiam comandar o exército já no dia seguinte. Mas se Alexandre, César ou Aníbal voltassem dos Campos Elíseos, precisariam de pelo menos um ou dois meses para entender o que a invenção da pólvora, os fuzis, os canhões, os obuseiros e os morteiros geraram e tiveram de gerar em matéria de mudanças na parte defensiva, como também na arte do ataque; seria necessário mantê-los durante esse tempo acompanhando um parque de artilharia.[11]

## Feuquière

Clausewitz menciona Feuquière para dizer que os exemplos históricos, quando usados para justificar uma teoria da guerra, nem sempre são concludentes.[12] Napoleão fez o mesmo antes dele, recorrendo ao mesmo escritor:

> Em 1797, quando os generais Provera e Hohenzollern[13] se apresentaram para levantar o cerco de Mântua, onde estava preso o marechal Wurmser, foram detidos pelas linhas de circunvalação[14] de

Saint-Georges, que deram a Napoleão tempo para chegar de Rivoli, baldar a tentativa e obrigá-los a capitular com suas tropas.

Caberia esperar o ataque do exército de apoio em suas linhas de circunvalação? Feuquière afirma: *Nunca se deve esperar o inimigo nas linhas de circunvalação, é necessário deixar as linhas para atacá-lo.* Ele se escora no exemplo de Arras e de Turim.[15] Mas o exército sitiante em Arras deu continuidade ao cerco durante trinta e oito dias diante do exército de Turenne; teve portanto trinta e oito dias para tomar a cidade; mas o príncipe Eugênio foi obrigado a contornar as linhas de circunvalação que davam cobertura ao cerco para atacar à direita, onde o duque de La Feuillade não as construíra; o que mostra a importância que esse grande general conferia ao obstáculo das linhas.

Mas se fosse o caso de citar todos os ataques de linhas que fracassaram e todas as praças que foram tomadas sob a proteção das linhas ou contando com seu apoio, ou depois que os exércitos de apoio viessem reconhecê-las, considerando-as inatacáveis e distanciando-se delas, veríamos que o papel que elas desempenharam é muito importante; é um meio suplementar de forças e proteção que não deve ser negligenciado. Quando um general surpreendeu o cerco de uma praça, ganhou alguns dias em relação ao adversário, aproveitou para se cobrir com linhas de circunvalação; a partir desse momento, ele melhorou sua posição e conquistou, na massa geral das coisas, um novo grau de força, um novo elemento de potência.

Não se deve descartar a alternativa de aguardar o ataque nas linhas; nada pode ser absoluto na guerra. As linhas não podem ser cobertas por fossos cheios d'água, por inundações, florestas, um rio, no todo ou em parte? Não é possível estar em posição de superioridade em relação ao exército de apoio na infantaria e na artilharia, e muito inferior na cavalaria? Seu exército não pode ser composto de homens corajosos em maior número que os do exército de apoio, mas pouco treinados e sem muitas condições de manobrar em campo aberto? Em quaisquer dessas situações, seria o caso de suspender o cerco e abandonar uma empreitada a ponto de ser concluída vantajosamente, ou de se precipitar na própria ruína — avançando com tropas corajosas mas não operacionais — enfrentando na planície uma cavalaria boa e numerosa?[16]

LIVRO II — A TEORIA DA GUERRA

Clausewitz talvez tenha tomado a menção a Feuquière de empréstimo a Napoleão, pois esse trecho foi extraído das *Mémoires pour servir à l'histoire de France*, lidas pelo prussiano. "Nada pode ser absoluto na guerra": essa frase deve tê-lo impressionado particularmente.

Feuquière está errado quando tenta generalizar a partir de exemplos, quando na verdade tudo depende das circunstâncias:

> Feuquière se equivoca ao pôr a culpa nas circunvalações. É preciso tê-las sempre, elas são indispensáveis. Se [o Duque] de York tivesse contado com elas diante de Dunquerque, jamais teria perdido a batalha de Hondschoote.[17] Feuquière disse que, em Valenciennes, Arras, Turim, as linhas foram forçadas, mas, em oposição a esses três exemplos, quantos não terá havido em sentido contrário? Seria o caso de esperar dentro das linhas? É outra questão. Não se pode responder em sentido positivo, pois depende de muitas circunstâncias, da força das linhas, das tropas etc.[18]

O imperador critica Feuquière, mas, segundo Gourgaud, também encontra nele qualidades, a 13 de outubro de 1817:

> Às 6 horas e meia, o imperador se despe, lê o relato das batalhas de Hochstäsdt, de Ramillies. "Em Hochstädt, o príncipe Eugênio quis dar a volta pela esquerda e jogar os franceses no Danúbio. Não está bem relatado em Feuquière. Os mapas são ruins." Sua Majestade deita-se, convida-me a ler [o capítulo]: "Quando um general precisa entrar em batalha", aprova, "diz que Feuquière [fez um] bom trabalho."[19]

Não é qualquer um que pode escrever a história das guerras. Napoleão lê um trabalho de Lacretelle em Santa Helena e emite um julgamento severo:[20]

> Ele não entende nada da guerra e tudo que afirma a respeito é um contrassenso. Aparentemente, para escrevê-la, é preciso tê-la feito. Os historiadores antigos em geral eram militares.
>
> Ele fala muito bem da administração. Aparentemente, o mesmo estilo não convém ao relato da administração e da guerra. A admi-

167

NAPOLEÃO BONAPARTE

nistração compõe-se de diferentes atos nos quais as datas têm pouca importância, mas na guerra tudo é exato: determinado movimento é bom por ser feito no dia seguinte. Não teria sido bom na véspera ou dois dias depois.[21]

## A educação militar pelo exemplo e seus limites

Numa longa carta ao ministro da Guerra, Clarke, em 1809, Napoleão enfatiza a necessidade de que os alunos das escolas militares aprendam o ofício a partir de exemplos ilustrativos das virtudes das armas:

> Senhor general Clarke, nosso militar é pouco instruído; será necessário cuidar de duas obras, uma para a escola de Metz,[22] outra para a de Saint-Cyr.
> A obra para a escola de Metz deve conter as ordenações sobre as praças, os vereditos que recaíram sobre os comandantes que entregaram de maneira leviana a praça cuja defesa lhes fora confiada, enfim, todas as ordenanções de Luís XIV e da nossa época que proíbem entregar uma praça se ainda não houver brecha e a passagem do fosso for viável. [...]
> O objetivo deve ser dar uma clara ideia da importância da defesa das praças, e despertar o entusiasmo dos jovens militares mediante um grande número de exemplos; dar a conhecer o quanto, em todos os casos, os prazos estabelecidos como regras no avanço constantemente sofreram atrasos em sua aplicação. Enfim, nessa obra, será necessário fazer constar um grande número de fatos heroicos através dos quais se imortalizaram os comandantes que defenderam durante muito tempo as praças mais medíocres, lembrando ao mesmo tempo as sentenças que, em todas as nações, se abateram sobre aqueles que não cumpriram seu dever. [...]
> Quanto à obra para a Escola Militar [de Saint-Cyr], desejo que se trate nela da administração em campanha, das regras do acampamento, para que cada um saiba como se traça um campo, e finalmente dos deveres de um coronel ou de um comandante de coluna de infantaria. É preciso enfatizar sobretudo os deveres do oficial que comanda uma coluna destacada; expressar bem claramente a ideia

## LIVRO II — A TEORIA DA GUERRA

de que ele não deve nunca perder a esperança; de que, mesmo cercado, não deve capitular; de que em plena campanha só existe uma maneira de os homens de valor se renderem, e é ela, como fizeram Francisco I e o rei João, no meio da refrega e debaixo de coronhadas;[23] de que capitular é querer salvar tudo, menos a honra; mas de que, fazendo-se como Francisco I, pelo menos será possível dizer, como ele: *Tudo está perdido, menos a honra!* Será preciso citar exemplos, como o do marechal Mortier em Krems,[24] e muitos outros ainda dos que constam em nossos anais, para provar que colunas armadas encontraram maneiras de abrir passagem buscando todos os seus recursos na coragem; que todo aquele que prefere a morte à ignomínia se salva e vive com honra, e que, em sentido inverso, aquele que prefere a vida morre cobrindo-se de vergonha. É possível, assim, buscar nas histórias antigas ou nas histórias modernas todos os traços próprios para provocar admiração ou desprezo.[25]

Os exemplos a serem dados aos alunos têm valor edificante. Devem exaltar o patriotismo, o senso da honra, a energia no combate. Não devem indicar uma disposição tática específica a ser reproduzida. Nem mesmo as regras estabelecidas por Vauban no que diz respeito ao cerco e à defesa das praças têm valor absoluto. O estudo dos acontecimentos passados permite fazer observações, mas nenhum livro pode realmente formar um general para a guerra. Esta é a questão do momento:

Os livros de Jomini certamente são bons. As observações que fiz são boas. Mas nada disso pode fazer um grande general. Eu não recomendaria um volume. A guerra é questão do momento.

Rivoli estava bem naquele exato momento. Uma hora depois, eu estaria perdido se esperasse, para atacar, que todas as colunas do inimigo estivessem em movimento, eu estaria cercado, seria atacado por forças triplas, e estaria perdido. Teria sido mais sensato recuar para Castel-Nuovo. Se eu tivesse sido derrotado, todo mundo teria dito que eu era um ignorante, que era evidente que estava cercado, que estava perdido. De modo que não há raciocínios a serem feitos sobre os acontecimentos passados. Eles são inúteis. As observações, contudo, são boas, mas não fazem um general.[26]

# Conclusão do livro II

Napoleão e Clausewitz eram particularmente próximos em matéria de teoria da guerra.[1] O segundo retomou a alusão do primeiro à dificuldade da decisão na guerra, uma dificuldade digna de um Newton ou de um Euler. Para Napoleão, as definições de estratégia e tática enunciadas por Jomini são claras e podem dar algumas ideias, mas não ensinam a guerra. As "partes altas" da guerra só podem ser adquiridas pela experiência e pelo estudo da história. O imperador despreza os escritos dos teóricos, ao mesmo tempo guardando o que considera bom neste ou naquele. Clausewitz teve exatamente a mesma abordagem.[2] Napoleão critica muito Guibert, que no entanto chegou a ser apresentado como seu profeta. Aprecia sobretudo Jomini como historiador das campanhas. A arte da guerra é uma questão de tato. Está ligada ao talento do gênio guerreiro e não pode ser aprendida nos livros. Também para Clausewitz, a teoria da guerra é mais uma arte que uma ciência, pois reside essencialmente na capacidade de julgamento, de identificar o que é importante.[3] Napoleão teve vontade de escrever uma obra a respeito, mas não chegou a fazê-lo. A convergência de suas ideias com as de Clausewitz não era óbvia. A maioria dos teóricos, Jomini à sua frente, interpretava a guerra em termos de princípios e regras capazes de assegurar o sucesso. Naturalmente, Napoleão falou de princípios, de sistemas, mas praticamente não definiu o que queria dizer com isso. Para ele, os princípios eram eixos aos quais se vinculava uma curva, nada mais. As diferentes edições de suas "máximas" contribuíram assim para reduzir seu pensamento. Clausewitz também foi alvo de uma tentativa de "encaixotamento". Cabe lembrar que ele próprio usou o conceito de princípios em seu ensino ao príncipe herdeiro da Prússia.[4]

LIVRO II — A TEORIA DA GUERRA

Mas tanto em seus escritos como nos do imperador trata-se apenas de estabelecer verdades básicas a respeito da própria noção de guerra, assim fornecendo algumas chaves de leitura da realidade.

O general Colin certamente o entendeu, mas não encontrou as palavras adequadas para expressá-lo. Cabe assinalar que a questão não é simples. Colin fala de "cálculo", de "soluções fixadas pelo raciocínio", de "regras inflexíveis" expostas pelo próprio Napoleão, de um "número finito de princípios e regras", de "leis gerais, logicamente deduzidas de princípios incontestáveis", de leis que o imperador havia demonstrado a si mesmo e que eram "estabelecidas de uma vez por todas, e com a inabalável solidez dos teoremas de geometria".[5] A multiplicidade de expressões trai a dificuldade de encontrar as palavras adequadas. Algumas certamente são inábeis, pois poderiam levar a crer numa proximidade de ideias com Jomini e a acepção normativa da teoria da guerra. Napoleão, escreve o general alemão von Caemmerer, não era um simples improvisador que resolvia cada questão com base exclusivamente na situação do momento, recorrendo apenas à sua inspiração criativa. Tinha um método de ação que repousava em alguns princípios de base. Ao mesmo tempo, tinha consciência de que tudo é relativo na guerra "e que às vezes chega a ser duvidoso que duas vezes dois sejam quatro".[6] A análise de Clausewitz por Antulio Echevarria II permite entender melhor o que Colin e Caemmerer perceberam. Clausewitz rejeitava as teorias e doutrinas normativas, mas acreditava em certas verdades, na forma de leis e princípios relativos à condução da guerra. Os princípios derivavam das relações de causa e efeito na guerra, de "leis" que deviam ser aplicadas com critério em cada circunstância. Clausewitz encarava a teoria da guerra como o estabelecimento das principais leis que interagem em toda guerra por terem a ver com a própria natureza da guerra.[7] A concepção napoleônica haveria de se aproximar disso. Os dois acentuavam o interesse de uma análise crítica das campanhas passadas, reconhecendo o papel das circunstâncias próprias a elas. Os exemplos históricos permitem refletir e inspiram, mas não podem estabelecer uma teoria.

LIVRO III  Da estratégia em geral

Napoleão dissertou muito sobre a preservação das qualidades morais de um exército. É um terreno onde ele foi particularmente inovador. De 1796 a 1807, ao contrário de seus adversários, seus exércitos derivavam sua eficácia em grande parte das motivações individuais dos combatentes. Napoleão tinha consciência de que a resistência e a combatividade dos soldados dependiam do "fogo sagrado" que ele lhes inspirava, especialmente com sua presença constante entre eles. Impressionado com isto na debacle prussiana de 1806 e ávido por se distanciar das perspectivas geométricas de certos teóricos a respeito dos movimentos dos exércitos, Clausewitz detém-se precisamente nos fatores morais, que considera primordiais na estratégia.

# 1. Estratégia

> O que há de mais simples na guerra é sempre o melhor, e só é bom aquilo que é simples.[1]

> A arte da guerra é uma arte simples, pura questão de execução; não existe nada vago; tudo nela é bom senso, nada é ideologia.[2]

Como muito bem frisou o general Lewal, essas frases célebres não significam naturalmente que a arte da guerra esteja ao alcance de uma alma simples, que não requeira especial estudo.[3] Querem dizer que as concepções estratégicas devem ser simples e racionais. É o que Napoleão especifica, ao criticar os planos do Diretório pouco antes de sua queda, em 1799:

> Os exércitos dos Alpes e da Itália deveriam ter sido reunidos sob um mesmo chefe; a falta de coordenação entre esses dois exércitos foi funesta. Os planos adotados em Paris iam de encontro a todas as regras da arte da guerra. Como a guerra é um ofício de execução, todas as combinações complicadas devem ser afastadas.[4]

Clausewitz retomou essa ideia da simplicidade na estratégia. Esta significa para ele o emprego do combate para os fins da guerra. Ela fixa no plano militar os objetivos da guerra. Estabelece um plano contemplando diferentes ações destinadas a levar a esses objetivos. As formas da estratégia, os meios de que se serve "são de uma simplicidade tão conhecida por sua constante repetição aos olhos do simples bom senso que a crítica que fala a respeito com uma ênfase empolada só pode parecer grotesca. Um movimento rotatório mil vezes visto é considerado uma excepcional tirada de gênio ou uma prova de perspicácia profunda, e mesmo de erudição".[5] O simples bom senso preconiza que o adversário seja contornado sempre que possível. As relações materiais desse tipo são de fácil compreensão. "Assim, na estratégia, tudo é portanto muito simples, o que não quer dizer muito fácil."[6] Como Napoleão, Clausewitz reitera que as tarefas são simples na guerra, mas que as interações, as fricções e as realidades humanas tornam sua execução extremamente complexa.[7]

Sabemos desde o livro anterior que Napoleão só empregou a palavra "estratégia" em Santa Helena, referindo-se a uma obra do arquiduque Carlos. Ele a entendia no sentido proposto por Jomini, designando os movimentos dos exércitos fora do combate, mas a ele conduzindo, o que estava próximo da acepção clauzewitziana. É o que podemos perceber com esta reflexão sobre as derrotas sofridas na Espanha, na qual a palavra é deliberadamente deixada em alemão:

> O exército anglo-português tornou-se tão móvel e operacional quanto o exército francês; fomos derrotados em consequência dos acontecimentos da guerra, das manobras e erros de *Strategie* em Talavera, Salamanca, Vitoria.[8]

Num outro trecho pouco conhecido, Napoleão empregou o adjetivo "estrategista" para comparar vantajosamente sua campanha da Rússia com a de Carlos XII da Suécia:

> 1º Carlos XII percorreu quinhentas léguas em território inimigo; 2º ele perdeu sua linha de operações no dia seguinte da partida de Smolensk; 3º ficou um ano sem receber notícias de Estocolmo; 4º não tinha nenhum exército de reserva.
> 1º Napoleão percorreu apenas cem léguas em território inimigo; 2º manteve sempre a linha de operações; 3º recebia diariamente

## LIVRO III — DA ESTRATÉGIA EM GERAL

notícias e comboios da França; 4° deixou em reserva, do Vístula ao campo de Moscou, três quartos de seu exército; enfim, o primeiro atuava com 40.000 homens, o segundo, com 400.000; essas duas operações são o oposto uma da outra: se uma está de acordo com as regras lógicas e com os meios proporcionais aos fins, a outra é ilógica em seu objetivo e de uma cabeça pouco estratégista.[9]

Não são afirmações falsas, mas não levam em conta quantos homens voltaram dos 400 mil reunidos. Em vez de criticar a campanha da Rússia, observemos que Napoleão, se tivesse vivido mais, poderia ter-se acostumado a falar de estratégia. Mais uma vez, aqui, ele confere à expressão o sentido de Clausewitz.

"Os escalões para voltar um flanco à direita ou à esquerda", prossegue este, "não são difíceis de traçar; a ideia de ter sempre um grupo compacto a opor ao inimigo disperso, de multiplicar as próprias forças através de movimentos rápidos, é tão fácil de entender quanto de expressar. De modo que esse achado nada tem para despertar nossa admiração, e só o que se pode dizer de coisas tão simples é que são simples. Mas que um general tente então imitar Frederico, o Grande, nesse terreno!"[10] É na execução que estão a dificuldade e o mérito dos grandes generais. Consciente disso, Napoleão preconizava movimentos os mais simples possíveis:

> [...] o que convém na guerra é simplicidade e segurança.[11]

> A arte da guerra, como tudo aquilo que é belo, é simples. Os movimentos mais simples são os melhores.[12]

Já em sua primeira campanha na Itália, Napoleão revelou-se um mestre da execução. Ele inaugurou uma "maneira" original, que desconcertou os austríacos. Foi o que explicou ao Diretório:

> Quanto aos generais de divisão, a menos que sejam oficiais de grande distinção, peço que não os envie: pois a nossa maneira de fazer a guerra é tão diferente das outras que não posso confiar uma divisão sem ter testado, em dois ou três episódios, o general que haverá de comandá-la.[13]

## 2. Grandeza moral

Napoleão insistia nessa dimensão da guerra:

> Na guerra, três quartos são questões morais; a balança das forças reais pesa apenas um outro quarto.[1]

### Na guerra, tudo é opinião

> Um inimigo intimidado [...] faz todos os sacrifícios que lhe são pedidos. [...] Sempre é mais fácil tratar [...] com um soberano que não deixou sua capital e que se vê ameaçado, do que com aquele que foi forçado a sair dela.[2]

Napoleão tornou-se um mestre na arte de se aproveitar do terror que inspirava. Procurou incutir a importância da opinião aos colaboradores aos quais confiava exércitos, ainda que não tivessem os conhecimentos e as qualidades necessários para comandá-los. Mandou redigir o seguinte para seu irmão Joseph, que vacilava no trono da Espanha:

> Na guerra, tudo é opinião, opinião sobre o inimigo, opinião sobre os próprios soldados. Depois de uma batalha perdida, a diferença

## LIVRO III — DA ESTRATÉGIA EM GERAL

entre o vencido e o vitorioso é pouca coisa, mas é [incomensurável para opinião][3] pois dois ou três esquadrões então bastam para causar um grande efeito.[4]

Ele procura levantar o moral de Eugênio de Beauharnais, que acaba de amargar um fracasso diante dos austríacos no Piave, no norte da Itália:

> Na guerra, vemos nossos males e não vemos os do inimigo; é necessário demonstrar confiança [...]. Se conhecesse a história, saberia que a zombaria de nada serve, e que as maiores batalhas registradas pela história foram perdidas apenas porque se deram ouvidos ao que diziam os exércitos.[5]

Para suster o moral das tropas, é preciso manter os homens nos corpos aos quais pertencem. Para surgir o espírito de corpo, é necessário transferir os homens com a menor frequência possível:

> Não me agrada nada que possa tirar um soldado do corpo de que faz parte, pois nos homens o moral é tudo, e quem não ama sua bandeira não é um soldado de verdade.
> Foi o esquecimento deste princípio que provocou a deserção e a desorganização do exército.[6]

Os franceses têm tendência a gostar do que é estrangeiro. Essa pressão da moda pode ter consequências desastrosas no plano militar:

> O francês de tal maneira se dispõe a gostar do estrangeiro que talvez não seja bom ensinar aos alunos as línguas estrangeiras. Um dos obstáculos para o restabelecimento da nossa marinha é a excelente opinião que nossos marinheiros têm da superioridade dos ingleses. Foi a *prussomania* que levou à derrota na batalha de Rossbach.[7]

## O número de inimigos

A questão da quantidade de homens num exército conta muito. O imperador incumbe o ministro da Guerra, Clarke, de escrever a seu irmão Joseph uma autêntica lição de propaganda:

> Desejo que escreva ao rei da Espanha para fazê-lo entender que nada é mais contrário às regras militares que dar a conhecer as forças de seu exército, seja em ordens do dia e proclamações, seja nas gazetas; que, quando somos levados a falar de nossas forças, devemos exagerá-las e apresentá-las como temíveis, duplicando ou triplicando o número, e que, quando falamos do inimigo, devemos diminuir sua força em metade ou um terço; que na guerra tudo é moral; que o rei se afastou desse princípio ao dizer que havia apenas 40.000 homens e também ao publicar que os insurretos dispunham de 120.000; que significa levar o desestímulo às tropas francesas apresentar-lhes como imenso o número dos inimigos, e dar ao inimigo uma fraca opinião dos franceses ao apresentá-los como pouco numerosos; que significa proclamar a própria fraqueza em toda a Espanha; numa palavra, conferir força moral aos inimigos e privar-se dela; que está no espírito do homem acreditar que a longo prazo o pequeno número será derrotado pelo maior.
>
> Os militares mais experientes têm dificuldade, num dia de batalha, de avaliar o número de homens de que é composto o exército inimigo, e, em geral, o instinto natural nos leva a considerar o inimigo que vemos como mais numeroso do que realmente é. Entretanto, quando temos a imprudência de permitir que circulem ideias, de nos autorizar cálculos exagerados sobre a força do inimigo, isto tem o inconveniente de que cada coronel de cavalaria que parte em reconhecimento veja um exército, e cada capitão de infantaria, batalhões.
>
> É portanto com tristeza que vejo a má direção que se imprime ao espírito de meu exército da Espanha, repetindo que éramos 40.000 contra 120.000. Um único objetivo foi alcançado com essas declarações, diminuir nosso crédito na Europa, fazendo crer que nosso crédito não se firmava em nada, e enfraquecemos nossa força moral, aumentando a do inimigo. Mais uma vez, na guerra, o moral e a opinião são mais da metade da realidade. A arte dos grandes capi-

## LIVRO III — DA ESTRATÉGIA EM GERAL

tães sempre foi publicar e fazer parecer ao inimigo que suas tropas eram muito numerosas, e ao seu próprio exército que o inimigo era muito inferior. É a primeira vez que se vê um chefe deprimir seus meios abaixo da verdade, exaltando os do inimigo.

O soldado não julga; mas os militares de bom senso, cuja opinião é estimável e que julgam com conhecimento das coisas, não dão muita atenção às ordens do dia e às proclamações, sabendo apreciar os acontecimentos.[8]

A massa dos inimigos a serem enfrentados é uma das grandes fontes de temor na guerra. Napoleão conta a Gourgaud este episódio da campanha de 1809 na Alemanha:

Marchando em Landshut, encontrei Bessières em retirada, levei-o a marchar adiante, ele me objetou a força dos inimigos. Continue marchando, disse-lhe. Ele avançou, o inimigo, vendo-o fazer um movimento ofensivo, julgou-o mais forte e se retirou. Na guerra, tudo ocorre assim. Os soldados não devem contar os inimigos. Na Itália, éramos sempre um contra três, mas os soldados tinham confiança em mim. Mais que o número, é a força moral que decide a vitória.[9]

Clausewitz também diria que na guerra "estamos sempre mais inclinados e induzidos a superestimar que a subestimar a força do adversário, pois é assim a natureza humana".[10] Comandando a região de Alexandria no Egito, o general Marmont recebe ordem de mobilizar uma coluna móvel com um batalhão de infantaria e duas peças de artilharia, para cobrar impostos e impor a ordem em duas províncias:

Essa medida terá a vantagem de tirar todo o partido possível dessas duas províncias, de manter uma boa reserva distante da epidemia de Alexandria, e, de acordo com os acontecimentos, o senhor a faria retornar a Alexandria, onde sua presença levantaria o moral da guarnição, pois é sabido, no espírito da multidão, que quando o inimigo recebe reforços, ela também deve recebê-los para julgar-se em igualdade de forças [...].[11]

## Preservação do moral e controle da imprensa

Napoleão constantemente mantinha o moral de seus exércitos e da população através da imprensa, cuja importância, tratando-se de influenciar a opinião, foi um dos primeiros a entender. Em 1797, na Itália, ele escreve a Berthier:

> Queira, cidadão general, tomar medidas para que não seja distribuída no exército nenhuma gazeta que tenda a levar o desestímulo, a incentivar os soldados à deserção e a diminuir a energia pela causa da liberdade.[12]

Em abril de 1805, ele escreve da Itália ao vice-almirante Decrès:

> Desejo que faça constar nos jornais que grandes notícias chegaram das Índias; que os despachos foram enviados ao imperador; que o conteúdo não transpirou, mas que se sabe apenas que os negócios dos ingleses vão muito mal, e que tudo aquilo que o capitão-general da ilha de França prometera foi cumprido. Esses pequenos recursos são de um efeito incalculável sobre os homens, cujos cálculos não resultam de cabeças frias e nos quais cada um carrega os alarmes e preconceitos de sua panelinha.[13]

A guerra da Espanha requer uma vigilância ainda maior da informação:

> É publicado em Madri um *Courrier d'Espagne*, redigido em francês por intrigantes, e que pode ser do pior efeito. Escreva ao marechal Jourdan para que não haja nenhum jornal francês na Espanha, e que esse seja suprimido. Minha intenção é não tolerar nenhum jornal francês onde quer que estejam minhas tropas, a menos que seja publicado por ordens minhas.[14]

LIVRO III — DA ESTRATÉGIA EM GERAL

Minha intenção é que os jornais só imprimam informações sobre as questões da Espanha com base em *Le Moniteur*. Tome as medidas cabíveis.[15]

Durante a campanha da França, o moral dos franceses já depende exclusivamente dos sucessos retumbantes esperados do imperador. Mas é necessário dar conta desses sucessos, exagerando o número das forças francesas:

Os jornais são redigidos sem critério. Acaso convém, no momento atual, espalhar que eu tinha pouca gente, que só venci por ter surpreendido o inimigo e que éramos um contra três? Só mesmo por se ter perdido a cabeça em Paris é que se pôde dizer coisas semelhantes, quando, de minha parte, digo sempre que tenho 300.000 homens, quando o inimigo acredita, sendo necessário dizê-lo a mais não poder. Eu havia constituído um escritório para dirigir os jornais; esse escritório então não vê esses artigos? É assim que se destrói, com a pluma, todo o bem resultante da vitória! O senhor mesmo poderia ler essas coisas, saber que não se trata aqui de mera gloríola e que um dos primeiros princípios da guerra é exagerar as próprias forças, e não diminuí-las.[16]

Os jornais não são a história, como tampouco os boletins. Deve-se sempre levar o inimigo a crer que se dispõe de forças enormes.[17]

## Implicações morais dos movimentos estratégicos

Na Rússia, em 1812, o general Oudinot opera de maneira independente da massa principal do Grande Exército. Ele derrota os russos, mas julga ter muita gente diante de si e empreende um movimento de retrocesso. Napoleão pede a Berthier que lhe escreva:

Depois da bela vitória que ele obteve, causa surpresa que o inimigo é que se tenha mantido senhor do campo de batalha. Ele recuou, o inimigo avançou; o inimigo soube que duas divisões haviam atravessado o Dvina, e avançou ainda mais. A guerra é uma questão de opinião, e a arte consistiria em guardar consigo a opinião que tinha, depois da grande vantagem que obtivera.[18]

Dias depois, o imperador leva Oudinot a constatar os resultados de seu recuo:

> Os russos publicam em toda parte e pelas costas a vitória espetacular que tiveram sobre o senhor, pois sem motivo permitiu que se espalhassem no campo de batalha. A reputação das armas na guerra é tudo, e equivale às forças reais.[19]

No início de 1813, no momento em que comanda os destroços do Grande Exército em retirada na Alemanha depois do desastre na Rússia, o príncipe Eugênio de Beauharnais posiciona-se atrás de Berlim. O imperador lhe dá uma aula:

> Nada é menos militar que a decisão que o senhor tomou de levar seu quartel-general para Schöneberg, atrás de Berlim; era perfeitamente claro que significava atrair o inimigo. Se, pelo contrário, o senhor tivesse assumido uma posição diante de Berlim, comunicando-se através de comboios com Spandau, e de Spandau com Magdeburgo, mandando vir uma divisão do corpo do Elba a meio caminho ou construindo alguns redutos, o inimigo seria levado a crer que o senhor pretendia combater. Nesse caso, ele só teria ultrapassado o Oder depois de ter reunido 60 a 80.000 homens, com a séria intenção de se apoderar de Berlim; mas ele ainda estava muito longe de poder fazê-lo. O senhor poderia ganhar vinte dias, o que teria sido muito vantajoso política e militarmente. É provável inclusive que ele não tivesse arriscado esse movimento, pois sabe muito bem a que se expõe e não pode ignorar a grande quantidade de tropas que reunimos no Meno e, por outro lado, as que os austríacos reúnem na Galícia. Mas no dia em que o seu quartel-general foi posicionado atrás de Berlim, vale dizer que ficou claro que não pretendia guardar essa cidade; o senhor assim perdeu uma atitude que pela arte da guerra deve ser conservada.[20]

LIVRO III — DA ESTRATÉGIA EM GERAL

A tomada de decisão em campanha não pode ser feita de qualquer jeito, em face dos soldados:

> É preciso evitar as contraordens; a menos que o soldado possa ver nelas um grande motivo de utilidade, ele fica desestimulado e perde a confiança.[21]

> Os soldados não devem nunca presenciar discussões dos chefes.[22]

# 3. As principais forças morais

Napoleão enxergava uma importante força moral no sentimento nacional de seus exércitos.

> Um bom general, bons administradores, uma boa organização, uma boa instrução, uma boa disciplina fazem as boas tropas, independentemente da causa pela qual combatem. Mas é verdade que o fanatismo, o amor à pátria, a glória nacional podem inspirar vantajosamente as jovens tropas.[1]

A reputação também confere ascendência moral:

> Parece que a cavalaria prussiana [sob Frederico II] era excelente. Esse Seydlitz é o Murat deles, um homem temível;[2] os outros não tinham muita coragem de avançar diante dele. Quando a cavalaria toma uma distância decisiva sobre o inimigo, torna-se realmente temível.[3]

A religião também pode representar uma grande força moral na guerra. A 10 de setembro de 1816, Napoleão diz o seguinte a respeito do paraíso prometido por Maomé a seus fiéis:

LIVRO III — DA ESTRATÉGIA EM GERAL

Ele incita aos combates, promete o prazer dos bem-aventurados àqueles que morrerem na guerra. As asas dos anjos curam as feridas. Assim foi que a religião contribuiu enormemente para o êxito de suas armas, e como é ao êxito de suas armas que devemos atribuir o rápido estabelecimento de sua religião, seu paraíso veio a exercer grande influência.

A religião cristã não estimula a coragem, e como general ele [Napoleão] não gostava dos cristãos em seus exércitos. A morte imprevista é tão perigosa, é preciso passar por tanto sofrimento para chegar ao paraíso, de tal maneira nos falam de nossos últimos momentos que a coisa não se coaduna muito com a paixão da guerra e a morte inesperada. [...]

O Corão não é apenas religioso; ele é político e civil. Contém todas as maneiras de governar. A religião cristã prega apenas a moral. Mas a religião cristã é uma revolução maior que a outra, que não passa de uma emanação sua. A religião cristã é a reação dos gregos aos romanos, do espírito contra a força.[4]

Clausewitz identifica como principais forças morais os talentos do chefe de guerra, as virtudes guerreiras do exército e o sentimento nacional por ele nutrido.[5] Os talentos do chefe foram abordados no livro I, capítulo 3 (o gênio guerreiro), e as virtudes guerreiras serão objeto do capítulo seguinte. É numa situação como esta que apercebemos o caráter inconcluso de *Da Guerra*. Os capítulos não são equilibrados. Este é demasiado curto, praticamente servindo apenas para remeter a outros ou anunciá-los.

# 4. Disposição guerreira do exército

## A disciplina

> São necessários homens de moralidade segura e que saibam que a subordinação é a primeira das qualidades militares.[1]

O primeiro exército comandado por Napoleão, o da Itália na primavera de 1796, não brilhava muito por sua disciplina. Poderíamos citar uma quantidade de ordens proibindo a pilhagem. Vamos nos limitar aos que avaliam as possíveis implicações, daí extraindo considerações de ordem geral:

> A pilhagem enriquece apenas um pequeno número de homens; ela nos desonra, destrói nossos recursos, nos torna inimigos dos povos que teríamos interesse em ter como amigos.[2]

> Deem atenção à boa disciplina de suas tropas; um mês de negligência causa um mal que só pode ser reparado com seis meses de cuidados.[3]

> A pilhagem aniquila tudo, até o exército que a pratica. Os camponeses desertam; o que tem o duplo inconveniente de transformá-los

LIVRO III — DA ESTRATÉGIA EM GERAL

em inimigos irreconciliáveis que se vingam do soldado isolado, e que vão engrossar as fileiras inimigas à medida que as destruímos; isto priva de toda informação, tão necessária para fazer a guerra, e de todo meio de subsistência.[4]

Devemos aqui separar o que é discurso e realidade. Os depoimentos dos memorialistas não nos permitem delinear com precisão a posição de Napoleão sobre a pilhagem. Ele teria sido hostil à prática, exceto em determinadas situações específicas, mas não se teria mostrado por demais severo com os saqueadores.[5] Jamais conseguiu erradicar a pilhagem de seus exércitos. Pressionados a avançar com rapidez e carentes de provisões passados alguns dias, eles sempre deviam "viver na região", e os atos de extorsão eram proporcionais à pobreza das regiões atravessadas, tendo chegado ao máximo na guerra da península Ibérica. Poderíamos dizer inclusive que a pilhagem era em geral indispensável à mobilidade dos exércitos napoleônicos. Devemos assim encarar o trecho que se segue do *Mémorial de Sainte-Hélène* apenas como um ideal a ser atingido ou mesmo como uma espécie de arrependimento disfarçado:

> De resto, prosseguia ele, felizmente a política está perfeitamente de acordo com a moral, no sentido de se opor à pilhagem. Refleti muito sobre este assunto; muitas vezes fui posto em posição de oferecê-la a meus soldados; e o teria feito se visse alguma vantagem. Mas nada é mais capaz de desorganizar e perder completamente um exército. Um soldado perde toda disciplina a partir do momento em que pode saquear; e, se ao saquear ele se enriquece, torna-se imediatamente um mau soldado; não quer mais combater. Por sinal, prosseguia ele, a pilhagem não está nos costumes franceses: o coração de nossos soldados não é mau; passado o primeiro momento de fúria, ele volta a si mesmo. Seria impossível para soldados franceses pilhar durante vinte e quatro horas: muitos se valeriam dos últimos momentos para reparar os males que tivessem feito no início. Em seus dormitórios, eles se recriminam mais tarde uns aos outros pelos excessos cometidos e censuram com reprovação e desprezo aqueles cujos atos foram por demais odiosos.[6]

NAPOLEÃO BONAPARTE

O exército não deve atrair indivíduos maus ou perigosos:

> Não há necessidade de bandoleiros na Itália e na França, e seria uma decisão equivocada integrar maus indivíduos às tropas que compõem o exército. É o método dos napolitanos e dos países que não têm exército [...]. Desejo que todos os regimentos de meu exército sejam bons e bem compostos.[7]

> São necessários apenas alguns homens por companhia para corromper todo um regimento.[8]

A disciplina não resolve tudo. Um exército é composto de homens, que devem ser tratados como tais. Conversando com oficiais britânicos em Santa Helena, Napoleão várias vezes lhes diz que considera excessivamente dura a disciplina inglesa, que é necessário acabar com os espancamentos, pelo menos depois de certo tempo de serviço,

> que os homens são como são feitos, e que seu caráter é criado de acordo com o comportamento que se tem com eles.[9]

> [...] desestimular as pessoas não é a melhor maneira de tirar partido delas.[10]

> Que sentimento de honra pode restar a um homem que foi vergastado na presença dos companheiros [?] Ele perde todo o amor à pátria, e seria capaz de lutar igualmente contra ela, se fosse mais bem pago pelo partido oposto. Quando os austríacos controlavam a Itália, em vão tentaram transformar os italianos em soldados. Eles desertavam mal haviam sido reunidos, ou então, quando se viam forçados a avançar contra o inimigo, tratavam de escapar ao primeiro tiro. Era impossível manter um único regimento. Quando conquistei a Itália, e comecei a alistar soldados, os austríacos zombaram de mim, dizendo que não teria êxito; que muitas vezes haviam tentado fazê-lo, e que não estava no caráter dos italianos combater e tornar-se bons soldados. Apesar disso, alistei milhares de italianos que combateram com tanta bravura quanto os franceses, e que nunca

LIVRO III — DA ESTRATÉGIA EM GERAL

me abandonaram, nem mesmo em minha adversidade. Qual seria a causa? Eu abolira o chicote e o cacete adotados pelos austríacos. Promovia os soldados que demonstravam talento; vários generais foram escolhidos entre eles. Eu substituía o terror e o chicote pela honra e a emulação.[11]

É verdade que na Espanha as tropas italianas combateram com bravura e que certos soldados realizaram proezas, especialmente no cerco de Tarragona.[12]

## A honra, a emulação, o espírito de corpo

Ninguém soube melhor que Napoleão falar ao soldado e apelar para seu senso da honra. Basta às vezes que os soldados saibam que fazem parte de um exército comandado pessoalmente por ele:

> O senhor sabe o quanto as palavras tocam os soldados: comunique então às diferentes meias-brigadas que elas compõem a 2ª e a 3ª divisão do exército de reserva.[13]

Em 1807, as divisões de reserva precisam sentir-se parte integrante do Grande Exército:

> Cuide particularmente da alimentação, e tome medidas para que elas [as divisões de reserva] tenham um fornecimento pelo menos tão bom quanto o de suas tropas, pois não devem pensar que são tropas da escória dos corpos de exército. Os homens são aquilo que queremos que sejam.[14]

> Os poloneses têm oficiais de boa vontade. A maneira de fazer com que valham algo é dizer-lhes exatamente isto, convencê-los. Caso se diga diariamente ao estado-maior que eles não valem nada, não será possível tirar nenhum partido deles.[15]

Um belo uniforme contribui para o sentimento de honra do soldado:

> Por sinal, é necessário que o soldado tenha gosto por sua apresentação, aí depositando suas preferências, sua honra. Por isso é que belos uniformes etc. fazem bem. Às vezes muito pouco faz com que se mantenham firme sob o fogo homens que disso não seriam capazes.[16]

Para suscitar a emulação, também são necessárias as distinções. Este ponto de vista foi ardorosamente defendido no momento de apresentação do projeto de instituição da Legião de Honra perante o Conselho de Estado:

> Desafio a me mostrarem uma república antiga ou moderna na qual não tenha havido distinções. Dizem que são *chocalhos*; pois bem, é com chocalhos que conduzimos os homens. Eu não o diria numa tribuna, mas num conselho de sábios e homens de Estado é necessário dizer tudo. Não creio que o povo francês ame a *liberdade* e a *igualdade*; os franceses não mudaram muito com dez anos de revolução; são o que eram os gauleses, orgulhosos e levianos. Têm apenas um sentimento, a *honra*: cabe portanto alimentar esse sentimento, eles precisam de distinções. Vejam como o povo se prosterna diante das condecorações dos estrangeiros: foram impressionados por elas, e não deixam de ostentá-las.
>
> Voltaire chamou os soldados de *vendidos*. Ele tinha razão; não é outra coisa. Alguém acredita que seria capaz de levar homens a combater através da análise? Nunca. Ela só presta para o sábio em seu gabinete. O soldado precisa de glória, de distinções, de recompensas. Os exércitos da República fizeram grandes coisas, pois eram compostos de filhos de trabalhadores e de bons agricultores, e não da canalha; pois os oficiais tinham ocupado o lugar dos oficiais do Antigo Regime, mas também por sentimento de honra. Foi pelo mesmo princípio que os exércitos de Luís XIV também fizeram grandes coisas.[17]

Napoleão fez da honra a primeira das qualidades militares, restituindo assim a um exército saído da Revolução um valor "nobre" do Antigo Regime.[18]

LIVRO III — DA ESTRATÉGIA EM GERAL

Pelo número de ocorrências e os trechos ligados a seu conteúdo, a palavra honra ocupa um lugar central no *Mémorial de Sainte-Hélène*: com 242 ocorrências, é uma das primeiras palavras do discurso napoleônico. Napoleão também utiliza a expressão "campo de honra", como se quisesse encobrir a dureza da guerra. Para Didier Le Gall, existe aí "uma estratégia discursiva deliberada destinada a longo prazo a difundir novos valores, para modelar o comportamento dos homens e reunir em torno da pessoa do imperador um grande número de indivíduos".[19]

A honra não pode ser comprada:

> Não se deve acostumar as tropas a receber dinheiro por atos de coragem; basta escrever-lhes cartas de satisfação.[20]

> A bravura não pode ser paga com dinheiro.[21]

> Quanto aos trabalhos a serem executados pelo soldado, não serão assalariados nem podem sê-lo: seria desonrar o soldado, que deve fazer um trabalho dessa natureza [de fortificação] unicamente por honra.[22]

> Ele [o exército] deve servir sem expectativa de um salário extraordinário, que imprimiria nas nobres funções do soldado uma marca de venalidade. Caberia temer o surgimento de uma espécie de interesse pela duração de um serviço lucrativo; os germes de uma tal degradação, que por sinal deveríamos supor quase impossível, devem ser cuidadosamente afastados.[23]

O sentimento de honra também se escora na desonra dos que não o têm:

> Eles [os chefes de corpos] tratarão de fazer um relato sobre os retardatários que sem causa legítima ficaram na retaguarda; recomendarão aos soldados que os deixem envergonhados, pois, no exército francês, a mais forte punição, para aquele que não soube participar dos perigos e da glória, é a vergonha imposta pelos companheiros.[24]

Vejo em sua proclamação que três soldados se deixaram desarmar. Dê ordens para que, durante um mês, esses soldados sejam obrigados a assistir à parada com um bastão no lugar do fuzil, e que seus nomes sejam postos à disposição do exército.[25]

[...] é com a honra que se faz tudo dos homens.[26]

A emulação caminha de mãos dadas com a honra. Para suscitá-la, Napoleão multiplicou as unidades de elite, de tal maneira que a principal delas, a guarda imperial, despertava violento ciúme no resto do exército. Neste, em cada regimento de infantaria de linha, ele destacou os granadeiros e criou os infantes:

Lloyd elimina os granadeiros. Eliminar os granadeiros é eliminar um dos grandes meios de emulação do exército. [...] E por sinal esse batalhão de cinco companhias sem granadeiros não permite formar corpos de elite nem dispor de uma consistência suficiente depois de perder um terço do contingente. É o que nos leva a preferir um batalhão de seis companhias, uma delas de granadeiros, dos mais belos homens, e a outra de infantes, dos menores; o que representa a melhor forma de emulação que existe entre os homens. A diferença física será talvez maior que a diferença de costumes. Os grandes homens desprezam os pequenos, e os pequenos querem demonstrar com sua audácia e sua bravura que desprezam os grandes.[27]

Os infantes são excelentes. Trata-se de opor os grandes homens aos pequenos, é uma ideia nova que partiu de mim. O homem grande naturalmente leva vantagem; o tamanho é uma vantagem. Convencendo os pequenos de que tinham o mesmo valor que os grandes, foi possível incitá-los à emulação de equiparar-se a eles ou superá-los. Naturalmente eles são esmagados pelos grandes homens, e naturalmente sentem inveja. Dessa inveja, cabe-nos tirar partido. É igualmente um meio de ampliar a conscrição aos homens pequenos, que antes não serviam.[28]

LIVRO III — DA ESTRATÉGIA EM GERAL

Não sem algum cinismo, Napoleão tirou partido, assim, da rivalidade entre os granadeiros e os infantes, lisonjeando ora uns, ora outros.[29] A emulação está ligada ao espírito de corpo. Este não deve ser prejudicado por medidas tendentes a separar os homens de seus chefes. Napoleão adverte neste sentido seu irmão Joseph, no comando em Nápoles:

> Cuide de manter os batalhões reunidos. Em sua posição, não há vantagem em dotar as tropas de piquetes, nem em formar batalhões com destacamentos fortes compostos unicamente de infantes ou de granadeiros. Isto divide os corpos e afasta os oficiais e soldados de seus principais chefes. O aniquilamento de toda administração, de toda contabilidade é a consequência inevitável, e tudo se desarranja. É uma questão de princípio que não se deve reunir companhias de infantes e de granadeiros senão na véspera de uma ação. Cuide portanto de manter juntos seus batalhões e esquadrões, e de não separá-los; sem isto, seu exército vai-se fundir, caindo numa desordem incalculável.[30]

> Você dispõe de regimentos que têm destacamentos em Gaeta, em Nápoles, nos Abruzos e na Calábria. Não existe então contabilidade, nem ordem, nem espírito de corpo. A primeira preocupação é reunir os batalhões, sem o que não se pode ter um exército.[31]

Uma advertência equivalente é enviada a Jérôme em 1807:

> Parece-me que você tem 1.000 homens dos quartéis franceses. Que ajuda pode esperar desses 1.000 homens, compostos de soldados sem oficiais, pertencendo a diferentes regimentos? Ao passo que, se estivessem em seus regimentos, haveriam de ser da maior utilidade.[32]

Napoleão também censura Joseph por constituir uma guarda real em Nápoles retirando os melhores elementos das unidades. Joseph quer imitar a guarda imperial do irmão, mas não procura suscitar a emulação. Queima etapas ao agir a partir de uma posição de autoridade, o que tem um péssimo efeito:

> O rei de Nápoles recorreu às companhias de elite dos regimentos para formar sua guarda: transmita-lhe minha insatisfação, como comandante em chefe de meu exército. Todos os regimentos que estão em Nápoles são corpos perdidos, pois lhes foi retirada a nata.[33]

> Você valeu-se das companhias de elite da cavalaria para formar sua guarda, de maneira que esses regimentos já não têm nervo nem prestam mais serviço algum. Isolar dessa maneira um pequeno número de homens é a arte de tornar inútil grande número deles.[34]

> Você desorganizou minhas companhias de elite. Saiba que são necessárias dez campanhas para formar o espírito de um corpo assim destruído num só momento.[35]

## Instrução das tropas

A força do Grande Exército decorria em grande parte do casamento do elã patriótico gerado pela Revolução com as qualidades de disciplina e instrução aproveitadas do Antigo Regime por Napoleão. Os campos do litoral oceânico foram o grande laboratório de instrução das tropas, e Napoleão cuidou pessoalmente de sua filosofia. Disso dão testemunho as ordens transmitidas aos generais:

> Familiarizem-se com os detalhes das grandes manobras de infantaria. A estação logo começará a pôr em ação suas tropas; e os senhores se dão conta de toda a sua importância, especialmente na guerra, na qual os primeiros momentos são os mais quentes e decisivos. É preciso dar o tom aos oficiais, para que todos eles cuidem disso. [...]
> Encontrem muito o soldado, e tratem de encontrá-lo demoradamente. Da primeira vez que chegarem ao campo, aproximem-se

## LIVRO III — DA ESTRATÉGIA EM GERAL

da fileira por batalhão, e encontrem os soldados um a um por oito horas sem parar; ouçam suas queixas, inspecionem suas armas e certifiquem-se de que não lhes falte nada. São muitas as vantagens de proceder a essas revistas de sete a oito horas; isto acostuma o soldado a se manter a postos, provando-lhe que o chefe não se entrega à dissipação e cuida inteiramente dele; o que é para o soldado grande motivo de confiança. Deixem-nos portanto na crença de que antes do embarque eu irei ao campo, e que irei vê-los manobrar e entregar-lhes as bandeiras.[36]

Recomendo-lhes a instrução das tropas, e sobretudo que se certifiquem de que os oficiais de estado-maior e os ajudantes de campo recebam a instrução adequada; muitos negligenciam o conhecimento das manobras, que no entanto proporciona tantas facilidades para a execução dos movimentos e o seu relato.[37]

Esta última ordem bem demonstra o que é exigido dos oficiais desde essa época, em todos os exércitos dignos do nome: conhecimentos polivalentes, uma capacidade de adaptação a todas as engrenagens da máquina. O que de certa forma prefigura a interoperabilidade, muito embora se trate aqui apenas de oficiais de estado-maior. Trata-se também dos simples soldados de infantaria:

Esses artilheiros treinarão os soldados de infantaria na manobra.[38]

É a instrução que faz o soldado:

[...] uma reunião de homens não faz soldados; o exercício, a instrução e a destreza é que lhes conferem o verdadeiro caráter.[39]

Mas soldados, e soldados numerosos, não são nada se não estiverem bem treinados; façam-nos participar de manobras; façam-nos atirar no alvo. Cuidem de sua saúde.[40]

Em Austerlitz, os russos manobraram mal porque seus oficiais não eram instruídos:

> É o conjunto das manobras, da instrução dos oficiais, que constitui um verdadeiro exército; é também o que protege a Europa civilizada da ignorância e da coragem feroz dos bárbaros.[41]

O imperador aqui pensa mais nos turcos que nos russos.

## O que os chefes devem dizer aos soldados

Dirigindo-se a Fouché em setembro de 1804, ele diz o que é conveniente e o que é inútil:

> Vejo uma *Lettre à l'armée*; ela é de Barère. Não a li, mas creio que não há necessidade de falar ao exército; ele não lê a inútil tagarelice dos panfletos, e uma palavra na ordem do dia teria maior efeito que cem volumes de Cícero e Demóstenes. É possível animar os soldados contra a Inglaterra sem dirigir-lhes a palavra; enviar-lhes uma brochura é o cúmulo do absurdo: cheira a intriga e desconfiança; o exército não precisa disso. Diga a Barère, cujos discursos e sofismas não estão de acordo com sua colossal reputação, que não se meta mais a escrever nesse gênero. Ele continua acreditando que é necessário animar as massas; mas é preciso, pelo contrário, dirigi-las sem que elas se deem conta. No todo, é um homem de pouco talento. Se ainda houver tempo, não permita que sua brochura circule, nem que seja remetida ao exército. Ela não tem autoridade. A única maneira legal de lhe falar é a ordem do dia. Tudo mais é intriga e facção.[42]

Os discursos são úteis apenas em circunstâncias específicas. Caso contrário, bastam algumas palavras simples:

> A disciplina vincula as tropas a suas bandeiras; não são os discursos em meio ao fogo que as tornam corajosas: os velhos soldados mal lhes dão ouvidos; os jovens os esquecem no primeiro tiro de canhão.

LIVRO III — DA ESTRATÉGIA EM GERAL

Não há um só discurso de Tito Lívio que tenha sido pronunciado por um general de exército, pois não há um só que tenha o dom do[43] improviso. O gesto de um general amado, estimado por suas tropas, vale tanto quanto o mais belo discurso. Se os discursos, os raciocínios são úteis, o são durante a campanha, para destruir as insinuações, os falsos rumores, manter uma boa opinião no campo, fornecer material para as conversas dos acampamentos. A ordem do dia impressa tem muito mais vantagens que os discursos dos Antigos.

Quando o imperador Napoleão dizia, percorrendo as fileiras de seu exército, em meio ao fogo: "Desfraldem as bandeiras! Finalmente chegou o momento!", o gesto, a ação, o movimento faziam o soldado francês se mexer.[44]

Quando as palavras do chefe têm tão grande poder sobre os homens, ele precisa prestar atenção ao que diz:

A 32ª [meia-brigada] teria morrido inteira por mim porque em Lonato eu disse estas palavras: A 32ª estava lá, eu estava tranquilo.[45] É impressionante o poder das palavras sobre os homens. Em Toulouse, houvera atos de insubordinação. Em minha viagem, eu lhes disse [aos amotinados]: Onde é que estão os que serviram comigo na 32ª, na 17ª ligeira, será que estão todos mortos? (Era onde eles eram recrutados.) O que trouxe todo mundo de volta a mim. A Provença ficou contra mim porque durante o cerco de Toulon eu disse que os provençais eram maus soldados. Os príncipes devem prestar muita atenção em suas palavras.[46]

Um chefe que não sabe falar a seus soldados priva-se de um importante recurso:

O que poderia ser mais popular que um exército? O general que não soubesse comovê-lo, eletrizá-lo, estaria privado da mais importante de suas qualidades necessárias.[47]

Os oficiais devem não só falar a seus homens, como também interessar-se realmente por eles:

Ouvi dizer que velhos primeiros-sargentos roubam dos conscritos e os tratam mal. Cabe aos generais cuidar desse abuso e de que os conscritos sejam tratados de maneira a lhes tornar fácil o primeiro passo na carreira militar.[48]

Um chefe de batalhão não deve descansar enquanto não estiver instruído de todos os detalhes; deve até conhecer o nome e o mérito dos oficiais e dos soldados de seu batalhão, quando já o estiver comandando há seis meses.

Quanto aos capitães, devem não só saber o nome de seus soldados, mas até a região de onde vêm e tudo aquilo que lhes diz respeito.[49]

A natureza formou todos os homens iguais.[50]

# 5. A intrepidez

Clausewitz dedica um capítulo à intrepidez, pois na guerra é "um princípio ativo particular". É uma virtude necessária em todos os escalões. Napoleão tinha consciência daquilo de que eram capazes os soldados intrépidos:

> A conduta da 6ª legião, na batalha de Zela,[1] destruindo tudo à sua frente, apesar de composta apenas por 1.200 veteranos, mostra a influência que pode ter um punhado de bravos; essa influência era mais forte entre os Antigos, assim como entre os Modernos, é mais forte, na cavalaria que na infantaria.[2]

Depois da batalha de Lodi, da entrada em Milão e da retirada dos austríacos na primavera de 1796, o general Bonaparte exalta os méritos de seus soldados:

> Nada se equipara a sua intrepidez, senão a alegria com que fazem as marchas mais forçadas; eles cantam alternadamente a pátria e o amor.[3]

A grande vitória de Ulm, em 1805, é obtida com marchas cansativas e alguns combates. Não foi necessário enfrentar uma grande batalha. Napoleão proclama:

Soldados, este sucesso deve-se à confiança sem limites no seu imperador, à sua paciência de suportar o cansaço e as privações de toda espécie, à sua rara intrepidez.[4]

Em combate, os oficiais devem dar o exemplo:

Quando as tropas estão desmoralizadas, cabe aos chefes e aos oficiais restabelecer seu moral ou morrer. [...] Que não me venham com *se*, nem *mas*, nem *pois*; sou um velho soldado: é preciso vencer o inimigo ou morrer. Eu gostaria que, ao primeiro sinal de ataque, o príncipe [real da Baviera] se dirigisse à vanguarda para restabelecer o moral de sua divisão.[5]

A intrepidez em geral torna-se mais rara entre os generais porque a razão deve predominar. Caso contrário, o general não teria mais a visão de conjunto dos acontecimentos, algo que corresponde à sua posição:

Sempre o primeiro a entrar no fogo, Ney esquecia as tropas que não estavam diante de seus olhos. A coragem que deve ser demonstrada por um general em chefe é diferente da coragem que se deve esperar de um general de divisão, da mesma forma que esta não é como a de um capitão de granadeiros.[6]

Mas a intrepidez é um trunfo a mais quando tudo foi bem calculado:

Generais inteligentes e intrépidos garantem o sucesso das ações.[7]

Clausewitz faria coro com Napoleão nas críticas aos generais pusilânimes. Era o caso dos generais franceses da Guerra dos Sete Anos:

De tanto dissertar, recorrer a belas palavras, reunir conselhos, aconteceu aos exércitos franceses dessa época o que aconteceu em todos os séculos quando se agiu dessa maneira; e foi tomar a pior decisão, que quase sempre, na guerra, é a mais pusilânime, ou, se quiserem, a mais prudente. A verdadeira sabedoria, para um general, está na determinação enérgica.[8]

LIVRO III — DA ESTRATÉGIA EM GERAL

Napoleão lamenta que seus almirantes não tenham a intrepidez de seus generais:

> Nossos almirantes precisam de ousadia para não tomar fragatas por navios de guerra, e navios mercantes por frotas. É necessária determinação nas deliberações, e, uma vez lançada ao mar a esquadra, ir direto ao objetivo, e não descansar em portos ou retornar.[9]

> Quando a França tiver dois ou três almirantes que queiram morrer, eles [os ingleses] ficarão bem pequenos.[10]

# 6. A perseverança

No início deste capítulo bem curto, Clausewitz ironiza: "O leitor espera ouvir falar de ângulos e linhas retas, e no lugar desses cidadãos do mundo das ciências vem a ser apresentado apenas a personagens da vida comum, como os que encontra todos os dias."[1] Num livro dedicado à estratégia, não deixa de ser curioso detalhar as qualidades guerreiras de um exército em vez dos movimentos e das manobras em campanha. Mais uma vez, Clausewitz entra em polêmica com o geometrismo dos teóricos de sua época, distanciando-se deles ao insistir em dados a que eles não costumam referir-se o suficiente. Na guerra, o ser físico e moral está sempre pronto a ceder. É necessário ter perseverança, "energia manifestada por uma constância que é admirada pelo mundo e pela posteridade". Napoleão falara de constância:

> As primeiras qualidades do soldado são a constância e a disciplina; a coragem é apenas a segunda.[2]

> Se a bravura é a primeira qualidade do soldado, a constância é a segunda.[3]

LIVRO III — DA ESTRATÉGIA EM GERAL

A constância, a paciência são qualidades adquiridas progressivamente:

> Nossos exércitos mostram-se sempre dignos de sua reputação: com a mesma coragem e a mesma disciplina, vieram a adquirir essa paciência que espera as oportunidades sem resmungar e se entrega à prudência e aos desígnios do chefe que os conduz.[4]

O resultado manifesta-se nos espetaculares sucessos do mês de outubro de 1805, quando os escalões do Grande Exército conseguem paralisar o exército austríaco em Ulm:

> Todos esses êxitos se devem à paciência do exército, à sua constância em suportar o cansaço e as privações: qualidade primeira e a mais preciosa do soldado, pois é ela que permite fazer grandes coisas, poupando o sangue.[5]

> [...] a disciplina e a paciência em suportar o cansaço e a labuta da guerra são as maiores garantias da vitória.[6]

A constância é uma virtude militar até mesmo fora das marchas e dos combates:

> O granadeiro Gobain suicidou-se por razões de amor; e por sinal era um súdito muito bom. É o segundo acontecimento dessa natureza que acontece no corpo em um mês.
> O Primeiro Cônsul ordena que conste da ordem da Guarda:
> Que um soldado deve saber vencer a dor e a melancolia das paixões; que é tão autêntica a coragem de suportar com constância as dores da alma quanto a de manter-se firme sob a metralha de uma bateria.
> Entregar-se à tristeza sem resistir, matar-se para livrar-se dela é abandonar o campo de batalha antes de ter vencido.[7]

Na estratégia de Napoleão, em seu emprego das operações militares para os fins da guerra, o elemento psicológico foi capital, tanto por sua ascendência sobre os soldados quanto pela compreensão de sua mentalidade. Ele sabia estabelecer a diferença entre o mau humor dos soldados e seu verdadeiro estado de espírito, entre sua irritação e seu senso de obediência. Sabia que os fazer ir além dos limites aparentes de sua resistência podia ser motivo de grande exaltação. Entendia que a aspiração das honrarias e da glória era uma das paixões que mais fortemente podiam estimular os homens no combate. "Ele entendia como poucos antes dele que o espírito de corpo e a glória decorrente da vitória em combate haveriam de prevalecer em muitos homens sobre tudo o mais, até mesmo sobre seus sentimentos em relação às famílias, e que havia homens que conseguiriam amá-lo, a ele, Napoleão, mais ainda que a suas mulheres e seus filhos."[8] Se Clausewitz desenvolveu esses aspectos, foi por ter ficado vivamente impressionado com o exemplo napoleônico.

# 7. A superioridade numérica

A superioridade numérica é, "na prática como na estratégia, o princípio mais geral de vitória".[1] A Revolução Francesa foi capaz de arregimentar exércitos muito mais numerosos que os das monarquias europeias, o que explica as vitórias que obteve. Napoleão o reconhece francamente em janeiro de 1818:

> A República só triunfou a princípio pelo número. Dispunha de exércitos imensos: 600.000 homens presentes em armas, o que representava um efetivo em armas [*sic*]. Havia na Itália 80.000 homens, 100.000 na Espanha, 150.000 nas praças e no interior, 350.000 no Reno e em Sambre-et-Meuse, o que soma mais de 600.000 homens. Em Jemmapes o inimigo tinha 19.000 homens, e nós, 60.000. Em Fleurus, tínhamos o dobro do inimigo.[2]

Este último cômputo é exagerado. A maioria dos trabalhos situa o número de franceses entre 70 mil e 77 mil homens, e o dos aliados entre 48 mil e 52 mil. Em Jemmapes, a relação de forças fica mais próxima do que em geral se reconhece: 40 mil franceses contra 13 mil ou 14 mil austríacos.[3]

> A guerra não fez qualquer progresso durante a Revolução. Havia ideias equivocadas a respeito. A arte da guerra retrocedeu. Os êxitos

NAPOLEÃO BONAPARTE

foram alcançados exclusivamente pela massa e pela superioridade numérica. A batalha de Jemmapes é vergonhosa. É preciso ter em conta que nossos generais são de última categoria. Tendo derrotado os generais inimigos, chegou-se à conclusão de que com coragem e sem que fosse necessário ter instrução seria possível alcançar êxito na guerra. Eu mesmo enunciei essa ideia, dizendo sempre que não precisava de generais escritores, que precisava apenas de homens corajosos, que o fogo sagrado era tudo ou quase.[4]

Embora procure exagerar seus próprios méritos, Napoleão não está errado ao lembrar que em Jemmapes os franceses saíram vitoriosos antes de mais nada por causa da superioridade numérica. Com 40 mil homens, Dumouriez na verdade teve dificuldade para derrotar 14 mil austríacos. As colunas francesas só conseguiram saturar o fogo cerrado dos adversários pela massa numérica e com grandes perdas.[5]

Napoleão restabelece o valor das tropas melhorando a instrução, retomando certas práticas do Antigo Regime e suas virtudes guerreiras, como se disse anteriormente. Para ir de encontro às práticas da época revolucionária, prodigalizou-se em comentários tendentes a relativizar o fator numérico:

Não é com grande número de tropas, mas com tropas bem organizadas e bem disciplinadas, que se alcançam sucessos na guerra.[6]

Saibam que o número de soldados não é nada, e que somente quando os oficiais e suboficiais têm consciência de que estão manobrando é que se pode esperar algo deles. Foram os campos de Boulogne, onde os corpos foram treinados constantemente durante dois anos, que me valeram os sucessos do Grande Exército.[7]

Não são os homens que eu conto em meus exércitos, mas os homens que têm experiência e heroísmo.[8]

Os generais estão sempre exigindo mais; é da natureza das coisas. Não podemos contar com nenhum deles quanto a isto. É muito simples que aquele que está incumbido apenas de uma tarefa só

LIVRO III — DA ESTRATÉGIA EM GERAL

pense nela; quanto mais gente tiver, mais segurança terá para o que precisa fazer.[9]

Pois não é o número de soldados que faz a força dos exércitos, mas sua fidelidade e suas boas disposições.[10]

[...] a força dos Estados consiste em dispor de tropas boas e fiéis, mais que de muitas tropas.[11]

Não é portanto um grande número de tropas que o senhor deve empenhar-se em ter, mas um pequeno número de boas tropas, que terá de formar progressivamente.[12]

Refletindo sobre a influência do número nos confrontos, Napoleão constata antes de mais nada que na Antiguidade um exército bem treinado e dedicado a seu chefe, como o dos cartagineses de Aníbal em Cannes, podia levar a melhor:

Esse sucesso deve-se à sua cavalaria e não surpreende: eram boas tropas contra tropas más, o número não é o que importa mais.[13]

Tampouco no mar a superioridade numérica era decisiva:

A superioridade no mar não dava as mesmas vantagens que dá hoje; ela não impedia aquele que estava em situação inferior de atravessar os mares, fosse o Adriático, fosse o Mediterrâneo. César e Antônio passam o Adriático, de Brindisi a Epiro, diante de esquadras superiores; César passa para a África da Sicília, e, embora Pompeu fosse quase constantemente senhor do mar, não tirou muitas vantagens disso. Não é da marinha dos Antigos que se deveria dizer: "O tridente de Netuno é o cetro do mundo"; máxima que hoje em dia é verdadeira.[14]

Podemos ver por esta citação que a superioridade numérica passa a prevalecer nos mares. É que as armas e equipamentos são praticamente os mesmos em qualquer lugar da Europa, o que volta a conferir efetiva importância ao tamanho dos contingentes. O mesmo acontece em terra:

> Se pode acontecer às vezes que 17.000 homens derrotem 25.000, isto não justifica a temeridade de quem se expõe sem motivo a essa luta. Quando um exército aguarda um reforço capaz de triplicar sua força, nada deve arriscar, para não comprometer um sucesso que será seguro, uma vez reunidas todas as suas divisões.[15]

Clausewitz escreve que os exércitos se assemelham, e que as diferenças devem ser buscadas, acima de tudo, nas qualidades militares das tropas e no talento do general em chefe. Já não é possível, como acontecia na Antiguidade, que um exército numericamente inferior vença completamente. Ele está se referindo a Maratona, e não a Cannes, mas na realidade exprime a mesma ideia.[16] Napoleão diz o seguinte a respeito de suas vitórias em Lonato e Castiglione:

> Se eu dissesse que, posicionado com 30.000 homens e 40 peças de canhão, derrotei Wurmser, que, com 80.000 homens e 200 peças de canhão, estava alinhado numa boa posição, numa época em que os austríacos combatiam bem e estavam à nossa altura, com poucas diferenças, pareceria estar contando histórias fantásticas. Mas se explico que esses 80.000 homens vieram de duas ou três direções diferentes e que os ataquei sucessivamente com as mesmas tropas, deslocando-as rapidamente de um corpo a outro, permito que essa campanha seja entendida e faço desaparecer o aspecto fantástico.[17]

As *Mémoires* de Gohier reproduzem um diálogo entre os generais Bonaparte e Moreau em seu primeiro encontro, a 22 de outubro de 1799. Retornando Bonaparte do Egito, Moreau explica-lhe a derrota dos franceses em Novi, superados por uma massa esmagadora de inimigos — "é invariavelmente o maior número que derrota o menor":

> — O senhor tem razão — disse Bonaparte —, é sempre o maior número que derrota o menor.

LIVRO III — DA ESTRATÉGIA EM GERAL

— Entretanto, general, com pequenos exércitos, o senhor muitas vezes derrotou os grandes — disse eu [Gohier] a Bonaparte.

— Nesses casos igualmente — redarguiu ele — o menor número é que sempre era derrotado pelo maior.

O que o levou a expor da seguinte maneira a sua tática:

— Quando, dispondo de forças menores, eu me encontrava diante de um grande exército, agrupava rapidamente o meu, caía como um raio sobre uma de suas alas e a derrubava. Aproveitava-me em seguida da desordem que essa manobra nunca deixava de semear no exército inimigo para atacá-lo numa outra parte, sempre com todas as minhas forças. Assim é que o derrotava aos poucos; e a vitória daí resultante era sempre, como pode ver, o triunfo do maior número sobre o menor.[18]

Clausewitz explica por que um teórico como Jomini foi levado a enxergar aí o princípio fundamental da estratégia — exatamente onde Gohier, homem do século XVIII, falava de tática: "Consideramos portanto que nas condições com que nos deparamos, assim como nas que delas se aproximam, a força conduzida ao ponto decisivo é de uma importância capital, e que de maneira geral esse fator é decididamente o mais importante de todos. [...] Quando é impossível alcançar uma preponderância absoluta, portanto, resta apenas certificar-se de uma preponderância relativa nos encontros decisivos, graças ao emprego judicioso das forças. A esse respeito, a determinação do tempo e do lugar revela-se o elemento mais importante: por isto é que fomos levados a considerar que na estratégia esse fator englobava por si só quase toda a arte de utilizar as forças militares."[19] Alcançar a superioridade numérica em termos locais, ainda quando não se dispusesse dela globalmente, foi o procedimento mais empregado por Bonaparte em sua primeira campanha da Itália, e isto desde o início:

O exército francês dispunha apenas de 30.000 homens de prontidão e de trinta peças de canhão; a ele se opunham 80.000 e duzentas peças de canhão.[20] Se ele tivesse de combater numa batalha geral,

NAPOLEÃO BONAPARTE

certamente a inferioridade numérica, sua inferioridade em artilharia e em cavalaria não lhe teriam permitido resistir. Ele precisou assim compensar o contingente com a rapidez dos escalões, a carência da artilharia com a natureza das manobras, a inferioridade de sua cavalaria com a escolha das posições; pois o moral dos soldados franceses era excelente; eles se tinham distinguido e aguerrido nas rochas dos Alpes e dos Pireneus. As privações, a pobreza, a miséria são a escola do bom soldado.[21]

O leitor terá observado que as virtudes guerreiras do exército são diretamente vinculadas à qualidade das manobras estratégicas, o que mais uma vez aproxima Bonaparte de Clausewitz. A hábil concentração de forças nos pontos decisivos, segundo este, não seria uma espécie de lei que precisa apenas ser aplicada, como afirma Jomini. Ela se deve antes de mais nada à justa avaliação desses pontos, à orientação adequada das forças desde o início e à "resolução necessária para sacrificar o acessório ao essencial".[22] O que converge perfeitamente com este comentário de Napoleão a respeito de sua reação à ofensiva de Wurmser no fim do mês de julho e no início do mês de agosto de 1796:

O plano de Wurmser veio então a ser revelado; ele tomara a iniciativa e pretendia mantê-la. Supunha que o exército estava concentrado ao redor de Mântua, e que, cercando esse ponto fixo, estaria cercando o exército francês. Para desarmar seus planos, era necessário tomar exatamente essa iniciativa e dar mobilidade ao exército, levantando o cerco de Mântua, sacrificando as trincheiras e equipamentos de assédio para conduzir rapidamente todo o exército reunido contra um dos corpos do inimigo, e em seguida contra os dois outros. Os austríacos eram dois e meio contra um; mas se os três corpos fossem atacados separadamente por todo o exército francês, este disporia de vantagem numérica no campo de batalha.[23]

Clausewitz reconhece que Frederico II e Bonaparte foram os generais modernos que melhor conseguiram, com marchas aceleradas, derrotar vários adversários com um único exército. Consciente de sua

LIVRO III — DA ESTRATÉGIA EM GERAL

rivalidade com o rei na busca da glória, o imperador dirige-lhe essa crítica a propósito da campanha da primavera de 1757:

> Frederico é superior numericamente no teatro da guerra e é inferior no campo de batalha: é o maior erro que pode cometer um general. A grande arte, em caso de inferioridade das tropas no teatro de guerra[,] consiste em mostrar-se superior no campo de batalha. Foi o que sempre fiz na minha primeira campanha da Itália e na minha última na França, em 1814.[24]

# 8. A surpresa

Alcançando superioridade numérica local graças aos deslocamentos rápidos de suas forças, Bonaparte surpreendia os adversários. Considerando esse efeito moral, Clausewitz transforma a surpresa em princípio autônomo. Entendemos melhor, assim, sua abordagem teórica: para ele, os efeitos morais são o que há de mais perceptível e real na estratégia. É o que leva às decisões, reverte-as e determina a adoção de outras. O segredo e a rapidez são os dois fatores da surpresa. Na estratégia, ela se torna mais factível à medida que as providências a serem tomadas estejam mais próximas do terreno tático, dizendo respeito a uma unidade particular em campo. Será mais difícil aplicá-la no nível de um exército inteiro em toda uma frente de guerra. Esta reflexão de Clausewitz bem dá conta do contraste entre a primeira e a última campanha de Napoleão.

Na Itália, com um pequeno exército e mediante uma sucessão de combates em território montanhoso, inicialmente, e depois atravessado por rios, ele surpreende os austríacos pela rapidez inusitada de seus movimentos. Na época, Bonaparte era apenas general, e suas decisões estratégicas, considerando-se o número de homens e o terreno, tinham dimensão e implicações sobretudo táticas. Ele mesmo

LIVRO III — DA ESTRATÉGIA EM GERAL

relata esta conversa ocorrida pouco depois da batalha de Lodi, em maio de 1796:

> Napoleão, em sua ronda noturna, deparou-se com um acampamento de prisioneiros onde se encontrava um velho oficial húngaro muito falante; perguntou-lhe então como iam as coisas. O velho capitão não pôde deixar de reconhecer que iam muito mal: "Entretanto", acrescentou, "não é mais possível entender nada; estamos lidando com um jovem general que ora está diante de nós, ora na nossa retaguarda, ora nos nossos flancos; nunca sabemos como nos posicionar. Essa maneira de fazer a guerra é insuportável e viola todos os costumes."[1]

Também no Egito, as forças são pouco numerosas, menos ainda que na Itália. Contra os mamelucos, é ainda mais fácil recorrer à surpresa, pois eles não têm a disciplina e a organização dos exércitos europeus. No nível tático, continua valendo esta recomendação ao general Desaix, que partiu com a vanguarda em direção ao Cairo, pouco depois do desembarque em Alexandria:

> O senhor provavelmente encontrará apenas alguns pelotões de cavalaria; esconda sua cavalaria: apresente-lhes apenas pelotões de infantaria, o que lhes dará confiança de se manter ao alcance da carabina, dando-lhe condições de alcançar alguns. Não faça uso de sua artilharia ligeira. Será preciso poupá-la para o grande dia em que teremos de combater quatro ou cinco mil cavalos.
> Não faça qualquer uso de sua artilharia, a não ser contra casas.
> A arte aqui consiste em manter ocultos todos os meios extraordinários, para só recorrer a eles, e assim surpreendê-los ainda mais, quando tivermos de combater grandes forças.[2]

A surpresa já não é tão fácil no nível estratégico. Em 1815, Napoleão volta da ilha de Elba desafiando as potências reunidas em Viena e se torna novamente imperador dos franceses. Quer a paz, mas a Europa se arma contra ele, reunindo exércitos nas fronteiras da França. Qualquer decisão que venha a tomar no terreno estratégico terá antes de mais nada fortes implicações políticas. Seu plano consiste em surpreender as forças de Blücher e Wellington acantonadas na Bélgica. O movimento é bem concebido, e há certo efeito de surpresa. Mas os prussianos tomaram suas providências e rapidamente dão o alerta. Em Santa Helena, Napoleão ainda se iludia quanto ao efeito de surpresa obtido a 15 de junho de 1815.[3]

Mas nem por isso deixou de ser um mestre nessa matéria ao longo de toda a sua carreira, e mesmo em 1815 Wellington não acreditou imediatamente no ataque francês contra Charleroi. Mas deixemos de lado a crítica dos acontecimentos para nos ater às reflexões genéricas sobre a surpresa. Elas não são muitas. Nos desembarques, é necessário promover a descida de todo o exército de uma só vez, e não de uma parte, pois ela poderia ser esmagada:

> A vantagem de uma esquadra é surpreender no ponto onde se apresenta, desembarcar forças consideráveis às quais nada possa oferecer resistência num primeiro momento. A arte, nesse caso, consiste em desembarcar imediatamente, como fiz em Marabout com um tempo terrível.[4]

O exército francês imediatamente marchou sobre Alexandria:

> Se, em 1798, Napoleão só se tivesse apresentado nas muralhas de Alexandria treze dias depois de ter ancorado em Marabout, não teria tido êxito; teria encontrado as muralhas fortificadas e bem armadas, metade dos mamelucos já chegados do Cairo, com uma enorme quantidade de árabes e janízaros; mas ele marchou sobre Alexandria e atacou suas muralhas contando somente com um punhado de suas forças, sem esperar seu canhão, apenas dezoito horas depois de sua flotilha ter sido avistada. É um princípio da guerra que, sendo possível valer-se do trovão, deve-se dar-lhe preferência ao canhão.[5]

No plano estratégico "superior e supremo", Clausewitz cita como exemplo de surpresa bem-sucedida a travessia dos Alpes por Bonaparte e o exército de reserva em 1800. As instruções transmitidas ao general

Masséna, comandante em chefe do exército da Itália nessa época, são significativas:

> O senhor conhece perfeitamente, cidadão general, a importância do mais absoluto segredo em tais circunstâncias para que seja necessário recomendá-lo aqui. Haverá de recorrer a todas as manifestações e aparências de movimento que julgar convenientes para enganar o inimigo sobre o verdadeiro objetivo do plano de campanha, convencendo-o de que será inicialmente atacado por suas forças. Assim, tratará de exagerar suas forças, anunciando reforços imensos e próximos provenientes do interior; e haverá afinal de afastar o inimigo, tanto quanto possível, dos verdadeiros pontos de ataque, que são Saint-Gothard e Simplon.[6]

# 9. A astúcia

Napoleão conhecia o valor do segredo, da astúcia e da trapaça. Há quem ache que eram nele uma tendência natural, que seu temperamento o inclinava a procedimentos maquiavélicos.[1] Clausewitz considera que "não é sem motivo que a palavra estratégia seja derivada de estratagema, e que, apesar das transformações reais e aparentes sofridas pela guerra desde os gregos, esse termo continuou sendo o que corresponde à sua natureza mais profunda".[2] Mas ele não tem qualquer ilusão quanto ao lugar da astúcia na estratégia. Só é possível recorrer a ela em oportunidades isoladas que se ofereçam por si mesmas. O general precisa, sobretudo, de uma visão justa e penetrante.

Napoleão recorreu com frequência à astúcia nas campanhas, mas, como afirma Clausewitz, o fez sobretudo quando comandava uma força relativamente reduzida, vale dizer, quando era apenas general. Bem no início da primeira campanha da Itália, Masséna precisara atrair os austríacos para Voltri para isolá-los dos piemonteses:

> Nada faça que leve alguém a pensar que você pretenda evacuar essa posição que precisa ser mantida por algum tempo ainda, visto que está ocupada, fique de olhos abertos para Montenotte e faça sempre o que faz um inimigo que pretenda avançar e se julgue mais forte. Vigilância e jactância vêm ao caso, todos os recursos comuns na guerra sempre são bons e dão certo.[3]

LIVRO III — DA ESTRATÉGIA EM GERAL

Diante da cidade de Malta, em 1798, o general Bonaparte dá a seguinte ordem:

> Em todos os casos, o senhor deve ordenar que sapadores ou operários, a serem recrutados na brigada Marmont, e que serão remunerados, revolvam terras de maneira a levar o inimigo a crer que estamos estabelecendo baterias, fazendo uma parte da fortificação com terras e outras com tonéis a serem cheios de terra; o que preocupará o inimigo e terá a dupla vantagem de levá-lo a usar sua pólvora, se for tolo o suficiente para atirar, e acelerar por sua vez as negociações já entabuladas.[4]

Diante de El-Arich, no Egito, o general em chefe encomenda manequins para levar a crer que são sentinelas.[5] E também se vale nessa campanha de uma prática já adotada na Itália:

> No Egito, Napoleão combinara com os chefes de corpos que, nas ordens do dia, seria aumentada em um terço a quantidade real de toda distribuição de víveres, armas, vestimentas [...]. Nos relatórios das campanhas da Itália, em 1796 e 1797, e desde então, os mesmos recursos foram empregados para dar uma ideia exagerada das forças francesas.[6]

Essa prática constituiu um aspecto importante da estratégia napoleônica:

> [...] a arte da guerra consiste em exagerar suas forças e depreciar as do inimigo.[7]

> Seria cometido um estranho erro caso se supusesse que todos os alistamentos decretados efetivamente ocorreram; tratava-se de um ardil empregado para impressionar os estrangeiros; era usado como demonstração de força.[8]

Em suas primeiras campanhas, o imperador contava com forças numericamente muito inferiores às dos aliados. Era necessário compensar instrumentalizando sua reputação. Assim, várias vezes ele deu ordens de levar a crer que estava presente:

> Uma boa astúcia seria mandar disparar salvas de comemoração pela vitória sobre o outro exército.[9] Também seria necessário proceder a uma revista com toda a pompa, como se eu estivesse presente, e mandar bradar: *Viva o imperador.*[10]

> [...] que ele [Macdonald] tome todas as providências para levar a crer que eu estou na linha; que, caso se veja diante do inimigo, mande bradar: *Viva o imperador!* [...] que se espalhe o boato de minha chegada entre os soldados e os habitantes para amanhã.[11]

Napoleão aproxima-se assim de Clausewitz, e a "espada de Renaud" — certamente um erro de grafia, querendo designar "Roland" — equivale à "ação direta" na seguinte reflexão, relativizando a importância da astúcia na estratégia:

> Os austríacos são muito hábeis na disseminação de boatos falsos, na criação de uma falsa opinião entre os habitantes; são grandes mestres quando se trata de semear o alarme na retaguarda de um exército; entretanto, desembainhando-se a espada de Renaud, o encantamento logo se dissipa.[12]

De qualquer maneira, a habilidade dos austríacos na disseminação de boatos falsos mais de uma vez enganou os franceses, não raro crédulos demais, como reconhece um boletim do Grande Exército em 1805:

> Uma coluna de 4.000 homens da infantaria austríaca e um regimento de couraceiros atravessaram nossas posições, que os deixaram passar com base num falso boato de suspensão de armas espalhado em nosso exército. Diante dessa extrema facilidade, podemos reconhecer o caráter do francês, que, corajoso na refrega, é de uma generosidade não raro irrefletida fora da ação.[13]

# 10. Reunião das forças no espaço

À concentração de poder nas mãos de Napoleão correspondia uma estratégia de concentração das forças militares num teatro principal. Sua autoridade absoluta permitiu-lhe, com efetivos globais semelhantes aos da Revolução, constituir um Grande Exército sob seu comando direto, ao passo que anteriormente os diferentes exércitos da República agiam em ordem dispersa.[1]

## A concentração de forças no ponto decisivo

Para Clausewitz, a lei suprema e mais simples da estratégia consiste em concentrar as forças para se mostrar mais forte no ponto decisivo.[2] Nesse ponto ele se baseia em Napoleão, que acrescentava as especificações de alguém que havia exercido o comando em chefe:

> Basta apenas um exército, pois a unidade de comando é de primeira necessidade na guerra. É preciso manter o exército reunido, concentrar o maior número possível de forças no campo de batalha, aproveitar-se de todas as oportunidades, pois a sorte é mulher: se faltar-lhe hoje, não espere voltar a encontrá-la amanhã.[3]

O general Colin frisou a diferença entre "reunir" e "concentrar" nesse trecho. A segunda expressão implica uma aglomeração estrita, na véspera de uma ação importante. Em contrapartida, o exército está reunido "enquanto suas diferentes forças estiverem tão pouco afastadas umas das outras que o inimigo não possa impedir sua concentração ou derrotá-las separadamente. Segue-se daí que na proximidade do inimigo é necessário que as diferentes partes do exército estejam a pequenos intervalos umas das outras para serem reunidas; mas, longe do inimigo, elas são reunidas ao mesmo tempo que se mantêm muito afastadas".[4] Nas campanhas-modelo, sobretudo as de 1805 e 1806, a zona coberta pelo Grande Exército é muito extensa no início, mas vai diminuindo aos poucos. Na véspera da batalha, apresenta apenas trinta a quarenta quilômetros de largura. A passagem da reunião à concentração ressalta nesta carta ao marechal Soult no início da campanha de 1806:

> Com essa imensa superioridade de forças reunidas num espaço tão exíguo, o senhor haverá de se dar conta de que não me inclino a arriscar nada e de que pretendo atacar o inimigo, onde quer que ele queira resistir, com forças duplicadas. [...]
> Haverá de imaginar que seria muito bom cercar essa praça [Dresden] com um batalhão quadrado de 200.000 homens. Mas tudo isso requer uma certa arte e alguns acontecimentos.[5]

A imagem do "batalhão quadrado" ilustra a preocupação de proceder a uma manobra de exército na qual os corpos se desloquem permanentemente a uma distância que permita apoio recíproco, capaz de concentrar-se em menos de 24 horas para enfrentar o grosso do inimigo. Em 1805, os diferentes corpos seguiam rotas paralelas, correndo o risco de ser atacados separadamente quando se afastassem em demasia. Um outro poderia acorrer rapidamente em seu socorro, mas em 1806 Napoleão se mostra mais prudente. Sua ordem de batalha é suficientemente cerrada para constituir um gigantesco quadrado, o que permite enfrentar em qualquer direção, rapidamente modificando

## LIVRO III — DA ESTRATÉGIA EM GERAL

a frente de marcha.[6] Quando quer atacar, Napoleão o faz com forças concentradas, "em massa". Antes de unir suas forças trazidas da França às que são comandadas pelo príncipe Eugênio na Alemanha, no fim de abril de 1813, vale dizer, às vésperas da batalha de Lützen, ele evoca esse princípio:

> O senhor bem sabe que meu princípio consiste em desencadear em massa; é portanto em massa que pretendo atravessar o Saale com 300.000 homens.[7]

Trata-se de um princípio válido em qualquer ação militar, sobretudo tratando-se de pôr em movimento a artilharia. É necessário sempre concentrar as forças:

> A maneira como vejo que é organizada a defesa de Antuérpia mostra pouco talento. Em vez de dispor as baterias a 1.000 e 1.500 toesas uma da outra, fazendo com que muito pouco possam ajudar-se e sejam obrigadas a lutar separadamente com todas as forças do inimigo, seria necessário reunir essa massa de canhões num curto espaço, de maneira que possam defender-se juntos e atingir o mesmo alvo. [...] Os maiores recursos dispersos não geram qualquer resultado em artilharia, como na cavalaria, na infantaria, nas praças-fortes e em todo o sistema militar.[8]

### Manter-se unido quando perto do inimigo

Separar o exército em colunas diferentes quando se está perto do inimigo pode revelar-se extremamente perigoso:

> Frederico é um grande guerreiro, audacioso, dispondo de excelentes tropas. São heróis. Mas ele comete grandes erros em planos de campanha. Não os teria cometido impunemente diante de mim. Entretanto, como é hábil, rapidamente se teria corrigido.
> Diante de Praga, ele marcha por uma margem do Elba e o marechal Schwerin chega atravessando dois rios e pela outra margem do

## NAPOLEÃO BONAPARTE

Elba.[9] Jomini observa muito judiciosamente que o príncipe Carlos[10] deveria investir contra esses corpos e derrotá-los separadamente. É evidente que Frederico não poderia ir em seu socorro. Minha arte sempre foi que corpos isolados pudessem todavia comunicar-se entre si e ser socorridos. Não é este o espírito da guerra. Eu não o teria feito aos vinte e cinco anos. [...] Os austríacos aplicavam seu plano de campanha à prussiana na Itália. Chegavam por diversas colunas que não se comunicavam e que eu derrotava separadamente.[11]

No início de agosto de 1796, os austríacos cometeram o erro de atacar os franceses valendo-se de duas fortes colunas, separadas pelo lago de Garda. Graças à rapidez de seus movimentos, Bonaparte foi capaz de derrotá-los separadamente, em Lonato e depois em Castiglione:

Operar por meio de direções afastadas entre si e sem comunicação é um erro que geralmente leva a um segundo. A coluna destacada tem ordens apenas para o primeiro dia; suas operações no segundo dia dependem do que aconteceu à principal coluna; ou ela perde tempo aguardando ordens ou age ao acaso. [...]

É portanto uma questão de princípio que um exército deve sempre manter reunidas todas as suas colunas, de maneira que o inimigo não possa introduzir-se entre elas; quando, por alguma razão, nos afastamos desse princípio, é necessário que os corpos destacados sejam independentes em suas operações, dirigindo-se, com o objetivo de se reunir, a um ponto fixo para o qual marchem sem hesitar e sem novas ordens, para ficarem menos expostos a ataques isoladamente.[12]

Os austríacos do feld-marechal Alvinzy[13] voltaram a cometer o mesmo erro em janeiro de 1797, e houve então a batalha de Rivoli:

Essas disposições eram contrárias ao grande princípio segundo o qual um exército deve estar, *todos os dias e a qualquer momento, em condições de combater.* Ora, Alvinzy não estava em absoluto em condições de combater ao chegar a essas montanhas, nem durante o

LIVRO III — DA ESTRATÉGIA EM GERAL

tempo que lhe era necessário para chegar ao planalto de Rivoli. Pois, para que um exército esteja em condições de combater, é preciso que esteja reunido; mas os vinte batalhões que se dispunham ao longo do vale do Ádige estavam separados, e só poderiam reunir-se depois de ter tomado o planalto de Rivoli. Para combater, um exército precisa de sua cavalaria e de sua artilharia; acontece que a cavalaria e a artilharia que estavam sob as ordens de Quasdanowich[14] só podiam juntar-se ao exército pelo planalto de Rivoli. Alvinzy supunha, assim, que não seria obrigado a combater a partir de Corona até Rivoli, e isto não dependia dele. Tinha exposto vinte e quatro batalhões, sem cavalaria e sem artilharia, a serem atacados por todo o exército francês, contando 20.000 homens de infantaria, 2.000 cavalos, com sessenta peças de canhão; essa luta não se dava em condições de igualdade. [...]

Muitas vezes nos enganamos na guerra quanto à força do inimigo que devemos combater. Os prisioneiros conhecem apenas seus corpos, os oficiais fazem relatórios bem incertos; foi o que levou à adoção de um axioma que tudo remedeia: *que um exército deve estar todos os dias, todas as noites e todas as horas pronto para opor toda a resistência de que é capaz*; o que exige que os soldados estejam constantemente com suas armas e munições; que a infantaria tenha constantemente com ela sua artilharia, sua cavalaria, seus generais; que as diferentes divisões do exército estejam constantemente em condições de se apoiar, suster e proteger [...].

Um grande capitão deve dizer a si mesmo várias vezes por dia: se o exército inimigo aparecesse na minha frente, à minha direita ou à minha esquerda, o que eu faria? E se ficar embaraçado, está mal posicionado, algo está errado; e ele terá de remediar. Se Alvinzy se tivesse feito esta pergunta: *Se o exército francês vier ao meu encontro antes de minha chegada a Rivoli, enquanto eu só puder opor-lhe a metade da minha infantaria, nenhuma cavalaria, nenhuma artilharia*, teria respondido a si mesmo: *eu serei derrotado por forças inferiores às minhas.* Como o exemplo do que havia acontecido em Lodi, Castiglione, Brenta, Arcole não o tornou mais prudente?[15]

A tradição das colunas de ataque convergentes estava de tal forma arraigada nos estados-maiores austríacos que Napoleão ainda pôde dizer a Masséna, comandante em chefe do exército da Itália em março de 1800, como seria atacado e o que devia fazer:

> O inimigo, à maneira austríaca, fará três ataques; pelo Levante, por Novi e por Montenotte: impeça-o de fazer dois desses ataques, e reúna todas as suas forças no terceiro.[16]

"Parece incrível", exclama Clausewitz, "mas as forças armadas foram divididas e separadas centenas de vezes por pura obediência a uma obscura tradição, sem que se saiba por quê."[17] Para Napoleão, tratava-se de um grave defeito dos exércitos da Revolução. O motivo era que a direção política parisiense não queria concentrar poderes excessivos nas mãos de um único general:

> [...] apesar de Mathieu Dumas e todos os escritores militares, sustento que durante a Revolução a arte da guerra antes regrediu que avançou.
> [...] nas guerras da Revolução havia o falso sistema de disseminar as forças, enviar coluna à direita e coluna à esquerda, o que de nada vale.[18]

> Lecourbe era um general muito bom, o Diretório contava muito com ele.[19] Ganhara grande reputação na Suíça, mas não aprovo [sua campanha] em Engadine. Com 25.000 homens, ele queria derrotar o príncipe Carlos, que dispunha de 80.000, e ainda por cima mobilizava 3.000 homens aqui, 3.000 homens [ali] e no fim das contas todos eles em pequenos grupos. Isso não é conhecer a guerra. É preciso ter sempre o exército nas mãos, mas era esta a moda. Era fazer a guerra de acordo com os fanfarrões dos estados-maiores.[20]

Agindo de forma diferente de seus outros generais em seu teatro de guerra na Itália, em 1797, o general Bonaparte assim se explicava numa carta a um crítico amador:

> A perfeição ou o sistema da guerra moderna consiste, segundo afirma, em atirar um corpo de exército, um à direita, outro à esquerda, deixar o inimigo no centro e mesmo posicionar-se por trás

LIVRO III — DA ESTRATÉGIA EM GERAL

de uma orla de praças-fortes. Se esses princípios fossem ensinados à juventude, fariam a ciência militar regredir quatrocentos anos; e todas as vezes que for adotado tal comportamento, enfrentando um inimigo ativo que tenha um mínimo conhecimento das armadilhas da guerra, ele haverá de vencer um de seus corpos e impedirá a retirada do outro.[21]

Se Napoleão venceu tantas batalhas, foi justamente por ter rompido com as práticas das guerras da Revolução:

> Nas guerras da Revolução, havia o sistema de se expandir, de enviar coluna à direita, coluna à esquerda, o que de nada vale. Para dizer a verdade, o que me fez ganhar tantas batalhas é que na véspera, em vez de dar ordem de dispersar, eu fazia convergirem todas as minhas forças no ponto que pretendia forçar, a massa. Derrubava o que estava diante de mim e que necessariamente era sempre fraco. Em Wagram, convoquei até Bernadotte, que estava a quarenta léguas no Danúbio. Reuni todas as minhas forças. Dispunha assim de 160.000 homens, e o príncipe Carlos havia deixado Jean em Pressburg.[22]

O general Reynier foi derrotado pelos ingleses em Maida, na Calábria, a 4 de julho de 1806:

> O exército estava por demais dispersado, essa é a melhor maneira, com forças consideráveis, de não conseguir resistir seguramente em lugar nenhum. Espalhando por quarenta mil homens seu exército, tal como tantas vezes aconteceu, como fazia o Diretório, não se dispunha de um exército.[23]

Além disso, não se deve reunir o exército em qualquer lugar. A localização do ponto de convergência é muito importante, como frisa Napoleão a respeito de uma manobra de Turenne:

> O ponto de convergência dos quartéis dos dois exércitos fora indicado perto demais do exército [inimigo]; era um erro: *é necessário que o ponto de reunião de um exército, em caso de surpresa,*

*seja sempre designado na retaguarda, de tal maneira que todos os acantonamentos possam chegar a ele antes do inimigo.*[24]

Napoleão fazia disso um princípio inviolável:

> O erro foi escolher um ponto de convergência por demais próximo do inimigo. É um princípio da guerra que nunca deve ser violado. Turenne também o violou em Marienthal, o que o levou a perder a batalha.[25]

# 11. Reunião das forças no tempo

Uma das forças da estratégia napoleônica foi permitir que os corpos de exército marchassem em itinerários diferentes, o que lhes permitia abastecer-se mais facilmente, para em seguida concentrá-los rapidamente para entrar em combate. O procedimento era novo em relação ao Antigo Regime e às hesitações do início do período revolucionário:

> Em outros tempos, marchava-se como se combatia: em corpos cerrados; donde a necessidade de carregar víveres, nas reservas. Marchava-se por todas as rotas em divisões. Era fácil alimentar-se, mas desse modo se combatia em pontos isolados. O que foi considerado uma vantagem na arte da guerra não passava no fundo de um resultado fatal.
>
> Jomini observa isso muito judiciosamente, ao dizer que sempre marchei isolado, de maneira a sobreviver, mas [que eu] chegava rapidamente para poder estar sempre reunido no dia de uma batalha. Assim, em todas as batalhas, eu estava reunido; era o que eu tinha de particular.[1]
>
> Regra geral: quando quiser entrar em batalha, reúna todas as suas forças, sem omitir nenhuma; um batalhão às vezes pode decidir um dia.[2]

> [...] todas as vezes que se entra em batalha, sobretudo contra os ingleses, não deve haver dispersão, é preciso reunir as forças, apresentar massas imponentes: todas as tropas deixadas para trás correm o risco de ser derrotadas isoladamente ou forçadas a abandonar suas posições.[3]

> O maior princípio da guerra é que só se deve entrar em batalha com todas as tropas que se pode reunir no campo de operações.[4]

Clausewitz distingue a concentração de forças em tática e em estratégia. Numa batalha, as forças são usadas de maneira sucessiva, e sempre é bom manter uma reserva de tropas descansadas para serem usadas no momento apropriado. Em estratégia, não se pode permitir que um destacamento opere longe das forças principais. Ele deve estar presente para a batalha, caso contrário, de nada serve. As forças devem ser usadas simultaneamente.[5]

Se é verdade que Napoleão foi o campeão da concentração de forças para a batalha, nem sempre ele foi capaz de prever tudo. Em Marengo, cometeu a imprudência de destacar Desaix. Em Iena, equivocou-se quanto à repartição das forças prussianas. Em Eylau, o corpo de Davout só chegou durante a batalha, e o corpo de Ney, tarde demais para participar da ação. Os dois primeiros confrontos, além do confronto de Auerstaedt, no qual Davout enfrentou sozinho os prussianos, foram apesar disso vitórias espetaculares. O mesmo não se pode dizer a respeito de Eylau.[6]

Napoleão, no entanto, criticou os destacamentos na véspera de uma batalha:

> Carlos XII, segundo a opinião que me ficou, era um grande guerreiro, embora Voltaire afirme que não sabia ler o mapa nem dispunha de um. Ele cometeu erros em Poltava. O maior foi um destacamento na véspera da batalha, de 15.000 homens que não chegaram, como costuma acontecer aos destacamentos formados na véspera ou vários dias antes da batalha. Os únicos destacamentos bons são os formados no momento da batalha.[7]

LIVRO III — DA ESTRATÉGIA EM GERAL

A realidade muitas vezes se mostra resistente à vontade, mesmo à de um Napoleão. Mas sua correspondência dá testemunho de sua constante preocupação, nas campanhas, de manter seus corpos reunidos. No início da campanha de 1805, ele recomenda o seguinte para o corpo de Ney:

> Chegadas a Stuttgart, todas as suas divisões devem estar muito próximas umas das outras, para que todo o seu corpo de exército possa reunir-se em menos de duas horas em linha. Não quero saber de formações parciais de divisões.[8]

Escrevendo a Davout, no comando das forças mais avançadas do Grande Exército na Polônia em novembro de 1806, ele lembra:

> Em tudo isto existe apenas uma coisa muito importante: que meus três corpos e minha cavalaria possam reunir-se em pouco tempo, se for necessário em virtude dos movimentos dos russos.[9]

Meses depois, duas vezes ele dá uma lição ao irmão Jérôme:

> O general Lefebvre conduziu-se bem, mas você só pôde socorrê-lo às onze horas da manhã. Na guerra, é uma questão de princípio que nem mesmo um corpo de 12.000 homens pode afastar-se mais de uma hora do grosso do exército. Se Lefebvre tivesse sido derrotado, você também o teria sido às onze horas; e assim se teria comprometido. Faça a guerra de verdade. Dirija-se para lá, tenha lá reunidos os seus 6.000 homens.[10]

> Vejo que está num falso caminho militar; vejo que acredita que duas colunas, atacando uma e meia no meio, levam vantagem: mas isto não dá certo na guerra, pois as duas colunas não agem juntas e o inimigo as derrota uma após a outra. Sem dúvida é necessário contornar o inimigo, mas antes reunir-se.[11]

## NAPOLEÃO BONAPARTE

O mais belo conjunto de lições a respeito da reunião de forças está expresso numa série de cartas enviadas a Joseph, quando este assume um comando independente para conquistar Nápoles, no início do ano de 1806:

> Seu grande estudo consiste em manter todas as suas forças reunidas e chegar o mais prontamente possível a Nápoles com todo o seu pessoal.[12]

> Você tem cinco divisões de infantaria; mantenha-as sempre reunidas.[13]

> Repito, concentre todas as suas forças, de tal maneira que não estejam tão afastadas que não possam ser reunidas num dia.[14]

> Seu exército está por demais disseminado; deve marchar sempre de maneira a poder reunir-se num só dia num campo de batalha. Com 15.000 homens, eu gostaria de derrotar os seus 36.000, e mostrar-me em toda parte superior no dia de uma batalha.[15]

Não obstante o que diga o general Colin, podemos ver aqui, que Napoleão utilizava indistintamente os verbos *reunir* e *concentrar*. Mas nem por isso deixa de ser claramente reafirmada a distinção a ser feita no tempo entre um distanciamento relativo das forças e sua reunião rápida. Já instalado em Nápoles e coroado rei, Joseph continua a ouvir falar do assunto:

> Eu avisara que não devia dar ouvidos a Dumas, que não tem o menor hábito da guerra. Parece que ninguém sabe onde se encontram suas tropas, que elas estão disseminadas por toda parte, e sem força em lugar nenhum. [...] Trate portanto de marchar com toda a força. Não espalhe suas tropas. [...] Trate de assumir uma atitude vigorosa e mantenha suas tropas em suas mãos, em escalões, de maneira a poder reunir 18.000 homens num ponto e esmagar seus inimigos. Não vejo em sua carta nenhuma reunião de forças; nada disso me parece claro.[16]

LIVRO III — DA ESTRATÉGIA EM GERAL

Há muito tempo lhe disse que você costuma espalhar excessivamente suas tropas. Mantenha-as reunidas, e vai-lhe acontecer o que aconteceu na França: os ingleses desembarcaram várias vezes, mas levaram uma surra e não têm mais coragem de desembarcar.[17]

Ordens desse mesmo tipo seriam incansavelmente repetidas ao príncipe Eugênio e aos marechais.[18] Num país como a Espanha,

[...] é preciso reunir-se e não marchar em pequenos grupos; é o princípio geral para todos os países, mas especialmente num país onde não se pode ter comunicação.[19]

## 12. A reserva estratégica

Napoleão critica a ideia do general Rogniat de, num exército de 180 mil homens, manter 60 mil em reserva, em três, quatro e cinco escalões para trás:

> [...] eis a arte de fazer com que 180.000 homens sejam derrotados por 140.000. Não é um segredo de César, Aníbal, Frederico, mas dos Soubise, dos Clermont[1] etc. [...] Em poucas palavras, se alguém tem 180.000 homens, deve entrar com esse exército no território inimigo; deixará de lado os feridos, os hospitais, os convalescentes, os quartéis e as pequenas guarnições em uma ou duas praças-fortes; e que seja o vencedor, aproveitando a boa vontade do destino, e, aconteça o que acontecer, não dilapide o próprio capital.[2]

Na tática, as reservas são indispensáveis para prolongar e renovar o combate. As reservas podem restabelecê-lo se por um momento ele se vir comprometido. Na estratégia, pelo contrário, uma vez perdida a batalha decisiva, nada mais se pode restabelecer. "Todas as forças devem cooperar para a decisão principal", escreve Clausewitz, "e toda reserva (efetivos disponíveis) destinada a ser usada depois dessa decisão é um contrassenso. Enquanto as reservas dotam a tática não só dos meios de fazer frente às medidas imprevistas do inimigo, como também

LIVRO III — DA ESTRATÉGIA EM GERAL

de reparar o desfecho imprevisível do combate se esse desfecho for adverso, a estratégia é obrigada a abrir mão desse recurso, pelo menos no que diz respeito à grande decisão."[3] E Clausewitz cita a campanha de 1806, trauma de sua juventude, quando a reserva prussiana de 20 mil homens permaneceu em vão em Brandemburgo, embora tudo estivesse para ser decidido no Saale, em Iena e Auerstaedt. O exemplo da Prússia em 1806 fora dado, justamente, por Napoleão:

> E o velho exército de Frederico, tendo à sua frente tantos heróis, os Brunswick, Möllendorff, Rüchel,[4] Blücher etc., derrotado em Iena, não pôde efetuar uma retirada; em poucos dias, 250.000 homens depuseram armas. E no entanto não lhes faltavam exércitos de reserva: dispunham de um em Halle, outro no Elba, escorados em praças-fortes; estavam no meio do próprio país, não longe de sua capital!
>
> Tratem de buscar todas as chances de sucesso quando planejarem entrar numa grande batalha, sobretudo se estiverem lidando com um grande capitão: pois se forem derrotados, ainda estando no meio de suas próprias províncias, perto de suas praças, malditos sejam![5]

# 13. Economia de forças

Este conceito não remete a algum tipo de parcimônia, mas a uma boa repartição das forças, sem deixar nenhuma parte inativa. Todas devem ser úteis, concorrendo para a ação de guerra. Napoleão insurgiu--se contra a má economia de forças a propósito do plano de campanha da Convenção em 1793:

> Nessa época, a França constituiu dois grandes exércitos que agiram, um na direita do inimigo, e o outro em sua esquerda. O resultado foi levar o inimigo a atravessar de volta o Reno e retomar as praças de Valenciennes, Landrecies etc. Mas não se devia concluir daí que o plano de campanha fosse bom. Pelo contrário, teve-se êxito apesar dos vícios do plano de campanha e graças à grande superioridade numérica de nossas tropas. O exército austríaco reuniu-se inteiro em Fleurus e o exército da direita que a França tinha lá, sob o comando de Jourdan, era tão forte quanto todo o exército austríaco reunido. Pichegru, que estava sob Dunquerque, tinha então um exército inativo. Se esse exército tivesse sido reunido ao de Jourdan, o inimigo teria sido esmagado por forças superiores que teriam investido como uma torrente contra seus flancos e suas retaguardas, e se teria alcançado um grande resultado sem correr nenhum risco.[1]

LIVRO III — DA ESTRATÉGIA EM GERAL

Os exércitos do Antigo Regime com frequência cometiam esse tipo de erro:

> Os exércitos de reserva, os corpos que não servem para facilitar as retiradas, muitas vezes são meios de perder as batalhas. Foi com todas as reservas, todos os meios preparados para a retirada que, muitas vezes, na Guerra dos Sete Anos, foram perdidas as batalhas e todas as campanhas. Tudo isso contribui para o retrocesso da [arte da] guerra.[2]

Também os austríacos muitas vezes pecaram contra uma boa economia de forças. Não sabiam utilizar todas as suas tropas ou as repartiam tão mal que elas entravam em combate separadamente, como em Lonato e Castiglione:

> O plano do general austríaco, que poderia ter êxito em outras circunstâncias ou contra um homem diferente de seu adversário, não podia deixar de ter o resultado funesto que teve; e embora ao primeiro golpe de vista a derrota desse grande e belo exército, em tão poucos dias, pareça atribuível exclusivamente à habilidade de Napoleão, que constantemente improvisou suas manobras contra um plano geral preestabelecido, devemos convir que esse plano repousava em bases equivocadas. Era um erro fazer com que agissem separadamente corpos sem nenhuma comunicação entre eles, diante de um exército centralizado e dispondo de comunicações fáceis; a direita só podia comunicar-se com o centro por Roveredo e Ledro. Foi um segundo erro ainda por cima subdividir os corpos da direita, atribuindo objetivos diferentes a suas diferentes divisões.[3]

Em 1809, Napoleão pede a Fouché que a imprensa mostre à opinião pública que a Inglaterra pratica uma má economia de forças:

> Demonstre a extravagância dos ministros quando expõem 30.000 ingleses no coração da Espanha, diante de 120.000 franceses, as melhores tropas do mundo, ao mesmo tempo que enviam 25.000 outros para quebrar a cara nos pântanos da Holanda, onde seu empenho

serve apenas para aumentar ainda mais o zelo das guardas nacionais. Dê a perceber o absurdo de seus planos ao disseminar assim as forças, e que os pequenos grupos sempre foram o recurso dos tolos.[4]

De Paris, às vezes sem se dar conta das limitações locais, Napoleão dirigia críticas da mesma ordem aos marechais que combatiam na Espanha, especialmente Soult, comandante em chefe do exército da Andaluzia, através de Berthier:

> O duque da Dalmácia tem 60.000 homens sob suas ordens; poderia deixar 30.000 deles sob as ordens do duque de Bellune[5] e dispor de maior número de forças do que dispôs diante de Badajoz. Essa maneira de pretender manter todos os pontos num momento difícil expõe a grandes reveses.
>
> O imperador está insatisfeito com o fato de que, no momento em que o cerco de Cádiz arriscava ser suspenso, o 12°, o 32° , o 58° e o 43° , formando uma divisão de mais de 8.000 homens, estavam disseminados por pontos então insignificantes. Os seis batalhões poloneses e a cavalaria ligeira de Perreymond[6] eram mais que suficientes para manter-se em observação desse lado, e em consequência os quatro regimentos franceses e a divisão de cavalaria do conde Milhaud[7] podiam estar disponíveis para apoiar o cerco de Cádiz. Por outro lado, os dois regimentos do general Godinot,[8] formando seis batalhões, nada faziam e eram inúteis em seus acantonamentos.
>
> A disposição das tropas é o maior mérito de um general, e Sua Majestade constata com tristeza que nesse caso as disposições adequadas não haviam sido tomadas.[9]

"Aquele que mantém efetivos em lugares nos quais a presença do inimigo não o exige, aquele que retém uma parte de seus efetivos em estado de marcha, vale dizer, como um peso morto, enquanto os do adversário lutam, faz mau uso de suas forças. Neste sentido, podemos falar de um desperdício de forças, pior que sua utilização inoportuna."[10] É o sentido conferido por Clausewitz ao conceito de economia de forças.

## 14. Caráter da guerra moderna

A guerra mudou com "a sorte e a audácia de Bonaparte", escreve Clausewitz, e também porque se tornou nacional.[1] Os espanhóis, os russos, os prussianos acabaram por combater com a força de seu sentimento patriótico. A guerra já não pode ser conduzida como na época dos exércitos permanentes do Antigo Regime. Napoleão não teceu considerações a respeito tão extensas quanto as de Clausewitz, mas fez um claro elogio dos méritos de um exército já agora de caráter nacional:

> É o soldado que funda as repúblicas, é o soldado que as mantém. Sem exército, sem força, sem disciplina, não pode haver independência política nem liberdade civil.
> Quando um povo inteiro está armado e quer defender sua liberdade, é invencível.[2]

> Os próprios soldados são apenas filhos dos cidadãos. O exército é a nação.[3]

> Um exército nacional é o único capaz de garantir à República a tranquilidade interna e a consideração externa.[4]

O estabelecimento de uma tropa remunerada diminuiria sua força real em vez de aumentá-la. Se tiver um único regimento de tropa remunerada, terá de renunciar a milícias vigorosas. A partir do momento em que os habitantes veem em ação soldados a quem eles remuneram, dizem: Cabe a eles defender-nos. Uma tropa remunerada destrói a energia nacional; ela privaria vocês dos recursos que poderiam encontrar, em caso de necessidade, na coragem de seus cidadãos.[5]

Sem o serviço militar [...], não pode haver força nem independência nacionais. Toda a Europa está sujeita ao alistamento. Nossos êxitos e a força de nossa posição decorrem do fato de dispormos de um exército nacional; cabe-nos cuidar com zelo de preservar essa vantagem.[6]

# Conclusão do livro III

Napoleão só empregou o termo estratégia em Santa Helena, aceitando a definição de Jomini para designar aquilo a que até então se referia como a grande tática, vale dizer, os movimentos dos exércitos antecedendo o combate, o que prenunciava a definição de Clausewitz. Esse nível da arte da guerra corresponde ao que hoje é chamado de arte operacional ou operativa. A estratégia é menos uma questão de formas na concepção que de forças morais na execução. Clausewitz insiste na questão da grandeza moral para se distanciar do geometrismo de Jomini e dos outros teóricos, por ser precisamente a lição que extrai de Napoleão. Este não só fez a guerra prestando especial atenção à opinião pública como se prodigou em frases e conselhos a seu respeito. Ele sustentava o moral de seus homens aumentando seus efetivos numéricos no papel, diminuindo os dos inimigos, controlando a imprensa.

Para ele, a virtude guerreira estava ligada à disciplina. A questão deu-lhe muito trabalho ao assumir o comando do exército da Itália. Recorreu ao sentimento da honra, à emulação e ao espírito de corpo. Ao reintroduzir esses valores derivados do Antigo Regime num exército de patriotas entusiasmados pela Revolução, ele de fato lançou as bases do exército nacional contemporâneo. Clausewitz o entendeu perfeitamente, e a partir de então todos os exércitos veriam em Napoleão uma espécie de criador da nova profissão militar. Essa evolução, capital, explica a enorme popularidade do "Pequeno Corporal", não obstante os sofrimentos enfrentados em incessantes guerras. É preciso ter em conta o que era a sociedade francesa no Antigo Regime, com suas ordens privilegiadas e suas barreiras sociais, para entender a aceleração conferida por Napoleão ao sentimento de igualdade.

Como herdeiro do Iluminismo, ele considerava que todos os homens eram iguais por natureza, e seus soldados sabiam que ele pensava assim. Ao encontrar as palavras necessárias para falar a eles, ao considerar seus soldados como homens, Napoleão foi capaz de desenvolver neles a intrepidez e a perseverança, virtudes consideradas essenciais por Clausewitz.

Com exércitos que chegaram ao mesmo ponto de desenvolvimento, o fator numérico necessariamente fazia pender a balança. Como vimos, Napoleão tornou-se um mestre quando se tratava de manter seu exército reunido numa ampla frente, para depois concentrar um número de tropas maior do que o inimigo no ponto decisivo. Ele surpreendia os adversários com a rapidez de seus movimentos. Estava em condições de exigir o mesmo de seus homens. Voltamos, assim, às virtudes guerreiras: elas condicionam os movimentos estratégicos. Deslocando-se rapidamente com a massa de seu exército, Bonaparte conseguiu vencer separadamente as colunas austríacas na Itália. Ele recomendava que as forças nunca fossem divididas diante do inimigo. A reunião de forças é crucial no espaço, mas também no tempo. Em matéria estratégica, de nada vale separar uma reserva se ela não intervier no momento decisivo. Depois, tudo estará perdido. A boa economia de forças determina que a massa seja concentrada para a batalha. A contribuição essencial de Napoleão para a história da estratégia, entendida no sentido operacional ou operativo, residiu nessa capacidade de conciliar sucessivamente as vantagens da dispersão e da concentração, na fusão desses dois processos contraditórios numa só operação de guerra. Foi essencialmente o que fez dele um mestre na arte de dirigir uma campanha militar.[1]

LIVRO IV  **O combate**

Traduzimos como "combate", e não como "escaramuça" ou "confronto", o *Gefecht* de Clausewitz.[1] Ele o considerava como "a verdadeira atividade de guerra", com efeitos físicos e morais. Exceto quando tiverem alguma ligação direta com as duas formas da guerra representadas pelo ataque e a defesa, objetos dos livros VI e VII de *Da Guerra*, as palavras de Napoleão sobre a tática das batalhas encontram seu lugar aqui. Estabeleceremos várias comparações com o esboço do tratado de tática de Clausewitz. O único capítulo que chegou a ser redigido diz respeito justamente ao combate.[2] Apresenta-se na forma de 604 parágrafos numerados, num estilo aforístico às vezes próximo das máximas napoleônicas.

# 1. Caráter da batalha moderna

Napoleão distingue a batalha moderna da batalha antiga:

A tarefa a ser cumprida pelo comandante de um exército é mais difícil nos exércitos modernos que nos exércitos antigos. Também é verdade que sua influência é mais eficaz no resultado das batalhas. Nos exércitos antigos, o general em chefe, a 80 ou 100 toesas [40 a 50m] do inimigo, não corria qualquer perigo, e no entanto estava convenientemente situado para bem dirigir os movimentos de seu exército. Nos exércitos modernos, o general em chefe, situado a 400 ou 500 toesas [200 a 250m], encontra-se no meio do fogo das baterias inimigas e muito exposto; e no entanto já está tão afastado que vários movimentos do inimigo lhe escapam. Não há ação na qual não seja obrigado a se aproximar até o alcance das armas pequenas. As armas modernas revelam-se tanto mais eficazes à medida que são mais adequadamente posicionadas; uma bateria de canhões que prolonga, domina, ataca o inimigo de maneira oblíqua, pode decidir uma vitória. Os campos de batalha modernos são muito mais extensos; o que exige um golpe de vista mais treinado e penetrante. São necessários experiência e gênio militar muito maiores para dirigir um exército moderno do que para dirigir um exército antigo.[1]

> Hoje o general em chefe é obrigado diariamente a recorrer ao tiro de canhão, não raro ao alcance da metralha, e a todas as batalhas ao alcance do fuzil, para poder reconhecer, ver e ordenar: a visão não tem alcance suficiente para que os generais possam ficar fora do alcance das balas.[2]

Para Clausewitz, nas grandes batalhas modernas dois exércitos alinham suas tropas em grandes massas, mobilizam apenas uma parte delas, deixam que se desgastem em longas horas sob fogo, substituem de vez em quando uma parte por outra e no fim do dia cada um faz o balanço e é tomada a decisão de abandonar o campo de batalha ou retomar o combate no dia seguinte. As batalhas têm esse aspecto porque os exércitos europeus alcançaram mais ou menos um mesmo nível de organização e arte da guerra.[3] Clausewitz relata bem as batalhas ocorridas a partir de 1809, quando os austríacos começaram a organizar corpos de exército como os franceses. A partir de 1809, Napoleão ganha suas batalhas de maneira menos nítida porque seus adversários começam a lutar como ele.[4] Até então, ele obtivera vitórias sobre exércitos que ainda eram organizados como os do século XVIII.

Napoleão às vezes prenuncia essa descrição de Clausewitz ao assinalar certos detalhes da batalha moderna. Essa reflexão sobre o combate recorrendo aos atiradores deixa entrever a duração do combate de desgaste, que se consome "como pólvora úmida":[5]

> Uma linha, num dia importante, é inteiramente confiada aos atiradores, às vezes até duas vezes. Será necessário substituir os atiradores de duas em duas horas porque estarão cansados, pois seus fuzis falham e emperram.[6]

Os atiradores são numerosos, mas são dominados pelo fogo de artilharia e não podem contar com a possibilidade de capturar suas peças. Para o artilheiro Bonaparte, o canhão domina a batalha moderna. Ele insiste mais nesse ponto que o infante Clausewitz:

LIVRO IV — O COMBATE

Pretender investir contra as peças, capturá-las com armas brancas ou levar os atiradores a matar artilheiros são ideias quiméricas; pode acontecer às vezes, e de fato não temos exemplos de praças-fortes tomadas com um golpe de mão? Mas, como sistema geral, não existe infantaria, por mais brava seja, que possa, sem artilharia, marchar impunemente durante 500 ou 600 toesas [250 a 300m] contra dezesseis ou vinte e quatro peças de canhão bem posicionadas, operadas por bons artilheiros. Antes de chegar aos dois terços do percurso, seus homens serão mortos, feridos ou dispersados. A artilharia de campanha adquiriu demasiada precisão no tiro para que possamos aprovar o que afirma Maquiavel, que, cheio de ideias gregas e romanas, pretende fazer apenas uma descarga de artilharia, para em seguida mandá-la para a retaguarda de sua linha.

Uma boa infantaria sem dúvida é o nervo do exército; mas se tivesse de combater durante muito tempo contra uma artilharia superior, seria desmoralizada e destruída.

Nas primeiras campanhas da guerra da Revolução, o que a França sempre teve de melhor foi a artilharia; não conheço um único exemplo dessa guerra em que vinte peças de canhão, adequadamente posicionadas, tenham sido capturadas na baioneta exclusivamente pela infantaria. No caso de Valmy, na batalha de Jemmapes, na de Nördlingen,[7] na de Fleurus em 1794, tínhamos uma artilharia superior à do inimigo, embora muitas vezes dispuséssemos apenas de duas peças para 1.000 homens; mas é que nosso exército era muito numeroso. É possível que um general mais capaz de manobrar, mais hábil que seu adversário, tendo nas mãos uma melhor infantaria, alcance êxitos durante uma parte da campanha, embora seu parque de artilharia seja muito inferior; mas no dia decisivo de uma ação geral ele haverá de sentir cruelmente sua inferioridade em artilharia e ficará exposto a perder tudo num momento.[8]

Frederico, embora fosse um grande homem, não entendia bem a artilharia. Os melhores generais são os que saem da artilharia. Acredita-se que não tem a menor importância saber posicionar bem uma bateria, mas é muito importante. Formam-se baterias por trás da primeira linha e de repente se revelam 60 ou 80 peças num ponto. Decide-se assim uma vitória.[9]

Em nota redigida em janeiro de 1789 em Auxonne, o jovem tenente Bonaparte já descortinava de que maneira a artilharia poderia representar a decisão numa batalha:

> Uma bateria de peças longas, capaz de atirar a 1.000 toesas, pode, por decisão do general, concentrar todo o seu fogo em determinada parte da primeira linha à sua escolha, romper essa linha e semear a confusão até a segunda e a terceira linha. A infantaria investe então contra esse exército abalado. Enquanto isso, altera-se ligeiramente a direção e se vai levar o pavor a uma outra parte do exército inimigo.
> As batalhas de Raucoux, Dettingen e Hastembeck fornecem provas de tudo isso.[10]

Em novembro de 1813, o príncipe Eugênio, comandante em chefe na Itália, recebe a seguinte mensagem:

> Não devemos deixar o Ádige sem travar uma grande batalha. As grandes batalhas são vencidas com a artilharia; disponha de muitas peças de 12.[11]

O conde de Las Cases especifica:

> Ele acrescentava que a artilharia representava hoje o verdadeiro destino dos exércitos e dos povos; que se lutava com tiros de canhão como se fosse com os punhos, que tanto numa batalha como num assédio a arte consistia atualmente em promover a convergência de um grande número de tiros para um mesmo ponto; que, uma vez iniciada a refrega, aquele que tivesse a destreza de subitamente fazer convergir para um de seus pontos, à revelia do inimigo, uma massa inesperada de artilharia estaria certo de levar a melhor. Estes haviam sido, dizia, seu grande segredo e sua grande tática.[12]

A questão é que "uma destruição significativa das forças inimigas deve ser, onde quer que seja a condição da vitória, o objetivo principal do plano". Ela será de qualquer maneira a intenção do chefe.[13]

## 2. O combate em geral

A imediata destruição das forças militares inimigas é o fator dominante no combate. A tática dispõe dos meios para efetuar essa destruição com o menor custo possível. De maneira geral, Clausewitz considera que um adversário decidido, intrépido e rápido não permite que se tenha tempo de proceder a complicadas combinações táticas.[1] A lição da derrota de 1806 ainda o afeta. E ele a entendeu bem, na medida em que Napoleão também não se preocupa muito com detalhes táticos.

### Predominância do fogo

Uma coisa é certa, o fogo passa a ser mais importante que o choque:

> O fogo é tudo, o resto é pouca coisa.[2]

Clausewitz vale-se de uma expressão semelhante: "A força destrutiva do combate corpo a corpo é, na maioria dos casos, bem pouco importante, e mesmo nula." A maior parte da destruição das forças adversárias incumbe de longe ao combate com fogo.[3] A predominância do fogo influi na escolha da posição de combate e no posicionamento da linha de batalha:

A descoberta da pólvora mudou a natureza da guerra: as armas de arremesso tornaram-se as armas principais; é através do fogo, e não do choque, que as batalhas são decididas hoje. O mosquete leva a morte a 50, 100, 200 toesas, as baterias posicionadas a 200, 400 e mesmo 800 toesas[4] têm uma influência direta e poderosa no êxito dos combates. Desse modo, foi necessário considerar como fazendo parte do terreno ou do campo de batalha todas as elevações e posições que se encontram a essa distância. Para estabelecer seu campo ou sua linha de batalha, os generais modernos precisam escolher um terreno que lhes permita: 1º pôr em ação a maior parte de suas armas de arremesso; 2º desdobrar sua linha para não serem obrigados a manter massas sob fogo inimigo; 3º posicionar sua infantaria em encostas, linhas de defesa, elevações, para dispor de uma ascendência adequada sobre as linhas inimigas; 4º estabelecer suas baterias em posições dominando, transbordando, prolongando, investindo pelos flancos ou obliquamente nas linhas inimigas, ao mesmo tempo se posicionando de maneira a não ser transbordado nem atacado pelo flanco ou obliquamente pelas baterias inimigas.

Segue-se, daí, 1º que os Modernos alinharam sua infantaria em três fileiras, pois é impossível tirar algum partido do fogo da quarta fileira, e, quanto mais a linha é fina, menos se expõe ao alcance do fogo inimigo; 2º que precisaram estender a linha de seu exército para que ela não fosse transbordada, prolongada, penetrada, podendo, pelo contrário, transbordar, prolongar, penetrar o inimigo, para ocupar todos os acidentes do terreno com influência sobre a posição, e afinal para expor ao fogo do inimigo o menor número possível de homens; 3º que abriram mão e tiveram de abrir mão do hábito de acampar aglomerados, como os romanos, numa pequena superfície quadrada, passando a acampar, pelo contrário, em duas linhas, cada uma composta de três fileiras para a infantaria, de duas para a cavalaria, tendo o campo de batalha pela dianteira.[5]

## As disposições de batalha

A disposição das tropas para a batalha obedece portanto a alguns princípios evidentes:

> O plano do duque Ferdinando, na batalha de Crefeld,[6] vai de encontro à regra que diz: *Nunca separe as alas de seu exército umas das outras, de maneira que seu inimigo possa introduzir-se nos intervalos.* Ele dividiu sua linha de batalha em três partes, separadas entre elas por vazios, desfiladeiros; contornou um exército inteiro com um corpo no ar, não escorado, que não podia deixar de ser cercado e capturado.[7]

Ele próprio reivindicou sua diferença em suas disposições de batalha, como relata Bertrand:

> Eu sempre tive um sistema contrário aos dos outros capitães: nunca tentei cercar o exército inimigo. Pelo contrário, muitas vezes me excedi e sempre ocupei menos espaço que o inimigo, tendo nas mãos minhas reservas prontas para desfechar o golpe decisivo. Em Wagram eu ocupava um terço [de espaço] a menos que o inimigo.[8]

Foi em Wagram que Napoleão comandou o maior número de homens numa batalha: mais de 180 mil, contra cerca de 140 mil austríacos. A frente era imensa. Para Clausewitz, as vantagens do cerco diminuem à medida que aumentam as linhas de frente dos exércitos. A manobra de cerco dispersa as forças num enorme espaço, o que diminui sua eficácia. Elas precisam de muito mais tempo para percorrer uma distância, ao passo que aquele que é cercado tem mais facilidade de utilizar suas forças em pontos diferentes. A unidade de conjunto também é debilitada pelos espaços maiores a serem percorridos pelas informações e as ordens. Tratando-se de alguns batalhões, essas desvantagens praticamente não existem. Mas com grandes exércitos elas tornam-se consideráveis: "Pois a diferença entre o raio e a circunferência permanece a mesma, ao passo que as diferenças absolutas continuam aumentando com a ampliação das frentes; são exatamente essas diferenças absolutas que devem ser levadas em conta aqui."[9] O atacante tende a escolher a forma circundante, e o defensor, a forma reduzida da linha de frente. Mas esta também pode ser vantajosa para aquele, se concentrar suas forças contra um ponto e adotar um dispositivo mais profundo, permitindo a utilização sucessiva de suas forças.[10] Em Austerlitz, Napoleão deixou-se atacar inicialmente pelo movimento circundante dos austro-russos. Numericamente inferior, ele conseguiu derrotá-los graças às suas boas disposições:

> Não é de se estranhar que aos olhos dos russos o exército francês tenha parecido imenso. Eles disseminaram de tal maneira suas tropas no campo de batalha, e os franceses as utilizaram tão bem, que o grande exército russo pareceu uma divisão, e o exército francês, menor, pareceu inumerável. Assim foi que o imperador Alexandre dizia no dia seguinte ao general Savary: "Vocês eram menos numerosos que eu, e no entanto em toda parte se mostraram mais fortes." "Nisso está a arte da guerra", respondeu-lhe esse general. [...]
> Não, os franceses não passaram a noite posicionando suas tropas perto de Pratzen; mas, mediante um sistema oposto ao dos russos, mantiveram-nas reunidas, de maneira que esses 65.000 homens eram, nas mãos do imperador, como um batalhão na mão de um bom major, prontos para tudo, até mesmo para se retirar se o inimigo se mostrasse sensato.[11]

A relação de forças foi vantajosa para os franceses no ponto principal. Parafraseando Napoleão, Clausewitz também enxerga uma vantagem nesse tipo de disposição, "uma razão subjetiva para o dirigente ou chefe de guerra: ter mais estritamente sob seu controle a parte principal de suas forças".[12]

Destruir a força armada inimiga significa infligir-lhe uma diminuição de forças proporcionalmente maior que aquela que se sofre. Ora, a experiência mostra que nas batalhas a diferença entre vencedores e vencidos em termos de perdas com frequência não é muito grande.

LIVRO IV — O COMBATE

Napoleão o reconhece antes de Clausewitz em duas novas comparações com as batalhas dos Antigos:

> Consagrou-se a opinião de que as guerras dos Antigos eram mais sangrentas que as dos Modernos: seria exato? Os exércitos modernos combatem diariamente, pois os canhões e os fuzis alcançam longe; as vanguardas, as posições se fuzilam e muitas vezes deixam 500 ou 600 homens no campo de batalha de cada lado. Entre os Antigos os combates eram mais raros e menos sangrentos. Nas batalhas modernas, a ruína dos dois exércitos, que é mais ou menos equivalente, em relação aos mortos e feridos, é maior que a ruína das batalhas antigas, que se abatia apenas sobre o exército derrotado.[13]

> Em Farsala, César perde apenas 200 homens, e Pompeu, 15.000. Os mesmos resultados vamos encontrar em todas as batalhas dos Antigos; o que não tem equivalente nos exércitos modernos, em que a perda em mortos e feridos é sem dúvida mais ou menos forte, mas numa proporção de 1 para 3. A grande diferença entre as perdas do vitorioso e as do vencido manifesta-se sobretudo pelos prisioneiros: o que ainda é resultado da natureza das armas. As armas de arremesso dos Antigos em geral causavam pouco mal; os exércitos se abordavam antes de mais nada com armas brancas: era portanto natural que o derrotado perdesse muitos homens, e o vitorioso, muito poucos. Os exércitos modernos, quando se abordam, fazem-no apenas no fim da ação e quando já se derramou muito sangue; não há vencedor nem vencido durante três quartos do dia; a perda ocasionada pelas armas de fogo é mais ou menos equivalente dos dois lados. A cavalaria, em suas cargas, apresenta algo de análogo ao que acontecia com os exércitos antigos: o vencido perde numa proporção muito maior que o vencedor, pois o esquadrão que bate em retirada é perseguido e dizimado, e assim sofre muito mal sem infligi-lo.[14]

É na retirada que o vencido sofre suas maiores perdas. Elas se traduzem mais em termos de forças morais do que de forças físicas. A balança moral pende em consequência da perda de terreno e em função das reservas renovadas que um dos protagonistas pôde manter.

É preciso tentar forçar o inimigo a mobilizar prematuramente sua reserva. Napoleão afirma ter agido assim em Marengo:

> Eu via que os austríacos não tinham utilizado sua reserva; e, num caso assim, a grande questão é fazer com que o inimigo utilize todas as suas forças, ao mesmo tempo poupando as nossas; e levá-lo a nos atacar nos flancos enquanto ele não se der conta de seu engano; pois a dificuldade é forçá-lo a utilizar sua reserva.[15]

Aquele que se descobre então em situação de inferioridade moral perde sua ordem e sua unidade. Bate em retirada. O vencedor deve aproveitar para recolher prisioneiros e canhões, que serão os verdadeiros troféus de sua vitória.[16] As disposições do combate devem tender para este objetivo. Elas dizem respeito à tática, mas é evidente, afirma Clausewitz, que "o inconveniente de precisar combater de dois lados ao mesmo tempo, o perigo mais grave ainda de se ver impedido de bater em retirada, paralisam os movimentos e a força de resistência".[17] Napoleão diz praticamente a mesma coisa ao preconizar o reforço dos flancos:

> A coisa importante na organização de batalha e no avanço para o inimigo é ter os flancos escorados. É invariavelmente pelos flancos que somos abalados e derrotados. De modo que eu nunca perdia de vista os flancos. Eles precisam ser sempre apoiados por pequenos ou grandes quadrados que devem suster-se e resistir, ainda quando a linha for penetrada. É o ponto principal, que nunca se deve perder de vista em toda posição diante do inimigo.[18]

Se os flancos são forçados, comprometem a linha de retirada. "Levar em conta o caminho de retirada torna-se, pelo fim da batalha, cada vez mais importante, e o controle desse caminho vem a ser, por este motivo, um meio precioso da decisão": Clausewitz vai ao encontro de Napoleão, acrescentando que, "na medida do possível, o plano da batalha será desde o início ajustado a esse ponto capital".[19] Em todo combate manifesta-se o instinto de preservar a qualquer preço a segurança da linha de retirada e apoderar-se da linha de retirada do

LIVRO IV — O COMBATE

inimigo. Esse instinto prevalece invariavelmente, tornando-se o pivô de quase todas as manobras táticas e estratégicas. Trata-se no fundo de uma manifestação do instinto de conservação, como dá a entender Napoleão neste trecho do *Mémorial de Sainte-Hélène*:

> Ele dizia que nunca se podia levar os artilheiros a atirar nas massas de infantaria, quando eles mesmos se viam atacados por uma bateria oposta. Era uma covardia natural, dizia ele, bem-humorado, violento instinto da própria conservação. Um artilheiro [Gourgaud] entre nós protestava contra semelhante afirmação. "Mas é isto mesmo", continuava o imperador, "vocês imediatamente se põem em guarda contra quem os ataca; procuram aniquilá-lo, para que ele não os aniquile. Muitas vezes suspendem o fogo, para que ele os deixe tranquilos e retorne às massas de infantaria, que têm para a batalha um interesse muito diferente etc."[20]

## Detalhamento da tática

Quanto aos detalhes da disposição tática das tropas, nada se pode prescrever em termos absolutos:

> Deve o exército perfilar-se em batalha em várias linhas, e que distância deve prevalecer entre elas? A cavalaria deve manter-se em reserva por trás da infantaria ou posicionar-se nos lados? Será o caso de pôr em ação toda a artilharia desde o início da batalha, visto que cada peça pode alimentar seu fogo durante vinte e quatro horas, ou se deve manter a metade em reserva? A solução de todas essas questões depende de muitas circunstâncias: 1º do número de tropas que compõem o exército, da proporção que existe entre a infantaria, a cavalaria e a artilharia; 2º da relação entre os dois exércitos; 3º de seu moral; 4º do objetivo visado; 5º da natureza do campo de batalha; 6º da posição ocupada pelo exército inimigo e do caráter do chefe que o comanda. Não se pode nem se deve prescrever nada em termos absolutos. Não existe uma ordem natural de batalha. Tudo o que se prescrevesse a respeito seria mais nocivo que útil.[21]

Não há um dispositivo de batalha que garanta a vitória. As formas são detalhes:

> É ridículo atribuir o sucesso de Frederico aos detalhes de sua ordenação militar das formações oblíquas, ao desdobramento de sua coluna. Pouco importa como isto é feito. Em todas as épocas um chefe de batalhão posicionou e desdobrou seu batalhão, um general de brigada posicionou sua brigada, o general de divisão posicionou sua divisão. Esses detalhes têm influência desprezível no êxito de uma campanha e de uma batalha. [...] No fundo, nada disso importa. Todas as formações são boas e, embora possa haver uma melhor, sua influência será desprezível no resultado da guerra. Não são esses detalhes que fazem os grandes sucessos.[22]

> [...] desde a invenção das armas de fogo, a maneira de ocupar uma posição para acampar ou travar uma batalha depende de tantas circunstâncias diferentes que varia com as circunstâncias; existem até várias maneiras de ocupar uma dada posição com o mesmo exército; a intuição militar, a experiência ou o gênio do general em chefe é o que decide; é a principal questão.[23]

Aos que tecem considerações sobre o tipo de fogo de infantaria mais eficaz, o de fileira ou o de coluna, Napoleão responde:

> Diante do inimigo só é praticável o fogo sem restrições, que começa pela direita e pela esquerda de cada pelotão.[24]

Trata-se do fogo de coluna sem restrições.[25] Tal como prescrito no regulamento de 1º de agosto de 1791, as duas primeiras fileiras atiram juntas alinhadas, começando pela direita e pela esquerda, limitando-se a terceira fileira a recarregar e a passar a arma carregada à segunda. Não se deve buscar o predomínio pela complexidade das combinações, mas, pelo contrário, por sua simplicidade. Napoleão, como vimos no livro III, o disse e repetiu a respeito de todos os domínios da arte da guerra. É preciso adaptar-se às circunstâncias. A infantaria francesa

LIVRO IV — O COMBATE

fez a síntese entre as reflexões do Antigo Regime e a experiência das guerras da Revolução. Durante muito tempo, sob o Império, ela dispõe de uma vantagem de flexibilidade sobre suas concorrentes. Passa muito mais rapidamente da ordem profunda ou em coluna — mais fácil para a marcha — para a ordem fina, mobilizando o máximo de fogo. É uma herança da qual Napoleão se beneficiou e que muitas vezes o deixou em posição de vantagem no combate:

> A ordem em coluna é uma ordem de combate quando as circunstâncias o exigem; por isso é que nossa tática nos dá os meios de passar rapidamente da ordem fina à ordem profunda. Em caso de se temer a cavalaria, é preciso marchar em colunas, a distância de pelotão, para poder formar o batalhão quadrado por pelotão à direita e à esquerda em batalha.[26]

> Não é porque uma batalha compõe-se de uma alternativa de combates e marchas que se deve estar em coluna ou em linha, mas porque as circunstâncias do ataque ou da defesa exigem que se esteja em linha ou em coluna.[27]

Napoleão raramente prescreve uma disposição tática precisa para seus corpos de exército e suas divisões, preferindo deixar a iniciativa a seus marechais e generais.[28] Um plano não pode determinar os detalhes de um combate a fogo, pois este dura muito tempo e nele se verificam acontecimentos imprevistos. Para Clausewitz, as disposições de combate devem deixar margem de manobra ainda maior às grandes unidades que às pequenas.[29] No início da campanha da Prússia em 1806, todavia, o imperador lembra um princípio que permite um bom exercício do comando durante o combate:

> Tenha como princípio, em todas as suas formações em batalha, estando posicionado em duas ou em três linhas, que uma mesma divisão faça a direita das duas ou três linhas, uma outra divisão o centro das duas ou três linhas, e outra divisão a esquerda das duas ou três linhas. Em Austerlitz o senhor pôde constatar a vantagem dessa formação, pois um general de divisão fica no centro de sua divisão.[30]

Na primavera de 1813, quando o Grande Exército carece de cavalaria e a infantaria compõe-se de jovens conscritos, é indispensável que esta, no combate, possa rapidamente formar-se em quadrado:

> O senhor ordenará assim que se faça com frequência a manobra de formar prontamente um batalhão quadrado, abaixando-se por trás das últimas divisões do batalhão, a distância do pelotão, e disparando fogo de fila. Essa é a manobra que é mais necessário que os coronéis conheçam bem, pois a menor hesitação pode comprometer a tropa.[31]

Clausewitz só tem experiência de combate terrestre entre europeus. No Egito e na Síria, Napoleão travou conhecimento com o que hoje é chamado de uma forma de guerra assimétrica. Disso extraiu em particular a seguinte reflexão:

> O otomano em geral é hábil, forte, corajoso e bom atirador; defende-se perfeitamente por trás de um muro; mas, em campo raso, a falta de coesão, de disciplina e de tática o torna muito pouco ameaçador. Esforços isolados nada podem contra um movimento de conjunto.[32]

No Egito, ele também teve oportunidade de se dar conta das condições do combate no mar:

> As armas de fogo, que causaram uma revolução tão grande em terra, também a ocasionaram na marinha; nela, as batalhas são decididas com tiros de canhão, e, como o efeito do canhão depende da posição ocupada, a arte de manobrar e de assumir essa posição decide as batalhas navais. As tropas mais intrépidas de nada são capazes, num tipo de combate em que é quase impossível a abordagem; a vitória é decidida por duzentos canhões, que danificam os navios, arruínam as manobras, quebram os mastros e vomitam a morte de longe. A tática naval adquiriu portanto uma importância muito maior. Os combates marítimos nada mais têm em comum com os combates terrestres. A arte do canhoneiro depende da arte da manobra que move a embarcação, põe as baterias em posições de

LIVRO IV — O COMBATE

fileira ou a posiciona em relação às balas da maneira mais vantajosa; se a essa prática específica de cada embarcação for acrescentado o princípio de tática geral de que toda embarcação deve manobrar da maneira mais conveniente na posição, na circunstância em que se encontra, para atacar uma embarcação inimiga, disparar contra ela o maior número possível de balas, teremos o segredo das vitórias navais.[33]

# 3. A decisão do combate

## O momento decisivo e "o acontecimento"

Todo combate "comporta um momento preciso em que pode ser considerado como uma questão decidida, de tal maneira que o recomeço da luta seria um novo combate, e não a continuação do antigo. É muito importante ter uma ideia clara desse momento, para saber se o combate ainda pode ser retomado, com alguma chance de sucesso graças ao aporte de um reforço rápido".[1] De outro ponto de vista, "a decisão é o acontecimento que provoca, num dos dois chefes guerreiros, a resolução de retirar as tropas".[2] Napoleão fez várias alusões a esse momento crítico:

> Há um momento, nos combates, em que a menor manobra decide e confere superioridade: é a gota d'água que faz transbordar.[3]

> O destino de uma batalha, dizia o imperador, é resultado de um instante, de um pensamento: dá-se a aproximação com combinações diversas, dá-se a refrega, combate-se durante certo tempo, apresenta-se o momento decisivo, *uma fagulha moral* se declara e a menor reserva conclui.[4]

LIVRO IV — O COMBATE

Esse momento decisivo está ligado às flutuações psicológicas dos combatentes:

> Em todas as batalhas sempre chega um momento em que os soldados mais valentes, depois de terem feito os maiores esforços, sentem-se dispostos à fuga. Esse terror decorre de uma falta de confiança em sua coragem; basta uma ligeira oportunidade, um pretexto para devolver-lhes essa confiança; a grande arte é fazê-lo nascer.

> Em Arcole, eu ganhei a batalha com vinte e cinco cavaleiros. Aproveitei esse momento de cansaço nos dois exércitos; percebi que os austríacos, por experientes que fossem como soldados, só queriam encontrar-se em seu campo, e que nossos franceses, apesar de valentes, gostariam de estar em suas tendas. Todas as minhas forças tinham sido mobilizadas, várias vezes eu fora obrigado a reordená-las em batalha; restavam-me apenas vinte e cinco dragões, e os enviei para os flancos do inimigo com três trombetas para soar o ataque. Um grito geral foi ouvido nas fileiras austríacas: "É a cavalaria francesa!" E eles começaram a fugir. É verdade que se deve aproveitar o momento. Um instante mais cedo ou mais tarde, essa tentativa teria sido inútil; se eu tivesse enviado dois mil cavalos, a infantaria teria feito um quarto de *conversão*; coberta por suas peças, ela teria feito uma boa descarga, e a cavalaria sequer teria atacado.
> Como se pode ver, dois exércitos são dois corpos que se encontram e se intimidam; há um momento de terror; é preciso saber aproveitá-lo. É somente o efeito de um princípio mecânico e moral: requer, apenas, hábito; quando se assistiu a vários confrontos, esse momento pode ser discernido sem dificuldade: é coisa tão fácil quanto efetuar uma soma.[5]

Em Marengo, a intervenção da cavalaria de Kellerman foi decisiva, no momento certo, porque a cavalaria austríaca

> estava a meia légua; precisava de um quarto de hora para chegar, e eu notei que são sempre esses quartos de hora que decidem a sorte das batalhas.[6]

O boletim da batalha de Lützen fazia alusão a esse momento:

> Sua Majestade considerou que o momento de crise que decide o ganho ou a perda das batalhas tinha chegado: não se podia perder mais um só segundo.[7]

O marechal Gouvion Saint-Cyr presta esclarecimentos sobre o momento decisivo em Lützen, qualificado por Napoleão de "acontecimento":

> Ele me respondeu que não dava qualquer preferência ao ataque ao centro, em comparação com as laterais; que tinha como princípio abordar o inimigo com os maiores meios possíveis; que, estando engajados os corpos mais próximos, ele os deixava agir, sem se preocupar muito com suas chances, se boas ou más; que só tinha grande cuidado de não atender com excessiva facilidade aos pedidos de socorro da parte de seus chefes. Citou como exemplo Lützen, onde, segundo ele, Ney pedira-lhe os mais prontos reforços, dispondo ainda de duas divisões que não tinham atuado; garantiu-me que, no mesmo caso, outro marechal também o havia solicitado antes de ter um inimigo pela frente. Acrescentou que só no fim do dia, quando percebia que o inimigo cansado já mobilizara a maior parte de seus recursos, é que reunia o que pudera conservar em reserva, para lançar no campo de batalha uma forte massa de infantaria, de cavalaria e de artilharia; que, não o tendo previsto, o inimigo fazia o que ele chamava de um *acontecimento*, e que dessa maneira ele quase sempre alcançara a vitória.[8]

Chaptal confirma tudo isso, acrescentando que o acontecimento sempre se dá num ponto:

> Muitas vezes ele dizia que um soldado que houvesse combatido durante quatro a seis horas só queria um pretexto para abandonar o combate, se pudesse fazê-lo com honra, e que a aproximação de um corpo de reserva, qualquer que fosse seu efetivo numérico, era quase sempre um motivo suficiente para fazê-lo decidir nesse sentido.

LIVRO IV — O COMBATE

Acrescentava que, quando se deviam combater forças superiores, era preciso surpreendê-las pela audácia, e que, neste caso, sempre alcançara um bom resultado reunindo suas forças para levá-las, impetuosamente, a um ponto e semear a desordem numa parte do exército inimigo. Um general hábil, capaz de aproveitar com vigor essa vantagem inicial, pode estar certo de forçar o inimigo a bater em retirada. Perde-se então em uma hora todo o contingente que não se teria conseguido perder com manobras, marchas e contramarchas.[9]

## As fases da batalha

Clausewitz consegue medir o momento da decisão. Considera que, ainda que o combate tenha sido equilibrado, os dois comandantes em chefe estão relativamente perto da decisão final que precisam tomar quando cinco sextos da totalidade das tropas já mediram suas forças no ato de destruição. "Já será necessário apenas um pequeno esforço para forçar a decisão. [...] Quando tudo ainda está em equilíbrio, o sucesso geralmente favorece aquele que força a decisão, pois o princípio positivo pesa muito mais no momento em que uma batalha toma um rumo decisivo do que em seu início."[10]

Como numa tragédia, Napoleão vê três grandes momentos, três atos numa batalha:

Uma batalha é uma ação dramática, que tem seu começo, meio e fim. A ordem de batalha assumida pelos dois exércitos, os primeiros movimentos para entrar em confronto são a exposição; os contra-movimentos do exército atacado formam o núcleo; o que obriga a novas disposições que conduzem à crise da qual surge o resultado ou desfecho.[11]

Para Jean Guitton, à tese correspondem nossa situação e nossa intenção próprias. À antítese correspondem a situação e a intenção do adversário. O momento mais grave será, depois disso, a síntese "capaz de criar um desequilíbrio de altura que lhe seja favorável. Este quase sempre é alcançado superando-se a negação". Ele observa que, em Marengo e Austerlitz, Napoleão enfrentou inicialmente momentos difíceis, o que segundo ele decorre da natureza das coisas humanas, "pela qual os êxitos mais certos são quedas reparadas, negações retomadas e sublimadas — o que é a essência do processo dialético. Mas isto exige, no retificador que é o grande capitão, um espírito assistemático, capaz de não ficar abalado com uma surpresa, pelo contrário desejando de certa forma o aleatório, pois tem no seu gênio a faculdade do contra-aleatório. Ele sabe que a vitória facilmente sai de uma aparência de derrota, pois o momento mais vulnerável do adversário é aquele em que se julga vencedor".[12]

Clausewitz, por sua vez, decompõe o combate em dois atos: o ato destruidor e o ato decisivo.[13] Enxerga também um todo no qual combates parciais se combinam num resultado global. Neste é que reside a decisão. O general e o exército que souberem conduzir o combate fazendo a melhor economia de suas forças poderão prevalecer-se do efeito moral de uma reserva, penhor de vitória. "Na época atual, é preciso reconhecer aos franceses, sobretudo sob o comando de Bonaparte, um grande domínio a esse respeito."[14]

A cavalaria, usada com critério, permite decidir certas fases do combate. Ela não deve ser necessariamente reservada a uma decisão final. Uma grande batalha compreende fases sucessivas de combate. É o que diz Napoleão a respeito de Waterloo:

> As cargas de cavalaria são igualmente boas no início, no meio ou no fim de uma batalha; elas devem ser executadas, sempre que possível, pelos flancos da infantaria, sobretudo quando esta é confrontada pela frente.
>
> O general inglês fez muito bem em mandar executar uma carga contra o flanco da infantaria francesa, pois os esquadrões de couraceiros que deviam apoiá-la estavam um pouco para trás.
>
> O general Milhaud fez ainda melhor ao ordenar uma investida contra esses dois regimentos ingleses por parte de seus couraceiros, para assim destruí-los.[15]

## 4. Consentimento das duas partes para o combate

Nenhum combate pode ocorrer sem consentimento mútuo, mas na guerra moderna aquele que realmente quer atacar geralmente consegue fazê-lo, estima Clausewitz. "Sem dúvida o defensor ainda pode, senão recusar, pelo menos evitar um confronto, abandonando sua posição, assim como o papel a ela vinculado. Mas para o agressor isto representa então um sucesso que equivale a uma meia vitória e ao reconhecimento de sua superioridade momentânea."[1] A 10 de junho de 1807, o Grande Exército atacou o exército russo entrincheirado em Heilsberg. No dia seguinte, estava preparado para retomar o combate, mas os russos se esquivaram. Napoleão observa que

> [...] em exércitos tão grandes, que exigem vinte e quatro horas para posicionar todos os corpos, só pode haver confrontos parciais quando um deles não está disposto a concluir bravamente a disputa num confronto geral.[2]

Numa ordem de ideias mais ou menos próxima, Napoleão várias vezes criticou os generais que travavam batalha de maneira imprudente. Jourdan foi citado duas vezes:

> Jourdan travou a batalha de Stockach sem motivo; afirmou que lhe havia sido insinuado que a travasse.[3] Um general só deve decidir-se

a travar batalha quando tiver esperança de vitória, e que esperança poderia ele ter levando 40.000 homens ao confronto contra 65.000?[4]

Uma batalha é sempre uma coisa séria, o ganho depende de nada, de uma lebre. Sempre corremos muito risco ao travá-la. Nunca devemos travá-la, a menos que sejamos forçados, quando o inimigo cortou nossa linha de operações.[5]

Poderíamos supor que tais reflexões, formuladas em Santa Helena, partem de um homem cansado, cuja carreira chegou ao fim. Mas na véspera de Austerlitz, ao mesmo tempo que preparava sua armadilha para desequilibrar o exército austro-russo, ele escreve a Talleyrand:

Provavelmente haverá amanhã uma batalha muito séria com os russos; muito fiz para evitá-la, pois é sangue derramado inutilmente. [...] Não se alarme; estou numa posição forte; lamento o custo que terá, e quase sem objetivo.[6]

Depois de serem o marechal Jourdan e o rei Joseph derrotados na batalha de Talavera, na Espanha, em julho de 1809, perante a Wellington, Napoleão mostra-se ainda mais explícito quanto às condições em que se pode travar uma batalha. Ele escreve ao general Clarke, ministro da Guerra, para que comunique a Jourdan

[...] que essa posição do inimigo exigia portanto missões prévias de reconhecimento, e que minhas tropas foram conduzidas sem discernimento, como ao matadouro; e que, finalmente, estando decidida a batalha, ela foi travada molemente, pois minhas armas sofreram uma afronta, e no entanto 12.000 homens de reserva ficaram sem atirar; que as batalhas não devem ser travadas se não for possível calcular em seu favor setenta chances de sucesso em cem; e que inclusive só se deve travar batalha quando não houver novas chances de esperar, pois por sua própria natureza o destino de uma batalha é sempre duvidoso; mas que, uma vez sendo ela decidida, deve-se vencer ou morrer, e as águias francesas só devem bater em retirada quando todas tiverem igualmente se empenhado.[7]

# 5. A batalha principal e sua decisão

## Valer-se dos próprios ases

Napoleão considera que se deve ter a ousadia de travar batalha quando as chances forem favoráveis. O arquiduque Carlos da Áustria não teve esse espírito de decisão, em 1796, diante do exército francês do Reno:

> Quando dois exércitos estão em batalha um contra o outro; e um deles, como o exército francês, precisa operar sua retirada por uma ponte; e o outro, como o exército austríaco, pode se retirar em todos os pontos da semicircunferência, todas as vantagens favorecem esse último; cabe a ele ser audacioso, desferir grandes golpes, manobrar os flancos do inimigo; ele tem os ases, resta-lhe apenas servir-se deles.[1]

> Quando está a seu alcance ferir no coração, não se deixe distrair por manobras contrárias.[2]

Todas as unidades devem "marchar para o canhão". A 13 de outubro de 1806, um ajudante de campo precisa partir a galope ao encontro dos generais de cavalaria d'Hautpoul, Klein e Nansouty:

Ele lhes dirá que, se ouvirem o canhão para o lado de Iena, deverão apressar a marcha, além de enviar oficiais para prevenir de sua chegada.[3]

Na Espanha, Napoleão recrimina o marechal Victor por ter permitido que uma de suas divisões combatesse sozinha, não a tendo socorrido. Manda que Berthier lhe escreva:

O senhor sabe que o primeiro princípio da guerra afirma que, em caso de dúvida quanto ao sucesso, é necessário ir em socorro de um dos corpos atacados, pois disso pode depender sua salvação.[4]

## Resolução e perseverança

Quando é tomada a decisão de travar batalha, o general em chefe deve dar mostra de determinação e da maior energia:

Uma vez disposto o exército em formação de batalha, o general em chefe deve, ao nascer do dia, fazer o reconhecimento da posição do inimigo, de seus movimentos durante a noite, e, com base nesses dados, formar seu plano, emitir suas ordens, dirigir suas colunas. [...]

No início de uma campanha, é preciso avaliar bem se se deve ou não avançar; mas, uma vez efetuada a ofensiva, caberá sustê-la até a última extremidade. Pois independentemente da honra das armas e do moral do exército, que são perdidos numa retirada, da coragem assim atribuída ao inimigo, as retiradas são mais desastrosas, custam mais homens e material que os confrontos mais sangrentos, com a diferença de que, numa batalha, o inimigo perde praticamente o mesmo que nós, ao passo que numa retirada nós perdemos sem que ele perca.[5]

Engajar-se implica a vontade de sustentar a própria decisão. Quem trava batalha se engaja num processo do qual não se pode retirar de maneira leviana. É preciso dar mostra de firmeza:

LIVRO IV — O COMBATE

A glória e a honra das armas são o primeiro dever que um general que trava batalha deve levar em consideração, a salvação e a conservação dos homens são apenas secundárias: mas é também nessa audácia, nessa perseverança que se encontram a salvação e a conservação dos homens.[6]

Reagindo ao que se afirma a respeito do caráter secundário da conservação dos homens no meio desse trecho, o britânico David Chandler enxerga aí a expressão de uma grande potência "continental" dispondo de abundantes reservas de homens.[7] Como dissemos, a Revolução de fato permitiu à França imprimir uma dimensão nitidamente mais de massa a seus exércitos, e Napoleão foi o primeiro a encontrar meios para se aproveitar disso. Clausewitz, outro representante de uma potência continental, segundo Chandler, mostra-se de acordo com o imperador, ao enfatizar as virtudes da resolução no combate. Ele considera que é a única maneira de "controlar o que é aproximativo. A resolução nos preserva das meias medidas e é a qualidade mais brilhante na conduta de um grande combate".[8]

Napoleão previne o marechal Marmont, cuja jactância bem conhece, quando se vangloria de ser capaz de vencer Wellington numa grande batalha:

Entretanto, uma vez tomada a resolução, é preciso sustentá-la; já não há se nem *mas*; é preciso escolher sua posição sob Salamanca, sair vencedor ou morrer com o exército francês no campo de batalha que tiver escolhido.[9]

Paradoxalmente, Marmont acusaria o imperador de não ter respeitado esse princípio na batalha de Moskowa. Ao se recusar a mobilizar a Guarda no ataque para acabar com os russos, ele se privou de grandes resultados e permitiu que eles se salvassem:

Napoleão mostrou-se assim infiel a um de seus princípios favoritos, que o ouvi repetir: "É que aqueles que preservam tropas inativas para o dia seguinte a uma batalha quase sempre são derrotados."

E acrescentava: "É preciso, se for útil, levar a combate até o último homem, pois no dia seguinte a um sucesso completo já não há obstáculos pela frente; só a opinião pública assegura novos triunfos ao vencedor."[10]

Chaptal relata que Napoleão estava convencido de que muitas vezes só a perseverança permitia vencer batalhas. Ouviu-o contar que combatera contra o general Alvinzy, em Arcole, durante cinco dias consecutivos, sem vantagem para nenhum dos dois:

> Como eu era mais jovem e mais obstinado, dizia, não duvidava que ele acabaria por ceder terreno, e só resistia por essa convicção. No quinto dia, às cinco horas da tarde, ele se decidiu a ordenar a retirada.[11]

Napoleão frequentemente dizia, acrescenta Chaptal, que Alvinzy fora seu melhor adversário, e que por isto nunca dissera nada a seu respeito, nem pelo bem nem pelo mal, em seus boletins, ao passo que fizera o elogio de Beaulieu, Wurmser e do arquiduque Carlos, os quais não temia. A vontade de vencer caracterizava Napoleão mais que qualquer outro general. Perseverando no combate é que ele deixou estupefatos seus primeiros adversários na Itália.[12] Na soma dos resultados parciais que constituem o resultado de conjunto de uma batalha, Clausewitz vê três elementos essenciais: a rapidez com que as tropas investem, a perda de terreno e a força moral da consciência do chefe. Napoleão também reconhece a parte do chefe:

> Assumo apenas a metade da responsabilidade pelas batalhas que ganhei, e já é muito. Já é suficiente que o general seja mencionado. O fato é que o exército ganha a batalha.[13]

A batalha principal é "o centro de gravidade da guerra", escreve Clausewitz. É necessário "buscar nela a vitória enquanto houver a menor possibilidade".[14]

## 6. A batalha principal — O uso da batalha

### A busca da batalha

Clausewitz qualifica de dupla lei o fato de que "a destruição das forças armadas inimigas deve ser buscada principalmente através de grandes batalhas e seus resultados, e o objetivo capital das grandes batalhas deve consistir na destruição das forças armadas do inimigo".[1] Existem, no entanto, casos em que "um feliz concurso de circunstâncias permite-nos destruir, com uma pequena mobilização uma quantidade desproporcional de forças armadas". Ele menciona a batalha de Maxen, na qual, a 20 de novembro de 1759, o feld-marechal austríaco Daun cercou os 15 mil prussianos de Finck e os obrigou a capitular depois de um curto combate. Na mesma ordem de ideias situa-se a tomada de Ulm, onde 30 mil austríacos depuseram armas. Napoleão congratula-se por isso numa proclamação ao Grande Exército:

> Soldados, anunciei-lhes uma grande batalha; entretanto, graças às más combinações do inimigo, pude obter os mesmos êxitos sem correr qualquer risco.[2]

Dois dias antes da batalha de Iena, Napoleão dá-se conta de que seu exército está cercando o dos prussianos. Escreve a Murat que ataque as colunas prussianas em marcha, e acrescenta:

> Duas ou três vantagens dessa espécie esmagarão o exército prussiano, sem que se precise talvez de um confronto geral.[3]

Essas duas citações introduzem certas nuances no que poderíamos imaginar a respeito de um Napoleão "batalhador". Vimos anteriormente todas as reservas que ele formulava a esse respeito. Pois embora a batalha "não seja puro e simples assassinato recíproco", porque "seu efeito redunda antes em matar a coragem que em matar os guerreiros inimigos", ela não deixa de ter invariavelmente o sangue como preço e "é diante disto que o lado humano do general recua com estremecimento".[4] As citações do capítulo 5 indicam esse lado humano em Napoleão. Clausewitz talvez não o tenha percebido suficientemente, pois afirma, comentando a vitória de Ulm: "O próprio Bonaparte não teria enfrentado um momento como o de Ulm, sem precedente na história, se tivesse temido derramar sangue; devemos antes considerá-lo como um subproduto de suas vitórias anteriores."[5] A descrição é correta, pois Napoleão, como vimos, anunciara inicialmente uma grande batalha a seus soldados. Clausewitz está querendo dizer que, mais que qualquer outro chefe guerreiro antes dele, Napoleão estava decidido a ir em busca da batalha para acabar com tudo o mais rápido possível. Marcado, nunca é demais lembrar, pela derrota de seu país em 1806, Clausewitz escreve então este parágrafo que lhe traria má reputação, sobretudo depois da Primeira Guerra Mundial: "Que não nos venham falar de generais que obtêm vitórias sem derramamento de sangue. A matança é um espetáculo horrível; tanto maior motivo para dar mais valor às guerras, mas não para deixar embotar pela humanidade a espada que portamos até o momento em que outro, armado de um sabre bem cortante, vem nos decapitar."[6] Para ele, Napoleão foi o primeiro a buscar a batalha nesse grau, desde o início de cada uma de suas campanhas. A proclamação de Elchingen citada anteriormente o comprova, e também

LIVRO IV — O COMBATE

sua correspondência. Mas não devemos esquecer as circunstâncias. A 10 de outubro de 1806, ao escrever a Soult, o imperador sente que elas são favoráveis e que o inimigo só pode cometer erros:

Desejo muito uma batalha.[7]

A busca da batalha fazia parte de sua estratégia, ligada à sua política, à medida que fosse necessário resolver uma crise o mais rapidamente possível. Disto dão testemunho, por exemplo, suas instruções a Ney e Marmont quando do reinício das hostilidades, em agosto de 1813. Napoleão sabe que precisa golpear com rapidez, pois suas forças não podem mais ser aumentadas, ao contrário das forças dos aliados:

Parece-me que a campanha atual não pode levar-nos a nenhum bom resultado sem que haja previamente uma grande batalha.[8]

Ele o reitera a seu ministro das Relações Exteriores:

De resto, como não se pode chegar a resultado algum sem batalha, o que de melhor pode acontecer é que o inimigo marche sobre Dresden, pois então haveria uma batalha.[9]

## Batalha principal e plano de campanha

Para Napoleão, a batalha está intrinsecamente ligada a seu plano de campanha, a um "sistema", como se ela não tivesse valor em si mesma, sendo apenas um elemento entre outros. Não é necessário que o resultado seja imediatamente legível, que o sucesso tenha de pronto um brilho incontestável. As sequências operacionais da batalha são ainda mais importantes:

Em Marengo, a batalha é quase indecisa. O inimigo reúne seu exército diante do Bormida.[10] Se estivesse numa posição natural, ele poderia ficar ali ou se retirar como bem quisesse, mas teria de

## NAPOLEÃO BONAPARTE

atravessar o Pó, que estava guardado, sua linha de operações estava cortada, era necessário capitular ou abrir um caminho. Depois de Eckmühl, o combate de Landshut isolou o arquiduque [Carlos] de Viena.[11] Eu lá cheguei antes dele, estando próximo de Viena. Em Eylau, Bennigsen[12] reconheceu que, se não tivesse interceptado o oficial e o despacho que o haviam informado de meu movimento, estaria perdido.[13] Não tinha como pôr-se de pé novamente e retomar sua linha de operações; estava diante de Elbing e perdido.[14] Esses sucessos devem-se a meu plano de campanha, a meu sistema. Esses êxitos são completamente diferentes, e Frederico nada tem que se possa comparar. Em Austerlitz, o exército prussiano está isolado de sua linha de operações, e, se Davout tivesse adotado uma marcha mais decidida, qualquer retirada para a Hungria seria impossível.[15]

Napoleão de fato foi o primeiro a integrar a batalha num plano de campanha que, embora fosse elaborado detalhadamente ao sabor dos acontecimentos, não deixava de corresponder a uma ideia geral, ou pelo menos a uma preocupação constante de combinar todos os movimentos dos corpos de exército a algo que desde então passou a ser chamado de sistema de operações. O nível operacional ou operativo da guerra aparece com Napoleão, que combina em vasta escala os movimentos de seus corpos de exército, fazendo-os concorrer para um mesmo objetivo: privar o exército inimigo de sua capacidade de ação, seja através de efeitos morais, de uma série de combates, de um movimento circundante, de uma batalha ou, sobretudo, como se disse anteriormente, barrando-lhe a linha de retirada.[16]

O vínculo entre a batalha principal e o plano de campanha é evidente no caso de Austerlitz:

> Mas a própria batalha de Austerlitz não passa do resultado do plano de campanha da Morávia. Numa arte difícil como a da guerra, é muitas vezes no sistema de campanha que se concebe o sistema de uma batalha; só mesmo os militares muito experientes poderão compreender isso. As pessoas próximas do imperador ouviram-no dizer, quinze dias antes, a respeito das elevações da posição e dos lagos, ao retornar da missão de reconhecimento de Wischau: "Façam bem

LIVRO IV — O COMBATE

o reconhecimento de todas essas elevações; é aqui que haverão de combater antes de dois meses." Eles não deram atenção inicialmente a essas palavras; mas no dia seguinte à batalha lembraram-se delas.[17]

Na campanha da Morávia, o imperador entendera que os russos, não dispondo de um general de primeira força, deviam pensar que o exército francês se retiraria para Viena; deviam atribuir grande importância à interceptação dessa rota; entretanto, a retirada do exército, em toda a campanha da Morávia, nunca se deu na direção de Viena. Por si só esta circunstância falseava os cálculos do inimigo, e devia decidi-lo a movimentos que o levariam à sua ruína.

[...] Ele queria que os russos fizessem manobras erradas e cometessem desacertos, todos resultantes de seu plano de campanha na Morávia, plano que o inimigo não devia nem podia captar.

O imperador dizia então, na antevéspera, percorrendo as elevações de Pratzen, as aldeias de Sokolnitz, Telnitz e Moenitz: "Se eu quisesse impedir o inimigo de passar, haveria de me posicionar aqui; mas teria apenas uma batalha comum. Se, pelo contrário, recuso minha direita, retirando-a na direção de Brünn, e os russos abandonam essas elevações, ainda que tenham 300.000 homens, serão apanhados em flagrante delito e ficarão perdidos, sem recursos."[18]

A "concepção do sistema da batalha no sistema da campanha" significa que tática e estratégia se misturam num contínuo tático-estratégico. Antes de Napoleão, a divisão binária da arte da guerra entre o nível estratégico e o nível tático significava uma estrita distinção entre os dois. A zona intermediária pressentida por Guibert e denominada "grande tática" por ele e por Napoleão anuncia uma terceira dimensão, a do nível operacional ou operativo.[19] O relato de Austerlitz por Kutuzov é tão mentiroso, como sabiam fazer os russos, sobretudo no que dizia respeito a batalhas travadas longe de seu país, que Napoleão não pôde impedir-se de reagir, e ele o faz revelando alguns aspectos essenciais de sua estratégia. A "batalha comum" talvez não tivesse sido decisiva. Não teria passado de um sucesso tático. A atração dos russos para a direita francesa recusada deu maiores resultados porque desequilibrou completamente seu dispositivo. Os franceses se haviam apoderado das elevações de Pratzen, de onde conseguiram partir em dois o exército austro-russo. Este caíra na armadilha, tinha tentado isolar o exército francês de sua suposta linha de retirada, mais ligada à campanha que à batalha: por isto é que a armadilha imaginada por Napoleão estava ligada, como dizia ele, a seu plano de campanha. Num grau superior, sua vontade de não travar uma batalha comum, mas uma batalha decisiva, tinha a ver com seu plano de campanha, na medida em que ele pretendia terminar a guerra com esse grande lance.

# 7. Meio estratégico de utilizar a vitória

[...] vencer não é nada, é preciso aproveitar o sucesso.[1]

A conduta do marechal austríaco Daun, vitorioso sobre Frederico II em Kolin a 18 de junho de 1757, ilustra o que não se deve fazer:

A conduta do marechal Daun, que podemos supor baseada nos recursos que ele sabia existentes em Praga, parece boa até depois da batalha de Kolin; mas ele errou por não se ter aproveitado de sua vitória: melhor seria não vencer! Depois de doze dias de deliberações, ele finalmente decide se dirigir para Lusácia. [...] Os generais austríacos nessa campanha são extremamente tímidos; embora as tropas tenham combatido com coragem, seus chefes não demonstraram a menor confiança nelas.[2]

Nem mesmo Frederico, o mais empreendedor dos generais da época, inclinava-se muito a perseguir o inimigo que derrotara. Só depois de Leuthen (5 de dezembro de 1757) é que ele montou uma autêntica perseguição aos austríacos. Mas ainda assim ela foi limitada. Napoleão tem razão de dizer que se distinguiu nesse plano:

Frederico fazia 5 a 6.000 prisioneiros, capturava canhões durante a batalha, mas nada no dia seguinte. Eu fazia o oposto. O que tomo na minha batalha é pouca coisa, mas é no dia seguinte, dois dias, três dias, quatro dias depois. Eis a diferença.

O inimigo podia não perder a batalha de Iena, mas se a perdesse, se tivesse um êxito parcial, não poderia mais retirar-se. Eis a minha arte. Em Iena, no fundo, o que eu capturei no campo de batalha não era grande coisa: cerca de sessenta e poucos canhões, mas foi no dia seguinte, em Weimar, Erfurt etc. O inimigo não tinha mais retirada, estava perdido. Em Ulm, a batalha foi comum, mas no dia seguinte capturamos 33.000 homens na cidade, 10.000 em Memmingen.[3]

Retomemos algumas ordens dadas durante essas campanhas exemplares. Depois do combate de Elchingen (14 de outubro de 1805) e da fuga do arquiduque Ferdinando, de Ulm para a Boêmia, Murat lança-se em sua perseguição e rapidamente o captura. Napoleão escreve-lhe:

Cumprimento-o pelos êxitos obtidos. Mas nada de repouso; persiga o inimigo com a espada nas costas, e corte-lhe todas as comunicações.[4]

Em meados de novembro, chega a vez de os russos de Kutuzov serem perseguidos, nem sempre no ritmo desejado pelo imperador:

Se eu estava furioso ontem com alguém, era com Walther,[5] pois é preciso que um general de cavalaria sempre siga o inimigo com a espada nas costas, especialmente nas retiradas; pois não quero que se poupem os cavalos quando eles podem transportar homens, e porque se poderia ter feito ontem o que se fez hoje.[6]

A sobrecarga física e moral também afeta o vencedor, e, "por esses motivos puramente humanos, agimos menos do que deveríamos; de maneira geral, o que se faz depende exclusivamente da *ambição*, da *energia* e mesmo da *dureza* de coração do general em chefe".[7] A batalha de Iena, a 14 de outubro de 1806, é seguida da

LIVRO IV — O COMBATE

mais terrível das perseguições. Grandes resultados já são atingidos cinco dias depois:

> O primeiro objetivo da campanha foi realizado. O Saxe, a Vestfália e todas as regiões situadas na margem esquerda do Elba foram livradas da presença do exército prussiano. Esse exército, derrotado e perseguido com a espada nas costas por mais de cinquenta léguas, está hoje sem artilharia, sem bagagens, sem oficiais, reduzido a menos de um terço do que era há oito dias, e, o que é pior ainda, perdeu seu moral e toda a confiança em si mesmo.[8]

A perseguição torna-se uma autêntica operação de caça:

> A linguagem dos oficiais prussianos tinha mudado muito; eles pediam a paz em alto e bom som: "Que pretende o seu imperador", perguntam eles, "será que vai continuar nos perseguindo com a espada nas costas?" Esses senhores sem dúvida estavam acostumados às manobras da Guerra dos Sete Anos.[9]

A cavalaria do Grande Exército, Murat, Lasalle e sua brigada "infernal" tornaram-se lendários, com essa perseguição aos prussianos:

> A cavalaria é a única maneira de se aproveitar da vitória. É à cavalaria que devemos o fato de a infantaria prussiana não ter sido capaz de atravessar o Oder depois da batalha de Iena, que sem isso pouco resultado teria tido.[10]

> Cabe à cavalaria perseguir a vitória e impedir o inimigo derrotado de se reconstituir.[11]

Quando se dá perseguição apenas com uma vanguarda, é preciso desconfiar das reviravoltas ofensivas e do próprio furor do inimigo derrotado tentando abrir um caminho. Não se dispondo de tropas suficientes à mão para abordar o inimigo, mais vale favorecer sua fuga. O que explica essa curiosa sentença, aplicada ao combate de Cerea

(11 de setembro de 1796), quando a vanguarda de Masséna foi levada de roldão por Wurmser, perseguido após sua derrota de Bassano:

> É preciso abrir para o inimigo que foge uma ponte de ouro ou opor-lhe uma barreira de aço; foi necessário decidir-se a deixar que o inimigo escapasse, pois segundo todos os cálculos e todas as probabilidades ele deveria ser nesse dia obrigado a depor armas e fazer-se prisioneiro.[12]

A "ponte de ouro" é uma reminiscência de Maurício de Saxe, que por sua vez fala a este respeito de um "provérbio", remontando na verdade a Vegécio, autor da Antiguidade romana tardia cujos escritos militares tiveram considerável sucesso na Idade Média e no Renascimento.[13]

O general Rogniat preconiza campanhas mais metódicas e lentas para o melhor aprovisionamento das tropas. É, por isto, censurado pelo exilado de Santa Helena:

> Mas se a batalha for travada no limiar de sua zona, a quarenta léguas de sua base, acaso haverá de se deter bem no limite e permitir que o inimigo derrotado escape, sem se aproveitar da vitória para segui-lo com a espada nas costas, acabar de dispersá-lo, esmagá-lo e chegar com ele à sua capital ou aos seus quartéis? Poderia o seu inimigo dar-lhe um conselho mais pernicioso? Poderia você fazer algo que lhe seja mais agradável e mais atenda aos seus interesses?[14]

A vitória, escreveria Clausewitz, "não seria uma grande vantagem positiva na série dos acontecimentos se não fosse completada já a partir do primeiro dia pela perseguição do inimigo".[15]

# 8. Retirada após uma batalha perdida

Quando um exército sofreu derrotas, a maneira de reunir seus destacamentos ou seus socorros e tomar a ofensiva é a operação mais delicada da guerra, aquela que mais exige da parte do general um profundo conhecimento dos princípios da arte; é sobretudo então que sua violação acarreta uma derrota e produz uma catástrofe.[1]

Clausewitz completa Napoleão: "A perda de uma batalha rompe a fibra moral do exército ainda mais que sua fibra física. Salvo mudança favorável das circunstâncias, uma segunda batalha redundaria em derrota completa, e mesmo no aniquilamento. Trata-se de um axioma militar."[2]

As regras da guerra determinam que uma divisão de um exército evite combater sozinha contra todo um exército que já obteve êxitos: seria correr o risco de tudo perder sem recursos.[3]

Para bem efetuar uma retirada, é necessário ter várias rotas através das quais o exército possa recuar em grandes massas e com celeridade, e nas quais possa defender-se em caso de ataque.[4]

O moral do exército em retirada não poderá ser reerguido com a chegada de novos conscritos:

> Após a perda de uma batalha, os quartéis, os recrutas não podem mudar o destino de um exército, pois não são capazes de alterar seu moral; podem apenas piorá-lo e acabar de estragar tudo.[5]

Lembrando-se de Waterloo, Napoleão fez a seguinte reflexão a respeito dos franceses:

> Os franceses são os mais valentes que conhecemos; em qualquer posição que sejam experimentados, combaterão; mas não sabem retirar-se diante de um inimigo vitorioso. Diante do menor fracasso, não têm mais resistência nem disciplina; vão escorrendo pela mão.[6]

A mesma constatação será encontrada na pena de inúmeros oficiais franceses, como o tenente-coronel Lemonnier-Delafosse: os franceses dão mostra de audácia e de extrema impetuosidade no ataque, mas, quando fracassam, fogem de maneira vergonhosa e irresponsável.[7] Para Napoleão, os ingleses vencidos não se saem melhor:

> Uma vez que comece a prevalecer a confusão num corpo de exército em retirada, as consequências são incalculáveis, mais ainda num exército inglês que em qualquer outro.[8]

# Conclusão do livro IV

O combate moderno é dominado pelo fogo, o fogo dos atiradores e das massas de infantaria, o fogo da artilharia. Napoleão insiste nesse último: é ele que vence as batalhas, e a disposição do exército para o combate deve levá-lo em conta. As partes da linha de batalha devem estar bem ligadas umas às outras, e as reservas ao alcance do comandante em chefe precisam estar concentradas e prontas para serem lançadas contra determinado ponto. Os flancos devem ser apoiados; a linha de retirada, garantida. O combate visa a uma destruição imediata e significativa das forças inimigas. Napoleão não quer entrar em querelas, típicas do século XVIII, a respeito da vantagem desta ou daquela disposição tática ou da maneira de atirar. Clausewitz teria a mesma opinião. As circunstâncias exigem que a infantaria seja formada em coluna, em linha ou em quadrado. Brilhante no nível operacional do início ao fim de sua carreira, Napoleão evidenciou sutileza cada vez menor no nível da tática das batalhas. Era necessário chegar à decisão pela aplicação brutal da força: abrir buracos na linha inimiga com uma massa de canhões e, em seguida, atirar contra ela colunas de infantaria e de cavalaria. A artilharia teve seu papel ampliado a partir de Friedland, em 1807, e os índices de perda durante as batalhas seguiram então uma curva ascendente. É possível que uma das fraquezas da arte napoleônica, escreveu Georges Lefebvre, fosse não prestar suficiente atenção à tática de detalhe e não renová-la levando em conta a dos coligados.[1]

As perdas sofridas pelos exércitos em confronto geralmente são da mesma ordem de grandeza nos três primeiros quartos do dia. Quando a balança das forças morais começa a pender para um lado e um dos adversários enceta um movimento de recuo, a preservação de sua linha de retirada torna-se primordial, e é ao ameaçá-la que o vencedor pode fazer muitos prisioneiros. Há um momento no combate em que sobrevém a decisão. A este respeito, Napoleão fala de uma "fagulha moral". Clausewitz reconhece que o imperador muitas vezes conseguiu melhor economizar suas forças para fazer valer nesse momento o efeito moral de uma reserva de tropas recém-chegadas, penhor da vitória.

De acordo com Napoleão, não se deve travar uma batalha de maneira leviana. Devem ser reunidas condições favoráveis: cabe travá-la se houver 70% de chances de sucesso. Se for o caso, é necessário que todas as tropas disponíveis dela participem, dando mostra de energia e resolução. Não é possível esquivar-se de uma batalha sem uma sanção severa, pois uma retirada leva a pesadas perdas. Neste sentido, "a glória e a honra das armas" são a melhor garantia de preservação dos homens. Napoleão sempre empreendia suas campanhas buscando uma batalha, pois queria terminar rapidamente, mas sabia esperar circunstâncias favoráveis. Por vezes, como aconteceu em Ulm em 1805, elas permitiam obter uma vitória sem batalha.

Em Napoleão, a batalha era resultado de um plano de campanha a que dava o nome de "sistema", combinando os movimentos de seus corpos de exército, o que desde então passou a ser chamado de nível operacional ou operativo da guerra. Em termos mais simples, ele travava uma batalha sem deixar de levar em conta o conjunto da campanha. Sua mente não aceitava limitar-se à tática de um campo fechado. Ele via mais longe. A perseguição do inimigo vencido rematava a batalha e permitia aproveitar os benefícios. Em caso de perda da batalha, era necessário bater em retirada. A operação não era fácil de conduzir, e Napoleão não diz muito a respeito, pois lhe repugnava contemplar esse tipo de situação. Apesar das travessias forçadas do Berezina e de Hanau, suas retiradas de 1812 e 1813 foram catastróficas.

LIVRO V  As forças militares

# 1. Panorama geral

Várias vezes Napoleão fez referência às vantagens da conscrição:[1]

> A conscrição forma exércitos de cidadãos. O recrutamento voluntário forma exércitos de vagabundos e maus súditos. A honra conduz aqueles, só a disciplina impõe-se a estes.[2]

Na realidade, a conscrição napoleônica era das mais injustas. Os pobres formavam a quase totalidade dos contingentes de recrutas, pois os ricos podiam comprar um substituto.[3] Discutindo com um coronel inglês em Santa Helena, Napoleão espantou-se com o fato de que no exército britânico os soldados tão raramente se tornassem oficiais. O coronel respondeu-lhe que seus compatriotas se espantavam precisamente com o contrário no exército francês:

> É uma das grandes consequências da conscrição, observava o imperador: ela transformara o exército francês no mais bem composto que já houvera.[4]

A conscrição rendeu grandes exércitos. Napoleão foi o primeiro a se capacitar a jogar com massas dessa ordem. Ele se dava conta da novidade do fenômeno, e lhe aconteceu de parecer algo assustado.

Antes do início de uma nova guerra com a Áustria, na primavera de 1809, ele escreve uma longa carta ao general Caulaincourt, seu embaixador em São Petersburgo, na qual evoca a perspectiva de um desmembramento do império dos Habsburgo para conseguir definitivamente a paz nessa região:

> Quando os últimos Estados assim tiverem sido divididos, poderemos diminuir o número de nossas tropas, substituir esses alistamentos gerais — que tendem a armar até as mulheres — por um pequeno número de tropas regulares, assim alterando o sistema dos grandes exércitos introduzido pelo falecido rei da Prússia.[5] As casernas haverão de se transformar em quartéis de mendicidade, e os conscritos ficarão na lavoura.[6]

## 2. A relação entre as armas

Para Clausewitz, o combate recorre a dois meios: o princípio destrutor do fogo e o corpo a corpo ou "choque".[1] Este por sua vez é ofensivo ou defensivo. A cavalaria é adequada apenas para o choque ofensivo. Só a infantaria reúne o choque ofensivo, o choque defensivo e o fogo, o que a transforma no elemento essencial dos exércitos. Ela também é a mais independente das três armas, e a artilharia, a menos independente. Mas um exército se vê menos debilitado pela ausência de cavalaria do que pela ausência de artilharia.

### Proporção e equivalência das armas

Ao estabelecer uma comparação com os exércitos do século XVII, Napoleão indica a proporção ideal das armas em sua época:

> As armas dessa época eram compostas pelo menos a metade de cavalaria; elas tinham pouca artilharia, uma peça e meia por mil homens; a infantaria era posicionada em quatro fileiras, sendo a quarta armada de espadas.
>
> Hoje, um exército tem quatro quintos em infantaria, um quinto no máximo em cavalaria, quatro peças de canhão por mil homens,

NAPOLEÃO BONAPARTE

um quarto delas morteiros; a infantaria se posiciona em três fileiras; as espadas, as lanças são suprimidas.[2]

Num exército, é necessário ter infantaria, cavalaria, artilharia, em proporções justas; essas armas não podem substituir umas às outras. Houve ocasiões em que o inimigo teria vencido a batalha: ele ocupava, com uma bateria de cinquenta a sessenta canhões, uma bela posição; em vão teria sido atacado com 4.000 cavalos e 8.000 homens de infantaria a mais; foi necessário uma bateria de igual força, sob a proteção da qual as colunas puderam avançar e desdobrar-se. As proporções das três armas sempre foram objeto de reflexão dos grandes generais.

Eles chegaram à conclusão de que era necessário: 1° quatro peças para 1.000 homens, o que representa em homens um oitavo do exército para o pessoal de artilharia; 2° uma cavalaria igual a um quarto da infantaria.[3]

A proporção da cavalaria deve variar em função do teatro de operações:

No Reno, a cavalaria de um exército deve ser um quarto da infantaria: um vinte e quatro avos em batedores, três vinte e quatro avos em caçadores e caçadores montados, dois vinte e quatro avos em cavalaria de linha e couraceiros.[4]

A cavalaria de um exército em Flandres e na Alemanha será seis vinte e quatro avos da infantaria; na Itália, na Espanha, cinco vinte e quatro avos; nos Alpes e nos Pireneus, quinze avos, e no litoral, vinte e quatro avos. O efetivo da cavalaria da França será um sexto do efetivo da infantaria.[5]

A cavalaria, incluindo os batedores, deve ser, num exército em Flandres, na Alemanha, um quarto da infantaria; nos Pireneus, nos Alpes, um vigésimo; na Itália e na Espanha, um sexto. [...]

É preciso dispor de tanta artilharia quanto o inimigo, calcular na base de quatro peças por 1.000 homens de infantaria e de cavalaria. Quanto melhor for a infantaria, mais será necessário poupá-la e apoiá-la com boas baterias.[6]

LIVRO V — AS FORÇAS MILITARES

Se a infantaria for ruim, também será necessária muita artilharia:

> Uma tropa precisará mais da artilharia na medida em que ela não for muito boa. Existem corpos de exército para os quais eu solicitaria apenas um terço da artilharia que seria necessária com outros corpos de exército.[7]

Acostumado apenas aos campos abertos do norte da Europa, Clausewitz é da mesma opinião quanto à relação entre a cavalaria e a infantaria. No caso da artilharia, distingue em função do momento. No início de uma campanha, os exércitos em geral contam com duas a três peças por mil homens. A artilharia não se reduz na mesma velocidade que a infantaria, de tal maneira que no fim da campanha a relação se eleva para quatro a cinco peças por mil homens.[8] Clausewitz recusa-se a fixar qual seria a melhor proporção das armas, mas estabelece as consequências de uma grande superioridade ou de uma grande inferioridade em uma ou outra. A infantaria é a arma principal. É mais difícil dispensar a artilharia que a cavalaria. Como a primeira tem maior capacidade de destruição, e a segunda, menor, será sempre necessário perguntar-se qual é o máximo de artilharia de que se pode dispor sem inconveniente e qual o mínimo de cavalaria de que se precisa.[9]

No combate, a ligação das armas é indispensável. Muitas vezes ela foi responsável pelo sucesso dos exércitos napoleônicos. Embora talvez simplifique excessivamente as disposições de Wellington em 1815, para criticá-las, Napoleão põe o dedo na ferida ao se referir a um defeito do exército dos Países Baixos no momento em que lançou sua ofensiva na Bélgica:

> A infantaria, a cavalaria e a artilharia desse exército estavam acantonadas separadamente, de maneira que a infantaria foi mobilizada em Quatre-Bras sem cavalaria nem artilharia; o que lhe causou uma grande perda, pois ela foi obrigada a se manter em colunas cerradas para fazer frente às cargas dos couraceiros, debaixo da metralha de cinquenta canhões.[10] Esses bravos foram assim para o matadouro, sem cavalaria para protegê-los nem artilharia para vingá-los.

Como as três armas não podem privar-se nem um só momento umas das outras, devem ser acantonadas e posicionadas de maneira a estarem sempre em condições de se assistir.[11]

## A artilharia

A artilharia é a mais terrível das armas. Em excesso, impõe às operações um caráter defensivo e passivo, pois se desloca lentamente. Em falta, permite a predominância do princípio ofensivo e móvel. Aumentar a artilharia permite compensar uma fraqueza dos efetivos, como fez Frederico II no fim da Guerra dos Sete Anos.[12]

Sabemos que a artilharia dos exércitos da Revolução e do Império devia sua organização ao general de exército de Gribeauval, que tornara mais leve e padronizado o material na época de Luís XVI, em detrimento do antigo sistema de Vallière, inspetor da arma em 1732. A questão foi objeto de debate, mas a prova do fogo é que decidiu. Gribeauval determinara com rigor o peso mínimo a que se poderia reduzir os canhões e morteiros, sem prejuízo de seu alcance ou potência. O resultado foi que, tornando mais leve a artilharia de campanha, foi possível torná-la mais potente. Tornou-se viável conduzir canhões de 12 libras e morteiros de 24 em terrenos em que até então eram arrastadas com dificuldade peças de no máximo 8. Napoleão foi o primeiro grande general de artilharia: pôde mobilizar e deslocar canhões nos campos de batalha como jamais se fizera antes, conseguindo graças a eles resultados decisivos.[13] Ele prestou homenagem a Gribeauval e quis inclusive ir mais longe:

> [...] a artilharia ainda é por demais pesada, complicada; ainda é preciso simplificar, uniformizar, reduzir até que se tenha chegado ao mais simples.[14]

Las Cases confirma que, para Napoleão, "nada podia ser superior às vantagens da uniformidade em todos os instrumentos e em todos os acessórios". Para ele, a artilharia precisava estar constantemente

# LIVRO V — AS FORÇAS MILITARES

atirando durante as batalhas, "sem calcular o gasto de balas".[15] Ele começara sua carreira na artilharia em Auxonne, onde certamente teve nas mãos *De l'usage de l'artillerie nouvelle dans la guerre de campagne*, notável opúsculo publicado em 1778 pelo cavaleiro Jean du Teil, irmão mais novo do general que comandava a escola de artilharia dessa cidade:[16]

> O velho general du Teil estava no comando ali. Era um excelente oficial de artilharia que tinha ideias sensatas, que dizia que o primeiro, o principal e o maior mérito de um oficial de artilharia era bem dispor duas peças em bateria; que os sabichões do corpo, os oficiais dos arsenais, dos parques, nada eram ao lado do oficial que posicionava bem o seu canhão, dirigia bem o fogo, com adequação e justeza, sabia bem conduzir seus canhões nesse momento crítico, detinha uma coluna; [...] era a parte brilhante do ofício. O verdadeiro oficial de artilharia é aquele que posiciona, sabe atirar com precisão e no momento oportuno oito peças de canhão. É o que é importante, difícil, honroso, o que há de nobre no ofício. O general de artilharia não é nada. Mas tem seu peso o general que, como Drouot, sabe bem posicionar e dirigir e conduzir trinta peças de canhão;[17] estes são raros. Foi da artilharia leve que saíram Sorbier, Dommartin[18] e quase todos os nossos autênticos e bons oficiais de artilharia.[19]

O tenente Bonaparte não desperdiçou a lição. A artilharia a cavalo, combinada com a cavalaria, permitia movimentos mais rápidos para levar o fogo ao lugar decisivo:

> Gassendi[20] não gosta da artilharia a cavalo, especialmente a nossa, na qual os artilheiros são montados. Mas o fato é que isto por si só mudou a guerra. Ou seja, deixar a artilharia em condições de sempre seguir a cavalaria é uma grande mudança. Hoje é possível, com corpos de cavalaria e baterias, investir contra a retaguarda do exército inimigo etc. Afinal de contas, que é a despesa para montar alguns regimentos de artilharia a cavalo comparada às vantagens proporcionadas por essa arma? [...] O destino de uma batalha, de um Estado pode depender às vezes da possibilidade de a artilharia passar.[21]

A artilharia a cavalo é o complemento da arma da cavalaria. Vinte mil cavalos e cento e vinte canhões de artilharia ligeira equivalem a 60.000 homens de infantaria contando com cento e vinte canhões.[22]

A artilharia a cavalo foi de fato um elemento decisivo na superioridade dos exércitos franceses da Revolução e do Império.[23] Essa citação também revela duas inovações importantes de Napoleão: a constituição de uma reserva de artilharia e a de uma reserva de cavalaria, ambas destinadas a se tornarem decisivas no campo de batalha. Não surpreende, assim, ouvir Napoleão, antigo oficial de artilharia, falar da importância dessa arma:

> Mas se der apenas seis peças de artilharia a cada divisão, não é o bastante, são necessárias doze; é com a artilharia que se faz a guerra.[24]

> [...] é só com o canhão que se faz a guerra.[25]

> [...] aonde quer que vá um regimento, será necessária a artilharia.[26]

> As grandes batalhas são vencidas com a artilharia.[27]

A quantidade de artilharia está ligada ao caráter "regular" da guerra. Em outras palavras, quanto mais o adversário for de um nível militar comparável ao do exército francês, mais serão necessários meios pesados para vencê-lo. É o que dá a entender Napoleão a propósito dos austríacos em 1809.[28] Em Santa Helena, ele considera que todos os generais deviam passar algum tempo na artilharia:

> Um general em chefe deve conhecer a artilharia e a engenharia. Guibert tinha razão ao afirmar que todo oficial-general tinha [deveria ter] sido, um ano ou dois, capitão subalterno de artilharia. É a coisa mais importante para um general em chefe, pois sem isto ele se vê a todo momento impedido por dificuldades de artilharia que poderia resolver com uma palavra apenas. Um general de artilharia

## LIVRO V — AS FORÇAS MILITARES

diz: sigam o caminho, quando não é possível, pois não entende qual o interesse para o general de fazer de outra maneira. Por que seguir por ali quando se dispõe de uma estrada principal? É mais fácil e mais cômodo dizer que não se pode passar, e no entanto não é verdade. Eu mesmo, quando era general de artilharia, raciocinava assim.[29]

Mas é preciso conhecer a artilharia para saber como fazer para que ela passe em qualquer lugar. Desse modo, creio que todos os oficiais deviam passar pela artilharia, é realmente a arma capaz de produzir o maior número de bons generais. Eles têm pessoal e material. A engenharia é uma boa arma, mas está menos voltada para a execução que a artilharia.[30]

O tiro da artilharia obedece a princípios diferentes em terra ou ao longo do litoral:

No litoral, é preciso atirar tão longe quanto possível, e atirar sempre. São necessários projéteis capazes de ir o mais longe possível. Na artilharia de terra, todos esses princípios mudam, e com razão, se se considera que atirar de longe é jogar fora pólvora.[31]

## Cavalaria

A cavalaria reforça a mobilidade do exército. Nela, o excesso de contingente tem apenas uma consequência negativa: eventuais dificuldades de abastecimento. Uma cavalaria numerosa permite grandes movimentos, mas também grandes decisões. Bonaparte, diz Clausewitz, soube utilizar a sua para desferir golpes decisivos.[32] Napoleão de fato extraía todo o possível de suas cavalarias, e não as poupava. E recrimina os principais adversários pelo motivo inverso:

[...] os alemães não sabem utilizar sua cavalaria; temem comprometê-la, consideram-na além do que de fato vale; e a poupam demais.[33]

Gourgaud reproduz palavras semelhantes:

> Sua Majestade diz que os estrangeiros nunca souberam tirar partido de sua cavalaria, que é uma arma muito vantajosa: "Vejam o que eu fiz com ela em Nangiz, em Vauchamps[34] etc., e se em Lützen o inimigo tivesse concentrado sua cavalaria à esquerda e, abrindo uma brecha, viesse pela retaguarda, que desordem não teria resultado!" [...] S.M. diz que o cavaleiro, quando investe, deve ter mais moral que o infante, pois recebe as balas e até o fim da carga o infante nada recebe, mas que materialmente a cavalaria tem uma vantagem real. O ataque é feito em coluna por esquadrões. O primeiro escalão é derrubado, mas os outros investem.[35]

A cavalaria deve ter tanta ordem e disciplina quanto a infantaria, e mesmo mais. Napoleão recrimina o general Rogniat por afirmar o contrário:

> A cavalaria precisa de mais oficiais que a infantaria; precisa ser mais instruída. Não é apenas a velocidade que garante o seu sucesso; é a ordem, a coesão, o bom emprego de suas reservas.[36]

Artilheiro, Napoleão utilizou muito sua cavalaria, atribuindo-lhe uma grande parte de seus sucessos:

> Em Iena, a infantaria francesa obteve a vitória dispondo apenas da cavalaria ligeira; essa vitória não teria tido nenhum resultado; mas as reservas da cavalaria chegaram, e então os prussianos não conseguiram mais se reagrupar. Desmoralizados, foram atacados de todos os lados, perseguidos implacavelmente; de 200.000 homens, nem um único atravessou o Oder. Sem cavalaria, as batalhas são sem resultado.
> [...] O general Lloyd pergunta de que serve muita cavalaria. De minha parte, eu pergunto como é possível fazer algo que não seja uma guerra defensiva cobrindo-se de trincheiras e obstáculos naturais, quando não se está praticamente em igualdade com a cavalaria inimiga; perde-se uma batalha, e o exército está perdido.[37]

LIVRO V — AS FORÇAS MILITARES

A cavalaria requer audácia, habilidade e sobretudo não ser dominada pelo espírito de preservação e avareza. O que poderia ser feito com uma grande superioridade de cavalaria bem armada de fuzis de dragões e com uma artilharia ligeira numerosa e bem equipada é incalculável. Dessas três armas, cavalaria, infantaria e artilharia, nenhuma pode ser negligenciada. Todas são igualmente importantes. Um exército superior em cavalaria sempre terá a vantagem de cobrir bem seus movimentos, de ser bem instruído dos movimentos do inimigo e de só entrar em combate quando quiser. Suas derrotas não terão muitas consequências, e seus esforços serão decisivos.[38]

Para o imperador, a cavalaria deve estar diretamente à disposição do general em chefe. É o que ele diz a Eugène de Beauharnais, então no comando do que restou do Grande Exército na Alemanha, no início de 1813:

Convém que os generais Sébastiani e Latour-Maubourg recebam ordens diretas suas com a maior frequência possível, pois sem isto o espírito da cavalaria estaria perdido.[39] Os generais de infantaria com demasiada frequência têm o hábito de esmagar a cavalaria e de sacrificá-la em benefício da infantaria; desejo portanto que o senhor a mantenha em suas mãos e lhe dê diretamente suas ordens.[40]

Depois de Austerlitz, o imperador fez um julgamento extremamente positivo sobre seus couraceiros, que lá haviam travado sua primeira grande batalha:

É na cavalaria pesada que deve estar, no mais alto grau, a ciência do homem a cavalo.[41]

Quero que tenha o maior cuidado com a instrução de meus couraceiros. Suponho que eles disponham de picadeiros. Esta arma, que me prestou serviços tão importantes, precisa ser bem instruída, e se pode dizer que a instrução faz tudo. A cavalaria russa não carecia de coragem, e no entanto foi quase integralmente massacrada, e minha Guarda não perdeu ninguém.[42]

O senhor sabe que os couraceiros são mais úteis que qualquer outra cavalaria.[43]

Desejoso de protegê-los em seus deslocamentos, Napoleão fez questão de dotá-los de uma arma de fogo:

> Sabe-se que a cavalaria couraçada dificilmente pode usar sua carabina; mas também é muito absurdo que 3.000 ou 4.000 homens de contingentes tão valentes sejam surpreendidos, em seu acantonamento ou detidos em sua marcha, por duas companhias de infantes. Portanto é indispensável armá-los. [...] Não posso acostumar-me a ver 3.000 homens de elite que, numa insurreição ou numa surpresa de tropas ligeiras, sejam aprisionados por um guerrilheiro, ou detidos numa marcha por alguns maus atiradores por trás de um regato ou de uma casa: isto é absurdo. [...] A guerra compõe-se de acontecimentos imprevistos; não é invencionice supor que 15.000 homens de cavalaria pesada sempre poderão ser posicionados de maneira a ser cobertos.[44]

Um decreto imperial de 18 de junho de 1811 transformou seis regimentos de dragões em regimentos de lanceiros montados, especialmente destinados a acompanhar os couraceiros em suas operações e substituí-los em determinadas missões:

> Sob nenhum pretexto os couraceiros poderão ser usados como ordenanças. Esse serviço será feito pelos lanceiros; os próprios generais se servirão de lanceiros. O serviço de correspondência, de escolta, o de infantes será feito pelos lanceiros.
>
> Quando os couraceiros investem contra colunas de infantaria, os lanceiros montados devem ser posicionados na retaguarda ou nos flancos, para passar pelos intervalos dos regimentos e investir contra a infantaria quando ela estiver em debandada, ou, se o confronto for com a cavalaria, contra a cavalaria, perseguindo-a com a espada nas costas.[45]

LIVRO V — AS FORÇAS MILITARES

Os couraceiros constituem por excelência a reserva da cavalaria. Só excepcionalmente eles devem ser expostos nas marchas:

> Os couraceiros serão especialmente posicionados em reserva para apoiar a cavalaria ligeira e os dragões. Jamais serão posicionados nas vanguardas, nas retaguardas ou nos flancos, senão quando for necessário aguerri-los ou aliviar os dragões.[46]

Em função dos diferentes tipos de missão é que são classificados os melhores tipos de cavaleiros:

> Os couraceiros franceses eram a melhor cavalaria do mundo para atacar a infantaria. Individualmente, não há cavaleiro superior ou mesmo comparável ao mameluco; mas eles não são capazes de agir em corpo. Os cossacos são excelentes como guerrilheiros, e os poloneses, como lanceiros.[47]

Os dragões são particularmente capazes de pacificar uma região ocupada, quando bem empregados, vale dizer, reunidos numa massa móvel. É o que Joseph ouve de seu augusto irmão, quando reina em Nápoles:

> Certos tolos lhe dirão que a cavalaria de nada serve na Calábria; se é assim, ela não serve em lugar nenhum. Se Reynier tivesse contado com 1.200 cavalos e os tivesse utilizado bem, teria causado um mal terrível aos ingleses, sobretudo se dispusesse de dragões, que são armados de fuzis e combatem a pé.[48] [...] Você dispõe de cinco regimentos de dragões disseminados; deve reuni-los e formar com eles uma reserva dotada de quatro peças de artilharia ligeira, aparelhadas. Esses 4.000 homens, capazes de percorrer trinta léguas em dois dias, podem deslocar-se para Nápoles ou qualquer outro ponto que seja ameaçado. Que poderá fazer com 300 dragões isolados que perderão o espírito de sua arma e de nada lhe servirão? [...] Repito, reúna seus dragões, entregue-lhes quatro ou seis peças de artilharia ligeira, com caixas de munições e cartuchos; considere-os como infantaria e organize-os de maneira a rapidamente estarem em qualquer lugar.[49]

Na vontade de reunir os dragões, podemos perceber o argumento de manutenção do espírito de corpo. Percebemos também o que motivou, em maior escala, a constituição de uma reserva de cavalaria. Napoleão fez muito uso de sua cavalaria. O que se traduziu em perdas elevadas de cavalos. Ele o reconheceu já em 1809.[50]

## A infantaria, o soldado francês

Ao refutar o general Rogniat, Napoleão afirma que a infantaria de linha e a infantaria ligeira não têm missões diferentes. Elas prestam o mesmo serviço na guerra:

> Há cento e cinquenta anos Vauban fez desaparecerem de todos os exércitos da Europa as lanças e espadas, substituindo-as pelo fuzil com baioneta, toda a infantaria foi equipada com armas leves, toda ela destinada a disparar projéteis, abrir caminho, conter o inimigo; passou a haver apenas uma espécie de infantaria.[51]

Mas o Primeiro Cônsul fazia questão de que a composição dos regimentos de infantaria ligeira fosse distinta da composição dos regimentos de linha:

> Não se cuidou o suficiente, nesse quadro [relativo à conscrição], de destinar as regiões montanhosas à infantaria ligeira, e as regiões de campo aberto à infantaria de linha; por exemplo, a 6ª está alocada em Allier, que é uma região completamente plana. É essencial escolher as trinta localidades mais montanhosas para destiná-las ao recrutamento das trinta meias brigadas de infantaria ligeira.[52]

Da mesma forma, o papel de um granadeiro não é equivalente ao de um fuzileiro. Os granadeiros são o elemento sólido da formação em ordem de batalha:

LIVRO V — AS FORÇAS MILITARES

[...] a função dos granadeiros, em tempo de guerra, deve ser permanecer com a massa de seu batalhão; eles nunca devem ficar como atiradores, nunca posicionados em reconhecimento e patrulha, nunca disseminados em corpos de guarda; a companhia sempre deve estar em condições de ser reunida para tomar a frente da coluna, ou, em caso de alerta, marchar para dar sustentação à patrulha de reconhecimento, e, com isso, confiança à tropa. Às vezes, contudo, há posições tão essenciais, como uma ponte etc., que devem ser guardadas pelos granadeiros.[53]

Um infante sempre deve carregar na sacola, mesmo durante o combate:

Existem coisas que nunca devem ser separadas do soldado: seu fuzil, seus cartuchos, sua sacola, seus víveres para pelo menos quatro dias e sua ferramenta de desbravador. A sacola deve ser reduzida ao menor volume possível; que ela tenha apenas uma camisa, um par de sapatos, um casaco, um lenço, um isqueiro, muito bem; mas que os tenha sempre com ela, pois, se deles se separar uma vez, não mais voltará a vê-los. A teoria não é a prática da guerra. Era de costume no exército russo que no momento de entrar em combate o soldado deixasse sua sacola no chão. Podemos imaginar as vantagens ligadas a esse método; as fileiras podiam cerrar-se mais; os tiros da terceira fileira podiam tornar-se úteis; os homens ficavam mais ágeis, mais livres, menos cansados; o temor de perder a sacola, no qual o soldado tem o hábito de enfiar tudo que tem, era de natureza a fixá-lo em sua posição. Em Austerlitz, todas as sacolas do exército russo foram encontradas enfileiradas em posição de batalha na elevação de Posoritz; haviam sido abandonadas durante a debandada. Não obstante os motivos ilusórios que podiam ser invocados em defesa desse costume, a experiência levou os russos a abandoná-lo.[54]

Pouco antes da batalha de Leipzig (16-19 de outubro de 1813), Napoleão ordena que a infantaria, em linha de batalha, passe a se posicionar em duas fileiras, e não em três:

Minha intenção é que suas tropas sejam posicionadas em duas fileiras em lugar de três; a terceira fileira de nada serve nos tiros; e serve ainda menos na baioneta. Quando se estiver em colunas cerradas, três divisões formarão seis fileiras e três fileiras de patrulheiros. Poderá ver então a vantagem que isto representará: seu fogo será melhor; suas forças serão ampliadas; o inimigo, acostumado a nos ver em três fileiras, julgará nossos batalhões um terço mais fortes.[55]

Ele mantém esta posição em Santa Helena:

O fogo da terceira fileira é reconhecidamente muito imperfeito e mesmo nocivo ao das duas primeiras; recomendou-se que a primeira fileira levasse o joelho à terra nos tiros de batalhão, e nos tiros sem restrições a terceira fileira carregasse os fuzis da segunda; esta ordem é ruim; a infantaria deve perfilar-se apenas em duas fileiras, pois o fuzil não permite atirar senão nessa ordem; seria necessário que essa arma tivesse seis pés de comprimento e pudesse ser carregada pela culatra para que a terceira fileira tivesse condições de disparar vantajosamente.[56]

Em pelo menos duas oportunidades, Napoleão apresentou a baioneta como a arma favorita da infantaria francesa:

Ele [o general em chefe] viu todavia com pesar a falta de baionetas ocasionada pela negligência de grande número de soldados: mas a baioneta é que sempre foi a arma do valente e o principal instrumento da vitória; é sobretudo ela que convém aos soldados franceses.[57]

O imperador recomenda a cada homem que tenha sua baioneta, que sempre foi a arma favorita do soldado francês.[58]

A especificidade do soldado francês é frisada em várias ocasiões e analisada com rara acuidade:

Não há nada [...] que não se possa conseguir dos franceses com o chamariz do perigo, é sua herança gaulesa. O amor da glória e da bravura é no francês um instinto, uma espécie de sexto sentido. Quantas vezes, no calor das batalhas, não pude ver nossos jovens conscritos atirarem-se na refrega; a honra e a coragem lhes saíam por todos os poros.[59]

# LIVRO V — AS FORÇAS MILITARES

O maior talento de um general consiste em conhecer o espírito do soldado e captar sua confiança. E, sob esses dois aspectos, o soldado francês é mais difícil de conduzir que os outros. Não se trata de uma máquina a ser posta em movimento, mas de um ser dotado de raciocínio que deve ser dirigido.

O soldado francês tem uma bravura impaciente e um sentimento de honra que o torna capaz dos maiores esforços; mas ele precisa de uma severa disciplina, e não deve ser deixado por muito tempo em repouso.

O soldado francês tem senso lógico, pois é inteligente. Julga com severidade o talento e a bravura de seus oficiais. Discute um plano de campanha e todas as manobras militares. É capaz de tudo, quando aprova as operações e estima seus chefes; mas também, no caso contrário, não se pode contar com sucessos.

O soldado francês é o único, na Europa, capaz de combater em jejum. Por mais longa que seja a batalha, ele se esquece de comer enquanto houver perigo. É mais exigente que qualquer outro quando não está mais diante do inimigo.

O soldado francês é infatigável quando persegue um inimigo em retirada. Pode percorrer dez a doze léguas por dia e combater duas a três horas à noite. Muitas vezes me prevaleci dessa disposição em minha primeira campanha da Itália.

Um soldado francês se interessa mais por ganhar uma batalha que um oficial russo. Constantemente ele atribuiu ao corpo ao qual está ligado a principal responsabilidade pela vitória.

A arte das retiradas é mais difícil com franceses que com soldados do Norte. Uma batalha perdida tira-lhe suas forças e sua coragem, debilita sua confiança nos chefes e o leva à insubordinação.

Os soldados russos, prussianos, alemães guardam sua posição por dever; o soldado francês, por honra. Aqueles são quase indiferentes a uma derrota, este fica humilhado com ela.

As privações, os maus caminhos, a chuva, o vento, nada intimida o soldado francês quando ele espera ou persegue sucessos.

A única motivação do soldado francês é a honra: é nessa motivação que vamos encontrar as punições e as recompensas. Se algum dia castigos físicos que são de praxe nas tropas do Norte se estabelecessem entre nós, estaríamos deflorando o exército, e ele logo deixaria de existir como potência.

Uma boa palavra do soldado francês sobre seu general, uma canção que pinte seu estado de miséria muitas vezes fizeram esquecer privações e superar os maiores obstáculos.

O soldado francês é generoso. Ele saqueia para gastar, nunca para enriquecer. A este respeito, ouvi o general Lariboisière[60] contar que, numa estação de muda da Alemanha, encontrou quatro granadeiros franceses numa berlinda, e que um deles, encarregado de pagar a posta, perguntou ao cocheiro o que o imperador lhe dava como *guia*. Como ele respondesse que ele lhe dava três francos por posta, pôs-lhe na mão seis francos, observando que era para dar uma lição de generosidade a seu imperador, e que não deixasse de dizer-lhe ao retornar.

O soldado francês luta com bravura, a partir do momento em que enverga seu uniforme. Torna-se um soldado instruído depois de dois meses de marcha.[61]

O suboficial desempenha um papel essencial:

Ele é da mesma classe, da mesma matéria que o soldado, de tal maneira que, ao mesmo tempo que o comanda, simpatiza com ele, convence-o; exerce sobre ele uma influência moral que não só o leva a obedecer como o treina; sabe o que deve dizer-lhe e nunca o choca, pois é seu igual. Por que o exército francês tornou-se hoje o mais temível do mundo? É que, como os oficiais partiram para a emigração, os suboficiais os substituíram e vieram a tornar-se generais e marechais de França. É com os suboficiais que conduzimos o mundo; é com eles que o movimentamos, pois dele fazem parte.[62]

## O corpo de engenharia

Passando por cima da velha disputa entre artilharia e engenharia, o general Bonaparte lamentou a perda, no Egito, de um oficial de engenharia que muito apreciava. Afirmou que ele dominava particularmente bem

[...] essa ciência difícil e na qual o menor passo em falso tem tanta influência no resultado das campanhas e no destino de um Estado.[63]

LIVRO V — AS FORÇAS MILITARES

Napoleão reconhece que a engenharia é uma arma mais especializada que a artilharia, na medida em que os estudos são mais longos na escola de aplicação de Metz:

> Entende-se que sejam necessários dois anos para a engenharia; um ano de escola para a artilharia é suficiente.[64]

O corpo de engenharia deve ter sua autonomia:

> A engenharia não deve ser anexada à artilharia, mas [ter] os sapadores e pontoneiros.[65]

Estes, como se sabe, teoricamente faziam parte da artilharia. Em certas campanhas, como a de 1809, Napoleão os deixou à disposição da engenharia. Embora apreciasse os conhecimentos técnicos de seus engenheiros, não achava que pudessem com facilidade comandar um exército:

> Os conhecimentos de um general em chefe e os de um oficial da engenharia são diferentes e raramente convergem. Eu mesmo não tinha ideias francas e nítidas sobre a possibilidade de entrincheiramento em doze horas ou vinte e quatro horas. Nunca acreditei nisso nem enxerguei aí uma ideia muito importante.[66]

As obras de engenharia consomem muito dinheiro e levam tempo. Napoleão teme a perda de ambos e desconfia dos cálculos dos engenheiros:

> Estou insatisfeito com o fato de o corpo de engenharia fazer abstração em seus cálculos do dinheiro, que deveria ser a base de suas avaliações, e do tempo, que não posso controlar. Quero aqui repetir meu refrão: toda vez que forem gastos 100.000 escudos nas obras de uma praça, será para lhe conferir um grau de força a mais. É o que não tem acontecido ultimamente, pois, depois de ter gastado oito ou dez milhões na Itália, essas praças não estavam mais fortes.

> Quando um engenheiro pede vários anos, seu plano está mal redigido; o que lhe pode ser concedido é uma campanha, e ainda assim nem sempre se pode ser senhor dela.[67]

Os engenheiros geógrafos não faziam parte do corpo de engenharia, estando diretamente subordinados ao Ministério da Guerra. De militares, tinham apenas o uniforme. Sua missão consistia em estabelecer os mapas das marchas, dos campos, das posições, dos campos de batalha e das regiões ocupadas. Depois de refletir a respeito, Napoleão manifesta preferência pelos oficiais da engenharia em relação àqueles:

> Os engenheiros geógrafos são uma má instituição: não têm espírito de corpo nem espírito militar. Em vez de fazerem reconhecimentos, faziam planos de campanha ridículos, como pessoas que não são militares. Um reconhecimento deve dizer coisas positivas: a largura de um rio, a profundidade, a qualidade dos caminhos, a natureza da região. Era também esse o problema dos engenheiros militares, mas num grau inferior, e no fim das contas eles eram militares e tinham espírito de corpo; teria sido necessário confiar-lhes essas funções.[68]

## O serviço de saúde

Em relação aos progressos alcançados na medicina, as condições de tratamento dos feridos e dos doentes eram terríveis na época napoleônica. Napoleão teria podido cuidar mais do atendimento de saúde de seus exércitos? Só em 1813 ele teria tomado consciência da necessidade de socorrer imediatamente os feridos no campo de batalha. Com efeito, os médicos só podiam intervir uma vez concluído o combate. Mas nada mudou antes do reinado de seu sobrinho, Napoleão III. Essa impossibilidade de proporcionar os primeiros socorros foi o maior obstáculo para um trabalho mais eficiente dos cirurgiões.[69] A situação não era melhor no exército inglês. Napoleão questionou um médico britânico em Santa Helena a respeito da administração dos hospitais.

LIVRO V — AS FORÇAS MILITARES

Na Grã-Bretanha, os médicos cuidavam das questões de aprovisionamento dos hospitais. Isto havia sido proposto e debatido na França, mas viera a ser recusado, para que os médicos continuassem sendo exclusivamente homens da arte, preocupados apenas com o bem-estar do soldado:

> Eles são hoje os tribunos do povo, estão sempre cuidando do interesse do soldado, queixando-se de tudo: da manutenção dos hospitais, de seu abastecimento, da má qualidade dos víveres, do vinho, da sopa, dos remédios fornecidos. Poderiam ser corrompidos ou cair sob essa suspeita se fossem incumbidos da administração.[70]

# 3. Ordem de batalha do exército

Clausewitz reconhece que o conceito de ordem de batalha diz mais respeito à tática que à estratégia. Isto porque, antigamente, diz ele, "a batalha constituía a guerra inteira e sempre continuará sendo seu elemento capital". Quanto mais cresciam, mais os exércitos se articulavam, e mais se foi estabelecendo uma espécie de ação recíproca entre a tática e a estratégia. Ela se manifesta, mais que tudo, na junção das duas, "no momento em que se dá a passagem da distribuição geral das forças militares às disposições particulares do combate".[1] Clausewitz entende aqui a ordem de batalha, portanto, como a articulação ou o dispositivo das forças militares, que se mantém mais ou menos o mesmo durante toda uma campanha.

## A articulação do exército

As forças armadas devem ser articuladas em função do número de homens com que contam. As grandes massas, naturalmente, são de mais difícil manejo:

> Quando Turenne afirma que um exército não deve exceder cinquenta mil homens, devemos compreender o que ele assim entende por exército. Em sua época, o exército não era organizado

LIVRO V — AS FORÇAS MILITARES

por divisões. O general em chefe tinha de ordenar tudo, designar os generais para comandar este e aquele corpo, e então podemos entender que, precisando ele tudo ver por si mesmo, só poderia haver confusão acima de cinquenta mil homens. Mas ele não diz que, com cinquenta mil, estaria em posição de vantagem contra um exército de duzentos mil. Teria então vários exércitos. São as nossas divisões, os nossos corpos de exército. E digo mais: trinta a quarenta mil homens são tudo de que se precisa para um corpo de exército de três divisões. É possível bem conduzi-lo, alimentá-lo.[2]

O exemplo de Turenne prenuncia o que Clausewitz diria dos exércitos dos séculos XVII e XVIII nessa questão. A ordem de batalha de um exército apresentava então uma massa compacta e indivisível de infantaria, com a cavalaria nas laterais.[3] Os exércitos começaram a se articular e a apresentar maior flexibilidade no fim do século XVIII, com o surgimento das divisões:

A grande vantagem dos exércitos atuais é a separação em divisões. Cada divisão, como a legião romana, pode bastar a si mesma.[4]

A organização atual em divisões é excelente, cada divisão tem sua organização completa. É como a legião. Se o exército francês fosse assim em Fontenoy, as manobras dos franceses não teriam sido parciais, como foram.[5]

A divisão compreendia essencialmente a infantaria, mas também um pouco de cavalaria, de artilharia e de engenharia. O agrupamento de duas ou três divisões de infantaria com uma brigada de cavalaria ligeira, elementos de artilharia e de engenharia, redundou no corpo de exército. "As partes podiam ser separadas do conjunto, e depois misturadas sem dificuldade; a ordem de batalha continuava sendo a mesma. Foi assim que nasceram os corpos compostos de todos os exércitos."[6] Clausewitz se esquece de atribuir sua paternidade a Napoleão. A 25 de janeiro de 1800, o Primeiro Cônsul prevê a organização do exército de reserva destinado a servir na Itália. O caráter interarmas e o tamanho crítico dos corpos de exército são fixados nesta carta a Berthier, que representa um marco na história das guerras, pois esse modelo seria posteriormente adotado em toda parte, até nas duas guerras mundiais:

> Minha intenção, cidadão ministro, é organizar um exército de Reserva cujo comando será reservado ao Primeiro Cônsul. Ele será dividido em direita, centro e esquerda. Cada um desses três grandes corpos será comandado por um adjunto do general em chefe. Haverá também uma divisão de cavalaria, igualmente comandada por um adjunto do general em chefe.
>
> Cada um desses grandes corpos será dividido em duas divisões, cada uma delas comandada por um general de divisão e por dois generais de brigada, e cada um dos grandes corpos terá além disso um oficial superior de artilharia.
>
> Cada adjunto terá um general de brigada como chefe de seu estado-maior; cada general de divisão, um suboficial geral.
>
> Cada um desses corpos será composto de 18 a 20.000 homens, abrangendo dois regimentos de hussardos ou caçadores, e dezesseis peças de artilharia, doze delas servidas por companhias a pé, e quatro por companhias a cavalo.[7]

Em 1805, no Grande Exército, os corpos foram numerados, com um marechal à frente de cada um deles, à exceção do 2°, comandado pelo general Marmont. Os corpos de exército são necessários para manejar massas superiores, mas podem desaparecer se o exército for menos numeroso:

> É bom que os corpos de exército não sejam iguais, que os haja de quatro divisões, de três divisões, de duas. São necessários pelo menos cinco corpos de exército de infantaria num grande exército.
>
> Quando a infantaria do exército conta apenas com 60.000 homens, mais vale dispor apenas de divisões e de tenentes-generais para comandar as alas e os destacamentos.[8]

LIVRO V — AS FORÇAS MILITARES

É impressionante constatar a que ponto Clausewitz completa e explica Napoleão. Para o prussiano, pior de manejar que um exército dividido em três, só o que fosse dividido em dois. Em compensação, pode-se chegar até a oito partes. Caberia supor que a missão de um comandante em chefe fosse facilitada se tivesse apenas três ou quatro grandes subordinados. Mas ele então enfrentaria dois inconvenientes. Uma ordem tende tanto mais a perder rapidez, vigor e precisão, quanto for mais longa a escala pela qual tiver de descer. É o que acontece quando comandantes de corpos de exército se interpõem entre o general em chefe e os chefes de divisão. "Em seguida, o general em chefe perde uma parte cada vez maior de sua autoridade e de sua atividade, à medida que a esfera em que se exerce a atividade de seus subordinados diretos for ampla. Um general que comanda 100 mil homens representados por oito divisões exerce uma autoridade mais intensa do que se esses 100 mil homens fossem divididos apenas em três. As razões disto são muitas, sendo a mais importante o fato de que todo comandante julga ter uma espécie de direito sobre as partes de seu corpo de exército e quase sempre resiste quando se pretende privá-lo dele por um tempo mais ou menos longo. Basta ter alguma experiência da guerra para convencer-se disso."[9] Não poderia haver melhor explicação para a última frase de Napoleão mencionada anteriormente.

Por outro lado, o número de partes não deve ser grande demais, sob pena de desordem. Se as divisões ou brigadas se tornarem por demais grandes, será necessário introduzir comandantes de corpos de exército. Mas não devemos esquecer, previne Clausewitz, "que isto redunda em criar uma *potência* nova". Os corpos de exército deslocam-se de maneira autônoma no contexto de uma estratégia de conjunto. Essa estrutura modular desconcentra a execução dos movimentos, mas a estratégia continua centralizada. Verifica-se maior flexibilidade nas operações, mas a unidade de comando é preservada.[10]

## A unidade de comando

Após sua vitória de 10 de maio de 1796 em Lodi e às vésperas de entrar em Milão, o general Bonaparte é informado de que o Diretório pretende mandá-lo para Roma e entregar o comando do norte da Itália ao general Kellermann.[11] Embora seus argumentos mal disfarcem a decepção de sua ambição nascente, Bonaparte explica em que medida uma tal decisão poderia comprometer a unidade de comando no teatro italiano:

> Considero bem pouco político dividir em dois o exército da Itália; também é contrário aos interesses da República destinar-lhe dois generais diferentes.
>
> A expedição para Livorno, Roma e Nápoles é muito pouca coisa; deve ser feita por divisões em escalões, de tal maneira que uma delas possa, mediante marcha em retrocesso, voltar-se com toda a força contra os austríacos e ameaçar cercá-los ao menor movimento.
>
> Para isso, é necessário não só um único general, mas também que nada o perturbe em sua marcha e em suas operações. Eu fiz a campanha sem consultar ninguém; nada teria feito de bom se precisasse conciliar-me com a maneira de ver de um outro. [...]
>
> Se debilitar seus meios dividindo suas forças, se romper na Itália a unidade do pensamento militar, eu lhe digo com pesar que se terá perdido a mais bela oportunidade de impor leis à Itália.[12]

No mesmo dia, ele escreve a Carnot:

> Não posso de bom grado servir com um homem que se julga o maior general da Europa; e por sinal considero que mais vale um mau general que dois bons. A guerra é como o governo, uma questão de tato.[13]

A mesma ideia é expressa ao mesmo correspondente, meses depois:

> Se o príncipe Carlos comanda os dois exércitos do Reno e da Itália, será imperativo, quando estivermos na Alemanha, que haja entre nós unidade de comando.[14]

LIVRO V — AS FORÇAS MILITARES

No mar, a bordo de uma embarcação, deve haver apenas um chefe. Aparentemente não era de fato o caso na época do Diretório, pois o general Bonaparte faz a seguinte observação, escrevendo do Egito:

> Precisamos acabar com os júris, os conselhos, as assembleias; a bordo de uma embarcação deve haver apenas uma autoridade, a do capitão, que deve ser mais absoluta que a dos cônsules nos exércitos romanos.[15]

O princípio de unidade também adquire uma dimensão política nessa ordem transmitida ao general Bernadotte nos primeiros meses do Consulado:

> Todos os generais que estão no exército do Oeste precisam ser conduzidos a essa unidade que é o princípio de um exército. Trate de conter aqueles que só queiram agir pela própria cabeça.[16]

O princípio é lembrado em Santa Helena:

> É preciso ter apenas um exército, pois a unidade de comando é de primeira necessidade na guerra.[17]

> A unidade de comando é a coisa mais importante na guerra. Nunca se haverá de posicionar dois exércitos num mesmo teatro.[18]

Napoleão insistia nesse ponto porque os exércitos da Revolução tinham sido multiplicados num grau absurdo pela Convenção e pelo Diretório. A cada linha de frente correspondia um exército. A criação do Grande Exército em 1805 significava, já em sua denominação, que se alcançava a unidade de comando. O que não impedia que continuasse havendo, por exemplo, de um exército da Itália, mas cujos movimentos deste ficavam submetidos a uma manobra de conjunto dirigida pelo imperador.

## 4. Disposição geral do exército

Quando os exércitos do Antigo Regime ocupavam seus acantonamentos em campanha, não se sentiam realmente em estado de guerra. Frederico II já alterou essa situação, e desde então a preocupação com o combate impregna tudo. Um exército em campanha deve ao mesmo tempo subsistir e estar em condições de combater inteiro sem inconveniente. Certas disposições o permitem.[1] Napoleão expõe a seguinte:

> Uma coisa principal para um exército é bem escorar suas alas, que são os pontos fracos. As alas se escoram num rio, numa cadeia montanhosa, numa linha de neutralidade. Se não for possível escorar uma das alas, trata-se de um inconveniente a ser corrigido. As duas alas são os dois pontos fracos. Mas se, em vez de ter apenas um exército, se tiver dois, serão então quatro alas. Serão portanto quatro pontos fracos, e se em seguida cada um desses exércitos for dividido em dois outros corpos isolados e tendo cada um deles duas alas, haverá então 6, 8, 10, 12 alas ou pontos fracos, contra os quais o inimigo pode lançar forças consideráveis. Trata-se de um pecado capital.[2]

LIVRO V — AS FORÇAS MILITARES

Em 1796, os exércitos do Reno e de Sambre-et-Meuse cometeram o erro de formar três massas separadas:

> Assim, nessa marcha, os franceses formavam três corpos separados, nada tendo em comum, contando com três linhas de operações e seis flancos, cinco deles no ar. Como os flancos são a parte fraca, é necessário escorá-los, e, quando não se puder, tê-los no menor número possível.[3]

Em seu desejo de provocar e combater certas ideias preconcebidas, Clausewitz diz outra coisa: segundo ele, as alas não são os pontos fracos de um exército, pois o exército inimigo também as tem, não podendo ameaçar as de outrem sem expor as suas. Só no caso de o exército inimigo ser superior e contar com melhores comunicações é que as alas se tornam vulneráveis. As alas são importantes, pois os movimentos rotatórios tornam a resistência mais complicada nelas que na linha de frente. É necessário, assim, que as alas sejam bem defendidas contra as empreitadas do inimigo, "e é o que se faz quando se trata de situar nas alas massas mais fortes do que tenderia a exigir a simples observação".[4] Essas ideias aproximam-se das ideias do imperador.

Clausewitz levanta então a questão das distâncias entre corpos separados e destinados a se apoiar reciprocamente e a combater em comum. Não existe uma resposta absolutamente válida, "pois a força absoluta e relativa, as armas e a localização desempenham um papel muito importante; só se pode dar portanto uma resposta muito genérica, válida para a média dos casos". Clausewitz fornece algumas indicações, sendo mais fáceis de adotar as relacionadas à vanguarda.[5] Napoleão tem ideias próximas:

> As distâncias que os corpos de exército devem manter entre si nas marchas dependem da localidade, das circunstâncias e do objetivo proposto. Ou bem o terreno é inteiramente transitável, e neste caso por que marchar numa frente de dez a quinze léguas? Ou bem ele é transitável apenas em certo número de estradas e caminhos vicinais, e neste caso cabe aceitar a lei das localidades.[6]

O aumento da massa dos exércitos tem consequências importantes nas disposições a serem adotadas. Não se pode mais proceder como na época de Turenne:

> Então os exércitos eram fracos. As praças com exércitos fracos desempenham um grande papel. Não existe posição para acomodar 2[00.000] a 300.000 homens, ao passo que é possível encontrar em qualquer parte posições vantajosas para exércitos de 20[000] a 30.000. Uma aldeia ocupada é portanto um ponto importante. Sua importância diminui na razão da força do exército. Um exército de 25.000 homens oposto a um de 20.000 não está na mesma proporção que um de 250.000 oposto a um de 350.000. Os exércitos não estão em proporção geométrica, mas em proporção aritmética. Por exemplo, o exército de 25.000 homens pode dispor apenas de 5.000 homens para fazer um destacamento. Ainda terá muita dificuldade para esconder [escondê-lo] ao inimigo, e por sinal 5.000 homens nada poderiam fazer, o menor posto, a menor posição os deterá, ao passo que o exército de 250.000 homens pode fazer um destacamento de 50.000 homens que podem sozinhos subjugar uma região, ocupar praças etc., e o inimigo terá dificuldade de distinguir se diante dele já não há apenas 200.000 homens, em lugar dos 250.000 que ali se encontravam antes do destacamento.[7]

É em trechos como esse que Napoleão surge como o inventor da guerra de massas. Nunca será demais repetir que foi esta a marca principal da arte da guerra sob a Revolução e o Império (ver o livro III, capítulo 8). Napoleão foi o primeiro capaz de manejar grandes massas de homens e de se empolgar com a novidade desse poder, como deixa transparecer esse trecho.

## 5. Vanguarda e postos avançados

Entramos aqui num terreno "em que os fios táticos e estratégicos se confundem".[1] De início, os postos avançados dizem respeito às tropas estacionadas, e as vanguardas, às tropas em marcha, mas quando a vanguarda se detém no fim do dia não se transforma em simples posto avançado. O que acontece nos postos avançados é de capital interesse para o general em chefe. Napoleão tinha o hábito de enviar a eles oficiais de ordenança e de estado-maior que lhe prestavam contas diretamente:

> Era uma grande vantagem. Esse tipo de detalhe influi muito na guerra. É o que faz com que muitos generais desprezem os livros, pois o exercício [da profissão] é tudo.[2]

Os postos avançados devem merecer todos os cuidados dos generais e coronéis:

> Antes do nascer do dia, os generais, os coronéis devem encontrar-se em seus postos avançados, e a linha deve manter-se a postos até o retorno das patrulhas de reconhecimento: cabe sempre supor que o inimigo manobrou durante a noite para atacar ao nascer do dia.[3]

Ao contrário de Frederico II, Napoleão fazia com que seus movimentos fossem antecedidos de uma forte vanguarda. Seu exército não consistia mais num único bloco, sendo articulado em corpos; assim, ele manuseava massas de homens muito maiores:

> A arte de um general de vanguarda ou de retaguarda está em, sem se comprometer, perseguir o inimigo ou afastá-lo, contê-lo, retardá-lo, obrigá-lo a levar três ou quatro horas para percorrer uma légua. Só a tática confere meios de alcançar esses grandes resultados; ela é mais necessária à cavalaria que à infantaria, à vanguarda ou à retaguarda que em qualquer outra posição. [...]
>
> Os movimentos de uma vanguarda ou de uma retaguarda não consistem em avançar ou em recuar a galope, mas em manobrar, e para isto é necessária uma boa cavalaria ligeira, boas reservas de cavalaria de linha, excelentes batalhões de infantaria, boas baterias ligeiras. É preciso que essas tropas sejam bem instruídas, que os generais, os oficiais e os soldados conheçam igualmente bem sua tática, cada um segundo a necessidade de seu grau e de sua arma.[4]

Uma vanguarda é portanto um corpo importante, composto das três armas. Ela precisa de artilharia, como lembra o Primeiro Cônsul a propósito do exército de reserva comandado pelo general Brune[5] depois de Marengo:

> A vanguarda desse exército está em marcha para a Suíça; mas uma vanguarda sem artilharia não é absolutamente nada [...].[6]

Em 1809, Eugênio de Beauharnais mobiliza apenas um regimento de infantaria na vanguarda de seu exército da Itália. O resultado é desastroso, e o imperador diz por que:

> Parece que o 35º de linha foi isolado e cercado pelo inimigo. Na guerra, é uma questão de princípio que uma vanguarda deve ser composta de 10.000 a 12.000 homens.[7]

## LIVRO V — AS FORÇAS MILITARES

A cavalaria ligeira está voltada para a vanguarda e os postos avançados. Sua missão de reconhecimento é essencial, e seus chefes devem estar constantemente em alerta:

> [...] um coronel de caçadores ou de hussardos que vai dormir, em vez de passar a noite no acampamento e em constante correspondência com suas patrulhas, vai dormir merece a morte.[8]

> Cabe reiterar às tropas ligeiras a ordem de nunca passarem a noite numa cidade; elas devem acampar e mudar de acampamento à noite, de maneira a dormir a meia légua ou a uma légua do lugar onde se encontravam ao pôr do sol. É a maneira de nunca serem surpreendidas [...]. 2[00] ou 300 homens de cavalaria ligeira não devem tomar posição como um corpo de infantaria; seu objetivo é abrir caminho, e não combater. [...] Cabe dar a conhecer que se prevê pena de morte contra os comandantes de patrulha de tropas ligeiras que passem a noite numa cidade.[9]

Os dragões são particularmente úteis para a vanguarda, como nas retiradas:

> Os dragões são necessários para apoiar a cavalaria ligeira na vanguarda, na retaguarda e nas alas de um exército. Os couraceiros são menos adequados que eles para esse serviço, por causa de suas couraças; entretanto, é preciso que os haja na vanguarda, mas apenas para acostumá-los à guerra e mantê-los em alerta. Uma divisão de 1.600 dragões desloca-se rapidamente para um ponto com 1.500 cavalos de cavalaria ligeira, estabelece-se para nele defender uma ponte, a cabeça de um desfile, uma elevação, e aguarda a chegada da infantaria: qual não pode ser a vantagem dessa arma numa retirada?[10]

## 6. Forma eficaz dos corpos avançados

Uma vanguarda tem como função observar o inimigo e retardar seu avanço. Corpos flanqueando o grosso do exército também podem desempenhar esse papel. Clausewitz dedica um capítulo específico ao papel desses corpos avançados. Ele explica por que não sofrem necessariamente perdas consideráveis, quando atacados pelo inimigo. Este também se faz anteceder de uma vanguarda, não avança com todo o seu poderio e ignora a que distância se encontram os reforços daquele que tem pela frente. Essas hesitações e cautelas dão aos corpos avançados a possibilidade de recuar antes que sobrevenha um real perigo. Uma divisão de 10 mil a 12 mil homens reforçada por um destacamento de cavalaria, posicionada à frente numa distância de um dia de marcha, numa região comum, não especialmente forte, poderá reter o inimigo, inclusive para retirada, aproximadamente uma vez e meia do tempo necessário para a retirada. O inimigo terá então dificuldade para empreender seu ataque contra nosso exército no mesmo dia em que tiver rechaçado nossa vanguarda. Os corpos avançados não se destinam a deter os movimentos do inimigo, mas a moderá-los, regularizá-los "como faria um pêndulo, o que nos permite submetê-los a nossos cálculos".[1]

Podemos comparar tais considerações a esse trecho de uma carta de Napoleão ao irmão Joseph:

LIVRO V — AS FORÇAS MILITARES

Supondo-se que os ingleses dispusessem de muitas forças na Calábria e quisessem sustentar seriamente uma guerra tão desproporcional, com uma vanguarda em Cassano, apoiada, a algumas marchas, por duas ou três brigadas, você seria reforçado em três dias por 9.000 homens; e, se no fim das contas, eles não se julgassem suficientemente fortes, haveriam de se retirar em uma marcha e seriam ainda alcançados por 3.000 homens. É assim que se faz a guerra, quando se tem vários pontos a serem protegidos e não se sabe em qual deles o inimigo haverá de atacar.[2]

Mais detalhes são fornecidos em junho de 1809 a Eugênio de Beauharnais, que comanda o exército da Itália:

É preciso, portanto, que marchem todos bem unidos, e não em pequenos grupos. Eis o princípio geral da guerra: um corpo de 25 a 30.000 homens pode ser isolado; bem conduzido, ele pode combater ou evitar a batalha, e manobrar de acordo com as circunstâncias sem que lhe sobrevenha uma desgraça, pois não é possível forçá-lo a um confronto, e, finalmente, ele deve combater por muito tempo. Uma divisão de 9 a 12.000 homens pode ser deixada, durante uma hora, isolada sem inconveniente; ela conterá o inimigo, por mais numeroso que seja, e dará tempo para que o exército chegue; costuma-se assim formar uma vanguarda de não menos que 9.000 homens, fazer sua infantaria acampar bem unida e posicioná-la no máximo a uma hora de distância do exército. O senhor perdeu o 35º por não ter levado em conta esse princípio:[3] formou uma retaguarda composta de um só regimento, que foi contornado; se houvesse quatro regimentos, eles teriam formado uma massa de resistência tal que o exército teria chegado para socorrê-los a tempo. Certamente que em corpos de observação, como no caso de Lauriston,[4] é possível mobilizar-se um destacamento de infantaria com muita cavalaria; mas é porque então se supõe que o inimigo não está em operação organizada, que será possível apanhá-lo desprevenido e que no fim das contas essa infantaria formada poderá se impor à cavalaria inimiga, aos recrutas e a algumas companhias de caçadores do inimigo. De maneira geral, nas regiões de campo aberto, a cavalaria deve estar sozinha, pois, sozinha, a menos que se trate de alguma ponte, de um desfiladeiro ou de uma posição estabelecida, poderá retirar-se antes que a infantaria inimiga tenha tempo de chegar.

NAPOLEÃO BONAPARTE

Hoje, o senhor entrará em operações organizadas; deve marchar com uma vanguarda composta de muito da cavalaria, de uma dúzia de peças de artilharia e de uma boa divisão de infantaria. Todo o resto de seus corpos deve acampar uma hora para trás, e a cavalaria ligeira cobrir, justamente, o máximo possível. O senhor deve ter em mente que está no espírito do coronel Nugent, que dirige o príncipe Jean,[5] o qual, assim que perceber que o senhor marcha na direção dele por um lado e Macdonald pelo outro, então marchará na direção dos dois, e, como dispõe da vantagem de contar com o pessoal da região, marchará unido, sem se valer da cavalaria ligeira para abrir caminho, e pode ir ao seu encontro sem que o senhor sequer se dê conta. É preciso portanto bem organizar sua marcha; que a artilharia esteja nas divisões e que cada um esteja em seu posto, tanto na marcha quanto no acampamento; que se acampe como em tempo de guerra e de maneira a empunhar as armas e combater ao nascer do dia.[6]

O início deste trecho mostra a concepção napoleônica do corpo de exército: com uma massa crítica de 25 mil a 30 mil homens, ele tem uma tal potência de fogo que pode enfrentar sozinho forças muito superiores e resistir durante um dia inteiro, a tempo de ser socorrido. Cada comandante de corpo deve ser capaz de enfrentar o imprevisto durante uma dezena de horas, sabendo que o imperador manobrará os outros corpos para reforçá-lo.[7] Tratando-se apenas de uma divisão, Napoleão acrescenta artilharia, permitindo que ela se afaste no máximo uma hora de marcha. Menciona também "operações organizadas", as únicas contempladas por Clausewitz nesse capítulo. Ele utiliza em 1813 a expressão "guerra organizada" no mesmo sentido, para se referir a operações em que a relação de forças funciona de maneira estrita, no número de homens, de cavalos e de canhões, sendo mais difícil, em outras palavras, contar com algum outro fator que não seja a pura e simples superioridade numérica:

No fim, em minha posição, é inadmissível qualquer plano em que eu não esteja pessoalmente no centro. Qualquer plano que me afaste estabelece uma guerra organizada, na qual a superioridade dos inimigos em cavalaria, em número e mesmo em generais me levaria a uma perda total.[8]

# 7. Os campos

Os campos opõem-se aos "aquartelamentos" estabelecidos pelos exércitos em campanha na residência dos habitantes. Sejam compostos de tendas, abarracamentos ou bivaques, sua disposição condiciona o combate no plano estratégico.[1] Napoleão afirmou isso antes de Clausewitz:

> A arte de montar um campo numa posição nada mais é que a arte de tomar uma linha de batalha nessa posição. É necessário que todas as máquinas de arremesso estejam em operação e favoravelmente posicionadas; é necessário que a posição assumida não seja dominada, prolongada, cercada, e que, pelo contrário, tanto quanto possível, domine, prolongue, cerque a posição oposta.[2]

Os diferentes campos de um mesmo exército não podem ser posicionados de qualquer maneira. Durante a campanha de 1762, o príncipe Henrique da Prússia[3] equivocou-se nesse sentido:

> Nessa campanha, esse príncipe violou constantemente o princípio de que os campos de um mesmo exército devem ser posicionados de maneira a poder se socorrer.[4]

Até a Revolução Francesa, lembra Clausewitz, os exércitos eram sempre acantonados em tendas no verão. No inverno, voltavam aos quartéis. Desde então, as tendas foram abandonadas, pois requerem excesso de equipamentos, que se revelam por demais pesados e incômodos para os movimentos rápidos e amplos dos exércitos. No caso de um exército de 100 mil homens, prefere-se ter 5 mil cavaleiros ou algumas peças de artilharia a mais, em vez dos 6 mil cavalos necessários para o transporte das tendas. Clausewitz frisa no entanto que o abandono das tendas acarretou maior consumo das forças militares e maior devastação das regiões percorridas. Por mais débil que seja a proteção de uma tenda, no fim das contas as tropas sofrem com sua ausência, sucedendo-se as doenças. O abandono das tendas é um sinal da maior violência da guerra. Clausewitz duvida que possa ser restabelecido o uso das tendas, "pois uma vez derrubadas as barreiras diante do elemento guerreiro, este só periodicamente e por algum tempo se deixará reduzir aos antigos limites, mais estreitos, para novamente explodir com todo o poderio e a violência próprios de sua natureza".[5] Na península Ibérica, Wellington acabou reintroduzindo o uso das tendas, e com isto melhorou a saúde de suas tropas.[6]

Refutando o general Rogniat, que nessa questão pensa como Clausewitz, Napoleão rechaça vigorosamente a ideia de recorrer a tendas:

> As tendas não são salubres; mais vale que o soldado acampe em bivaques, pois dorme com os pés no calor, abriga-se do vento com algumas tábuas ou um pouco de palha, e a proximidade do fogo rapidamente seca o terreno sobre o qual ele dorme. A tenda é necessária para os chefes, que precisam escrever, ler, consultar o mapa. Uma tenda para o chefe de batalhão, uma para o general seriam úteis; isto permitiria impor-lhes a obrigação de nunca dormir numa casa, abuso tão funesto e ao qual se devem tantas catástrofes. A exemplo dos franceses, todos os países da Europa abandonaram as tendas; e se elas ainda são usadas nos acampamentos de lazer é porque são econômicas, poupam as florestas, os tetos de sapé e as aldeias. A sombra de uma árvore contra o sol e o calor, a mais débil proteção contra a chuva são preferíveis a uma tenda. O transporte das tendas requereria cinco cavalos por batalhão,

## LIVRO V — AS FORÇAS MILITARES

que podem ser mais bem utilizados para o transporte dos víveres. As tendas são objeto de observação para os cúmplices e os oficiais de estado-maior inimigos; fornecem informações sobre nosso número e a posição que ocupamos; este inconveniente é diário, de todos os momentos. Um exército perfilado em duas ou três linhas de bivaque deixa entrever ao longe apenas uma fumaça que o inimigo confunde com as névoas da atmosfera. É impossível contar o número de fogueiras; é muito fácil contar as tendas.[7]

Estas reflexões não decorriam do desejo de combater as teses de Rogniat. Em 1808, Napoleão não queria que o príncipe Eugênio utilizasse tendas para acampar suas tropas na Itália:

> Não se deve pensar nas tendas; elas servem apenas para gerar doenças; chove muito na Itália.[8]

Para apoiar esse argumento, sabe-se que as tendas desempenharam um papel importante na derrota dos prussianos, em 1806. Não apenas o seu transporte retardava os movimentos como elas de fato foram prejudiciais à saúde dos soldados, pois dispensavam de lhes fornecer casacos e foram perdidas com as bagagens no início da campanha. Em consequência, os soldados prussianos, derrotados em Iena e Auerstaedt, tiveram de se dispersar pelas aldeias para se abrigar das intempéries. Além disso, era necessário muito tempo para voltar a reuni-los, e os franceses que estavam em sua perseguição lhes caíam em cima.[9] Napoleão tinha uma preocupação genuína com a saúde do soldado. Semanas depois de sua carta anterior, quando a primavera espanhola começa a esquentar, ele escreve a Murat, que é seu tenente-general em Madri:

> É preciso ter cuidado, em cada campo, no sentido de montar tendas horizontais, à maneira de dosséis, presas a árvores ou estacas, e que são muito frescas. As tendas interceptam o sol, e não o vento. É preciso que o solo por baixo seja regado com frequência por tarefeiros. O soldado pode dispor assim de mesas e cadeiras, e não sofrerá com o calor. É a maneira de remediar a carência de árvores, e é assim que os árabes fazem no deserto.[10]

NAPOLEÃO BONAPARTE

A saúde dos homens volta a ser tratada em várias cartas que ressaltam os méritos dos campos, com outro argumento, o da instrução. O que, naturalmente, evoca os campos de Boulogne e do litoral oceânico, onde treinou o Grande Exército de Ulm e de Austerlitz. Napoleão estava convencido disto:

> Foram os campos de Boulogne, onde os corpos foram constantemente treinados durante dois anos, que me valeram os sucessos do Grande Exército.[11]

Em março de 1806, ele queria que o príncipe Eugênio montasse dois campos na Ístria:

> Quero montar ali dois campos mais ou menos como em Boulogne, à parte o fato de que seriam quadrados, além de situados em posições importantes. Com isso, a disciplina seria mantida; esses corpos seriam instruídos, e conteriam a região.[12]

Uma função adicional assim cabe no caso de um país ocupado.[13] É o que ocorre em Portugal, onde o general Junot[14] se estabeleceu no fim de 1807. Napoleão diz-lhe de que maneira e por quais tropas os campos podem ser úteis:

> Vejo com pesar que o senhor instalou a primeira divisão em Lisboa. Seus depósitos são suficientes para guardar os fortes. Todas as tropas devem ser acampadas em quadrado e estar disponíveis para o primeiro acontecimento. O senhor acampou sua segunda divisão, que é a pior; trata-se justamente do contrário. Não basta dispor de tropas para mobilizar a algumas marchas de Lisboa, mas é preciso que elas estejam disponíveis para se deslocar para qualquer lugar, sem que sejam percebidas. É essa a vantagem dos campos.[15]

As tropas menos boas bastam para guardar os fortes da capital. As melhores devem ser acampadas de maneira a enfrentar qualquer eventualidade.

# 8. As marchas

Um exército numeroso a ser concentrado em determinado ponto para travar batalha deve necessariamente marchar dividido em várias colunas, tomando caminhos diferentes. "Se levássemos 100 mil homens a marchar numa única coluna, vale dizer, por uma única estrada e sem intervalo de tempo, o fim da coluna nunca chegaria ao destino no mesmo dia que a cabeça. Seria necessário avançar com uma lentidão extraordinária, caso contrário a massa se dispersaria como um jato d'água caindo em gotas; e essa dispersão, somada ao esforço excessivo imposto pelo comprimento da coluna aos elementos da retaguarda, teria como resultado uma completa confusão."[1] Como o general Rogniat transformasse essa necessidade de marchar em várias colunas numa espécie de regra geral, Napoleão responde:

> Existem casos em que um exército deve marchar numa única coluna, e outros nos quais ele deve marchar em várias. Um exército não caminha comumente num desfile de doze pés de largura; as estradas têm quatro ou seis toesas, e permitem marchar em duas fileiras de viaturas e em quinze ou vinte homens de frente. Quase sempre se pode caminhar à direita e à esquerda das estradas. Já ocorreu de exércitos de 120.000 homens, marchando numa única coluna, entrarem em batalha em questão de seis horas.[2]

A resposta de Napoleão desce a detalhes inúteis e não é convincente. Ele provavelmente tenta justificar, sem dizê-lo, sua marcha sobre Moscou, na qual a massa principal do Grande Exército tomou uma única via, o que seria criticado por Clausewitz.[3] Adversário de todo dogmatismo, este não deixa, no entanto, de ir ao encontro do imperador quando lembra que "são ora as necessidades da disposição, ora as da marcha que predominam". Para ele, o desenvolvimento da arte da guerra dotou os exércitos de uma distribuição orgânica, e é isto que permite a um corpo ou a uma divisão marchar e combater separadamente, pelo menos durante algum tempo. Graças a isso, as marchas "hoje em dia se fazem quase por si mesmas, ou pelo menos sem grandes planos preparatórios".[4] Em sua primeira campanha da Itália, o general Bonaparte foi o primeiro a demonstrar todas essas novas possibilidades. Ele não se deteve muito, *a posteriori*, na teoria dessas marchas que lhe valeram seus grandes sucessos. Vamos encontrar apenas algumas especificações, como este comentário sobre a manobra de Piacenza, em maio de 1796, que obrigou o exército austríaco de Beaulieu a recuar e enfrentar um duro combate de retaguarda em Lodi:

> É preciso evitar que essas marchas exponham o flanco ao inimigo, e, quando não for possível evitá-lo, é necessário fazê-las o mais curtas possível e com rapidez.[5]

É preciso pôr o exército em movimento. Mesmo quando as operações ativas são momentaneamente suspensas, é possível aumentar as esperanças quanto ao que virá em seguida e consolidar a situação mediante marchas adequadas. Ao comentar suas próprias operações na Itália, Napoleão profere esta frase famosa, na qual compara um exército a uma força mecânica, com a rapidez multiplicada por sua massa aumentando sua força:

> A batalha de Borghetto foi travada a 30 de maio [de 1796]; o ataque de Wurmser é de 1º de agosto; foi nesses sessenta dias de intervalo que uma parte do exército atravessou o Pó, tomou as le-

LIVRO V — AS FORÇAS MILITARES

gações de Ferrara e Bolonha, o forte Urbain, a cidadela de Ferrara, Livorno, e desarmou as províncias. As tropas estavam de volta ao Ádige antes que Wurmser tivesse condições de começar sua operação; isto é empregar bem o tempo. A força de um exército, como a qualidade dos movimentos na mecânica, é avaliada pela massa multiplicada pela velocidade. Essa marcha, longe de enfraquecer o exército, aumentou seu material e seu moral, ampliou seus meios de vitória.[6]

A arte da guerra estaria submetida às leis da mecânica: o aumento da velocidade de um exército amplia sua força e lhe confere uma energia cinética com um impacto mais forte no dispositivo inimigo. A velocidade pode, assim, complementar o contingente numérico.[7] Na verdade, Napoleão confundia força com aceleração ou velocidade desenvolvida. Esta, resultando da massa e da velocidade do corpo, mede o seu movimento, e não a sua força. A concepção expressa por Napoleão predominava no século XIX. Como a velocidade desenvolvida pelo corpo que recebeu um impulso descreve a força impressa pelo iniciador do movimento, a força era então medida em quilogramas-metros por segundo, e a velocidade de impacto do corpo era seu movimento multiplicado por sua massa. A velocidade desenvolvida era designada como a força.[8] Napoleão era membro da seção de mecânica da classe de ciências e matemáticas do Instituto.[9] Como ele, Clausewitz era um discípulo de Newton, tendo ido buscar na mecânica alguns de seus princípios fundamentais: o centro de gravidade, o equilíbrio, a fricção. Isto lhe permitia mostrar que eram intrínsecos à guerra, à margem das manipulações humanas.[10]

Napoleão exalta a rapidez das marchas, procedimento que muitas vezes lhe deu a vitória, mas que também haveria de mostrar seus limites. Voltaremos ao assunto. O papel das marchas nas operações ressalta na correspondência, sobretudo durante as campanhas vitoriosas. Em setembro de 1805, pensando na próxima campanha na Itália, Napoleão escreve ao príncipe Eugênio que mande confeccionar em Milão, com a maior discrição possível, 50 mil pares de sapatos, sapatos de verdade, "não de papelão, como se costuma fazer na Itália". Esses pares iriam somar-se ao que já estava previsto:

> Algumas boas panelas e algumas ferramentas de acampamento poderão ser-lhe úteis, como reserva; mande providenciar isto da maneira mais discreta possível, sem que os corpos fiquem sabendo, para não impedi-los de providenciar os seus nem autorizá-los a contar com esse recurso. Na guerra, são os sapatos que sempre fazem falta.[11]

Um mês depois, quando as sete "torrentes" do Grande Exército se disseminaram pela Alemanha, o futuro general Lejeune[12] presta contas ao imperador de sua missão, que consistia em encaminhar 300 mil pares de sapatos. Ele se queixa de uma tarefa tão pouco grandiosa, que o impediu de assistir ao início da campanha, e recebe a seguinte resposta:

> O senhor é uma criança, não entende toda a importância do serviço que acaba de prestar: os sapatos facilitam as marchas, e as marchas ganharão as batalhas.[13]

Numa carta de grande força, Napoleão explica ao marechal Soult o que as marchas de seus corpos de exército devem conseguir como resultado:

> Recomendo que seus ajudantes de campo e seus adjuntos esgotem seus cavalos. Posicione-os no caminho de Weissenhorn, para que eu receba suas notícias rapidamente. Não se trata de derrotar o inimigo, é necessário que não escape nem um só. Reúna seus generais e chefes de corpos, quando estiver em Memmingen, e se o inimigo nada tiver feito para escapar à bordoada que vai receber, comunique--lhes que eu espero que, nessa importante circunstância, nada se poupe daquilo que possa tornar nosso sucesso completo e absoluto; que esse dia fique dez vezes mais célebre que o de Marengo; que, nos séculos mais distantes, a posteridade conheça detalhadamente o que cada um tiver feito; que, se eu tivesse pretendido apenas derrotar o inimigo, eu não teria precisado de tantas marchas e de

LIVRO V — AS FORÇAS MILITARES

tanto cansaço, mas que eu quero capturá-lo e que é necessário que, desse exército que foi o primeiro a romper a paz e que pôs a perder nosso plano de guerra marítima, não reste nem um só homem para levar a notícia a Viena, e que a corte pérfida que foi corrompida pelo ouro da Inglaterra só o fique sabendo quando estivermos diante de suas muralhas.[14]

Percebe-se nesta carta a fúria de vencer e a vontade de alcançar um "sucesso completo e absoluto". Esse último adjetivo permite estabelecer certa ligação com o conceito de guerra absoluta em Clausewitz. O 6º boletim do Grande Exército, escrito no momento da capitulação dos austríacos de Mack em Ulm, expõe os resultados:

O imperador atravessou o Reno a 9 vendemiário, o Danúbio a 14, às cinco horas da manhã; o Lech no mesmo dia, às três horas da tarde; suas tropas entraram em Munique a 20. Seus postos avançados chegaram ao Inn a 23. No mesmo dia ele controlava Memmingen, e a 25, Ulm.

Ele havia capturado ao inimigo, nos combates de Wertingen, Günszburg, Elchingen, nas jornadas de Memmingen e Ulm, e nos combates de Albeck, Langenau e Neresheim, 40.000 homens, tanto de infantaria quanto de cavalaria, mais de quarenta bandeiras, um grande número de peças de canhão, bagagens, veículos etc.[15] E, para chegar a esses excelentes resultados, haviam sido necessárias apenas marchas e manobras. [...] Assim é que muitas vezes o soldado diz: "O imperador encontrou um novo método de fazer a guerra, usando apenas nossas pernas, e não nossas baionetas."[16]

Escrevendo a Josefina, Napoleão amplifica ainda mais os resultados, mas o essencial é dito de forma lapidar:

Cumpri meu desígnio; destruí o exército austríaco com simples marchas; [...].[17]

O resultado é espetacular, mas não fora previsto, como quis dar a entender Napoleão. Até a noite de 12 para 13 de outubro, ele se havia equivocado quanto às intenções de Mack, e de modo algum contava apanhá-lo numa armadilha em Ulm.[18] Mas nem por isso deixa de ser verdade que esse sucesso foi essencialmente alcançado graças às marchas.

Para Napoleão, o comando em chefe implica saber conduzir uma "guerra de marcha". Há generais seus capazes de entender algo nesse sentido, mas nem todos. Joseph Bonaparte, tendo subido em 1808 ao trono da Espanha, onde encontra dificuldade para se manter, precisa ter a seu lado um chefe que entenda as marchas, como lhe escreve seu irmão:

> Savary é um homem excelente para operações secundárias, mas que não tem suficiente experiência nem cálculo para tomar a frente de uma máquina tão grande.[19] Ele não entende nada dessa guerra de marcha. Espero que Jourdan já tenha chegado ao seu encontro.[20] O hábito do comando em chefe, que resulta no dos cálculos e combinações, por nada pode ser substituído.[21]

Em 1814, Napoleão ainda surpreende seus adversários com a rapidez de suas marchas. Ele se prevalece do apoio da população para empreender marchas noturnas:

> [...] as marchas noturnas são vantajosas sobretudo quando se tem o país a favor; e se deve então aproveitar para tentar capturar as posições do inimigo, pois podemos nos entender com os habitantes, que dirão o número de homens de que o inimigo dispõe, que o conduzirão à sua retaguarda, onde ele tem muitas bagagens e peças amontoadas.[22]

Clausewitz examina o efeito destrutivo das marchas nas forças combatentes. Esforços desproporcionais destroem os homens, os animais, os veículos e os trajes. Ele reconhece que isso esteja "na ordem das coisas", mas faz questão de contestar "essas bravatas teóricas segundo as quais a surpresa mais desconcertante, o movimento mais rápido, a atividade mais frenética supostamente nada custariam, representando uma mina de ouro que os generais deixam de explorar por indolência".[23] Para se conduzir uma guerra rica em movimentos,

LIVRO V — AS FORÇAS MILITARES

será necessário contemplar a possibilidade de uma grande destruição das próprias forças. Nos exércitos napoleônicos, essa destruição nunca foi maior que na Rússia, tanto na ida quanto na volta. Napoleão fez muito poucas considerações gerais a respeito desse fenômeno. No início da campanha da Rússia, fez a seguinte reflexão com o marechal Davout:

> Até o momento o rei de Nápoles talvez se tenha apressado demais.[24] O exército não faz outra coisa senão se reunir, e não se deve marchar contra um exército inteiro como se marcha contra um exército derrotado.[25]

No fim de outubro de 1806, é sugerida ao marechal Lannes uma maneira de reunir os retardatários:

> Nas marchas forçadas, a decisão que se deve tomar é de formar diariamente, com os retardatários, uma retaguarda de 400 homens com os quais será deixado um bom oficial de estado-maior, incumbido de juntá-la ao resto. Com isso, será possível impedir que sejam cometidas desordens, e que os soldados [se] cansem demais.[26]

A propósito da Espanha, onde acaba de estourar uma sublevação em julho de 1808, a preocupação em economizar homens é desde logo afirmada, num momento em que o imperador ainda não interveio pessoalmente e a guerrilha está apenas começando:

> Numa guerra dessa natureza, é preciso sangue-frio, paciência e cálculo, não se devendo esgotar as tropas em falsas marchas e contramarchas. Não se deve supor, quando se fez uma falsa marcha de três a quatro dias, que ela será reparada com uma contramarcha; serão em geral dois erros em lugar de um só.[27]

# 9. O abastecimento

A questão do abastecimento adquiriu considerável importância na época moderna, em virtude do aumento dos exércitos e de sua constante disponibilidade para entrar em combate. É a constatação feita por Napoleão em meio à pobreza da Polônia, no início de 1807:

> Minha posição seria excelente se tivesse suprimentos; a falta de suprimentos a torna medíocre.[1]

> Minha posição aqui é excelente, em termos militares, mas é ruim quando não disponho de víveres.[2]

"A capacidade de suportar privações é uma das mais belas virtudes militares", escreve Clausewitz, "e sem ela nenhum exército é animado de um autêntico espírito guerreiro; desde que essas privações sejam temporárias, impostas pelas circunstâncias, e não consequência de um sistema mesquinho, ou de um cálculo sórdido, abstrato, das necessidades vitais."[3] Na época do Antigo Regime, organizações independentes conhecidas como as administrações da guerra tinham sido incumbidas de abastecer os exércitos, montando "armazéns", agrupando requisições, fornos de campanha e rações de farinha em praças fortificadas. Os exércitos da França revolucionária as dispensaram,

LIVRO V — AS FORÇAS MILITARES

apropriando-se nos países atravessados daquilo de que precisavam. Com Napoleão, ficou-se entre os dois sistemas. Clausewitz considera que o abastecimento assumiu quatro formas diferentes. A primeira foi o abastecimento à custa do habitante ou da municipalidade. Num território de densidade média, um exército de 150 mil combatentes podia ser abastecido, assim, durante um ou dois dias. Os exércitos franceses avançaram "do Ádige até o Danúbio inferior, e do Reno ao Vístula sem outros meios de subsistência, ou quase, que não fossem os do habitante, e sem nunca ter falta de nada".[4]

Quando Joseph Bonaparte, tendo partido à conquista de seu reino de Nápoles, proíbe que seus soldados exijam a mesa dos anfitriões, Napoleão o censura por tomar "medidas por demais acanhadas":

> Compenetre-se bem de que, se as circunstâncias não quiseram que tivesse grandes manobras militares a fazer, resta-lhe a glória de saber alimentar seu exército e extrair do país onde se encontra recursos de todo tipo; isto representa uma grande parte da arte da guerra.[5]

A requisição efetuada pelas tropas, segunda forma de abastecimento conforme Clausewitz, não basta para um grande exército, sobretudo levando-se em conta que os homens enviados com esta missão conseguem recolher apenas uma parte do que de fato existe. A alternativa convém apenas a uma divisão de 8 mil a 10 mil homens. Terceira forma de abastecimento, a requisição "regular" implica a colaboração das autoridades locais. Desde as primeiras campanhas das guerras da Revolução, constata Clausewitz, o sistema de requisições sempre serviu de base para os exércitos franceses. "Até mesmo seus adversários tiveram de adotá-lo, e nada indica que se tenha alguma vez sido levado a abandoná-lo. [...] graças a esse sistema, a guerra alcança uma perfeita liberdade de movimentos."[6]

Escrevendo a Eugênio de Beauharnais em 1809, e depois ao irmão Jérôme em 1813, ambos incumbidos de um comando afastado mas pouco acostumados à guerra, o imperador preconiza a requisição, descartando seus escrúpulos.[7] Na Espanha, é preciso ir ainda mais longe. A guerra "deve alimentar a guerra":

> Reitere-lhe [ao general Suchet] a ordem de cobrar uma contribuição de vários milhões em Lerida, para obter os recursos necessários para alimentar, remunerar e vestir seu exército no país. Faça-o compreender que a guerra da Espanha exige esse aumento de forças, que já não posso mais enviar dinheiro; que a guerra deve alimentar a guerra.[8]

Acaso voltaremos um dia a encontrar o aprovisionamento por armazém, quarto modo de abastecimento segundo Clausewitz? Percebendo a vantagem do sistema de requisições e aprovisionamento no próprio país, ele reconhece no entanto que isto não bastou a Napoleão, que também precisou organizar um sistema de armazéns, com a construção de fornos nas proximidades dos exércitos.

A necessidade de moer o trigo e cozer o pão para as tropas atrapalhou muito seus planos de campanha e suas grandes expedições,[9] de tal maneira que ele chegou a pensar que os próprios soldados pudessem moer o trigo e cozer o pão:

> O grande aperfeiçoamento a ser obtido na guerra, o único de importância que ainda falta, aquele que haverá de conferir uma grande vantagem a quem primeiro o fizer e que será necessariamente seguido pelos outros, é acostumar o soldado a levar seus víveres, a preparar ele próprio sua farinha e seu pão, de tal maneira que esteja sempre certo de dispor de pão sem administração e que tenha sempre consigo sua provisão de víveres. Em qualquer lugar se encontra trigo, mas não é possível moê-lo. Os romanos faziam distribuição de trigo, e não de farinha. O soldado então se virava. Se o governo só tivesse de dar trigo ao exército, ele então não teria mais administração, e o resultado seria enorme.
>
> Mandei construir moinhos para a campanha da Rússia, mas eles eram pesados demais. Desde então, foram feitos moinhos simples e excelentes, pesando oito libras. É um grande aperfeiçoamento.[10]

LIVRO V — AS FORÇAS MILITARES

> As tropas modernas não precisam de mais pão e biscoito que os romanos: que recebam durante as marchas farinha, arroz ou legumes, e não sofrerão. É um erro supor que os generais antigos não davam grande atenção a seus armazéns: podemos ver nos comentários de César, em várias de suas campanhas, o quanto tem sua atenção voltada para esse importante cuidado. Eles apenas tinham encontrado a arte de não ser escravos disso, e de não depender dos encarregados dos aprovisionamentos; esta foi a arte de todos os grandes capitães.[11]

A organização dos armazéns, segundo Clausewitz, não deve ser apresentada como um aperfeiçoamento da guerra, "a pretexto de que é mais humanitária, pois a guerra em si mesma não é humanitária".[12] Mais ainda, se a guerra for conduzida com toda a liberação de força que constitui seu elemento próprio, "com a necessidade e a sede de luta e de decisão, nesse caso o abastecimento das tropas é um problema importante, mas subordinado". Ele sustenta que Napoleão não queria que lhe falassem de víveres. As citações reproduzidas anteriormente desmentem essa assertiva, que no entanto não deixa de estar em concordância com este trecho de uma carta tratando da marcha do corpo de Junot em Portugal:

> Não quero que, a pretexto de falta de víveres, sua marcha seja retardada em um dia: este motivo só serve para homens que nada queiram fazer; 20.000 homens vivem em qualquer lugar, até mesmo no deserto.[13]

Para Clausewitz, Napoleão foi um "jogador apaixonado" que se arriscou "às mais loucas aventuras", especialmente na Rússia, mas que acabou com um enorme preconceito em matéria de abastecimento. Mostrou que isso não devia ser considerado um objetivo, mas apenas um meio.[14] Podemos ver até onde ia a força do exemplo napoleônico para o pensador prussiano. A história caracterizou desde então que o abastecimento era a principal fraqueza do sistema de guerra napoleônico.[15]

# 10. Linha de comunicação e linha de operações

Os exércitos napoleônicos viviam em função da região. Além dos víveres, precisavam de reforços de munição, de homens, de cavalos, de material. Tinham feridos, doentes, prisioneiros a serem evacuados. Isto não exigia relações cotidianas com a retaguarda, mas de vez em quando era necessário organizar comboios circulando sobre aquela a que Napoleão se referia como a linha de comunicação do exército, vale dizer, uma "rota de correspondência, de etapas":[1]

> Em toda operação, a maior preocupação é bem estabelecer sua linha.[2]

> As ordens a serem dadas para traçar a rota de comunicação são uma das grandes preocupações de um general.[3]

A linha de comunicação não devia ser permanentemente protegida. Para ocupar com ela o menor número possível de homens, Napoleão empenhava-se em ter nessa linha, a cada cinco ou seis marchas, uma praça-forte, ou então, se não a houvesse, ele mandava reforçar as muralhas medievais de que ainda eram dotadas as cidades em sua maioria, estabelecendo então *praças de campanha*, menos fortes mas ao abrigo das tropas ligeiras e das patrulhas do inimigo:

LIVRO V — AS FORÇAS MILITARES

Perguntou-se no século passado se as fortificações eram de alguma utilidade.[4] Existem soberanos que as consideraram inúteis e que, em consequência, desmantelaram suas praças.[5] De minha parte, eu inverteria a questão e perguntaria se é possível combinar a guerra sem praças-fortes, e declaro que não. Sem praças de quartel não é possível estabelecer bons planos de campanha, e sem praças que eu chamo de campanha, vale dizer, ao abrigo dos hussardos e das patrulhas, não é possível fazer a guerra ofensiva. Desse modo, vários generais que, em sua sabedoria, não queriam saber de praças-fortes, acabavam por chegar à conclusão de que não é possível fazer guerra de invasão.[6]

A distinção entre praças de campanha e praças de quartel não se reduz à potência e à capacidade de resistência das praças. As praças de quartel, como se pode depreender desse trecho, permitem "combinar a guerra" e estabelecer "planos de campanha". Em outras palavras, estão mais diretamente ligadas às operações. Falando na terceira pessoa, como César, Napoleão relata como se apoiou em 1805 em praças de quartel, à medida que avançava:

> Em 1805, tendo deslocado de Ulm todo o exército austríaco, que contava 80.000 homens, ele investiu contra o Lech,[7] mandou reerguer as antigas muralhas de Augsburg, armá-las, construir uma forte cabeça de ponte sobre o Lech e transformou essa grande cidade, que lhe oferecia tantos recursos, em sua praça de quartel. Quis restabelecer Ulm, mas as fortificações estavam arrasadas, e as localidades eram por demais ruins. De Augsburg, dirigiu-se ao Inn e se apoderou de Braunau. Esta praça-forte garantiu-lhe uma ponte sobre esse rio: representava uma segunda praça de quartel, que lhe permitiu chegar a Viena; esta capital foi por sua vez defendida de um possível golpe de mão. Depois, ele se voltou para a Morávia, apoderou-se da cidadela de Brünn, que foi imediatamente armada e aprovisionada: situada a quarenta léguas de Viena, ela se tornou seu ponto de apoio para manobrar na Morávia. A uma marcha dessa praça, ele travou a batalha de Austerlitz. Desse campo de batalha, podia retirar-se para Viena e nela atravessar o Danúbio, ou se dirigir pela margem esquerda para Linz, para atravessar o rio na ponte da cidade e chegar a Braunau.[8]

NAPOLEÃO BONAPARTE

Já não se trata apenas, aqui, de assegurar a linha de comunicação do exército, mas de permitir ir mais longe, servir de "ponto de apoio para manobrar". Em outubro de 1806, o Grande Exército investe em massa contra a linha de retirada dos prussianos. Concentrado sobre si mesmo, ele não pode mais viver da região, como nas primeiras marchas. Napoleão constitui então um centro de operações no qual, mediante requisições efetuadas num grande raio por sua cavalaria, estabelece armazéns de víveres, espraia seus grandes parques e organiza seus hospitais.[9] Fala então de linha de operações para designar a rota extremamente curta ligando esse centro a seu exército e permitindo a este operar contra o inimigo, vale dizer, ir em busca da batalha contra ele. Napoleão expõe essa manobra a seu irmão Louis a 30 de setembro de 1806:

> Minha intenção é concentrar todas as minhas forças na extremidade da minha direita, deixando todo o espaço entre o Reno e Bamberg inteiramente desguarnecido, de maneira a ter aproximadamente 200.000 homens reunidos num mesmo campo de batalha. Se o inimigo mobilizar tropas entre Mogúncia e Bamberg, pouco haveria de me preocupar, pois minha linha de comunicação será estabelecida em Forchhein, que é uma pequena praça-forte, e de lá para Würzburg. [...] A natureza dos acontecimentos que podem ocorrer é incalculável, pois o inimigo, que me supõe com a esquerda para o Reno e a direita na Boêmia, julgando minha linha de operações paralela à minha frente de batalha, pode ter grande interesse em transbordar minha esquerda, e nesse caso eu posso jogá-lo no Reno.[10]

A linha de comunicação é aqui ligeiramente modificada para levar em conta a concentração de forças à direita, mas continua ligando o Grande Exército à França. A linha de operações, por sua vez, é agora completamente diferente da que supõe o inimigo. O Grande Exército não vai operar, vale dizer, combinar seus movimentos, da maneira esperada pelos prussianos. Em Santa Helena, Napoleão atribui a si a invenção desse procedimento:

# LIVRO V — AS FORÇAS MILITARES

> A grande arte das batalhas é mudar durante a ação sua linha de operações. É uma ideia minha, completamente nova. Foi o que me levou à vitória em Marengo. O inimigo investiu contra minha linha de operações para cortá-la, eu a havia mudado e foi ele que se viu isolado.[11]

Se de fato surpreende o exército prussiano em 1806 ao modificar parcialmente a orientação de sua linha de operações, Napoleão não tinha essa intenção em Marengo. Lá, ele é que foi surpreendido pelos austríacos. Esteve a dois passos de perder a batalha, e este trecho faz parte de toda a construção orquestrada por ele para assumir sozinho o mérito pela vitória, com objetivos de propaganda política.[12] O movimento de retirada foi camuflado como movimento de giro do exército, correspondendo a mudança de frente a uma suposta modificação da linha de operações.[13] Além disso, Napoleão não foi o primeiro a ter essa ideia. Ele leu em Bourcet que "existem circunstâncias na guerra em que é preciso saber abandonar uma de suas comunicações para sustentar a outra".[14]

> O que mais distingue Frederico, não são [sic] a habilidade de suas manobras, mas sua audácia. Ele fez o que eu nunca ousei fazer, ele deixa sua linha de operações e muitas vezes age como se não tivesse qualquer conhecimento da arte militar.[15]

Normalmente, não se pode deixar a linha de operações:

> Existem dois princípios de guerra que não são violados impunemente: o primeiro, *Não fazer marchas de flanco diante de um exército que está em posição*; o segundo, *Conservar cuidadosamente e nunca abandonar de bom grado a linha de operações.*[16]

Se não quisermos confundir "deixar" com "mudar", uma linha de operações pode portanto ser modificada durante a campanha. Isso pode ser buscado para enganar o inimigo, como fez Frederico II na batalha de Leuthen:

NAPOLEÃO BONAPARTE

Ele tampouco viola o segundo princípio, não menos sagrado, *o de não abandonar a linha de operações*; mas ele a muda, o que é considerado como a manobra mais hábil ensinada pela arte da guerra. De fato, um exército que muda sua linha de operações engana o inimigo, que não sabe mais onde estão suas retaguardas e os pontos delicados pelos quais possa ameaçá-lo.[17]

Há um ponto que não comporta exceções: não se invade um país com uma dupla linha de operações, como fez Frederico II no início da Guerra dos Sete Anos, embora a sorte lhe tivesse sorrido então.[18]

Em setembro de 1808, Napoleão faz um bom esclarecimento sobre a diferença entre uma linha de comunicação e uma linha de operações. Seu irmão Joseph evacuou sua capital, Madri, que se sublevou contra ele. Desejoso de seguir os reiterados conselhos do imperador a respeito da reunião das forças, ele propõe o agrupamento de todas as suas tropas numa massa de 50 mil homens, para em seguida marchar sobre a capital. Essa concentração de forças seria de tal ordem que o levaria a interromper momentaneamente as comunicações com a França, até a chegada das primeiras tropas do Grande Exército provenientes da Alemanha. Durante esse período, Napoleão não teria notícias do exército do irmão; nem este notícias do Grande Exército. Napoleão o adverte, insistindo na necessidade de contar com uma autêntica linha de operações ligada a um centro de operações:

A arte militar tem princípios que não podem jamais ser violados. Mudar a linha de operações é uma ação de gênio; perdê-la é uma ação tão grave que transforma num criminoso o general responsável. Assim, manter sua linha de operações é necessário para chegar a um ponto de quartel no qual possam ser evacuados os prisioneiros feitos, os feridos e os doentes que se tiver, encontrar víveres e se reagrupar.

Se, estando em Madri, tivéssemos reunido as forças na cidade, considerando o Retiro[19] como um ponto de reunião dos hospitais, dos prisioneiros, como meio de manter uma grande cidade e de preservar os recursos que ela oferece, isto significaria perder as comunicações

LIVRO V — AS FORÇAS MILITARES

com a França, mas garantir a linha de operações, sobretudo caso se aproveitasse o tempo para reunir uma grande quantidade de víveres e munições, organizando em uma ou duas marchas nas principais saídas, como a cidadela de Segóvia etc., pontos destinados a servir de apoio e acesso às divisões. Mas hoje, fechando-nos no interior da Espanha sem ter nenhum centro organizado, nenhum armazém formado, estando em situação de ter exércitos inimigos nos flancos e nas retaguardas, seria uma loucura tão grande que não teria exemplo na história do mundo.

Se, antes de tomar Madri, de organizar o exército, de ter estoques para oito a dez dias, de ter munições suficientes, viéssemos a ser derrotados, em que haveria de se transformar esse exército? Onde poderia ele reagrupar-se? Por onde evacuaria os feridos? De onde tiraria suas munições de guerra, visto que se dispõe apenas de um simples aprovisionamento? Nada mais diremos a respeito. Aqueles que ousam aconselhar uma tal medida seriam os primeiros a perder a cabeça assim que o acontecimento deixasse clara a loucura de sua operação.

Quando se está numa praça sitiada, perdeu-se a linha de comunicação, mas não a linha de operações, pois esta é um castelo forte no centro da praça onde se encontram os hospitais, os armazéns e os meios de subsistência. Houve derrota lá fora? Haverá reagrupamento no castelo forte, e se dispõe de três ou quatro dias para reparar as tropas e reorganizar seu moral.

Com um exército todo composto de homens como os da Guarda e comandado pelo general mais hábil, Alexandre ou César, se pudessem cometer tais tolices, não seria possível responder por nada, e com mais forte razão nas circunstâncias em que se encontra o exército da Espanha.

É necessário abrir mão dessa alternativa condenada pelas leis da guerra. O general que empreendesse tal operação militar seria um criminoso.[20]

A mensagem é clara: é possível interromper momentaneamente as comunicações com o país de origem e com as forças amigas que chegam em reforço, mas é necessário certificar-se de que as operações a serem empreendidas estarão vinculadas a um centro com hospitais, aprovisionamentos em víveres e em munições. É necessário organizar esse centro onde seja possível refazer-se e se reabastecer: isto é que significa ter uma linha de operações. Acontece que Joseph nada previu. Ele banca o esperto, querendo levar o irmão a crer que bem assimilou o princípio de marchar unido, mas esquece outro, não menos essencial.

Dias depois, Napoleão retoma os mesmos argumentos, mas não emprega exatamente os mesmos termos, mostrando que não confere grande importância às definições dos teóricos. O que é necessário fazer não podia estar mais claro em sua mente. Ele não hesita um só segundo. Mas devemos reconhecer que a natureza de seu poder, levando-o a tomar constantemente decisões numa infinidade de questões, e sua pouca inclinação para a teoria podiam tornar suas ordens confusas, pois ele fala inicialmente da linha de comunicação no sentido de uma linha de operações e depois no sentido de uma rota para a França, podendo ser momentaneamente interrompida. O fim estabelece claramente a diferença, introduzindo o conceito de centro de operações:

> De acordo com as leis da guerra, todo general que perde sua linha de comunicação merece a morte. Entendo por linha de comunicação aquela em que estão os hospitais, os socorros para os doentes, as munições de guerra, os víveres, em que o exército pode reorganizar--se, refazer-se e recobrar, em dois dias de repouso, seu moral perdido às vezes por um acidente imprevisto. Não se haverá de perder a linha de comunicação quando ela é perturbada por *barbets, miquelets,*[21] camponeses revoltosos e, de maneira geral, pelo que se costuma chamar na guerra de guerrilheiros. Isto pode paralisar os correios, alguns homens isolados que sempre conseguem passar, qualquer que seja a decisão tomada, mas não chega a ser o caso de fazer frente a uma vanguarda ou a uma retaguarda; de modo que não chega a representar nada. A linha de comunicação é organizada pelo princípio de que tudo recuaria para Madri. Para isto, seria necessário reunir tudo no Retiro, munições de guerra, víveres etc. e seria possível lá reunir o maior número de tropas em poucos dias, em caso de necessidade.

LIVRO V — AS FORÇAS MILITARES

É muito diferente operar com um sistema definido por um centro organizado, ou perder ao acaso as comunicações sem dispor de um centro de operações organizado.[22]

O conceito de linha de operações fora proposto por Lloyd, autor lido por Napoleão. Este, em compensação, não retoma a expressão "base de operações", popularizada por Bülow e retomada por Jomini e Clausewitz.

# 11. A região e o terreno

O território e o solo estão em relação estreita e constante com a atividade militar. Têm uma influência decisiva no combate, sua preparação, seu desenrolar e sua exploração. Clausewitz emprega o termo francês *"terrain"* [terreno] para melhor dar conta dessa problemática.[1] Em 1805, Napoleão exorta o príncipe Eugênio a se familiarizar com o terreno onde vai comandar:

> Estude o país; os conhecimentos locais são conhecimentos preciosos que serão encontrados mais cedo ou mais tarde.[2]

Para Clausewitz, o papel do terreno corresponde sobretudo a três propriedades: seu valor como obstáculo a uma abordagem, o de obstáculo a uma visão de conjunto e a proteção que oferece contra o efeito das armas de fogo. O valor de obstáculo a uma abordagem ressalta deste trecho de uma carta ao mesmo príncipe Eugênio:

> Em campos abertos como na Hungria, é preciso manobrar de maneira diferente que nas gargantas da Caríntia e da Estíria.[3] Nas gargantas da Estíria e da Caríntia, tendo-se mais velocidade que o inimigo num ponto de intersecção, como Saint-Michel, por exemplo, é possível seccionar uma coluna inimiga; mas na Hungria, pelo contrário,

LIVRO V — AS FORÇAS MILITARES

o inimigo, assim que for ultrapassado num ponto, vai-se transferir para outro. Suponho, assim, que o inimigo se dirija para Raab, e que você chegue antes dele nessa cidade: o inimigo, ao sabê-lo no caminho, mudará de direção e se dirigirá para Pesth.[4]

Mediterrâneo e artilheiro, Bonaparte assiste a uma feliz combinação do terreno de suas origens com as condições de ação de sua arma. Em *Le Souper de Beaucaire*, redigido em 1793, ele não acredita que Marselha seja capaz de se defender. As colinas cobertas de oliveiras que a cercam atrapalharão os defensores, conferindo vantagem aos atacantes:

> Pois é nas regiões isoladas que, pela vivacidade dos movimentos, pela exatidão do serviço e pela precisão do aumento das distâncias, o bom artilheiro tem superioridade.[5]

Os conhecimentos geográficos de Napoleão eram extensos. Ele enveredou por algumas reflexões de tipo geopolítico a respeito da Itália:

> A Itália, isolada em seus limites naturais, separada do resto da Europa pelo mar e por montanhas muito altas, parece destinada a formar uma grande e poderosa nação; mas tem em sua configuração geográfica um vício capital, que podemos considerar como a causa das desgraças que enfrentou e da divisão desse belo país em várias monarquias ou repúblicas independentes: seu comprimento é desproporcional à sua largura. Se a Itália fosse limitada pelo monte de Velino, vale dizer, mais ou menos na altura de Roma, e todo o território compreendido entre o monte Velino e o mar Jônico, inclusive a Sicília, se situasse entre a Sardenha, a Córsega, Gênova e a Toscana, ela teria um centro próximo de todos os pontos da circunferência, teria uma unidade de rios, de clima e de interesses locais. Mas por um lado as três grandes ilhas, que representam um terço de sua superfície, e que têm interesses, posições e estão em circunstâncias isoladas, e por outro essa parte da península ao sul do monte Velino e que forma o reino de Nápoles, são estranhas aos interesses, ao clima, às necessidades de todo o vale do Pó. [...]

NAPOLEÃO BONAPARTE

Mas embora o sul da Itália esteja, por sua situação, separado do norte, a Itália é uma só nação. A unidade de língua, de costumes, de literatura deverá, num futuro mais ou menos distante, reunir finalmente seus habitantes num só governo. Para existir, a primeira condição dessa monarquia será ser uma potência marítima, para manter a supremacia nas ilhas e poder defender seu litoral. [...]

A Itália, por sua população e suas riquezas, pode manter 400.000 homens de todas as armas, independentemente da marinha. A guerra da Itália exige menos cavalaria que a da Alemanha; 30.000 cavalos lhe seriam suficientes. A arma da artilharia deveria ser numerosa para atender à defesa do litoral e de todos os estabelecimentos marítimos.[6]

# Conclusão do livro V

Napoleão considera que um exército deve ter em média quatro peças de canhão para mil homens e que a cavalaria deve representar um quarto da infantaria. Em relação a Clausewitz, ele tende a considerar a cavalaria menos onerosa. A artilharia é com toda evidência essencial para ele. É ela que vence as batalhas. Deve ser tanto mais numerosa numa guerra regular, em face de um adversário de mesmo nível. A cavalaria também é muito útil em todas as circunstâncias para desferir golpes e rematar a vitória. Não deve ser poupada. Ele aprecia muito seus couraceiros. De mais difícil substituição, eles não devem ser demasiado expostos nas marchas. Os dragões são perfeitamente convenientes para pacificar uma região ocupada. A infantaria de linha e a infantaria ligeira têm as mesmas missões, devendo essa última recrutar mais homens nas regiões montanhosas. A engenharia é a mais especializada das armas.

Um exército se articula em corpos e divisões em função de sua massa. A unidade de comando é primordial. Vanguarda e retaguarda devem manobrar com grande habilidade tática. Devem compor-se das três armas, ter portanto uma artilharia e contar pelo menos 10 mil homens. Dispostas em escalões, elas podem recorrer a reforços se forem por demais pressionadas pelo inimigo. As considerações de Napoleão sobre essas questões e sobretudo o domínio que ele ostentou em 1805 e 1806 marcaram época na história. "Até então, ninguém fora capaz de comandar a ação de cem mil homens juntos."[1]

Apesar de preocupado com o conforto do soldado, Napoleão rejeita as tendas, demasiado difíceis de transportar. Ele faz a guerra com as pernas de seus soldados, considerando que um exército, como a quantidade de movimentos na mecânica, é avaliado pela massa multiplicada por sua velocidade. Embora se preocupe com o abastecimento, mande requisitar o necessário e organize armazéns, não consegue encontrar a fórmula ideal e ainda imagina em Santa Helena um sistema em que os soldados moessem o trigo e cozessem seu pão. O exército explora os recursos da região em que se encontra, mas deve haver uma linha de comunicação para encaminhar reforços de homens, munição, material, equipamentos. O exército pode abandonar momentaneamente essa linha para manobrar contra o inimigo, mas haverá então de constituir um centro de operações para se refazer e se reabastecer. Liga-se a ele por uma linha de operações. Esta, portanto, pode mudar, sendo inclusive um toque de gênio fazê-lo adequadamente, mas sempre será necessário dispor de uma. Para o general Riley, a logística dos exércitos napoleônicos, não obstante suas deficiências, foi a melhor para a época, e não seria superada até as grandes batalhas de 1916 na frente ocidental. Napoleão criou o serviço do "trem".* Ainda hoje, apesar do maior respeito para com as populações locais, os exércitos completam seu abastecimento fazendo uso dos recursos locais. Considerando-se o estado da malha rodoviária, os modos de transporte e de organização, a maneira como os exércitos napoleônicos foram abastecidos representou uma obra-prima de previsão, planejamento e execução. Foi uma superior organização logística que permitiu as vitórias de Ulm, Austerlitz e Iena. Mas o sistema era frágil e não resistiu a operações prolongadas nem a teatros maiores e mais pobres, como os da Espanha e sobretudo da Rússia.[2]

---

*Nome dado à unidade especializada criada por Napoleão em 1807 para se encarregar da logística, do transporte de materiais, munições e víveres e do apoio à circulação das tropas. (*N. do T.*)

**LIVRO VI** A defesa

Napoleão teve de combater na defensiva e na ofensiva, embora com toda evidência preferisse essa última. Suas considerações sobre a defensiva muitas vezes são extremamente concretas, às vezes da ordem dos detalhes táticos. Só a partir de 1812 ele praticou uma defensiva estratégica prolongada, obrigado e forçado, e sempre voltou a tomar a iniciativa quando era possível. Marcado pela derrota da Prússia em 1806, Clausewitz teve de dar mostra de paciência e dispôs de tempo para refletir sobre a defensiva. A campanha de 1812 na Rússia, da qual participou, marcou-o profundamente. Ele elaborou uma ampla reflexão teórica sobre a defesa. Seu livro VI é ao mesmo tempo o menos ordenado e o mais longo de *Da Guerra*: corresponde a um quarto do conjunto, comportando muitas repetições.

# 1. Ataque e defesa

Para Clausewitz, a defesa significa "prevenir um golpe". Caracteriza-se pela expectativa desse golpe. Mas será necessário reagir a ele, e por isso guerrear implica, no próprio contexto dessa defesa, empreender uma ação ofensiva em dado momento. Em outras palavras, é possível combater ofensivamente durante uma campanha defensiva.[1] A alternância dos modos defensivo e ofensivo caracteriza a ação de guerra. Não era outra coisa o que dizia Napoleão:

> A guerra defensiva não exclui o ataque, assim como a guerra ofensiva não exclui a defesa, embora seu objetivo seja forçar a fronteira e invadir o país inimigo.[2]

> [...] a arte de ser alternadamente audacioso e muito prudente é a arte de ter êxito.[3]

A defesa tem como objetivo conservar, o que é mais fácil que adquirir. Recorre-se à defensiva quando se está em situação de fraqueza. Espera-se dela um aumento da força. A forma defensiva da guerra é portanto, em si mesma, mais forte que a forma ofensiva, constata Clausewitz. "Se consultarmos a experiência", escreve ele, "provavelmente nunca encontraremos exemplo de dois teatros de guerra nos quais a ofensiva tenha sido tomada pelo exército mais fraco e o exército mais forte tenha ficado na defensiva. E se sempre e em toda parte foi o contrário que se verificou, isto mostra claramente que os generais, embora por inclinação estejam sempre prontos para a ofensiva, não deixam de considerar a defensiva como a forma mais forte."[4]

Ideias semelhantes podem ser encontradas num conjunto de ordens emitidas por Napoleão no momento do desembarque inglês em Walcheren, em 1809. Encontrando-se ainda na Áustria, depois de sua vitória de Wagram, ele diz ao ministro da Guerra, Clarke, como utilizar as guardas nacionais e os novos recrutas para defender a Zelândia. Reitera que só as tropas aguerridas e disciplinadas estão aptas para a ofensiva tática, e que os guardas nacionais devem limitar-se à defensiva, o que implicitamente prenuncia o argumento de Clausewitz:

> Sem ofensiva, nem ataque, nem audácia. Nada pode dar certo com tropas ruins ou novas; se atacarmos Flessingue, nós as estaremos comprometendo.[5]

> [...] que não se passe à ofensiva em parte alguma, a menos que sejamos quatro contra um e que disponhamos de muita artilharia de campanha. A atual expedição dos ingleses mais uma vez não poderá ter qualquer resultado; e a única maneira de lhe proporcionar um seria ir imprudentemente atacá-los, pois então nossos guardas nacionais seriam desmoralizados e os efeitos se fariam sentir em todas as que estão na reserva.

> [...] Nunca será demais repetir, é preciso agir com prudência, não comprometer tropas ruins e não cometer a loucura de julgar, como tantas pessoas, que um homem é um soldado. As tropas da natureza daquelas de que o senhor dispõe são as que exigem mais redutos, obras e artilharia. [...] Uma tropa precisará tanto mais de artilharia quanto menos boa for.[6]

LIVRO VI — A DEFESA

Como Clarke escrevesse a Bernadotte que era preciso arriscar uma batalha, Napoleão retoma mais uma vez seus argumentos:

> Receio que o senhor não tenha compreendido bem minha ideia. Eu disse que em hipótese nenhuma se deveria arriscar uma batalha, se não fosse para salvar Antuérpia, ou a menos que fôssemos quatro contra um e estivéssemos numa boa posição, coberta por redutos e baterias. [...]
>
> Para alcançar autênticos êxitos contra os ingleses, é necessário paciência e esperar tudo do tempo, que arruinará e contrariará seu exército, deixar que chegue o equinócio, que não lhes deixará nenhum recurso senão se irem por capitulação. Em princípio, confrontos de quartéis, mas não confrontos gerais.[7]

Em Santa Helena, comentando as operações do ano de 1798, Napoleão critica a maneira como o general austríaco Mack comandava os napolitanos. Estes eram duas ou três vezes mais numerosos que os franceses:

> Mas os napolitanos não eram tropas experientes; ele jamais os deveria ter utilizado em ataques, mas fazer uma guerra de posições que obrigasse os franceses a atacar. Os militares mostram-se muito divididos quanto à questão de saber se é mais vantajoso fazer ou receber um ataque. Esta questão não deixa margem a dúvida quando de um lado estão tropas aguerridas, capazes de manobrar, dispondo de pouca artilharia, e do outro está um exército muito mais numeroso, contando com muita artilharia, mas cujos oficiais e soldados são pouco aguerridos.[8]

## 2. Relação entre o ataque e a defesa na tática

Apenas três fatores são passíveis de ter uma importância decisiva em tática, segundo Clausewitz: a surpresa, a vantagem do terreno e o ataque por vários lados. Esse último, em particular, confere um acréscimo de eficácia ao fogo. O autor de *Da Guerra* considera que só uma pequena parte da surpresa e da vantagem do terreno favorece a ofensiva, ao passo que sua maior parte e o segundo fator inteiro servem à defensiva.[1]

Nesse ponto, Napoleão se pronuncia mais em favor da ofensiva. Ele se pergunta se o aumento da potência de fogo favorece o ataque ou a defesa. A questão sempre se colocou na história:

> Guibert sustentava que a invenção da pólvora era favorável às defesas. [...] Guibert baseou-se no fato de que era difícil remover uma bateria de posição que vomitasse balas e metralha, mas não viu que a grande vantagem da artilharia era envolver com uma cintura de fogo o ponto que se pretende atacar. Começa-se por esmagar e apagar os fogos desse ponto. As praças que antes eram de uma resistência muito longa hoje são prontamente submetidas. A numerosa artilharia e a guerra subterrânea são grandes meios de destruição.[2]

Respondendo desta vez a Lloyd, o imperador o afirma sem hesitar:

> [...] as armas de fogo são mais adequadas à ofensiva que à defensiva.[3]

Mas o fato é que nele não havia qualquer valor absoluto em matéria tática. Ele queria sobretudo contestar o caráter excessivo de certas afirmações de Guibert e Lloyd. Como veremos adiante, ele nunca preconizou o ataque em quaisquer circunstâncias. São estas que determinam tudo. O seguinte trecho mostra que ele se dava perfeitamente conta das vantagens que a defesa tática podia representar:

> O príncipe Carlos certamente é um dos melhores ou o melhor general austríaco dos últimos tempos. Foi menos desafortunado que os outros diante de mim, mas isto tem a ver com o tipo de guerra que se faz. Afirmou-se equivocadamente que na Itália eu sempre fizera uma guerra ofensiva. É o contrário: eu sempre fiz uma guerra defensiva, por causa das montanhas. Esperava que o inimigo se enfurnasse. Ao passo que o príncipe Carlos foi atacado por mim em Essling.[4]

## 3. Relação entre o ataque e a defesa na estratégia

Não são necessárias as mesmas tropas conforme se elabore uma estratégia ofensiva ou uma estratégia defensiva:

> Quando levamos a guerra a um país inimigo, é necessário conduzir apenas soldados formados. O mesmo não ocorre quando somos invadidos; podemos englobar em nossas praças-fortes, para não debilitar o exército, quartéis, recrutas, guardas nacionais; tudo é útil numa praça para mantê-la se, além do mais, houver bons oficiais de estado-maior, de artilharia e de engenharia; enfim, neste caso não se tem a iniciativa.[1]

Quando foi assumir o comando do exército da Itália em Nice, no fim de março de 1796, o general Bonaparte decidiu adotar uma estratégia ofensiva contornando os Alpes:

> Ao pretender contornar os Alpes e entrar na Itália pelo desfiladeiro de Cadibona, era necessário que todo o exército se agrupasse na sua extrema direita, operação perigosa se as neves não tivessem coberto as saídas dos Alpes. A passagem da ordem defensiva à ordem ofensiva é uma das operações mais delicadas.[2]

LIVRO VI — A DEFESA

De 10 de outubro a 15 de novembro de 1799, enquanto Masséna, à frente do exército principal na Suíça, mantinha-se na defensiva após sua grande vitória de Zurique, o general Lecourbe, com uma força inferior ao inimigo que enfrentava, empreendeu ofensivas do outro lado do Reno e "combateu por combater". Melhor teria feito se tivesse permanecido na margem esquerda do Reno. Se tivesse pretendido promover um ataque, deveria ter-se estabelecido solidamente num ponto da margem direita, num campo fortificado:

> Quando o corpo principal está imóvel, um corpo separado e secundário não deve investir em movimento ativo ou de invasão; deve conformar-se à atitude do corpo principal e pesar no teatro das operações com uma atitude defensiva, ocupando uma posição que seja de sua natureza ameaçadora.[3]

## 4. Caráter concêntrico do ataque e excêntrico da defesa

A imaginação, segundo Clausewitz, espontaneamente atribuiu ao ataque um caráter concêntrico e à defesa um caráter excêntrico. Na realidade, nem sempre é este o caso. Se a frente a ser defendida corre em linha reta de um mar a outro, ou de um território neutro a outro, será impossível lançar um ataque concêntrico, e a liberdade de escolha é limitada. Se o defensor se movimentar e suas forças disponíveis estiverem mais próximas umas das outras, ele poderá se prevalecer da vantagem das linhas internas e realizar maior concentração de forças. A vantagem das linhas internas aumenta com os espaços em que essas linhas figuram. Para Clausewitz, a forma concêntrica leva a brilhantes resultados, mas os proporcionados pela forma excêntrica são mais seguros.[1]

Essas considerações esclarecem as do jovem general Bonaparte, que, depois de ter passado em seus primeiros testes no cerco de Toulon, no fim de 1793, voltava seu olhar para a fronteira italiana. Nessa época ele multiplicou reflexões que buscavam mostrar que o exército francês não tinha interesse em ficar na defensiva e que, pelo contrário, uma ofensiva traria apenas vantagens:

> A fronteira do Piemonte forma um semicírculo, os dois exércitos dos Alpes e da Itália ocupam a circunferência[,] o rei da Sardenha ocupa o diâmetro.

LIVRO VI — A DEFESA

A circunferência que ocupamos está cheia de desfiladeiros e montanhas difíceis.

O diâmetro ocupado pelo rei da Sardenha é um campo aberto tranquilo, fértil, onde ele pode fazer circularem as mesmas tropas, em poucos dias, de uma extremidade a outra do diâmetro.

O sistema defensivo, portanto, é sempre vantajoso para o rei da Sardenha, precisamos do dobro das tropas de nossos inimigos para equiparar nossas forças.

Essas observações são da maior importância, seria fácil demonstrá--lo com uma descrição detalhada das fronteiras da Espanha e do Piemonte, e pela análise das diferentes guerras, o que permitiria demonstrar com toda a evidência que sempre que mantivemos a defensiva nas fronteiras do Piemonte nos foram necessárias muitas tropas, que nas questões de detalhe sempre ficamos em posição de inferioridade.[2]

Estas reflexões refletem diretamente a leitura de Feuquière e Bourcet. Eles não falavam de circunferência e diâmetro, mas de arco e corda.[3]

De Saint-Bernard a Vado, os Alpes, ocupados por nosso exército, formam uma circunferência de noventa e cinco léguas. Não poderíamos, assim, fazer nossas tropas circularem da esquerda para a direita em menos de vinte ou trinta dias, ao passo que o inimigo controla o diâmetro e se comunica em três ou quatro dias. Esta pura e simples circunstância topográfica torna qualquer defesa desvantajosa, mais mortífera para o nosso exército, mais destrutiva para nossas cargas e mais onerosa para o Tesouro público que a campanha mais ativa.[4]

Entretanto, o exército piemontês, acampado nas planícies e nas colinas ao pé dos Alpes, se encontrava na maior abundância; recuperava-se do cansaço e reparava suas perdas; diariamente era reforçado pela chegada de novos batalhões austríacos, enquanto os exércitos franceses, acampados nos picos da cadeia superior dos Alpes, numa semicircunferência de sessenta léguas de extensão, do monte Blanc às fontes de Tanaro, pereciam em meio a privações e doenças. As comunicações eram difíceis; os víveres, raros e muito caros; os cavalos sofriam muito, assim como os materiais do exército.

NAPOLEÃO BONAPARTE

O ar, as águas de inundação dessas regiões elevadas causavam muitas doenças; as perdas sofridas pelo exército nos hospitais a cada três meses teriam bastado para o consumo de uma grande batalha. Essa defensiva era mais custosa para as finanças e mais perigosa para os homens do que uma campanha ofensiva. A defensiva dos Alpes, além dessas desvantagens, tem outras decorrentes da natureza da topografia da região. Os diversos corpos de exército acampados nessas alturas não podem se ajudar, estão isolados; para ir da direita para a esquerda, são necessários vinte dias, ao passo que o exército que defende o Piemonte está posicionado em belas planícies, ocupa o diâmetro e pode em poucos dias reunir toda a sua força no ponto que quiser atacar.[5]

A ofensiva era a melhor maneira de privar os piemonteses e os austríacos da vantagem de operar em linhas internas. O terreno permitia aos franceses promover um ataque de tipo concêntrico. Em outras circunstâncias, Napoleão naturalmente enxergava toda a vantagem de uma defensiva em linhas internas. Em 1808, ele a preconiza, na eventualidade de o exército francês que se encontra na Espanha ser derrotado e precisar recuar:

> Se ele [o marechal Bessières] foi vencido e bem derrotado, será necessário concentrar-se e reunir todas as tropas no círculo de sete a oito dias de Madri, e estudar as disposições nas diferentes direções, para saber onde posicionar as vanguardas, e assim tirar proveito da vantagem que se tem de estar no meio, para esmagar sucessivamente, com todas as forças, os diversos corpos do inimigo.[6]

# 5. Caráter da defesa estratégica

Em fevereiro de 1797, o general Bonaparte dá uma verdadeira lição de defesa estratégica a um de seus subordinados, o general Joubert,[1] encarregado de guardar as saídas do Tirol:

> Exorto-o a refletir e a observar mais as localidades; pois não entendo como, forçada a sua linha de Lavis e executado o seu movimento de retirada durante a noite, o senhor não tenha assumido uma posição intermediária, a mais próxima possível desta primeira, onde pudesse manter-se durante todo o dia, reagrupar suas tropas e receber os homens dispersos ou os corpos que não tivessem sido capazes de se juntar durante a noite, reiniciar a marcha na noite seguinte, retomar a linha de Mori e Torbole e lá manter o inimigo em xeque durante vários dias; finalmente chegar a Corona, ao campo fortificado de Castelnuovo, ou afinal às muralhas de Mântua ou de Verona. Agir de outra forma não seria mais fazer a guerra, cuja arte consiste apenas em ganhar tempo quando se dispõe de forças inferiores.[2]

Clausewitz poderia completar esse conselho lembrando que a defesa "nada mais é senão uma forma mais forte da conduta da guerra, graças à qual procuramos atingir a vitória, para passar ao ataque, vale dizer, ao objetivo positivo da guerra, a partir do momento em que tivermos alcançado a superioridade". O contra-ataque é um elemento essencial da defesa estratégica. "Uma passagem rápida e vigorosa para o ataque — o golpe de espada fulgurante da vingança — é o momento mais brilhante da defensiva. Aquele que não o tem em vista desde o início, que não o inclui desde o início em seu conceito de defesa, jamais será capaz de compreender a superioridade da defensiva."[3]

No verão de 1806, Joseph Bonaparte foi entronizado rei em Nápoles, mas os ingleses desembarcaram na Calábria e derrotaram o corpo vulnerável do general Reynier em Maida (ou Santa Eufêmia) a 4 de julho. Napoleão recrimina o irmão por suas más disposições. Reynier não pôde ser socorrido porque as outras forças francesas estavam por demais distantes. A maneira de organizar uma defesa estratégica é claramente exposta nesta carta:

> Uma vez o general Reynier liberado e unido aos seus reforços, é necessário manter suas tropas em escalões, por brigadas, a um dia de distância entre elas de Nápoles a Cassano, de tal maneira que, em três dias, quatro brigadas formando 10 ou 12.000 homens possam ser reunidas. [...] É por esse posicionamento em escalões que se fica na defensiva, ao abrigo dos acontecimentos; na medida em que, se depois se quiser passar à ofensiva com um objetivo determinado, o inimigo não poderá saber disso, pois o viu numa defensiva temível, e, antes das mudanças que ocorreram na defensiva, os dez ou doze dias de operações terão terminado. Não sei se haverão de entender algo do que estou dizendo aqui. Grandes erros foram cometidos na defensiva; e isso nunca ocorre impunemente; o homem experiente o percebe ao primeiro golpe de vista; mas os efeitos serão sentidos dois meses depois. Como os dois pontos importantes eram Gaeta e Reggio, e o senhor dispõe de 38.000 homens, era necessário ter em escalões brigadas formando cinco divisões que, posicionadas a um dia ou dois se necessário, pudessem comunicar-se. O inimigo o teria encontrado numa posição que não lhe permitiria ousar mexer-se,[4] pois num momento o senhor teria podido reunir suas tropas em Gaeta, Reggio, Santa Eufêmia, e sem perder um só dia. Eis as disposições que devem ser tomadas para a expedição da Sicília. O senhor

LIVRO V — AS FORÇAS MILITARES

deve partir de uma ordem defensiva tão temível que o inimigo não ouse atacá-lo, e abandonar toda posição na sua retaguarda, à parte as disposições defensivas de sua capital, e estar completamente na ofensiva contra o inimigo, que, realizado o ataque, nada mais poderia tentar. É esta a arte da guerra. O senhor poderá encontrar muitas pessoas que combatem bem e nenhuma que conheça a aplicação desse princípio. Se tivesse havido em Cassano uma brigada de 3 ou 4.000 homens, nada do que aconteceu teria sucedido. Ela teria estado em Santa Eufêmia ao mesmo tempo que o general Reynier, e os ingleses teriam sido rechaçados, ou, por outra, não teriam desembarcado. Foi a falsa posição de sua defensiva que lhes inspirou destemor.[5]

# 6. A batalha defensiva

Numa batalha defensiva, o ataque é esperado numa posição escolhida e preparada. Essa posição é estabelecida em profundidade. Conserva-se uma massa considerável, um quarto ou um terço do conjunto, na retaguarda, para jogá-la contra o atacante quando este tiver desenvolvido completamente seu plano e utilizado a maior parte de suas tropas.[1]

Napoleão sempre se preocupou em dotar-se dessa "massa de ruptura", estivesse na condição do defensor ou do atacante. O que não costuma ser lembrado é que ele preconizava também medidas de defesa tática. No auge de seu poderio, em 1806, recomenda o recurso a certas obras de campanha para proteger a infantaria:

> Aparentemente o que mais se deve temer nos prussianos é sua cavalaria; mas, com a infantaria de que dispõe, e mantendo-se sempre em condições de se posicionar em quadrados, o senhor não tem muito a recear. Entretanto, nenhum meio de guerra deve ser negligenciado. Cuide para que 3 ou 5.000 sapadores com suas ferramentas marchem sempre junto com suas divisões, com a finalidade de providenciar nas devidas circunstâncias um reduto ou mesmo um simples fosso.[2]

# 7. As fortalezas

Clausewitz refere-se às fortalezas do ponto de vista da estratégia defensiva de um Estado. Elas são quartéis de provisões, protegem as riquezas das grandes cidades, funcionam como trancas criando obstáculos nas estradas e rios, representam pontos de apoio tático, etapas, refúgios para corpos de tropas fracas ou dispersadas, escudos contra o ataque inimigo.[1]

## Utilidade das fortalezas

As reflexões de Napoleão são de natureza mais variada. Ele contempla em especial as possibilidades defensivas das fortalezas no contexto de uma guerra de movimento de tipo ofensivo. A fortificação, permanente ou passageira, tem antes de mais nada a missão de permitir aos exércitos de campanha se apoiarem, se refazerem ou compensar uma situação de inferioridade numérica:

> As posições naturais que encontramos normalmente não podem proteger um exército de outro mais forte, se não tiverem o concurso da arte.

NAPOLEÃO BONAPARTE

Existem militares que perguntam de que servem as praças-fortes, os campos fortificados, a arte do engenheiro; de nossa parte nós lhes perguntamos como é possível manobrar com forças inferiores ou iguais sem a ajuda das posições, das fortificações e de todos os meios suplementares da arte.[2]

## As fortalezas podem servir para muitas coisas:

As praças-fortes são boas para abrigar os depósitos de munições etc., para conter soldados que em campo aberto entrariam em fuga diante de alguns hussardos e que nessas praças se treinam durante a campanha e em seguida podem agir ofensivamente e proporcionar novos recursos ao exército em ação, intimidar as retaguardas do inimigo quando ele marcha adiante e obrigá-lo a deixar corpos para dissimulá-las. Outra vantagem das praças é encurtar a linha de operações. Quando eu marchava sobre Viena, Würzburg, Braunau, elas me eram de grande ajuda.[3]

As praças-fortes são úteis tanto para a guerra defensiva como para a guerra ofensiva. Sozinhas, elas certamente não podem fazer as vezes de um exército; mas são o único meio de que dispomos para retardar, entravar, enfraquecer, inquietar um inimigo vitorioso.[4]

Como o atual sistema de guerra atual exige exércitos ativos de grandes proporções, um país invadido não tem condições de completar as guarnições de todas as suas praças, quando são numerosas e vastas, sem empobrecer singularmente sua força ativa, e sem torná-la incapaz de disputar terreno ao exército ofensivo.

Há um meio de utilizar todas as praças-fortes de uma fronteira sem que sua defesa absorva uma massa de homens por demais considerável: é completar as guarnições e os aprovisionamentos do pequeno número de praças realmente importantes, daquelas que estão na primeira linha e cujas guarnições poderiam ameaçar um inimigo que se arrisque a assediar as praças de segunda linha, cujas fortificações estivessem num estado menos respeitável e nas quais seria deixada apenas uma guarnição capaz de se retirar para cidade-

LIVRO VI — A DEFESA

las, e de defendê-las em regra, uma vez tomado o corpo da praça, por elas apoiado suficientemente para forçar o inimigo a preparar o cerco, tivesse sido tomado.[5]

## Praças de quartel e praças de campanha

Para Napoleão, há diferentes tipos de praças-fortes. As mais importantes são as praças de quartel:

> Cabe aqui fixar as ideias sobre a utilidade das praças-fortes. Há praças-fortes que defendem um desfiladeiro e que, por esta simples razão, têm um caráter determinado; e há praças-fortes de quartel e que, podendo conter grandes guarnições e resistir por muito tempo, permitem a um exército inferior ser reforçado, reorganizar-se e tentar novos riscos. No primeiro caso, um forte ou uma pequena praça podem ser indicados; no segundo caso, uma grande praça na qual não se deve poupar dinheiro nem obras.[6]

As praças de campanha são mais modestas:

> Se perguntarem o que significa uma praça de campanha em fortificação permanente, basta dar uma olhada nos acontecimentos que se verificaram no último vendemiário [outubro de 1805]; que se veja qual terá sido a utilidade desse mau castelo de Verona:[7] talvez ele tenha tido nos acontecimentos uma influência incalculável. Esse mau castelo garantiu o domínio do Ádige, o que imediatamente deu outra fisionomia aos confrontos da campanha. [...] Ora, durante todo o tempo em que um exército manobra, evacua uma ala para se transportar a outra ala, faz alguns recuos para se juntar aos socorros ou reforços [...], durante todas essas manobras, o inimigo não tem tempo nem meios de fazer um cerco; ele bloqueia todas as praças, dispara alguns obuses, algumas salvas de artilharia de campanha; é exatamente o grau de força que deve ter uma praça de campanha.[8]

NAPOLEÃO BONAPARTE

As praças de campanha, por piores que sejam, podem apoiar as operações de um exército, se precisarem apenas de uma pequena guarnição, como diz Napoleão a propósito de Osoppo, na Itália:[9]

> [...] essa posição original preenchia por si só as duas condições indicadas: oferecia proteção a uma divisão, continha seus armazéns, e podia ser defendida por um punhado de homens; de modo que nunca será um estorvo, pois as praças-fortes muitas vezes são um grande estorvo, enfraquecem um exército e são a causa da perda de uma batalha e de uma campanha.[10]

## Fronteiras e capitais

Depois das praças que defendem um desfiladeiro e das praças de quartel, Napoleão vê um terceiro caso de utilidade das praças-fortes na fortificação completa de uma fronteira:

> Assim a fronteira de Dunquerque a Maubeuge apresenta grande número de praças de diferentes tamanhos e diferentes valores, situadas num tabuleiro em três linhas, de maneira que é fisicamente impossível passar sem tomar várias delas. Neste caso, uma pequena praça tem o objetivo de resistir à invasão que vai de uma praça a outra, ou de impedir a passagem de um reforço. Estabelece-se então, no meio de todas essas praças, outro tipo de guerra. A remoção de um comboio, a surpresa de um armazém conferem a um exército muito inferior a vantagem, sem confronto nem qualquer risco, de levantar um cerco, de frustrar uma operação. É, em poucas palavras, o confronto de Denain, confronto em si mesmo de pouco valor e que no entanto salvou, como se sabe, a França das maiores catástrofes.[11]

O sistema de Vauban permitiu a vitória do marechal de Villars em Denain em 1712. Quanto às capitais, é necessário fortificá-las:

> Se Viena tivesse resistido [em 1805 ou 1809], isto teria mudado as operações, mas os habitantes de uma capital que pode ser bombardeada com obuses têm grande influência. Uma vez no con-

LIVRO VI — A DEFESA

trole de Viena, 8 ou 10.000 homens me bastavam para sua defesa, eu estava convencido de que os inimigos não desejariam incendiá-la, e a simples ameaça de mandar a guarnição incendiá-la mantinha os habitantes em ordem. Paris devia ser e deve ser fortificada. Hoje em dia, os exércitos são tão numerosos que as praças-fortes de fronteira não detêm um exército vitorioso, e teria enormes consequências deixar o inimigo, após uma vitória, marchar sobre a capital e dela se apoderar. Mas para isso é necessário que sua muralha de fortificação impeça o efeito do bombardeio. Minha intenção sempre fora fazê-lo.[12]

Ao fortificar as capitais, os generais têm à disposição todos os seus recursos, todas as suas riquezas, toda a sua influência. Nelas encontrarão porões, edifícios públicos que servem para conter os armazéns do exército. Como quase todas essas cidades antigamente tinham fortificações, elas essas cidades ainda contam com muralhas de cantaria, ou canais etc., o que é útil; ao passo que praças de terra não estão ao abrigo de um golpe de mão, a menos que nelas seja instalada uma guarnição tão numerosa quanto num campo fortificado.[13]

Uma grande capital é a pátria da elite da nação, todos os grandes nela têm seu domicílio, suas famílias; é o centro da opinião pública, o quartel de tudo. É a maior das contradições e das inconsequências deixar um ponto tão importante sem defesa imediata: ao retornar da campanha de Austerlitz, o imperador tratou com frequência do assunto e mandou redigir vários projetos para fortificar as elevações de Paris. O temor de preocupar os habitantes, os acontecimentos que se sucederam com incrível rapidez o impediram de dar prosseguimento a esse projeto. Como, dir-se-á, pretende fortificar cidades que têm doze a quinze mil toesas de contorno? Serão necessárias oitenta ou cem frentes, 50 a 60.000 soldados de guarnição, oitocentas ou mil peças de artilharia em bateria. Mas 60.000 soldados são um exército; não valeria mais utilizá-lo em linha? Esta objeção é feita, em geral, contra as grandes praças-fortes, mas é falsa na medida em que confunde um soldado com um homem. Certamente são necessários para defender uma grande capital 50 a 60.000 homens, mas não 50 a 60.000 soldados. Nas épocas de desgraça e de grandes calamidades, os Estados podem carecer de soldados, mas não carecem nunca de homens para sua defesa interna. 50.000 homens, dos quais 2 a 3.000 artilheiros, defenderão uma capital, impedirão a entrada de um exército de 300 a 400.000 homens, enquanto 50.000 homens, em campanha rasa, se não forem soldados feitos e comandados por oficiais experientes, são postos em debandada por uma carga de 3.000 homens de cavalaria. Por sinal, todas as grandes capitais são passíveis de cobrir uma parte de seu entorno com inundações, pois todas elas se situam junto a grandes rios, e os fossos podem ser enchidos d'água, seja por meios naturais, seja mediante bombas. Praças tão consideráveis, contendo guarnições tão numerosas, têm certo número de posições dominantes, sem cuja posse é impossível arriscar-se a entrar na cidade.[14]

As praças próximas das fronteiras devem retardar os exércitos de invasão, obrigando-os a prolongados cercos. Deveria o exército de campanha cobrir a capital? Isso certamente é o mais sensato, mas não se pode resolver a questão de maneira abstrata:

> Não deve ocorrer que se atravesse a fronteira sem se proceder a cercos ou bloquear as praças. O príncipe Eugênio não ousou fazê-lo e perdeu duas campanhas em cercos.[15] O príncipe de Cobourg não ousou fazê-lo em 1793.[16] Em 1814, os aliados temeram de tal maneira a fronteira de Flandres que a evitaram, violaram a neutralidade da Suíça e desse lado montaram sua linha de operações. Em 1815, tinham, antes de atravessar o rio Somme, a obrigação de proceder a cercos, de esperar os exércitos coligados. Foi a insurreição das Câmaras e minha abdicação que os decidiu a rumar para Paris.
>
> O mais sensato é cobrir a capital, mas essa questão não pode ser assim colocada de forma abstrata. O que se deve fazer depende de uma mosca voando. Dumouriez cobriu Paris. Kutuzov cobriu Moscou em 1812. Eu cobri Paris. Turenne, manobrando pelos flancos do arquiduque[17] e do príncipe de Condé, não se deixou isolar nem cercar. Cobrindo a capital e procedendo-se a uma retirada, muitas vezes se tem êxito. Um grande capitão não responderá a essa pergunta. Examinando o que eles fizeram, encontramos motivos para justificar seu comportamento sem daí deduzir princípios gerais.[18]

LIVRO VI — A DEFESA

## Defender-se até o último momento

As fortalezas têm uma missão a cumprir num plano de campanha. Devem resistir pelo maior tempo possível. Já vimos (livro I, capítulo 2) que Napoleão temia e condenava as capitulações prematuras. Fiel às regras do Antigo Regime, ele reitera que uma praça só pode capitular com honra quando a brecha se torna transitável para o sitiante. Chega inclusive a postular o seguinte princípio:

> Para ser honrosa, uma capitulação deve estipular más condições para a guarnição. Existe sempre uma presunção desfavorável contra a guarnição que deixa uma praça por uma ponte dourada.[19]

Os oficiais que defendem uma praça não devem acreditar nos cálculos dos engenheiros quanto à duração da resistência. Esta pode ser muito mais longa. Napoleão faz questão de que isto seja dito claramente numa obra que deverá ser usada para formar os oficiais da artilharia e da engenharia na Escola de Aplicação de Metz:

> Cabe, nesta oportunidade, protestar contra a mania dos oficiais da engenharia de acreditar que uma praça só pode ser defendida por tantos dias; fazer sentir o quanto isto é absurdo e citar exemplos conhecidos de cercos nos quais, em vez do número de dias que pelos cálculos feitos deviam ser necessários para fazer avançar as paralelas, foi necessário empatar um tempo bem mais considerável, fosse por surtidas da praça, fosse por fogos cruzados, fosse por qualquer outra espécie de atraso decorrente da defesa da praça; fazer ver, quando existe uma brecha, todos os recursos que ainda restam se a fortificação não foi destruída, se o fogo ainda não foi apagado e como até mesmo o ataque contra a brecha pode fracassar se houver uma fortificação na retaguarda. [...] ele [o autor do trabalho] deve entender que não se haverá de dar muita importância aos falsos rumores que o inimigo pode espalhar, estabelecendo como princípio que um comandante de praça sitiada não deve ter qualquer espécie de raciocínio estranho àquilo de que está incumbido; que deve manter-se isolado de tudo; e que

NAPOLEÃO BONAPARTE

afinal de contas não deve ter outra preocupação senão defender sua praça, com ou sem razão, até o último minuto, de acordo com o que prescrevem as ordenações de Luís XIV e o exemplo dos homens de coragem.[20]

Comandar numa cidade sitiada implica novas responsabilidades para um oficial:

> Quando uma cidade está cercada, parece-me que um militar se transforma numa espécie de magistrado, e deve comportar-se com a moderação e a decência exigidas pelas circunstâncias, e não deve ser um instrumento de facções, um oficial de vanguarda.[21]

Uma praça deve ser defendida até a última extremidade:

> É preciso resistir até o último momento, sem calcular se chegarão reforços ou não. Render-se um dia antes é um crime militar. Um comandante deve ver apenas sua praça, e prolongar sua defesa sem buscar qualquer razão política.[22]

Para que uma praça resista por muito tempo, é necessário blindá-la, vale dizer, deixar suas superestruturas a salvo das bombas lançadas pelos canhões:

> A defesa de uma praça não está organizada quando nem todos os estabelecimentos militares estão a salvo do bombardeiro. Decorre daí que ao primeiro acidente o comandante reúne seu conselho de guerra e proponha render a praça. É assim que, com alguns morteiros e canhões, o inimigo se apodera de uma praça que, bem organizada, teria resistido a um longo cerco. [...] No momento da investida, já é tarde demais para fazer as blindagens, a menos que o comandante seja um homem de caráter firme; mas nem sempre se deve contar com isto. É preciso raciocinar na suposição de que ele será um homem medíocre.[23]

LIVRO VI — A DEFESA

Uma praça deve ser defendida "ativamente". Napoleão explica o que entende por isto a propósito da defesa de Corfu:

> A primeira consideração de uma defesa ativa é que não se deve permitir que o inimigo se estabeleça em nenhum ponto de dominação. [...] A arte consiste em manter o inimigo afastado do Monte Superior [que domina tudo], engajá-lo numa guerra que lhe seja desvantajosa, pois estamos no controle da posição superior e isto não tem remédio para o inimigo; assediá-lo, matar dos seus, cansá-lo, pois a vantagem está com o sitiado, ele escolheu a posição e ela lhe é favorável.[24]

Já em *Le Souper de Beaucaire*, escrito em 1793, Bonaparte dizia aos interlocutores:

> [...] é um axioma da arte militar, que aquele que permanece em seus entrincheiramentos é derrotado: a experiência e a teoria convergem nesse sentido [...].[25]

A propósito de Carlos da Lorena, que se deixou cercar em Praga por Frederico II no início da Guerra dos Sete Anos, ele diz algo que pode parecer de um cinismo insuportável:

> O príncipe Carlos deveria ter feito surtida após surtida. As tropas foram feitas para morrer.[26]

É a grande diferença representada pela conscrição: os generais da Revolução Francesa dispunham de um reservatório de homens quase ilimitado, e assim puderam conceber a guerra de maneira bem mais viva e audaciosa. Vimos antes que Napoleão exortava seus generais a não atacarem, mas a contornarem as posições fortificadas para poupar seus homens. Mas, ainda assim, ele encarnou uma maneira de guerrear mais vigorosa, porém também mais sangrenta, o que Clausewitz frisou ao dizer que a guerra se havia aproximado de sua forma absoluta.

Outra maneira de melhorar a defesa de uma fortaleza: os homens devem estar permanentemente encarregados de um setor bem preciso, em vez de passar de um ponto a outro:

> O serviço não deve ser feito por guardas em alternância, mas por batalhões ou companhias que permaneçam em posto fixo nos bastiões, fortificações e contraguardas; é o método turco; é o melhor para a defesa e o mais econômico em homens. [...] O senhor haverá então de dar como instrução que, se o cerco ocorrer, sejam incumbidos da defesa de cada frente um oficial e uma parte da guarnição que lá haverão de acampar; os soldados lá terão de permanecer.[27]

Esse sistema responsabiliza mais os soldados, que serão capazes de melhor defender um setor a que se tenham acostumado. Uma ordem equivalente é dada a Joseph Bonaparte em março de 1814:

> Dê ordem para que nas praças o serviço seja feito à turca, ou seja, que os mesmos homens sejam constantemente incumbidos da defesa do mesmo bastião e nele durmam, como numa caserna. Com este método, para guardar uma praça será preciso apenas um quarto das tropas necessárias em relação à nossa maneira tradicional.[28]

# 8. A posição defensiva

A mobilidade das tropas aumentou durante as guerras da Revolução, e todos os planos de combate de certa forma passaram a procurar contornar e cercar as posições inimigas. Contornar implica a intenção de cortar as linhas de retirada e de comunicações. Transbordar a posição significa não se preocupar com ela e perseguir o objetivo avançando por outro caminho. A arte do entrincheiramento ajuda a natureza no sentido de conferir caráter defensivo a uma posição.[1]

Se Napoleão tinha o espírito da ofensiva, mostrava-se também muito sensível à vantagem de uma boa posição. Sua escolha, entendia ele, era bem mais importante que na Antiguidade:

> Um campo romano era situado independentemente das localidades: todas eram boas para exércitos cuja força consistia exclusivamente em armas brancas; de modo que não era necessário golpe de vista nem gênio militar para bem acampar; ao passo que a escolha das posições, a maneira de ocupá-las e de posicionar as diferentes armas, valendo-se das circunstâncias do terreno, é uma arte que faz parte do gênio do capitão moderno.
>
> A tática dos exércitos modernos baseia-se em dois princípios: 1º que devem ocupar uma frente que lhes permita pôr em ação vantajosamente todas as suas armas de arremesso; 2º que devem

preferir antes de mais nada a vantagem de ocupar posições que dominam, prolongam, penetram as linhas inimigas, à vantagem de serem cobertas por um fosso, um parapeito ou qualquer outra peça da fortificação de campanha.[2]

Na guerra, em todo movimento, é preciso ter como objetivo ganhar uma boa posição.[3]

Na Palestina, Bonaparte recomenda a Murat:

É uma questão de princípio militar que todo corpo destacado se entrincheire, e é um dos primeiros cuidados que se deve ter ao ocupar uma posição.[4]

A extensão da posição depende do tipo de força de que se dispõe. Em 1813, carecendo de cavalaria, Napoleão recómenda que a extensão seja suficiente para permitir à infantaria disparar seu fogo:

[...] é preciso evitar o inconveniente de tomar uma posição por demais apertada, que impeça a boa disposição das armas e confira uma grande vantagem à cavalaria inimiga.[5]

Em Santa Helena, Napoleão insiste na utilidade das fortificações de campanha, como se a lembrança das perdas amargadas nas grandes batalhas o perseguisse e ele desejasse poupar mais os soldados, deixando-os a salvo. Ele considera que se relegou sem razão o costume de entrincheirar um exército.[6] Confessa que se soubesse que era possível cavar uma trincheira em doze horas, e mesmo em seis ou três horas, muito teria sido influenciada sua maneira de guerrear:[7]

Os princípios de fortificações de campanha precisam ser aperfeiçoados. Esta parte da arte da guerra ainda pode fazer grandes progressos.[8]

LIVRO VI — A DEFESA

O imperador cuida de fortificações de campanha durante três meses, do fim de agosto de 1818 até novembro, concentrando sua atenção nessas questões áridas "como se ainda estivesse em causa o destino do mundo".[9] Encomenda uma grande quantidade de trabalhos e projetos ao marechal Bertrand, general de engenharia, a tal ponto que este fica sem condições de manter seu diário com a regularidade de praxe:

> O problema pode ser resolvido: os princípios da fortificação de campanha precisam ser melhorados; esta parte importante da arte da guerra não fez qualquer progresso desde os Antigos; e hoje inclusive está abaixo do que era há dois mil anos. É preciso estimular os engenheiros a aperfeiçoá-los, a elevar essa parte de sua arte ao nível das outras. Sem dúvida é mais fácil censurar, condenar em tom dogmático do fundo de um gabinete; e por sinal se poderá ter a certeza de lisonjear o espírito de preguiça das tropas: oficiais e soldados repugnam a fazer uso da pá e da picareta; de modo que concordam e repetem a mais não poder: As fortificações de campanha são mais nocivas que úteis, não devem ser construídas; a vitória é daquele que marcha, avança, manobra: não se deve trabalhar, a guerra já não é suficientemente cansativa?... discursos lisonjeiros e no entanto desprezíveis.[10]

Esta preocupação com a fortificação de campanha não nasceu em Santa Helena. Antes de empreender a campanha de 1806 contra a Prússia, o marechal Berthier precisa cuidar para que cada divisão disponha de 400 a 500 ferramentas, além de 1.500 para cada corpo de exército.[11] O marechal Soult, durante as campanhas de 1806 e 1807, recebeu várias cartas no mesmo sentido:[12]

> É da maior conveniência revolver a terra. É o caso dos redutos e fortificações de campanha que têm, independentemente de seu valor real, uma vantagem de opinião.[13]

> É preciso revolver a terra e cortar lenha para se murar. É a maneira de poupar a infantaria e de nada temer das incursões da cavalaria.[14]

Às vésperas da campanha de 1809 contra a Áustria, o general Bertrand, comandando a engenharia do exército da Alemanha, precisa reservar ferramentas para as batalhas.[15] Foi sobretudo durante a campanha de 1813 na Alemanha que Napoleão promoveu importantes obras de campo de batalha, principalmente ao redor da cidade de Dresden, pivô de suas operações a partir do verão. Elas lhe deram tempo de deter o exército de Schwarzenberg, no início com forças nitidamente inferiores. Conseguiu deter o inimigo em 26 de agosto e vencê-lo no dia seguinte graças a elas. O mestre de obras era o comandante em chefe da engenharia do Grande Exército, o general Rogniat, que já era admirado por Napoleão antes mesmo de ler suas *Considérations sur l'art de la guerre*.[16] Ainda em abril de 1819, o imperador fazia cálculos sobre a profundidade das trincheiras, a altura necessária para cobrir um homem etc. Causa espanto que Napoleão, depois de ter lido e criticado Rogniat, de tal maneira insista na utilidade das obras de engenharia em campanha, preconizada com todas as suas forças por esse general. Bertrand, igualmente general da engenharia, e que tivera boas relações com Rogniat, destacou com precisão as propostas inovadoras do imperador. A picareta haveria de se tornar um autêntico complemento do fuzil.[17]

Um aspecto importante e não raro ignorado do pensamento napoleônico sobre a guerra reside nessa investigação, em Santa Helena, sobre os melhores meios de garantir posições defensivas às tropas graças à fortificação de campanha. A crítica de Rogniat sem dúvida estimulou a reflexão de Napoleão a esse respeito, e, naturalmente, quem melhor deu conta disso foi o general Bertrand. Antecipando uma conquista de meados do século XIX,[18] Napoleão percebe o interesse de uma ligeira fortificação de campanha para o aumento da potência de fogo:

> A força da infantaria consiste em seu fogo, e seu fogo será tanto mais temível à medida que for disposto em maior número de fileiras. A infantaria se posiciona em batalha em três fileiras, pois se reconhece ser impossível que a quarta fileira seja capaz de atirar; o próprio fogo da terceira fileira é de pouco efeito, sendo mais nocivo que útil.

LIVRO VI — A DEFESA

Entretanto, com uma simples obra de pequenas proporções, é possível dispor o terreno de maneira que a terceira, a quarta, a quinta e a sexta fileiras possam atirar sem se prejudicar, o que duplica e triplica a consistência e a força da infantaria. [...]

O choque da infantaria e da cavalaria tem a particularidade de que, se a infantaria for atingida, estará perdida, ao passo que, se a carga falhar, nenhum inconveniente resultará para a cavalaria; donde a solicitude de todos os militares no sentido de aumentar a força da infantaria. Com uma pequena obra, se torna possível cobri-la com um fosso e uma parede de sacos de terra. Nossa ordenação no sentido de que o batalhão quadrado contra a cavalaria seja formado por seis fileiras traz mais inconvenientes que vantagens, pois diminui o fogo em dois terços; entretanto, dispondo-se o terreno como se disse antes, as seis fileiras poderiam atirar ao mesmo tempo. Que cavalaria seria capaz de avançar debaixo de fogo tão terrível?! A convergência desses três recursos ou obras-manobras garante uma proteção eficaz à infantaria.[19]

Clausewitz também tem consciência da vantagem de "valer-se do terreno como uma força auxiliar". Projetando-se no futuro, ele acrescenta: "Tratando-se de dispositivos consideráveis, essa vantagem poderia inclusive ser válida na maioria dos casos."[20]

## 9. Posições fortificadas e campos entrincheirados

Clausewitz contempla neste capítulo posições tão fortificadas que a intenção é torná-las inatacáveis. A fortificação não tem mais o objetivo de melhorar as condições da batalha, mas de impedi-la e proteger todo um setor. Os campos entrincheirados, inseparáveis de uma fortaleza, não visam a proteger um espaço, mas uma força armada. Clausewitz só os preconiza na verdade para as praças situadas ao longo do mar. Em outros lugares, são necessárias tropas para ocupá-los, e eles se mostram mais prejudiciais que úteis.[1]

Ao criticar a obra semioficial de Lazare Carnot sobre a defesa das praças,[2] Napoleão dá sua opinião sobre os campos entrincheirados. Embora entenda seu interesse, considera que não devem ser concebidos de qualquer maneira:

> Há nesse trabalho uma ideia mais extravagante: posicionar todas as munições de guerra e de canhão de uma praça-forte num campo entrincheirado, para que, tendo sido tomada a praça, o campo possa defender-se ainda por muito tempo. Podemos ver que o Sr. Carnot não tem qualquer experiência da guerra e que ela não foi para ele objeto de nenhuma reflexão profunda. Um campo entrincheirado é uma má defesa contra nossos exércitos atuais. Seríamos fulminados pelas baterias cruzadas, que tornariam todos os pontos

LIVRO VI — A DEFESA

inabitáveis, receberíamos a morte sem poder infligi-la, e a solução mais simples seria deixá-lo de baioneta em punho para abrir uma brecha. Contra nossas armas atuais, não existe nenhuma fortificação a salvo de um golpe de mão. Se não tiver um grande comando, se não for precedida de um largo e profundo fosso e atacada no seu entorno por tiros de flanco, se esse fosso não tiver uma escarpa e uma contraescarpa de alvenaria ou madeira (ou de tufo calcário, mas de tal maneira que seja impossível escalá-la sem escada), nenhuma obra em terra, a menos que seja coberta por um largo fosso d'água, ou que as terras permitam sustentá-la num ângulo muito oblíquo, ou seja escorada por estacas ou paliçadas, pode ser considerada a salvo de um golpe de mão, ou seja, a salvo do ataque de um corpo de exército dispondo de equipamentos de campanha e podendo contar com 60 a 80 canhões (sobretudo de 12, ou de obuses). As ideias de Carnot não são claras na importante questão da linha de demarcação que separa o que pode ser atacado sem canhões de 24 e sem morteiros, e o que pode ser atacado sem cerco em regra, mas apenas com peças de 12 e obuses. No próprio caso proposto por Carnot, consistindo em cercar Antuérpia com um cinturão de 10.000 toesas [19 km], para deixar as obras a salvo de bombardeios, é preferível fazê-lo com fortes isolados, pois a tomada de um forte não acarreta a de todo o cinturão, e um forte pode defender-se até o último momento, sem estar sujeito a um ataque de pânico, pois todos os pontos de seu cinturão estão sob os olhos da guarnição.[3]

Napoleão propõe fortes destacados ao redor de Antuérpia, que seriam construídos pelo exército belga na década de 1850. Antecipa, assim, a dispersão da fortificação característica do século XIX. Não pretendendo enfeixar um exército num campo de tipo romano, ele preconiza um campo entrincheirado de maiores proporções, adaptado aos exércitos de sua época:

> Os princípios sobre os quais são construídas as obras de campanha não variaram muito desde os romanos. Acaso não seriam passíveis de melhora? Acaso não poderíamos esquivar-nos aos inconvenientes que fizeram com que fossem abandonados e nos reapropriar das

vantagens que deles tiraram os exércitos romanos? Pois, se essas vantagens eram apreciáveis para exércitos de 25 a 30.000 homens, seriam muito mais consideráveis para um exército de 100 a 200.000 homens. Esses grandes exércitos são obrigados a se dividir em quatro, seis, oito corpos, e a marchar por outras tantas saídas diferentes, separados entre eles por bosques, precipícios e montanhas, o que os torna suscetíveis de serem atacados isoladamente por forças duplas ou triplas; eles não podem ficar a salvo desse perigo sem recorrer a um campo fortificado e sem o hábito de fortificar diariamente seus campos.[4]

A posição de Napoleão a respeito dos campos entrincheirados não deixa margem a dúvida. Na verdade, ele não quer "fechar-se" em sistema algum, seja o de Carnot ou o de Rogniat. Quanto a Napoleão, Rogniat recusa sua ideia de modificar a obra de Vauban na fronteira do Norte:

Vauban organizou regiões inteiras em campos entrincheirados, cobertos por rios, inundações, praças e florestas; mas jamais sustentou que as fortalezas pudessem sozinhas fechar a fronteira. Quis que essa fronteira, assim fortificada, desse proteção a um exército inferior contra um exército superior; que lhe desse um campo de operações favorável para se manter e impedir o exército inimigo de avançar, oportunidades de atacar vantajosamente, enfim, meios de ganhar tempo para permitir a chegada dos reforços.

Nos reveses de Luís XIV, esse sistema de praças-fortes salvou a capital. O príncipe Eugênio de Saboia perdeu uma campanha na tentativa de tomar Lille.[5] O cerco de Landrecies ofereceu a Villars a oportunidade de mudar a sorte.[6] Cem anos depois, em 1793, depois da traição de Dumouriez, as praças de Flandres salvaram Paris; os coligados perderam uma campanha na tentativa de tomar Condé, Valenciennes, Quesnoy, Landrecies. Essa linha de fortalezas também foi útil em 1814; os aliados violaram o território da Suíça, engajaram-se nos desfiladeiros do Jura para evitar as praças e mesmo tratando de assim contorná-las foi-lhes necessário, para bloqueá-las e observá-las, perder um número de homens superior ao total das guarnições.[7]

LIVRO VI — A DEFESA

Tendo assim qualificado de campos entrincheirados as regiões cobertas pela cintura de ferro de Vauban, preconizando campos fortificados para um exército de 100 mil homens ou mais, Napoleão adverte contra a ideia de campo entrincheirado proposta pelo general Rogniat. Este imagina, em vez das cinquenta praças de Vauban, cinco ou seis grandes campos entrincheirados na fronteira, seguidos de outras linhas semelhantes até o centro do país. Isso acarretaria naturalmente enormes despesas, ao passo que as praças de Vauban têm o mérito de já existirem. Rogniat raciocina como engenheiro, acostumado a arquitetar soluções técnicas e geométricas. Napoleão também chegou a fazê-lo, mas aqui ele prefere criticar o raciocínio abstrato de seu antigo general. Chama então a atenção para o perigo de se fechar num campo entrincheirado:

> Mas será o caso de defender uma capital cobrindo-a diretamente, ou se fechando num campo entrincheirado na retaguarda? A primeira alternativa é mais segura; permite defender a travessia dos rios, dos desfiladeiros, e até criar posições de campanha, obter o reforço das tropas do interior, preparar numa boa posição um bom campo de batalha, enquanto o inimigo insensivelmente se debilita. Seria uma ruim alternativa deixar-se fechar num campo entrincheirado; correr-se-ia o risco de nele ser confrontado ou pelo menos bloqueado e reduzido a abrir caminho de espada em punho, para conseguir pão e forragem. São necessários 4[00] ou 500 veículos por dia para abastecer um exército de 100.000 homens; o exército invasor, sendo superior em um terço, impediria a chegada dos comboios; sem bloquear hermeticamente esse vasto campo entrincheirado, ele haveria de privá-lo de víveres; as entradas seriam tão difíceis que a fome rapidamente tomaria conta.
>
> Resta uma terceira alternativa, manobrar sem se deixar acuar até a capital que se pretende defender, nem se fechar num campo entrincheirado na retaguarda; para isso são necessários um bom exército, bons generais e um bom chefe. Em geral, a ideia de deixar descoberta a capital que se pretende defender vem junto com a ideia de um destacamento e faz parte dos inconvenientes ligados a toda disseminação diante de um exército já superior.[8]

Mais que a ideia de campo entrincheirado propriamente dita, é o dogmatismo que o imperador pretende combater. Ele conclui seu comentário com um parágrafo que já citamos a respeito da grande tática, evocando "problemas físico-matemáticos indeterminados, que não podem ser resolvidos pelas fórmulas da geometria elementar".[9]

Um trecho do *Mémorial* poderia inclusive dar a entender que Napoleão recrimina o general Rogniat sobretudo por expressar antes dele uma ideia que lhe ocorreu. Relata Las Cases:

> Ele disse que muito havia feito por Antuérpia, mas que ainda era pouco em comparação com o que pretendia fazer. Pelo mar, ele queria transformá-la num ponto de ataque mortal para o inimigo; por terra, queria torná-la um recurso certo em caso de grandes desastres, um verdadeiro ponto de salvação nacional;[10] queria torná-la capaz de receber um exército inteiro em sua derrota, e de resistir a um ano de trincheira aberta, intervalo durante o qual uma nação teria tempo, segundo dizia, de ir em massa libertá-la e retomar a ofensiva. Cinco a seis praças desse tipo, acrescentava, eram por sinal o sistema de defesa novo que ele pretendia introduzir no futuro.[11]

# 10. A defesa na montanha

A defesa na montanha sempre teve uma reputação de eficácia e força. O que, naturalmente, se deve ao mesmo tempo à dificuldade de uma marcha em longas colunas de ataque e à força extraordinária que pode ter nesse contexto um pequeno posto, graças à inclinação abrupta que cobre sua frente e aos desfiladeiros em que pode se apoiar à direita e à esquerda. Na montanha, a escolha judiciosa da posição de fato pode conferir uma força de contenção enorme a um simples posto, dotado de uma fraca guarnição.[1]

As reflexões de Napoleão limitam-se a esse aspecto, que diz respeito antes de mais nada à tática. Em fevereiro de 1817, ele discute operações nos Alpes durante as guerras da Revolução:

> Estabeleço um grande princípio para a guerra de montanha, de que a arte da ofensiva consiste em fazer-se atacar, pois, tendo a natureza feito posições muito fortes, o ataque em geral é desvantajoso, a menos que se tenha assumido uma posição muito vital. De modo que aquele que pretende tomar a ofensiva deve obrigatoriamente buscar tomar alguma posição nos flancos ou na retaguarda do inimigo que o incomoda e o força tentando tirá-lo de sua posição e portanto atacá-lo.[2]

A montanha convém à defensiva. O raciocínio é desenvolvido em setembro de 1817:

> Na guerra de montanha, é preciso fazer-se atacar, e não atacar. Eis o talento. O inimigo ocupa uma posição forte? Será necessário tomar uma posição de tal ordem que ele seja forçado a vir nos atacar ou então ir tomar uma outra na retaguarda. [...] As montanhas constituem obstáculos mais importantes que os rios. Sempre é possível atravessar um rio, mas muitas vezes uma montanha, como os Vosges, tem apenas duas ou três passagens. Havendo praças, não se pode passar. Bastam algumas horas para lançar uma ponte, mas são precisos seis meses para abrir um caminho. Eu não teria atravessado os Alpes por Marengo se o rei da Sardenha não tivesse cortado estradas até o pé. Bem se pode dar uma puxada intensiva por duas ou três léguas de más passagens, mas não por quinze. Se tivesse havido gente suficiente para defender a cidade e o forte de Bard, eu não teria passado.[3]

Napoleão confessa aqui que arriscou tudo em 1800 e que talvez não o tivesse feito uma segunda vez. Curiosamente, ele não extrai nenhum ensinamento do início de sua primeira campanha da Itália, onde tomou a ofensiva na montanha, em meio às forças austríacas e piemontesas que conseguiu dividir. Clausewitz faz isso por ele. Considera que a capacidade defensiva de um posto na montanha é evidente, mas também relativa, limitada à escala tática. Na escala estratégica, as guerras da Revolução mostraram que o ataque podia concentrar suas massas num único ponto e forçar uma linha de defesa por demais extensa. Para ele, a defesa na montanha sofre globalmente uma derrota.[4] Em que campanha poderia estar pensando, senão na mais brilhante, a de Montenotte, em abril de 1796?[5]

# 11. A defesa dos rios

Os rios apresentam interesse para o estabelecimento de uma linha de defesa. É particularmente o caso no norte da Itália:

> As linhas que um exército italiano ou francês precisa tomar para se opor a uma invasão do lado da Alemanha são as que seguem a margem direita dos rios que desembocam no Adriático ao norte do Pó; essas linhas cobrem todo o vale do Pó, fechando então a península e cobrindo a alta, a média e a baixa Itália. São as melhores linhas de defesa. As que seguem os rios que desembocam no Pó cortam o vale do Pó e descobrem a média e a baixa Itália; são necessários dois exércitos manobrando nas duas margens do Pó.
>
> As linhas de defesa que cobrem o vale do Pó são as do Isonzo, do Tagliamento, do Livenza, do Piave, do Brenta e do Ádige.[1]
>
> É particularmente com a artilharia que se defende a travessia dos rios.[2]

Numa longa nota, em 1809, Napoleão insiste no fator tempo na defesa ao longo de uma linha constituída por um rio:

> Podemos esperar de uma linha apenas as seguintes vantagens: tornar a posição do inimigo tão difícil que ele se atire em operações erradas e seja derrotado por forças inferiores, ou então, se se tiver à

frente um general prudente e de gênio, obrigar o inimigo a transpor metodicamente obstáculos criados ao bel-prazer, e assim ganhar tempo; já do lado do exército francês, pelo contrário, socorrer a fraqueza do general, tornar sua posição de tal maneira indicada e fácil que ele não possa cometer grandes erros, e afinal dar-lhe tempo para esperar reforços. Na arte da guerra, como na mecânica, o tempo é o grande elemento entre o peso e a força.[3]

Além dessa nova alusão à mecânica, significativa de certo pendor intelectual, o trecho contém um reconhecimento implícito de que a defensiva confere um acréscimo de força, o que não nos deixa longe da constatação de Clausewitz sobre a superioridade da defensiva. Numa ordem de ideias equivalente, ele constata que a determinação do espaço cabe à defesa, ao passo que a determinação do tempo pertence ao ataque.[4]

Quando uma praça está situada perto de um curso d'água, é interessante, para um exército que recua, dispor de um certo espaço entre este e as fortificações:

Deve ser uma lição para os engenheiros, não só para a construção das praças-fortes, como também para a construção das cabeças de ponte; eles devem deixar um espaço entre a praça e o rio, de maneira que, sem entrar na praça, o que poderia comprometer sua segurança, um exército seja capaz de se ordenar e se agrupar entre a praça e a ponte.[5]

Depois que as forças francesas recuaram para trás do Ebro no verão de 1808, Napoleão escreveu sobre a maneira como seria necessário conceber a defesa dessa linha:

Mantendo a linha do Ebro, é necessário que o general tenha previsto tudo que o inimigo pode fazer em todas as hipóteses. [...] É necessário, em todas essas hipóteses, que não se perca muito tempo em deliberações, que seja possível mover-se da direita para a esquerda ou da esquerda para a direita, sem fazer nenhum sacrifício, pois, em manobras combinadas, as hesitações, a falta de resolução, surgindo

LIVRO VI — A DEFESA

das notícias contraditórias, que se sucedem rapidamente, conduzem a desgraças. [...] Uma observação que não seria fora de propósito fazer aqui é que o inimigo, tendo interesse em mascarar suas forças escondendo o verdadeiro ponto de seu ataque, age de modo que o golpe que pretende desferir nunca seja indicado de maneira positiva, e o general só pode adivinhar através do conhecimento aprofundado da posição e da forma como ele faz entrar seu sistema ofensivo para proteger e garantir seu sistema defensivo.[6]

Também é necessário garantir artifícios ofensivos:

Um rio ou uma linha qualquer só podem ser defendidos dispondo-se de pontos ofensivos; pois, quando se cuida apenas da defesa, incorre-se em riscos sem nada obter; mas, quando se pode combinar a defesa com um movimento ofensivo, faz-se com que o inimigo corra mais riscos do que foi capaz de fazer correr o corpo atacado.[7]

Não se haverá de alimentar ilusões: a linha de um rio sempre vem a ser forçada. É absolutamente necessário garantir cabeças de ponte na outra margem:

Um rio, mesmo tão largo quanto o Vístula, tão rápido quanto o Danúbio em sua foz, nada representa se não [se tem] saídas para a outra margem e uma cabeça pronta a retomar a ofensiva. Quanto ao Ebro, é menos que nada, sendo considerado apenas como um traçado.[8]

Nunca um rio foi considerado um obstáculo que provocasse um atraso de mais que alguns dias, e a travessia só pode ser impedida posicionando-se tropas em peso nas cabeças de ponte da outra margem, prontas para retomar a ofensiva assim que o inimigo começar sua travessia. Entretanto, se houver o desejo de se limitar à defensiva, não há alternativa senão dispor as tropas de maneira a poder reuni-las em massa e cair sobre o inimigo antes que sua travessia seja concluída; mas é preciso que as localidades o permitam e que as discussões sejam tomadas antecipadamente. [...]

NAPOLEÃO BONAPARTE

Nada é mais perigoso que tentar defender seriamente um rio guarnecendo a margem oposta; pois, uma vez tendo o inimigo surpreendido a travessia, e ele sempre a surpreende, encontra o exército numa ordem defensiva muito extensa e o impede de se reagrupar.[9]

Essas considerações a respeito das vantagens e dos inconvenientes prefiguram as de Clausewitz. Se a defesa de um rio for forçada num ponto qualquer, não poderá haver defesa posterior durável, como é o caso na montanha. Os exemplos de um rio defendido de maneira eficaz são muito raros na história. Julgou-se possível concluir daí que os rios não constituíam barreiras suficientemente sólidas. Mas suas vantagens defensivas são incontestáveis.[10]

## 12. A defesa dos pântanos — As inundações

Estudando o terreno em que as operações logo serão retomadas contra os russos na primavera de 1807, Napoleão destaca o comandante adjunto Guilleminot[1] em missão de reconhecimento. Quer tirar partido dos pântanos da Prússia Oriental:

> Devemos fazer o reconhecimento de toda essa posição e do partido que podemos tirar dos pântanos e obstáculos naturais; é neste caso que todo obstáculo é bom, pois tende a deixar um corpo menos numeroso a salvo de um corpo mais numeroso, e obriga o inimigo a tomar disposições que dão tempo para agir.[2]

À exceção de seus diques, um pântano é absolutamente impraticável para a infantaria. É mais difícil de atravessar que qualquer rio. Se as passagens não forem numerosas, os pântanos encontram-se entre as linhas de defesa mais fortes que existem. Quanto às inundações, a Holanda é talvez o único país europeu onde constituem um fenômeno digno de atenção:[3]

> Os ingleses e os russos são excelentes soldados; os holandeses são medíocres, muitos desertam; mas num país como a Holanda, onde a cada passo são encontradas posições vantajosas ou inexpugnáveis, pois em toda parte se está coberto por canais não navegáveis, pântanos ou inundações, a defensiva pode ser sustentada vantajosamente com tropas inferiores em força.[4]

# 13. O cordão

"A palavra cordão se aplica a toda medida de defesa destinada a proteger diretamente todo um setor por meio de uma linha contínua de postos."[1] Essa linha só é capaz de proteger de ataques muito fracos. A muralha da China foi construída com essa intenção, para impedir incursões tártaras. O cordão protege contra povos asiáticos, nos quais a guerra é um estado quase permanente mas difuso. Uma defesa em cordão foi estabelecida na Europa contra os turcos. O objetivo era deter operações menores. Durante as guerras da Revolução, o cordão foi utilizado fora de seu contexto. Os estados-maiores austríaco e prussiano julgaram em certos momentos que uma defesa em cordão podia servir de cobertura contra qualquer ataque:[2]

> O general Beaulieu quis defender o Mincio através de um cordão. Esse sistema é o que há de pior na ordem defensiva. [...] Ao disseminar o exército ao longo desse rio, ele se enfraquecia; teria adquirido mais força ocupando uma boa posição nas colinas entre o lago de Garda e o Ádige, antes do planalto de Rivoli, e tratando de se cobrir com trincheiras.[3]

LIVRO VI — A DEFESA

Em março de 1800, o general Masséna está na defensiva na Itália, enquanto o Primeiro Cônsul começa a formar um exército de reserva. Este lhe recomenda que evite uma defesa em cordão:

> Não forme nenhuma linha, mas mantenha suas tropas reunidas e agrupadas ao redor de Gênova, mantendo seus quartéis em Savona. Eis os autênticos princípios militares; agindo assim, derrotará 50.000 homens com 30.000, e se cobrirá de uma glória imortal.[4]

É impossível manter todos os pontos. Joseph, tendo subido ao trono de Nápoles, volta a ouvir a recomendação em 1806:

> Não é espalhando tropas por toda parte que será capaz de manter todos os pontos, mas deixando marchar.[5]

> Se pretender guardar todos os pontos de seu reino de Nápoles, não haverá forças suficientes na França.[6]

> Pretende acaso defender toda uma fronteira com um cordão? Será fraco em toda parte, pois no fim das contas tudo que é humano é limitado: artilharia, dinheiro, bons oficiais, bons generais, tudo isto não é infinito, e, se for obrigado a se espalhar por todo lado, não será forte em lugar nenhum.[7]

No verão de 1808, o mesmo Joseph tem de evacuar sua nova capital, Madri. Napoleão redige uma nota para o marechal Berthier a respeito do sistema defensivo adotado por Joseph:

> Acaso se adotou o sistema dos cordões? Acaso se pode impedir o contrabando de passar, ou o inimigo? [...] Quem pode aconselhar o rei a fazer cordões? Depois de dez anos de guerra, será que devemos voltar a esse tipo de tolice?[8]

Um mês depois, ele reitera:

> Já dissemos que o sistema dos cordões é dos mais prejudiciais, e que uma linha, até mesmo como o Reno e o Vístula, só pode ser sustentada ocupando-se pontes que permitam retomar a ofensiva.[9]

A referência ao contrabando é retomada numa carta escrita em nome do imperador pelo general Bertrand ao general Maison, que defende a Bélgica em janeiro de 1814:

> Sua Majestade não aprova o projeto de uma linha de vinte léguas; isto é bom para o contrabando, mas esse sistema de guerra nunca deu certo.[10]

## 14. Chave de região

Ao criticar as operações efetuadas na Alemanha em 1796, Napoleão fala da cidade de Ulm,

> posição importante no Danúbio, que é a chave dessa parte da Alemanha e da bacia do Danúbio que reina do meio da Turíngia ao do Tirol.[1]

Durante a batalha de 14 de janeiro de 1797, o planalto de Rivoli era "a chave de toda a posição".[2] A expressão também foi usada a propósito de Ostende:

> A praça de Ostende é da maior importância; devemos cuidar seriamente de deixá-la em perfeitas condições; é a chave da Bélgica. [...] É a praça que devemos defender, pois, se o inimigo se apoderasse dela, ele poderia deslocar-se na Bélgica ou para Antuérpia. É o que me leva a esperar antes de mais nada dois fortes nas dunas, à direita e à esquerda, a 400 ou 500 toesas das muralhas da praça.[3]

Napoleão provavelmente foi buscar a noção de chave em Lloyd, que a utilizava muito. Clausewitz criticou a expressão, que dava uma aparência científica a certas teorias, mas não deixava de ser confusa.

E de fato a expressão designava ora o lugar mais exposto, ora o mais sólido da região. Para ele, ela só se justifica se designar uma área sem cuja posse jamais se haverá de cometer a imprudência de penetrar numa região. Mas não pode tratar-se de um ponto que decida quanto à posse do conjunto. Neste caso, já não seria mais questão de bom senso, mas de "magia".[4]

## 15. Retirada no interior do país

Napoleão não teorizou muito sobre algo que só viria a praticar em 1814, na campanha da França. Mas frisou a necessidade da profundidade para arregimentar suas tropas num movimento de retirada:

> Quando somos expulsos de uma primeira posição, é necessário arregimentar as colunas suficientemente atrás para que o inimigo não possa impedi-las; pois o que de pior pode acontecer é que as colunas sejam atacadas isoladamente antes de se reunirem.[1]

Ele certamente pensava em sua desastrosa expedição da Rússia quando teceu a seguinte reflexão:

> É impossível fazer com que um homem lute contra a vontade de ir se ele decidir abandonar o país e tudo entregar.[2]

Igualmente marcado pela campanha de 1812 na Rússia, Clausewitz analisou muito a retirada no interior de um país, onde o defensor recua por vontade própria, para que se esgote o ataque inimigo. Ele reconhece que nenhum Estado europeu dispõe de extensões comparáveis às da Rússia, e que são raros aqueles onde seria concebível uma linha de retirada de uma centena de milhas. "Mas uma potência como a da França de 1812 também é uma raridade, e uma preponderância como a que marcava o início da campanha, quando os franceses tinham mais do dobro dos soldados, para não falar de uma incontestável superioridade moral, é algo ainda mais raro."[3] Ele cita outros casos, com distâncias menores: a retirada de Dumouriez diante do duque de Brunswick em 1792, a de Wellington ante Masséna em Portugal, em 1810. Também nesses dois casos, o adversário se esgotou e não foi necessário travar uma grande batalha para que fracassasse.

Segundo a Chaptal, Napoleão apreciou a retirada de Wellington:

> Eis um homem [...]; ele é forçado a fugir diante de um exército contra o qual não ousa investir, mas estabelece um deserto de oitenta léguas entre o inimigo e ele; atrasa sua marcha; enfraquece-o com privações de todo tipo; sabe arruiná-lo sem combatê-lo. Só mesmo Wellington e eu, na Europa, somos capazes de executar tais medidas. Mas existe uma diferença entre mim e ele, é que esta França, que se diz uma nação, me acusaria, ao passo que a Inglaterra o aprovará. Eu só fui livre no Egito. E pude então permitir-me medidas equivalentes. Muito se falou do incêndio do Palatinato, e nossos miseráveis historiadores ainda hoje caluniam Luís XIV a esse respeito. A glória deste acontecimento não pertence a esse rei. Ela cabe inteiramente a seu ministro Louvois, e se trata, aos meus olhos, do mais belo ato de sua vida.[4]

Em 1689, Louvois mandara sistematicamente incendiar as aldeias e "estragar" os campos do Palatinato para impedir os imperiais de subsistir na região e ameaçar a França. O ato causara indignação na Europa. Mais uma vez, Napoleão lamenta ter sido obrigado a conduzir a guerra respeitando certos limites.

# 16. O povo em armas

Napoleão aborda esta questão a propósito dos esforços infrutíferos da corte de Roma, em fevereiro de 1797, para armar a população de seus Estados contra os franceses:

> Quando uma nação não tem administradores e um princípio de organização militar, fica muito difícil organizar um exército. Se a França foi capaz em 1790 de montar tão rapidamente bons exércitos, foi porque tinha um bom fundo, que antes foi melhorado que deteriorado pela emigração. A Romanha e os Apeninos estavam fanatizados; a influência dos padres e monges era absoluta; os recursos das missões, das pregações e dos milagres eram eficazes. Os povos dos Apeninos são naturalmente corajosos; encontramos neles algumas centelhas do caráter dos antigos romanos; mas eles não foram capazes de opor nenhuma resistência a um punhado de tropas bem disciplinadas e bem conduzidas. O cardeal Busca citava a toda hora a Vendeia. A Vendeia viu-se em circunstâncias particulares; a população era guerreira e contava com grande número de oficiais e suboficiais que tinham servido no exército; ao passo que as tropas contra ela enviadas tinham sido arregimentadas nas ruas de Paris, comandadas por homens que não eram militares, que só cometeram tolices, o que insensivelmente aguerriu os da Vendeia; e finalmente as medidas extremas adotadas pelo Comitê de Salvação Pública e pelos jacobinos não permitiram a

esses povos optar pelo *mezzo termine*: morrer por morrer, mais valia se defender. Percebe-se perfeitamente que, se nessa guerra contra a Santa Sé, em vez de tentar acalmar as coisas, de alcançar vitórias, se tivesse inicialmente amargado derrotas, recorrendo a meios extremos e sanguinários, uma Vendeia poderia ter surgido nos Apeninos: o rigor, o sangue, a morte geram entusiastas, mártires, dão origem a resoluções corajosas e desesperadas.[1]

A imperícia dos gauleses perante César pode ser comparada à das cidades italianas. Ao frisar a necessidade de manter um exército de linha, Napoleão reitera que não se deve contar com o povo em armas:

> Nessa época eles [os gauleses] não tinham o menor espírito nacional nem mesmo de província; eram dominados por um espírito de cidade. É o mesmo espírito que desde então forjou os ferros da Itália. Nada é mais contrário ao espírito nacional, às ideias gerais de liberdade, que o espírito particular de família ou de aldeia. Desse desmembramento também resultava que os gauleses não tinham nenhum exército de linha sustentado, treinado, nem portanto nenhuma arte nem nenhuma ciência militar. Desse modo, se a glória de César se baseasse apenas na conquista da Gália, seria problemática.
> Toda nação que perdesse de vista a importância de um exército de linha perpetuamente a postos, que se entregasse a alistamentos ou exércitos nacionais, teria a mesma sorte da Gália, mas sem sequer ter a glória de opor a mesma resistência, que foi efeito da barbárie de então e do terreno coberto de florestas, pântanos, fendas, sem caminhos; o que o tornava difícil para as conquistas e fácil para a defesa.[2]

Na época da paz de Amiens, diante do Conselho de Estado, o Primeiro Cônsul manifestou-se no mesmo sentido, recusando o projeto de batalhões auxiliares locais, formados por jovens convocados antes do alistamento e comandados por oficiais reformados:

> A organização de batalhões auxiliares não vai ao objetivo; pelo contrário, daria aos conscritos mais o espírito de localidade que o do exército. E, por sinal, o que querem que façamos com tantos homens

LIVRO VI — A DEFESA

em tempos de paz? Deve-se convocar apenas o número necessário para completar o exército e deixar todo o resto livre. Como se eu precisasse incomodar, desagradar... É preciso pensar nas artes, nas ciências, nos ofícios... Não somos espartanos. Podemos apenas organizar uma reserva para o caso de guerra.[3]

Quando a França estava para ser invadida, o decreto de 4 de janeiro de 1814 promoveu um recrutamento geral em nove departamentos diretamente ameaçados. Corpos francos e bandos de guerrilheiros deviam ser convocados, mas não foram muitos.[4] Em 1815, diante da Europa coligada, Napoleão planeja mais um recrutamento geral, assim falando a respeito ao ministro da Guerra, o marechal Davout:

O recrutamento geral compõe-se da organização da guarda nacional, de todas as guardas florestais, de todos os corpos policiais e de todos os bons cidadãos e empregados que queiram aderir. Deve ser organizado por departamentos e ficar sob as ordens de um marechal de campo, seja do que estiver incumbido da organização das guardas nacionais, seja do que comandar o departamento. Esse recrutamento geral deve reunir-se ao sinal de alerta, e os generais comandantes em chefe dos exércitos devem indicar os pontos de convergência que ele deve ocupar em massa, como os desfiladeiros das pontes ou as gargantas das montanhas, ou designar-lhe um dia de combate para que vá dar apoio ao exército e investir contra os flancos e as retaguardas do inimigo. Os generais em chefe terão autoridade para encarregar um general de estado-maior de toda a correspondência e da direção do recrutamento geral. Em cada departamento, o general em chefe indicará as pontes, desfiladeiros a serem particularmente defendidos pelo recrutamento geral. Ele deve dar ordens para que os habitantes trabalhem imediatamente no sentido de deixar em condições de defesa sua cidade, suas portas, suas pontes, mediante barreiras, paliçadas ou cabeças de ponte, de acordo com as localidades; de tal maneira que a cavalaria ligeira inimiga, os oficiais portadores de ordens, os comboios, os soldados de infantaria inimigos não possam movimentar-se em lugar algum.[5]

O recrutamento geral foi ainda menos organizado em 1815 que em 1814, pois Napoleão se recusou a armar os "federados" que o apoiavam.[6] O povo em armas numa guerra que se tornou nacional é evocado numa conversa de janeiro de 1818. Gourgaud diz que já agora não é mais possível fazer conquistas como antigamente, destruindo as nações. Napoleão acrescenta:

> As armas de fogo são contra as conquistas, pois um simples camponês com uma arma assim quase equivale a um bravo homem; assim, numa guerra nacional em que toda a população toma armas, temos nesse novo estado de coisas uma aventura.[7]

Para ele, todavia, a guerra da Espanha nada prova, mas ele o diz para se eximir de culpa, responsabilizando as circunstâncias, seus generais e sobretudo seu irmão Joseph. De resto, os trabalhos de Charles Esdaile deixaram bem claro que o papel dos guerrilheiros fora excessivamente exaltado pelos políticos e publicistas, e que o exército regular respondera pela parte essencial, ao lado das forças de Wellington. As guerrilhas espanholas e portuguesas desempenharam certo papel, mas foram antes um ajuntamento de bandoleiros que um "povo em armas".[8]

Seja como for, as tarefas a serem confiadas ao povo em armas não são as mesmas do exército regular. O povo em armas deve essencialmente guarnecem as praças:

> As guarnições das praças-fortes devem ser tiradas da população, e não dos exércitos ativos; os regimentos provinciais de milícia tinham essa finalidade; é a mais bela prerrogativa da guarda nacional.[9]

Para Clausewitz, "uma guerra do povo em geral deve ser considerada como uma consequência da maneira como o elemento guerreiro rompeu em nossa época suas velhas barreiras artificiais — e, em consequência, como uma extensão e um reforço de toda essa fermentação a que chamamos guerra".[10] Uma guerra em que o povo se envolve, no entanto,

LIVRO VI — A DEFESA

sempre deve ser combinada, segundo ele, com a guerra conduzida pelo exército permanente, em função de um plano único de conjunto. Os alistamentos populares não devem ser usados contra o corpo principal do inimigo nem mesmo contra corpos importantes; "eles não devem tentar romper o núcleo, mas apenas corroer a superfície e os ângulos".[11] Essas ideias convergem para as do imperador.

# 17. Defesa de um teatro de guerra

Em abril de 1800, antes de se pôr à frente do exército de reserva, o Primeiro Cônsul expõe sua concepção da defesa da República:

> O sistema de guerra adotado pelo governo consiste em manter todas as tropas em colunas cerradas em alguns pontos favoráveis ao mesmo tempo à defensiva e à ofensiva. Os departamentos de fronteira, portanto, não devem se preocupar se vários pontos que foram durante toda a guerra guarnecidos de tropas não o são mais hoje. Que olhem à direita e à esquerda, e verão numerosos exércitos, tanto mais formidáveis por serem mais concentrados, não só ameaçando o inimigo que pretendesse fazer alguma entrada no território francês, como ainda se pondo em movimento para reparar, através de vitórias brilhantes, a afronta sofrida por nossas armas na última campanha.[1]

Este texto em que Napoleão apresenta um sistema de defesa oposto ao do cordão pode ser aproximado de uma importante noção introduzida por Clausewitz no capítulo "defesa de um teatro de guerra", contido em *Da Guerra*: a noção de "centro de gravidade". Segundo ele, um invasor deve desferir seus golpes contra a parte do país na qual estão concentradas as unidades mais numerosas do inimigo. A avaliação estratégica deve ser capaz de discernir bem esse ponto nevrálgico. Um teatro de guerra, grande

LIVRO VI — A DEFESA

ou pequeno, seja qual for a dimensão de sua força armada, representa uma unidade que pode ser reduzida a um único centro de gravidade. "É nesse centro de gravidade que se deve obter a decisão, e é saindo vitorioso nele que se defende o teatro de guerra no sentido mais amplo."[2]

Napoleão não contemplou apenas guerras ofensivas. Sempre se preocupou com a defesa da França, lembrando-se da invasão de 1792 e pressentindo que ela poderia voltar a ocorrer pela planície belga:

> Um território como o da França não se pode ter a pretensão de fechar hermeticamente; [...] A brecha por Colônia, pelo contrário, conduzindo a Bruxelas, e de lá a Antuérpia e Ostende, confere a posse de uma bela região, isola a Holanda, combina a operação com nossos eternos inimigos. Pode-se dizer que conseguimos, ao chegar a Ostende ou Antuérpia, proporcionar ajuda ao desembarque dos ingleses.
>
> De todos os planos de campanha que podem ser tentados contra nós por potências associadas, é aquele ao qual mais nos devemos opor.[3]

Em diferentes momentos de sua longa carreira militar, Napoleão teceu considerações gerais sobre a defesa de certos teatros de guerra comportando particularidades geográficas, levadas em conta por Clausewitz ao mencionar o "território", mas cujos aspectos variados não entram em sua análise teórica. As campanhas do Egito e da Síria permitiram a Napoleão avaliar o obstáculo representado por um deserto na defesa de um teatro de guerra. Ele teve a experiência da travessia do deserto do Sinai:

> De todos os obstáculos capazes de cobrir as fronteiras dos impérios, um deserto como este é incontestavelmente o maior. As cadeias de montanhas, como os Alpes, ficam em segundo lugar, e os rios, em terceiro; pois se é tão grande a dificuldade de transportar os víveres de um exército que raramente se consegue fazê-lo completamente, essa dificuldade torna-se vinte vezes maior quando é preciso arrastar consigo água, forragens e lenha, três coisas de muito peso, muito difíceis de transportar, que costumam ser encontradas pelos exércitos nos próprios locais.[4]

## NAPOLEÃO BONAPARTE

A defesa de um teatro distante oferece problemas particulares. O exército que nele se encontra é um exército secundário, e não estará em condições de contar com reforços imediatos se for atacado. Encontra-se ali como um corpo expedicionário. Napoleão desenvolveu toda uma reflexão a este respeito quando suas forças, confiadas a Marmont, tiveram de ocupar a Dalmácia, cedida ao reino da Itália pela Áustria na paz de Pressburg:

> Não existe nenhum meio de impedir um exército de forças duas ou três vezes maiores que as do exército que eu teria na Dalmácia de efetuar seu desembarque em algum ponto de oitenta léguas de litoral, e de prontamente obter uma vantagem decisiva sobre meu exército, se sua constituição for proporcional a seu número.
>
> Também me é impossível impedir um exército mais forte, que chegasse pela fronteira da Áustria ou da Turquia, de obter vantagem sobre meu exército da Dalmácia.
>
> Mas devemos acaso aceitar que 6, 8 ou 12.000 homens que os acontecimentos da política geral podem levar-me a manter na Dalmácia sejam destruídos e fiquem sem recursos após alguns combates? Devemos aceitar que minhas munições, meus hospitais e meus armazéns, disseminados ao acaso, caiam e se tornem presa do inimigo, a partir do momento em que ele tivesse adquirido superioridade em campanha sobre meu exército da Dalmácia? Não; isso é o que devemos prever e evitar. Só poderei fazê-lo pelo estabelecimento de uma grande praça, de uma praça de quartel que seja como o reduto de toda a defesa da Dalmácia, que contenha todos os meus hospitais, meus armazéns, meus estabelecimentos, onde todas as minhas tropas da Dalmácia venham se refazer, se agrupar, seja para nela se fechar, seja para retomar a campanha, se assim quiserem a natureza dos acontecimentos e a força do exército inimigo. A essa praça, dou-lhe o nome de praça central. Enquanto ela existir, minhas tropas podem ter perdido combates, mas terão sofrido apenas as perdas comuns da guerra; enquanto ela existir, as tropas poderão, sozinhas, depois de recobrar o fôlego e repousar, voltar a alcançar a vitória, ou pelo menos oferecer-me essas duas vantagens, ocupar um número triplo delas no cerco dessa praça e conceder-me três ou quatro meses de tempo para ir em seu socorro; pois, enquanto a praça não for tomada, o destino da província não

LIVRO VI — A DEFESA

estará decidido, e o imenso material empregado na defesa de uma província tão grande não terá sido perdido. [...]

Uma vez existindo uma praça central, todos os planos de campanha de meus generais devem estar vinculados a ela. Um exército superior tendo acaso desembarcado em algum ponto, a preocupação dos generais deve estar em dirigir todas as operações de maneira que sua retirada para a praça central seja sempre assegurada.

Um exército tendo acaso atacado a fronteira turca ou austríaca, a mesma preocupação deve orientar todas as operações dos generais franceses. Não podendo defender a província inteira, eles devem ver a província na praça central.

Todos os armazéns do exército serão concentrados, todos os meios de defesa serão mobilizados e um objetivo constante será dado às operações dos generais. Tudo se torna simples, fácil, determinado, nada é vago quando se estabelece à distância e por uma autoridade superior o ponto central de um país. É possível sentir o quanto de segurança e simplicidade esse ponto central proporciona, e que grau de contentamento ele instaura na mente dos indivíduos que compõem o exército. O interesse de sua conservação age o suficiente sobre cada um para sentirmos que estamos no caminho certo: por um lado, o mar coberto de embarcações inimigas; por outro, as montanhas da Bósnia cheias de bárbaros; por um terceiro lado, as montanhas escarpadas da Croácia, quase impraticáveis numa retirada, especialmente quando se deve considerar esse país como inimigo. Por demais inquieto ficaria o exército se, nessa posição, não dispusesse em todos os acontecimentos de um plano simples e traçado; esse plano simples e traçado são as muralhas de Zara.[5] Quando, depois de vários meses de campanha, ainda se tem como alternativa mais desfavorável fechar-se numa cidade forte e abundantemente abastecida, é que se tem, mais que a certeza da vida, a certeza da honra.[6]

De forma lapidar, Napoleão resume para seu irmão Louis como deve proceder para fazer frente a um desembarque inglês no litoral de seu reino da Holanda:

Uma reserva num ponto central deve guardar a circunferência; foi o que já lhe expliquei em minhas instruções.[7]

A defesa do reino de Nápoles contra um desembarque possível dos ingleses apresenta problemas semelhantes:

> Supondo-se que os ingleses dispusessem de muitas forças na Calábria e quisessem sustentar seriamente uma guerra tão desproporcional, com uma vanguarda em Cassano, apoiada, a algumas marchas, por duas ou três brigadas, você seria reforçado em três dias por 9.000 homens; e, se no fim das contas, eles não se julgassem suficientemente fortes, haveriam de se retirar em uma marcha e seriam ainda alcançados por 3.000 homens. É assim que se faz a guerra, quando se tem vários pontos a serem protegidos e não se sabe em qual deles o inimigo haverá de atacar.[8]

Para prevenir qualquer eventualidade, é necessário ser capaz de reunir rapidamente as tropas em qualquer ponto:

> Vejo que você dispõe de excesso de tropas por toda parte. [...] A arte da guerra consiste em dispor suas tropas de maneira que estejam em toda parte ao mesmo tempo. Por exemplo, você mobilizou mais de 2.600 homens na Apúlia; é necessário que três quartos deles sejam posicionados de maneira que uma parte, possa chegar em dois dias a Cassano, e outra parte em quatro. Tudo aquilo de que dispunha em Gaeta deve ser posicionado de maneira a ser capaz de voltar em um dia a Gaeta, se necessário, ou chegar a Nápoles. Eu gostaria de ter um exército da metade do seu e de dispor de mais homens em Cassano, em Gaeta, se necessário, nos Abruzos e na Apúlia. Peço-lhe que não leia estas linhas sem a devida consideração. A arte do posicionamento das tropas é a grande arte da guerra. Posicione sempre suas tropas de maneira que, o que quer que faça o inimigo, possa reuni-las em poucos dias.[9]

Joseph recebe mais uma carta do mesmo tipo dias depois:

> É necessário que esses destacamentos sejam alcançados, e tomar o maior cuidado no sentido de manter reunidos seus corpos. [...] Se não partir do princípio de que todo ponto que não tenha um objetivo não será maciçamente atacado pelo inimigo; se guardar

LIVRO VI — A DEFESA

todos os pontos, não chegará a nada. Reúna todos os seus dragões e constitua com eles uma reserva. [...]

Mal suas tropas se tenham reunido para se recompor e evoluir, no fim de setembro, elas terão em alta conta suas próprias forças, o que se espalhará pelo reino, e essa opinião se manterá melhor que pela própria visão das forças.[10]

Ideias análogas tinham sido formuladas já em 1793, mais uma prova de que Napoleão de fato já desenvolvia, havia vinte anos, o essencial de suas ideias sobre a guerra:

Nos últimos vinte anos se gastou muito dinheiro nas fortificações das diferentes praças da Córsega; não terá havido dinheiro empregado com menos proveito. Nenhum ponto dessa ilha está em condições de resistir à menor das esquadras. A razão é simples. É que se pretendeu fortificar grande número de pontos diferentes, sem prestar atenção ao fato de que não é possível impedir o desembarque numa ilha que tem tantos golfos. É preciso ater-se a um só, escolhê-lo bem e fortificar com todos os recursos da arte; em caso de ataque, concentrar nele a defesa, transformá-lo no centro das comunicações com o continente, como centro de resistência para defender passo a passo as rochas do interior.

Esse ponto, essencialmente, deve ser o mais próximo possível da França, dispor de um ancoradouro capaz de conter uma esquadra, ser passível de uma grande defesa e unir à vantagem de estar no litoral a facilidade de partir dali para defender o interior. É Saint-Florent que reúne todas essas vantagens. Se tivessem sido empregadas na sua fortificação as somas desperdiçadas em Bastia, Ajaccio e Bonifácio, teríamos uma praça capaz de rechaçar as investidas de qualquer esquadra: em vez disso, Bastia e Ajaccio não estão em condições de resistir, e, defendendo-se, estariam apenas cavando a própria ruína; quanto a Saint-Florent, encontra-se numa privação de defesa verdadeiramente criminosa.[11]

As mesmas ideias serão encontradas numa reflexão de 1794, quando o jovem general Bonaparte recomenda ao Comitê de Salvação Pública que tome a ofensiva no Piemonte, em vez de permanecer na defensiva:

417

Quando dois exércitos estão na defensiva[,] aquele que for capaz de mais rapidamente reunir diferentes postos para tomar aquele que lhe é oposto na ordem defensiva necessariamente precisa de menos tropas e, diante de uma força equivalente, sempre alcança vantagens.[12]

Contra uma potência que domina os mares, é impossível defender ilhas:

[...] os ingleses e os russos, que são senhores do mar, sempre haverão de se apoderar das ilhas quando quiserem, mobilizando cinco vezes mais homens.[13]

No norte da Itália, a defesa escora-se numa linha de cursos de água e praças. Essa linha não pode ser entendida como um cordão. É preciso saber utilizá-la para mascarar movimentos de concentração das forças num ponto ou noutro, em função do ataque inimigo:

O que quer que faça o inimigo, o terreno está disposto de maneira que, com a metade das forças e em igualdade de talento, tudo será fácil para o general francês, tudo haverá de lhe pressagiar e indicar a vitória; tudo será difícil e escabroso para o inimigo. É a única vantagem que as fortificações podem oferecer na guerra. Como os canhões, as praças não passam de armas que não podem cumprir sozinhas seu objetivo, elas precisam ser bem empregadas e bem manuseadas. Sentimos que, nessas operações, é necessário que as comunicações a partir de Ronco, pela margem direita do Ádige, chegando a Anguillara e Veneza, sejam bem cuidadas; é preciso mandar fazer o seu reconhecimento e mantê-las bem conservadas, para poder conduzir, durante a noite e em duas ou três marchas, o exército a uma de suas extremidades. Nenhum general experiente e prudente se arriscará diante dessa grande reentrância de fortificações de Ronco a Malghera, onde o exército francês, manobrando por trás das águas, torna impossível para o inimigo toda espionagem e comunicação, podendo a cada nascer do sol encontrar-se a três marchas em sua retaguarda, ou em um de seus flancos, com todas as suas forças reunidas contra as forças dele disseminadas.[14]

# Conclusão do livro VI

A defesa representa um acréscimo de força para a parte mais fraca. É portanto a forma mais forte da guerra. Napoleão anuncia implicitamente esta célebre afirmação de Clausewitz ao preconizar a defensiva quando as tropas são pouco aguerridas. Na maioria dos casos, todavia, é um partidário da ofensiva em tática, uma ofensiva baseada na potência de fogo. Em estratégia, avalia as vantagens da ofensiva ou da defensiva em função das circunstâncias e do terreno. A defesa estratégica, segundo ele, deve sempre prever escalões, posições intermediárias e um posicionamento das tropas que lhes permita apoiar-se mutuamente.

Ele considera as fortalezas úteis sob muitos aspectos, tanto na guerra defensiva quanto na ofensiva. As praças de quartel são essenciais durante suas campanhas. Até mesmo praças menores e cheias de defeitos podem prestar grandes serviços. Quer fortificar Paris. Para ele, uma praça deve ser defendida até a última extremidade. Sua defesa deve ser ativa, sem permitir que o inimigo se estabeleça em qualquer ponto dominante. Os mesmos homens devem defender o mesmo setor o tempo todo.

Numa campanha, a escolha de uma boa posição é primordial. Essa escolha está ligada à possibilidade de empregar a máxima potência de fogo. Em Santa Helena, ele manifesta certo arrependimento por não ter utilizado suficientemente as fortificações de campanha, exortando a um aperfeiçoamento dessa arte. Também preconiza vastos campos entrincheirados, cobertos por fortes destacados, mas adverte contra o perigo de se deixar enfeixar neles.

Pode ser útil estabelecer momentaneamente a defesa ao longo de um curso d'água, mas é necessário contemplar todas as hipóteses, imaginar que o inimigo sempre será capaz de atravessar e saber retomar a ofensiva com uma massa de manobra e cabeças de ponte na margem oposta. As tropas nunca devem ser disseminadas em cordão: significaria não ser forte em parte alguma. Em caso de manifesta inferioridade, a retirada em profundidade, para o interior do país, pode ser um bom meio de defesa, se permitir esgotar o atacante.

Napoleão não é favorável a armar a população. Embora chegue a pensar na possibilidade em 1814 e 1815, não recorre a ela. Imagina no entanto que a população venha a fornecer guarnições às praças. Na defesa de um teatro de guerra, ele preconiza a concentração das forças. Para a defesa de um teatro afastado, este pode assumir a forma de uma grande praça de quartel, uma "praça central", capaz de servir de reduto e a cuja preservação todos os planos de campanha devem estar subordinados. Não se conhecendo o ponto onde o inimigo atacará, não se deve estar em toda parte, o que significaria não estar em parte alguma, mas posicionar as tropas em escalões, para que possam reunir-se rapidamente em qualquer lugar.

LIVRO VII  O ataque

O conceito de ataque constitui uma "verdadeira oposição lógica" com o de defesa. Cada um deles é necessariamente implicado pelo outro. Assim é que o livro VII de *Da Guerra* representa apenas um complemento do sistema de ideias examinado no sexto. Além disso, Clausewitz chegou apenas a esboçar esse livro VII.

## 1. Relação entre o ataque e a defesa

Napoleão praticou muito mais o ataque que a defesa. A artilharia era seu meio privilegiado:

> A artilharia conferiu ao ataque uma extrema vantagem sobre a defesa, cujos meios continuaram os mesmos. Outrora, um campo coberto por um fosso fraco era inexpugnável. Hoje, a artilharia fulminaria tudo em seu interior e o tornaria inabitável. Maquiavel escreveu sobre a guerra como um cego raciocina sobre as cores. Vou ditar-lhe notas sobre esses pontos.[1]

Aquele que ataca toma a iniciativa, o que lhe confere enormes vantagens, como sugere o boletim relatando a vitória de Iena:

> [...] existem momentos, na guerra, em que nenhuma consideração deve pôr em risco a vantagem de prevenir o inimigo e de atacá-lo primeiro.[2]

Nessa questão, Napoleão se sentia muito próximo de Frederico II:

> Em campo aberto, eu penso como Frederico; é necessário sempre atacar.[3]

## 2. Natureza do ataque estratégico

Conduzindo seu ataque estratégico até Viena e a Morávia (1805), Napoleão esmagou a terceira coalizão em três meses, ao passo que haviam sido necessários respectivamente cinco e dois anos para neutralizar as duas primeiras. Essa contração temporal das operações estava ligada à sua extensão espacial. Golpeando bem no coração da Áustria, Napoleão não apenas derrotou seus exércitos, mas ocupou seus centros nervosos de decisão e constituição de forças, com isto estancando a vontade de combater de todo o país. Em 1806, contra a Prússia, o imperador orquestrou uma projeção de forças de mais de setecentos quilômetros, das margens do Reno até o Báltico.[1]

O ataque não é um todo homogêneo, frisa Clausewitz. Um ataque não pode ser levado a cabo sem interrupção. Quando um exército invade um país, deve proteger o espaço que deixa para trás. Em estratégia, portanto, o ataque sempre comporta elementos defensivos.[2] O que bem ressalta neste texto de Napoleão:

> Um exército que marcha para a conquista de um país tem suas duas alas apoiadas em regiões neutras ou em grandes obstáculos naturais, sejam grandes rios, sejam cadeias montanhosas, ou então tem apenas uma, ou nenhuma: no primeiro caso, precisa apenas cuidar de não ter uma brecha aberta em sua frente; no segundo,

LIVRO VII — O ATAQUE

deve escorar-se na ala apoiada; no terceiro, deve manter seus diferentes corpos bem apoiados em seu centro e nunca se separar; pois, se é uma dificuldade ter dois flancos no ar, esse inconveniente se duplica se houver quatro, se triplica se houver seis, se quadruplica se houver oito, ou seja, caso se efetue uma divisão em dois, três ou quatro corpos diferentes. A linha de operações de um exército, no primeiro caso, pode apoiar-se indiferentemente do lado da esquerda e da direita; no segundo, ela deve apoiar a ala escorada; no terceiro, deve ser perpendicular no meio da linha de marcha do exército. Em todos os casos, é necessário, a cada cinco ou seis marchas, ter uma praça-forte ou uma posição entrincheirada na linha de operações, para nela reunir armazéns de víveres e de guerra, organizar comboios e operar um centro de movimentação, um ponto de referência que encurte a linha de operações.[3]

Para Clausewitz, a "força decrescente do ataque" é um tema capital da estratégia. O enfraquecimento deriva sobretudo da necessidade de ocupar o território, de proteger as linhas de comunicação, das perdas decorrentes do combate e da doença, da distância crescente em relação às fontes de abastecimento e aos reforços. Progressivamente, o ataque se encaminha, assim, em direção a seu "ponto culminante", além do qual "a maré muda, sobrevindo o contragolpe", não raro mais violento que o choque inicial. É importante bem apreender instintivamente esse ponto culminante. "Muitas vezes tudo fica suspenso pelo fio de seda da imaginação."[4]

Napoleão prefigura um pouco esse conceito numa reflexão a respeito de sua própria carreira de conquistador, o que lhe confere uma dimensão ainda mais política que estratégica. Ele confidencia a Bertrand que foi na Rússia que chegou a seu ponto culminante. Deveria ter morrido no Kremlin. Estava então no auge da glória e da fama. Depois de Waterloo, foi diferente. Ele já havia batido em retirada na Rússia. Seus limites eram conhecidos.[5]

# 3. A batalha ofensiva

"A característica principal da batalha ofensiva é a manobra para transbordar ou envolver, e em consequência tomar ao mesmo tempo a iniciativa."[1] Marengo, Austerlitz e Iena deveram-se, como disse Napoleão no livro IV, ao próprio plano de campanha. Clausewitz reconhece isso ao afirmar que essas batalhas ofensivas, conduzidas com linhas transbordantes ou numa frente oblíqua, resultavam de uma situação favorável das linhas de comunicação e também de uma preponderância moral e física. Para ele, o ataque pelo flanco, vale dizer, a batalha em frente oblíqua, é em geral mais eficaz que a forma transbordante. Esta é uma questão de tática. Aquela tem a ver com a arte operacional: mais vale surpreender o inimigo investindo contra seu flanco que fazer disposições táticas à sua vista, para transbordá-lo. Nessa questão, Clausewitz vai perfeitamente ao encontro dos comentários de Napoleão a respeito da mais famosa de vitória de Frederico II.

## As batalhas de Frederico II e a ordem oblíqua

A vitória de Frederico II sobre os austríacos em Leuthen, a 5 de dezembro de 1757, permaneceu como um modelo de batalha ofensiva:

LIVRO VII — O ATAQUE

A batalha de Leuthen é uma obra-prima de movimentos, manobras e resolução; bastaria sozinha para imortalizar Frederico e
conferir-lhe um lugar entre os maiores generais. Ele ataca um exército mais forte que o seu, em posição e vitorioso, com um exército
composto em parte de tropas que acabam de ser derrotadas, e
obtém uma vitória completa, sem pagá-la com uma grande perda
desproporcional ao resultado.[2]

Muitos observadores julgaram que, em Leuthen, Frederico provara
a validade de uma ordem de ataque específica, a "ordem oblíqua".
Napoleão censura aqueles que aí enxergam uma espécie de receita de
vitória:

Eis uma bela batalha, mas não se trata de ordem oblíqua. A ordem
oblíqua em Kolin[3] e outros lugares não lhe foi bem-sucedida. Não
passa de charlatanismo. [...] O maior de todos os erros é marchar
diante do inimigo oferecendo-lhe o flanco. Esses ataques oblíquos
são tolices. Frederico deu-se mal com eles em Kolin e seu general
em [Zorndorf][4] diante dos russos. Em Austerlitz, os russos também
quiseram fazer uma marcha de flanco. Deram-se mal. Ou bem
nosso movimento se efetua de longe, sem que o inimigo nos veja,
ou debaixo de seus olhos. Se não nos vir, mais vale atacá-lo em sua
retaguarda que em sua ala. São meus movimentos que Jomini bem
desenvolveu e compreendeu. Se fizermos esses movimentos na presença do inimigo e ele nos vir, é muito perigoso. Se Frederico tivesse
tentado isto contra mim, teria acabado como os russos em Austerlitz.
De resto, essas imbecilidades são mais de seus comentadores que de
Frederico, que era um grande general. [...]
De resto, não entendo o que significa essa ordem oblíqua. É
charlatanismo prussiano. Se um exército ocupa uma frente de 10.000
toesas ou 30.000 [entre 19 e 59 km] podemos entender que se proteja
com uma marcha de flanco numa ala; pode-se muito rapidamente
chegar a uma ala para esmagá-la antes que seja socorrida. Mas,
quando o exército ocupa 2.500 toesas [4,9 km], existe uma segunda
linha, a reserva do centro chega pelo menos com sua artilharia e sua
cavalaria ao cabo de um quarto de hora à ala, não dá para imaginar
que acontecimento poderia deter o inimigo. Cabe portanto supor que

NAPOLEÃO BONAPARTE

não seja possível ver sua aproximação, que ele não esteja ocupando nenhuma elevação, que não se mexa. Não se pode então marchar sobre o flanco do inimigo sem descobrir sua linha de operações, a menos que ela seja alterada, o que é a grande arte da guerra, como já o disse e pratiquei. [...]

Em Austerlitz, os russos quiseram fazer a ordem oblíqua, e já na véspera, avaliando seu movimento, eu disse que não lhes permitiria marchar assim tranquilamente diante de mim, oferecendo-me o flanco.

Em Waterloo, eu bem poderia tomar minha posição sobre o flanco direito do inimigo, escorando minha esquerda no monte Saint-Jean, onde atacava, mas, se os ingleses marchassem sobre minha esquerda, eu perderia minha linha de comunicação. Ao ver o movimento de Blücher, eu estive a ponto de atacar a direita do inimigo, mudando minha linha de operações pela rota de Nivelles. Teria sido mais lógico.[5]

Quando se quer contornar uma ala do inimigo numa batalha, é preciso manter a ligação com as forças que operam esse movimento. O feld-marechal austríaco Daun deixou de fazê-lo na batalha de Liegnitz (15 de agosto de 1760), e o corpo isolado de Loudon (ou Laudon) foi massacrado pelos prussianos:

Em Liegnitz, onde se encontra à frente de forças tão consideráveis, ele isola Laudon sem estabelecer comunicações com ele por um corpo intermediário, de maneira a atacar conjuntamente e ser instruído a cada hora do que acontece à sua direita. A arte da guerra indica que é necessário contornar e transbordar uma ala sem separar o exército.[6]

Na base de todas essas reflexões sobre as batalhas de Frederico II encontra-se uma distinção fundamental sempre reiterada por Napoleão: uma marcha de flanco feita por uma parte das tropas durante uma batalha, à vista do inimigo, é um erro terrível, pelo qual se paga muito caro; em compensação, uma manobra do grosso do exército fora do alcance da vista do inimigo, para investir contra uma de suas alas ou, melhor ainda, contra sua retaguarda, é a marca de um grande general. Foi o que Frederico fez em Leuthen. Não se tratava de uma ordem de

LIVRO VII — O ATAQUE

batalha supostamente oblíqua, pois, por definição, uma ordem de batalha é vista pelo inimigo. O imperador joga um pouco com as palavras, mas é porque na época ainda não é clara a distinção entre a batalha e as operações. A manobra de ataque de Frederico em Leuthen é da ordem da arte operacional ou operativa — Napoleão poderia ter dito: da grande tática — e não da tática das batalhas.[7]

## A forma e os meios do ataque

Como vimos no livro IV sobre o combate, Napoleão não se preocupava muito com os detalhes de tática das unidades num dia de batalha, deixando isso à iniciativa de seus generais. Mas não deixava de estabelecer diretrizes gerais, como esta:

> O senhor cuidará para que seus dois ataques sejam combinados de tal maneira que se revelem a tempo, para que nenhum dos dois separadamente receba sozinho toda a força do inimigo. Sua primeira medida será estabelecer suas comunicações entre um e outro ataque, para que, se um dos dois for rechaçado, o outro, investindo contra o inimigo pela retaguarda, possa não só restabelecer a vantagem como ainda tornar extremamente funesto para ele o começo de sucesso que acaso possa ter.[8]

Como se vê, os ataques combinados comportam riscos. No Egito, Bonaparte confessa a Desaix que não os aprecia:

> O senhor bem sabe que de maneira geral não gosto dos ataques combinados. Chegue diante de Murad Bey por onde puder, e com todas as suas forças. Lá, no campo de batalha, se ele resistir, tome suas medidas para causar-lhe todo o mal possível.[9]

O ataque combinado implica o fracionamento do exército em pelo menos duas colunas, em geral para que uma delas contorne o inimigo. As disposições de combate são confiadas à sagacidade de Desaix. Uma reflexão feita em Santa Helena dá testemunho de uma grande flexibilidade mental da parte de Napoleão em matéria de tática de combate:

> As ideias ainda não estão determinadas hoje quanto à maneira de atacar. Um general nunca sabe se deve atacar em linha ou em coluna. Se atacar em linha, fica fraco diante de um ataque de cavalaria pelo flanco. Diante dos russos, por exemplo, que utilizam sua cavalaria maravilhosamente, isto é muito perigoso. Atacando em colunas, o senhor não tem poder de fogo, e parece que em Waterloo a Guarda não teve tempo de se mobilizar, não disparou, o que provocou sua debandada.[10]

Algum tempo depois, o imperador inclina-se em favor da coluna:

> É preciso bem simples na guerra [sic]. A coluna de ataque basta; ela é formada rapidamente e por uma conduta simples. Nada é simples demais na guerra.[11]

A fortificação de campanha pode conferir à coluna a potência de fogo que lhe falta:

> A ordem de batalha da infantaria é em três fileiras; em coluna por batalhão, em nove; o inconveniente da coluna é que, nela, o fogo é nulo, pois, sendo as duas primeiras fileiras as únicas capazes de atirar, sete nonos dos fuzis não podem fazer uso de seu fogo. Com um trabalho sem maior dificuldade pode-se conseguir que as nove fileiras atirem ao mesmo tempo sem sair de sua disposição, e depois de uma viva descarga de tiros marchar em coluna, com a baioneta na ponta do fuzil, sobre a linha inimiga, abalada, dispersada, enfraquecida por esse fogo tão temível.[12]

Ele sempre insiste na artilharia. A 7 de junho de 1809, escreve a Eugênio de Beauharnais, que comanda o exército da Itália e tenta entrar em batalha com os austríacos do arquiduque João:

> Informe-me sobre o número de peças de canhão de que vai dispor e de tiros a serem dados. Da sua vanguarda ao fim do seu parque, não deve haver mais de três ou quatro léguas. Quanto à artilharia,

LIVRO VII — O ATAQUE

eis o cuidado que se deve tomar: assim que tiver decidido quanto ao seu ataque, faça com que seja apoiada por uma bateria de trinta a trinta e seis peças de canhão, nada poderá resistir; ao passo que o mesmo número de canhões disseminados pela linha não daria os mesmos resultados.[13]

A 14 de junho, Eugênio vence a batalha de Raab. Napoleão cumprimenta o enteado, mas acrescenta esta observação:

Como atacou em escalões pela direita, por que não dispôs vinte e cinco peças de canhão à frente de seus escalões? Isto teria fortalecido o seu ataque e intimidado o inimigo. O canhão, como todas as outras armas, deve ser reunido em massa se se pretende alcançar um resultado considerável.[14]

## Batalhas navais

No mar, o princípio deve ser o mesmo. O Primeiro Cônsul preconiza que se atire nos casos em que os resultados possam ser mais rapidamente alcançados. O ministro da Marinha deve comunicá-lo a todos os oficiais:

Faça-os sentir o inconveniente que existe em sempre atirar para desmastrear, e o quanto é verdadeiro, em qualquer circunstância, o princípio de que é preciso começar por causar o maior mal possível ao inimigo.[15]

A marinha francesa deve recuperar o espírito do ataque quando entra em batalha com os ingleses. Partindo daí, Napoleão estabelece interessantes comparações entre duas tradições marítimas, com suas respectivas forças e fraquezas:

Muitas vezes superiores em força aos ingleses, não soubemos atacá-los, e deixamos escapar suas esquadras, pois perdemos tempo em manobras inúteis. A principal lei da tática marítima deve ser que, imediatamente depois de o almirante ter dado sinal de que pretende atacar, cada capitão possa fazer os movimentos necessários para atacar uma embarcação inimiga, participar do combate e apoiar os vizinhos.

Este princípio é o da tática inglesa nos últimos tempos. Se tivesse sido adotado na França, o almirante Villeneuve, em Abukir, não se teria julgado no direito de permanecer inativo por vinte e quatro horas, com cinco ou seis embarcações, ou seja, metade da esquadra, enquanto o inimigo esmagava a outra ala.[16]

A marinha francesa está destinada a adquirir superioridade sobre a marinha inglesa. Os franceses conhecem melhor a construção, e as embarcações francesas, segundo os próprios ingleses, são todas elas melhores que as suas. As peças são superiores de um quarto, em calibre, às peças inglesas. O que representa duas grandes vantagens.

Os ingleses têm mais disciplina. As esquadras de Toulon e do Escalda tinham adotado as mesmas práticas e usos que os ingleses, e alcançavam uma disciplina igualmente severa, com a diferença devida ao caráter das duas nações. A disciplina inglesa é uma disciplina de escravos; é o patrão diante do servo. Só pode ser mantida pela prática do mais pavoroso terror. Semelhante estado de coisas degradaria e aviltaria o caráter francês, que requer uma disciplina paternal, mais baseada na honra e nos sentimentos.

Na maioria das batalhas que perdemos contra os ingleses, ou éramos inferiores ou estávamos reunidos a embarcações espanholas, que, mal organizadas, e nos últimos tempos deterioradas, enfraqueciam nossa linha em vez de reforçá-la; ou então, finalmente, os generais comandantes em chefe, que queriam a batalha e se dirigiam para o inimigo, até estarem diante deles, hesitavam, punham-se em retirada a diversos pretextos e assim comprometiam os mais bravos.[17]

## 4. A travessia dos rios

Um rio largo criando obstáculo na direção do ataque é sempre um grande problema. Raramente se pode forçar taticamente a travessia de um rio defendido. Para isto, é necessária uma grande superioridade moral e física.[1]

A 7 de maio de 1796, a vanguarda do exército francês da Itália atravessou o Pó em Piacenza, valendo-se de uma dezena de barcos. Foi necessário em seguida construir uma ponte. O que levou dois dias.

> Esse rio em Piacenza é muito rápido; sua largura é de duzentas e cinquenta toesas. As travessias de rios desse tamanho são as operações mais críticas da guerra.[2]

É necessário tentar atravessar o mais rapidamente possível:

> As operações como a travessia de um rio da natureza do Reno são tão delicadas que as tropas não devem permanecer expostas por tanto tempo sem comunicações.[3]

E no entanto:

> Quando se tem boa vontade de entrar em campanha, nada pode deter, e nunca, desde que a história nos relata operações militares, um rio pôde constituir um obstáculo real.[4]

> Com artilharia, é possível atravessar qualquer rio; são necessárias cerca de doze horas para fazer uma boa ponte de barcos. Começa-se à noite, atravessa-se pela manhã.[5]

Quando o general Moreau, à frente do exército do Reno, atravessou o Inn a 28 de novembro de 1800, utilizou seis pontos diferentes. Para Clausewitz, é um erro tentar uma travessia em vários pontos, a menos que sejam muito próximos e permitam um ataque unificado.[6] Napoleão sempre teve excessiva propensão a criticar Moreau, mas enunciou a seguinte regra a propósito de sua travessia do Inn:

> Quando o exército adversário está coberto por um rio sobre o qual tem várias cabeças de ponte, não se deve enfrentá-lo; essa disposição dissemina o exército e o expõe a ser golpeado. É necessário aproximar-se do rio que se pretende atravessar por colunas em escalões, de tal maneira que apenas uma coluna, a mais avançada, seja suscetível de ser atacada pelo inimigo sem que ele próprio exponha o flanco. Enquanto isso as tropas haverão de se dispor ao longo do rio, e quando tiver sido decidido o ponto onde se pretende atravessar, ponto que deve ser sempre distante do escalão da frente, para melhor enganar o inimigo, o movimento será rápido, com o lançamento da ponte.[7]

É a artilharia que, bem situada numa posição dominante, pode facilitar a travessia ofensiva dos rios:

> Na guerra de cerco, como na de campanha, é o canhão que desempenha o papel principal; ele operou uma total revolução. As muralhas altas de alvenaria tiveram de ser abandonadas para os tiros rasantes, sendo recobertas por massas de terra. O hábito de se

## LIVRO VII — O ATAQUE

entrincheirar diariamente, estabelecendo um campo, e de se sentir seguro por trás de estacas malfeitas, plantadas umas ao lado das outras, também teve de ser abandonado.

A partir do momento em que controla uma posição que domina a margem oposta, se ela tiver suficiente extensão para o posicionamento de um bom número de peças de canhão, terão sido alcançadas facilidades suficientes para a travessia do rio. Entretanto, se o rio tiver de duzentas a trezentas toesas de largura [380 a 600 m], a vantagem será muito menor, pois, não chegando os tiros à outra margem, e permitindo a distância que o inimigo se desloque facilmente, as tropas que defendem a travessia têm a possibilidade de se enterrar em trincheiras que as deixem a salvo dos tiros da margem oposta. Se os granadeiros incumbidos de atravessar para proteger a construção da ponte conseguirem superar esse obstáculo, serão esmagados pela metralha do inimigo, que, situado a duzentas toesas da extremidade da ponte, está em condições de proceder a uma fuzilaria das mais mortíferas, estando no entanto distante quatrocentas ou quinhentas toesas das baterias do exército que quer atravessar; de tal maneira que a vantagem do canhão é integralmente dele. Neste caso, portanto, a travessia só é possível quando se consegue surpreender completamente o inimigo, contando-se com o favorecimento de uma ilha intermediária ou de uma saliência muito pronunciada, que permita estabelecer baterias cruzando seus tiros sobre a garganta. Essa ilha ou essa saliência forma então uma cabeça de ponte natural, conferindo toda a vantagem da artilharia ao exército que ataca.

Quando um rio tem menos de sessenta toesas, as tropas lançadas na outra margem, protegidas por uma grande superioridade de artilharia e pelo grande comando de que deve dispor a margem onde está, se encontram então na posse de tantas vantagens que, desde que o rio forme uma saliência, será impossível impedir o estabelecimento da ponte. Neste caso, os mais hábeis generais se limitaram, quando foram capazes de prever o plano de seu inimigo e chegar com seu exército ao ponto de travessia, a se opor à travessia da ponte, que é um verdadeiro cortejo, posicionando-se em semicírculo à volta e se defendendo dos tiros da margem oposta, a trezentas ou quatrocentas toesas de suas elevações. É a manobra que foi feita por Vendôme para impedir Eugênio [de Saboia] de aproveitar sua ponte de Cassano.[8]

Napoleão explicita esse ponto lembrando o episódio da ponte de Lodi, a 10 de maio de 1796:

A travessia de um rio não é nada quando ele tem apenas sessenta toesas ou cem [118 a 195m] e está sob o fogo do canhão. Quando ele tem trezentas toesas, é diferente: neste caso, a margem oposta não está mais submetida ao canhão, o inimigo lá pode permanecer. É o que explica a travessia da ponte de Lodi, que certamente é uma operação ousada. O rio devia ter apenas sessenta toesas. Mandei inicialmente posicionar à direita e à esquerda baterias que se cruzavam diante da ponte, afastavam o inimigo e contra-abatiam suas baterias. Podia haver de ambas as partes trinta canhões, mas o que foi decisivo foi a bateria posicionada perto da própria ponte. Estávamos debaixo do fogo reforçado do inimigo. Fazia calor. Pus-me em campo e conduzi pessoalmente a bateria posicionada; a ponte ficou então sob a cobertura do meu canhão. "A ponte é nossa", disse. Não demorou, e a bateria inimiga foi obrigada a se retirar.

Uma circunstância que facilitou a travessia é que a aldeia tinha um arco desse lado, de tal maneira que as tropas estavam abrigadas contra o fogo do inimigo, que não lhes fazia mal algum, e que, com um à direita e um à esquerda, se encontraram no seu posto na ponte sem ter sofrido nenhum mal. A coluna estava na metade da ponte quando o inimigo a percebeu. Alguns tiros de metralha lançaram alguns homens por terra. Houve um momento de hesitação, mas Lannes e alguns bravos salvaram a cabeça [da coluna] e a cauda passou. Era a coluna infernal dos granadeiros de elite. A coisa estava certa. Arriscou-se apenas um batalhão. Logo se estava com toda a força na outra margem. O inimigo tinha, creio, 10.000 homens.[9] A artilharia atirou inicialmente durante cerca de uma hora e meia.

Quando eu notei que a artilharia inimiga se tinha retirado: "Chegou a hora!", disse a Masséna. Temos a coluna infernal. Masséna, inicialmente espantado, não precisou contudo ouvir duas vezes. A coluna, por um à direita, lançou-se sobre a ponte, e a travessia se fez.

As travessias de rio são uma questão de canhões. Eles são infalíveis. [...] É preciso que o inimigo se afaste. Eles são infalíveis. Só um obstáculo material pode deter: um arco rompido, uma casa diante da ponte. É o que faz com que muitas vezes não se tenha tempo de

LIVRO VII — O ATAQUE

incendiar as pontes. A artilharia inimiga se aquece, uma coluna se precipita, não é possível detê-la, não se tem mais tempo para detê-la.

Depois da retirada de Brienne, ordenei a Ney que incendiasse a ponte.[10] Mandei os sapadores prepararem previamente as fortificações para fazer os disparos. Apesar de tudo, essas precauções teriam sido inúteis se, tendo mandado fortificar uma casa que estava na saída da ponte, nela não tivesse deixado cinquenta homens de minha guarda, cuja fuzilaria deteve o inimigo. Sem esses cinquenta bravos, apesar das ordens dadas, apesar das precauções tomadas para botar fogo, Ney disse-me que não teria sido capaz de incendiar a ponte. A coluna inimiga avançava, e nada poderia tê-la detido.[11]

# 5. Ataque a posições defensivas

Se o exército atacante for capaz de perseguir seu objetivo deixando de lado as posições defensivas do inimigo, será um erro atacá-las. Se não for capaz de perseguir seu objetivo, deve tentar manobrar pelo flanco para expulsar o inimigo. Mais vale atacar pelo lado, pois sempre é perigoso abordar um adversário resoluto que ocupa uma boa posição.[1]

Em sua campanha de 1655 nas margens do Escalda,

> Turenne foi fiel às duas máximas: 1° *Não ataque de frente as posições que puder tomar contornando.* 2° *Não faça o que o inimigo quer, pelo simples motivo de que o quer; evite o campo de batalha que ele reconheceu, estudou e, com maior cuidado ainda, o que ele fortificou e onde se entrincheirou.*[2]

Em Kolin, a 18 de junho de 1757, Frederico II sofreu sua mais fragorosa derrota, mas se havia mostrado por demais audacioso em seu ataque à posição austríaca:

> Na batalha de Kolin, é difícil justificar sua pretensão de contornar a direita de Daun fazendo uma marcha de flanco de três mil toesas [5,9 km], a quinhentas toesas [990 m] das elevações onde se havia postado o exército inimigo. É uma operação tão temerária, tão contrária

LIVRO VII — O ATAQUE

aos princípios da guerra: *Não proceder a uma marcha de flanco diante de um exército em posição, sobretudo quando ele ocupa as elevações ao pé das quais as tropas tiverem de passar!* Se ele tivesse atacado a esquerda do exército austríaco, estava perfeitamente posicionado para isto; mas desfilar debaixo da metralha e da fuzilaria de todo um exército que ocupa uma posição dominante,[3] para transbordar uma ala oposta, significa supor que esse exército não tem canhões nem fuzis. Escritores prussianos disseram que essa manobra só fracassou por causa da impaciência de um chefe de batalhão que, cansado do fogo dos infantes austríacos, tinha comandado à direita em batalha e assim engajado toda a coluna; isto não é exato. O rei estava presente; todos os generais conheciam seus planos, e da cabeça à cauda a coluna não chegava a ter três mil toesas. O movimento feito pelo exército prussiano lhe era determinado pelo principal dos interesses, a necessidade de sua salvação e o instinto de todo homem de não se deixar matar sem se defender.[4]

Este excelente comentário vai ao encontro das análises recentes da matéria de Kolin.[5] Antes de 1807, quando o orgulho ainda não se havia apoderado dele, afirma o general Bonnal, Napoleão era prudente e respeitava seus inimigos.[6] Recomendava a seus generais que não atacassem um inimigo ocupando uma boa posição. Em 1806, não obstante a superioridade numérica do Grande Exército, ele se dava conta da reputação de excelência dos prussianos e preconizava prudência ao marechal Soult:

> Se o inimigo se apresentar com forças inferiores em 30.000 homens, contudo, o senhor poderá, entendendo-se com o marechal Ney, reunir suas tropas e atacá-lo; mas, se ele estiver numa posição ocupada há muito tempo, terá tomado o cuidado de fazer o seu reconhecimento e entrincheirá-la; neste caso, comporte-se com prudência.[7]

Até mesmo dois dias antes de Iena, percebendo que tem uma ascendência crescente sobre o exército prussiano, ele escreve a Lannes:

A arte hoje consiste em atacar tudo o que encontrarmos, para derrotar o inimigo nos detalhes e enquanto ele se reúne. Quando digo que é necessário atacar tudo que encontrarmos, quero dizer que é necessário atacar tudo que estiver em marcha e não numa posição que o torne por demais superior.[8]

Em 1807, ele escreve a Murat, sabendo que este muitas vezes se lança em ataques irrefletidos:

Não é cabível divertir-se com ataques frontais, sendo necessário contornar as posições do inimigo e marchar sobre Koenigsberg.[9]

Em 1809, ele adverte o príncipe Eugène de Beauharnais:

Não seria impossível que o príncipe João tenha escolhido uma boa posição e nela o aguarde; neste caso, recomendo-lhe que proceda muito bem ao seu reconhecimento e estabeleça com exatidão o seu sistema antes de atacar. Um movimento à frente, sem sólidas combinações, pode dar certo quando o inimigo está em retirada; mas nunca alcança êxito quando o inimigo está em posição e decidido a se defender; então é um sistema ou uma combinação que levam a vencer uma batalha.[10]

Depois de sua derrota diante de Wellington em Talavera (28 de julho de 1809), o marechal Jourdan é recriminado por ter atacado frontalmente uma forte posição defensiva. Napoleão faz com que o ministro da Guerra, Clarke, lhe escreva:

[...] que foi necessária a reunião de todos esses erros para que um exército como o meu exército da Espanha fosse assim enfrentado por 30.000 ingleses; mas que, enquanto se pretender atacar boas tropas como as inglesas em boas posições, sem fazer o reconhecimento dessas posições nem verificar se é possível tomá-las, haverão de me conduzir homens à morte sem qualquer resultado.[11]

Napoleão também atacou Wellington frontalmente em Waterloo. Gourgaud observou em Santa Helena que ele igualmente atacou de

## LIVRO VII — O ATAQUE

frente os russos no Moscova. Napoleão reconheceu isso, mas acrescentou que era porque ele queria a qualquer preço uma batalha:[12]

> Na batalha do Moscova, eu poderia ter contornado pela direita a posição dos russos, forçando-os a abandoná-la, mas confesso que não a considerava tão forte quanto de fato era; e, além do mais, eu precisava de uma batalha. Queria aproveitar a oportunidade para impedir Kutuzov de me arrastar mais adiante em sua perseguição para o interior da Rússia, sem que fosse possível decidir a paz com uma grande batalha.[13]

Napoleão tinha consciência do que estava fazendo e considerava que entrar em confronto com os russos, que até então se tinham esquivado, era mais importante que qualquer outra coisa.[14] Se nem sempre reconheceu seus erros, abriu uma exceção no caso do Moscova:

> No Moscova, ataquei sem razão a posição entrincheirada dos russos, pois tinha sede de uma grande batalha. Pois um exército que dispõe de uma numerosa e boa cavalaria, capaz de manobrar por trás de um sistema de boas fortificações, apoiadas por um exército, não deve ser atacado. É preciso recorrer a manobras para fazê-lo deixar sua posição.[15]

Durante a campanha de 1813 na Alemanha, ele recomendou a seus generais que utilizassem a artilharia e especialmente os morteiros para destruir as posições entrincheiradas:

> O senhor não deve perder homens diante de aldeias e posições entrincheiradas; mas deve imediatamente fazer avançar as trinta e duas peças de 12 de suas quatro baterias de reserva, com cerca de quarenta morteiros, podendo assim destruir em duas horas todas as fortificações de campanha.[16]

> Se houver alguma aldeia entrincheirada ou alguma fortificação, será necessário, antes de atacá-las, castigá-las com morteiros. O senhor se lembra da experiência ocorrida em Viena: nem o *blockhaus*, o exterior ou o interior da fortificação puderam resistir aos morteiros e a uma artilharia superior.[17]

## 6. Ataque a uma cordilheira

As cadeias montanhosas não devem ser atacadas. Quando comandava o exército da Itália em março-abril de 1799, o general Schérer cometeu o erro de lançar suas tropas contra elas:

> Foi um grande erro de Schérer ter mandado divisões aos Grisões e ao Tirol. A defesa da Itália limita-se a Corona e a guardar a Rocca d'Anfo. Eu nunca me preocupei com os Grisões nem em saber se havia um inimigo nessa direção. Que importa o que vier a acontecer além dos Grisões, numa região onde não há estradas? Que importa o Tirol?! Importa apenas a estrada de Trento, todo o resto nada representa. Guarde Corona e o Ádige, e tudo estará coberto. É onde é necessário reunir todas as tropas. Manobrar as tropas enfrentando combates e ataques em montanhas não poderia ter nenhum resultado: é absurdo. O exemplo do exército de reserva nada prova. Para começo de conversa, esse movimento era completamente imprevisto, o que contribuiu para seu sucesso; depois, era praticável, pois nesse ponto havia apenas um pequeno posto de montanha a atravessar; a estrada que existia na mais longa extensão. Eu nunca pensei em Saint-Gothard.[1]

O exército de reserva, em 1800, passou pelo desfiladeiro de Saint-Bernard. Na montanha, mesmo quando se quer atacar, é preciso conseguir ser atacado:

LIVRO VII — O ATAQUE

Nas montanhas, encontramos em toda parte grande número de posições extremamente fortes que devemos nos abster de atacar. O gênio dessa guerra consiste em ocupar campos nos flancos ou na retaguarda dos campos do inimigo, deixando-lhe apenas a alternativa de evacuar suas posições sem combater, para tomar outras mais atrás, ou então de deixá-las para atacar. Na guerra de montanhas, aquele que ataca fica em desvantagem. Mesmo na guerra ofensiva, a arte consiste em travar apenas combates defensivos e obrigar o inimigo a atacar.[2]

Napoleão fez o contrário no desfiladeiro de Somosierra, a 30 de novembro de 1808, quando lançou seus homens da cavalaria ligeira polonesa num ataque contra a posição espanhola. Mas ele ficara impaciente, por se sentir superior, e seu poderio o cegava, de tal maneira que foi capaz de contrariar seus próprios princípios:

O príncipe de Condé violou um dos princípios da guerra de montanhas: *nunca atacar as tropas que ocupam boas posições nas montanhas, mas expulsá-las, ocupando campos em seus flancos ou nas suas retaguardas*. [...] O exército francês conseguiu no primeiro dia, mediante um incrível empenho de coragem, forçar as primeiras posições; mas fracassou dois dias depois, pois nas montanhas, depois de se perder uma posição, outra se encontrada, igualmente forte, para deter o inimigo.[3]

É ao desenvolver esse ponto que Napoleão lança sua famosa fórmula sobre a arte da guerra, "uma arte simples, que consiste apenas na execução":

As regiões de montanha dependem das planícies que as alimentam, e só têm influência sobre elas na medida em que estas estão ao alcance de seus canhões. As fronteiras que cobrem os impérios compõem-se de planícies, regiões de colinas, regiões de montanhas. Se um exército quiser atravessá-las e for superior em cavalaria, terá a ganhar em estabelecer sua linha de operações através das planícies; se for inferior nessa arma, dará preferência à região de colinas;

mas no caso das regiões montanhosas haverá de se contentar em todas as hipóteses em observá-las enquanto as contorna. Com efeito, uma linha de operações não deve passar por uma região montanhosa: 1º porque não é possível nela viver; 2º porque nela são encontrados a cada passo desfiladeiros que teriam de ser ocupados por fortalezas; 3º porque nela a marcha é difícil e lenta; 4º porque colunas de bravos nela podem ser detidas por camponeses esfarrapados, largando o arado, sendo vencidas e derrotadas; 5º porque o gênio da guerra de montanhas consiste em nunca atacar: mesmo quando se quiser conquistar, é necessário abrir caminho com manobras de posição que não deixem alternativa ao corpo de exército incumbido da defesa, senão atacar ele mesmo ou recuar; 6º finalmente, porque uma linha de operações deve servir para a retirada; e como imaginar uma retirada através de gargantas, desfiladeiros, precipícios? Já aconteceu de grandes exércitos, não podendo fazer de outra maneira, terem atravessado regiões montanhosas para chegar a belas planícies e belas regiões. Assim é que necessariamente devem ser atravessados os Alpes para chegar à Itália. Mas empreender esforços sobrenaturais para atravessar montanhas inacessíveis e ainda se encontrar em meio a precipícios, desfiladeiros, rochedos, sem outra perspectiva senão precisar por muito tempo superar os mesmos obstáculos, enfrentar o mesmo cansaço; ficar preocupado a cada nova marcha por ter pela retaguarda tantos maus caminhos; correr a cada dia maior risco de morrer de fome, e isto quando é possível fazer de outra maneira: é gostar das dificuldades e lutar contra gigantes; é agir sem bom senso, e portanto contra o espírito da arte da guerra. Se o inimigo tem grandes cidades, belas províncias, capitais a proteger, tratemos de chegar a ele pelas planícies. A arte da guerra é uma arte simples, que consiste apenas na execução: nada há de vago; tudo nela é bom senso, nada nela é ideologia.[4]

Levando ainda mais longe a lógica dessas constatações, Clausewitz considera que um país como a Espanha tem interesse em concentrar suas forças por trás do Ebro, em vez de dispersá-las entre os quinze desfiladeiros dos Pireneus. Uma batalha principal engajada em campo aberto não exclui a defesa preliminar das montanhas por forças subsidiárias. Para ele, a montanha contém um princípio de força e pode,

LIVRO VII — O ATAQUE

num plano secundário, servir de refúgio aos fracos. Mas se um exército inteiro quiser se estabelecer nela, seguindo um sistema defensivo, este estará sempre próximo de um cordão. E o exército atacante sempre haverá de encontrar um meio de furá-lo.[5] Tratará, no entanto, de evitar os ataques frontais, dando preferência a movimentos envolventes que visarão "antes a um corte real que a um ataque tático pelo flanco ou à retaguarda. As posições de montanha podem resistir durante muito tempo, mesmo em sua retaguarda, se as forças forem suficientes, e invariavelmente se pode esperar o resultado mais rápido do temor despertado no inimigo pela perda de sua linha de retirada. Esta apreensão se manifesta mais cedo na montanha e tem uma incidência mais forte, pois, se sobrevier o pior, não é tão fácil abrir caminho com armas brancas".[6] O raciocínio de Clausewitz completa o de Napoleão.

# 7. A manobra

Para Napoleão, manobrar significa atacar de uma maneira que não seja frontal. Quando o exército avança contra o inimigo e este deixa uma vanguarda forte numa posição defensiva vantajosa, é necessário manobrar. Estamos aqui no escalão tático. Num combate como o de Arcole, em novembro de 1796, a manobra consiste em contornar o inimigo ou, antes, levá-lo a crer que está sendo contornado:

> A esquerda do inimigo estava escorada em pântanos, e se impunha a nossa direita pela superioridade numérica. Ordenei ao cidadão Hercule, oficial de meu corpo de guias, que escolhesse vinte e cinco homens de sua companhia, se posicionasse ao longo de meia légua do Ádige, contornasse os pântanos que escoravam a esquerda dos inimigos e investisse a todo galope contra sua retaguarda, soando várias trombetas. Esta manobra teve total êxito: a infantaria inimiga foi abalada.[1]

Uma manobra implica mais "ciência". Depois de sua grande vitória de Hohenlinden a 3 de dezembro de 1800, o general Moreau recebe o seguinte cumprimento do Primeiro Cônsul:

> Não vou insistir no grande interesse despertado em mim por suas belas e sábias manobras; o senhor conseguiu se superar nesta campanha.[2]

LIVRO VII — O ATAQUE

Na escala das operações — aquilo a que Napoleão se refere como a grande tática —, a manobra é antes de tudo sinônimo de marchas e grandes movimentos. Ela implica a ideia de enganar o inimigo quanto ao verdadeiro ponto de ataque. É o que vemos neste trecho de um plano para o exército da Itália:

> Ele terá três tipos de movimentos a fazer: 1º movimento para proteger as divisões atacantes; 2º movimento das divisões atacantes; 3º movimento para se impor ao inimigo em nosso verdadeiro ataque.[3]

Em 1805, Napoleão quer adaptar seu plano ao que será feito pelos austríacos e os russos. Mas sabe como é que vai atacá-los, como diz a seu ministro plenipotenciário junto ao eleitor da Baviera:

> [...] é sobretudo por manobras e marchas que pretendo facilmente chegar ao objetivo.[4]

No mesmo dia, ele escreve a Fouché:

> Atravessamos o Reno. Logo começaremos a manobrar.[5]

No início de outubro, ele escreve ao marechal Brune:

> Estou em Ludwigsburg; uma parte do exército encontra-se em Stuttgart, e estamos envolvidos em grandes manobras para contornar o inimigo. Aguardo para os próximos dias acontecimentos os mais notáveis. Ainda não foi derramado sangue.[6]

A manobra não é exclusiva da batalha. Ela a prepara, tornando-a o mais vantajosa possível:[7]

> Minha intenção é que, se o inimigo continuar em suas posições e se preparar para receber a batalha, ela não ocorra amanhã, mas depois de amanhã, para que o marechal Soult e seus 30.000 homens possam participar, que ele transborde a direita do inimigo, que o ataque, contornando-a, manobra essa que nos garante um sucesso certo e decisivo.[8]

Comentando a vitória de César sobre os tenentes de Pompeu em Ilerda (Lérida), na Espanha (49 a.C.), Napoleão frisa seu caráter excepcional, pois não houve uma batalha:

> César neutralizou um exército de força igual à sua exclusivamente pela supremacia de suas manobras. Resultados assim só são possíveis nas guerras civis.[9]

César certamente tinha nítida superioridade sobre os adversários de Pompeia. Numa região montanhosa, conseguiu isolá-los de toda fonte de abastecimento, o que levou alguns deles a mudar de campo.[10]

Os observadores, sobretudo Jomini e Camon, identificaram em Napoleão duas manobras típicas, utilizadas tanto no escalão operacional (ou estratégico) quanto no tático: sobre a retaguarda e sobre a posição central. Essas manobras eram praticadas desde a Antiguidade. Napoleão recorreu a elas quando a situação se prestava a uma ou outra. A 6 de maio de 1796, antes de executá-la, ele descreve ao Diretório sua manobra de Piacenza, contra a retaguarda do exército austríaco de Beaulieu:

> No dia de ontem, trocamos tiros de canhão com o inimigo posicionado do outro lado do Pó. Esse rio é muito largo e muito difícil de atravessar. Minha intenção é atravessá-lo o mais próximo possível de Milão, para não ter mais nenhum obstáculo para chegar a essa capital. Com esta medida, contornarei as três linhas de defesa que Beaulieu dispôs ao longo do Agogna, do Terdoppio e do Ticino. Marcharei hoje sobre Piacenza. Pavia foi contornada e, se o inimigo insistir em defender essa cidade, estarei entre ele e seus armazéns.[11]

A ampliação da linha de frente, com a chegada dos corpos de exército, facilitou o transbordamento e até o envolvimento do adversário, permitindo o controle de todas as vias de retirada possíveis. A manobra contra a retaguarda tendo em vista a batalha tornou-se mais eficaz porque o inimigo, acuado num canto, não tinha mais como escapar. O marechal Soult recebeu esta carta no início da campanha da Prússia:

# LIVRO VII — O ATAQUE

> Mande notícias com mais frequência; numa guerra combinada como esta, não se pode chegar a belos resultados senão por comunicações muito frequentes; tenha isto como uma de suas maiores preocupações. Este momento é o mais importante da campanha; eles não esperavam o que queremos fazer; azar o deles se hesitarem e perderem um dia![12]

É necessário combinar os movimentos dessas grandes unidades que percorrem caminhos diferentes mas devem convergir para o mesmo objetivo. A expressão "guerra combinada" já foi encontrada antes (livro I, capítulo 7). A dificuldade consistia em coordenar bem os movimentos dos diferentes corpos de exército, em três fases sucessivas: manobra destinada a enganar o inimigo com um corpo secundário ou fictício,[13] interceptação da linha de retirada, deslocamento ou destruição das forças inimigas. A batalha era apenas um resultado da manobra, do plano de campanha, como vimos no livro IV. O que pressupunha um adversário cujas forças não fossem articuladas em corpos de exército. Em 1813, elas passaram a ser assim organizadas, o que torna as manobras do imperador muito menos eficazes: os aliados não caem mais na armadilha.[14]

A manobra contra a posição central é exposta em Santa Helena:

> Waterloo é como a batalha de Millesimo na entrada da Itália: eu separei os dois exércitos inglês e prussiano como tinha separado os exércitos austríaco e piemontês. [...]
>
> Quando traço um plano de campanha, não sossego enquanto não chego ao fim, enquanto minhas ideias não estiverem estabelecidas. Sou como uma mulher no parto. Meu plano de Waterloo foi traçado nos primeiros quinze dias de maio. Mandei chamar Jourdan, que conhecia o terreno. Avaliei de que maneira o Sambre cobria minha manobra e como eu conseguiria separar os dois exércitos.[15]

Napoleão opta pela manobra em posição central quando está em situação de inferioridade numérica. Visa então a atingir as ligações entre os exércitos adversários. A manobra é de mais difícil realização

NAPOLEÃO BONAPARTE

e mais arriscada. Foi no início e no fim de sua carreira militar que ele teve de enfrentar exércitos inimigos numericamente superiores.[16] Mas não postula uma regra específica para realizar esta ou aquela manobra, senão a simplicidade:

> Como a guerra é um ofício de execução, todas as combinações complicadas devem ser descartadas. A simplicidade é a primeira condição de todas as boas manobras; mais vale empreender três ou quatro marchas a mais e reunir as colunas na retaguarda e longe do inimigo que efetuar sua reunião em sua presença.[17]

> Não se deve nunca combinar movimentos de reunião perto do inimigo. A arte da guerra não requer manobras complicadas, as preferíveis são as mais simples. É necessário bom senso. Não se entende, assim, como é que os generais cometem tantos erros. É porque querem parecer inteligentes. O mais difícil é adivinhar os projetos do inimigo, enxergar a verdade nos relatórios recebidos. O resto exige apenas bom senso. É como um combate com os punhos, quanto mais golpes se desferir, melhor. Também é necessário saber ler o mapa. Estou convencido de que Suvorov não tinha mapas. Henrique IV era um autêntico militar, mas na época a guerra exigia apenas coragem e bom senso. Era muito diferente da guerra com grandes massas.[18]

Ao lado da simplicidade, a rapidez é mais importante que tudo na manobra:

> O príncipe Carlos e os austríacos em geral manobravam bem. Eles tinham uma boa reserva [de oficiais] de estado-maior e de instrutores, mas manobravam lentamente, o que fazia com que, diante de mim, perdessem a cabeça. Eu não lhes dava tempo para fazerem seus movimentos. Diante de Moreau e outros, eles tinham todo o tempo para fazer seus movimentos, para atrair para suas alas ou seus destacamentos. Diante de mim, ficavam aturdidos.[19]

LIVRO VII — O ATAQUE

E há finalmente casos em que mais vale não procurar manobrar. A natureza do país interfere, como nesta ordem a ser transmitida por Berthier, no Egito:

> Dê ao general Desaix ordem de atacar Murad Bey onde quer que o encontre, mas sempre mantendo as forças unidas; minha intenção não é que ele divida suas forças com o objetivo de envolver o inimigo, sendo tais manobras por demais incertas nos países isolados da natureza daquele onde se encontra.[20]

Como Napoleão, Clausewitz tem a convicção de que não existe qualquer regra em matéria de manobra estratégica. Visando implicitamente a Jomini, ele qualifica de "máximas e regras equivocadas" a oposição entre, por um lado, o transbordamento do inimigo e a operação em linhas internas, e, por outro, a concentração de forças e sua dispersão em numerosas posições. Tudo isto é uma questão de bom senso e de circunstâncias. Se elas forem favoráveis, "uma energia, uma precisão, uma ordem, uma obediência e uma intrepidez superiores podem encontrar meios de gerar vantagens notáveis".[21] Querendo diferenciar-se de Jomini, Clausewitz deu ênfase às forças morais, mais que à manobra, motivo pelo qual seria criticado.[22]

# 8. Ataque a fortalezas

Nas campanhas que "visam a uma grande decisão", Clausewitz não empreenderia qualquer cerco enquanto a decisão não tivesse ocorrido, exceto se fosse decididamente inevitável. As praças-fortes só seriam capturadas depois da decisão.[1] O fantasma da campanha de 1806 o perseguia. Napoleão só empreendeu o cerco das praças prussianas depois de Iena e Auerstaedt. Mais que Clausewitz, ele tece considerações a respeito do ataque às fortalezas. Sob muitos aspectos, estava mais próximo das guerras do Antigo Regime que seu ilustre comentador. Ao cercar uma praça, é necessário ter método. Não se deve fazer muitas coisas ao mesmo tempo:

> Existem apenas dois meios de garantir o cerco de uma praça: um, começar por derrotar o exército inimigo, afastá-lo do campo de operações, atirar seus destroços para além de algum obstáculo natural, como montanhas ou um grande rio, posicionar o exército de observação por trás desse obstáculo natural e enquanto isso abrir a trincheira e ocupar o lugar. Mas se se quiser tomar o lugar diante do exército de reforço, sem correr o risco de uma batalha, será preciso contar com equipamentos de cerco, ter as munições e víveres para o tempo presumido de duração do cerco, formar as linhas de contravalação e circunvalação,[2] valendo-se das localidades, vale dizer,

LIVRO VII — O ATAQUE

elevações, bosques, pântanos, inundações. Não sendo mais necessário então manter qualquer comunicação com as praças de quartel, já se trata apenas de conter o exército de reforço, e nesse caso se forma um exército de observação que não o perca de vista, e que, barrando-lhe o caminho da praça, sempre terá tempo de chegar a seus flancos ou à sua retaguarda, se ele conseguir ocultar-lhe uma marcha; ou finalmente, prevalecendo-se das linhas de contravalação, utilizar uma parte do corpo sitiante para travar batalha com o exército de reforço.

Mas fazer as três coisas ao mesmo tempo: 1° cercar uma fortaleza e conter a guarnição sem contravalação; 2° manter as comunicações com praças de quartel situadas a seis dias de marcha; 3° combater o exército de reforço sem contar com a ajuda de nenhum obstáculo natural nem de linhas de contravalação é uma combinação errada que só pode levar a catástrofes, a menos que se conte com forças que sejam o dobro das do inimigo.[3]

Clausewitz não se preocupa com esse tipo de consideração. Avalia simplesmente que as linhas de circunvalação "saíram de moda".[4] Como já vimos, o teórico leva mais longe que o prático sua interpretação das transformações ocorridas na arte da guerra.

Para Napoleão, os cercos são onerosos, mesmo quando adotado o método de Vauban para poupar os homens. Talvez seja melhor uma investida direta, tentar um ataque sangrento, mas decisivo:

> O duque de Wellington é acusado de ser um carrasco de homens, sendo recriminado, sobretudo, por seu ataque a Badajoz.[5] Entretanto, é um cálculo a ser feito, talvez seja melhor atacar assim, e, no fim das contas, pode ser que tenham sido perdidos menos homens com a carnificina de um dia do que com a perda diária, ainda que imperceptível, do curso ordinário de um cerco, e além do mais, o tempo ganho é imenso! Seria interessante fazer investigações a este respeito, e você deveria, Gourgaud, cuidar disso. Devemos ter aqui ou nas bibliotecas do campo relatos detalhados dos cercos das últimas guerras.[6]

NAPOLEÃO BONAPARTE

O resultado dessa investigação não chegou a nós, mas Gourgaud menciona em diário sua pesquisa sobre os cercos da Espanha, o que leva o imperador a acrescentar esta reflexão:

> Devem-se atacar as brechas com poucos homens ao mesmo tempo. Mobilizar muitos deles provoca apenas maior perda e confusão.[7]

Quando os cercos são particularmente encarniçados, podem-se seguir combates de rua. Foi o caso em Jafa, na Palestina. Bonaparte escreveu o seguinte a seu comandante em chefe de engenharia:

> Sobretudo recomende aos homens de seu exército que não combatam nas ruas; é necessário apropriar-se das saídas e caminhar com prudência de casa em casa.[8]

Tendo Murat como seu subordinado em Madri, em abril de 1808, antes de estourar a sublevação, o imperador faz-lhe a mesma recomendação:

> O senhor deve lembrar-se das circunstâncias em que, sob minhas ordens, fez a guerra em grandes cidades. Não se deve combater nas ruas; ocupam-se as casas das extremidades das ruas e se estabelecem boas baterias.[9]

Três meses depois, a Espanha está mergulhada na revolta:

> Saragoça não foi tomada. Está cercada, e uma cidade de 40 a 50.000 almas defendida por um movimento popular só pode ser tomada com tempo e paciência. As histórias das guerras estão cheias de catástrofes das mais consideráveis por terem assaltado e se enfurnado nas ruas estreitas das cidades. O exemplo de Buenos Aires e dos 12.000 ingleses de elite que lá morreram é uma prova disso.[10]

# 9. A invasão

## Guerra de invasão e guerra metódica

Embora não o mencione, Clausewitz tem em mente o general Rogniat ao dizer que "os autores franceses muitas vezes falam de *guerra de invasão*", opondo-a a uma guerra metódica. Aquela é qualquer ataque em profundidade em território inimigo, esta avança apenas um pouco na fronteira.[1] Napoleão insurgiu-se contra esta distinção:

> Toda guerra ofensiva é uma guerra de invasão; toda guerra conduzida de acordo com as regras da arte é uma guerra metódica. Os planos de campanha são modificados ao infinito, segundo as circunstâncias, o engenho do chefe, a natureza das tropas e a topografia.[2]

Clausewitz é da mesma opinião, vendo em Rogniat "uma confusão de linguagem muito pouco filosófica. Que um ataque se limite à fronteira ou penetre no coração do país, que vise a se apoderar das praças-fortes inimigas ou busque o coração da potência inimiga e o persiga sem trégua, é tudo uma questão de circunstâncias, e não de métodos. Em certos casos, uma investida à frente pode ser mais metódica e ao mesmo tempo mais prudente que a preservação da fronteira".[3]

NAPOLEÃO BONAPARTE

Quando Napoleão invadia um país inimigo, buscava a batalha com o principal exército adversário. À frente dos prussianos em 1792, o duque de Brunswick não mostrara essa mesma determinação:

> Brunswick comportou-se de maneira extremamente tola nessa campanha de Champagne. Quando se quer invadir um país, não se deve temer travar batalha e por toda parte ir atrás do inimigo para combatê-lo.[4]

Um exército de invasão deve proteger seus flancos, vulneráveis por definição, e não multiplicá-los:

> Os flancos são as partes fracas de um exército invasor; é preciso cuidar de apoiá-los, senão os dois, pelo menos um, num país neutro ou num grande obstáculo natural. Tendo desprezado esse primeiro princípio de guerra, o exército francês [em 1796, na Alemanha], dividindo-se em três corpos separados, criou para si mesmo seis flancos; ao passo que, manobrando bem, ser-lhe-ia fácil marchar reunido, apoiando uma ala e outra.[5]

Um exército que desembarca num ponto do litoral tem vantagens que deve cuidar de aproveitar:

> A vantagem de todo exército que chega pelo mar é chegar inopinadamente, como o vento; sua força só é conhecida quando já não há mais tempo de tomar medidas para impedi-lo de desembarcar e empreender aquilo que pretende fazer; nada pode justificar o fato de o governo inglês ter violado esse princípio, ter renunciado a essa vantagem, a maior de todas, de todo exército que leva a guerra a um país pelo mar. É preciso desembarcar sem demora. A arte manda que o almirante só se deixe ver de terra quando já não houver mais tempo, quando já estiver a uma légua. Ele deve calcular sua navegação de maneira a estar, às 3 horas da manhã no verão, às 6 horas da manhã no inverno, a uma ou duas léguas da praia onde pretende desembarcar. Deve chegar a ela com todas as velas içadas, e, meia hora depois, sem mesmo ter ancorado, ter tomado a praia, ter descido à terra no dia e na noite que se seguem, todo o exército, toda a artilharia de campanha,

os víveres para quinze dias, tudo deve estar em terra, pronto para receber o exército se ele se apresentar vinte e quatro horas depois de se ter, de terra, detectado a presença de uma esquadra, de um comboio, de um exército inimigo. Agindo com esta celeridade, pouco importa que o mar esteja calmo como um lago, desde que não haja tempestade, que um grande vento não dê à costa, o que é raro. E por sinal é necessário desembarcar numa enseada em que o vento dominante na estação não venha dar à costa. É pela negligência desses princípios que os ingleses sempre perdem tantos homens nos desembarques que fazem; muitas vezes tiveram êxito, o que não deveria acontecer. Quando o mau tempo obriga a ancorar e a não desembarcar durante cinco a seis dias, o almirante só tem uma decisão a tomar, largar amarras e desembarcar em outro lugar onde não seja esperado.[6]

## Conquistar a confiança dos povos invadidos

Num trecho que ficou famoso, Clausewitz constata que o conquistador é sempre amigo da paz, como dizia o próprio Napoleão, e que sempre deseja entrar no Estado que invadiu sem encontrar resistência.[7]

É verdade que com frequência ele recomendava conquistar a confiança dos povos invadidos. Escrevendo ao general Joubert, que entrou em Trento e logo haverá de marchar sobre o Tirol, o comandante em chefe do exército da Itália afirma, no fim de janeiro de 1797:

> Não esqueça nada para contentar os habitantes das regiões que conquistar. Não é entre os miseráveis habitantes das montanhas que se haverá de buscar dinheiro ou recursos; deve-se buscar apenas seu apoio, para que fiquem mais satisfeitos conosco do que com os austríacos.[8]

Na véspera do desembarque no Egito, uma proclamação é endereçada aos soldados franceses, advertindo:

> Os povos com os quais vamos viver são maometanos; seu primeiro artigo de fé é este: "Não existe outro Deus senão Alá, e Maomé é seu profeta."

Não os contradigam; comportem-se com eles como nos comportamos com os judeus, com os italianos; tenham consideração com seus muftis e seus imãs, assim como tiveram com os rabinos e os bispos.

Tenham com as cerimônias prescritas pelo Corão, com as mesquitas, a mesma tolerância que tiveram com os conventos, com as sinagogas, com a religião de Moisés e de Jesus Cristo.

As legiões romanas protegiam todas as religiões. Haverão de encontrar aqui hábitos diferentes dos da Europa: será necessário acostumar-se a eles.[9]

Dias depois, o general Kléber, doente, ficou em Alexandria, no comando da guarnição. Recebeu então ordens precisas para que as relações com a população e as autoridades locais fossem as melhores possíveis:

> Manter, na medida do possível, um bom entendimento com os árabes; ter a maior consideração com os muftis e os principais xeques do país. [...] É preciso acostumar essas pessoas aos poucos aos nossos hábitos e à nossa maneira de ver, e, enquanto isso, dar-lhes todo espaço em suas questões internas, e sobretudo não se imiscuir em sua justiça, que, sendo toda baseada em leis divinas, decorre inteiramente do Corão.[10]

O general Menou,[11] incumbido do comando de Rosette, recebe instruções ainda mais precisas. As recomendações que lhe são feitas:

> 14. — Proteger os muftis, os imãs, o culto, e valer-se dos principais xeques do país para comandar a massa da população, tomando o cuidado, todavia, de desarmá-los o máximo possível e avaliar quais seriam os homens de que seria necessário cercar-se se por acaso um infortúnio nos obrigasse a tomar medidas para conter a população.
>
> 15. — Descobrir quais são os jovens de dezesseis a vinte anos que poderíamos arregimentar, metade por livre e espontânea vontade, metade à força, a pretexto de lhes ensinar o ofício das armas, e para dispor de reféns a partir do momento em que as circunstâncias o exigissem.

## LIVRO VII — O ATAQUE

16. — Creio que haverá em Rosette, como aqui, três partidos: o dos homens que apoiavam o governo, o dos puros maometanos ou dos homens santos e virtuosos, que é o partido que tem a seu lado uma grande massa da opinião, e finalmente o dos homens que foram agentes do governo e no momento caíram em desgraça.

17. — O senhor deve cortejar a opinião do segundo partido e alimentar nele grandes esperanças por uma ordem de coisas em que o justo seja protegido.

18. — O senhor cortejará o terceiro grupo para botá-lo em seu lugar; mas, na medida do possível, haverá de se valer dos que estão atualmente no governo, depois de levá-los a prestar juramento de obediência e de nada fazer que seja contrário aos interesses do exército.[12]

Ao comandante em chefe de um exército de invasão interessa comportar-se de maneira que respeite os hábitos e costumes locais. É o que Napoleão tenta fazer entender a seu irmão Jérôme, que leva uma vida de prazeres em seu reino da Vestfália em 1809:

Cultive maneiras e hábitos de acordo com os do país que governa. É assim que haverá de conquistar os habitantes pela estima, que só combina com a opinião dos costumes e a simplicidade.[13]

## Dificuldades da ocupação e do posicionamento das tropas

A lhe darmos crédito, a infância na Córsega muito cedo levou Napoleão a entender as dificuldades da ocupação de um país conquistado:

Quando os franceses ocuparam a Córsega, em minha juventude, o governador fazia enorme esforço para saber o que estava acontecendo, quem havia cometido este ou aquele crime, mas não conseguia descobrir, ao passo que os habitantes de Ajaccio nada ignoravam. Por mais esforço que o governador fizesse para conquistá-los, era-lhe muito difícil.

O que eu pude ver então valeu-me nos países conquistados: eu nunca me espantava com o ódio que leva às piores loucuras e com

NAPOLEÃO BONAPARTE

a dificuldade que tínhamos para conseguir que certos fanáticos se submetessem.

A Córsega deve muito à França. Mas não o reconhece plenamente, segundo se diz. A França queria acabar com os ódios, impedir os assassinatos que tinham sido estimulados pelo fraco governo de Gênova para dirigir a Córsega e dominá-la com mais segurança. Mas os corsos não podiam achar isso razoável. Não basta prestar serviço aos povos, é necessário servi-los como eles querem e aceitar seus preconceitos.[14]

Em Santa Helena, Napoleão fez a respeito dos fanáticos uma reflexão que atravessa as épocas:

De todos os assassinos, prosseguiu ele, os fanáticos são os mais perigosos: só muito dificilmente é possível defender-se da ferocidade desses homens. Um homem que tem a intenção, a vontade de se sacrificar, será sempre senhor da vida de outro homem, e, quando é fanático, sobretudo fanático religioso, desfere seus golpes com mais segurança. A história está cheia de atos dessa natureza: César, Henrique III, Henrique IV, Gustavo, Kléber etc. foram algumas de suas vítimas. Fanáticos religiosos, fanáticos políticos, todos devem ser temidos. Os cúmplices desses tigres, se acaso existem, pois muitas vezes esses grandes criminosos só têm como cúmplices eles mesmos, estão sempre envoltos num véu impenetrável que os esquiva às buscas mais ativas, mais exatas.[15]

O general Bonaparte defrontou-se com um povo ocupado em sua primeira campanha da Itália. Nem todos os italianos receberam os franceses como libertadores. Houve várias revoltas. No Egito, defrontou-se com dificuldades semelhantes. Para assegurar a tranquilidade do Cairo, escreveu o seguinte àquele que nomeara governador:

Uma grande vigilância é mais necessária para a tranquilidade da praça que uma grande disseminação de tropas. Alguns oficiais de serviço percorrendo a cidade, alguns sargentos de plantão montados em jumentos, alguns suboficiais vigiando os lugares mais importantes, alguns francos se imiscuindo nos mercados e nos diferentes

## LIVRO VII — O ATAQUE

bairros, algumas companhias de reserva que possam ser mandadas aos lugares onde haja algum problema são mais úteis e cansam menos que guardas fixas em praças e encruzilhadas.[16]

Contra o populacho, não se deve atirar com balas de advertência, mas diretamente com canhões, e balas de verdade. Caso contrário a multidão ganha coragem, os confrontos se prolongam e fazem mais vítimas:

> Com o populacho, tudo está nas primeiras impressões que se causa nele. Quando ele vê em suas fileiras mortos e feridos, é acometido de terror e se dissolve num instante; assim, quando se é obrigado a fazer fogo, é por assim dizer mal compreender os interesses da humanidade atirar apenas com pólvora; pois significa, em vez de poupar sangue, fazê-lo correr em maior quantidade do que o necessário.[17]

Na escala de um país, não se devem espalhar as tropas de ocupação, mas mantê-las a pouca distância de marcha, de maneira a poder reuni-las com rapidez. É o que Napoleão escreve várias vezes ao irmão Joseph, que subira ao trono de Nápoles em 1806:

> Tenha em mente que é necessário que não haja, por assim dizer, nem uma só aldeia em seu reino que não tenha visto suas tropas, e que no entanto é importante que os habitantes não se queixem delas. É conveniente não disseminar suas forças. De fato mais vale ter 600 homens que façam seis viagens a diversos pontos ou enviem patrulhas a toda parte, mas de maneira que o grosso desse corpo se mantenha unido, do que ter os 600 homens repartidos, à razão de 100 homens em cada lugar, em seis pontos diferentes. Cuide de manter os batalhões unidos.[18]

Em vez de muitas pequenas guarnições, é necessário ter alguns campos volantes:

> [...] sobretudo acabe com as pequenas guarnições, caso contrário terá muitas perdas. O verdadeiro sistema é o dos campos volantes; 1.800 homens sob as ordens de um general de divisão,

NAPOLEÃO BONAPARTE

posicionados ao redor de Cosenza, fornecendo perpetuamente colunas, 5[00] a 600 homens percorrendo a região, são os melhores meios. [...] que em lugar nenhum haja menos de 400 homens. Posicione pequenos destacamentos apenas nas fortalezas e nas posições bem fortificadas. [...] Se o coronel Laffon[19] tivesse atacado com audácia os insurretos, com 400 homens seria capaz de submetê-los. Toda tropa que não é organizada é destruída quando se marcha em direção a ela.[20]

Essa ideia de que uma força militar organizada sempre leva a melhor sobre uma multidão, ainda que esta seja numericamente superior, é retomada neste conselho a Joseph, coroado rei da Espanha:

Qualquer que seja o número dos espanhóis, é preciso marchar direto contra eles e com firme resolução. Eles são incapazes de resistir. Não se deve abordá-los de viés nem manobrar, mas investir diretamente.[21]

É preciso apostar na força das tropas organizadas e unidas. Não só as tropas unidas têm mais eficácia militar como sentem mais confiança e se impõem melhor às populações:

Em geral, desejo que minhas tropas sejam unidas o máximo possível, pelo motivo de que o povo, que tem o hábito de vê-las, se revolta ao tomar conhecimento de que elas foram para outro lugar.[22]

O aspecto moral é aqui extremamente importante. A ocupação da península Ibérica também deve consistir em preservar os pontos importantes:

Em todos os países menores, controlando-se as principais cidades ou posições, é possível contê-los facilmente, tendo sob as rédeas os bispos, os magistrados, os principais proprietários interessados em manter a ordem sob sua responsabilidade.[23]

Volte a escrever ao general Drouet[24] que dou a maior importância a receber notícias do exército de Portugal; que o princípio de ocupar

LIVRO VII — O ATAQUE

todos os pontos é impossível de executar; que é preciso contentar-se em ocupar os pontos onde se encontram os quartéis e os hospitais, e ter as tropas sob controle para conduzi-las aonde for necessário [...].[25]

A situação da Espanha é comparada à de uma guerra civil:

Nas guerras civis, os pontos importantes é que devem ser guardados; não se deve estar em toda parte.[26]

## Meios de contrainsurreição

As colunas móveis representam um primeiro recurso. Napoleão aconselha seu irmão Joseph a organizá-las na Calábria, com unidades corsas falando italiano:

Organize quatro colunas móveis comandadas por oficiais inteligentes, aptos e firmes, compostas cada uma de 7[00] a 800 homens, alguma cavalaria e muita infantaria, repartidas nas diferentes partes dessa província, e enviando destacamentos a toda parte. Essas colunas ainda não terão sido estabelecidas há um mês e já conhecerão todas as localidades, estarão misturadas aos habitantes e terão oferecido intensa perseguição aos salteadores. Eles deverão ser fuzilados imediatamente quando detidos. [...] Mas cuide para que os generais não roubem. Se se comportarem arbitrariamente, se importunarem e pilharem os cidadãos, haverão de revoltar as províncias. É necessário golpear com vontade, destituir vergonhosamente e entregar a uma comissão militar o primeiro que roubar.[27]

As colunas móveis vão par a par com a manutenção das tropas reunidas. É o que Napoleão explica a Murat na véspera da insurreição madrilenha de 2 de maio de 1808:

De modo algum aprovo que o senhor espalhe suas tropas. Fui informado de que o senhor enviou do Escorial um regimento a uma aldeia. O senhor pode destacar um regimento para dar um exemplo;

NAPOLEÃO BONAPARTE

mas ele deve retornar imediatamente. Se a cada revolta que surgir enviar um regimento ou um batalhão, eu não terei mais exército. Se acostumar as aldeias a ter guarnições, elas se revoltarão assim que as retirar. O senhor deve enviar colunas móveis, que não devem se ausentar por mais de oito dias, retornando assim que sua missão estiver concluída.[28]

Mergulhada a Espanha na agitação, continuam a ser dadas ordens no mesmo sentido:

Meu primo, escreva aos generais Dorsenne, Caffarelli e Thouvenot[29] que no país onde se encontram é adotado um detestável sistema; que forças imensas são reunidas nas aldeias contra bandos de salteadores que são ativos, de tal maneira que se está continuamente exposto a acontecimentos desagradáveis, ao passo que o contrário é que devia ser feito; que deviam ser ocupados pontos principais, e deles deveriam partir colunas móveis para perseguir os salteadores; que se as coisas fossem conduzidas dessa maneira, se haveria de evitar muitas desgraças particulares; que é preciso apressar-se a pôr em prática esse plano e guerrear ativamente os salteadores; que a experiência da Vendeia provou que o melhor era ter colunas móveis, disseminadas e multiplicadas por toda parte, e não corpos estacionários.[30]

"Dar exemplos" constitui um segundo meio. No Egito, os métodos foram adaptados aos costumes orientais. Bonaparte escreveu ao general governador da província de Menuf:

É preciso que trate os turcos com a maior severidade; diariamente, aqui, mando cortar três cabeças e expô-las no Cairo; é a única maneira de dobrar a gente aqui.[31]

Na província de Mansurah, onde algumas aldeias se tinham revoltado, Bonaparte mandou para a fogueira o principal culpado, fazendo reféns e ameaçando as outras aldeias com represálias semelhantes.[32] Mas esses meios repressivos eram alternados com tentativas de pacificação, como demonstra esta frase de uma carta ao general Vial:[33]

# LIVRO VII — O ATAQUE

Trate de promover o retorno da massa dos habitantes de El-
-Choa'rah e Lesbé, concedendo-lhes um perdão geral.[34]

Morder e assoprar: é também esta a base das instruções ao general Brune, comandante do exército do Oeste, a respeito da conduta a adotar em relação aos Chuans, no início do Consulado:

> Todo indivíduo que se entregar deve ser recebido; mas não tolere mais nenhuma reunião de chefes; não promova mais nenhum tipo de negociação diplomática.
>
> Uma grande tolerância com os padres; atos severos em relação às grandes comunas, para obrigá-las a se guardar e a proteger as pequenas. Não poupe as comunas que se comportarem mal. Incendeie algumas fazendas e algumas aldeias maiores em Morbihan, e comece a dar alguns exemplos.
>
> Que a suas tropas não falte pão, carne nem soldo. É possível encontrar, nesses departamentos rebeldes, o necessário para sustentar suas tropas. Só mesmo tornando-lhes a guerra terrível é que os habitantes haverão de se unir por si mesmos e acabarão por perceber que sua apatia lhes é prejudicial.[35]

Escrevendo a Junot, destacado para reprimir uma insurreição nos estados de Parma e Piacenza, o valor dos exemplos severos é lembrado em várias cartas, sendo justificado por razões de eficácia mas também, paradoxalmente, de humanidade:

> Não é com frases que se mantém a tranquilidade necessária na Itália. Faça como eu fiz em Binasco:[36] que uma grande aldeia seja incendiada; mande fuzilar uma dúzia de revoltosos e forme colunas móveis para capturar salteadores em toda parte e dar um exemplo à população dessas regiões.[37]
>
> Lembre-se de Binasco: foi o que me valeu a tranquilidade de que passamos a desfrutar desde a Itália, poupando o sangue de milhares de homens. Nada é mais salutar que exemplos terríveis bem a propósito.[38]

> Sem um exemplo severo, os povos da Itália sempre estarão prontos para se revoltar.[39]

> É com prazer que vejo que a aldeia de Mezzano, a primeira a tomar armas, será incendiada. Dê grande repercussão a essa execução; faça com que uma grande descrição seja feita em todos os jornais. Haverá muita humanidade e clemência nesse ato de rigor, pois ele prevenirá outras revoltas.[40]

Embora Napoleão sempre tenha desfrutado de certa popularidade na Itália, a severidade de que deu mostra diante de múltiplas rebeliões e a dureza de suas declarações a respeito dos habitantes revelam um lado sombrio de sua personalidade, no qual devemos dar o desconto das concepções da época. Em Nápoles, Joseph foi coroado. Seu irmão o adverte de que deve esperar uma insurreição e terá de desarmar preventivamente:

> Tenha isto em mente nos seus planos, que, quinze dias mais cedo ou mais tarde, você terá uma insurreição. É um acontecimento que ocorre constantemente em país conquistado. [...] Não importa o que você venha a fazer, nunca será capaz de se sustentar numa cidade como Nápoles apenas pela opinião. [...] Imagino que dispõe de canhão em seus palácios e que tenha tomado todas as medidas para sua segurança. Nunca será demais tomar todo o cuidado com o seu pessoal. Os franceses são de uma confiança e de uma leviandade sem par. [...] Desarme, desarme! Imponha ordem nessa imensa cidade. Mantenha seus parques em posições onde a canalha não possa tomar seus canhões. Preveja que terá um levante ou uma pequena insurreição. Gostaria muito de poder ajudá-lo com minha experiência em assuntos dessa natureza.[41]

Não devemos esquecer de que Napoleão começou sua carreira de general reprimindo a insurreição realista do 13 vendemiário. Chega a desejar uma revolta para ficar aliviado, como se fica depois que um filho superou uma doença infantil:

LIVRO VII — O ATAQUE

Bem gostaria que a canalha de Nápoles se revoltasse. Enquanto não lhes der um exemplo, não poderá controlá-la. Todo povo conquistado precisa de uma revolta, e eu veria uma revolta em Nápoles como um pai de família vê uma varíola nos filhos, desde que não debilite demais o doente. É uma crise salutar.[42]

Joseph tenta conquistar a simpatia dos napolitanos prometendo não cobrar impostos de guerra e proibindo que os soldados franceses exijam ser alimentados. É então recriminado:

Não é lisonjeando os povos que os conquistamos [...]. Se não se fizer temido desde o início, desgraças haverão de lhe advir. O estabelecimento de impostos não terá o efeito que imagina; todo mundo os espera e os considerará naturais. Foi assim que, em Viena, onde não havia um tostão, e onde esperavam que eu não cobrasse taxas, dias depois de minha chegada cobrei uma de cem milhões de francos: foi considerado perfeitamente razoável. Suas proclamações ao povo de Nápoles não parecem as de um dominador. Nada poderá ganhar afagando demais. Os povos da Itália, e os povos em geral, se não sentem a presença de um chefe, dispõem-se à rebelião e ao motim.[43]

Num país conquistado, a bondade não é humanidade. Vários franceses já foram assassinados. Em geral, é um princípio político colher uma boa opinião da própria bondade somente depois de se ter mostrado severo com os maus.[44]

Esta reflexão trai a leitura de *O príncipe* de Maquiavel. Refletindo em Santa Helena a respeito da Itália conquistada em 1796 e particularmente da revolta de Pavia, Napoleão faz as seguintes considerações:

A conduta de um general num país conquistado está cercada de obstáculos: se se mostrar duro, indisporá e aumentará o número de seus inimigos; se for suave, dará esperanças que depois dão maior elevo aos abusos e as humilhações inevitavelmente ligados ao estado de guerra. Seja como for, se uma sedição nessas circunstâncias for aplacada a tempo, sabendo o conquistador valer-se nela de uma mistura de severidade, justiça e suavidade, ela terá apenas um bom efeito; terá sido vantajosa e haverá de constituir uma nova garantia para o futuro.[45]

Se por um lado Napoleão se equivocou quanto à força do sentimento nacional espanhol antes de arriscar seus peões na península, por outro soube muito bem entender o tipo de guerra acarretado pela insurreição. Esta muito rapidamente foi além do estágio de uma simples sublevação. O exército espanhol e o povo foram apoiados pelos britânicos, que haviam desembarcado em Portugal. Foi necessário, em especial, impor obediência a cidades controladas pelos espanhóis, e primeiro que tudo Saragoça. Foram dadas ordens quanto aos meios específicos a serem empregados:

> Solicito também uma grande quantidade de morteiros, em virtude do grande número de projéteis que precisam ser usados numa guerra de insurreição.[46]

> A guerra da Espanha é como a da Síria; será necessário recorrer tanto às minas quanto ao canhão.[47]

O cerco de Saragoça, contra uma população fanatizada, de fato assistiria a bombardeios com morteiros e a um trabalho paciente de explosão das casas pelos especialistas em minas da engenharia.[48]

## Meios de pacificação

Para pacificar, também são necessários meios não militares:

> As províncias conquistadas devem ser reduzidas à obediência ao vitorioso através de meios morais, responsabilidade das comunas, e do modo de organização da administração. Os reféns são um dos meios mais poderosos, quando os povos estão convencidos de que a morte desses reféns é efeito imediato da ruptura da confiança.[49]

LIVRO VII — O ATAQUE

A cooperação das elites locais é indispensável para garantir a pacificação. No Egito, Bonaparte não aprova a maneira como elas são tratadas pelo general no comando da província de Menuf, e ao mesmo tempo, compreendendo as dificuldades de semelhante situação, ele o poupa, hipotecando-lhe sua confiança:

> Tampouco aprovo que tenha mandado prender o divã sem investigar se era culpado ou não, e que o tenha libertado doze horas depois: não é a maneira de cair nas graças de um partido. Estude os povos junto aos quais se encontra; identifique os que são mais suscetíveis de ser utilizados; dê alguns exemplos justos e severos, mas nunca nada que se aproxime do capricho e da leviandade. Sinto que sua posição é muitas vezes embaraçosa, e tenho toda confiança em sua boa vontade e no seu conhecimento do coração humano; acredite que lhe faço a justiça que lhe é devida.[50]

Ao deixar o Egito, Bonaparte deixa o comando e uma série de instruções a Kléber, entre elas a seguinte:

> O senhor sabe, cidadão general, qual é minha visão sobre a política interna do Egito; não importa o que fizer, os cristãos sempre serão nossos amigos. É preciso impedir que sejam por demais insolentes, para que os turcos não tenham contra nós o mesmo fanatismo que têm contra os cristãos, o que os tornaria para nós irreconciliáveis. É preciso aplacar o fanatismo, na expectativa de poder desarraigá-lo. Conquistando as boas graças dos grandes chefes do Cairo, teremos as boas graças de todo o Egito e de todos os chefes que esse povo possa ter. Não pode haver para nós ninguém menos perigoso que os xeques que são medrosos, que não sabem combater e que, como os padres, inspiram fanatismo sem ser fanáticos.[51]

Um lembrete foi ditado sobre a maneira como o Egito fora administrado:

> Seria impossível almejar uma influência imediata sobre povos para os quais somos tão estranhos; precisamos, para dirigi-los, de intermediários; devemos dar-lhes chefes, caso contrário eles próprios

NAPOLEÃO BONAPARTE

haverão de escolhê-los. Dei preferência aos ulemás e aos doutores da lei: 1° porque naturalmente eram chefes; 2° por serem os intérpretes do Corão, considerando-se que os maiores obstáculos que enfrentamos e que ainda haveremos de enfrentar provêm das ideias religiosas; 3° porque esses ulemás têm hábitos brandos, gostam da justiça, são ricos e movidos por bons princípios de moral. Trata-se incontestavelmente das pessoas mais honestas do país. Não sabem montar a cavalo, não têm o hábito de qualquer manobra militar, tampouco seriam indicados para tomar a frente de um movimento armado. Tratei de envolvê-los em minha administração. Vali-me deles para falar ao povo, tratei de compor com eles os divãs de justiça; eles foram o canal de que me utilizei para governar o país. Aumentei suas fortunas; em todas as circunstâncias, cumulei-os dos maiores sinais de respeito. Fiz com que lhes fossem prestadas as primeiras honras militares; lisonjeando sua vaidade, atendi à de todo esse povo. Mas seria inútil tomar esses cuidados com eles se não nos mostrássemos imbuídos do mais profundo respeito pela religião do islamismo, se autorizássemos aos coptas cristãos, gregos e latinos emancipações que alterassem suas relações habituais. Quis que eles fossem ainda mais submissos, mais respeitosos das coisas e pessoas relativas ao islamismo do que no passado. [...]

É preciso ter o maior cuidado no sentido de convencer os muçulmanos de que amamos o Corão e veneramos o Profeta. Uma só palavra, uma única iniciativa mal calculada podem pôr a perder o trabalho de vários anos. Eu jamais teria permitido que a administração agisse diretamente sobre as pessoas ou a estrutura física das mesquitas; sempre me remeti aos ulemás e os deixei agir. Em toda discussão contenciosa, a autoridade francesa deve ser favorável às mesquitas e às fundações pias. Mais vale perder alguns direitos e não dar motivo para a calúnia das disposições secretas da administração nessas questões tão delicadas. Este meio foi o mais poderoso de todos, e aquele que mais contribuiu para tornar meu governo popular. [...]

É preciso adaptar-se às maneiras dos orientais, eliminar o chapéu e as calças apertadas e conferir aos trajes de nossas tropas algo dos trajes dos magrebinos e albaneses. Assim vestidas, elas ficariam parecendo aos habitantes um exército nacional; o que se adequaria às circunstâncias do país.[52]

Os franceses deixaram o Egito sem ter melhorado suas relações com os habitantes, muito pelo contrário. Continuavam sendo vistos como "os inimigos cristãos", os sucessores dos cruzados. As concepções de Bonaparte prenunciavam o colonialismo, mas, como observa Steven Englund, ele também inovou nesse terreno: foi o primeiro a encontrar respostas que só haveriam de se tornar "antigas" muito mais tarde. Pode-se considerar que ele está na origem de uma escola francesa da contrainsurreição, que viria a se desenvolver na África do Norte e na Indochina. Os franceses foram expulsos do Egito por uma expedição britânica, e não por uma insurreição dos habitantes. Se não haviam sido capazes de conquistar uma real simpatia e se sua política religiosa não pareceu muito convincente, seus métodos mostraram-se cada vez mais eficazes. Kléber e Menou revelaram-se bons governadores coloniais.[53]

Napoleão aproveitou na Espanha as lições tiradas de sua experiência egípcia, como deixa claro esta nota que mandou redigir para o general Savary:

> O imperador considera que não é suficiente tornar as autoridades responsáveis; sem dúvida é necessário torná-las responsáveis, mas é preciso dar-lhes meios para isto. Com essa finalidade, é necessário desarmar e formar quatro companhias de guardas nacionais das mais recomendáveis do país, para apoiar os alcaides e manter a tranquilidade; eles serão responsabilizados se não forem capazes de mantê-la. A esta responsabilidade das mais consideráveis de cada cidade haverá de se somar a dos bispos, dos conventos. Desta maneira é que a tranquilidade pública pôde ser mantida na França. Sem eles, a França teria caído já em 1789 na mais terrível anarquia.[54]

Escrevendo a Joseph, que passara do trono de Nápoles ao de Madri, Napoleão esclarece de que maneira as elites locais devem servi-lo:

> Mas para que um país seja bem disciplinado, é necessário que os administradores, corregedores e magistrados superiores aos quais os povos têm o hábito de obedecer sejam nomeados por você e visitem essas províncias, façam proclamações, perdoem os revoltosos que

se entregam e depõem armas e sobretudo emitam circulares para os alcaides e párocos, e que estes assim entendam que estão submetidos ao seu governo. Essa medida terá a vantagem de reorganizar a polícia, as finanças, e de dar uma direção a esses povos. Também é necessário que os administradores e corregedores se comuniquem com seus ministros para transmitir-lhes as diferentes informações que chegam ao seu conhecimento.[55]

Se o conquistador pretende não só ocupar um país mas nele convocar tropas, certas condições devem ser cumpridas para que o espírito público se mostre favorável. E sobretudo se deve evitar que o exército de ocupação viva à custa do país. Era o caso na Itália em 1796:

Essa circunstância, de ser obrigado a viver dos recursos locais, atrasou muito o espírito público da Itália. Se, pelo contrário, o exército francês tivesse sido mantido pelo dinheiro da França, desde os primeiros dias teria sido possível mobilizar corpos numerosos de italianos. Mas pretender conclamar uma nação à liberdade, à independência, querer que o espírito público seja formado nela, que ela mobilize tropas, e ao mesmo tempo privá-la de seus principais recursos são duas ideias contraditórias, e é em sua conciliação que consiste o talento.[56]

É possível constituir tropas caso se manifeste um certo entusiasmo. Não o havendo, mais vale se abster:

Não siga o sistema das guardas provinciais; nada poderá ser mais perigoso. Essas pessoas haverão de se orgulhar e julgarão não ter sido submetidas. Todo povo estrangeiro que tiver essa ideia não foi dominado.[57]

Na Espanha, ante algo a que se refere como uma "guerra popular", Napoleão mostra-se ainda mais preocupado com a opinião pública:

Os movimentos de recuo são perigosos na guerra; nunca devem ser adotados nas guerras populares: a opinião vale mais que a realidade; o conhecimento de um movimento de recuo atribuído pelos chefes àquilo que quiserem cria novos exércitos para o inimigo.[58]

LIVRO VII — O ATAQUE

Os povos conquistados só se submetem ao vencedor por uma mistura de política e severidade, e quando são misturados ao exército. Essas coisas faltaram na Espanha.[59]

... e na Vendeia:

Só os meios políticos e morais podem manter os povos conquistados; a elite dos exércitos da França não foi capaz de conter a Vendeia, que tem apenas 5[00.000] a 600.000 habitantes.[60]

Tratando-se de um suposto campeão da abordagem militar, esse reconhecimento é forte e revelador de sua profunda humanidade. Ela também se manifesta nesta frase famosa, dirigida ao presidente do Instituto depois da primeira campanha da Itália:

As verdadeiras conquistas, as únicas que não trazem arrependimento, são as que se obtêm sobre a ignorância.[61]

Nem por isso se deve esquecer a quantidade de ordens repressivas, induzindo os generais à mais extrema severidade, na correspondência de Napoleão. Incontestavelmente, ele só acreditava mesmo no pulso forte e nos fuzilamentos exemplares.[62] O balanço de sua política de ocupação no Egito é terrível no plano humano.[63] Mas em sua maioria as expedições coloniais posteriores seriam pelo menos igualmente sangrentas. Como dissemos anteriormente, seus métodos revelaram-se globalmente eficazes. Também na península Ibérica, se a expedição da Rússia não tivesse ocasionado destacamento de forças, a guerrilha estava a ponto de ser vencida no fim do ano de 1811.[64]

# Conclusão do livro VII

Napoleão interessa-se basicamente em atacar primeiro. Na estratégia, segundo ele, todo ataque deve apoiar-se numa linha de operações dotada de praças ou posições defensivas. Numa batalha ofensiva, o ataque em geral procura transbordar ou envolver o inimigo. O principal é evitar fazê-lo à vista do oponente, investindo contra uma ala ou, de preferência, contra a retaguarda do inimigo sem que ele o saiba. Foi o que Frederico II fez em Leuthen. Os ataques combinados comportam o risco de não ser suficientes. Napoleão não manifesta preferência nos detalhes do ataque, mas enxerga as vantagens da simplicidade de uma formação em coluna e, naturalmente, aposta numa concentração de artilharia. Também no mar, quer que os capitães das embarcações ataquem mais e tirem melhor partido de suas peças. A travessia de um rio é sempre delicada, mas não pode retardar o ataque. Também aqui, a utilização judiciosa da artilharia e a rápida concentração das forças num ponto devem permitir o lançamento de uma ponte. Não se deve atacar frontalmente uma posição defensiva, mas contorná-la. Napoleão recomendou isso várias vezes, mas foi de encontro à sua própria regra ao querer de qualquer maneira a batalha, como no Moscova ou em Waterloo. Reconheceu seu erro em Santa Helena, numa conversa relatada por Gourgaud.

Na montanha, mesmo numa guerra ofensiva, ele recomenda que um inimigo em posição não seja atacado, mas desalojado, investindo contra seus flancos ou sua retaguarda. O bom senso recomenda evitar as montanhas. Os raciocínios de Clausewitz completam muito bem os de Napoleão nesse ponto. O mesmo não acontece quando o assunto é a manobra. Napoleão fala mais a respeito, insistindo em duas qualidades

LIVRO VII — O ATAQUE

essenciais: a simplicidade e a rapidez. Também se alonga muito sobre a guerra de cerco. Mais velho que Clausewitz, oficial de uma arma especializada e do exército francês, ele manifestamente se mostra mais interessado na questão do ataque às praças. Certamente temos aqui uma constatação importante a fazer: o teórico tende a acentuar o que há de novo no prático.

Tanto para Napoleão quanto para Clausewitz, a profundidade maior ou menor da invasão do território inimigo não é uma questão de método, mas de circunstâncias. Um conquistador sempre se declara amigo da paz, escreve Clausewitz. Napoleão de fato recomendou em várias oportunidades que fosse buscada a boa vontade dos povos conquistados. Tomou precauções especiais com as populações muçulmanas no Egito. Já na juventude, na Córsega, ele se deu conta das dificuldades de uma ocupação. Suas primeiras campanhas, na Itália e no Egito, o defrontaram com esses problemas, levando-o a formular certas soluções para o posicionamento das tropas: ausência de guardas fixas e disseminadas, com recurso a forças concentradas e móveis; ausência de pequenas guarnições, recorrendo-se a campos volantes; controle apenas das principais cidades, nas quais residem os personagens importantes, interessados na manutenção da ordem. Para enfrentar uma insurreição, são necessárias colunas móveis que persigam os "salteadores", mas sem pilhar. É preciso dar exemplos severos e depois perdoar a bem da pacificação. Para alcançá-la, podem ser tomados reféns, mas será necessário assegurar-se sobretudo da cooperação das elites locais.

São recursos empregados por todos os ocupantes desde então, mas Napoleão, justamente, foi inovador nesse terreno. Pode inclusive ser considerado o fundador da escola francesa de contrainsurreição. Na tradição do Iluminismo, via-se como um portador do progresso para populações dominadas pelo obscurantismo e o fanatismo. Neste sentido, não foi capaz de compreender as motivações nacionais das insurreições. Podemos entretanto distinguir nele, ao lado de uma dureza implacável, certa vontade de entender o coração humano para gerir uma ocupação. O que não impediu os desmandos e os horrores inseparáveis desse tipo de situação, e sua responsabilidade é quase total, pelo menos nas invasões ao Egito, ao reino de Nápoles, a Portugal e à Espanha. As ordens geraram resultados? Nem mesmo as pacificações "exemplares", como a de Suchet em Aragão, tiveram êxito suscetível de durar, mas o destacamento de homens para a expedição da Rússia comprometeu uma situação que se tornara favorável aos franceses.[1] Os escritos de Napoleão sobre essas questões eternas merecem exame. Neles investiu sua longa experiência, seu conhecimento da história e dos homens. Se não oferecem uma receita de vitória, eles sempre podem ser objeto de reflexão e pelo menos sugerir o que nunca se deve fazer.

LIVRO VIII   O plano de guerra

Neste último livro, Clausewitz volta à guerra em seu conjunto, o que o leva a retomar certas ideias do livro I. Para ele, a violência das guerras napoleônicas revelou o conceito original da guerra, seu "caráter absoluto". "Ninguém teria considerado possível o que cada um hoje em dia viveu e realizou."[1] É nessas páginas que ele qualifica Napoleão de "Deus da guerra".[2] O caráter inacabado deste livro, no qual certos capítulos sequer têm um verdadeiro título, leva a congregar as reflexões napoleônicas em torno do título mais próximo possível das ideias desenvolvidas por Clausewitz.

# 1. O plano de campanha

A 26 de outubro de 1799, dias antes do golpe de estado de brumário, o general Bonaparte declarou a Pierre Louis Roederer:

> Não há homem mais pusilânime que eu quando traço um plano militar; agravo todos os perigos e todos os males possíveis nas circunstâncias; fico numa agitação absolutamente penosa. Isto não me impede de parecer extremamente sereno diante das pessoas que me cercam; sou como uma mulher dando à luz. E, quando minha decisão é tomada, tudo é esquecido, exceto o que pode conduzi-la ao êxito.[1]

Entre o cerco de Toulon e sua primeira campanha da Itália, durante dois anos (1794-1796), Napoleão foi essencialmente um criador de planos. Só a respeito do projeto de invasão da Itália do Norte, foi capaz de redigir catorze notas ou memórias.[2] Estava portanto em boa posição para criticar os planos de outros, como o dos generais Moreau e Jourdan contra o arquiduque Carlos na Alemanha em 1796. Censurou-os em especial pela ausência de uma visão de conjunto:

> É preciso antes de mais nada saber o que se quer fazer e ter um plano.[3]

NAPOLEÃO BONAPARTE

> Os confrontos devem ser longamente meditados, e, para chegar ao sucesso, é necessário pensar durante vários meses no que pode acontecer.[4]

> Tenho o hábito de pensar três ou quatro meses antes no que devo fazer, e calculo contando com o pior.[5]

> Um plano de campanha precisa ter previsto tudo que o inimigo pode fazer, e conter em si mesmo os meios de frustrá-lo.[6]

Imaginando tudo que o inimigo poderia fazer, Napoleão concebia planos com várias ramificações. Na juventude, fora muito influenciado pelas ideias do engenheiro Pierre de Bourcet, as primeiras de maior alcance no terreno dos planos de campanha.[7] Deve tê-lo lido em Valência, em 1791.[8] Para Bourcet, um projeto de campanha devia ter várias ramificações, e era necessário "estabelecer o exame das operações quanto aos maiores ou menores obstáculos a serem superados, aos inconvenientes ou vantagens resultantes dos êxitos em cada ramificação e, depois de ter levantado as objeções mais plausíveis, tomar uma decisão quanto à parte suscetível de conduzir às maiores vantagens [...]".[9]

Antes de assumir o comando na Espanha, Napoleão recrimina seus marechais que se encontram no país, especialmente Jourdan, pela ausência de um plano "fixo":

> Se o inimigo vier a Burgos, caberá atacá-lo ou esperá-lo? Nesse último caso, por que Bessières não acampou por trás de Burgos? É com planos seguros e muito bem concebidos que se obtém êxito na guerra. Seria o caso de abandonar Burgos como se abandonou Tudela? Não seria a melhor maneira de elevar o moral do exército expô-lo a um movimento de recuo que mais se assemelha a um fracasso, se 10.000 homens entrassem em Burgos e tomassem a guarnição existente na cidadela. É a esse tipo de coisa que se está exposto quando não existe um plano fixo.[10]

LIVRO VIII — O PLANO DE GUERRA

Napoleão nunca iniciava operações sem ter um plano em várias etapas; só raramente ele era revelado aos subordinados, e, sobretudo, adaptava-se às circunstâncias. Foi o caso, por exemplo, do movimento na direção do Tirol e de Bassano no início de setembro de 1796, perseguindo o general austríaco Wurmser:

> Uma operação dessa natureza pode ser pensada com antecedência e inteiramente planejada; mas sua execução é progressiva e será autorizada pelos acontecimentos que ocorrem a cada dia.[11]

A 20 de setembro de 1806, o imperador revela a seu irmão Louis a concepção geral de seu plano de campanha em caso de guerra com a Prússia. A partir de seu reino da Holanda, Louis deve gerar uma ação diversionária, atraindo os prussianos para o norte:

> É necessário que mande publicar nas suas gazetas que um número considerável de tropas chega de todos os pontos da França, que haverá em Wesel 80.000 homens comandados pelo rei da Holanda. Desejo que essas tropas estejam em marcha nos primeiros dias de outubro, pois se trata de um contra-ataque ao qual procederá para atrair a atenção do inimigo enquanto eu manobro para contorná-lo. Todas as suas tropas devem dirigir-se ao território da Confederação [do Reno] e se disseminar até os seus limites, sem ultrapassá-los nem cometer qualquer ato de hostilidade. [...] Estarei a 30 de setembro em Mogúncia. Tudo isto é exclusivamente para seu conhecimento; tudo deve ser segredo e mistério.[12]

Napoleão nem sempre emprega a expressão correta, como dissemos antes. É evidente que "contra-ataque", aqui, significa "diversão".[13] A 30 de setembro, uma longa carta, da qual reproduzimos aqui trechos de alcance geral, fala efetivamente de diversão, mostrando ao mesmo tempo a existência de uma ideia geral de manobra, o "plano de operações", e a parte que será deixada à reação inimigo:

> Minha intenção é concentrar todas as minhas forças na extremidade da minha direita, deixando todo o espaço entre o Reno e Bam-

berg inteiramente desguarnecido, de maneira a ter cerca de 200.000 homens reunidos num mesmo campo de batalha. Se o inimigo enviar tropas entre Mogúncia e Bamberg, não será para mim motivo de grande preocupação, pois minha linha de comunicação será estabelecida em Forchheim, que é uma pequena praça-forte, e de lá até Würzburg. [...] A natureza dos acontecimentos que podem sobrevir é imprevisível, pois o inimigo, que supõe minha esquerda no Reno e minha direita na Boêmia, julgando minha linha de operações paralela à minha frente de batalha, pode ter muito interesse em transbordar minha esquerda, e neste caso eu posso jogá-lo no Reno. [...] Minhas primeiras marchas ameaçam o coração da monarquia prussiana, e o desdobramento de minhas forças será tão imponente e tão rápido que é provável que todo o exército prussiano da Vestfália se recolha a Magdeburgo, e que tudo se ponha em marcha a largos passos para defender a capital. [...] conto com seu corpo apenas como um meio de diversão e para distrair o inimigo até 12 de outubro, que é o momento em que minhas operações serão reveladas [...]. Em tudo isso, vou até onde a previdência humana permite.[14]

Apesar de ser necessário um plano, não se deve nunca deixar de abrir espaço para as circunstâncias e o acaso:

> Os planos de campanha são modificados ao infinito, de acordo com as circunstâncias, o talento do chefe, a natureza das tropas e a topografia. Existem dois tipos de planos de campanha, os bons e os ruins; às vezes os bons fracassam por circunstâncias fortuitas, às vezes os ruins dão certo por um capricho do destino.[15]

O plano de Wurmser, antes da batalha de Rivoli, tinha o grande defeito de não levar em conta os movimentos que seriam feitos pelo adversário:

> Essa combinação teria sido muito boa se os homens, como as montanhas, fossem imóveis; mas ele tinha esquecido o provérbio popular que diz, que, *se as montanhas são imóveis, os homens marcham e se encontram*. Os táticos austríacos sempre insistiram nesse falso sistema.

## LIVRO VIII — O PLANO DE GUERRA

O conselho áulico,[16] que tinha redigido o plano de Wurmser, supunha que o exército francês estivesse imóvel, fixado na praça de Mântua: essa suposição gratuita acarretou a derrocada do mais belo exército da casa da Áustria.[17]

Napoleão faz uma crítica da mesma ordem ao oficial diretor de engenharia na Dalmácia, no fim do verão de 1806:

> O diretor de engenharia, em vez de tratar de responder às perguntas que lhe eram feitas, atirou-se em planos de campanha evidentemente ridículos, pois dependem da força e da constituição do exército inimigo, e da força e da constituição do exército francês.[18]

No vasto teatro russo, com exércitos imensos, é mais difícil promover a convergência de todos os componentes de um plano de conjunto. E no entanto é indispensável, como escreve Napoleão a seu irmão Jérôme:

> Neste ofício, e num teatro tão grande, só é possível ter êxito com um plano bem estabelecido e elementos bem de acordo. Será necessário, portanto, estudar muito bem suas ordens e não fazer aqui nem mais nem menos do que o que lhe for dito, especialmente no que se refere aos movimentos combinados.[19]

## 2. O objetivo da guerra e o centro de gravidade do inimigo

Para avaliar a grandeza do objetivo de guerra e os esforços a empreender, é necessário levar em consideração o caráter do governo inimigo e o de seu povo, determinar uma quantidade de circunstâncias e relações diversas: "Neste sentido, Bonaparte tinha toda razão de afirmar que seria um problema de álgebra diante do qual até mesmo um Newton ficaria perplexo."[1] Mas "certo centro de gravidade, um centro de força e de movimento do qual tudo depende haverá de se formar por si mesmo, e é para esse centro de gravidade do inimigo que se deve voltar o ataque concentrado de todas as forças".[2] Dando prosseguimento à sua crítica implícita de Rogniat para dar razão a Napoleão, Clausewitz quer que as operações sejam orientadas para esse núcleo da força inimiga para destruí-lo, que a vitória seja perseguida sem interrupção nem restrições, em vez de adotar um sistema lento e supostamente metódico.[3] O centro de gravidade não corresponde necessariamente ao grosso das forças: é o que mantém unidas as forças inimigas. Se for atingido, o inimigo será desequilibrado. É necessário, portanto, considerar o inimigo como um todo, analisar as conexões entre seus diferentes elementos e determinar com clareza seu centro de gravidade, que

# LIVRO VIII — O PLANO DE GUERRA

pode ser seu exército principal ou seu aliado mais importante, ou ainda sua capital, por exemplo.[4]

A "grandeza do objetivo de guerra" e os "esforços a serem empreendidos" surgem como pano de fundo desta reflexão em que Napoleão reconhece que "surfou" na onda da Revolução Francesa:

> Um homem é apenas um homem, precisa de elementos para agir. É necessário conhecer o fogo que ferve a caldeira. Seria necessário conhecer a situação da Arábia vinte anos antes de Maomé. [...] Como é que Maomé e seus sucessores poderiam ter alcançado tanto e tão espantosas conquistas com um povo mole? Ele não chegaria hoje ao mesmo resultado com os árabes tais como são. É invariavelmente depois das revoluções que os homens estão preparados para grandes coisas. Os grandes sucessos do Império e se a França tivesse conseguido dominar a Europa, ela os teria graças à Revolução. Sem dúvida era eu que a dirigia; mas eu havia encontrado elementos e deles me havia prevalecido.[5]

Napoleão pressente aqui a importância das paixões na guerra. Fala muitas vezes dos povos. Clausewitz integrará esses elementos em sua descrição da guerra como uma "espantosa trindade na qual encontramos antes de mais nada a violência original de seus elementos, o ódio e a animosidade, que devemos considerar como um impulso natural cego, e depois o jogo das probabilidades e do acaso, que fazem dela uma livre atividade da alma, e sua natureza subordinada de instrumento da política, pela qual ela se filia ao puro entendimento. O primeiro desses três aspectos diz respeito particularmente ao povo, o segundo, ao comandante [em chefe] e seu exército, e o terceiro antes remete ao governo".[6]

Em Santa Helena, Napoleão entregou-se à crítica das operações militares da Revolução que ele não havia dirigido. Devemos entender que ele procura, assim, valorizar-se. Mas nem por isto suas observações deixam muitas vezes de ser pertinentes, trazendo à luz os erros da direção geral da guerra. O conceito de objetivo de guerra e mesmo

NAPOLEÃO BONAPARTE

o de centro de gravidade estão por trás dessas observações sobre os planos de guerra na Alemanha e na Itália no início do ano de 1799:

> O governo francês ordenou que seus exércitos tomassem a ofensiva na Alemanha e na Itália. Teria sido necessário manter-se na defensiva na Alemanha, pois lá não era possível reunir forças superiores às do inimigo. Em qualquer hipótese, os três exércitos do Danúbio, da Helvécia e do Baixo Reno deviam formar apenas um. [...]
>
> Era necessário passar à ofensiva na Itália, pois as forças francesas na península eram muito mais consideráveis que as do inimigo, e era essencial expulsar os austríacos da posição do Ádige antes da chegada dos russos. Mas era necessário empreender essa ofensiva com todas as nossas forças reunidas. Schérer atacou com 60.000 homens,[7] dias antes, perdera 14.000 homens, que havia destacado na Valtelina e na Toscana. O resultado da batalha que deveria ocorrer no Ádige teria a influência no destino da Valtelina e da Toscana, ao passo que os confrontos nessas províncias não poderiam ter qualquer influência no sucesso da batalha. Também era necessário trazer de volta os 30.000 homens do exército de Nápoles. O exército francês, então muito superior, teria derrotado o exército austríaco, tê-lo-ia rechaçado para além do Piave, impondo-lhe grandes reveses, e teria sido possível tomar Legnano, o que teria acarretado a derrocada do corpo de Suvorov, fato tanto mais importante na medida em que teria dado o que pensar ao czar. Tudo aquilo que não passar de fantasia e não se basear num autêntico interesse não resiste a um revés. [...] Seguindo esse plano, a segunda coalizão prontamente teria sido dissolvida.[8]

Clausewitz completa Napoleão: "A primeira questão que deve ser considerada ao se elaborar um plano de guerra é, portanto, determinar os centros de gravidade da potência inimiga, e, se possível, reduzi-los a um só. A segunda é unir numa única e grande ação as forças que serão empregadas contra esse centro de gravidade."[9]

Às vezes é necessário distinguir o teatro principal de um teatro secundário para bem repartir os esforços. Napoleão tinha perfeitamente consciência disso em 1800, no início do Consulado:

LIVRO VIII — O PLANO DE GUERRA

A fronteira da Alemanha era, nessa campanha, a fronteira predominante; a fronteira do rio de Gênova era a fronteira secundária. Efetivamente, os acontecimentos que haveriam de transcorrer na Itália não teriam qualquer influência direta, imediata e necessária nos combates do Reno, ao passo que os acontecimentos que ocorreriam na Alemanha teriam uma influência necessária e imediata sobre a Itália. Em consequência, o Primeiro Cônsul reuniu todas as forças da República na fronteira predominante, a saber: o exército da Alemanha, por ele reforçado, o exército da Holanda e do Baixo Reno, o exército de reserva, por ele reunido no Saône, em condições de entrar na Alemanha se fosse necessário.

O conselho áulico reuniu seu principal exército na fronteira secundária, na Itália. Este contrassenso, violação desse grande princípio, foi a verdadeira causa da catástrofe dos austríacos nessa campanha.[10]

Essas considerações foram feitas em Santa Helena, mas traduziam convicções há muito arraigadas. Em julho de 1794, quando comandava apenas a artilharia do exército da Itália, o general Bonaparte já preconizava a concentração dos esforços na frente principal, em termos que prenunciavam o conceito clausewitziano de centro de gravidade:[11]

O tipo de guerra a ser feito por cada exército deve portanto ser determinado:
1º pelas considerações deduzidas do espírito geral de nossa guerra;
2º pelas considerações políticas daí decorrentes;
3º pelas considerações militares.

Considerações deduzidas do espírito geral de nossa guerra.
O espírito geral de nossa guerra é defender nossas fronteiras[.] A Áustria é nosso inimigo mais encarniçado, e portanto é necessário na medida do possível que o tipo de guerra dos diferentes exércitos desfira golpes diretos ou indiretos contra essa potência.
Se os exércitos que estão nas fronteiras da Espanha adotassem o sistema ofensivo, haveriam de empreender uma guerra unilateral. A Áustria e as potências da Alemanha não se haveriam de ressentir em nada. Ela não estaria portanto no espírito geral de nossa guerra.

Se os exércitos que estão nas fronteiras do Piemonte adotassem o sistema ofensivo, obrigariam a casa da Áustria a manter seus Estados da Itália, e assim esse sistema estaria no espírito geral de nossa guerra.

Aplica-se aos sistemas de guerra o mesmo que aos sítios das praças, reunir os tiros contra um único ponto. Aberta a brecha, o equilíbrio é rompido[,] todo o resto torna-se inútil e a praça é tomada.[12]

É contra a Alemanha que se deve investir; feito isto, a Espanha e a Itália cairão por si mesmas.

Não se deve, portanto, disseminar os ataques, mas concentrá-los. [...]

Considerações políticas.

As considerações políticas que devem determinar o tipo de guerra de cada exército fornecem dois pontos de vista.

1º Efetuar uma manobra diversionista que obrigue o inimigo a se enfraquecer numa das fronteiras onde sua presença for muito forte.

Se nossos exércitos na Espanha adotassem o sistema ofensivo, não alcançaríamos essa vantagem, essa guerra absolutamente isolada não obrigaria a coalizão a nenhuma desvio.

O sistema ofensivo adotado pelos exércitos do Piemonte necessariamente opera uma diversão na fronteira do Reno e do Norte.

2º O segundo ponto de vista das considerações políticas deve oferecer-nos a perspectiva, em uma ou duas campanhas, da derrubada de um trono e da mudança de um governo.

Do sistema ofensivo de nossos exércitos na Espanha não se pode esperar que ofereça esse resultado.

A Espanha é um grande Estado, a fraqueza e a incompetência da corte de Madri, o aviltamento do povo a tornam pouco temível em seus ataques, mas o caráter paciente dessa nação, o orgulho e a superstição que nela predominam, os recursos proporcionados por uma grande massa haverão de torná-la temível quando ela for pressionada em seu território.[13]

A Espanha é uma península, terá grandes recursos na superioridade da coalizão marítima.

Portugal, nulo em nossa guerra atual, socorreria então a Espanha de maneira poderosa.[14]

Não pode assim invadir Madri sem planejamento, esse projeto de modo algum estaria de acordo com nossa posição atual.

LIVRO VIII — O PLANO DE GUERRA

O Piemonte é um pequeno Estado, o povo nele se encontra bem disposto[,] poucos recursos contra alguns acontecimentos propícios, sem massa, sem espírito nacional caracterizado, parece razoável prever que no máximo na próxima campanha esse rei estaria errante, como seus primos.

Considerações militares.
A topografia da fronteira da Espanha é de tal ordem que, em igualdade de forças, a vantagem da defensiva será toda nossa.
O exército espanhol que se opusesse ao nosso teria necessariamente de ser mais forte para não amargar nenhum fracasso e nos manter reciprocamente em respeito. [...]
Devemos portanto adotar o sistema defensivo para a fronteira da Espanha e o sistema ofensivo para a fronteira do Piemonte.
As considerações extraídas do espírito geral de nossa guerra[,] as considerações políticas[,]
as considerações militares igualmente convergem no sentido de nos ditar sua lei.
Atacar a Alemanha, e nunca a Espanha nem a Itália. Se alcançarmos grandes sucessos, jamais nos deveríamos deixar induzir em erro, penetrando a Itália enquanto a Alemanha continuar oferecendo uma frente temível e não tiver sido enfraquecida.[15]
Se o orgulho nacional e a vingança nos chamarem aos campos próximos de Roma, a política e o interesse deverão sempre nos dirigir para Viena.[16]

Bonaparte entende "o espírito geral de nossa guerra" no sentido *Do espírito das leis* de Montesquieu.[17] Este também foi um modelo para Clausewitz.[18] Cabe retornar à frase mais famosa dessa longa nota de Bonaparte, destacada pelos generais Camon e Colin, na qual é feita uma analogia com o rompimento da brecha no cerco das praças. Ela expressa a ideia da concentração de esforços encontrada anteriormente, o princípio que, segundo Colin, ocupa o primeiro lugar em Napoleão. Ele a formula muito cedo. Colin frisa que essa concentração de esforços só se tornou possível e necessária no combate com uma artilharia de campanha capaz de abrir brecha no campo de batalha: "Para descobri-lo, era necessário ser da escola de Gribeauval."[19]

O princípio de se ater ao essencial foi expresso de outra forma diante do general austríaco de origem belga Chasteler, comissário plenipotenciário para a retomada do Estado veneziano e o estabelecimento das novas fronteiras após a paz de Campo Formio, em 1797. Durante uma conversa, diz-lhe o general Bonaparte:

> Nada mais simples que a guerra. A maioria dos generais nada consegue de grande porque ao mesmo tempo eles se apegam muito ou se apegam antes de mais nada às coisas mais incoerentes e mais secundárias. A chave da posição é o objetivo para o qual volto todas as minhas forças; o resultado é que elas imediatamente se engajam ante meus olhos. Chegado o dia da batalha, não me preocupo nem com as eventualidades nem com minha linha de operações. Esse tipo de preocupação não combina com um capitão. O Estado confia-lhe 100.000 homens; se engajar apenas 60.000, deverá responder com sua cabeça pelos 40.000 que não combateram.[20]

Em suas *Mémoires*, o general Berthezène oferece uma versão simplificada desse texto, que segundo ele teria sido enunciada diante dos generais austríacos em Leoben, em 1797:

> Existem na Europa muitos bons generais, mas eles veem coisas demais ao mesmo tempo; de minha parte, vejo apenas uma, e são as massas; trato de destruí-las, e é claro que os acessórios em seguida cairão por si mesmos.[21]

Berthezène fora feito prisioneiro pelos coligados depois da queda de Dresden, no outono de 1813, e teve várias conversas com Chasteler no cativeiro.[22] Quando o objetivo de uma guerra é a conquista, só a política é capaz de assegurá-la:

> Não resta dúvida de que a conquista é uma combinação da guerra com a política. É o que torna Alexandre admirável. [...] O que há de admirável em Alexandre é que foi idolatrado pelos povos que conquistou;

que, depois de um reinado de doze anos, seus sucessores partilharam seu império; que os povos conquistados lhe eram mais apegados que seus próprios soldados; que ele era obrigado a atos de rigor para forçar seus generais mais íntimos a se comportarem politicamente.

Alexandre conquistou o Egito indo ao templo de Júpiter Amon. Essa iniciativa garantiu-lhe esse reino. Se eu tivesse ido à mesquita [do Cairo] com meus generais, quem sabe o efeito que isto teria tido? Isto me teria dado 300.000 homens e o Império do Oriente.[23]

# 3. Guerra e política

Clausewitz retoma em seu livro VIII a famosa formulação do livro I: "a guerra não passa da continuação das relações políticas, com o concurso de outros meios".[1] A guerra não passa de um instrumento da política. Esta não penetra em todos os detalhes, mas sua influência é decisiva no plano de conjunto de uma guerra, de uma campanha e mesmo, muitas vezes, de uma batalha. O ponto de vista militar, portanto, deve ser subordinado ao magistério político.

## Influência do objetivo político no objetivo militar

É a autoridade política que determina o objetivo militar, o que cada exército deve fazer. Bonaparte o afirma em sua nota de julho de 1794 ao Comitê de Salvação Pública:

> O tipo de guerra que cada exército deve fazer só pode ser determinado pela autoridade superior.
>
> É sobretudo por meio dessas considerações que nos compenetramos da necessidade absoluta em que se encontra, numa imensa luta como a nossa[,] um governo revolucionário, e uma autoridade central que tenha um sistema estável confere a cada mecanismo

LIVRO VIII — O PLANO DE GUERRA

todo o seu peso, e por meio de uma visão larga orienta a coragem, tornando nossos sucessos sólidos, decisivos e menos sangrentos.[2]

Numa interpelação a O'Meara, seu médico irlandês em Santa Helena, Napoleão analisa a maneira como os britânicos podem valer-se de suas forças navais para alcançar seus desígnios políticos:

> Vocês têm a grande vantagem de declarar guerra quando querem, e de levá-la muito longe de seu território. Graças às suas esquadras, podem ameaçar com um ataque o litoral das potências que não se entendam com vocês; podem perturbar seu comércio, sem que elas tenham condições de se valer de represálias de uma maneira considerável.[3]

## O exército, baluarte do Estado

> Ante os acontecimentos que acabam de transcorrer diante de seus olhos, ficaram sabendo que, sem a força e uma boa organização militar, os Estados nada são.[4]

A França em particular, cercada de inimigos, deve ter um exército. Para isso, não deve ser dirigida por uma assembleia:

> O governo de uma Câmara certamente vale mais que o de um único homem. Mas não creio que isso jamais possa vir a ocorrer na França. Onde há necessidade de um grande exército, é muito difícil que o governo não esteja no controle. Os ingleses estão hoje perfeitamente certos em pretender destruir o exército, se quiserem preservar sua liberdade. Acontece que o exército é a maior necessidade da França; a maior necessidade é não ser conquistada pelo estrangeiro. A França, cercada de poderio, não pode dispensar um exército. Um exército é necessariamente obediente. A insurreição de um exército são [sic] casos raros e se aproxima da derrubada e da desorganização do Estado.[5]

O general de Gaulle não teria renegado essas afirmações. Elas dão mostra da convicção de Napoleão de que, de Valmy a Waterloo, não obstante os avanços até Veneza, Cairo, Viena, Madri e Moscou, a França apenas se havia defendido. As invasões de 1814 e 1815 parecem prenunciar outras, gerando uma preocupação defensiva que passaria a dominar a estratégia francesa. Embora o Antigo Regime tivesse assistido a invasões estrangeiras, as escalas tinham mudado, e era mais claro que no passado que o exército se tornava o baluarte indispensável da nação. A reflexão de Charles de Gaulle, em *Vers l'armée de métier* (1934) e *La France et son armée* (1938), seguiria a mesma trilha. Sua desconfiança em relação aos regimes de assembleia decorreria dos mesmos motivos que inspiravam Napoleão, e os acontecimentos de 1940 serviriam apenas para corroborar esse ponto de vista. Dito isso, o próprio Napoleão contribuíra, com sua obstinação, para manter uma posição dominante, aumentar a hostilidade das outras potências e afinal de contas enfraquecer a França.

## Primazia do civil sobre o militar

Oficial por formação e general no momento do golpe de estado de brumário, Napoleão não veio todavia a estabelecer um regime militar.[6] Feito Primeiro Cônsul, cuidou nas cerimônias, recepções e nos retratos oficiais de vestir um traje de veludo vermelho que era o traje de sua função política. Numa sessão do Conselho de Estado, em 14 floreal ano X (4 de maio de 1802), ele afirma sem margem de dúvida a superioridade do civil sobre o poder militar. Para ele, todo general deve ter qualidades essencialmente civis. Era já o que se verificava nos exércitos disciplinados e organizados dos gregos e dos romanos. A força física, a capacidade de se valer das armas ainda eram as principais qualidades dos chefes guerreiros na Idade Média. Desde o surgimento da pólvora de canhão, o sistema militar voltou a se pautar pela organização e pela disciplina da falange e da legião. Trata-se de um elemento essencial da "Revolução militar dos Tempos Modernos":[7]

## LIVRO VIII — O PLANO DE GUERRA

Desde essa revolução, que é que faz a força de um general? Suas qualidades civis, o golpe de vista, o cálculo, a inteligência, os conhecimentos administrativos, a eloquência, não a do jurisconsulto, mas a que convém à frente dos exércitos, e finalmente o conhecimento dos homens; tudo isso é civil. Hoje em dia não é um homem de cinco pés e dez polegadas que fará grandes coisas. Se bastasse para ser general ter força e bravura, todo soldado poderia candidatar-se ao comando. O general capaz de grandes coisas é aquele que reúne as qualidades civis. É porque se considera que ele é mais inteligente que o soldado lhe obedece e respeita. É preciso que ele vá mostrar seus argumentos no bivaque; ele estima mais o general que sabe calcular do que aquele que demonstra mais bravura. Não que o soldado não aprecie a bravura, pois desprezaria o general que não a tivesse. Murad Bey era o homem mais forte e mais capaz entre os mamelucos, caso contrário não teria sido bei governador de província muçulmana. Quando me viu, não entendia como eu podia comandar minhas tropas; só veio a entendê-lo quando passou a conhecer nosso sistema de guerra. Os mamelucos lutavam como os cavaleiros, corpo a corpo e sem ordem; foi o que nos permitiu vencê-los. Se tivéssemos destruído os mamelucos, libertado o Egito e formado batalhões na nação, o espírito militar não teria sido aniquilado; sua força, pelo contrário, haveria de se tornar mais considerável. Em todos os países, a força cede diante das qualidades civis. As baionetas se calam diante do padre que fala em nome do céu e do homem que se impõe por sua ciência. Eu predisse para militares que tinham certos escrúpulos que jamais o governo militar daria certo na França, a menos que a nação fosse embrutecida por cinquenta anos de ignorância. Todas as tentativas fracassarão, e seus autores pagarão por elas. Não é como general que eu governo, mas porque a nação considera que eu tenho as qualidades civis necessárias para o governo; se ela não tivesse essa opinião, o governo não se sustentaria. Eu sabia muito bem o que estava fazendo quando, general de exército, assumi a condição de *membro do Instituto*; estava convencido de que seria entendido até mesmo pelo último soldado.

Não devemos tentar entender séculos de barbárie pelos tempos atuais. Nós somos trinta milhões de homens reunidos pelas luzes, a propriedade e o comércio. Trezentos ou quatrocentos mil militares nada são nessa massa. Além do fato de o general comandar exclu-

NAPOLEÃO BONAPARTE

sivamente pelas qualidades civis, a partir do momento em que não está mais na função, ele retorna à ordem civil. Os próprios soldados não passam de filhos dos cidadãos. O exército é a nação. Se abstraíssemos todas essas relações ao encarar o militar, haveríamos de nos convencer de que ele não conhece outra lei senão a força, de que subordina tudo a si mesmo, vê apenas a si mesmo. O homem civil, pelo contrário, vê apenas o bem geral. O que caracteriza o militar é querer tudo despoticamente; o que caracteriza o homem civil é tudo submeter à discussão, à verdade, à razão. Elas têm seus diferentes prismas, que muitas vezes são enganadores, mas a discussão gera a luz. Não hesito, assim, em considerar, em matéria de primazia, que ela pertence incontestavelmente ao civil. Se estabelecêssemos uma distinção entre as honras militares e as civis, haveríamos de estabelecer duas ordens, ao passo que existe apenas uma nação. Se as honras fossem atribuídas apenas aos militares, essa preferência seria ainda pior, pois a partir desse momento a nação nada mais seria.[8]

O 18 de brumário não foi um *pronunciamiento*. Bonaparte não tomou o poder em nome do exército. Este, como se sabe, não o apoiava inteiramente, longe disto.[9] Tratando-se da conscrição, ele também quer que a autoridade civil tenha primazia sobre a autoridade militar, pois os recrutas são cidadãos:

Quanto à designação dos homens que deverão partir para o exército, eu a deixaria às autoridades civis. É uma questão municipal. O militar deve recebê-los do civil, e avaliar apenas se estão aptos para o serviço. As autoridades civis são menos capazes de injustiça e menos passíveis de corrupção que militares que estão apenas passando, e que muito pouco se preocupam com o que se haverá de dizer a seu respeito depois de sua partida.[10]

Em 1806, o imperador censura Junot, que não se entende bem com o governador de Parma:

A autoridade militar é inútil e deslocada na ordem civil; não se deve portanto agir como um caporal.[11]

LIVRO VIII — O PLANO DE GUERRA

O imperador tampouco aprecia o comportamento irreverente dos alunos da escola de Metz em relação aos habitantes, e o escreve ao ministro da Polícia:

> O primeiro dever desses jovens é o respeito pela autoridade civil. Que não se julguem autorizados a cometer as impertinências e a imitar a insolente petulância que se permitiam em outros tempos os jovens oficiais; que saibam que os cidadãos são seus pais e que eles não passam dos filhos da família.[12]

Isto não impediu o regime napoleônico de ter uma "forte impregnação militar". Por exemplo, os oficiais exigiam os lugares de honra nas cerimônias. Os incidentes com as autoridades civis a este respeito foram numerosos.[13]

## 4. O general em chefe e o governo

O general em chefe deve ter as mãos livres no teatro onde comanda, no mínimo para enfrentar imprevistos com agilidade. Antes mesmo de assumir o comando do exército da Itália, o general Bonaparte reivindica essa autonomia:

> É necessário que o governo tenha plena confiança em seu general, que lhe dê grande latitude, apresentando-lhe apenas o objetivo que pretende alcançar. É necessário um mês para receber resposta de um despacho proveniente de Savona, e nesse período tudo pode mudar.[1]

Depois de suas primeiras vitórias, o comandante em chefe do exército da Itália mostra-se ainda mais claro:

> Se o Diretório tomar medidas rápidas, me enviar uma parte do exército dos Alpes, me enviar cavalaria, e sobretudo cercar de muito segredo seus projetos e o que quer que se faça, em pouco tempo serei senhor de toda a Itália e irei a Roma recuperar o Capitólio. Mas se não me for explicado o que se pretende, se constantemente eu tiver de me deter por temor de não atender às suas intenções, e de ser acusado de pretender me intrometer na diplomacia, será impos-

## LIVRO VIII — O PLANO DE GUERRA

sível que eu faça grandes coisas. A guerra da Itália neste momento é metade militar e metade diplomática. Distrair um pelo adiamento do confronto para ter tempo de esmagar outro ou conseguir uma passagem e meios de subsistência é já agora a grande arte da guerra da Itália.[2]

Se me impuserem entraves de toda sorte; se eu precisar dar conta de cada um de meus passos aos comissários do governo, se eles tiverem direito de mudar meus movimentos, de me privar de tropas ou de me enviá-las, não esperem mais nada de bom. [...] Na disposição das questões da República na Itália, é indispensável que tenham um general que conte inteiramente com sua confiança.[3]

À unidade de ação militar e diplomática reivindicada na Itália, Bonaparte acrescenta a dimensão financeira:

Com um exército medíocre, é preciso enfrentar tudo: conter os exércitos alemães, sitiar praças-fortes, guardar a retaguarda, impor-se em Gênova, Veneza, na Toscana, em Roma, em Nápoles; em toda parte, estar em posição de força. É necessária, assim, uma unidade de pensamento militar, diplomático e financeiro. Aqui, será necessário incendiar, mandar fuzilar, para estabelecer o terror e dar um exemplo espetacular. Mais adiante, há coisas que se deve fingir não estar vendo e portanto nada dizer, pois ainda não chegou o momento. A diplomacia, portanto, é completa e verdadeiramente militar na Itália, neste momento.[4]

Napoleão admirava Marlborough por ter demonstrado qualidades de militar e de diplomata:

Não era um homem estritamente limitado a seu campo de batalha; ele negociava, combatia; era ao mesmo tempo capitão e diplomata.[5]

NAPOLEÃO BONAPARTE

Em Santa Helena, Napoleão comentou longamente as relações entre o general em chefe e seu governo:

Um general em chefe não está coberto por uma ordem de um ministro ou de um príncipe, distante do campo de operações, e conhecendo mal ou não conhecendo de todo o mais recente estado de coisas. 1º Todo general em chefe que se disponha a executar um plano que considere ruim ou desastroso é criminoso; ele deve manifestar-se, insistir para que seja mudado, enfim, apresentar sua demissão para não ser instrumento da ruína dos seus; 2º todo general em chefe que, em consequência de ordens superiores, travar uma batalha, tendo a certeza de perdê-la, é igualmente criminoso; 3º um general em chefe é o primeiro oficial da hierarquia militar. O ministro, o príncipe dão instruções às quais ele deve conformar-se em alma e consciência; mas essas instruções nunca são ordens militares, não exigindo uma obediência passiva; 4º uma ordem militar tampouco exige uma obediência passiva, senão quando é dada por um superior que, estando presente no momento em que a dá, tem conhecimento do estado de coisas, pode ouvir as objeções e dar as explicações àquele que terá de executar a ordem.

Tourville atacou oitenta embarcações inglesas com quarenta; a esquadra francesa foi destruída.[6] A ordem de Luís XIV não o justifica; essa ordem não era uma ordem militar que exigisse uma obediência passiva; era uma instrução. A ressalva subentendida era: se houvesse chances de sucesso pelo menos iguais. Neste caso, a responsabilidade do almirante estava coberta pela ordem do príncipe; mas, quando, pelo estado de coisas, a perda da batalha era certa, era entender mal o espírito dessa ordem executá-la literalmente. Se o almirante, abordando Luís XIV, lhe dissesse: "Senhor, se eu tivesse atacado os ingleses, toda a sua esquadra teria sido perdida, e portanto mandei-a voltar para tal porto." O rei lhe teria agradecido, e, na verdade, a ordem real teria sido executada.

[...] O general Jourdan diz, em suas *Mémoires*,[7] que o governo lhe havia insinuado que travasse a batalha de Stockach; ele tenta assim justificar-se do mau resultado desse confronto; mas essa justificativa não podia ser admitida, nem mesmo se ele tivesse recebido uma ordem positiva e formal, como demonstramos.

LIVRO VIII — O PLANO DE GUERRA

Quando ele tomou a decisão de travar a batalha, julgou ter chances favoráveis de vencê-la, e se enganou.

Mas não poderia ocorrer que um ministro ou um príncipe explicasse suas intenções com bastante clareza para que nenhuma ressalva ficasse subentendida? Que ele dissesse a um general em chefe: *Trave batalha. O inimigo, por seus efetivos, pela qualidade de suas tropas e pelas posições que ocupa, haverá de derrotá-lo; não importa, é a minha vontade*. Semelhante ordem deveria ser executada passivamente? Não. Se o general entendesse a utilidade e, portanto, a moralidade de uma ordem tão estranha, deveria executá-la; mas, se não as entendesse, não deveria obedecer.

Mas algo semelhante com frequência acontece na guerra: um batalhão é deixado numa posição difícil para salvar o exército; mas o comando desse batalhão recebe a ordem positiva de seu chefe, que está presente no momento em que a dá, que responde a todas as objeções, se as houver que sejam razoáveis; é uma ordem militar dada por um chefe presente e ao qual se deve obediência passiva. Mas se o ministro ou o príncipe estivessem no exército? Neste caso, se assumirem o comando, são generais em chefe; o general em chefe já não passa de um general de divisão subordinado.

Não se segue daí que um general em chefe não deva obedecer ao ministro que lhe ordene travar batalha; ele deve, pelo contrário, fazê-lo todas as vezes que, em sua opinião, houver igualdade de chances e tantas probabilidades a favor quanto contra; pois a observação que fizemos aplica-se apenas no caso em que as chances lhe pareçam absolutamente contrárias.[8]

As leituras recentes de Clausewitz vão ao encontro das nuanças aqui formuladas por Napoleão. Durante muito tempo, Clausewitz foi reduzido à fórmula "a guerra não passa da continuação da política por outros meios". Capaz de tranquilizar durante a Guerra Fria e o "equilíbrio do terror", esta frase já é considerada apenas uma definição da guerra entre outras, e hoje se enxerga nela antes a necessidade de uma harmonização entre o militar e o político do que uma subordinação daquele a este. Os dirigentes políticos devem ter suficiente conhecimento suficiente da verdadeira natureza da guerra para evitar exigir

NAPOLEÃO BONAPARTE

dela o que ela não é capaz de proporcionar. A política entendida por Clausewitz em seu livro VIII não intervém necessariamente em todos os níveis da guerra. Ela modela o plano de guerra, mas não a tática. Pode proporcionar à guerra sua lógica, mas esta continua tendo sua própria gramática. Na realidade, a política se adapta tanto à guerra, a seus desdobramentos e às circunstâncias quanto a guerra se adapta por sua vez à política.[9]

A propósito de certos generais na Espanha, Napoleão lembra a Berthier os limites da autoridade militar:

> Meu primo, envio-lhe despachos da Espanha; ao transmiti-lo ao duque de Ístria, diga-lhe que é ridículo ver o general Dorsenne baixar decretos; que os generais não devem valer-se de fórmulas que pertencem exclusivamente à soberania; que devem agir exclusivamente por ordens do dia, e que nada podem *decidir* nem *decretar*.[10]

## 5. O plano de guerra quando o objetivo é a destruição do inimigo

Em Vitebsk, a 13 de agosto de 1812, Napoleão justifica seu plano de invasão da Rússia num longo monólogo, relatado pelo barão Fain. Esse texto retoma várias ideias evocadas nos livros anteriores: o ímpeto e a impaciência das tropas francesas, a dimensão política da estratégia, os inevitáveis riscos a serem assumidos na guerra, a busca da batalha para evitar a paralisação:

> Os russos, segundo se diz, batem em retirada voluntariamente; queriam nos atrair até Moscou! — Não, eles não batem voluntariamente em retirada. Se deixaram Vilnius, foi porque não eram mais capazes de lá se arregimentar; se deixaram a linha do Duna, foi porque tinham perdido a esperança de receber o reforço de Bagration. Se ultimamente vocês puderam vê-los nos ceder os campos de Vitebsk, para se retirar na direção de Smolensk, foi para operar essa junção tantas vezes recuada. O momento das batalhas se aproxima. Vocês não terão Smolensk sem batalha; não terão Moscou sem batalha. Uma campanha ativa pode ter chances desfavoráveis; mas a guerra de fogo prolongado as teria muito mais desastrosas, e nossa distância da França serviria apenas para potencializá-las!
> Terei condições de pensar em tomar posições no mês de julho? [...] Uma experiência como esta poderia ser dividida em várias campanhas?

NAPOLEÃO BONAPARTE

Acreditem, a questão é séria, e eu tenho pensado a respeito.

Nossas tropas tendem a se projetar para a frente. Agrada-lhes a guerra de invasão. Mas uma defensiva estacionária e prolongada não está no temperamento francês. Deter-nos por trás de rios, ficar acantonados em cabanas, manobrar diariamente para continuar no mesmo lugar depois de oito meses de privações e transtornos, será que é assim que estamos acostumados a fazer a guerra?

As linhas de defesa atualmente apresentadas pelo Dnieper e o Duna são apenas ilusórias. Chegando o inverno, serão cobertas de gelo e desaparecerão debaixo da neve.

O inverno não nos ameaça apenas com suas geadas; ameaça-nos também com intrigas diplomáticas que podem nos fermentar pelas costas. Esses aliados que acabamos de seduzir, ainda espantados por não terem de nos combater, sentindo-se gloriosos por nos seguirem, haveremos acaso de lhes dar tempo para refletir na estranheza de sua nova posição?

E por que nos deter aqui oito meses, quando vinte dias podem nos bastar para alcançar o objetivo? Tratemos de prevenir o inverno e as reflexões! Devemos atacar prontamente, sob pena de tudo comprometer. Precisamos estar em Moscou dentro de um mês, sob pena de nunca mais conseguir entrar!

Na guerra, a fortuna está pela metade em tudo. Se ficássemos sempre esperando uma reunião completa das circunstâncias favoráveis, nada haveríamos de terminar.

Em resumo, meu plano de campanha é uma batalha, e toda a minha política é o sucesso.[1]

Esta citação, que é uma espécie de conclusão, contém todo Napoleão. No último capítulo de *Da Guerra*, Clausewitz dedica vários parágrafos à campanha de 1812 na Rússia. Foi ela a primeira em que Napoleão fracassou. A proporção gigantesca da empreitada, em termos de forças engajadas e do próprio teatro de operações, constituiu o ponto culminante das guerras napoleônicas. Para Clausewitz, o fracasso do imperador não decorreu do fato de ter avançado com excessiva rapidez ou longe demais, como se costuma supor. Basicamente, ele não poderia

LIVRO VIII — O PLANO DE GUERRA

ter agido de outra forma. Sua campanha fracassou porque o governo russo manteve-se firme, e o povo, inabalável. Napoleão equivocou-se em seus cálculos. Não avaliou corretamente o adversário.[2]

Essa firmeza dos russos e a confusão de Napoleão ressaltam desta carta enviada ao czar de Moscou:

> A bela e magnífica cidade de Moscou não existe mais. Rostopchin a incendiou. Quatrocentos incendiários foram presos em flagrante; todos declararam que botavam fogo por ordem desse governador e do diretor da polícia: foram fuzilados. Parece que o fogo finalmente cessou. Três quartos das casas foram queimadas, resta um quarto. Tal comportamento é abominável e sem sentido. Acaso teria como objetivo privar de alguns recursos? Mas esses recursos estavam em porões que o fogo não atingiu. Por sinal, como destruir uma cidade das mais belas do mundo, trabalho de séculos, para alcançar um objetivo tão fraco? É o comportamento que se tem visto desde Smolensk, o que deixou 600.000 famílias na mendicância. As bombas da cidade de Moscou tinham sido quebradas ou levadas, uma parte das armas do arsenal tinha sido dada a malfeitores, tendo sido necessário disparar alguns tiros de canhão contra o Kremlin para expulsá-los. A humanidade, os interesses de Vossa Majestade e dessa grande cidade determinavam que ela me fosse confiada, na qualidade de seu depositário, já que o exército russo a deixava descoberta: seria necessário nela deixar administrações, magistrados e guardas-civis. Foi assim que se fez em Viena, duas vezes, em Berlim, em Madri.[3]

Napoleão mandara redigir uma proclamação para a libertação dos servos, mas decidiu guardá-la na manga como uma possível forma de intimidação. Não queria ultrapassar certos limites, e transmitiu a Caulaincourt seu desejo de negociar:

> Até o momento, à parte o fato de Alexandre queimar suas cidades para que não as habitemos, fizemos uma excelente guerra. Nada de publicações desagradáveis, nada de insultos. Ele se equivoca ao não se mostrar satisfeito, agora que nos defrontamos em batalha. Logo entraríamos em acordo e ficaríamos bons amigos.[4]

NAPOLEÃO BONAPARTE

Fazer "uma excelente guerra": Napoleão ainda era suficientemente marcado pela época do Iluminismo para não desejar uma liberação total da força. Como vimos no livro I, ele lamentou em forma de pilhéria o fato de não ter recorrido a ela, mas não abriu a caixa de Pandora. Essa reserva não se devia exclusivamente ao estado ainda relativamente rudimentar das técnicas de destruição.[5]

Napoleão várias vezes desenvolveu uma análise do poderio russo, que o assustava:

> A Rússia é uma potência assustadora e que parece destinada a conquistar a Europa. Pode dispor por toda parte de milhares de cavaleiros a cavalo, com seus cossacos, os tártaros e os poloneses. Não haveria nem mesmo suficientes cavalos na Europa para lhe opor resistência. Três potências se opunham antigamente a seu crescimento: a Suécia já nada pode desde a perda da Finlândia, a Polônia faz parte do Império Russo. Os turcos são nulos.[6]

Las Cases reproduz ainda outras considerações sobre a Rússia, e, indo além, sobre o futuro da Europa:

> O imperador passou disso ao que chamava de a situação admirável da Rússia contra o resto da Europa, à imensidão de sua massa de invasão. Descrevia essa potência acomodada sob o polo, encostada em geleiras eternas que em caso de necessidade a tornavam inabordável; ela só podia ser atacada, dizia, por três ou quatro meses ou um quarto do ano, ao passo que dispunha do ano inteiro, ou dos doze meses, contra nós; oferecia aos atacantes apenas as dificuldades, os sofrimentos, as privações de um solo deserto, de uma natureza morta ou adormecida, ao passo que os povos só podiam sentir-se atraídos a se lançar às delícias da nossa região meridional.
>
> Além dessas circunstâncias físicas, acrescentava o imperador, à sua numerosa população sedentária, corajosa, endurecida, dedicada, passiva, somavam-se imensas tribos que têm o despojamento e a vagabundagem como estado natural. "Não podemos deixar de estremecer à ideia de semelhante massa, que não poderia ser atacada pelos lados nem pela retaguarda; que transborda impunemente

LIVRO VIII — O PLANO DE GUERRA

sobre o adversário, inundando tudo quando triunfa, ou se retirando em meio às geleiras, em plena desolação, em plena morte, transformando-se em reservas quando derrotada; tudo isto com a facilidade de ressurgir imediatamente quando é o caso. Não seria esta a cabeça da hidra, a Anteia da fábula, que só pode ser dominada se for capturada pelo corpo e sufocada nos braços? Mas onde encontrar Hércules? Só nos restava ousar fazê-lo, e foi o que tentamos canhestramente, devemos reconhecer."

O imperador dizia que, na nova combinação política da Europa, o destino dessa parte do mundo já dependia apenas da capacidade, das disposições de um único homem. "Que se encontre", dizia, "um imperador da Rússia valoroso, impetuoso, capaz, numa palavra, um czar que tenha barba na cara (o que ele dizia, de resto, com muito mais energia), e a Europa estará em suas mãos. Ele pode começar suas operações no próprio solo alemão, a cem léguas das duas capitais, Berlim e Viena, cujos soberanos são os únicos obstáculos. Obtém uma aliança com um deles pela força, e com sua ajuda abate o outro de um só golpe; e a partir deste momento está no coração da Alemanha, no meio dos príncipes de segunda ordem, a maioria deles seus parentes ou dele esperando tudo. Se necessário, se o caso exigir, atira de passagem alguns tições inflamados por cima dos Alpes, em solo italiano, pronto para a explosão, e marcha triunfante em direção à França, novamente proclamando-se seu libertador. De minha parte, numa tal situação, eu certamente chegaria a Calais em tempo preestabelecido e por jornadas de etapas, e haveria de me tornar senhor e árbitro da Europa..." E, depois de alguns instantes de silêncio, ele acrescentou: "Talvez, meu caro, esteja tentado a me dizer, como o ministro de Pirro a seu senhor: *Mas, afinal de contas, para quê?* Eu respondo: para criar uma nova sociedade e [evitar] grandes desgraças. A Europa espera, solicita esse favor; o velho sistema não se aguenta mais, e o novo ainda não está assentado, e só o estará depois de longas e furiosas convulsões ainda por vir."[7]

Essa conscientização da ruptura representada pelas guerras de 1792 a 1815 e o pressentimento de que seriam seguidas de outras conflagrações não deixam de prenunciar a constatação de Clausewitz no fim de *Da Guerra*: "Mas todos haverão de reconhecer que, uma vez derrubados os limites do possível, que por assim dizer só existiam em nosso inconsciente, é difícil reerguê-los; e que, no fim das contas, sempre que grandes interesses estão em questão, a hostilidade recíproca haverá de ser descarregada exatamente como em nossa época."[8] Napoleão já fizera alusão a uma "nova sociedade", já tinha falado de "sistema" durante sua permanência na ilha de Elba. Em seu *Mémorial de l'île d'Elbe*, o general Vincent, então diretor de fortificações em Florença, relata que a 7 de maio de 1814, durante uma conversa, o imperador deposto disse que não lhe falassem mais de guerra:

> Veja bem, pensei muito no assunto; fizemos a guerra durante toda a vida; o futuro talvez nos force ainda a voltar a fazê-la, e no entanto a guerra vai se tornar um anacronismo. Se travamos batalhas em todo o continente, foi porque duas sociedades estavam diante uma da outra, a que data de 89 e o Antigo Regime; elas não podiam subsistir juntas, a mais jovem devorou a outra. Bem sei que no fim das contas a guerra me derrubou, eu, o representante da Revolução Francesa, o instrumento de seus princípios: mas não importa; é uma batalha perdida para a civilização, a civilização, creia-me, haverá de tirar sua desforra. Existem dois sistemas, o passado e o futuro: o presente é apenas uma penosa transição. Quem deve triunfar, em sua opinião? O futuro, não é mesmo? Pois bem! O futuro é a inteligência, a indústria e a paz; o passado era a força bruta, os privilégios e a ignorância; cada uma de nossas vitórias foi um triunfo das ideias da Revolução, e não de suas águias. As vitórias um dia serão conquistadas sem canhões nem baionetas!... Não me falem mais da guerra.[9]

# Conclusão do livro VIII

A guerra deve ser objeto de reflexão antes do início da ação. Napoleão preconiza que se reflita com grande antecipação sobre tudo o que pode acontecer, prevendo os comportamentos possíveis do inimigo e calculando em função do pior. A execução, em seguida, é progressiva, à medida que for autorizada pelos acontecimentos do dia a dia. Um plano pode ser infinitamente modificado, e o acaso sempre terá sua incidência. Os piores planos são os que pressupõem um inimigo imóvel. A grandeza do objetivo de guerra está ligada a uma infinidade de circunstâncias, mas sempre se apresenta aquilo a que Clausewitz haveria de se referir como um centro de gravidade, no qual é necessário reunir todos os esforços. Ele permite identificar um teatro de operações principal. É um pecado capital deixar de identificá-lo. Concentrando-se nele os esforços para abrir uma brecha, o equilíbrio é rompido e os outros teatros caem por si mesmos. E sempre se acaba voltando à concentração das forças.

Se o objetivo da guerra é a conquista, são necessários gestos políticos para garanti-lo, o que fez Alexandre, o Grande, no Oriente. O objetivo político determina a meta militar. Napoleão entrevê a célebre formulação de Clausewitz. Considera que um general deve ter antes de mais nada qualidades civis. É o que ele tem, além da coragem e da bravura, compartilhadas com seus homens. Segundo ele, jamais a França poderia ter um governo militar. O civil tem primazia sobre o militar. O que não significa que o general em chefe não deva ter liberdade de ação no teatro onde comanda. Deve inclusive ser capaz de se envolver nas questões de diplomacia e finanças. Tampouco deve executar as ordens de um ministro ou de um príncipe distante, se não forem razoáveis. Um general em chefe antes deve demitir-se que executar um plano que considere ruim.

Finalmente, se as guerras napoleônicas levaram Clausewitz a descobrir o conceito de guerra absoluta, de tal maneira a liberação de violência era maior em relação ao século anterior, o próprio Napoleão percebeu os riscos da escalada e disse que procurava controlá-la. Não obstante a violência de seu temperamento, seu desejo incontrolável de se aproveitar de tudo para aumentar o poderio francês e sua obstinação em nada conceder, ele teria permanecido no âmbito mental da Razão. Não teria pretendido acuar seus adversários a seus extremos limites, pois sabia que a guerra sempre era seguida de negociações. Teria pensado no equilíbrio da Europa e temia o desenvolvimento do poderio russo. Para passar do antigo sistema a um novo, a Europa ainda sofreria "longas e furiosas convulsões". Entre essas palavras proferidas em Santa Helena para a posteridade e a análise objetiva dos fatos diplomáticos e militares, sempre haverá matéria para estudo e reflexão.

# Conclusão

A ciência histórica é essencialmente crítica, e é salutar que procure derrubar mitos, reavaliar ídolos. Napoleão incontestavelmente se encaixou e ainda se encaixa nessas duas categorias. Foi com razão que Charles Esdaile "desconstruiu" as guerras da Revolução e do Império, frisando os erros estratégicos graves cometidos por Napoleão: a conquista da península Ibérica a partir de 1807 e a invasão da Rússia em 1812, por exemplo, de fato acarretaram desastres humanos e políticos consideráveis.[1] Napoleão pôs a perder as conquistas da Revolução. Tornou a França menor do que a havia encontrado. Assim é que Thierry Lentz não vê a herança napoleônica em seu "sistema europeu", mas em sua modelagem da França moderna.[2] Em outras palavras, as reformas internas, realizadas basicamente durante o Consulado, foram duradouras, ao contrário da política externa, levada a excessos no Império: é reconhecer o fracasso final de uma estratégia. John Lynn chega, assim, a fazer sem rodeios a pergunta: Napoleão teria mesmo muito a nos ensinar no plano militar? Comparando-o a Luís XIV, a quem conhece melhor, John Lynn chama a atenção para o contraste entre as conquistas passageiras da Águia e as conquistas duradouras do Rei Sol.[3] Retomando a tese de Paul Schroeder, ele lembra que Napoleão não tinha visão de longo prazo a respeito da Europa, nem estratégia de saída, como se diria hoje. Recusava-se a funcionar de acordo com as normas internacionais da sua época: foi o que mostraram fartamente suas reiteradas agressões.[4] Sua reputação de mestre da estratégia decorre de uma confusão com as operações. Lynn não está errado a esse respeito, mas tende a reduzir demasiadamente Napoleão à condição de beneficiário das conquistas militares da Revolução. A arte operacional napoleônica, é bem verdade, beneficiou-se em sua época de maior glória de circunstâncias excepcionais, mas Lynn não as identifica. Napoleão, temos de reconhecer, ensinou mais como ganhar batalhas do que como ganhar guerras. Embora peque em muitos detalhes, a crítica de Lynn é de modo geral salutar, no mínimo pelas questões que levanta. No todo, Napoleão fracassou em sua política externa e, portanto, em sua estratégia, ou, antes, em sua "grande estratégia". Para o general Riley, isto decorre em parte do fato de que a França napoleônica tinha uma visão apenas militar da estratégia, não lhe associando realmente as dimensões navais e econômicas. A Grã-Bretanha, mais bem-dotada nesses dois terrenos, era na época o único país capaz de fazê-lo.[5] Essas questões ainda serão muito debatidas, mas cabe reconhecer que a reputação de Napoleão se justifica mais no nível da arte operacional que da estratégia, na medida em que esta é a tradução militar de uma política externa.

Quando os cérebros do exército francês preparavam a revanche contra a Alemanha estudando Napoleão, concentravam-se no nível operacional. O tenente-coronel Lort de Sérignan foi o mais crítico e também um dos raros a contemplar os aspectos políticos da estratégia. Para ele, o ódio provocado na Europa por vinte anos de conquistas e ocupação, por humilhações infindáveis, tinha contribuído para mergulhar a França num isolamento político de que ainda se ressentia em 1914. Ele também considerava que a influência napoleônica não fora o que se havia chegado a imaginar no exército francês, e que tivera como resultado, sobretudo, matar a iniciativa individual.[6] Ao lado dessas críticas não destituídas de fundamento, Lort de Sérignan concordava com os professores da Escola Superior de Guerra ao afirmar que não existia uma doutrina napoleônica exata e definitiva. "Os procedimentos de guerra aplicados", dizia o general Bonnal, "foram científicos na medida em que resultaram sempre de um cálculo de forças morais e materiais aplicadas a um objetivo definido, em condições de tempo e espaço claramente estabelecidas. Mas se a guerra de Napoleão foi científica em suas aplicações, foi empírica em suas concepções. Os cálculos de Napoleão não decorrem da adaptação de um princípio a

CONCLUSÃO

um caso concreto. Nele, o princípio existe em estado latente, em outras palavras, nas profundezas do inconsciente, e é inconscientemente que ele o aplica quando o choque das circunstâncias, do objetivo e dos meios provoca em seu cérebro a fagulha, mostrando-lhe a solução artística por excelência, aquela que alcança os limites da perfeição."[7]

Seu "caso" reside, no fundo, na excepcional adaptação de uma personalidade aos imprevistos da guerra. Raramente se viu na história tal convergência de qualidades de chefe guerreiro, reunidas no momento exato em que as circunstâncias haveriam de permitir sua manifestação e seu desenvolvimento. Ele distinguiu instintivamente as leis que haveriam de se impor a partir dali, para o melhor e para o pior: "A influência dos efetivos numéricos, o jogo das massas, o princípio da economia das forças, o da destruição do grosso do adversário como objetivo imediato, principal, preponderante."[8] A singularidade, e mesmo a estranheza de Napoleão como chefe de guerra se expressa em seu controle dos paradoxos:[9] ninguém era mais consciente que ele do peso do acaso no desfecho de uma batalha e ninguém dava menor espaço ao acaso; ninguém era mais audacioso em suas concepções nem mais rápido na execução e ninguém dava tanta atenção aos detalhes mais minuciosos da organização dos exércitos nem se mostrava mais prudente quando a situação o exigia.[10] Por todos esses motivos, ele ainda hoje é incontornável para todos aqueles que pretendam preparar-se para utilizar suas forças armadas com eficácia. Assim foi que um centro de análises realizou para o Ministério da Defesa americano, em 2002, um estudo sobre "a vantagem militar" na história. Dele consta Napoleão, depois dos macedônios, dos romanos e dos mongóis, preparando a dedução de implicações para os Estados Unidos.[11] Ele é o único que dá nome isoladamente a um capítulo, o que não é um fenômeno isolado. Poucos indivíduos terão marcado tão fortemente um período ou uma sucessão de guerras que acabaram por lhe dar nome. Para os autores desse relatório, Napoleão oferece aos generais "um modelo para engajar e ganhar guerras de manobra. Sua visão estratégica [operacional] não tinha equivalente entre os generais de sua época e pouco terá tido desde então". Napoleão fez uma síntese da tática das

NAPOLEÃO BONAPARTE

armas dando ênfase à ação combinada. No plano operacional, ficava em posição de vantagem graças a um melhor sistema de informação, e ele próprio constituía uma "variável-chave". Na estratégia, não se deu conta da importância da marinha, reduzindo-a a um complemento do exército. Sua herança duradoura reside na condução operacional de uma guerra: conseguir deslocar o inimigo, confundi-lo e levá-lo à batalha no momento e no lugar mais vantajosos para os franceses.[12]

O estudo dos escritos e declarações de Napoleão revela ainda mais. O que ele disse a respeito da guerra é mais importante do que se julgava até agora. Não podem deixar de causar impressão a fartura de suas leituras, a importância de sua reflexão, aquilo a que Jean Guitton se refere como "a força antecedente do pensamento". Guitton mostra-se convencido de que existe uma relação secreta entre o método do guerreiro e o método do homem de pensamento, e que os dois podem esclarecer e reforçar um ao outro.[13] O pai da filosofia francesa, Descartes, também era um militar. Como escreveu o americano David Bell, cujo estudo sobre a guerra total não está propriamente imbuído de uma especial simpatia por Napoleão, as pessoas que conhecem um pouco de história instintivamente não o situam na mesma categoria que Stalin, Hitler ou Mao. Um dos motivos é que Napoleão sempre manifestou uma profunda qualidade humana em tudo que disse. Outro é que continua encarnando, para o melhor e para o pior, o que um ser humano pode conseguir ou não através da guerra, inclusive a ideia de certa grandeza humana.[14] Em Stalin, Hitler e Mao não há mais humanidade. Como Clausewitz, Napoleão colocou o homem no centro de sua reflexão, experimentou tudo aquilo que descreve, muitas vezes evidenciou maior preocupação com os fundamentos permanentes do que com a forma passageira.[15] Seus textos também representam um monumento da história da inteligência, cuja riqueza esperamos ter mostrado. O estudo das campanhas de Napoleão sempre foi privilegiado em relação ao de seus pensamentos sobre a guerra. Mas estes guardaram toda a sua pertinência. Antes que de máximas a serem aplicadas, trata-se de reflexões a serem meditadas, a propósito de qualquer forma de guerra, inclusive os conflitos do século XXI.

CONCLUSÃO

Se Clausewitz acaba de ser redescoberto a este respeito,[16] Napoleão também o merece. Retomemos algumas ideias-chave.

A guerra, em si, não pode ser feita "com água de rosas". O direito, sendo respeitado, permite limitar sua violência. Um general em chefe deve calcular muito, sabendo que uma parte sempre haverá de lhe escapar, dependendo do acaso. Sua força de caráter é ainda mais importante que suas faculdades mentais, que de qualquer maneira não deixam de ser indispensáveis. Ele deve tomar decisões num contexto incerto, e para isto precisa da coragem moral "de duas horas depois da meia-noite". Precisa da maior quantidade possível de informações, mas só o seu "tato" lhe permitirá distinguir as informações úteis capazes de orientar sua decisão. Sempre há imprevistos na guerra. O chefe hábil saberá fazer uso deles, em vez de ficar a eles sujeito. Sempre há algo que aproveitar dos teóricos, mas as "partes altas" da guerra só podem ser aprendidas através de experiência e do estudo da história. Os princípios fornecem "eixos aos quais se refere uma curva", algumas verdades básicas postas à disposição da capacidade de avaliação do chefe, que haverá de se valer do que considera útil em função das circunstâncias. Uma análise crítica das campanhas do passado terá formado previamente sua opinião. A estratégia é menos uma questão de movimentos a serem concebidos que de forças morais para executá-los. "Tudo na guerra é opinião." O senso da honra, a emulação, o espírito de corpo e um sentimento de igualdade constituem as virtudes de um exército. Dominado pelo fogo, o combate visa a uma destruição significativa das forças inimigas. É uma "fagulha moral" que faz pender a balança. Não se deve se engajar levianamente numa batalha, pois é difícil sair dela. São necessárias chances favoráveis. Se for o caso, será necessário reunir todas as forças disponíveis e mostrar-se resoluto.

Num exército, a unidade de comando é essencial. O abastecimento é uma tarefa importante, e os recursos locais estão aí mesmo para contribuir. Se as tropas forem pouco aguerridas, mais vale confiar-lhes uma missão defensiva. Esta é mais bem executada por homens habituados a permanecer no mesmo setor, onde terão adquirido hábitos. Eles não devem ser dispostos em cordão: isto significaria não ser forte em parte alguma. Não se sabendo onde o inimigo atacará, as tropas estarão mais bem dispostas em escalões aproximados, para que possam reunir-se rapidamente no ponto atacado. Quando se ataca, deve-se tentar transbordar ou envolver o inimigo, mas fora do alcance de sua vista. Sempre é difícil combinar diferentes ataques ao mesmo tempo. Os movimentos mais simples são os melhores. São acompanhados de concentração dos tiros. Sobretudo em terreno montanhoso, não se deve atacar frontalmente uma posição inimiga. É preciso deslocá-la investindo contra seu flanco ou sua retaguarda. Ao atacar uma cidade, mais vale não engajar os infantes nas ruas. Uma ocupação sempre é difícil. As forças devem em qualquer hipótese manter-se concentradas e móveis. É preciso controlar as cidades principais, onde vivem as personalidades importantes cuja colaboração é essencial. Colunas móveis perseguirão os insurretos, mas sem cometer excessos. É necessário dar alguns exemplos, mas também perdoar. Finalmente, cabe contemplar todas as hipóteses quando se engaja numa guerra. É preciso contar com o pior. Os planos devem ser cuidadosamente preparados, mas preservando uma capacidade de adaptação em função das circunstâncias. É necessário sempre se perguntar como poderá reagir o inimigo. Nele, será necessário visar ao essencial, à frente principal, e aí concentrar os esforços: se for possível abrir aí uma brecha, as frentes secundárias cairão por si mesmas. Uma conquista deve sempre ser acompanhada de gestos políticos. Todo objetivo militar é subordinado a um objetivo político e todo general deve ter qualidades civis. O que não impede que o general em chefe desfrute de certa liberdade de ação no teatro onde comanda. Essas observações podem ser aplicadas a todas as guerras, inclusive às do início do século XXI.

Já identificada por Jay Luvaas, a proximidade de ideias entre Napoleão e Clausewitz não deixa de surpreender.[17] Eles concordam em praticamente tudo, divergindo apenas em detalhes, como a divisão das grandes fases de uma batalha em três ou dois atos. Clausewitz não teve acesso à correspondência de Napoleão, leu apenas suas *Mémoires*, mas sua reflexão é totalmente tributária das campanhas napoleônicas. "No princípio era Napoleão", escreve Andreas Herberg-Rothe, no

CONCLUSÃO

início de seu estudo do quebra-cabeça clausewitziano. A campanha de 1806 na Prússia levou Clausewitz a desenvolver uma teoria do sucesso operacional. As derrotas de Napoleão na Rússia (1812), em Leipzig (1813) e Waterloo (1815) permitiram-lhe elaborar uma abordagem política da guerra. Em outras palavras, os sucessos, os limites e o fracasso final da arte da guerra napoleônica estimularam Clausewitz a levar sua reflexão além dos aspectos puramente militares, contemplando uma teoria política global da guerra.[18] Napoleão não alterara fundamentalmente sua maneira de fazer a guerra entre 1806 e 1815. Ele próprio disse que já tinha aos 20 anos as ideias que haveria de abraçar ao longo de toda a sua carreira. Hew Strachan frisou que *Da Guerra* foi concebida como um diálogo. Ao contrário da maioria dos teóricos de sua época, por exemplo Jomini, Clausewitz não apresentava conclusões, antes mobilizando argumentos e debates. Utilizava esse método dialético particularmente nos livros I e VIII. Os livros II a V recorriam menos a ele, na medida em que descreviam a arte da guerra napoleônica.[19] Acontece que Napoleão expressou-se a respeito da guerra basicamente em diálogos. Esse aspecto ajuda a entender por que foi possível aqui organizar os escritos napoleônicos de acordo com o plano de *Da Guerra*. Esta obra tinha vocação pedagógica: queria levar os oficiais prussianos a refletir. Também aqui encontramos um ponto em comum com os textos de Napoleão. Em sua correspondência, este explicou, muito mais do que se acredita, sua maneira de fazer a guerra. Naturalmente, é necessário extrair essas pepitas de toda uma massa de cartas e reunir os excertos. Trata-se apenas de explicações pontuais, adaptadas a uma situação precisa, mas que às vezes adquirem um alcance mais genérico. Foi o que constatamos em especial nas cartas a Eugênio de Beauharnais, a seus irmãos Joseph, Louis e Jérôme. Napoleão se apresentava como pedagogo aos membros de sua família aos quais confiava exércitos e que não tinham conhecimentos militares. Também aconteceu de esboçar seu plano de campanha, raramente, é bem verdade, para certos marechais, como, por exemplo, Soult em 1806 e Marmont em 1809. Transmitiu algumas reflexões importantes ao general Dejean. Tudo isso é bastante limitado, mas serve para nuançar o que em geral se costuma dizer a respeito da falta de comunicação entre Napoleão e seus generais em matéria de arte da guerra. Mas o fato é que ele nunca lançou em papel, à maneira de Frederico II, "instruções" sobre a maneira de fazer a guerra, não tendo criado um alto ensinamento militar.

Napoleão e Clausewitz viveram na convergência do século do Iluminismo e do século do romantismo. Para Clausewitz, Napoleão encarnava o *Geist* da arte da guerra. O imperador estava mais próximo do século XVIII, por ser mais velho. Um sinal disto é o fato de ainda evocar com frequência as guerras da Antiguidade, o que Clausewitz praticamente já não faz mais.[20] Para René Girard, Napoleão está por trás de todas as ideias de Clausewitz, ele o obceca e funciona como um "modelo-obstáculo", ao mesmo tempo atraindo-o e repelindo-o. Clausewitz pensa em reação a Napoleão e contra ele, e seu ressentimento é fecundo: permite-lhe teorizar. Se percebe tão claramente a ação recíproca na guerra, é por estar ele próprio corroído pelo mimetismo. Ele tentou, afirma Girard, apropriar-se do ser de seu modelo.[21] Há portanto certa legitimidade em utilizar o plano de *Da Guerra*, como fizemos, para estruturar as ideias de Napoleão.

# Abreviações

| | |
|---|---|
| NA | Arquivos nacionais, Paris |
| AP | Arquivos privados |
| *Corresp.* | *Correspondance de Napoléon I$^{er}$ publiée par ordre de l'empereur Napoléon III*, 32 vol., Paris, Plon et Dumaine, 1858-1870. Os vol. 29 a 32 reúnem as *Œuvres de Napoléon I$^{er}$ à Sainte-Hélène* |
| *Corresp. gén.* | **Napoleão Bonaparte,** *Correspondance générale*, 7 vol. publicados em junho de 2011, Paris, Fayard, 2004-(em curso) |
| ms | Manuscrito |
| SHD/DAT | Archives du Service historique de la Défense, Département de l'armée de terre, Vincennes |
| s.l.n.d. | Sem local nem data |

# Notas

## Introdução

1. John R. Elting, *The Superstrategists: Great Captains, Theorists, and Fighting Men Who Have Shaped the History of Warfare*, Londres, W. H. Allen, 1987, p. 112.
2. David Gates, *Warfare in the Nineteenth Century*, Basingstoke-Nova York, Palgrave, 2001, p. 54.
3. Jeremy Black, *Rethinking Military History*, Londres, Routledge, 2004, p. 184.
4. [Raimondo Montecuccoli], *Mémoires de Montecuculi, généralissime des troupes de l'Empereur...*, nova edição, Paris, d'Espilly, 1746; [Maurice de Saxe], *Les Rêveries, ou Mémoires sur l'art de la guerre de Maurice, comte de Saxe...*, por M. de Bonneville, Haia, Pierre Gosse Junior, 1756.
5. *Maximes de guerre de Napoléon*, Bruxelas, Petit, 1838.
6. *Maximes de guerre et pensées de Napoléon I<sup>er</sup>*, 5ª ed. revista e ampliada, Paris, Dumaine, 1863.
7. M. Damas Hinard (dir.), *Dictionnaire Napoléon ou Recueil alphabétique des opinions et jugements de l'empereur Napoléon I<sup>er</sup>*, 2ª ed., Paris, Plon, 1854. A palavra "guerra" reúne várias entradas, de "Alpes" a "vinho". As referências das citações são fornecidas sumariamente.
8. Antoine Grouard, *Stratégie napoléonienne. Maximes de guerre de Napoléon I<sup>er</sup>*, Paris, Baudoin, 1898.
9. Honoré de Balzac, *Napoléon et son époque*, textos coligidos e anotados por Léon Gédéon, introd. de J. Héritier, Paris, Éditions Colbert [1943], p. 295 (525 máximas de Balzac, pp. 295-360); Thierry Bodin, "Les batailles napoléoniennes de Balzac", *Napoléon, de l'histoire à la légende. Actes du colloque des 30 novembre et 1<sup>er</sup> décembre 1999 à l'auditorium Austerlitz du musée de l'Armée, hôtel national des Invalides*, Paris, Musée de l'Armée-Éditions In Forma-Maisonneuve Larose, 2000, p. 107.
10. Frédéric Masson, *Petites histoires*, 2 vol., Paris, Ollendorff, 1910-1912, I, pp. 40-51.

11. [Napoleão], *Préceptes et jugements de Napoléon*, coligidos e classificados por E. Picard, Paris-Nancy, Berger-Levrault, 1913.
12. *Napoléon par Napoléon*, 3 vol., Paris, Club de l'honnête homme, 1964-1965.
13. Paul-Adolphe Grisot, *Maximes napoléoniennes*, excerto do *Journal des sciences militaires* (maio de 1897), Paris, Librairie militaire Baudoin, 1897, 32 p.
14. André Palluel, *Dictionnaire de l'Empereur*, Paris, Plon, 1969.
15. Jean Delmas e Pierre Lesouef, *Napoléon, chef de guerre*, 3 vol., Paris, Club français du livre, 1970.
16. A seguinte lista, cronológica, está longe de ser limitativa: Napoleão I, *Manuel du chef*, máximas napoleônicas escolhidas por Jules Bertaut, Paris, Payot, 1919; *Les Pages immortelles de Napoléon*, escolhidas e explicadas por Octave Aubry, Paris, Corrêa, 1941; Napoleão, *Pensées pour l'action*, coligidas e apresentadas por Édouard Driault, Paris, PUF, 1943; Napoleão, *Comment faire la guerre*, textos reunidos por Yann Cloarec, Paris, Champ libre, 1973; Lucian Regenbogen, *Napoléon a dit. Aphorismes, citations et opinions*, Paris, Les Belles Lettres, 1996; Charles Napoléon, *Napoléon par Napoléon. Pensées, maximes et citations*, Paris, Le Cherche Midi, 2009.
17. *A Manuscript Found in the Portfolio of Las Casas Containing Maxims and Observations of Napoleon, Collected During the Last Two Years of his Residence at St. Helena*, tradução do francês, Londres, Alexander Black, 1820.
18. David Chandler, "General Introduction", *The Military Maxims of Napoleon*, tradução do francês por G. C. D'Aguilar, Londres, Greenhill Books, 2002, p. 25.
19. *Ibid.*, pp. 22-23, 30-31.
20. *Ibid.*, pp. 23 e 27.
21. G. F. R. Henderson, *Stonewall Jackson and the American Civil War*, 2 vol., Londres, Longmans, Green and Co., 1900, II, pp. 394-395.
22. *Napoleon and Modern War. His Military Maxims Annotated*, tradução e notas de Conrad H. Lanza, Harrisburg, Penn., Military Service Publishing Co., 1943.
23. Jay Luvaas, "Napoleon on the Art of Command", *Parameters, Journal of the US Army War College*, 15, 1985-2, pp. 30-36.
24. *Napoleon on the Art of War*, textos escolhidos, traduzidos e publicados por J. Luvaas, Nova York, The Free Press, 1999.
25. Não adotamos a divisão em três partes, na medida em que estas não têm título próprio e que as referências ao tratado de Clausewitz geralmente remetem apenas aos livros e capítulos.
26. Luvaas, *art. cit.*, p. 32.

## NOTAS

27. Robert Van Roosbroeck, "Der Einfluss Napoleons und seines Militärsystems auf die preussische Kriegführung und Kriegstheorie", Wolfgang von Groote e Klaus Jürgen Müller (dir.), *Napoleon I. und das Militärwesen seiner Zeit*, Fribourg-en-Brisgau, Rombach, 1968, p. 202.

28. Carl von Clausewitz, *La Campagne de 1796 en Italie*, tradução do alemão, Paris, 1901; Pocket, 1999, p. 8.

29. F. G. Healey, "La bibliothèque de Napoléon à Sainte-Hélène. Documents inédits trouvés parmi les *Hudson Lowe Papers*", *Revue de l'Institut Napoléon*, n° 75, 1960, p. 209; Frédéric Schoell, *Recueil de pièces officielles destinées à détromper les Français sur les événements qui se sont passés depuis quelques années*, 9 vol., Paris, Librairie grecque-latine--allemande, 1814-1816. Ver também Jacques Jourquin, "La bibliothèque de Sainte-Hélène", em Bernard Chevallier, Michel Dancoisne-Martineau e Thierry Lentz (dir.), *Sainte-Hélène, île de mémoire*, Paris, Fayard, 2005, pp. 121-125.

30. Emmanuel de Las Cases, *Le Mémorial de Sainte-Hélène*, 1ª ed. integral e crítica, fixada e anotada por Marcel Dunan, 2 vol., Paris, Flammarion, 1983, II, p. 568.

31. Schoell, *Recueil de pièces officielles*, I, pp. XXIX-XXX, e II, pp. 289-342.

32. Jean-Jacques Langendorf, "Clausewitz, Paris 1814: la première traduction; l'unique étude signée", *Revue suisse d'histoire*, 34, 1984, pp. 498-508.

33. Émile Mayer, "Clausewitz", *Revue des études napoléoniennes*, 24, 1925, p. 158.

34. Vincent Desportes, *Comprendre la guerre*, Paris, Économica, 2000, p. 382.

35. Hew Strachan, *Carl von Clausewitz's* On War: *A Biography*, Londres, Atlantic Books, 2007, pp. 25-26 e 105.

36. Antulio J. Echevarria II, *Clausewitz and Contemporary War*, Oxford, Oxford University Press, 2007, p. 26.

37. Gustave Davois, *Bibliographie napoléonienne française jusqu'en 1908*, 3 vol., Paris, L'Édition bibliographique, 1909-1911, III, pp. 5-42: não obstante sua idade, este clássico continua sendo útil para um apanhado preciso dos textos publicados de Napoleão. Deve ser completado com a *Correspondance générale* editada pela Fayard e com os excelentes esclarecimentos sobre os escritos de Santa Helena por Chantal Lheureux-Prévot, "L'exil de Napoléon Iᵉʳ à Sainte-Hélène. Bibliographie thématique. Du *Bellérophon* à *La Belle Poule*", em Chevallier, Dancoisne-Martineau e Lentz (dir.), pp. 361-394.

38. Nada Tomiche, *Napoléon écrivain*, Paris, Armand Colin, 1952.

39. Interessantes considerações a este respeito em *ibid.*, pp. 143-155, 241 e 244.

NAPOLEÃO BONAPARTE

40. Napoleão I, *Commentaires*, 6 vol., Paris, Imprimerie impériale, 1867; *Correspondance de Napoléon I<sup>er</sup> publiée par ordre de l'empereur Napoléon III*, 32 vol., Paris, Plon et Dumaine, 1858-1870, XXIX, p. III.

41. Hubert Camon, *La Bataille napoléonienne*, Paris, Chapelot, 1899, p. 10. Esta obra é a primeira de uma longa série sobre a guerra napoleônica.

42. H. Camon, *La Guerre napoléonienne. Précis des campagnes*, 2 vol., Paris, Chapelot, 1903, I, p. 4.

43. Service historique de la Défense, Département de l'armée de Terre (SHD/DAT), série C, n° 17 C 2.

44. SHD/DAT, 17 C 2, peça n° 27; SHD/DAT, 17 C 3, peças n° 50 e 53. Essa última peça, intitulada "Instruction pour les représentants du peuple et le général en chef de l'armée d'Italie", é uma minuta redigida por Junot, corrigida por Bonaparte, sem data mas provavelmente datando, segundo análise dos arquivistas do Dépôt de la guerre, de 5 frutidor ano III (22 de agosto de 1795). As três peças foram publicadas, com estes números, no tomo I da *Correspondance* do Segundo Império, que no entanto situa a última em julho de 1795.

45. Edmond Bonnal de Ganges, *Les Représentants du peuple en mission près les armées 1791-1797, d'après le Dépôt de la guerre, les séances de la Convention, les Archives nationales*, 4 vol., Paris, Arthur Savaète, 1898-1899, II, pp. 164-165.

46. Jean Colin, *L'Éducation militaire de Napoléon*, Paris, Chapelot, 1900; Teissèdre, 2001, p. 295.

47. Napoleão, *Œuvres littéraires et écrits militaires*, edição prefaciada e fixada por Jean Tulard, 3 vol., Paris, Société encyclopédique française, 1967; Claude Tchou, 2001, II, pp. 309-314. A atribuição da nota a Bonaparte não foi muito seguida pela historiografia sobre a queda de Robespierre, mas se trata de estudos pouco voltados para as problemáticas militares, reconhece Luigi Mascilli Migliorini, *Napoléon*, tradução do italiano, Paris, Perrin, 2004, p. 493.

48. *Mémoires pour servir à l'histoire de France, sous Napoléon, écrits à Sainte-Hélène, par les généraux qui ont partagé sa captivité, et publiés sur les manuscrits entièrement corrigés de la main de Napoléon*, 8 vol., Paris, Didot et Bossange, 1823-1825 (2 vol. escritos por Gourgaud, 6 vol. escritos por Montholon). Nova edição: *Mémoires de Napoléon*, apresentação de Thierry Lentz, 3 vol., Paris, Tallandier, 2010-2011.

49. De acordo com os documentos do governador de Santa Helena, Hudson Lowe, arquivados no departamento de manuscritos do British Museum e depois da British Library, Additional Manuscripts, 20.149, p. 50 (Philippe Gonnard, *Les Origines de la légende napoléonienne. L'œuvre historique de Napoléon à Sainte-Hélène*, Paris, Calmann-Lévy, 1906, p. 35).

# NOTAS

50. Jean Tulard e Louis Garros, *Itinéraire de Napoléon au jour le jour 1769-1821*, Paris, Tallandier, 1992, p. 510: a quinta-feira 15 de abril de 1819 é mencionada como dia de ditado destas notas; Yves de Cagny, *Archives provenant du général comte Bertrand 1773-1844. Autographes de l'empereur Napoléon I^er, du général Bertrand, des proches de l'Empereur à Sainte-Hélène... Deuxième vente*, Paris, hôtel Drouot, quarta-feira, 8 de junho de 1983, n° 95: Napoleão I, Obras militares. Ditados de Santa Helena, 1. Dezoito notas sobre a obra intitulada *Considérations sur l'art de la guerre*, pelo general Rogniat: texto de trinta e sete folhas inteiramente manuscrito por Ali, com uma página de notas e correções autógrafas de Napoleão e cerca de vinte correções autógrafas no texto. Ali menciona esses ditados e a obra de Rogniat, mas sem fornecer a data precisa (Louis-Étienne Saint-Denis, dito Ali, *Souvenirs sur l'empereur Napoléon*, apresentados e anotados por Christophe Bourrachot, Paris, Arléa, 2000 [1ª ed. 1926], pp. 240 e 243; Gonnard, *op. cit.*, p. 75).

51. Bruno Colson, *Le Général Rogniat, ingénieur et critique de Napoléon*, Paris, ISC-Économica, 2006, pp. 539-644.

52. Gonnard, *op. cit.*, pp. 46-63; Tomiche, *op. cit.*, pp. 237-250.

53. Sobre a disparidade entre os planos dos ditados e a publicação na *Correspondance*, ver Tomiche, *op. cit.*, pp. 251-258.

54. Carl von Clausewitz, *De la guerre*, tradução integral de Denise Naville, Paris, Éditions de Minuit, 1955, VIII, 3 B, p. 679.

55. Gonnard, *op. cit.*, pp. 63, 97 e 113-114.

56. Didier Le Gall, *Napoléon et le Mémorial de Sainte-Hélène. Analyse d'un discours*, Paris, Kimé, 2003, pp. 14, 16, 42, 46, 47.

57. E. de Las Cases, *Mémorial de Sainte-Hélène ou Journal où se trouve consigné, jour par jour, ce qu'a dit et fait Napoléon durant dix-huit mois*, nova ed., revista e ampliada, 20 tomos em 10 vol., Paris, Barbezat, 1830.

58. Las Cases, *Le Mémorial...*, ed. Dunan (*op. cit.*).

59. Barry E. O'Meara, *Napoléon en exil à Sainte-Hélène. Relation contenant les opinions et réflexions de Napoléon sur les événemens les plus importans de sa vie...*, tradução do inglês, 2ª ed., 4 partes em 2 tomos em 1 vol., Bruxelas, Voglet, 1822; Gonnard, *op. cit.*, p. 148.

60. François Antommarchi, *Derniers momens de Napoléon, ou Complément du Mémorial de Sainte-Hélène*, 2 vol., Bruxelas, Tarlier, 1825; Jean Tulard, Jacques Garnier, Alfred Fierro e Charles d'Huart, *Nouvelle bibliographie critique des mémoires sur l'époque napoléonienne écrits ou traduits en français*, nova edição revista e enriquecida, Genebra, Droz, 1991, p. 23.

61. Gonnard, *op. cit.*, pp. 286, 292-296, 307, 308.

62. Gaspard Gourgaud, *Sainte-Hélène. Journal inédit de 1815 à 1818*, com prefácio e notas do visconde de Grouchy e de A. Guillois, 3ª ed., 2 vol., Paris, Flammarion, 1899; *id., Journal de Sainte-Hélène 1815-1818*, edição ampliada com base no texto original, introdução e notas de Octave Aubry, 2 vol., Paris, Flammarion, 1944.

63. Archives nationales (AN), Paris, Arquivos privados, 314, Fonds Gourgaud, carton 30 (314 AP 30), Journal de Sainte-Hélène.

64. Tulard, Garnier, Fierro e d'Huart, *op. cit.*, pp. 138-139.

65. Henri-Gatien Bertrand, *Cahiers de Sainte-Hélène*, manuscrito decifrado e anotado por Paul Fleuriot de Langle, 3 vol., Paris, Sulliver e Albin Michel, 1949, 1951 e 1959.

66. AN, 390 AP 25, Cahiers de Sainte-Hélène.

67. Tulard, Garnier, Fierro e d'Huart, *op. cit.*, p. 215.

68. Gonnard, *op. cit.*, p. 306.

69. Jacques Garnier, "Complément et supplément à la *Nouvelle bibliographie critique des mémoires sur l'époque napoléonienne écrits ou traduits en français* de Jean Tulard", *Revue de l'Institut Napoléon*, nº 172-173, 1996-3/4, pp. 7-80.

70. Chandler, "General Introduction", *op. cit.*, p. 14.

71. Laurence Montroussier, *L'Éthique du chef militaire dans le Mémorial de Sainte-Hélène*, Montpellier, Université Paul-Valéry, 1998, pp. 155-156; Harold T. Parker, "Toward Understanding Napoleon, or Did Napoleon Have a Conscience?", *Consortium on Revolutionary Europe 1750-1850, Selected Papers*, 1997, pp. 201-208.

72. Antoine Casanova, *Napoléon et la pensée de son temps: une histoire intellectuelle singulière*, Paris, La Boutique de l'Histoire, 2000, p. 221.

73. Gonnard, *op. cit.*, p. 7.

74. Napoleão I, *Manuel du chef*, p. 7.

75. Palluel, *Dictionnaire*, p. 16.

76. Steven Englund, *Napoléon*, tradução do inglês, Paris, De Fallois, 2004, p. 574.

77. Palluel, *Dictionnaire*, p. 17.

78. Jules Lewal, *Introduction à la partie positive de la stratégie*, notas de A. Bernède, Paris, CFHM-ISC-Économica, 2002 (1ª ed. 1892), p. 121.

79. Andy Martin, *Napoléon écrivain. Histoire d'une vocation manquée*, tradução do inglês, Toulouse, Privat, 2000.

80. Para uma análise mais aprofundada do estilo, remetemos a Tomiche, *op. cit.*, pp. 156-160, 170-184 (correspondência), 183-196 (proclamações, ordens do dia, alocuções), 198-207 (relatórios, notas e boletins) e 259-274 (escritos de Santa-Helena).

## NOTAS

81. As anotações limitam-se às informações necessárias à compreensão do texto. Para mais detalhes sobre os personagens, as batalhas, a teoria da guerra, o leitor é remetido aos seguintes dicionários: Gérard Chaliand e Arnaud Blin (dir.), *Dictionnaire de stratégie militaire des origines à nos jours*, Paris, Perrin, 1998; Thierry de Montbrial e Jean Klein, dir., *Dictionnaire de stratégie*, Paris, PUF, 2000; Alain Pigeard, *Dictionnaire de la Grande Armée*, Paris, Tallandier, 2002 e *Dictionnaire des batailles de Napoléon 1796-1815*, Paris, Tallandier, 2004; Georges Six, *Dictionnaire biographique des généraux et amiraux de la Révolution et de l'Empire (1792-1814)*, 2 vol., Paris, Saffroy, 1934; Jean Tulard (dir.), *Dictionnaire Napoléon*, 2ª ed., 2 vol., Paris, Fayard, 1999.

### LIVRO I — A NATUREZA DA GUERRA

1. Historiador latino, autor de uma *Vida dos grandes capitães*.
2. Guillaume Raynal, historiador e filósofo, autor de uma obra crítica da colonização e do clero (1770).
3. Henri Bonnal, "La psychologie militaire de Napoléon", *Revue hebdomadaire des cours et conférences*, 22 de fevereiro de 1908, p. 423.
4. Carl von Clausewitz, *De la guerre*, tradução integral de Denise Naville, Paris, Éditions de Minuit, 1955, livro I, capítulo 1, p. 51. Só as referências a *Da guerra* de Clausewitz conterão a menção do livro em algarismos romanos e a do capítulo em algarismos arábicos, antecedendo a da página. No caso das outras referências, o número romano remete ao volume.

### 1. O que é a guerra?

1. AN, 390 AP 25, Fonds Bertrand, Cahiers de Sainte-Hélène, ms de maio de 1817 (11 de maio), p. 3 (Henri-Gatien Bertrand, *Cahiers de Sainte-Hélène, janvier 1821-mai 1821*, manuscrito decifrado e anotado por Paul Fleuriot de Langle, Paris, Sulliver, 1949, I, p. 223).
2. Jean Colin, *L'Éducation militaire de Napoléon*, Paris, Chapelot, 1900; Teissèdre, 2001, pp. 366-367.
3. Especialmente Peter Paret, *The Cognitive Challenge of War: Prussia 1806*, Princeton, Princeton University Press, 2009, pp. 154-155.
4. Michael, barão von Colli da Vigevano, general austríaco "emprestado" ao reino da Sardenha para comandar seu exército.
5. *Corresp.*, I, nº 127, p. 128, ao general Colli, Albenga, 19 germinal ano IV-8 de abril de 1796.

## NAPOLEÃO BONAPARTE

6. *Ibid.*, I, nº 738, p. 479, ao general Beaulieu, comandante em chefe do exército austríaco da Itália, fim de junho de 1796; nº 1484, p. 894, ao arquiduque Carlos, Klagenfurt, 11 germinal ano V-31 de março de 1797.

7. *Ibid.*, I, nº 955, p. 606, ao general Berthier, 10 vendemiário ano V-1º de outubro de 1796.

8. *Ibid.*, II, nº 1092, p. 56, ao general Wurmser, Modena, 25 vendemiário ano V-16 de outubro de 1796.

9. AN, 314 AP 30, Fonds Gourgaud, Journal de Sainte-Hélène, ms 39 (Gaspard Gourgaud, *Journal de Sainte-Hélène 1815-1818*, edição ampliada com base no texto original, introdução e notas de Octave Aubry, 2 vol., Paris, Flammarion, 1944, II, p. 185).

10. *Ibid.*, II, pp. 191-192.

11. AN, 390 AP 25, ms do ano de 1818, p. 52 (Bertrand, Cahiers, II, p. 156). Henri de la Tour d'Auvergne, visconde de Turenne, marechal de França. Depois de obter várias vitórias na Guerra dos Trinta Anos, ele foi o mestre de Luís XIV na arte militar. Sua campanha da Alsácia em 1674-1675 constitui obra-prima.

12. Derrota fragorosa imposta aos romanos por Aníbal em 216 antes da nossa era.

13. AN, 314 AP 30, ms 40 (Gourgaud, *Journal*, II, p. 222).

14. A miséria foi terrível durante o cerco sustentado por Masséna e 15 mil franceses em Gênova, de 19 de abril a 5 de junho de 1800. Suportando até o limite da resistência humana, Masséna contribuiu muito para o sucesso de Bonaparte em Marengo, a 14 de junho.

15. AN, 314 AP 30, ms 50 (*ibid.*, II, pp. 330 e 340).

16. *Corresp.*, XIII, nº 11281, p. 553, mensagem ao Senado, Berlim, 19 de novembro de 1806.

17. Jonathon Riley, *Napoleon as a General*, Londres, Hambledon Continuum, 2007, p. 28.

18. Clausewitz, *De la guerre*, I, 1, p. 52.

19. *Ibid.*, I, 1, p. 66.

20. C. von Clausewitz, "Übersicht des Krieges in der Vendée 1793", *Hinterlassene Werke des Generals Carl von Clausewitz über Krieg und Kriegführung*, 10 vol., Berlim, Dümmler, 1832-1837, X. Já há uma tradução francesa: *Œuvres posthumes du général Carl von Clausewitz. Sur la guerre et la conduite de la guerre. Tome IX et tome X. Éclairage stratégique de plusieurs campagnes*, tradução do alemão por G. Reber, Paris, La Maison du Dictionnaire, 2008, pp. 633-658.

21. *Mémoires pour servir à l'histoire de France, sous Napoléon, écrits à Sainte-Hélène, par les généraux qui ont partagé sa captivité, et publiés sur les ma-*

# NOTAS

*nuscrits entièrement corrigés de la main de Napoléon*, 8 vol., Paris, Didot et Bossange, 1823-1825 (2 vol. escritos por Gourgaud, 6 vol. escritos por Montholon), VI, pp. 207, 231, 246 e 255. Esta obra será citada daqui em diante da seguinte forma: *Mémoires*, Montholon (ou Gourgaud), tomo, páginas.

22. *Corresp.*, VI, n° 4.478, p. 57, ao general Hédouville, Paris, 8 nivoso ano VIII-29 de dezembro de 1799.

23. "Précis des guerres de Jules César", *Corresp.*, XXXII, p. 47.

24. "Quatre notes sur l'ouvrage intitulé *Mémoires pour servir à l'histoire de la révolution de Saint-Domingue*", *Corresp.*, XXX, p. 526.

25. *Corresp.*, II, n° 1.086, p. 47, ao Diretório Executivo, Milão, 20 vendemiário ano V-11 de outubro de 1796.

26. [Antoine-Clair Thibaudeau], *Mémoires sur le Consulat. 1799 à 1804*, por um ex-conselheiro de Estado, Paris, Ponthieu et Cie, 1827, p. 396.

27. *Sic*. Bonaparte foi designado Primeiro Cônsul por dez anos.

28. Nota de Thibaudeau.

29. *Sic*. [Thibaudeau], *Mémoires*, pp. 390-395. Em itálico no texto.

30. Raymond Aron, *Paix et guerre entre les nations*, Paris, Calmann-Lévy, 1962, pp. 108-111.

31. *Corresp.*, X, n° 8.282, p. 121, ao general Pino, Paris, 2 pluvioso ano XIII-22 de janeiro de 1805.

32. *Ibid.*, XV, n° 12.474, p. 151, a Talleyrand, Finkenstein, 26 de abril de 1807, 22 horas.

33. *Ibid.*, XI, n° 9.561, p. 472, ao príncipe Joseph, Schönbrunn, 22 frimário ano XIV-13 de dezembro de 1805.

34. Jean-Paul Bertaud, *Quand les enfants parlaient de gloire. L'armée au cœur de la France de Napoléon*, Paris, Aubier, 2006, pp. 42-44.

35. *Corresp.*, XI, n° 9.575, p. 480, ao príncipe Joseph, Schönbrunn, 24 frimário ano XIV-15 de dezembro de 1805.

36. *Ibid.*, XV, n° 12.408, p. 91, ao rei de Nápoles, Finkenstein, 18 de abril de 1807.

37. AN, 390 AP 25, ms de agosto de 1817 (26 de agosto), p. 11 (Bertrand, *Cahiers*, I, p. 264).

38. Jacques-Olivier Boudon, *Histoire du Consulat et de l'Empire 1799-1815*, Paris, Perrin, 2003, pp. 138-140, 149 e 278-282; Thierry Lentz, *Napoléon et la conquête de l'Europe 1804-1810*, Paris, Fayard, 2002, pp. 205, 226 e 230-235; Jean Tulard, *Le Grand Empire 1804-1815*, Paris, Albin Michel, 1982, pp. 66 e 318-321.

39. Philip G. Dwyer, "Napoleon and the Drive for Glory: Reflections on the Making of French Foreign Policy", em P. G. Dwyer (dir.), *Napoleon and*

*Europe*, Londres, Pearson Education, 2001, pp. 118-135; Steven Englund, *Napoléon*, tradução do inglês, Paris, De Fallois, 2004, pp. 311-312 e 321; Charles Esdaile, *Napoleon's Wars: An International History, 1803-1815*, Londres, Allen Lane, 2007, pp. 91-92, 112-113 e 407.

40. *Ibid.*, pp. 130-131.
41. Englund, *Napoléon*, pp. 46, 566, 567 e 570.
42. *Lettres inédites de Napoléon Ier (an VIII-1815),* publicadas por Léon Lecestre, 2 vol., Paris, Plon, 1897, II, nº 1020, p. 248, ao príncipe Cambacérès, chanceler-mor do Império, Dresden, 18 de junho de 1813.
43. *Ibid.*, II, nº 1.029, p. 254, a Cambacérès, Dresden, 30 de junho de 1813.

## 2. A guerra e o direito

1. Gunther Rothenberg, "The Age of Napoleon", em Michael Howard, George J. Andreopoulos e Mark R. Shulman (dir.), *The Laws of War: Constraints on Warfare in the Western World*, New Haven-Londres, Yale University Press, 1994, pp. 86-97.
2. A acusação de violação do território de Parma foi contestada por François Furet e Denis Richet, *La Révolution française*, Paris, Fayard, 1973, p. 380. Da mesma forma, a passagem pelo território de Anspach em 1806 provavelmente não violava o tratado de Basileia (Englund, *Napoléon*, p. 336).
3. A neutralidade nem sempre foi mais respeitada nas guerras do Antigo Regime. O príncipe Eugênio de Saboia não hesitou em violar o território de Veneza em 1701 (Archer Jones, *The Art of War in the Western World*, Oxford, Oxford University Press, 1987, p. 283).
4. Emer de Vattel, *Le Droit des gens, ou principes de la loi naturelle, appliquée à la conduite et aux affaires des nations et des souverains*, nova edição, 2 vol., Paris, Aillaud, 1830, II, p. 176 (1ª ed. em 1758).
5. Georges-Frédéric de Martens, *Précis du droit des gens moderne de l'Europe fondé sur les traités et l'usage. Pour servir d'introduction à un cours politique et diplomatique*, 2ª ed. reformulada, Göttingen, Dieterich, 1801, pp. 425-426.
6. A 24 de março de 1797, durante a perseguição aos austríacos do arquiduque Carlos, no fim da primeira campanha da Itália, o general Samuel Köblös von Nagy-Varád defendeu o posto entrincheirado de Chiusa di Pletz, no Friuli. O posto foi tomado de assalto e Köblös foi feito prisioneiro.
7. *Corresp.*, II, nº 1632, p. 417, ao Diretório Executivo, Goritz, 5 germinal ano V-25 de março de 1797.

# NOTAS

8. *Ibid.*, V, n° 3.983, p. 329, diante de El-Arich, 2 ventoso ano VII-20 de fevereiro de 1799.

9. Djezzar-Pacha, comandante das tropas da província de Damieta.

10. *Corresp.*, V, n° 4.035, p. 361, ao Diretório Executivo, Jafa, 23 ventoso ano VII-13 de março de 1799.

11. Philip Dwyer, *Napoleon. The Path to Power, 1769-1799*, Londres, Bloomsbury, 2007, pp. 421-422.

12. Englund, *Napoléon*, p. 166.

13. *Corresp.*, XII, n° 10.131, p. 304, ao rei de Nápoles (Joseph Bonaparte), Saint-Cloud, 22 de abril de 1806.

14. *Lettres inédites*, I, n° 333, p. 227, a Joseph Napoleão, rei da Espanha, Bordeaux, 31 de julho de 1808, 23 horas.

15. Claude-Louis-Hector, duque de Villars, marechal de França, o vitorioso de de Denain (1712).

16. Francisco I em Pávia (1525) e João II, o Bom, em Poitiers (1356).

17. O pai dos três irmãos Horácios, que enfrentaram os irmãos Curiácios, na história lendária de Roma.

18. *Mémoires*, Montholon, V, pp. 275-281.

19. Dupont a Bailén (Espanha) a 22 de julho de 1808 e Sérurier a Verderio (Itália) a 28 de abril de 1799.

20. AN, 390 AP 25, ms do ano de 1818, p. 51 (Bertrand, *Cahiers*, II, p. 155).

21. Roger Dufraisse e Michel Kerautret, *La France napoléonienne. Aspects extérieurs 1799-1815*, Paris, Seuil, "Nouvelle histoire de la France contemporaine 5", 1999, p. 265.

22. *Corresp.*, VI, n° 5.277, pp. 565-566, a Talleyrand, Paris, 21 nivoso ano IX-11 de janeiro de 1801.

23. *Ibid.*, VII, n° 5.524, p. 116, anexo a uma carta a Talleyrand, Paris, 22 germinal ano IX-12 de abril de 1801. Os "monstros" são aqueles que provocaram a explosão de uma "máquina infernal" na rua Saint-Nicaise, na noite de 24 de dezembro de 1800, pouco depois da passagem da carruagem do Primeiro Cônsul. Houve muitas vítimas.

24. *Ibid.*, VI, n° 5.216, p. 528, decisão, Paris, 23 frimário ano IX-14 de dezembro de 1800.

25. Emmanuel de Las Cases, *Mémorial de Sainte-Hélène ou Journal où se trouve consigné, jour par jour, ce qu'a dit et fait Napoléon durant dix-huit mois*, nova edição, revista e ampliada, 20 tomos em 10 vol., Paris, Barbezat, 1830, t. 17, p. 107. As referências a esta edição serão seguidas, a título indicativo, das páginas correspondentes na melhor edição disponível, a de Marcel Dunan (ed. Dunan): Emmanuel de Las Cases, *Le Mémorial de Sainte-Hélène*, 1ª

NAPOLEÃO BONAPARTE

edição integral e crítica, fixada e anotada por Marcel Dunan, 2 vol., Paris, Flammarion, 1983 (edição Dunan, II, p. 487). Marcel Dunan esclarece, numa nota: "A desculpa dos britânicos, ao confinar nos dois ou três conveses de velhas embarcações desmastreadas e amarradas nos principais portos a massa de seus prisioneiros, é que lhes teria sido difícil vigiar eficazmente em terra essa multidão, cujo número era multiplicado pela superioridade de sua marinha, sem comparação com as capturas feitas pelos franceses."

26. Bertaud, *Quand les enfants parlaient de gloire*, p. 207.

27. Sophie Wahnich e Marc Belissa, "Les crimes des Anglais: trahir le droit", *Annales historiques de la Révolution française*, nº 300, abril-junho de 1995, pp. 233-248.

28. Rothenberg, "The Age of Napoleon", pp. 91-92.

29. "Précis des guerres de Jules César", *Corresp.*, XXXII, p. 14.

30. *Corresp.*, III, nº 1.971, pp. 157-158, nota sobre os acontecimentos de Veneza, presumivelmente de 12 messidor ano V-30 de junho de 1797.

31. *Ibid.*, XI, nº 9.038, p. 57, a Talleyrand, campo de Boulogne, 15 termidor ano XIII-3 de agosto de 1805.

32. *Ibid.*, XIII, nº 10.893, 10.895, 10.900, pp. 270, 271, 276, a Berthier, a Murat e a Soult, Mogúncia, 29 de setembro de 1806.

33. *Ibid.*, XXVIII, nº 21760, p. 66, ao general Caulaincourt, Paris, 3 de abril de 1815.

34. *Ibid.*, V, nº 4.198, pp. 468-469, ao general Berthier, Cairo, 3 messidor ano VII-21 de junho de 1799.

35. *Inédits napoléoniens*, publicados por Arthur Chuquet, 2 vol., Paris, Fontemoing et de Boccard, 1913-1919, I, nº 1.014, p. 278, a Berthier, Dresden, 19 de junho de 1813. O major prussiano von Lützow tinha constituído um corpo franco vestido de negro no início de 1813. Composto de voluntários provenientes em sua maioria das universidades alemãs, esse "corpo negro" atuava na retaguarda do exército francês, acossando os comboios e os postos de defesa fraca. O major Enno von Colomb era cunhado de Blücher e também comandava cavaleiros que atuavam como guerrilheiros por trás das linhas francesas em 1813.

36. *Mémoires*, Gourgaud, II, pp. 93-96.

37. O italiano Alberico Gentili (latinizado como "Gentilis"), refugiado em Oxford no fim do século XVI, foi o primeiro a emancipar o direito da guerra da teologia. O holandês Hugo de Groot ou Grotius viveu muito tempo em Paris. Publicou seu *De jure belli ac pacis* em 1625. O suíço Emer ou Emmerich de Vattel distinguia em seu livro *Du droit des gens* (1758) as guerras privadas das guerras públicas. Mais ainda que seus antecessores,

NOTAS

estabeleceu um corpo de normas com a finalidade de atenuar os males causados pela guerra.

38. Assim foi que, na última vitória de Napoleão, em Ligny, a 16 de junho de 1815, as colheitas, o gado e as construções das aldeias sofreram muitos estragos, mas não se registrou qualquer vítima civil. Os arquivos municipais de Sombreffe ainda guardam provas das indenizações cobradas por danos sofridos. Essas indenizações foram pagas depois de comprovações efetuadas pelas autoridades, no caso, as do reino dos Países Baixos.

39. David A. Bell, *The First Total War. Napoleon's Europe and the Birth of Warfare As We Know It*, Boston-Nova York, Houghton Mifflin, 2007; Jean-Yves Guiomar, *L'Invention de la guerre totale XVIIIe-XXe siècle*, Paris, Éditions du Félin, 2004. A primeira dessas obras, apesar de muito estimulante, vai longe demais, ao se fixar apenas nos casos extremos.

40. O que significa que só as munições de guerra podem ser consideradas contrabando e ser apreendidas.

41. *Mémoires*, Gourgaud, II, pp. 96-100.

42. *Ibid.*, p. 100.

## 3. O gênio guerreiro

1. *Mémoires*, Montholon, V, p. 76.

2. Clausewitz, *De la guerre*, I, 1, pp. 53-54.

3. *Ibid.*, I, 3, p. 84.

4. [Roederer, Pierre-Louis], *Œuvres du comte P.-L. Roederer...*, publicadas por seu filho, 8 vol., Paris, Firmin Didot, 1853-1859, III, p. 536.

5. Gustavo II Adolfo, rei da Suécia no início do século XVII, tinha revolucionado a tática ao enxugar as linhas de infantaria para aumentar a potência de fogo dos mosqueteiros. Sua vitória de Breitenfeld (1631) sobre as tropas do Santo Império Germânico, durante a Guerra dos Trinta Anos, fizera sua grande reputação.

6. Las Cases, *Mémorial*, t. 18, pp. 113-114 (ed. Dunan, II, p. 575).

7. Luís II de Bourbon, chamado o "Grande Condé", vencedor de Rocroi (1643).

8. Um dos maiores generais austríacos. Derrotou os turcos em Zenta (1697), os franceses em Turim (1706), novamente os turcos em Peterwardein (1716) e Belgrado (1717).

9. [Rémusat], *Mémoires de madame de Rémusat 1802-1808*, publicadas por seu neto, 7ª ed., 3 vol., Paris, Calmann-Lévy, 1880, I, p. 333.

10. *Ibid.*, I, pp. 267-268. Napoleão escreveu alguns romances e novelas na juventude: *Clisson et Eugénie*, *Le comte d'Essex*, entre outros (Napoleão

Bonaparte, *Œuvres littéraires*, edição fixada, anotada e apresentada por Alain Coelho, Nantes, Le Temps Singulier, 1979).

11. Pierre-Simon Laplace, *Essai philosophique sur les probabilités*, 5ª ed. (1825), prefácio de R. Thom, Paris, Bourgois, 1986, p. 35. A 1ª edição remontava a 1814 e o essencial de seu conteúdo, especialmente o texto aqui citado, já fora publicado em 1785 (*ibid.*, p. 240). Ver também Lorraine Daston, *Classical Probability in the Enlightenment*, Princeton, Princeton University Press, 1988.

12. *Corresp.*, XXIV, nº 19.028, p. 112, ao conde Laplace, Vitebsk, 1º de agosto de 1812.

13. Auguste-Frédéric-Louis Viesse de Marmont, *De l'esprit des institutions militaires*, prefácio de Bruno Colson, Paris, ISC-FRS-Économica, 2001 (1ª ed. 1845), p. 135. Essa superior percepção de Napoleão é bem traduzida em Englund, *Napoléon*, p. 132.

14. *Corresp.*, XII, nº 10.325, p. 442, a Joseph, rei de Nápoles, Saint-Cloud, 6 de junho de 1806.

15. [Pierre-Louis Roederer], *Autour de Bonaparte. Journal du comte P.-L. Roederer, ministre et conseiller d'État. Notes intimes et politiques d'un familier des Tuileries*, introdução e notas de Maurice Vitrac, Paris, Daragon, 1909, p. 250.

16. William Duggan, *Napoleon's Glance: The Secret of Strategy*, Nova York, Nation Books, 2002, pp. 3-4.

17. Clausewitz, *De la guerre*, I, 3, p. 87.

18. W. Duggan, *Napoleon's Glance*, p. 6.

19. W. Duggan, *The Art of What Works: How Success Really Happens*, Nova York, McGraw-Hill, 2003, p. 6.

20. Nada Tomiche, *Napoléon écrivain*, Paris, Armand Colin, 1952, p. 17; Englund, *Napoléon*, p. 41; Jacques Jourquin, "Bibliothèques particulières de Napoléon", em Jean Tulard (dir.), *Dictionnaire Napoléon*, Paris, Fayard, 1987, pp. 214-215. Annie Jourdan fala de uma "bulimia de conhecimentos" (*Napoléon. Héros, imperator, mécène*, Paris, Aubier, 1998, p. 22).

21. W. Duggan, Coup d'œil: *Strategic Intuition in Army Planning*, Carlisle, Penn., Strategic Studies Institute, 2005 (http://www.StrategicStudiesInstitute.army.mil/, consultado a 2 de dezembro de 2009), pp. v, 1-2.

22. Ulrike Kleemeier, "Moral Forces in War", em Hew Strachan e Andreas Herberg-Rothe (dir.), *Clausewitz in the Twenty-First Century*, Oxford, Oxford University Press, 2007, p. 114.

23. *Corresp.*, XVIII, nº 15.144, p. 525, a Eugène Napoleão, Burghausen, 30 de abril de 1809.

# NOTAS

24. Chaptal (Jean-Antoine), *Mes souvenirs sur Napoléon*, publicadas por seu bisneto A. Chaptal, Paris, Plon, 1893, pp. 295-296. Nova edição, apresentada e anotada por Patrice Gueniffey, Paris, Mercure de France, 2009.

25. *Corresp.*, XIV, n° 11.658, p. 211, ao rei de Nápoles, Varsóvia, 18 de janeiro de 1807.

26. François Antommarchi, *Derniers momens de Napoléon, ou Complément du Mémorial de Sainte-Hélène*, 2 vol., Bruxelas, Tarlier, 1825, I, p. 321.

27. *Corresp.*, XVII, n° 14.283, p. 480, notas sobre os combates da Espanha, Saint-Cloud, 30 de agosto de 1808.

28. *Mémoires*, Montholon, II, p. 90.

29. *Ibid.*, IV, p. 345.

30. "Campagnes d'Égypte et de Syrie", *Corresp.*, XXX, p. 176.

31. Clausewitz, *De la guerre*, I, 3, p. 90.

32. *Corresp.*, XII, n° 9.810, p. 44, a Berthier, Paris, 14 de fevereiro de 1806.

33. [Auguste-Frédéric-Louis Viesse de Marmont], *Mémoires du duc de Raguse*, 8 vol., Paris, Perrotin, 1857, V, p. 256.

34. Jean-Baptiste Vachée, *Napoléon en campagne*, Paris, Berger-Levrault, 1913; Bernard Giovanangeli Éditeur, 2003, p. 54.

35. Bonnal, "La psychologie militaire de Napoléon", p. 434.

36. [Roederer], *Œuvres*, III, p. 537.

37. Riley, *Napoleon as a General*, pp. 11-12 e 177.

38. Agradeço a Martin Motte por seu comentário a este respeito.

39. *Mémoires*, Montholon, V, p. 213.

40. Clausewitz, *De la guerre*, I, 3, p. 87.

41. AN, 314 AP 30, ms 50 (Gourgaud, *Journal*, II, p. 347).

42. N. Tomiche, *Napoléon écrivain*, pp. 9, 11-13.

43. F. G. Healey, "La bibliothèque de Napoléon à Sainte-Hélène. Documents inédits trouvés parmi les Hudson Lowe Papers", *Revue de l'Institut Napoléon*, n° 73-74, 1959-1960, p. 174.

44. O marechal de Saxe conduzira os exércitos franceses à vitória na Guerra de Sucessão da Áustria (1740-1748) em Fontenoy, Raucoux e Lawfeld.

45. François-Henry de Montmorency-Boutteville, duque de Luxemburgo, marechal de França, vencedor de Fleurus (1690), Steinkerque (1692) e Neerwinden (1693), conhecido como o "Tapeceiro de Notre-Dame" pelo grande número de bandeiras tomadas por suas tropas ao inimigo.

46. John Churchill, duque de Marlborough, comandante em chefe das forças britânicas e holandesas na Guerra de Sucessão da Espanha, vencedor dos franceses em Höchstaedt ou Blenheim (1704), Ramillies (1706) e Audenarde (1708).

### NAPOLEÃO BONAPARTE

47. Barry E. O'Meara, *Napoléon en exil à Sainte-Hélène. Relation contenant les opinions et réflexions de Napoléon sur les événemens les plus importans de sa vie...*, tradução do inglês, 2ª ed., 4 partes em 2 tomos em 1 vol., Bruxelas, Voglet, 1822, II, 3ª parte, p. 182. Em itálico no texto.
48. Eugênio de Beauharnais, vice-rei da Itália.
49. Las Cases, *Mémorial*, t. 3, pp. 244-247 (ed. Dunan, I, pp. 278-279). Em itálico no texto.
50. Charles-François-Tristan de Montholon, *Récits de la captivité de l'empereur Napoléon à Sainte-Hélène*, 2 vol., Paris, Paulin, 1847, II, pp. 240¬241.
51. Clausewitz, *De la guerre*, I, 3, p. 87.
52. *Corresp.*, X, nº 8.832, p. 474, a Jérôme Bonaparte, Milão, 13 prairial ano XIII-2 de junho de 1805.
53. *Ibid.*, XIII, nº 10.558, p. 9, ao rei de Nápoles, Saint-Cloud, 28 de julho de 1806.
54. Marido da famosa "Madame Sans-Gêne", o marechal Lefebvre não tinha instrução, ao contrário do general Mathieu Dumas, autor de várias obras. Lefebvre sabia comandar e treinar os homens num campo de batalha. Dumas fez carreira basicamente nos estados-maiores, nas assembleias políticas, nos ministérios e na diplomacia.
55. AN, 314 AP 30, ms 40 (Gourgaud, *Journal*, II, pp. 325-326).
56. AN, 390 AP 25, ms do ano de 1819, p. 160 (Bertrand, *Cahiers*, II, p. 445, onde o texto é situado em 1820).
57. *Corresp.*, XV, nº 12.511, p. 178, ao príncipe Jérôme, Finkenstein, 2 de maio de 1807.
58. Jean Guitton, *La Pensée et la Guerre*, Paris, Desclée de Brouwer, 1969, pp. 76-77.
59. Com 41 mil homens, Charles de Rohan, príncipe de Soubise, foi vencido pelos 22 mil prussianos de Frederico II em Rossbach a 5 de novembro de 1757, o que não o impediu de ser feito marechal de França no ano seguinte. Tinha fama de ser um cortesão que devia suas funções às favoritas de Luís XV.
60. AN, 314 AP 30, ms 39 (Gourgaud, *Journal*, II, p. 80).
61. AN, 390 AP 25, ms do ano de 1818 (novembro), p. 75 (Bertrand, *Cahiers*, II, p. 197).
62. *Corresp.*, XV, nº 12.641, p. 264, nota para o general de brigada, Finkenstein, 24 de maio de 1807.
63. *Ibid.*, IX, nº 7766, pp. 368-369, ao contra-almirante Ver Huell, comandante da esquadra batava, Saint-Cloud, 1º prairial ano XII-21 de maio de 1804.
64. [Roederer], *Œuvres*, III, p. 536.

# NOTAS

65. *Corresp.*, IX, nº 7.818, p. 399, ao vice-almirante Ganteaume, Saint-Cloud, 4 messidor ano XII-23 de junho de 1804.

66. *Ibid.*, XIII, nº 10.646, p. 72, ao general Mouton, Saint-Cloud, 14 de agosto de 1806. O general Mouton foi feito conde de Lobau por sua conduta heroica durante a campanha de 1809 na Áustria. Comandou um corpo de exército em 1813 e em 1815. Luís Filipe o nomeou marechal de França. Zacharie Allemand destacou-se nas Índias na esquadra de Suffren, mas recebeu uma advertência por abuso de autoridade em 1797. Foi degradado em 1813 por seu temperamento irascível e duro.

67. *Corresp.*, XII, nº 10.350, p. 458, ao príncipe Eugène, Saint-Cloud, 11 de junho de 1806.

68. AN, 390 AP 25, ms do ano de 1821 (9 de março), p. 21 (Bertrand, *Cahiers*, III, p. 94).

69. [Roederer], *Autour de Bonaparte*, pp. 133-134.

70. Laurent Gouvion Saint-Cyr, *Mémoires pour servir à l'histoire militaire sous le Directoire, le Consulat et l'Empire*, 4 vol., Paris, Anselin, 1831, III, pp. 48-49.

71. *Corresp.*, XXV, nº 20.090, p. 363, a Bertrand, Liegnitz, 6 de junho de 1813.

72. Barthélemy-Louis-Joseph Schérer comandou em 1795 o exército dos Pireneus Orientais, depois o da Itália, à frente do qual Bonaparte o sucedeu. Ministro da Guerra de 1797 a 1799, comandou novamente na Itália em 1799, sendo no entanto derrotado.

73. "Précis des événements militaires arrivés pendant les six premiers mois de 1799", *Corresp.*, XXX, p. 266. Trata-se naturalmente do príncipe Eugênio de Saboia, e não de Eugênio de Beauharnais.

74. "Campagnes d'Italie (1796-1797)", *Corresp.*, XXIX, p. 187.

75. O barão Jean-Pierre Beaulieu de Marconnay comandava as tropas austríacas no início da primeira campanha da Itália e foi derrotado em Lodi.

76. *Corresp.*, I, nº 366, p. 251, ao cidadão Carnot, Piacenza, 20 floreal ano IV-9 de maio de 1796.

77. AN, 314 AP 30, ms 35 (Gourgaud, *Journal*, II, p. 51).

78. Montholon, *Récits de la captivité*, II, p. 361.

79. Alexandre Souvorov destacou-se inicialmente contra os turcos, adquirindo excelente reputação. Comandou o exército coligado que invadiu a Itália em 1799 e obteve várias vitórias, entre elas a de Novi (15 de agosto de 1799). Depois da derrota de uma parte de suas forças em Zurique, teve de bater em retirada em más condições e morreu pouco depois.

80. "Précis des événements militaires arrivés pendant les six premiers mois de 1799", *Corresp.*, XXX, p. 269.

81. Montholon, *Récits de la captivité*, II, p. 106.

NAPOLEÃO BONAPARTE

82. Jean Rapp, general de cavalaria, ajudante de campo de Napoleão. Comandou a carga de cavalaria da Guarda em Austerlitz contra seu adversário russo e levou o príncipe Repnin prisioneiro até Napoleão, com as bandeiras conquistadas. A cena foi imortalizada pelo pintor Gérard.

83. AN, 314 AP 30, ms 39 (Gourgaud, *Journal*, II, p. 60).

84. AN, 390 AP 25, ms de junho de 1817 (15 de junho), p. 7 (Bertrand, *Cahiers*, I, p. 234).

85. O general Jean-Louis Reynier comandava o 2º corpo do exército de Nápoles.

86. *Corresp.*, XII, nº 10.325, p. 440, ao rei de Nápoles, Saint-Cloud, 6 de junho de 1806.

87. Don Joachim, general espanhol de origem irlandesa, na capitulação de Valência, a 9 de janeiro de 1812.

88. Alexandre I, czar da Rússia. A frase que se segue faz alusão aos encontros de Tilsit em 1807.

89. AN, 390 AP 25, ms de janeiro a setembro de 1819, pp. 52-53 (Bertrand, *Cahiers*, II, p. 227-228).

90. Maurice de Saxe, *Mes Rêveries...*, apresentação de Jean-Pierre Bois, Paris, CFHM-ISC-Économica, 2002 (1ª ed. 1756), p. 159.

91. Alexandre, o Grande, rei da Macedônia.

92. *Mémoires*, Gourgaud, II, pp. 189-192.

93. Os generais François Haxo e Joseph Rogniat comandavam respectivamente a guarda imperial e a do Grande Exército em 1813. Pierre Fontaine foi o grande arquiteto do Primeiro Império. Entre outras obras, deu forma definitiva às Tulherias e construiu o Arco do Carrossel.

94. A pedido de Napoleão, que queria um manual de fortificação para a Escola de Artilharia e Engenharia de Metz, Lazare Carnot publicara em 1810 um tratado, *De la défense des places fortes*. O trabalho não foi bem recebido, e o imperador não autorizou sua distribuição (Lazare Carnot, *Révolution et mathématique*, introdução de Jean-Paul Charnay, 2 vol., Paris, L'Herne, 1984 e 1985, I, pp. 132-133).

95. Oficial de artilharia, Louis Évain fez o essencial de sua carreira nos gabinetes do Ministério da Guerra.

96. AN, 314 AP 30, ms 17 (Gourgaud, *Journal*, I, pp. 212-214).

**4. Do perigo na guerra**

1. Em branco no texto.

2. AN, 390 AP 25, ms de janeiro a abril de 1821 (20 de fevereiro), p. 9 (Bertrand, *Cahiers*, III, pp. 66-67).

# NOTAS

3. *Mémoires*, Montholon, V, p. 106.

4. AN, 390 AP 25, ms do ano de 1818 (outubro), p. 62 (Bertrand, *Cahiers*, II, p. 177).

5. *Corresp.*, XI, n° 9738, p. 573, ao príncipe Joseph, Paris, 2 de fevereiro de 1806.

6. [Louis Marchand], *Mémoires de Marchand, premier valet de chambre et exécuteur testamentaire de l'Empereur*, ed. por J. Bourguignon e H. Lachouque, 2 vol., Paris, Plon, 1952-1955, I, pp. 97-98. Nova edição em um volume, Paris, Tallandier, 2003.

7. *Mémoires*, Gourgaud, II, pp. 188-189.

8. Jean Tulard e Louis Garros, *Itinéraire de Napoléon au jour le jour 1769-1821*, Paris, Tallandier, 1992, pp. 52-53.

9. *Ibid.*, p. 314.

10. *Ibid.*, p. 319.

11. Henry Houssaye, *1814*, Paris, Perrin, 1888; Étrépilly, Presses du Village e Christian de Bartillat, 1986, pp. 308-309.

12. Louis Chardigny, *L'Homme Napoléon*, Paris, Perrin, 1987, p. 183 (nova edição, 2010).

13. Ele o havia sido anteriormente, em particular na batalha de Abukir, no Egito.

14. AN, 390 AP 25, ms de janeiro a setembro de 1819, p. 108 (Bertrand, *Cahiers*, II, pp. 340-341).

15. AN, 390 AP 25, ms de julho de 1817 (5 de julho), p. 4 (Bertrand, *Cahiers*, I, p. 243).

16. David Chandler, "Napoleon and Death", *Napoleonic Scholarship: The Journal of the International Napoleonic Society*, vol. I, n° 1, abril de 1997, http://www.napoleon-series.org/ins/scholarship97/c-death.html (consultado a 22 de outubro de 2008).

17. *Corresp.*, XIV, n° 11.800, p. 297, nota, Eylau, 12 de fevereiro de 1807.

18. *Ibid.*, XIV, n° 11.813, p. 304, à Imperatriz, Eylau, 14 de fevereiro de 1807.

19. Clément-Wenceslas-Lothaire de Metternich, *Mémoires, documents et écrits divers laissés par le prince de Metternich, Chancelier de Cour et d'État*, publicados por seu filho Richard de Metternich, classificados e coligidos por M. A. de Klinkowstrœm, 8 vol., Paris, Plon, 1880-1884, I, pp. 151-152.

20. AN, 314 AP 30, ms 35 (Gourgaud, *Journal*, II, p. 37).

21. O rei Carlos XII da Suécia foi um dos chefes guerreiros mais reputados do início do século XVIII. Derrotou os russos de Pedro, o Grande, em Narva (1700), mas cometeu a imprudência de invadir a Rússia e foi derrotado em Poltava (1709). Seria morto no cerco a Fredrikshald a 11 de dezembro de 1718.

NAPOLEÃO BONAPARTE

22. AN, 390 AP 25, ms de setembro de 1817 (17 de setembro), p. 7 (Bertrand, *Cahiers*, I, p. 273).

23. *Corresp.*, II, n° 1.198, p. 120, ao general Clarke, Verona, 29 brumário ano V-19 de novembro de 1796.

24. *Corresp.*, IV, n° 30.46, pp. 361-362, a Mme Brueys (esposa do almirante, morto em Abukir), Cairo, 2 frutidor ano VI-19 de agosto de 1798.

## 5. Do esforço físico na guerra

1. *Corresp.*, III, n° 2.272, p. 357, ao ministro das Relações Exteriores, Passariano, 10 vendemiário ano VI-1° de outubro de 1797.

2. *Ibid.*, XIV, n° 11.806, p. 300, a Lannes, Eylau, 12 de fevereiro de 1807.

3. Com esta batalha, vencida a 21 de junho de 1813, o duque de Wellington derrubou definitivamente Joseph Bonaparte do trono da Espanha.

4. De 17 a 23 de abril de 1809, Napoleão recuperou uma situação comprometedora na Baviera, obrigando o arquiduque Carlos da Áustria a recuar. Suas hábeis manobras culminaram na vitória de Eckmühl, mas o exército austríaco conseguiu escapar, e seriam ainda necessárias as duras batalhas de Essling e Wagram para impor a paz.

5. AN, 314 AP 30, ms 39 (Gourgaud, *Journal*, II, 157).

6. [Caulaincourt, Armand-Louis-Augustin de], *Mémoires du général de Caulaincourt, duc de Vicence, grand écuyer de l'Empereur*, introdução e notas de Jean Hanoteau, 3 vol., Paris, Plon, 1933, II, p. 315.

7. *Corresp.*, VI, n° 4.449, p. 38, aos soldados franceses, Paris, 4 nivoso ano VIII-25 de dezembro de 1799.

8. Las Cases, *Mémorial*, t. 10, pp. 21-22 (ed. Dunan, I, p. 681).

9. Clausewitz, *De la guerre*, I, 5, p. 105.

10. Mathieu-Louis Molé, conselheiro de Estado, diretor-geral de Pontes e Estradas, ministro da Justiça em 1813.

11. [Mathieu Molé e] marquês de Noailles, *Le Comte Molé (1781-1855). Sa vie, ses mémoires*, 6 vol., Paris, Champion, 1922-1930, I, pp. 131-132.

12. O texto editado diz "cinquenta", mas deve ser um erro de impressão, decorrendo de uma confusão entre 30 e 50 na leitura do manuscrito.

13. "Dix-huit notes sur l'ouvrage intitulé *Considérations sur l'art de la guerre*", *Corresp.*, XXXI, p. 304.

14. *Corresp.*, V, n° 3.424, p. 33, a Berthier (para incluir na ordem do exército), Cairo, 14 vendemiário ano VII-5 de outubro de 1798.

15. *Ibid.*, VIII, n° 6.400, p. 79, a Murat, comandante em chefe das tropas francesas na Itália, Saint-Cloud, 6 brumário ano XI-28 de outubro de 1802.

# NOTAS

16. *Ibid.*, XI, n° 9.105, p. 110, decisão, campo de Boulogne, 4 frutidor ano XIII-22 de agosto de 1805.

17. *Ibid.*, XIII, n° 10709, pp. 117-118, ao príncipe Eugène, Saint-Cloud, 30 de agosto de 1806.

18. *Ibid.*, XIV, n° 11.412, p. 47, a Clarke, Posen, 8 de dezembro de 1806.

19. *Ibid.*, XVIII, n° 14.748, p. 246, ao príncipe Camille Borghèse, governador-geral dos departamentos além-Alpes, Paris, 27 de janeiro de 1809.

20. André Corvisier, *La Guerre. Essais historiques*, Paris, PUF, 1995, pp. 167-169. A relação só seria invertida com a guerra de 1870 no caso da Alemanha e a de 1914 no da França.

21. *Corresp.*, IX, n° 7.139, p. 7, a Davout, comandando o campo de Bruges, Paris, 5 vendemiário ano XII-28 de setembro de 1803.

22. *Ibid.*, XXII, n° 18.041, p. 411, a Davout, comandando o exército da Alemanha em Hamburgo, Saint-Cloud, 16 de agosto de 1811.

23. *Ibid.*, XXIII, n° 18.723, p. 431, ao general Clarke, Dresden, 26 de maio de 1812.

## 6. A informação na guerra

1. Gérald Arboit, *Napoléon et le renseignement*, Paris, Centre français de recherche sur le renseignement, Note historique n° 27, agosto de 2009 (www.cf2r.org).

2. *Corresp.*, XIII, n° 10.672, p. 87, a Joseph, rei de Nápoles, Rambouillet, 20 de agosto de 1806.

3. *Guerre d'Espagne. Extrait des souvenirs inédits du général Jomini (1808-1814)*, publicado por Ferdinand Lecomte, Paris, L. Baudouin, 1892, p. 83.

4. O arquiduque Carlos era o comandante em chefe das forças austríacas na última fase da primeira campanha da Itália, em 1797. Napoleão voltou a se defrontar com ele em 1809, de Abensberg a Wagram.

5. De muito difícil decifração neste ponto, o manuscrito provavelmente se refere ao general de engenharia Simon Bernard, ajudante de campo do imperador, presente em Ligny a 16 de junho de 1815.

6. AN, 390 AP 25, ms de janeiro a abril de 1821, p. 1 (Bertrand, *Cahiers*, III, pp. 29-30).

7. *Corresp.*, XVII, n° 14.347, a Joseph Napoleão, rei da Espanha, Kaiserslautern, 24 de setembro de 1808.

8. O conde Dagobert Sigismond von Wurmser sucedeu a Beaulieu à frente das forças austríacas da Itália. Foi derrotado em Castiglione e Bassano, recuando afinal para Mântua, onde capitulou.

## NAPOLEÃO BONAPARTE

9. *Corresp.*, II, n° 1.632, p. 418, ao Diretório Executivo, Goritz, 5 germinal ano V-25 de março de 1797.

10. Bonaparte e Josefina se haviam reencontrado a 25 de julho de 1796 e tinham ido para Bréscia. A 28 de julho, deixam Bréscia às 22 horas em direção a Castelnuovo. A 29, estão cedo pela manhã em Peschiera (Tulard e Garros, *Itinéraire de Napoléon*, pp. 83-84). Essas operações levariam às batalhas de Lonato e Castiglione.

11. Paul Guillaume, general de brigada, comandante em Peschiera. Ele foi barrado pelos austríacos a 30 de julho de 1796 e liberado por Masséna a 6 de agosto.

12. Coronel e ajudante de campo do czar, o príncipe Czernitchev (ou Tchernitchev) foi enviado a Paris para o casamento de Napoleão e Maria Luísa em 1810. Também tinha uma missão de espionagem. Conseguiu apoderar-se de um relatório sobre a situação das forças francesas e enviou relatórios regulares, graças às suas relações com um funcionário do Ministério da Guerra, cuja identidade só tardiamente seria descoberta pela polícia (Thierry Lentz, *L'Effondrement du système napoléonien 1810-1814*, Paris, Fayard, 2004, pp. 231, 245-247).

13. AN, 390 AP 25, ms do ano de 1818 (outubro), pp. 63-64 (Bertrand, *Cahiers*, II, pp. 178-179).

14. *Corresp.*, IV, n° 2.540, p. 81, ao vice-almirante Brueys, Paris, 3 floreal ano VI-22 de abril de 1798.

15. *Ibid.*, X, n° 8.787, p. 444, ao vice-almirante Decrès, Milão, 5 prairial ano XIII-25 de maio de 1805.

16. *Ibid.*, XXIII, n° 18.503, p. 230, a Marmont, através de Berthier, Paris, 18 de fevereiro de 1.812.

17. *Ibid.*, XVII, n° 14.276, pp. 470-471, observações sobre os confrontos na Espanha, Saint-Cloud, 27 de agosto de 1808.

18. *Ibid.*, XVII, n°14283, p. 479, notas sobre os confrontos da Espanha, Saint--Cloud, 30 de agosto de 1808.

19. *Ibid.*, XIX, n° 15.388, p. 141, a Eugène, Schönbrunn, 20 de junho de 1809, 10 horas.

20. José Fernández Vega, "War as 'Art': Aesthetics and Politics in Clausewitz's Social Thinking", em Strachan e Herberg-Rothe (dir.), *Clausewitz in the Twenty-First Century*, p. 130.

21. *Corresp.*, V, n° 3.605, p. 128, a Berthier, Cairo, 21 brumário ano VII-11 de novembro de 1798.

22. *Ibid.*, XXIII, n° 18.727, p. 436, a Jérôme Napoleão, Dresden, 26 de maio de 1812.

NOTAS

## 7. A fricção na guerra

1. *Ibid.*, III, n° 2.292, p. 370, a Talleyrand, ministro das Relações Exteriores, Passariano, 16 vendemiário ano VI-7 de outubro de 1797.
2. *Ibid.*, XVII, n° 14.283, pp. 447-448, nota sobre os confrontos da Espanha, Saint-Cloud, 30 de agosto de 1808.
3. *Ibid.*, XXI, n° 17.389, p. 420, a Decrès, ministro da Marinha, Paris, 26 de fevereiro de 1811.
4. *Mémoires*, Montholon, V, p. 21.
5. Alan D. Beyerchen, "Clausewitz: non-linéarité et imprévisibilité de la guerre", *Théorie, littérature, enseignement*, 12, 1994, pp. 165-198 (http://www.clausewitz.com/readings/Beyerchen/BeyerchenFR.htm, consultado a 19 de outubro de 2009, pp. 8-10; tradução de "Clausewitz, Nonlinearity and the Unpredictability of War", em *International Security*, 17-3, inverno de 1992-1993, pp. 59-90).
6. *Corresp.*, IX, n° 8.018, p. 524, ao vice-almirante Decrès, castelo de Haia, 25 frutidor ano XII-12 de setembro de 1804.
7. *Ibid.*, X, n° 8.897, p. 529, ao vice-almirante Decrès, Verona, 27 prairial ano XIII-16 de junho de 1805.
8. *Ibid.*, XVI, n° 13.652, p. 418, ao grão-duque de Berg, Paris, 14 de março de 1808.
9. *Ibid.*, XII, n° 9.997, p. 204, ao príncipe Joseph, Paris, 20 de março de 1806.
10. "Quatre notes sur l'ouvrage intitulé *Mémoires pour servir à l'histoire de la révolution de Saint-Domingue*", *Corresp.*, XXX, p. 536.
11. *Corresp.*, XXVI, n° 20.612, p. 229, ao marechal Macdonald, Dresden, 22 de setembro de 1813, 10 horas da manhã.
12. Thierry Widemann, *L'Antiquité dans la guerre au siècle des Lumières. Représentation de la guerre et référence antique dans la France du XVIIIe siècle*, tese de doutorado em história sob a orientação de François Hartog, Paris, École des hautes études en sciences sociales, 2009, pp. 251-252.
13. Beyerchen, "Clausewitz..." (http://www.clausewitz.com/readings/Beyerchen/BeyerchenFR.htm, consultado a 19 de outubro de 2009, p. 8).
14. Jacques de Lauriston servira na artilharia, nos estados-maiores e na diplomacia antes de comandar um corpo de exército em 1813. Brilhante oficial de cavalaria, Jean-Toussaint Arrighi de Casanova era primo por aliança de Napoleão. Comandava o 3° corpo de cavalaria e também era governador de Leipzig em outubro de 1813.
15. *Corresp.*, XVII, n° 14.328, p. 515, notas para Joseph Napoleão, rei da Espanha, Saint-Cloud, 15 de setembro de 1808.

NAPOLEÃO BONAPARTE

16. *Corresp.*, XXV, n° 19.776, p. 133, a Lauriston, comandante do 5° corpo do Grande Exército em Kœnigsborn, Paris, 27 de março de 1813.

17. *Corresp.*, XXVI, n° 20676, pp. 278-279, a Berthier, Dresden, 2 de outubro de 1813.

18. Clausewitz, *De la guerre*, I, 6, p. 107.

19. AN, 390 AP 25, ms de janeiro a setembro de 1819, p. 127 (Bertrand, *Cahiers*, II, p. 322).

20. Las Cases, *Mémorial*, t. 18, p. 124 (ed. Dunan, II, p. 578).

21. *Corresp.*, III, n° 2.259, p. 342, a Talleyrand, Passariano, 5 vendemiário ano VI-26 de setembro de 1797.

22. [Rémusat], *Mémoires*, I, p. 270.

23. Beyerchen, "Clausewitz..." (http://www.clausewitz.com/readings/Beyerchen/BeyerchenFR.htm, consultado a 19 de outubro de 2009, p. 7).

24. Guitton, *op. cit.*, p. 90.

25. *Mémoires*, Montholon, V, pp. 116-117.

26. Las Cases, *Mémorial*, t. 5, p. 4 (ed. Dunan, I, p. 367).

27. *Corresp.*, XIX, n° 15.322, p. 89, a Jérôme, rei da Vestfália, comandando o 10° corpo do exército da Alemanha, Schönbrunn, 9 de junho de 1809.

28. *Ibid.*, XVIII, n° 15.144, pp. 524-525, a Eugène Napoleão, Burghausen, 30 de abril de 1.809.

29. *Ibid.*, II, n° 1.582, p. 388, ao general Joubert, Sacile, 25 ventoso ano V-15 de março de 1.797.

30. *Ibid.*, XIX, n° 15.381, pp. 136-137, a Marmont, no comando do exército da Dalmácia, Schönbrunn, 19 de junho de 1809, meio-dia.

31. O general Louis Baraguey d'Hilliers está servindo ao exército da Catalunha desde 22 de agosto de 1810.

32. *Corresp.*, XXI, n° 16.965, pp. 157-158, a Clarke, Fontainebleau, 29 de setembro de 1810.

33. *Ibid.*, XXIII, n° 18.784, p. 484, a Berthier, príncipe de Neuchâtel e Wagram, Danzig, 11 de junho de 1812.

34. *Ibid.*, XXIV, n° 18.936, p. 40, príncipe de Neuchâtel ao duque de Tarento, Vilna, 9 de julho de 1812.

## Conclusão do livro I

1. Os trabalhos escritos por Clausewitz sobre essas campanhas têm traduções francesas do início do século XIX, depois reeditadas: *Notes sur la Prusse dans sa grande catastrophe 1806*, trad. A. Niessel, Paris, Champ Libre-Ivrea, 1976; *La Campagne de 1812 en Russie*, [tradução M. Begouën], prefácio

NOTAS

de G. Chaliand, Bruxelas, Complexe, 1987; *La Campagne de 1813 jusqu'à l'armistice*, tradução de Chazelles *et al.*, Paris, ISC, 2002; *Campagne de 1815 en France*, tradução de Niessel, Paris, Champ Libre-Ivrea, 1973.
2. Riley, *Napoleon as a General*, pp. 4-5 e 15-17.
3. Clausewitz, *De la guerre*, I, 6, p. 107.
4. *Ibid.*, I, 8, p. 112.

## LIVRO II — A TEORIA DA GUERRA

### 1. Divisão da arte da guerra

1. O matemático Louis de Lagrange se destacara em particular na presidência da comissão que estabeleceu o sistema de pesos e medidas em 1790.
2. AN, 314 AP 30, ms 39 (Gourgaud, *Journal*, II, pp. 77-78).
3. Clausewitz, *De la guerre*, II, 1, p. 118.
4. Paret, *The Cognitive Challenge of War*, p. 114.
5. Hervé Coutau-Bégarie, *Traité de stratégie*, 5ª ed., Paris, ISC-Économica, 2006, p. 106.
6. "Dix-huit notes sur l'ouvrage intitulé *Considérations sur l'art de la guerre*", *Corresp.*, XXXI, pp. 321-322.
7. *Ibid.*, XXXI, p. 410.
8. Wallace P. Franz, "Grand Tactics", *Military Review*, 61, 1981-12, pp. 32-39; Claus Telp, *The Evolution of Operational Art, 1740-1813. From Frederick the Great to Napoleon*, Londres, Frank Cass, 2005, pp. 3-4, 96-97.
9. "Dix-huit notes sur l'ouvrage intitulé *Considérations sur l'art de la guerre*", *Corresp.*, XXXI, p. 380.
10. "Notes sur le *Précis des événements militaires ou Essais historiques sur les campagnes de 1799 à 1814*", *Corresp.*, XXX, p. 496.
11. *Ibid.*, p. 500.
12. Batalha do Moscova ou de Borodino, 7 de setembro de 1812.
13. Napoleão tem em mente o general Rogniat, criticando seu trabalho.
14. "Dix-huit notes sur l'ouvrage intitulé *Considérations sur l'art de la guerre*", *Corresp.*, XXXI, pp. 337-338.
15. *Mémoires*, Montholon, I, p. 296.
16. *Ibid.*, II, pp. 201-203.
17. Clausewitz, *De la guerre*, I, 3, p. 101. Outra alusão em II, 2, p. 141: "Apesar de toda a riqueza de seus ensinamentos, a vida certamente nunca mais voltará a produzir um Newton ou um Euler, mas saberá muito bem dar origem aos cálculos superiores de um Condé ou de um Frederico, o Grande." Clausewitz

retoma o trecho a propósito da dificuldade de estabelecer o objetivo de guerra (VIII, 3, p. 679): "Neste sentido, Bonaparte estava absolutamente certo ao dizer que seria um problema de álgebra ante o qual um Newton ficaria perplexo."

18. Ami-Jacques Rapin, *Jomini et la stratégie. Une approche historique de l'œuvre*, Lausanne, Payot, 2002, p. 27.

19. [Caulaincourt], *Mémoires*, II, p. 66.

20. Carlos da Áustria, *Principes de la stratégie, développés par la relation de la campagne de 1796 en Allemagne*, tradução do alemão e anotado pelo general Jomini e J.-B.-F. Koch, 3 vol., Paris, Magimel, Anselin et Pochard, 1818.

21. Alusão a Jomini, que ficou impressionado com o relato de Leuthen sobre a tática e o de Castiglione sobre a estratégia (Jean-Jacques Langendorf, *Faire la guerre: Antoine-Henri Jomini*, 2 vol., Genebra, Georg, 2001 e 2004, II, pp. 202-203).

22. AN, 390 AP 25, ms do ano de 1818 (dezembro), pp. 85-86 (Bertrand, *Cahiers*, II, pp. 212-213).

23. Clausewitz, *De la guerre*, II, 1, p. 118.

24. *Ibid.*, III, 1, p. 181.

25. Coutau-Bégarie, *Traité de stratégie*, p. 59. Paul-Gédéon Joly de Maizeroy serviu nas guerras de Sucessão da Áustria e dos Sete Anos. Autor de várias obras, introduziu o substantivo "estratégico", e depois "estratégia", situando-a entre a política e a grande tática. Heinrich Dietrich von Bülow pertencia a uma ilustre família de Brandemburgo. Cultivado mas excêntrico, teve uma vida movimentada. Seu *Esprit du système de guerre moderne* (1801) teve grande repercussão.

26. AN, 390 AP 25, ms de janeiro a setembro de 1819 (20 de outubro de), p. 136 (Bertrand, *Cahiers*, II, p. 405).

## 2. Sobre a teoria da guerra

1. *Mémoires*, Montholon, II, pp. 51-52.

2. Spenser Wilkinson, *The Rise of General Bonaparte*, Oxford, Clarendon Press, 1930, p. 144.

3. [Lloyd, Henry], *Mémoires militaires et politiques du général Lloyd. Servant d'introduction à l'Histoire de la guerre en Allemagne en 1756, entre le roi de Prusse et l'Impératrice Reine avec ses alliés*, tradução do inglês, Paris, Magimel, ano IX-1801, p. 6; reedição do texto original inglês em *War, Society and Enlightenment: The Works of General Lloyd*, ed. por Patrick J. Speelman, Boston-Leyde, Brill, 2005, p. 14.

## NOTAS

4. Engenheiro militar, Pierre de Bourcet participou das guerras de Sucessão da Áustria e dos Sete Anos. Escreveu em 1775 *Principes de la guerre de montagnes*, publicado um século depois (Paris, Imprimerie nationale, 1888). Originário de Hanôver, Gerhard von Scharnhorst foi o grande reformador do exército prussiano depois da derrota de Iena (1806). Foi também o pai espiritual de Clausewitz (Azar Gat, *The Origins of Military Thought. From the Enlightenment to Clausewitz*, Oxford, Clarendon Press, 1989, p. 165).

5. C. von Clausewitz, "Considérations sur l'art" (por volta de 1820-1825), em *id.*, *De la Révolution à la Restauration. Écrits et lettres*, ed. por M.-L. Steinhauser, Paris, Gallimard, 1976, p. 131.

6. "Dix-huit notes sur l'ouvrage intitulé *Considérations sur l'art de la guerre*", *Corresp.*, XXXI, p. 365

7. W. Duggan, *Coup d'œil*, p. 4.

8. *Corresp.*, XV, nº 12.416, pp. 108 e 110, observações sobre um projeto de criação de uma escola especial de literatura e história no Collège de France, Finkenstein, 19 de abril de 1807.

9. Gat, *The Origins of Military Thought*, p. 166.

10. [Roederer], *Autour de Bonaparte*, p. 6.

11. *Corresp.*, XV, nº 12.465, p. 145, ao príncipe Jérôme, Finkenstein, 24 de abril de 1807.

12. Jean Colin, *L'Éducation militaire de Napoléon*, Paris, Chapelot, 1900; Teissèdre, 2001, pp. 118-126, 137. Antoine du Pas, marquês de Feuquière, foi general de exército sob Luís XIV e transformou suas *Mémoires* (1736) num verdadeiro tratado sobre a arte da guerra, escorando-se numa história crítica das guerras recentes. O cavaleiro Jean du Teil publicou en 1778 *De l'usage de l'artillerie nouvelle dans la guerre de campagne.*

13. Para uma apresentação sumária desses autores e seus escritos, remetemos a nosso trabalho *L'Art de la guerre de Machiavel à Clausewitz*, Namur, Presses universitaires de Namur, 1999.

14. Englund, *Napoléon*, p. 186.

15. Nicolau Maquiavel, *L'Art de la guerre*, tradução, apresentação e notas de Jean-Yves Boriaud, Paris, Perrin, 2011.

16. Bertrand, *Cahiers*, I, p. 158.

17. Jean Chagniot, *Le Chevalier de Folard. La stratégie de l'incertitude*, Paris-Mônaco, Éditions du Rocher, 1997.

18. AN, 390 AP 25, ms de janeiro de 1817 (12 de janeiro), p. 8 (Bertrand, *Cahiers*, I, p. 181).

19. Daniel Reichel, *Davout et l'art de la guerre. Recherches sur la formation, l'action pendant la Révolution et les commandements du maréchal Davout,*

duc d'Auerstaedt, prince d'Eckmühl (1770-1823), prefácio de André Corvisier, Neuchâtel-Paris, Delachaux et Niestlé, 1975, pp. 243-252.

20. Antommarchi, *Derniers momens de Napoléon*, I, p. 115.

21. *Ibid.*, II, p. 30.

22. M. de Saxe, *Mes Rêveries...*, apresentação J.-P. Bois, Paris, CFHM-ISC-Économica, 2002.

23. AN, 390 AP 25, ms de janeiro de 1817 (12 de janeiro), p. 8 (Bertrand, *Cahiers*, I, p. 181).

24. *Corresp.*, XXIII, nº 18.418, pp. 159-160, ao marechal Berthier, Paris, 6 de janeiro de 1812.

25. AN, 314 AP 30, ms 40 (Gourgaud, *Journal*, II, p. 267).

26. AN, 314 AP 30, ms 40 (*ibid.*, II, pp. 268-269).

27. Sobre a origem e o conjunto dos escritos militares de Frederico II, consultar Christopher Duffy, *Frederick the Great. A Military Life*, Londres-Nova York, Routledge, 1985, pp. 76-80 e 403 (índice).

28. Jeroom Vercruysse, *Bibliographie descriptive des écrits du prince de Ligne*, Paris, Honoré Champion, 2008, p. 69.

29. Exemplar encadernado no nome do general, pertencente a um colecionador particular, visto na exposição dedicada ao general na prefeitura de Binche (Bélgica), a 3 de novembro de 2000. Veterano da Itália e do Egito, André--Joseph Boussart comandava uma brigada de dragões em 1805. Serviu na Espanha de 1808 a 1813.

30. Colin, *L'Éducation militaire*, p. 123.

31. Ele o menciona num manuscrito de fevereiro de 1789 (Napoléon Ier, *Manuscrits inédits, 1786-1791*, publicados com base nos originais autógrafos por Frédéric Masson e Guido Biagi, Paris, P. Ollendorff, 1907, p. 265).

32. Matti Lauerma, *Jacques-Antoine-Hippolyte de Guibert (1743-1790)*, Helsianqui, Suomalainen Tiedeakatemia, 1989, p. 269.

33. Sabe-se que havia na biblioteca de Santa Helena as obras completas de Guibert, entre as quais, naturalmente, o *Essai général de tactique: Œuvres militaires de Guibert*, publicadas por sua viúva, com base nos manuscritos e nas correções do autor, 5 vol., Paris, Magimel, ano XII-1803 (Healey, "La bibliothèque...", nº 73-74, 1959-1960, p. 174).

34. AN, 314 AP 30, ms 40 (Gourgaud, *Journal*, II, p. 286).

35. AN, 390 AP 25, ms do ano de 1818, p. 49 (Bertrand, *Cahiers*, II, p. 152).

36. Jacques-Antoine-Hippolyte de Guibert, *Stratégiques*, introdução de Jean-Paul Charnay, Paris, L'Herne, 1977, p. 27; *Écrits militaires 1772-1790*, prefácio e notas do general Ménard, Copernic, 1977, p. 7; *Essai général de tactique 1772*, apresentação de Jean-Pierre Bois, Économica, 2004, p. XXXIV.

## NOTAS

37. *Œuvres militaires de Guibert...*, I, pp. VII-VIII.

38. Colin, *L'Éducation militaire*, p. 123; Lauerma, *Jacques-Antoine-Hippolyte de Guibert*, p. 272; Guglielmo Ferrero, *Bonaparte en Italie (1796-1797)*, tradução do italiano, Paris, Éditions de Fallois, 1994 (1ª ed. 1936), p. 83.

39. Jean Tulard, *Jean-François Fayard et Alfred Fierro, Histoire et dictionnaire de la Révolution française 1789-1799*, Paris, Robert Laffont, 1987, p. 561.

40. Irmão do duque de Bassano, esclarece Fleuriot de Langle.

41. Guibert participou em 1787 de um Conselho de Administração do Departamento da Guerra.

42. Alusão ao regulamento de 22 de maio, conhecido pelo nome de édito de Ségur, determinando que todos os candidatos a suboficial de infantaria, cavalaria e dos dragões comprovassem quatro graus de nobreza. O Conselho de que Guibert participou tornou mais rigorosos os dispositivos desse édito em 1788. (Jean Chagniot, "Les rapports entre l'armée et la société à la fin de l'Ancien Régime", em André Corvisier [dir.], *Histoire militaire de la France*, 4 vol., Paris, PUF, 1992-1994, II, pp. 118-119).

43. Esta ordem de ataque em que as forças são concentradas numa ala, recusando a outra, para castigar com uma marcha oblíqua uma ala do exército adversário, de fato foi praticada por Epaminondas nas batalhas de Leuctras e Mantineia (371 e 362 a.C.). Ver Thierry Widemann, "Référence antique et 'raison stratégique' au XVIIIᵉ siècle", Bruno Colson e Hervé Coutau-Bégarie (dir.), *Pensée stratégique et humanisme. De la tactique des Anciens à l'éthique de la stratégie*, Paris, FUNDP-ISC-Économica, 2000, pp. 147-156.

44. AN, 390 AP 25, ms do ano de 1818 (novembro), pp. 75-76 (Bertrand, *Cahiers*, II, pp. 195-198).

45. Na batalha de Kolin, na Boêmia, a 8 de junho de 1757, Frederico lançou seu exército ao ataque obrigando-o a empreender uma marcha de flanco diante dos olhos dos austríacos de Daun, que ocupavam uma excelente posição defensiva. Todos os assaltos prussianos fracassaram.

46. Bertrand, *Cahiers*, II, p. 446.

47. Telp, *The Evolution of Operational Art*, p. 33.

48. Henry Lloyd, *Histoire des guerres d'Allemagne*, Paris, ISC-FRS-Économica, 2001 (1ª ed. 1784); Patrick J. Speelman, *Henry Lloyd and the Military Enlightenment of Eighteenth-Century Europe*, Westport, Conn., Greenwood Press, 2002.

49. Dois combates da campanha da França. Em Nangis ou Mormant, a 17 de fevereiro de 1814, a cavalaria francesa contornou as duas alas da posição ocupada pelos russos. Em Champaubert, uma semana antes, os couraceiros

NAPOLEÃO BONAPARTE

franceses tinham forçado a infantaria russa a recuar até a lagoa, investindo contra suas formações e obrigando-as a bater em retirada.

50. AN, 390 AP 25, ms de abril de 1817 (13 de abril), p. 8 (Bertrand, *Cahiers*, I, pp. 216-217).

51. Gourgaud, *Journal*, II, p. 70.

52. Adam Heinrich Dietrich von Bülow, *Histoire des campagnes de Hohenlinden et de Marengo* [tradução do alemão por C. L. Sevelinges], contendo as anotações que Napoleão fez sobre esse trabalho em 1819, em Santa Helena, material organizado e publicado por Brevet Major Emmett, Londres, Whittaker, Treacher & Arnot, 1831, 2ª folha de rosto.

53. *Corresp.*, XXVI, nº 20.382, p. 62, ao príncipe Cambacérès, Bautzen, 16 de agosto de 1813.

54. Alusão à vitória de Napoleão sobre os aliados a 26 e 27 de agosto de 1813.

55. AN, 390 AP 25, ms de janeiro a setembro de 1819, p. 59 (Bertrand, *Cahiers*, II, pp. 240-241).

56. Trata-se da primeira obra pela qual Jomini ficou conhecido e que teve muitas edições: *Traité de grande tactique* (3 vol., 1805-1806), transformado posteriormente em *Traité des grandes opérations militaires* (5 vol., 1807-1809; 3ª ed., 8 vol., 1811-1816), tendo como continuação a *Relation critique des campagnes des Français contre les Coalisés depuis 1792* (1806), transformada posteriormente em *Histoire critique et militaire des campagnes de la Révolution* (2 vol., 1817) etc. Ver Langendorf, *Faire la guerre: Antoine-Henri Jomini*, II, pp. 435-436, e Rapin, *Jomini et la stratégie*, pp. 303-304.

57. AN, 314 AP 30, ms 50 (Gourgaud, *Journal*, II, p. 347).

58. AN, 390 AP 25, ms do ano de 1818 (outubro), p. 62 (Bertrand, *Cahiers*, II, p. 175).

59. AN, 314 AP 30, ms 39 (Gourgaud, *Journal*, II, p. 104).

60. AN, 390 AP 25, ms do ano de 1818 (outubro), p. 58 (Bertrand, *Cahiers*, II, p. 168).

61. Ao mesmo tempo que continuava como ajudante de campo titular de Ney, Jomini fora destacado no estado-maior do imperador durante a campanha contra a Prússia (*Corresp. gén.*, VI, nº 13.007, p. 879, ao marechal Berthier, Saint-Cloud, 20 de setembro de 1806).

62. AN, 390 AP 25, ms do ano de 1818 (outubro), p. 62 (Bertrand, *Cahiers*, II, p. 176).

63. AN, 390 AP 25, ms do ano de 1818 (dezembro), p. 84 (*ibid.*, II, pp. 209-210).

64. *Ibid.*, II, p. 362.

65. AN, 390 AP 25, ms do ano de 1818 (dezembro), p. 87 (*ibid.*, II, p. 214).

## NOTAS

66. *Ibid.*, II, p. 288.

67. *Ibid.*, III, p. 169.

68. Bruno Colson, *Le Général Rogniat, ingénieur et critique de Napoléon*, Paris, ISC-Économica, 2006.

69. "Dix-huit notes sur l'ouvrage intitulé *Considérations sur l'art de la guerre*", *Corresp.*, XXXI, p. 302.

70. Alusão, ao que tudo indica, ao "Essai sur la fortification de campagne", *Corresp.*, XXXII, pp. 462-484.

71. Rogniat não estava presente em Austerlitz e não é certo que tenha assistido à batalha de Iena.

72. Como muitos oficiais de engenharia, Rogniat nunca chefiara um corpo, fosse uma companhia ou um batalhão. Os regimentos de engenharia somente um seriam criados em 1814, por Rogniat.

73. AN, 390 AP 25, ms do ano de 1818 (dezembro), pp. 80-82 (Bertrand, *Cahiers*, II, pp. 203-205).

74. Jean-Baptiste-Antoine-Marcellin de Marbot, *Remarques critiques sur l'ouvrage de M. le Lieutenant Général Rogniat, intitulé:* Considérations sur l'art de la guerre, Paris, Anselin et Pochard, setembro de 1820.

75. As "Dix-huit notes sur l'ouvrage intitulé *Considérations sur l'art de la guerre*", refutação de Rogniat, seriam publicadas em 1823, nas *Mémoires*.

76. AN, 390 AP 25, ms de janeiro a abril de 1821 (15 de março), p. 23 (Bertrand, *Cahiers*, III, pp. 99-100).

77. *Corresp.*, V, n° 4.300, pp. 528-529, ao general Marmont, El-Rahmân-yeh, 3 termidor ano VII-21 de julho de 1799.

78. AN, 314 AP 30, ms 28 (Gourgaud, *Journal*, I, pp. 192-193). A obra do coronel Simon-François Gay de Vernon, *Traité élémentaire d'art militaire et de fortification à l'usage des élèves de l'École polytechnique et des élèves des écoles militaires*, 2 vol. e um atlas, Paris, Allais, ano XIII-1805, é atestada na biblioteca de Longwood (Healey, "La bibliothèque...", n° 73-74, 1959-1960, p. 174).

79. AN, 390 AP 25, ms de janeiro a abril de 1821 (19 de abril), p. 33 (Bertrand, *Cahiers*, III, p. 130).

80. AN, 390 AP 25, ms de janeiro de 1817 (12 de janeiro), p. 8 (Bertrand, *Cahiers*, I, p. 181).

## 3. Arte da guerra ou ciência da guerra

1. *Corresp.*, XXVI, n° 20.678, p. 281, ao marechal Macdonald, Dresden, 2 de outubro de 1813.

NAPOLEÃO BONAPARTE

2. AN, 390 AP 25, ms do ano de 1818, p. 54 (Bertrand, *Cahiers*, II, pp. 159-160).
3. AN, 390 AP 25, ms de novembro de 1816 (13 de novembro), pp. 4-5 (Bertrand, *Cahiers*, I, p. 146).
4. *Corresp.*, X, n° 8.716, p. 399, ao vice-almirante Decrès, Milão, 21 floreal ano XIII-11 de maio de 1805.
5. *Corresp.*, II, n° 1976, p. 163, nota dando sequência à resposta a M. Dunan, presumivelmente de Mombello, 13 messidor ano V-1° de julho de 1797. Esta nota provém das *Mémoires* de Bourrienne, que não merecem confiança.
6. *Corresp.*, XXIII, n° 18.503, p. 228, por Berthier para Marmont, comandando o exército de Portugal, Paris, 18 de fevereiro de 1812.
7. AN, 314 AP 30, ms 40 (Gourgaud, *Journal*, II, p. 324).
8. No comando de três corpos de exército e de um corpo de cavalaria, Ney devia marchar sobre Berlim e receber reforços de outras unidades pessoalmente conduzidas por Napoleão. Mas este teve de rechaçar duas ofensivas imprevistas de Blücher e Schwarzenberg. Sem notícias, Ney cedeu à sua impetuosidade e foi derrotado pelos prussianos de Bülow e Tauentzien a 6 de setembro de 1813.
9. Gouvion Saint-Cyr, *Mémoires*, IV, pp. 149-150.
10. AN, 390 AP 25, ms do ano de 1818, p. 42 (Bertrand, *Cahiers*, II, p. 139).

## 4. Metodismo

1. "Campagnes d'Égypte et de Syrie", *Corresp.*, XXX, p. 171.
2. Las Cases, *Mémorial*, t. 18, pp. 117-118 (ed. Dunan, II, pp. 576-577).
3. Feuquière e Villars já foram mencionados. O marechal Jean-Baptiste de Maillebois combatera os austríacos na Alemanha, os austro-sardos na Provença e na Lombardia durante a Guerra de Sucessão da Áustria. Seus bons conselhos não foram realmente seguidos por seus aliados espanhóis, e ele habilmente comandou a evacuação da Itália pelas tropas francesas em 1746. O marechal Nicolas de Catinat foi um dos melhores generais de Luís XIV, vitorioso em Staffarde (1690) e em Marsaille (1693). O duque Henri de Rohan fora um dos líderes do partido protestante. Inspirando-se no exemplo de César, tinha escrito *Le Parfait Capitaine* (1636), obra que teve várias edições e traduções.
4. Arthur de Ganniers, "Napoléon chef d'armée. Sa formation intellectuelle, son apogée, son déclin", *Revue des questions historiques*, 73, 1903, pp. 518-521.
5. "Dix-huit notes sur l'ouvrage intitulé *Considérations sur l'art de la guerre*", *Corresp.*, XXXI, pp. 353-354.

# NOTAS

6. *Corresp.*, X, n° 8.209, p. 69, ao general Lauriston, Paris, 21 frimário ano XIII-12 de dezembro de 1804.

7. *Mémoires*, Montholon, V, p. 20 (em itálico no texto).

8. *Ibid.*, IV, pp. 350-351 (em itálico no texto) e 354.

9. AN, 390 AP 25, ms de janeiro a setembro de 1819, p. 107 (Bertrand, *Cahiers*, II, pp. 339-340).

10. Variante do fim desta frase em *Mémoires*, Montholon, II, p. 193: "e com um objetivo; ela deve ser feita de forças proporcionais aos obstáculos previstos."

11. Pierre le Grand, em Poltava, a 28 de junho de 1709. Antes de invadir a Rússia, Napoleão perguntara a seu bibliotecário o que havia em francês "de mais detalhado sobre a campanha de Carlos XII na Polônia e na Rússia" (*Corresp.*, XXIII, n° 18.348, p. 93, a M. Barbier, Paris, 19 de dezembro de 1811).

12. Alusão à batalha de Ancara (20 de julho de 1402), na qual Tamerlão e seus mongóis derrotaram o sultão Bayezid I, ou Bajazet, e seus otomanos.

13. "Dix-huit notes sur l'ouvrage intitulé *Considérations sur l'art de la guerre*", *Corresp.*, XXXI, p. 418.

14. *Corresp.*, XX, n° 16.372, p. 284, ao marechal Berthier, Compiègne, 9 de abril de 1810.

15. *Ibid.*, XII, n° 10.325, p. 442, ao rei de Nápoles, Saint-Cloud, 6 de junho de 1806.

16. AN, 314 AP 30, ms 39 (Gourgaud, *Journal*, II, pp. 72-73).

17. *Mémoires*, Gourgaud, II, pp. 192-193.

18. Antulio J. Echevarria II, *Clausewitz and Contemporary War*, Oxford, Oxford University Press, 2007, pp. 154-156.

19. Hew Strachan, *Carl von Clausewitz's On War: A Biography*, Londres, Atlantic Books, 2007, p. 96.

20. Félix Lemoine, "En relisant Clausewitz", *Revue militaire française*, dezembro de 1929, p. 266, citado por Benoît Durieux, *Clausewitz en France. Deux siècles de réflexion sur la guerre 1807-2007*, Paris, ISC-CID-Fondation Saint-Cyr-Économica, 2008, p. 459.

21. AN, 314 AP 30, ms 40 (Gourgaud, *Journal*, II, p. 269).

22. "Dix-huit notes sur l'ouvrage intitulé *Considérations sur l'art de la guerre*", *Corresp.*, XXXI, p. 412.

23. AN, 390 AP 25, ms do ano de 1818 (dezembro), p. 86 (Bertrand, *Cahiers*, II, p. 214).

24. Derrotado em Castiglione, ao sul do lago de Garda, a 5 de agosto de 1796, Wurmser sobe o curso do Ádige, entregando Verona aos franceses. Bonaparte o persegue na direção de Trento e do Tirol, na expectativa de

NAPOLEÃO BONAPARTE

que Wurmser volte a investir contra Bassano pelo vale do Brenta, seguindo para Verona e Mântua. Wurmser efetua esse movimento, julgando que Bonaparte continuaria na direção do Tirol. A 8 de setembro, Wurmser é alcançado em Bassano. Uma parte de seu exército foge para o Friule. Ele mesmo iria recolher-se a Verona com o resto.

25. *Ibid.*, II, pp. 368-369. Em itálico no texto.
26. AN, 314 AP 30, ms 40 (Gourgaud, *Journal*, II, pp. 324-325).
27. Clausewitz, *De la guerre*, II, 2, p. 135.

## 5. A crítica

1. Tomiche, *Napoléon écrivain*, p. 15.
2. *Corresp. gén.*, I, nº 207, ao capitão Andréossy, Nice, 17 messidor ano II-5 de julho de 1794.
3. Provavelmente a *Histoire du prince François Eugène de Savoie par Mauvillon* (Amsterdã, 1740) e a *Histoire militaire du prince Eugène de Savoye* de Dumont e Rousset de Missy (Haia, 1729).
4. *Corresp. gén.*, I, p. 1.322, carta sem texto (perdido) ao general Calon, diretor do Armazém da Guerra, 7 de março de 1796. Spenser Wilkinson encontrou num livreiro de Viena um exemplar do livro de Pezay esquecido por Bonaparte em Verona no fim de 1796 (Wilkinson, *The Rise of General Bonaparte*, pp. 156-157). Louis-Joseph de Vendôme, duque de Penthièvre, combatera e derrotara o príncipe Eugênio de Saboia no Piemonte em 1705, em Luzzara e em Cassano. Maillebois foi mencionado anteriormente.
5. *Corresp. gén.*, V, nº 10.657, p. 618, ao marechal Berthier, Pont-de-Briques, 7 frutidor ano XIII-25 de agosto de 1805.
6. Antoine Casanova, *Napoléon et la pensée de son temps: une histoire intellectuelle singulière*, Paris, La Boutique de l'Histoire, 2000, pp. 86-87; [Agathon-Jean-François Fain], *Mémoires du baron Fain, premier secrétaire du cabinet de l'Empereur*, introdução e notas de P. Fain, Paris, Plon, 1908, pp. 70-71.
7. AN, 390 AP 25, ms de 1819, p. 160 (Bertrand, *Cahiers*, II, p. 445, onde o texto é datado de 1820).
8. Colin, *L'Éducation militaire*, pp. 151-152.
9. AN, 314 AP 30, ms 39 (Gourgaud, *Journal*, II, p. 72).
10. AN, 314 AP 30, ms 40 (Gourgaud, *Journal*, II, p. 268). Ver a nota 45 do capítulo 2 deste livro. Com toda a evidência, Napoleão não tinha conhecimento da narrativa do príncipe de Ligne, disponível mas pouco difundida na França (*Mélanges militaires, littéraires et sentimentaires*, t. XIV, XV e

## NOTAS

XVI, Dresden, Walther, 1796; ver nossa reedição crítica: Charles-Joseph de Ligne, *Mon journal de la guerre de Sept Ans*, textos inéditos, com introdução, fixação e notas de Jeroom Vercruysse e Bruno Colson, Paris, Honoré Champion, 2008).

11. AN, 314 AP 30, ms 50 (Gourgaud, *Journal*, II, p. 347).

12. *Corresp. gén.*, V, n° 11.097, p. 848, ao marechal Berthier, Schönbrunn, 24 brumário ano XIV-15 de novembro de 1805.

13. Clausewitz, *De la guerre*, II, 5, pp. 154 et 157.

14. Os anglo-saxões falam de "alternate history": Jonathan North (dir.), *The Napoleon Options. Alternate Decisions of the Napoleonic Wars*, Londres, Greenhill Books, 2000.

15. AN, 314 AP 30, ms 40 (Gourgaud, *Journal*, II, p. 275). Maurice-Étienne Gérard e Nicolas-Joseph Maison eram dois dos generais em que Napoleão depositava maiores esperanças em suas últimas campanhas. Ambos se destacaram na Rússia em 1812 e na Alemanha em 1813 e seriam feitos marechais da França depois do Império: Maison em 1829, Gérard em 1830.

16. AN, 390 AP 25, ms de 1819, p. 151 (Bertrand, *Cahiers*, II, p. 433, onde o texto é datado de 1820).

### 6. A propósito dos exemplos

1. Colin, *L'Éducation militaire*, pp. 146-147.

2. Wilkinson, *The Rise of General* Bonaparte, p. 149.

3. Las Cases, *Mémorial*, t. 18, pp. 221-225 (ed. Dunan, II, pp. 614- 615). Em itálico no texto.

4. Montholon, *Récits de la captivité*, II, p. 528.

5. [Rémusat], *Mémoires*, I, p. 268. 4.

6. Annie Jourdan dedica um capítulo a "Napoleão e a história" (*Napoléon. Héros*, pp. 19-56).

7. [Caulaincourt], *Mémoires*, II, p. 302.

8. "Dix-huit notes sur l'ouvrage intitulé *Considérations sur l'art de la* guerre", *Corresp.*, XXXI, pp. 347, 414 e 418.

9. Gat, *The Origins of Military Thought*, p. 160.

10. Pierre Bergé e associados, *Manuscrits, autographes et très beaux livres anciens et modernes*, Drouot, 7 de dezembro de 2004 (catálogo de venda contendo no n° 22 *Les Mémoires*, manuscrito ditado por Napoleão aos generais Bertrand, Gourgaud e Montholon, in-fólio de 84 pp., das quais cerca de 40 manuscritas por Napoleão com tinta ou lápis), p. 30.

11. "Notes sur l'introduction à l'*Histoire de la guerre en Allemagne em 1756, entre le roi de Prusse et l'impératrice reine et ses alliés, etc.*, par le general Lloyd", *Corresp.*, XXXI, p. 422.

12. [Feuquière], *Mémoires de M. le marquis de Feuquière... contenans ses maximes sur la guerre, et l'application des exemples aux maximes*, nova edição, 4 tomos em 2 vol., Amsterdã, L. Honoré et fils, 1731; Clausewitz, *De la guerre*, II, 6, p. 174.

13. Johann Marchese di Provera e Friedrich, príncipe de Hohenzollern-Hechingen, generais austríacos.

14. Linha de defesa na retaguarda dos campos do exército sitiante, para protegê-la de ataques de um exército de reforço.

15. Arras foi sitiada em 1654 pelos espanhóis. A 24 de agosto, Turenne e um exército de reforço puseram os espanhóis em debandada. Em maio de 1706, um exército francês comandado pelo duque de la Feuillade montou cerco diante de Turim. Em setembro, o príncipe Eugênio de Saboia chegou com um exército de reforço, forçou o levantamento do cerco e expulsou os franceses da Itália.

16. *Mémoires*, Montholon, V, pp. 91-93 (em itálico no texto).

17. Segundo filho do rei Jorge III da Inglaterra, o duque Frederico de York comandava tropas anglo-hanoverianas desembarcadas nos Países Baixos austríacos reconquistados em 1793. Montou cerco diante de Dunquerque. O general francês Houchard marchou em socorro da praça e enfrentou York em Hondschoote de 6 a 8 de setembro. A batalha foi muito confusa, mas o duque de York decidiu finalmente levantar o cerco e se retirar.

18. AN, 314 AP 30, ms 40 (Gourgaud, *Journal*, II, pp. 320-321).

19. AN, 314 AP 30, ms 40 (*ibid.*, II, p. 283).

20. Trata-se provavelmente de Charles-Jean-Dominique de Lacretelle (1766-1855), autor de uma *Histoire de France pendant le XVIIIe siècle*, Paris, Treuttel et Wurtz, 1808-1826.

21. AN, 390 AP 25, ms do ano de 1818, p. 16 (Bertrand, *Cahiers*, II, p. 30).

22. Escola de Aplicação de Artilharia e Engenharia.

23. João II, o Bom, em Poitiers em 1356 e Francisco I em Pávia em 1525.

24. Ou Dürrenstein, seis quilômetros a sudoeste de Krems. A 11 de novembro de 1805, atacados pela frente e pela retaguarda pelos russos num espaço estrito à margem esquerda do Danúbio, Mortier e a divisão Gazan forçaram caminho passando entre adversários, para ir ao encontro das forças francesas.

25. *Corresp.*, XIX, nº 15.889, pp. 540-543, a Clarke, Schönbrunn, 1º de outubro de 1809. Itálico no texto.

# NOTAS

26. AN, 390 AP 25, ms de janeiro a abril de 1821, p. 2 (Bertrand, *Cahiers*, III, p. 30).

## Conclusão do livro II

1. Bernard Druène, "Der Feldherr Napoleon – Theorie und Praxis seiner Kriegskunst" e R. Van Roosbroeck, "Der Einfluss Napoleons...", von Groote e Müller (dir.), *Napoleon I.*, pp. 49 e 200.
2. Echevarria II, *Clausewitz and Contemporary War*, p. 17.
3. Andreas Herberg-Rothe, *Clausewitz's Puzzle: The Political Theory of War*, tradução do alemão, Oxford, Oxford University Press, 2007, p. 67.
4. "Les principes essentiels de la conduite de la guerre, en complément de mon enseignement auprès de Son Altesse Royale, le prince héritier de Prusse", C. von Clausewitz, *De la Révolution à la Restauration*, pp. 85-141.
5. Colin, *L'Éducation militaire*, pp. 376-378.
6. Rudolf von Caemmerer, *L'Évolution de la stratégie au XIXe siècle*, tradução do alemão, Paris, Fischbacher, 1907, p. 301.
7. Echevarria II, *Clausewitz and Contemporary War*, pp. 168, 191-192.

## LIVRO III — DA ESTRATÉGIA EM GERAL

### 1. Estratégia

1. AN, 390 AP 25, ms do ano de 1818, p. 23 (Bertrand, *Cahiers*, II, p. 48).
2. "Précis des événements militaires arrivés pendant les six premiers mois de 1799", *Corresp.*, XXX, p. 263.
3. Jules Lewal, *Introduction à la partie positive de la stratégie*, notas de A. Bernède, Paris, CFHM-ISC-Économica, 2002 (1ª ed. 1892), p. 125.
4. "Précis des événements militaires arrivés pendant les six derniers mois de 1799", *Corresp.*, XXX, p. 289.
5. Clausewitz, *De la guerre*, III, 1, p. 182.
6. *Ibid.*, III, 1, p. 182.
7. Alan Beyerchen, "Clausewitz and the Non-Linear Nature of Warfare: Systems of Organized Complexity", em Strachan e Herberg-Rothe (dir.), *Clausewitz in the Twenty-First Century*, p. 56.
8. *Mémoires*, Montholon, II, p. 89. A palavra "estratégia" aparece em francês no texto mais recente de Montholon, *Récits de la captivité*, II, p. 462. Wellington saiu vitorioso em Talavera ante Joseph Bonaparte a 28 de julho

NAPOLEÃO BONAPARTE

de 1809; em Salamanca (ou em Arapiles) ante Marmont a 22 de julho de 1812; e em Vitória frente a Joseph a 21 de junho de 1813.

9. *Mémoires*, Montholon, II, p. 101.
10. Clausewitz, *De la guerre*, III, 1, p. 184.
11. *Corresp.*, XIX, n° 15.454, p. 185, ao general Marmont, Schönbrunn, 28 de junho de 1809, 10 horas.
12. AN, 314 AP 30, ms 50 (Gourgaud, *Journal*, II, pp. 346-347).
13. *Corresp.*, II, n° 14.02, p. 261, ao Diretório Executivo, Verona, 1° pluvioso ano V-20 de janeiro de 1797.

## 2. Grandeza moral

1. *Ibid.*, XVII, n° 14276, p. 472, observações sobre os combates na Espanha, Saint-Cloud, 27 de agosto de 1808.
2. Chaptal, *Mes souvenirs*, pp. 301-302.
3. Lacuna no original; a minuta contém o que está entre colchetes.
4. *Corresp.*, XVII, n° 14.343, p. 526, nota para o rei da Espanha, Châlonssur--Marne, 22 de setembro de 1808.
5. *Ibid.*, XVIII, n° 15.144, p. 525, a Eugène, Burghausen, 30 de abril de 1809.
6. *Inédits napoléoniens*, I, n° 1.416, p. 383, ao marechal Davout, Paris, 26 de março de 1815.
7. [Thibaudeau], *Mémoires*, pp. 114-115. Itálico no texto. Os franceses tentaram executar uma manobra complexa de envolvimento, à prussiana, mas foram totalmente surpreendidos em plena execução.
8. *Corresp.*, XIX, n° 15.933, pp. 570-571, a Clarke, Schönbrunn, 10 de outubro de 1809.
9. AN, 314 AP 30, ms 39 (Gourgaud, *Journal*, II, p. 143).
10. Clausewitz, *De la guerre*, I, 1, p. 63.
11. *Corresp.*, V, n° 3.949, pp. 304-305, a Marmont, Cairo, 21 pluvioso ano VII-9 de fevereiro de 1799.
12. *Œuvres de Napoléon Bonaparte*, 5 vol., Paris, Panckoucke, 1821, I, p. 451, ao chefe do estado-maior, Milão, 25 messidor ano V-13 de julho de 1797.
13. *Corresp.*, X, n° 8.628, p. 347, a Decrès, Stupinigi, 4 floreal ano XIII-24 de abril de 1805.
14. *Lettres inédites de Napoléon I*er, Lecestre, I, n° 430, p. 301, ao general Clarke, ministro da Guerra, Paris, 27 de março de 1809.
15. *Dernières lettres inédites de Napoléon I*er, publicadas por Léonce de Brotonne, 2 vol., Paris, Honoré Champion, 1903, I, n° 1.016, p. 468, a Fouché, ministro da Polícia Geral, Paris, 13 de fevereiro de 1810.

## NOTAS

16. *Corresp.*, XXVII, n° 21.316, p. 206, a Savary, ministro da Polícia, castelo de Surville, 19 de fevereiro de 1814.
17. *Ibid.*, XXVII, n° 21.360, p. 239, ao rei Joseph, burgo de Noës, Troyes, 24 de fevereiro de 1814, 7 horas.
18. *Ibid.*, XXIV, n° 19.056, p. 130, ao príncipe de Neuchâtel, Vitebsk, 7 de agosto de 1812.
19. *Ibid.*, XXIV, n° 19.100, p. 158, a Berthier para Oudinot, Smolensk, 19 de agosto de 1812.
20. *Ibid.*, XXV, n° 19.688, pp. 46-47, a Eugène, Trianon, 9 de março de 1813.
21. *Ibid.*, XIII, n° 10.599, p. 38, a Eugène, Saint-Cloud, 5 de agosto de 1806.
22. *Ibid.*, X, n° 8.507, p. 279, ao marechal Moncey, Saint-Cloud, 10 germinal ano XIII-31 de março de 1805.

## 3. As principais forças morais

1. "Dix-huit notes sur l'ouvrage intitulé *Considérations sur l'art de la guerre*", *Corresp.*, XXXI, p. 417.
2. Friedrich-Wilhelm von Seydlitz-Kurzbach foi o melhor general de cavalaria pesada de Frederico II. Contribuiu para suas principais vitórias, especialmente a de Rossbach (1757).
3. AN, 390 AP 25, ms do ano de 1818 (outubro), p. 61 (Bertrand, *Cahiers*, II, p. 173).
4. AN, 390 AP 25, ms de setembro de 1816 (10 de setembro), pp. 4-5 (*ibid.*, I, pp. 120-121).
5. Clausewitz, *De la guerre*, III, 4, p. 192.

## 4. Disposição guerreira do exército

1. *Dernières lettres inédites*, I, n° 711, p. 325, a Clarke, ministro da Guerra, Baiona, 20 de maio de 1808.
2. *Corresp.*, IV, n° 2.710, p. 183, proclamação ao exército de terra, a bordo do *Orient*, 4 messidor ano VI-22 de junho de 1798, pouco antes do desembarque no Egito.
3. *Ibid.*, XV, n° 12.282, pp. 17-18, ao rei de Nápoles (Joseph Bonaparte), Finkenstein, 3 de abril de 1807.
4. *Ibid.*, XVIII, n° 14.552, p. 112, ordem do exército, Chamartin, 12 de dezembro de 1808.
5. Laurence Montroussier, *Éthique et commandement*, Paris, Économica, 2005, p. 182.

NAPOLEÃO BONAPARTE

6. Las Cases, *Mémorial*, t. 11, pp. 137-138 (ed. Dunan, II, pp. 5-6).

7. *Corresp.*, XXI, nº 16.973, p. 162, a Eugène Napoleão, vice-rei da Itália, Fontainebleau, 1º de outubro de 1810.

8. *Ibid.*, XXII, nº 17.672, p. 126, ao ministro da Guerra Clarke, Saint-Cloud, 30 de abril de 1811.

9. AN, 390 AP 25, ms de julho de 1817 (17 de julho), p. 7 (Bertrand, *Cahiers*, I, p. 247).

10. *Corresp.*, XIV, nº 12.212, p. 566, ao general Savary, Osterode, 29 de março de 1807, 5 horas.

11. O'Meara, *Napoléon en exil*, I, 1ª parte, pp. 144-145.

12. Por exemplo, num relatório ao marechal Berthier, o general Suchet escreveu que, na tomada de um forte avançado da praça, os sapadores italianos tinham rivalizado com os franceses em destemor, e que se tinham "equiparado aos antepassados", ou seja, aos romanos (Colson, *Le Général Rogniat*, pp. 272, 278 e 279).

13. *Corresp.*, VI, nº 4.660, p. 178, a Brune, comandante em chefe do exército do Oeste, Paris, 21 ventoso ano VIII-12 de março de 1800.

14. *Ibid.*, XIV, nº 11.906, p. 355, ao marechal Soult, Osterode, 28 de fevereiro de 1807, 18 horas.

15. *Ibid.*, XIV, nº 12.150, p. 516, ao marechal Lefebvre, Osterode, 24 de março de 1807, meio-dia.

16. AN, 314 AP 30, ms 39 (Gourgaud, *Journal*, II, p. 83).

17. [Thibaudeau], *Mémoires*, pp. 83-84. Em itálico no texto.

18. John Lynn, "Toward an Army of Honor: The Moral Evolution of the French Army, 1789-1815", *French Historical Studies*, 16, 1989-1, pp. 152-173; Bertaud, *Quand les enfants parlaient de gloire*, pp. 173-174.

19. Didier Le Gall, *Napoléon et le Mémorial de Sainte-Hélène. Analyse d'un discours*, Paris, Kimé, 2003, pp. 235-236 e 253.

20. *Corresp.*, IX, nº 7.527, p. 239, decisão, Paris, 16 pluvioso ano XII-6 de fevereiro de 1804.

21. *Ibid.*, nº 9.235, p. 220, decisão, Saint-Cloud, 1º dia complementar ano XIII-18 de setembro de 1805.

22. *Ibid.*, XIII, nº 10.817, p. 216, a Berthier, nota sobre a defesa de Inn e a ocupação de Braunau, Saint-Cloud, 19 de setembro de 1806.

23. *Ibid.*, XVI, nº 13.557, p. 326, ao general Menou, governador-geral dos departamentos além-Alpes, Paris, 13 de fevereiro de 1808.

24. *Ibid.*, XI, nº 9.522, p. 434, ordem do dia, Brünn, 3 frimário ano XIV-24 de novembro de 1805.

## NOTAS

25. *Ibid.*, XVII, n° 13.836, p. 81, a Joachim Murat, grão-duque de Berg, general de exército do reino da Espanha, Baiona, 9 de maio de 1808, 17 horas.

26. *Corresp.*, X, n° 8.375, p. 181, nota para o ministro da Polícia, Paris, 10 ventoso ano XIII-1° de março de 1805.

27. "Notes sur l'introduction à l'*Histoire de la guerre en Allemagne en 1756, entre le roi de Prusse et l'impératrice-reine et ses alliés, etc.,* par le général Lloyd", *Corresp.*, XXXI, pp. 424-426.

28. AN, 390 AP 25, ms de outubro de 1817 (24 de outubro), p. 12 (Bertrand, *Cahiers*, I, p. 289).

29. Bertrand, *Cahiers*, II, p. 289.

30. *Corresp.*, XII, n° 10.086, p. 276, ao rei de Nápoles, La Malmaison, 11 de abril de 1806.

31. *Ibid.*, XIII, n° 10.630, p. 65, ao rei de Nápoles, Saint-Cloud, 10 de agosto de 1806.

32. *Ibid.*, XV, n° 12.511, p. 178, ao príncipe Jérôme, Finkenstein, 2 de maio de 1807.

33. *Ibid.*, XIV, n° 12.094, p. 479, ao general Dejean, Osterode, 20 de março de 1807.

34. *Ibid.*, XIV, n° 12.106, pp. 488-489, ao rei de Nápoles, Osterode, 20 de março de 1807.

35. *Ibid.*, XIV, n° 12.107, p. 489, ao rei de Nápoles, Osterode, 20 de março de 1807.

36. *Ibid.*, IX, n° 7.616, p. 287, ao general Marmont, comandando o campo de Utrecht, La Malmaison, 21 ventoso ano XII-12 de março de 1804.

37. *Ibid.*, X, n° 8.446, p. 232, ao marechal Bernadotte, La Malmaison, 26 ventoso ano XIII-17 de março de 1805.

38. *Ibid.*, X, n° 8785, p. 442, a Berthier, Milão, 5 prairial ano XIII-25 de maio de 1805.

39. *Ibid.*, XIII, n° 11.172, p. 477, ao príncipe Eugène, Berlim, 4 de novembro de 1806.

40. *Ibid.*, XIV, n° 12.174, p. 534, a Eugène, Osterode, 25 de março de 1807.

41. *Ibid.*, XII, n° 10.032, p. 244, relato oficial da batalha de Austerlitz, apresentada ao imperador Alexandre pelo general Kutuzov, e observações de um oficial francês, Braunau, 28 de março de 1806.

42. *Ibid.*, IX, n° 8.001, p. 511, a Fouché, Aix-la-Chapelle, 22 frutidor ano XII-9 de setembro de 1804.

43. Nossa retificação para "e" no texto publicado.

44. "Dix-huit notes sur l'ouvrage intitulé *Considérations sur l'art de la guerre*", *Corresp.*, XXXI, pp. 416-417.

## NAPOLEÃO BONAPARTE

45. Nos inúmeros combates que opuseram o exército da Itália às colunas austríacas que desciam pelos dois lados do lago de Garda, no início de agosto 1796, a 32ª meia brigada de batalha, contando 2.626 homens, desempenhou um papel-chave na divisão Masséna, em Lonato.

46. AN, 314 AP 30, ms 39 (Gourgaud, *Journal*, II, p. 127).

47. *Mémoires*, Montholon, X, p. 237.

48. *Corresp.*, XIII, n° 10.709, p. 118, a Eugênio de Beauharnais, Saint-Cloud, 30 de agosto de 1806.

49. *Correspondance inédite de Napoléon I$^{er}$ conservée aux Archives de la Guerre*, publicada por Ernest Picard e Louis Tuetey, 5 vol., Paris, Charles Lavauzelle, 1912-1925, I, n° 247, p. 145, ordem do dia, Schönbrunn, 2 nivoso ano XIV-23 de dezembro de 1805.

50. O'Meara, *Napoléon en exil*, I, 2ª parte, p. 157.

## 5. A intrepidez

1. A 2 de agosto de 47 a.C., Júlio César foi atacado por Fárnaces, rei de Ponto, quando suas legiões construíam seu acampamento. Os romanos rapidamente se formaram em batalha e impuseram total debandada aos adversários. Foi ao anunciar esta vitória em Roma que César pronunciou o famoso *"Veni, vidi, vici"*.

2. "Précis des guerres de Jules César", *Corresp.*, XXXII, p. 69.

3. *Corresp.*, I, n° 537, p. 345, ao Diretório Executivo, Peschiera, 13 prairial ano IV-1° de junho de 1796.

4. *Ibid.*, XI, n° 9.405, p. 343, proclamação, Elchingen, 29 vendemiário ano XIV-21 de outubro de 1805.

5. *Lettres inédites*, I, n° 536, pp. 370-371, ao general de Wrède, comandante em chefe das tropas bávaras, Schönbrunn, 8 de outubro de 1809. Itálico no texto.

6. "Campagne de 1815", *Corresp.*, XXXI, pp. 206-207.

7. *Corresp.*, XIII, n° 11.325, p. 588, ao marechal Mortier, Posen, 29 de novembro de 1806, 22 horas.

8. *Mémoires*, Montholon, V, p. 272.

9. *Corresp.*, X, n° 8.469, p. 257, ao general Lauriston, La Malmaison, 1° germinal ano XIII-22 de março de 1805.

10. *Ibid.*, XI, n° 9.160, p. 161, a Decrès, campo de Boulogne, 11 frutidor ano XIII-29 de agosto de 1805.

# NOTAS

## 6. A perseverança

1. Clausewitz, *De la guerre*, III, 7, p. 201.
2. *Corresp.*, VI, n° 4.450, p. 39, proclamação ao exército da Itália, Paris, 4 nivoso ano VIII-25 de dezembro de 1799.
3. *Ibid.*, VII, n° 5.403, p. 40, proclamação ao exército do Oriente, Paris, 1° ventoso ano IX-20 de fevereiro de 1801.
4. *Ibid.*, X, n° 8.237, pp. 91-92, exposição sobre a situação do Império Francês, Paris, 6 nivoso ano XIII-27 de dezembro de 1804.
5. *Correspondance inédite*, I, p. 112, ordem do dia, Elchingen, 23 vendemiário ano XIV-15 de outubro de 1805.
6. *Corresp.*, XIV, n° 12.100, p. 484, mensagem ao Senado, Osterode, 20 de março de 1807.
7. *Ibid.*, VII, n° 6.080, p. 460, ordem do dia, Saint-Cloud, 22 floreal ano X-12 de maio de 1802.
8. Englund, *Napoléon*, pp. 134 et 136.

## 7. A superioridade numérica

1. Clausewitz, *De la guerre*, III, 8, p. 202.
2. AN, 390 AP 25, ms do ano de 1818 (janeiro), p. 18 (Bertrand, *Cahiers*, II, pp. 34-35).
3. Paddy Griffith, *The Art of War of Revolutionary France 1789-1802*, Londres, Greenhill Books, 1998, p. 200.
4. AN, 390 AP 25, ms do ano de 1818 (janeiro), pp. 27-28 (Bertrand, *Cahiers*, II, p. 40).
5. Jean-Paul Bertaud e Daniel Reichel, *L'Armée et la Guerre*, 3° fascículo do *Atlas de la Révolution française*, Serge Bonin e Claude Langlois (dir.), Paris, École des hautes études en sciences sociales, 1989, p. 53.
6. *Corresp.*, XIII, n° 10.656, p. 77, ao rei de Nápoles, Saint-Cloud, 16 de agosto de 1806.
7. *Ibid.*, XIV, n° 11.579, p. 161, a Eugène, Varsóvia, 7 de janeiro de 1807.
8. *Ibid.*, XV, n° 12.530, p. 189, ao rei de Nápoles, Finkenstein, 4 de maio de 1807.
9. *Ibid.*, XVIII, n° 14.846, p. 308, a Joseph Napoleão, rei da Espanha, Paris, 4 de março de 1809.
10. *Lettres inédites*, I, n° 155, p. 97, ao *landammann* da Suíça, Finkenstein, 18 de maio de 1807.
11. *Corresp.*, XX, n° 16.090, p. 89, a Joachim Napoleão, rei das Duas Sicílias, Paris, 27 de dezembro de 1809.

NAPOLEÃO BONAPARTE

12. *Ibid.*, XXI, n° 16.894, p. 102, a Jérôme Napoleão, rei da Vestfália, Saint-Cloud, 11 de setembro de 1810.

13. AN, 390 AP 25, ms de janeiro a abril de 1821 (21 de abril), p. 34 (Bertrand, *Cahiers*, III, p. 133). A 2 de agosto de 216 a.C., Aníbal, com um exército de 40 a 50 mil homens, venceu 80 mil romanos, matou 45 mil e fez 20 mil prisioneiros (Yann Le Bohec, *Histoire militaire des guerres puniques*, Paris-Mônaco, Éditions du Rocher, 1996, pp. 190-192).

14. "Précis des guerres de Jules César", *Corresp.*, XXXII, p. 70.

15. "Précis des événements militaires arrivés pendant les six derniers mois de 1799", *Corresp.*, XXX, p. 291.

16. Clausewitz, *De la guerre*, III, 8, p. 203.

17. Bertrand, *Cahiers*, II, p. 287.

18. [Gohier], *Mémoires de Louis-Jérôme Gohier, président du Directoire au 18 Brumaire*, 2 vol., Paris, Bossange, 1824, I, p. 204.

19. Clausewitz, *De la guerre*, III, 8, pp. 204-205.

20. É difícil avaliar esses números, na medida em que dependem do momento e do lugar. No total, Bonaparte tinha aproximadamente 40 mil homens e 60 canhões à disposição para suas operações, em face dos cerca de 25 mil sardos de Colli e dos 31 mil austríacos de Beaulieu. Nos primeiros combates em torno de Montenotte, Bonaparte conseguiu com suas manobras alcançar uma superioridade numérica local de mais de 2 contra 1.

21. "Campagnes d'Italie (1796-1797)", *Corresp.*, XXIX, pp. 83-84.

22. Clausewitz, *De la guerre*, III, 8, p. 206.

23. "Campagnes d'Italie (1796-1797)", *Corresp.*, XXIX, p. 131.

24. AN, 390 AP 25, ms de abril de 1817 (26 de abril), p. 12 (Bertrand, *Cahiers*, I, p. 219).

## 8. A surpresa

1. "Campagnes d'Italie (1796-1797)", *Corresp.*, XXIX, p. 102.

2. *Corresp.*, IV, n° 2.724, p. 193, ao general Desaix, Alexandria, 15 messidor ano VI-3 de julho de 1798.

3. AN, 390 AP 25, ms do ano de 1818 (outubro), p. 63 (Bertrand, *Cahiers*, II, pp. 178-179).

4. AN, 390 AP 25, ms do ano de 1818 (janeiro), p. 4 (Bertrand, *Cahiers*, II, pp. 46-47). Alusão ao desembarque no Egito. Bonaparte e seu exército desembarcaram na praia de Marabut, perto de Alexandria, na noite de 1° para 2 de julho de 1798.

5. "Campagnes d'Égypte et de Syrie", *Corresp.*, XXX, pp. 168-169.

# NOTAS

6. *Corresp.*, VI, n° 4.711, p. 216, ao general Masséna, Paris, 19 germinal ano VIII-9 de abril de 1800.

## 9. A astúcia

1. Ganniers, "Napoléon chef d'armée...", p. 532.
2. Clausewitz, *De la guerre*, III, 10, p. 212.
3. *Corresp. gén.*, I, n° 457, p. 321, a Masséna, 15 germinal ano IV-4 de abril de 1796.
4. *Corresp.*, IV, n° 2.632, p. 135, ao general Vaubois, a bordo do *Orient*, 23 prairial ano VI-11 de junho de 1798.
5. *Ibid.*, V, n° 3.972, p. 323, a Reynier, diante de El-Arich, 29 pluvioso ano VII-17 de fevereiro de 1799.
6. "Dix-huit notes sur l'ouvrage intitulé *Considérations sur l'art de la guerre*", *Corresp.*, XXXI, p. 366.
7. *Lettres inédites*, I, n° 537, p. 371, a Clarke, ministro da Guerra, Schönbrunn, 10 de outubro de 1809.
8. "Dix-huit notes sur l'ouvrage intitulé *Considérations sur l'art de la guerre*", *Corresp.*, XXXI, p. 366.
9. O de Blücher, que nesse dia escapou aos ataques de Napoleão.
10. *Corresp.*, XXVI, n° 20.781, p. 343, a Joachim Napoleão em Wachau, Düben, 12 de outubro de 1813, 20 horas.
11. *Ibid.*, XXVII, n° 21.393, p. 259, a Berthier, Troyes, 27 de fevereiro de 1814, 9 horas.
12. "Campagnes d'Italie (1796-1797)", *Corresp.*, XXIX, p. 186.
13. *Corresp.*, XI, n° 9.496, p. 413, 24° boletim do Grande Exército, Schönbrunn, 24 brumário ano XIV-15 de novembro de 1805.

## 10. Reunião das forças no espaço

1. Stéphane Béraud, *La Révolution militaire napoléonienne*, 1. *Les manœuvres*, Paris, Bernard Giovanangeli, 2007, p. 11.
2. Clausewitz, *De la guerre*, III, 11, p. 214.
3. "Dix-huit notes sur l'ouvrage intitulé *Considérations sur l'art de la guerre*", *Corresp.*, XXXI, p. 418.
4. Jean Colin, *Les Transformations de la guerre*, Paris, Flammarion, 1911, p. 208.
5. *Corresp.*, XIII, n° 10.941, p. 310, a Soult, Würzburg, 5 de outubro de 1806, 11 horas.

NAPOLEÃO BONAPARTE

6. Béraud, *La Révolution militaire napoléonienne*, 1, pp. 143-144.

7. *Corresp.*, XXV, nº 19.916, p. 236, a Eugène, Erfurt, 28 de abril de 1813, 3 horas.

8. *Ibid.*, XIX, nº 15.736, pp. 412-413, a Clarke, Schönbrunn, 2 de setembro de 1809.

9. O feld-marechal Curt Christoph von Schwerin tinha frisado os riscos de uma marcha em duas colunas tão distanciadas num terreno difícil. A sorte e a qualidade de seu exército ainda assim deram a vitória aos prussianos diante de Praga a 6 de maio de 1757. Schwerin foi morto durante a batalha, quando conduzia sua infantaria ao ataque, de bandeira em punho (Dennis E. Showalter, *The Wars of Frederick the Great*, Londres-Nova York, Longman, 1996, pp. 149-156).

10. Carlos da Lorena, cunhado da imperatriz Maria Teresa, feld-marechal austríaco.

11. AN, 390 AP 25, ms de abril de 1817 (13 de abril), p. 7 (Bertrand, *Cahiers*, I, p. 216).

12. *Mémoires*, Montholon, IV, pp. 323-324. O segundo parágrafo está em itálico no texto.

13. Mais precisamente Alvinczy von Borberek, Joseph, barão. Com 61 anos, já fora rechaçado por Bonaparte em Arcole em novembro de 1796.

14. Peter Vitius von Quosdanovich, general austríaco de origem croata.

15. *Mémoires*, Montholon, IV, pp. 335-340. Vários trechos em itálico no texto.

16. *Corresp.*, VI, nº 4.642, p. 166, a Masséna, Paris, 14 ventoso ano VIII-5 de março de 1800.

17. Clausewitz, *De la guerre*, III, 11, p. 214.

18. Montholon, *Récits de la captivité*, II, p. 363.

19. Claude-Jacques Lecourbe dirigiu com brilhantismo uma divisão da Helvécia em vários combates em 1799. Amigo de Moreau, foi degradado em 1802, mas apoiou Napoleão nos Cem Dias.

20. AN, 314 AP 30, ms 50 (Gourgaud, *Journal*, II, p. 345).

21. *Corresp.*, III, nº 1.975, p. 160, resposta a M. Dunan, nota ditada em Mombello e supostamente de 13 messidor ano V-1º de julho de 1797.

22. AN, 314 AP 30, ms 40 (Gourgaud, *Journal*, II, p. 320). O exército do arquiduque Jean não chegou ao campo de batalha de Wagram.

23. AN, 390 AP 25, ms de janeiro a abril de 1821 (12 de fevereiro), p. 7 (Bertrand, *Cahiers*, III, p. 62).

24. *Mémoires*, Montholon, V, p. 65. Em itálico no texto.

25. AN, 390 AP 25, ms do ano de 1818, p. 49 (Bertrand, *Cahiers*, II, p. 153). Depois de dispersar suas forças e reunir sua cavalaria perto demais dos

NOTAS

imperiais, Turenne foi surpreendido e derrotado por eles em Marienthal, ou Mergentheim (Suábia), a 5 de maio de 1645 (Jean Bérenger, *Turenne*, Paris, Fayard, 1987, pp. 213-215).

## 11. Reunião das forças no tempo

1. AN, 390 AP 25, ms do ano de 1818 (outubro), p. 62 (Bertrand, *Cahiers*, II, pp. 175-176).
2. *Mémoires*, Montholon, V, pp. 272-273. Itálico no texto depois dos dois pontos.
3. *Corresp.*, XXIII, n° 18.312, p. 59, a Berthier, general de brigada do exército da Espanha, Paris, 6 de dezembro de 1811.
4. *Mémoires*, Montholon, V, p. 311.
5. Clausewitz, *De la guerre*, III, 12, pp. 215-220.
6. Os franceses mantiveram o domínio do campo de batalha, mas, totalmente esgotados, não tiveram condições de perseguir os russos, que bateram em retirada durante a noite. As perdas foram enormes de ambos os lados, sendo difíceis de precisar: entre 1,5 e 3 mil mortos, entre os quais 7 generais, e 4,3 a 7 mil feridos do lado francês; provavelmente 7 mil mortos e 23 mil feridos entre os russos.
7. AN, 390 AP 25, ms do ano de 1818 (janeiro), p. 20 (Bertrand, *Cahiers*, II, pp. 44-45).
8. *Corresp.*, XI, n° 9.275, p. 253, a Berthier, Estrasburgo, 5 vendemiário ano XIV-27 de setembro de 1805.
9. *Ibid.*, XIII, n° 11.251, p. 530, a Davout, Berlim, 13 de novembro de 1806, 16 horas.
10. *Ibid.*, XV, n° 12.465, pp. 144-145, ao príncipe Jérôme, Finkenstein, 24 de abril de 1807.
11. *Ibid.*, XV, n° 12.605, p. 247, ao príncipe Jérôme, Finkenstein, 18 de maio de 1807.
12. *Ibid.*, XI, n° 9.665, p. 535, ao príncipe Joseph, Munique, 12 de janeiro de 1806.
13. *Ibid.*, XI, n° 9.738, p. 573, ao príncipe Joseph, Paris, 2 de fevereiro de 1806.
14. *Ibid.*, XII, n° 9.789, p. 29, ao príncipe Joseph, Paris, 9 de fevereiro de 1806.
15. *Ibid.*, XII, n° 9.808, pp. 41-42, ao príncipe Joseph, Paris, 14 de fevereiro de 1806.
16. *Ibid.*, XIII, n° 10.554, p. 5, ao rei de Nápoles, Saint-Cloud, 26 de julho de 1806.
17. *Ibid.*, XIII, n° 10.573, p. 21, ao rei de Nápoles, Saint-Cloud, 30 de julho de 1806.

## NAPOLEÃO BONAPARTE

18. *Ibid.*, XII, n° 10.368, p. 468, a Eugène, Saint-Cloud, 14 de junho de 1806; XIX, n° 15.305, p. 76, a Eugène, Schönbrunn, 6 de junho de 1809, 9 horas; XXVI, n° 20.516, p. 171, a Macdonald, Dresden, 3 de setembro de 1813.
19. *Ibid.*, XIX, n° 15340, p. 100, a Clarke, Schönbrunn, 12 de junho de 1809.

## 12. A reserva estratégica

1. O conde de Clermont encarnou, juntamente com Soubise, a imperícia do alto-comando francês durante a Guerra dos Sete Anos. Em Crefeld, a 23 de junho de 1758, ele resistiu a abreviar sua refeição para pôr seu exército em condições de rechaçar o ataque do duque Ferdinando de Brunswick. cinquenta mil franceses foram fragorosamente derrotados por 32 mil homens de Hanôver, do Hesse e de Brunswick.
2. "Dix-huit notes sur l'ouvrage intitulé *Considérations sur l'art de la guerre*", *Corresp.*, XXXI, pp. 342 e 345.
3. Clausewitz, *De la guerre*, III, 13, p. 223.
4. O feld-marechal duque Charles de Brunswick comandava o principal exército prussiano, em presença do rei Frederico Guilherme II, na batalha de Auerstaedt, e foi mortalmente ferido. O feld-marechal Wichard von Möllendorff era outro veterano das guerras de Frederico II. Tinha 82 anos em 1806. Ferido e refugiado em Erfurt depois de Iena, não foi capaz, para sua grande vergonha, de impedir a capitulação da praça. O general Ernst von Rüchel levou muito tempo para chegar ao campo de batalha de Iena a 14 de outubro. Gravemente ferido, manteve-se corajosamente em seu posto.
5. "Dix-huit notes sur l'ouvrage intitulé *Considérations sur l'art de la guerre*", *Corresp.*, XXXI, p. 419.

## 13. Economia de forças

1. AN, 390 AP 25, ms de março de 1818, p. 101 (Bertrand, *Cahiers*, II, p. 86).
2. AN, 390 AP 25, ms de janeiro a setembro de 1819 (maio), p. 122 (*ibid.*, II, p. 369).
3. "Campagnes d'Italie (1796¬1797)", *Corresp.*, XXIX, p. 137.
4. *Lettres inédites*, I, n° 513, p. 352, a Fouché, ministro da Polícia Geral, Schönbrunn, 22 de agosto de 1809.
5. O marechal Victor, que comanda o cerco de Cádiz desde 5 de fevereiro de 1810.
6. O general André Perreimond ou Perreymond comanda uma brigada de cavalaria ligeira.

## NOTAS

7. O general Édouard-Jean-Baptiste Milhaud, ex-deputado na Convenção, comanda na época uma divisão de dragões.
8. O general Deo-Gratias-Nicolas Godinot comanda uma brigada de infantaria no exército da Andaluzia.
9. *Corresp.*, XXI, nº 17.531, p. 526, ao príncipe de Neuchâtel e de Wagram, Paris, noite de 29 para 30 de março de 1811.
10. Clausewitz, *De la guerre*, III, 14, p. 224.

### 14. Caráter da guerra moderna

1. Clausewitz, *De la guerre*, III, 17, p. 232.
2. *Corresp.*, III, nº 1.800, p. 47, às guardas nacionais da República Cisalpina, projeto de proclamação supostamente de Milão, 25 floreal ano V-14 de maio de 1797.
3. *Ibid.*, VII, nº 6.068, p. 452, palavras do Primeiro Cônsul ao Conselho de Estado, na sessão do 14 floreal ano X-4 de maio de 1802.
4. *Ibid.*, VII, nº 6.213, mensagem ao Corpo Legislativo da República Italiana, Paris, 9 termidor ano X-28 de julho de 1802.
5. *Ibid.*, VIII, nº 6.483, p. 129, alocução aos cinco deputados da Suíça, Saint--Cloud, 20 frimário ano XI-11 de dezembro de 1802.
6. *Ibid.*, X, nº 8.204, p. 62, atas da recepção aos presidentes dos colégios eleitorais, prefeitos, presidentes dos tribunais de recursos etc., Paris, 15 frimário ano XIII-6 de dezembro de 1804.

### Conclusão do livro III

1  Riley, *Napoleon as a General*, p. 60.

### LIVRO IV — O COMBATE

1. Coutau-Bégarie, *Traité de stratégie*, p. 65, nº 43.
2. Carl von Clausewitz, *Théorie du combat*, tradução do alemão e prefácio de Thomas Lindemann, Paris, ISC-Économica, 1998.

### 1. Caráter da batalha moderna

1. "Dix-huit notes sur l'ouvrage intitulé *Considérations sur l'art de la guerre*", *Corresp.*, XXXI, p. 331.
2. "Précis des guerres de Jules César", *Corresp.*, XXXII, pp. 82-83.
3. Clausewitz, *De la guerre*, IV, 2, pp. 240-241.

## NAPOLEÃO BONAPARTE

4. Robert M. Epstein, *Napoleon's Last Victory and the Emergence of Modern War*, Lawrence, University Press of Kansas, 1994.
5. Clausewitz, *De la guerre*, IV, 2, p. 240.
6. "Dix-huit notes sur l'ouvrage intitulé *Considérations sur l'art de la guerre*", *Corresp.*, XXXI, p. 311.
7. Certamente um erro de grafia em Hohenlinden ou Ettlingen.
8. *Ibid.*, XXXI, pp. 328-329.
9. AN, 314 AP 30, ms 40 (Gourgaud, *Journal*, II, p. 267).
10. "Notes tirées du mémoire de M. le marquis de Vallière inséré dans les *Mémoires de l'Académie*, année 1772" (Napoleão I, *Manuscrits inédits, 1786-1791*, publicados com base nos originais autógrafos por Frédéric Masson e Guido Biagi, Paris, P. Ollendorff, 1907, p. 53). Em Raucoux (Rocourt), perto de Liège, em 1746, a infantaria do marechal de Saxe era antecedida por peças de artilharia e seguida de cavalaria. As aldeias ocupadas pelos aliados austro-holando-britânicos do príncipe Carlos da Lorena foram tomadas depois de submetidas a intenso bombardeio. Três anos antes, os britânicos, pela última vez comandados por seu rei numa batalha, forçaram passagem pelos franceses do duque de Noailles em Dettingen. O canhão permitiu a Jorge II jogar os franceses no Meno. O marechal d'Estrées, em 1757, esmagou em Hastembeck, com 60 mil homens, os 36 mil hanoverianos e britânicos do duque de Cumberland. O efetivo numérico dos franceses foi tão decisivo quanto sua artilharia.
11. *Corresp.*, XXVI, nº 20.929, p. 458, a Eugène, Saint-Cloud, 20 de novembro de 1813.
12. Las Cases, *Mémorial*, t. 18, pp. 125-126 (ed. Dunan, II, p. 579).
13. Clausewitz, *Théorie du combat*, nº 232 e 235, pp. 57 e 58.

## 2. O combate em geral

1. Clausewitz, *De la guerre*, IV, 3, p. 245.
2. *Notes inédites de l'empereur Napoléon Ier sur les Mémoires militaires du général Lloyd*, publicadas por Ariste Ducaunnès-Duval, Bordeaux, Imprimerie G. Gounouilhou, 1901 (extraídas do t. XXXV dos *Archives historiques de la Gironde*), p. 13.
3. Clausewitz, *Théorie du combat*, nº 62 e 66, p. 33.
4. A toesa de Paris equivalia a 1,94 metro.
5. "Essai sur la fortification de campagne", *Corresp.*, XXXI, pp. 464-465.
6. Ver a nota 1 do capítulo 12 do livro III.
7. *Mémoires*, Montholon, V, p. 242 (em itálico no texto).

## NOTAS

8. AN, 390 AP 25, ms de junho de 1817 (2 de junho), p. 4 (Bertrand, *Cahiers*, I, p. 231).

9. Clausewitz, *Théorie du combat*, nº 350 e 356-361, pp. 72-73.

10. *Ibid.*, nº 401-402 e 432, pp. 78 e 82.

11. *Corresp.*, XII, nº 10.032, pp. 231-233, relato oficial da batalha de Austerlitz, apresentado ao imperador Alexandre pelo general Kutuzov, e observações de um oficial francês [Napoleão], Braunau, 28 de março de 1806.

12. Clausewitz, *Théorie du combat*, nº 505, pp. 91-92.

13. "Précis des guerres de Jules César", *Corresp.*, XXXII, p. 83.

14. *Ibid.*, XXXII, pp. 58-59.

15. Antommarchi, *Derniers momens de Napoléon*, I, p. 185.

16. Clausewitz, *De la guerre*, IV, 4, pp. 248-249.

17. *Ibid.*, IV, 4, p. 250.

18. AN, 390 AP 25, ms de 1819, p. 143 (Bertrand, *Cahiers*, II, p. 440, onde o texto é datado de 1820).

19. Clausewitz, *Théorie du combat*, nº 170 e 171, p. 48.

20. Las Cases, *Mémorial*, t. 11, p. 50 (ed. Dunan, I, p. 779).

21. "Dix-huit notes sur l'ouvrage intitulé *Considérations sur l'art de la guerre*", *Corresp.*, XXXI, pp. 330-331.

22. AN, 390 AP 25, ms de 1819, pp. 161-162 (Bertrand, *Cahiers*, II, p. 448, onde o texto é datado de 1820).

23. "Dix-huit notes sur l'ouvrage intitulé *Considérations sur l'art de la guerre*", *Corresp.*, XXXI, p. 413.

24. *Idem.*

25. *Notes inédites de l'empereur Napoléon I^{er} sur les Mémoires militaires du général Lloyd*, p. 14.

26. "Dix-huit notes sur l'ouvrage intitulé *Considérations sur l'art de la guerre*", *Corresp.*, XXXI, p. 414.

27. *Ibid.*, XXXI, p. 415.

28. Gunther E. Rothenberg, *The Art of Warfare in the Age of Napoleon*, Londres, Batsford, 1977, pp. 152-153.

29. Clausewitz, *Théorie du combat*, nº 104 e 105, pp. 39 e 40. Ver também nº 537, p. 95.

30. *Corresp.*, XIII, nº 10.900, p. 277, ao marechal Soult, Mogúncia, 29 de setembro de 1806.

31. *Ibid.*, XXV, nº 19.643, pp. 12-13, ao general Bertrand, Paris, 2 de março de 1813. Outra carta da mesma ordem: *ibid.*, XXV, nº 19.868, p. 201, ao marechal Marmont, Mogúncia, 17 de abril de 1813.

32. "Campagnes d'Égypte et de Syrie", *Corresp.*, XXX, p. 53.
33. "Précis des guerres de Jules César", *Corresp.*, XXXII, p. 69.

## 3. A decisão do combate

1. Clausewitz, *De la guerre*, IV, 7, p. 257.
2. Clausewitz, *Théorie du combat*, nº 156, p. 47.
3. "Précis des guerres de Jules César", *Corresp.*, XXXII, p. 82.
4. Las Cases, *Mémorial*, t. 3, p. 242 (ed. Dunan, II, p. 277). Em itálico no texto.
5. Antommarchi, *Derniers momens de Napoléon*, I, pp. 188-189. Este episódio da batalha de Arcole ocorreu a 17 de novembro de 1796 e de fato contribuiu para a vitória na batalha, com a demonstração de 800 infantes num outro ponto. Clausewitz considera que se deve "antes atribuir a retirada dos austríacos à sua situação geral, e à notícia de que uma coluna chegava de Legnago" (Carl von Clausewitz, *La Campagne de 1796 en Italie*, tradução do alemão, Paris, 1901; Pocket, 1999, p. 190).
6. Antommarchi, *Derniers momens de Napoléon*, I, p. 187. Fim da frase em itálico no texto.
7. *Corresp.*, XXV, nº 19.951, p. 260, boletim do Grande Exército, Lützen, 2 de maio de 1813.
8. Gouvion Saint-Cyr, *Mémoires*, IV, p. 41.
9. Chaptal, *Mes souvenirs*, pp. 294-295.
10. Clausewitz, *Théorie du combat*, nº 127 e 184, pp. 43-44 e 50.
11. "Campagne de 1815", *Corresp.*, XXXI, p. 187.
12. Guitton, *op. cit.*, pp. 89-90.
13. Clausewitz, *Théorie du combat*, nº 115a-117, p. 41.
14. Clausewitz, *De la guerre*, IV, 7, p. 258.
15. "Dix-huit notes sur l'ouvrage intitulé *Considérations sur l'art de la guerre*", *Corresp.*, XXXI, p. 398.

## 4. Consentimento das duas partes para o combate

1. Clausewitz, *De la guerre*, IV, 8, p. 265.
2. *Corresp.*, XV, nº 12.747, p. 329, 78º boletim do Grande Exército, Heilsberg, 12 de junho de 1807.
3. Jourdan decidira passar à ofensiva na Alemanha a 25 de março de 1799 por exortação de Masséna, para liberar o exército da Helvécia comandado por este. Engajou suas divisões numa linha de frente enorme, sem garantir sua

## NOTAS

ligação e enfrentando as forças austríacas do arquiduque Carlos, muito mais numerosas. Este obteve então uma de suas mais belas vitórias.

4. "Précis des événements militaires arrivés pendant les six premiers mois de 1799", *Corresp.*, XXX, p. 263.
5. AN, 314 AP 30, ms 50 (Gourgaud, *Journal*, II, p. 347).
6. *Corresp.*, XI, n° 9.532, p. 440, a Talleyrand, no bivaque duas léguas adiante de Brünn, 9 frimário ano XIV-30 de novembro de 1805, 16 horas.
7. *Ibid.*, XIX, n° 15.694, p. 379, a Clarke, Schönbrunn, 21 de agosto de 1809.

### 5. A batalha principal e sua decisão

1. "Campagnes d'Italie (1796-1797)", *Corresp.*, XXIX, p. 192.
2. "Campagnes d'Égypte et de Syrie", *Corresp.*, XXX, p. 170.
3. *Corresp.*, XIII, n° 11.001, p. 348, a M. de La Marche, s.l.n.d. mas transmitido a 13 de outubro de 1806.
4. *Ibid.*, XVIII, n° 14.445, p. 40, ao marechal Victor, Vitória, 6 de novembro de 1808, meia-noite.
5. *Mémoires*, Montholon, V, pp. 268-272.
6. *Ibid.*, V, pp. 22-23.
7. David Chandler, *The Military Maxims of Napoleon*, tradução do francês por G. C. D'Aguilar, Londres, Greenhill Books, 2002, p. 127.
8. Clausewitz, *Théorie du combat*, n° 604, pp. 103-104.
9. *Corresp.*, XXIII, n° 18.503, p. 231, a Marmont, no comando do exército de Portugal, Paris, 18 de fevereiro de 1812. Itálico no texto.
10. Auguste-Frédéric-Louis Viesse de Marmont, *De l'esprit des institutions militaires*, prefácio de Bruno Colson, Paris, ISC-FRS-Économica, 2001 (1ª ed. 1845), p. 147.
11. Chaptal, *Mes souvenirs*, p. 301.
12. Owen Connelly, *Blundering to Glory. Napoleon's Military Campaigns*, 3ª ed., Lanham, Maryland, Rowman & Littlefield Publishers, 2006, pp. 44-45.
13. AN, 314 AP 30, ms 40 (Gourgaud, *Journal*, II, p. 325).
14. Clausewitz, *De la guerre*, IV, 9, p. 267.

### 6. A batalha principal — O uso da batalha

1. Clausewitz, *De la guerre*, IV, 11, p. 279.
2. *Corresp.*, XI, n° 9.405, pp. 342-343, proclamação, Elchingen, 29 vendemiário ano XIV-21 de outubro de 1805.

3. *Ibid.*, XIII, nº 10.983, p. 337, a Murat, Auma, 12 de outubro de 1806, 4 horas.
4. Clausewitz, *De la guerre*, IV, 11, p. 280.
5. *Ibid.*, p. 282.
6. *Ibid.*
7. *Corresp.*, XIII, nº 10.977, p. 333, a Soult, Ebersdorf, 10 de outubro de 1806, 8 horas.
8. *Ibid.*, XXVI, nº 20.360, p. 35, instruções ao príncipe do Moscova e ao duque de Raguse, Dresden, 12 de agosto de 1813.
9. *Ibid.*, XXVI, nº 20.437, p. 112, a Maret, Löwenberg, 22 de agosto de 1813.
10. Depois de ter corrigido uma situação que ia mal, graças à chegada de Desaix, Napoleão rechaçou os austríacos até o rio Bormida, mas o grosso do exército inimigo continuava intacto. Os austríacos não estavam neutralizados no plano tático, mas em termos de operações sua posição estava comprometida.
11. No complicado confronto que se efetuou no fim de abril de 1809 na Baviera, Napoleão não dispunha de boas tropas em número suficiente para imediatamente entrar numa grande batalha contra o arquiduque Carlos. Seu sistema consistiu então em privar o arquiduque de sua linha de comunicação com Viena, expulsá-lo da Baviera para a Boêmia e investir contra a capital austríaca. Ele queria alcançar um sucesso na campanha antes de obter outro numa grande batalha.
12. O general Levin von Bennigsen era o comandante em chefe do exército russo.
13. Uma carta de Berthier a Bernadotte de fato caiu nas mãos dos cossacos. Ela revelou a Bennigsen a localização dos corpos do Grande Exército e o plano de Napoleão, que queria cortar a linha de retirada dos russos (F. Loraine Petre, *Napoleon's Campaign in Poland 1806-1807*, Londres, Greenhill Books, 2001 (1ª ed. 1901), pp. 147-149).
14. Napoleão queria privar Bennigsen de sua comunicação com o Niemen e a Rússia para empurrá-lo para oeste, na direção da cidade de Elbing, muito próxima do mar Báltico, no golfo de Danzig.
15. AN, 390 AP 25, ms de 1819, p. 161 (Bertrand, *Cahiers*, II, p. 447, onde o texto é datado de 1820).
16. Epstein, *Napoleon's Last Victory*, p. 17.
17. A 28 de novembro de 1805, Napoleão deliberadamente permitiu que sua vanguarda posicionada em Wischau fosse atacada pelos russos de Bagration e a fez recuar para que estes, encorajados, perseguissem o exército francês até o campo de batalha por ele escolhido (Jacques Garnier, *Austerlitz, 2 décembre 1805*, Paris, Fayard, 2005, pp. 191-203).

## NOTAS

18. *Corresp.*, XII, n° 10.032, pp. 230-231 e 233, relato oficial da batalha de Austerlitz, apresentado ao imperador Alexandre pelo general Kutuzov, e observações de um oficial francês, Braunau, 28 de março de 1806.
19. Telp, *The Evolution of Operational Art*, pp. 1-2.

## 7. Meio estratégico de utilizar a vitória

1. *Corresp.*, XVIII, n° 14.460, p. 51, a Joseph, Cubo, 10 de novembro de 1808, 20 horas.
2. *Mémoires*, Montholon, V, p. 197.
3. AN, 390 AP 25, ms de 1819, p. 161 (Bertrand, *Cahiers*, II, p. 446: datado de 1820).
4. *Corresp.*, XI, n° 9.386, p. 329, a Murat, abadia de Elchingen, 25 vendemiário ano XIV-17 de outubro de 1805, 14 horas.
5. Frédéric-Henri Walther comandava a 2ª divisão de dragões na reserva de cavalaria. A 16 de novembro de 1805, participara do duro combate de Hollabrunn (ou Schöngraben) contra a retaguarda russa, comandada por Bagration.
6. *Corresp.*, XI, n° 9.509, p. 425, a Lannes, Znaym, 27 brumário ano XIV-18 de novembro de 1805, 21 horas.
7. Clausewitz, *De la guerre*, IV, 12, p. 286. Em itálico no texto.
8. *Corresp.*, XIII, n° 11.030, p. 372, 12° boletim do Grande Exército, Halle, 19 de outubro de 1806.
9. *Ibid.*, XIII, n° 11.053, p. 385, 14° boletim do Grande Exército, Dessau, 22 de outubro de 1806.
10. AN, 390 AP 25, ms de abril de 1817 (13 de abril), p. 8 (Bertrand, *Cahiers*, I, p. 217).
11. "Diplomatie. — Guerre", *Corresp.*, XXX, p. 442.
12. *Corresp.*, I, n° 1.000, p. 616, ao Diretório Executivo, Due-Castelli, 30 frutidor ano IV-16 de setembro de 1796.
13. Maurice de Saxe, *Mes Rêveries*, apresentação de Jean-Pierre Bois, Paris, CFHM-ISC-Économica, 2002 (1ª ed. 1756), p. 224; Végèce, *De re militari*, III, 21, Paris, Corréard, 1859, p. 151. Este esclarecimento foi feito por Thierry Widemann.
14. "Dix-huit notes sur l'ouvrage intitulé *Considérations sur l'art de la guerre*", *Corresp.*, XXXI, p. 343.
15. Clausewitz, *De la guerre*, IV, 12, p. 285.

NAPOLEÃO BONAPARTE

## 8. Retirada após uma batalha perdida

1. "Précis des événements militaires arrivés pendant les six derniers mois de 1799", *Corresp.*, XXX, p. 302.
2. Clausewitz, *De la guerre*, IV, 13, p. 295.
3. "Précis des guerres du maréchal de Turenne", *Corresp.*, XXXII, p. 117.
4. O'Meara, *Napoléon en exil*, I, 2ª parte, p. 158.
5. "Dix-huit notes sur l'ouvrage intitulé *Considérations sur l'art de la guerre*", *Corresp.*, XXXI, p. 345.
6. Las Cases, *Mémorial*, t. 17, p. 262 (ed. Dunan, II, p. 538).
7. Jean-Baptiste Lemonnier-Delafosse, *Campagnes de 1810 à 1815 ou Souvenirs militaires*, Havre, A. Lemale, 1850, pp. 163-164.
8. "Précis des événements militaires arrivés pendant les six derniers mois de 1799", *Corresp.*, XXX, p. 298.

## Conclusão do livro IV

1. Georges Lefebvre, *Napoléon*, Paris, Félix Alcan, 1935, p. 203.

## LIVRO V — AS FORÇAS MILITARES

## 1. Panorama geral

1. "Dix-huit notes sur l'ouvrage intitulé *Considérations sur l'art de la guerre*", *Corresp.*, XXXI, pp. 303-304.
2. Chaptal, *Mes souvenirs*, p. 299.
3. Bertaud, *Quand les enfants parlaient de gloire*, pp. 127 e 130.
4. Las Cases, *Mémorial*, t. 4, p. 193 (ed. Dunan, I, p. 355).
5. Frederico II.
6. *Lettres inédites*, I, nº 419, pp. 290-91, a Caulaincourt, Paris, 6 de março de 1809.

## 2. A relação entre as armas

1. Clausewitz, *De la guerre*, V, 4, p. 311. A respeito da distinção entre fogo e choque, ver as preciosas brochuras de Daniel Reichel, "Le feu" (I, II e III), *Études et documents*, Berna, Département militaire fédéral, 1982-1, 2 e 1983; "Le choc", *ibid.*, 1984.
2. *Mémoires*, Montholon, V, p. 120.
3. *Ibid.*, I, pp. 277-278.

## NOTAS

4. "Dix-huit notes sur l'ouvrage intitulé *Considérations sur l'art de la guerre*", *Corresp.*, XXXI, p. 323.
5. "Projet d'une nouvelle organisation de l'armée", *Corresp.*, XXXI, p. 453.
6. "Dix-huit notes sur l'ouvrage intitulé *Considérations sur l'art de la guerre*", *Corresp.*, XXXI, pp. 410-411.
7. *Corresp.*, XIX, nº 15.678, p. 361, a Clarke, Schönbrunn, 18 de agosto de 1809.
8. Clausewitz, *De la guerre*, V, 4, pp. 317 (má tradução de Denise Naville) e 319.
9. *Ibid.*, V, 4, p. 313.
10. O caso está um pouco simplificado. Se a infantaria de Wellington não era apoiada pela cavalaria no início do combate, não deixava de contar com cerca de quinze canhões. Quando os couraceiros franceses atacaram, os aliados tinham pouco mais de 2 mil cavaleiros, muito menos numerosos, é verdade, que seus adversários (Alain Arcq, *La Bataille des Quatre-Bras*, 16 de junho de 1815, Annecy-le-Vieux, Historic'one Éditions, 2005, pp. 53-83).
11. "Campagne de 1815", *Corresp.*, XXXI, p. 211.
12. Clausewitz, *De la guerre*, V, 4, pp. 313-316.
13. Colin, *L'Éducation militaire*, pp. 73-74.
14. *Mémoires*, Montholon, I, pp. 271-272.
15. Las Cases, *Mémorial*, t. 11, pp. 48-49 (ed. Dunan, I, p. 779).
16. Bonnal, "La psychologie militaire de Napoléon", p. 422.
17. Comandando com habilidade e energia a artilharia da guarda imperial, Antoine Drouot deu uma contribuição essencial às vitórias de Wagram (6 de julho de 1809) e Hanau (30 de outubro de 1813).
18. Jean-Barthélemy Sorbier de fato estreara como capitão numa companhia de artilharia a cavalo em 1792. Era o comandante em chefe da artilharia do Grande Exército em 1813. Elzéar-Auguste Cousin de Dommartin teve uma carreira mais curta. Morreu de tétano em 1799 no Egito, onde estava no comando em chefe da artilharia do exército do Oriente. Comandara a artilharia ligeira do exército da Itália em 1796 e se destacara em Castiglione e Roveredo.
19. AN, 390 AP 25, ms de janeiro-abril de 1821 (21 de fevereiro), p. 11 (Bertrand, *Cahiers*, III, p. 72).
20. Jean-Jacques-Basilien de Gassendi tivera o tenente Bonaparte sob suas ordens no regimento de La Fère-artilharia em 1785. General de brigada em 1800, reformado em 1803, inspetor-geral da artilharia em 1805, não participou das campanhas do Império. Ficou particularmente conhecido por

ter redigido um *Aide-mémoire à l'usage des officiers d'artillerie*, que nunca teve uso oficial mas alcançou várias edições até a década de 1840. Tratava-se de um autêntico somatório dos conhecimentos militares técnicos da época.

21. AN, 314 AP 30, ms 39 (Gourgaud, *Journal*, II, p. 83).

22. "Campagnes d'Italie (1796-1797)", *Corresp.*, XXIX, p. 191.

23. Paddy Griffith, *The Art of War of Revolutionary France 1789-1802*, Londres, Greenhill Books, 1998, pp. 236-242; John Lynn, *The Bayonets of the Republic. Motivation and Tactics in the Army of Revolutionary France, 1791-94*, 2ª ed., Boulder, Col., Westview Press, 1996, pp. 212-213.

24. *Corresp.*, XIV, nº 11.417, p. 52, ao príncipe Eugène, Posen, 8 de dezembro de 1806.

25. *Ibid.*, XIV, nº 11.896, p. 346, a Bernadotte, Osterode, 27 de fevereiro de 1807, 17h30.

26. *Ibid.*, XXII, nº 17.603, p. 58, a Jérôme Napoleão, Paris, 12 de abril de 1811.

27. *Ibid.*, XXVI, nº 20.929, p. 458, a Eugène Napoleão, Saint-Cloud, 20 de novembro de 1813.

28. *Ibid.*, XIX, nº 15.530, p. 248, a Clarke, Schönbrunn, 15 de julho de 1809.

29. AN, 390 AP 25, ms do ano de 1818 (janeiro), p. 4 (Bertrand, *Cahiers*, II, p. 47).

30. AN, 314 AP 30, ms 50 (Gourgaud, *Journal*, II, p. 347).

31. *Corresp.*, XXII, nº 18.113, p. 463, a Clarke, Compiègne, 4 de setembro de 1811.

32. Clausewitz, *De la guerre*, V, 4, pp. 314-316.

33. "Campagnes d'Italie (1796-1797)", *Corresp.*, XXIX, p. 191. Mesma ideia em Bertrand, *Cahiers*, III, p. 29.

34. Em Vauchamps, a 14 de fevereiro de 1814, a cavalaria francesa, comandada por Grouchy, rompeu vários regimentos prussianos formados em quadrados, acuou outras unidades num bosque, fez inúmeros prisioneiros e pôs as tropas de Blücher em total desordem. Três dias depois, em Nangis, a cavalaria francesa contornou a posição dos russos e rompeu suas fileiras.

35. AN, 314 AP 30, ms 17 (Gourgaud, *Journal*, I, p. 214).

36. "Dix-huit notes sur l'ouvrage intitulé *Considérations sur l'art de la guerre*", *Corresp.*, XXXI, p. 320.

37. "Notes sur l'introduction à l'*Histoire de la guerre en Allemagne en 1756, entre le roi de Prusse et l'impératrice-reine et ses alliés, etc.*, par le général Lloyd", *Corresp.*, XXXI, pp. 426-428.

38. *Ibid.*, XXXI, pp. 428-429.

39. O general Horace Sébastiani comanda então o 2º corpo de cavalaria do Grande Exército, e Latour-Maubourg, o 1º.

# NOTAS

40. *Lettres inédites*, II, nº 967, p. 217, ao príncipe Eugène, Trianon, 15 de março de 1813.

41. *Corresp.* XII, nº 9.966, p. 183, ao príncipe Eugène, Paris, 13 de março de 1806.

42. *Ibid.*, XII, nº 10.104, p. 288, ao príncipe Eugène, Saint-Cloud, 15 de abril de 1806.

43. *Ibid.*, XVII, nº 13.751, p. 14, ao marechal Bessières, Baiona, 16 de abril de 1808.

44. *Ibid.*, XXIII, nº 18.248, p. 4, a Clarke, ministro da Guerra, Saint-Cloud, 12 de novembro de 1811.

45. *Ibid.*, XXIII, nº 18.366, p. 106, a Clarke, Paris, 25 de dezembro de 1811.

46. "Projet d'une nouvelle organisation de l'armée", *Corresp.*, XXXI, p. 456.

47. O'Meara, *Napoléon en exil*, I, 1ª parte, p. 145.

48. Comandando o 2º corpo do exército de Nápoles, incumbido da conquista da Calábria, o general Reynier fora derrotado pelos ingleses no combate de Maida ou Santa Eufêmia, a 4 de julho de 1806.

49. *Corresp.*, XIII, nº 10.629, pp. 63-64, ao rei de Nápoles, Saint-Cloud, 9 de agosto de 1806.

50. *Ibid.*, XIX, nº 15.274, p. 58, ao general Dejean, Ebersdorf, 29 de maio de 1809 e nº 15.530, p. 249, a Clarke, Schönbrunn, 15 de julho de 1809.

51. "Dix-huit notes sur l'ouvrage intitulé *Considérations sur l'art de la guerre*", *Corresp.*, XXXI, p. 309.

52. *Corresp.*, VII, nº 6061, p. 449, a Berthier, ministro da Guerra, Paris, 9 floreal ano X-29 de abril de 1802.

53. *Ibid.*, IV, nº 3220, p. 454, ordem, Cairo, 17 frutidor ano VI-3 de setembro de 1798.

54. "Dix-huit notes sur l'ouvrage intitulé *Considérations sur l'art de la guerre*", *Corresp.*, XXXI, p. 314.

55. *Corresp.*, XXVI, nº 20791, p. 350, ao marechal Marmont, Düben, 13 de outubro de 1813, 10 horas.

56. *Mémoires*, Montholon, V, p. 120.

57. *Corresp.*, II, nº 1.311, p. 195, ordem do exército, Verona, 1º nivoso ano V-21 de dezembro de 1796.

58. *Ibid.*, XI, nº 9.522, p. 435, ordem do dia, Brünn, 3 frimário ano XIV-24 de novembro de 1805.

59. [Marchand], *Mémoires*, I, p. 97.

60. O general Jean-Ambroise Baston, conde de Lariboisière, era comandante em chefe da artilharia do Grande Exército em 1812 e morreu de doença depois da retirada da Rússia.

NAPOLEÃO BONAPARTE

61. Chaptal, *Mes souvenirs*, pp. 296-299.
62. [Barante, Amable-Guillaume-Prosper de], *Souvenirs du baron de Barante de l'Académie française (1782-1866)*, publicadas por Cl. de Barante, 3 vol., Paris, Calmann-Lévy, 1890, I, p. 72.
63. *Corresp.*, V, n° 4.323, p. 542, ao Diretório Executivo, Alexandria, 10 termidor ano VII-28 de julho de 1799.
64. *Ibid.*, XVI, n° 13.166, p. 38, decisão, Rambouillet, 16 de setembro de 1807.
65. AN, 314 AP 30, ms 39 (Gourgaud, *Journal*, II, p. 167).
66. AN, 390 AP 25, ms de janeiro de 1817 (12 de janeiro), p. 8 (Bertrand, *Cahiers*, I, p. 181).
67. *Corresp.*, XII, n° 9.820, p. 50, ao general Dejean, Paris, 15 de fevereiro de 1806.
68. AN, 390 AP 25, ms de abril de 1817 (5 de abril), p. 3 (Bertrand, *Cahiers*, I, p. 210).
69. Jean-François Lemaire, *Les Blessés dans les armées napoléoniennes*, Paris, Lettrage Distribution, 1999, pp. 271-275.
70. AN, 390 AP 25, ms de agosto de 1817 (10 de agosto), p. 3 (Bertrand, *Cahiers*, I, p. 256).

## 3. Ordem de batalha do exército

1. Clausewitz, *De la guerre*, V, 5, p. 321.
2. AN, 314 AP 30, ms 39 (Gourgaud, *Journal*, II, pp. 143-144). Encontramos praticamente o mesmo texto em Montholon, *Récits de la captivité*, II, p. 133.
3. Clausewitz, *De la guerre*, V, 5, p. 320.
4. AN, 314 AP 30, ms 40 (Gourgaud, *Journal*, II, p. 268).
5. AN, 314 AP 30, ms 35 (*Ibid.*, II, p. 50). A vitória dos franceses de Maurice de Saxe sobre os aliados do duque de Cumberland em Fontenoy, a 11 de maio de 1745, foi inegável. Teria sido mais decisiva se os exércitos dessa época fossem articulados, o que lhes teria conferido maior flexibilidade de movimentos. Os vencidos não foram perseguidos (Jean-Pierre Bois, *Fontenoy 1745. Louis XV, arbitre de l'Europe*, Paris, Économica, 1996).
6. Clausewitz, *De la guerre*, V, 5, p. 321.
7. *Corresp.*, VI, n° 4.552, p. 107, ao general Berthier, ministro da Guerra, Paris, 5 pluvioso ano VIII-25 de janeiro de 1800.
8. "Dix-huit notes sur l'ouvrage intitulé *Considérations sur l'art de la guerre*", *Corresp.*, XXXI, p. 412.
9. Clausewitz, *De la guerre*, V, 5, pp. 322-323.

## NOTAS

10. Béraud, *La Révolution militaire napoléonienne*, 1, pp. 11-12.
11. François-Étienne-Christophe Kellermann, o vitorioso de Valmy, marechal do Império em 1804.
12. *Corresp.*, I, n° 420, pp. 277-278, ao Diretório Executivo, Lodi, 25 floreal ano IV-14 de maio de 1796.
13. *Ibid.*, I, n° 421, p. 279, a Carnot, Lodi, 25 floreal ano IV-14 de maio de 1796.
14. *Ibid.*, II, n° 1.637, p. 420, a Carnot, Goritz, 5 germinal ano V-25 de março de 1797.
15. *Ibid.*, V, n° 4.188, p. 461, ao Diretório Executivo, Cairo, 1° messidor ano VII-19 de junho de 1799.
16. *Ibid.*, VI, n° 4.744, p. 245, a Bernadotte, comandante em chefe do exército do Oeste, Paris, 11 floreal ano VIII-1° de maio de 1800.
17. "Dix-huit notes sur l'ouvrage intitulé *Considérations sur l'art de la guerre*", *Corresp.*, XXXI, p. 418.
18. *Mémoires*, Montholon, II, p. 51.

### 4. Disposição geral do exército

1. Clausewitz, *De la guerre*, V, 6, pp. 326-328.
2. AN, 390 AP 25, ms de março de 1818, p. 102 (Bertrand, *Cahiers*, II, pp. 87-88).
3. "Campagnes d'Italie (1796-1797)", *Corresp.*, XXIX, p. 189.
4. Clausewitz, *De la guerre*, V, 6, pp. 329-330.
5. *Ibid.*, V, 6, pp. 330-331.
6. "Dix-huit notes sur l'ouvrage intitulé *Considérations sur l'art de la guerre*", *Corresp.*, XXXI, p. 412.
7. AN, 314 AP 30, ms 39 (Gourgaud, *Journal*, II, p. 144, com inversão dos termos "aritmético" e "geométrico"). Montholon fornece mais ou menos o mesmo texto, de acordo com o manuscrito de Gourgaud (Montholon, *Récits de la captivité*, II, p. 134).

### 5. Vanguarda e postos avançados

1. Clausewitz, *De la guerre*, V, 7, p. 332.
2. AN, 390 AP 25, ms do ano de 1818 (outubro), p. 64 (Bertrand, *Cahiers*, II, p. 181).
3. *Correspondance inédite*, I, n° 217, p. 124, ordem do dia, Viena, 23 brumário ano XIV-14 de novembro de 1805.

## NAPOLEÃO BONAPARTE

4. "Dix-huit notes sur l'ouvrage intitulé *Considérations sur l'art de la guerre*", *Corresp.*, XXXI, pp. 320-322.

5. Guillaume-Marie-Anne Brune, marechal de França em 1804, assassinado no Terror Branco em Avignon em 1815.

6. *Corresp.*, VI, n° 4.989, p. 407, a Carnot, Paris, 26 messidor ano VIII-15 de julho de 1800.

7. *Lettres inédites*, I, n° 444, p. 309, ao príncipe Eugène, Saint-Polten, 10 de maio de 1809, 5 horas.

8. *Corresp.*, XXIII, n° 18.411, p. 154, a Berthier, Paris, 2 de janeiro de 1812.

9. *Ibid.*, XXVI, n° 20.595, pp. 219-220, a Berthier, Pirna, 19 de setembro de 1813.

10. "Dix-huit notes sur l'ouvrage intitulé *Considérations sur l'art de la guerre*", *Corresp.*, XXXI, p. 323.

## 6. Forma eficaz dos corpos avançados

1. Clausewitz, *De la guerre*, V, 8, pp. 340-343.

2. *Corresp.*, XIII, n° 10.572, p. 20, ao rei de Nápoles, Saint-Cloud, 30 de julho de 1806.

3. A 15 de abril de 1809, o 35° de linha perdia seu guia e mais de 2 mil prisioneiros no combate de Pordenone.

4. Ajudante de campo de Napoleão, o general Lauriston tomara a frente de uma divisão de Bade nas montanhas e se apoderara do desfiladeiro de Semmering antes de se juntar ao exército da Itália.

5. Junto aos jovens arquiduques austríacos, muitas vezes era destacado um oficial mais experiente, para aconselhamento. O conde Laval Nugent von den Grafen von Westmeath já é general em 1809 e viria a ser feito feld-marechal em 1849.

6. *Corresp.*, XIX, n° 15.310, pp. 81-82, a Eugène Napoleão, Schönbrunn, 7 de junho de 1809, 2h30.

7. Béraud, *La Révolution militaire napoléonienne*, 1, p. 168.

8. *Corresp.*, XXVI, n° 20.492, p. 155, nota sobre a situação geral de meus combates, Dresden, 30 de agosto de 1813.

## 7. Os campos

1. Clausewitz, *De la guerre*, V, 9, p. 344.

2. "Dix-huit notes sur l'ouvrage intitulé *Considérations sur l'art de la guerre*", *Corresp.*, XXXI, p. 415.

## NOTAS

3. Irmão de Frederico II, foi também um excelente general que entendia a evolução da arte da guerra, não obstante esse comentário de Napoleão. Saiu vitorioso da batalha de Freyberg (1762).

4. *Mémoires*, Montholon, V, p. 330. Segunda parte da frase em itálico no texto.

5. Clausewitz, *De la guerre*, V, 9, p. 345.

6. Charles Esdaile, *The Peninsular War. A New History*, Londres, Penguin Books, 2003, p. 441.

7. "Dix-huit notes sur l'ouvrage intitulé *Considérations sur l'art de la guerre*", *Corresp.*, XXXI, p. 315.

8. *Corresp.*, XVII, n° 13.762, p. 23, a Eugène Napoleão, Baiona, 18 de abril de 1808.

9. Telp, *The Evolution of Operational Art*, p. 89.

10. *Corresp.*, XVII, n° 13.939, a Murat, Baiona, 19 de maio de 1808, 14 horas.

11. *Ibid.*, XIV, n° 11.579, p. 161, a Eugène, Varsóvia, 7 de janeiro de 1807.

12. *Ibid.*, XII, n° 10.003, p. 208, a Eugène, Paris, 21 de março de 1806.

13. Outras cartas ao príncipe Eugène a propósito dos campos na Dalmácia e na Itália: *ibid.*, XII, n° 10.324 e 10.343, Saint-Cloud, 6 e 10 de junho de 1806.

14. Amigo de juventude de Napoleão, Andoche Junot comanda o exército incumbido de invadir Portugal para impor o bloqueio contra as exportações inglesas decretado em Berlim em 1806.

15. *Corresp.*, XVI, n° 13.416, p. 215, a Junot, comandante do exército de Portugal, Milão, 23 de dezembro de 1807.

## 8. As marchas

1. Clausewitz, *De la guerre*, V, 10, p. 346.

2. "Dix-huit notes sur l'ouvrage intitulé *Considérations sur l'art de la guerre*", *Corresp.*, XXXI, p. 411.

3. Clausewitz, *De la guerre*, V, 12, p. 358.

4. *Ibid.*, V, 10, pp. 346-349.

5. "Notes sur le Traité des grandes opérations militaires par le général baron Jomini", *Corresp.*, XXIX, p. 349.

6. *Mémoires*, Montholon, IV, p. 316.

7. Béraud, *La Révolution militaire napoléonienne*, 1, p. 12.

8. Carolyn Shapiro, "Napoleon and the Nineteenth-Century Concept of Force", *Journal of Strategic Studies*, 11, 1988-4, pp. 509-519.

9. Joachim Fischer, *Napoleon und die Naturwissenschaften*, Wiesbaden-Stuttgart, F. Steiner, 1988.

NAPOLEÃO BONAPARTE

10. Strachan, *Carl von Clausewitz's* On War, pp. 88 e 143.
11. *Corresp.*, XI, nº 9.225, p. 210, ao príncipe Eugène, Saint-Cloud, 29 frutidor ano XIII-16 de setembro de 1805.
12. Pintor de batalhas, oficial de engenharia, ajudante de campo do marechal Berthier em 1805.
13. [Louis-François Lejeune], *Mémoires du général Lejeune*, publicadas por Germain Bapst, 2 vol., Paris, Firmin-Didot, 1895-1896; Éditions du Grenadier, 2001, pp. 22-23.
14. *Corresp.*, XI, nº 9.374, p. 318, ao marechal Soult, Augsburg, 20 vendemiário ano XIV-12 de outubro de 1805.
15. Os combates de Wertingen (8 de outubro de 1805), Günzburg (9 de outubro) e Elchingen (14 de outubro) permitiram enfrentar o exército austríaco de Mack, obrigando-o a se fechar em Ulm. Em Memmingen, a 14 de outubro, o marechal Soult impediu-lhe qualquer possibilidade de retirada para o Tirol. Durante os combates de Albeck (15 e 16 de outubro), Langenau (16 de outubro) e Neresheim (17 de outubro), as tropas de Ney e Murat interceptam outros elementos austríacos que tentam escapar ao cerco dos franceses e os fazem prisioneiros.
16. *Corresp.*, XI, nº 9.392, pp. 335-336, 6º boletim do Grande Exército, Elchingen, 26 vendemiário ano XIV-18 de outubro de 1805.
17. *Ibid.*, XI, nº 9.393, p. 336, à imperatriz Josefina, Elchingen, 27 vendemiário ano XIV-19 de outubro de 1805.
18. Connelly, *Blundering to Glory*, pp. 81-82; Garnier, *Austerlitz*, pp. 89-93.
19. Anne-Jean-Marie-René Savary era general da gendarmeria, acessoriamente de cavalaria, e ajudante de campo do imperador. Cumpriu vários tipos de missões, especialmente no terreno diplomático. Provisoriamente à frente do exército da Espanha após o afastamento de Murat a 15 de junho de 1808, deixou esse comando no mês seguinte.
20. O vencedor de Fleurus (26 de junho de 1794).
21. *Lettres inédites*, I, nº 324, p. 221, a Joseph Napoleão, Baiona, 18 de julho de 1808.
22. *Corresp.*, XXVII, nº 21.417, p. 275, a Berthier, La Ferté-sous-Jouarre, 2 de março de 1814, 18 horas.
23. Clausewitz, *De la guerre*, V, 12, pp. 356-357.
24. Murat esgotou seus cavaleiros desde o início da campanha. Os cavalos morriam aos milhares. Ao deixá-lo tomar a frente da vanguarda do Grande Exército, Napoleão impunha um ritmo insustentável a suas colunas. Davout ficou furioso e entrou em conflito com Murat. O imperador fingiu dar razão a Davout mas secretamente ordenou a Murat que fosse em frente (Connelly, *Blundering to Glory*, pp. 168 e 171).

## NOTAS

25. *Corresp.*, XXIII, n° 18.869, p. 541, a Davout, Kovno, 26 de junho de 1812, 3h30.
26. *Ibid.*, XIII, n° 11.100, p. 428, a Lannes, Berlim, 28 de outubro de 1806, meio-dia.
27. *Ibid.*, XVII, n° 14.223, p. 409, notas sobre a posição atual do exército da Espanha, Baiona, 21 de julho de 1808.

## 9. O abastecimento

1. *Ibid.*, XIV, n° 11.897, p. 347, a Talleyrand, Osterode, 27 de fevereiro de 1807.
2. *Ibid.*, XIV, n° 12.004, p. 425, ao general Lemarois, Osterode, 12 de março de 1807.
3. Clausewitz, *De la guerre*, V, 14, p. 367.
4. *Ibid.*, V, 14, pp. 369-370.
5. *Corresp.*, XII, n° 9.944, p. 166, ao príncipe Joseph, Paris, 8 de março de 1806.
6. Clausewitz, *De la guerre*, V, 14, p. 374.
7. *Corresp.*, XVIII, n° 14.909, p. 359, ao príncipe Eugène, Paris, 16 de março de 1809; *ibid.*, XXV, n° 19.706, p. 70, a Jérôme Napoleão, rei da Vestfália, Trianon, 12 de março de 1813.
8. *Ibid.*, XX, n° 16.521, p. 388, a Berthier, general de brigada do exército da Espanha, Le Havre, 29 de maio de 1810.
9. Las Cases, *Mémorial*, t. 18, p. 128 (ed. Dunan, II, p. 579).
10. AN, 390 AP 25, ms de novembro de 1816 (24 de novembro), p. 10 (Bertrand, *Cahiers*, I, p. 151).
11. *Mémoires*, Montholon, II, p. 51.
12. Clausewitz, *De la guerre*, V, 14, p. 376.
13. *Corresp.*, XVI, n° 13.327, p. 439, a Clarke, ministro da Guerra, Fontainebleau, 5 de novembro de 1807.
14. Clausewitz, *De la guerre*, V, 14, p. 377.
15. Georges Lefebvre, *Napoleão*, Paris, Félix Alcan, 1935, pp. 198-200.

## 10. Linha de comunicação e linha de operações

1. *Corresp. gén.*, VI, n° 11.279, p. 37, a Joseph, comandante em chefe do exército de Nápoles, Munique, 12 de janeiro de 1806; Hubert Camon, *La Guerre napoléonienne. Les systèmes d'opérations. Théorie et technique*, Paris, Chapelot, 1907; ISC-Économica, 1997, p. 57.

NAPOLEÃO BONAPARTE

2. *Corresp.*, XIX, nº 15.373, p. 126, a Eugène Napoleão, Schönbrunn, 18 de junho de 1809, 9 horas.

3. *Lettres inédites*, I, nº 461, p. 318, ao príncipe Eugène, Schönbrunn, 20 de junho de 1809.

4. Alusão a certos pensadores do século XVIII como Maurice de Saxe, o príncipe de Ligne e Guibert (Colson, *L'Art de la guerre de Machiavel à Clausewitz*, pp. 165, 195 e 214).

5. Joseph II, imperador da Áustria, mandou desmantelar as praças dos Países Baixos (atual Bélgica), de que era soberano.

6. *Corresp.*, XIII, nº 10.726, p. 131, ao general Dejean, Saint-Cloud, 3 de setembro de 1806.

7. Afluente do Danúbio.

8. "Dix-huit notes sur l'ouvrage intitulé *Considérations sur l'art de la guerre*", *Corresp.*, XXXI, pp. 357-358.

9. Camon, *La Guerre napoléonienne. Les systèmes d'opérations*, p. 58.

10. *Corresp.*, XIII, nº 10.920, pp. 292-293, ao rei da Holanda, Mogúncia, 30 de setembro de 1806.

11. AN, 314 AP 30, ms 50 (Gourgaud, *Journal*, II, p. 347).

12. Jérémie Benoît e Bernard Chevallier, *Marengo. Une victoire politique*, Paris, Réunion des Musées nationaux, 2000, pp. 122-124; Thierry Lentz, *Le Grand Consulat 1799-1804*, Paris, Fayard, 1999, p. 235.

13. Connelly, *Blundering to Glory*, pp. 67-68.

14. Bourcet, *Principes de la guerre de montagnes*, p. 110; Wilkinson, *The Rise of General Bonaparte*, p. 147.

15. AN, 314 AP 30, ms 39 (Gourgaud, *Journal*, II, p. 81).

16. *Mémoires*, Montholon, V, p. 338. Em itálico no texto.

17. *Ibid.*, V, pp. 216-217. Em itálico no texto.

18. *Ibid.*, V, pp. 173 e 190-191.

19. Palácio e arsenal em Madri.

20. *Corresp.*, XVII, nº 14.343, pp. 524-525, nota para o rei da Espanha, Châlons-sur-Marne, 22 de setembro de 1808.

21. Guerrilheiros com os quais as tropas de Luís XIV tiveram de se defrontar: os *barbets* eram protestantes do cantão de Vaud na vertente piemontesa dos Alpes; os *miquelets*, defensores nos Pireneus da causa dos Habsburgo durante a Guerra de Sucessão da Espanha.

22. *Corresp.*, XVII, nº 14347, p. 528, a Joseph Napoleão, rei da Espanha, Kaiserslautern, 24 de setembro de 1808.

NOTAS

## 11. A região e o terreno

1. Clausewitz, *De la guerre*, V, 17, p. 388.
2. *Corresp.*, XI, nº 9.174, p. 172, ao príncipe Eugène, campo de Boulogne, 14 frutidor ano XIII-1º de setembro de 1805.
3. Províncias da Áustria meridional.
4. *Corresp.*, XIX, nº 15.305, p. 77, ao príncipe Eugène, Schönbrunn, 6 de junho de 1809, 9 horas.
5. *Œuvres de Napoléon Bonaparte*, 5 vol., Paris, Panckoucke, 1821, I, p. 46.
6. "Campagnes d'Italie (1796-1797)", *Corresp.*, XXIX, pp. 75-77.

## Conclusão do livro V

1. Bonnal, "La psychologie militaire de Napoléon", p. 435.
2. Riley, *Napoleon as a General*, pp. 116-129.

## LIVRO VI — A DEFESA

## 1. Ataque e defesa

1. Clausewitz, *De la guerre*, VI, 1, p. 399.
2. "Dix-huit notes sur l'ouvrage intitulé *Considérations sur l'art de la guerre*", *Corresp.*, XXXI, p. 347.
3. *Corresp.*, XIII, nº 10.572, pp. 20-21, ao rei de Nápoles, Saint-Cloud, 30 de julho de 1806.
4. Clausewitz, *De la guerre*, VI, 1, p. 402.
5. *Corresp.*, XIX, nº 15.667, p. 351, a Clarke, Schönbrunn, 16 de agosto de 1809. No início de agosto de 1809, os ingleses cercaram Flessingue, porto fortificado da ilha de Walcheren. A guarnição franco-holandesa capitulou a 15 de agosto.
6. *Ibid.*, XIX, nº 15.678, p. 359-361, a Clarke, Schönbrunn, 18 de agosto de 1809.
7. *Ibid.*, XIX, nº 15.698, p. 382-384, a Clarke, Schönbrunn, 22 de agosto de 1809, 16 horas.
8. "Précis des événements militaires arrivés pendant l'année 1798", *Corresp.*, XXX, p. 245.

## 2. Relação entre o ataque e a defesa na tática

1. Clausewitz, *De la guerre*, VI, 2, p. 403.
2. AN, 390 AP 25, ms de novembro de 1816 (13 de novembro), pp. 4-5 (Bertrand, *Cahiers*, I, p. 146).
3. *Notes inédites de l'empereur Napoléon I$^{er}$ sur les Mémoires militaires du général Lloyd*, p. 8.
4. AN, 390 AP 25, ms do ano de 1818 (outubro), p. 64 (Bertrand, *Cahiers*, II, p. 180).

## 3. Relação entre o ataque e a defesa na estratégia

1. "Dix-huit notes sur l'ouvrage intitulé *Considérations sur l'art de la guerre*", *Corresp.*, XXXI, p. 342, nota 2.
2. "Campagnes d'Italie (1796-1797)", *Corresp.*, XXIX, pp. 84-85.
3. "Précis des événements militaires arrivés pendant les six derniers mois de 1799", *Corresp.*, XXX, p. 291.

## 4. Caráter concêntrico do ataque e excêntrico da defesa

1. Clausewitz, *De la guerre*, VI, 4, pp. 411-413.
2. SHD/DAT, 17 C 2, "Note sur la position politique et militaire de nos armées de Piémont et d'Espagne", s.l.n.d., provavelmente no quartel-general de Loano, a 25 messidor ano II (13 de julho de 1794), pp. 4-5.
3. Bourcet, *Principes de la guerre de montagnes*, p. 125.
4. *Corresp.*, I, nº 49, pp. 64-65, nota sobre o exército da Itália, Paris, primeiros dias de termidor ano III-de julho de 1795.
5. "Précis des opérations de l'armée d'Italie pendant les années 1792, 1793, 1794 et 1795", *Corresp.*, XXIX, p. 34.
6. *Corresp.*, XVII, nº 14.192, p. 382, notas para o general Savary, ajudante de campo do imperador em missão em Madri, Baiona, 13 de julho de 1808. Comandando a essa altura os elementos da guarda imperial na Espanha e as divisões de observação dos Pireneus Orientais, o marechal Bessières investiu contra os espanhóis do general La Cuesta em Medina del Rio Seco a 14 de julho e em seguida entrou em Madri com o rei Joseph.

## 5. Caráter da defesa estratégica

1. Barthélemy-Catherine Joubert participou de toda a primeira campanha da Itália. Era general de divisão desde 7 de dezembro de 1796 e foi um dos artesãos da vitória de Rivoli, a 14 de janeiro de 1797.

## NOTAS

2. *Corresp.*, II, n° 15.01, p. 337, a Joubert, Tolentino, 29 pluvioso ano V-17 de fevereiro de 1797.
3. Clausewitz, *De la guerre*, VI, 5, p. 415.
4. Terá ficado claro que se trata aqui de fazer frente a desembarques ingleses.
5. *Corresp.*, XIII, n° 10.558, pp. 9-10, ao rei de Nápoles, Saint-Cloud, 28 de julho de 1806.

### 6. A batalha defensiva

1. Clausewitz, *De la guerre*, VI, 9, pp. 440-441.
2. *Corresp.*, XIII, n° 10.941, p. 310, ao marechal Soult, Würzburg, 5 de outubro de 1806, 11 horas.

### 7. As fortalezas

1. Clausewitz, *De la guerre*, VI, 10, pp. 446-453.
2. *Mémoires*, Montholon, V, p. 76.
3. AN, 314 AP 30, ms 17 (Gourgaud, *Journal*, I, p. 205).
4. "Dix-huit notes sur l'ouvrage intitulé *Considérations sur l'art de la* guerre", *Corresp.*, XXXI, p. 420.
5. *Correspondance inédite*, IV, n° 5.888, p. 524, excerto das notas do imperador sobre a praça de Erfurt, aplicado a várias praças da fronteira do Norte, supostamente de agosto de 1811.
6. *Corresp.*, XII, n° 10.419, p. 492, ao general Dejean, Saint-Cloud, 27 de junho de 1806.
7. O marechal Masséna utilizou no bom momento o Castel Vecchio de Verona, posicionando baterias que cobriram a travessia do Ádige por suas tropas, a 19 de outubro de 1805 (James Marshall-Cornwall, *Masséna, l'enfant chéri de la victoire*, tradução do inglês, Paris, Plon, 1967, pp. 193-194).
8. *Corresp.*, XII, n° 10.419, pp. 494-495, ao general Dejean, Saint-Cloud, 27 de junho de 1806.
9. No Tagliamento, a nordeste de Udine.
10. *Corresp.*, XIV, n° 11.667, p. 218, ao príncipe Eugène, Varsóvia, 20 de janeiro de 1807.
11. *Ibid.*, XII, n° 10.419, p. 492, ao general Dejean, Saint-Cloud, 27 de junho de 1806.
12. AN, 314 AP 30, ms 17 (Gourgaud, *Journal*, I, p. 205).
13. *Mémoires*, Montholon, II, p. 50.
14. "Campagne de 1815 ", *Corresp.*, XXXI, pp. 150-151.

NAPOLEÃO BONAPARTE

15. Referência às campanhas de 1711 e 1712, no fim da Guerra de Sucessão da Espanha, quando o príncipe Eugênio de Saboia demorou-se em cercos e não conseguiu invadir a França.

16. Os austríacos do príncipe de Coburgo montaram cerco a várias praças em vez de investir contra Paris.

17. O arquiduque Leopoldo-Guilherme de Habsburgo, governador dos Países Baixos espanhóis. Provável alusão à campanha de 1654, quando Turenne manobrou habilmente e obteve uma grande vitória em Arras. O Grande Condé passara então a servir os espanhóis.

18. AN, 390 AP 25, ms de janeiro-setembro de 1819 (maio), p. 115 (Bertrand, *Cahiers*, II, pp. 357-358).

19. "Campagnes d'Égypte et de Syrie", *Corresp.*, XXX, p. 180.

20. *Corresp.*, XIX, n° 15889, pp. 541-542, a Clarke, Schönbrunn, 1° de outubro de 1809.

21. *Ibid.*, II, n° 1.059, p. 31, ao Diretório Executivo, Milão, 11 vendemiário ano V-2 de outubro de 1796.

22. *Ibid.*, XXII, n° 17.732, p. 166, a Clarke, nota sobre a defesa de Corfu, Rambouillet, 19 de maio de 1811.

23. *Ibid.*, XX, n° 16.387, pp. 292-293, ordens relativas às praças da Itália, Compiègne, 19 de abril de 1810.

24. *Ibid.*, XXII, n° 17.577, pp. 36 e 39, a Clarke, Paris, 6 de abril de 1811.

25. *Œuvres de Napoléon Bonaparte*, 5 vol., Paris, Panckoucke, 1821, I, p. 40.

26. AN, 314 AP 30, ms 39 (Gourgaud, *Journal*, II, p. 80).

27. *Corresp.*, XXIII, n° 18.308, p. 53, ao marechal Davout, no comando do corpo de observação do Elba, em Hamburgo, Paris, 5 de dezembro de 1811.

28. *Supplément à la correspondance de Napoléon I^er: lettres curieuses omises par le comité de publication, rectifications*, publicado por Albert Du Casse, Paris, E. Dentu, 1887, pp. 206-207, a Joseph, Reims, 14 de março de 1814.

## 8. A posição defensiva

1. Clausewitz, *De la guerre*, VI, 12, pp. 460 e 462.

2. "Précis des guerres de Jules César", *Corresp.*, XXXII, p. 30.

3. Montholon, *Récits de la captivité*, II, p. 362.

4. *Corresp.*, V, n° 4.083, p. 390, a Murat, diante de Acre, 21 germinal ano VII-10 de abril de 1799.

5. *Ibid.*, XXV, n° 20.065, p. 338, a Berthier, Neumarkt, 31 de maio de 1813, 23h30.

# NOTAS

6. AN, 390 AP 25, ms do ano de 1818 (janeiro), p. 27 (Bertrand, *Cahiers*, II, p. 40).

7. *Ibid.*, II, p. 152.

8. "Dix-huit notes sur l'ouvrage intitulé *Considérations sur l'art de la guerre*", *Corresp.*, XXXI, p. 416.

9. AN, 390 AP 25, ms do ano de 1818 (novembro), p. 74 (Bertrand, *Cahiers*, II, p. 196).

10. *Mémoires*, Montholon, V, pp. 93-96.

11. *Corresp.*, XIII, nº 10.797, p. 197, a Berthier, Saint-Cloud, 16 de setembro de 1806.

12. *Ibid.*, XIII, nº 10.941, p. 310, a Soult, Würzburg, 5 de outubro de 1806, 11 horas.

13. *Ibid.*, XIV, nº 11.906, p. 354, a Soult, Osterode, 28 de fevereiro de 1807, 18 horas.

14. *Ibid.*, XIV, nº 11.939, pp. 380-381, a Soult, Osterode, 5 de março de 1807, 16 horas.

15. *Ibid.*, XVIII, nº 14.942, p. 382, a Bertrand, La Malmaison, 22 de março de 1809.

16. Colson, *Le Général Rogniat*, pp. 339-348, 354-359, 382-390.

17. Bertrand, *Cahiers*, II, p. 334.

18. A fortificação de campanha foi muito usada na Guerra da Crimeia (1854-1856) e sobretudo durante a Guerra de Secessão (1861-1865).

19. "Essai sur la fortification de campagne", *Corresp.*, XXXI, p. 467.

20. Clausewitz, *Théorie du combat*, nº 528, p. 94.

## 9. Posições fortificadas e campos entrincheirados

1. Clausewitz, *De la guerre*, VI, 13, pp. 464 e 469.

2. Lazare Carnot, *De la défense des places fortes*, Paris, Courcier, 1810.

3. "Notes sur la fortification dictées par Napoléon à Sainte-Hélène" [a Gourgaud], *Revue du génie militaire*, t. 14, julho de 1897, pp. 13-14.

4. "Essai sur la fortification de campagne", *Corresp.*, XXXI, p. 466.

5. O cerco começou a 12 de agosto de 1708, e o marechal de Boufflers, depois de ter rechaçado vários ataques, entregou a praça a 25 de outubro.

6. No fim de maio de 1712, quando o numeroso exército do príncipe Eugênio de Saboia cobre a investida contra Landrecies, o marechal de Villars concebe uma manobra audaciosa e surpreende com uma marcha recuada o campo entrincheirado de Denain, onde Eugênio apoiava sua base. A 27 de julho,

NAPOLEÃO BONAPARTE

o campo de Denain é tomado e as linhas de comunicação dos aliados são cortadas. Eugênio de Saboia levanta o cerco de Landrecies.

7. "Dix-huit notes sur l'ouvrage intitulé *Considérations sur l'art de la guerre*", *Corresp.*, XXXI, pp. 335-336.
8. *Ibid.*, XXXI, p. 337.
9. *Ibid.*, XXXI, p. 338.
10. Esse papel de "reduto nacional" é exatamente o que seria atribuído pelo governo belga a Antuérpia a partir da década de 1850, e que seria representado pela praça em agosto-setembro de 1914.
11. Las Cases, *Mémorial*, t. 17, pp. 123-124 (ed. Dunan, II, p. 492).

## 10. A defesa na montanha

1. Clausewitz, *De la guerre*, VI, pp. 474-475.
2. AN, 390 AP 25, ms de fevereiro de 1817 (14 de fevereiro), p. 10 (Bertrand, *Cahiers*, I, p. 198).
3. AN, 314 AP 30, ms 40 (Gourgaud, pp. 476-478. *Journal*, II, pp. 267-268). Em maio de 1800, após a travessia do desfiladeiro de Saint-Bernard, Napoleão e seu exército de reserva são bloqueados diante do forte de Bard, que tem na mira de fogo a única passagem praticável para a artilharia. Alguns canhões franceses com rodas envoltas em palha conseguem passar, certa noite, sem serem vistos. No dia seguinte, abrem uma brecha no muro do forte, que capitula. Sua guarnição era de apenas 400 austríacos, com 18 canhões.
4. Clausewitz, *De la guerre*, VI, 15, pp. 476-478.
5. Isto confirma a identificação intelectual de Clausewitz com Napoleão, pelo menos em parte, a ponto de se mostrar às vezes mais "napoleônico" que ele (René Girard, *Achever Clausewitz. Entretiens avec Benoît Chantre*, Paris, Carnets Nord, 2007, pp. 249-251).

## 11. A defesa dos rios

1. "Campagnes d'Italie (1796-1797)", *Corresp.*, XXIX, p. 72.
2. *Corresp.*, II, nº 1.125, instruções para o general Joubert, Verona, 8 brumário ano V-29 de outubro de 1796.
3. *Ibid.*, XVIII, nº 14.707, p. 218, notas sobre a defesa da Itália, Valladolid, 14 de janeiro de 1809.
4. Clausewitz, *Théorie du combat*, p. 64, nº 288.
5. *Mémoires*, Montholon, V, pp. 24-25.

## NOTAS

6. *Corresp.*, XVII, n° 14.276, p. 472, observações sobre os combates da Espanha, Saint-Cloud, 27 de agosto de 1808.
7. *Ibid.*, XIV, n° 11.961, p. 397, a Bernadotte, Osterode, 6 de março de 1807, meia-noite.
8. *Ibid.*, XVII, n° 14.283, p. 480, notas sobre os combates da Espanha, Saint--Cloud, 30 de agosto de 1808.
9. *Ibid.*, XXV, n° 19.721, pp. 88-89, a Eugène Napoleão, Trianon, 15 de março de 1813.
10. Clausewitz, *De la guerre*, VI, 18, p. 494.

## 12. A defesa dos pântanos — As inundações

1. Armand-Charles Guilleminot, general de brigada em 1808, general de divisão em 1813, topógrafo, um dos generais mais instruídos do Primeiro Império.
2. *Corresp.*, XV, n° 12.321, p. 41, ordem, Finkenstein, 6 de abril de 1807.
3. Clausewitz, *De la guerre*, VI, 20, pp. 512-514.
4. "Précis des événements militaires arrivés pendant les six derniers mois de 1799", *Corresp.*, XXX, p. 283.

## 13. O cordão

1. Clausewitz, *De la guerre*, VI, 22, p. 520.
2. *Ibid.*, VI, 22, pp. 520-523.
3. *Mémoires*, Montholon, IV, pp. 310-312.
4. *Corresp.*, VI, n° 4.662, p. 181, a Masséna, comandante em chefe do exército da Itália, Paris, 21 ventoso ano VIII-12 de março de 1800.
5. *Ibid.*, XII, n° 10.285, pp. 407-408, a Joseph, Saint-Cloud, 27 de maio de 1806.
6. *Ibid.*, XII, n° 10.329, p. 444, a Joseph, Saint-Cloud, 7 de junho de 1806.
7. *Ibid.*, XIII, n° 10.726, p. 131, ao general Dejean, Saint-Cloud, 3 de setembro de 1806.
8. *Ibid.*, XVII, n° 14.253, p. 438, nota para o príncipe de Neuchâtel, Saint--Cloud, 16 de agosto de 1808.
9. *Ibid.*, XVII, n° 14.328, p. 515, notas para Joseph Napoleão, rei da Espanha, Saint-Cloud, 15 de setembro de 1808.
10. *Ibid.*, XXVII, n° 21.120, p. 58, ao general Maison, Paris, 20 de janeiro de 1814.

## NAPOLEÃO BONAPARTE

### 14. Chave de região

1. AN, 390 AP 25, ms de março de 1818, p. 101 (Bertrand, *Cahiers*, II, p. 86).
2. "Campagnes d'Italie (1796-1797)", *Corresp.*, XXIX, p. 214.
3. *Corresp.*, XX, nº 16.495, p. 371, a Clarke, ministro da Guerra, Oostende, 21 de maio de 1810.
4. Clausewitz, *De la guerre*, VI, 23, pp. 524-525.

### 15. Retirada no interior do país

1. *Mémoires*, Montholon, IV, p. 310.
2. *Notes inédites de l'empereur Napoléon I*er *sur les Mémoires militaires du général Lloyd*, p. 10.
3. Clausewitz, *De la guerre*, VI, 25, pp. 539, 542-543.
4. Chaptal, *Mes souvenirs*, pp. 304-305.

### 16. O povo em armas

1. *Mémoires*, Montholon, IV, pp. 347-348.
2. "Précis des guerres de Jules César", *Corresp.*, XXXII, p. 14.
3. [Thibaudeau], *Mémoires*, p. 108. 2.
4. Lentz, *L'Effondrement du système* napoléonien, pp. 520-521.
5. *Corresp.*, XXVIII, nº 21.861, pp. 150-151, a Davout, Paris, 1º de maio de 1815.
6. Englund, *Napoléon*, p. 526.
7. AN, 390 AP 25, ms de janeiro de 1818, pp. 93-94 (Bertrand, *Cahiers*, II, p. 53).
8. Esdaile, *The Peninsular War*, p. 280.
9. "Dix-huit notes sur l'ouvrage intitulé *Considérations sur l'art de la guerre*", *Corresp.*, XXXI, p. 420.
10. Clausewitz, *De la guerre*, VI, 26, p. 551.
11. *Ibid.*, VI, 26, p. 553.

### 17. Defesa de um teatro de guerra

1. *Corresp.*, VI, nº 4.722, p. 224, proclamação aos jovens franceses, Paris, 1º floreal ano VIII-21 de abril de 1800.
2. Clausewitz, *De la guerre*, VI, 27, pp. 560-561.
3. *Corresp.*, XII, nº 10.526, pp. 563-564, ao general Dejean, Saint-Cloud, 20 de julho de 1806.
4. "Campagnes d'Égypte et de Syrie", *Corresp.*, XXX, p. 10.

# NOTAS

5. Atualmente Zadar (Croácia).

6. *Corresp.*, XIII, n° 10.726, pp. 132-134, ao general Dejean, Saint-Cloud, 3 de setembro de 1806.

7. *Ibid.*, XIII, n° 11.075, p. 411, a Louis, Potsdam, 25 de outubro de 1806.

8. *Ibid.*, XIII, n° 10.572, p. 20, ao rei de Nápoles, Saint-Cloud, 30 de julho de 1806.

9. *Ibid.*, XIII, n° 10.629, p. 62, ao rei de Nápoles, Saint-Cloud, 9 de agosto de 1806.

10. *Ibid.*, XIII, n° 10672, pp. 86-88, ao rei de Nápoles, Rambouillet, 20 de agosto de 1806.

11. "Projet pour la défense du golfe de Saint-Florent", Córsega, início de 1793 (*Napoléon inconnu: papiers inédits (1786-1793)*, publicados por Frédéric Masson e Guido Biagi, 2 vol., Paris, Ollendorff, 1895, II, pp. 451-452).

12. SHD/DAT, 17 C 2, "Note sur la position politique et militaire de nos armées de Piémont et d'Espagne", s.l.n.d., provavelmente no quartel-general de Loano, 25 messidor ano II (13 de julho de 1794), p. 4.

13. *Corresp.*, XII, n° 10.176, p. 339, ao príncipe Eugène, Saint-Cloud, 30 de abril de 1806.

14. *Ibid.*, XVIII, n° 14.707, pp. 217-218, notas sobre a defesa da Itália, Valladolid, 14 de janeiro de 1809.

## LIVRO VII — O ATAQUE

### 1. Relação entre o ataque e a defesa

1. AN, 314 AP 30, ms 17 (Gourgaud, *Journal*, I, p. 211). Maquiavel minimizara a importância da artilharia. As notas de Napoleão sobre a artilharia foram encontradas nos papéis de Gourgaud e publicadas. São extremamente técnicas: "Notes sur l'artillerie dictées par Napoléon à Sainte-Hélène au baron Gourgaud" [notas inéditas transmitidas pelo visconde de Grouchy], *Revue d'artillerie*, t. 50, de junho de 1897, pp. 213-229.

2. *Corresp.*, XIII, n° 11.009, p. 354, e boletim do Grande Exército, Iena, 15 de outubro de 1806.

3. AN, 314 AP 30, ms 40 (Gourgaud, *Journal*, II, p. 267).

### 2. Natureza do ataque estratégico

1. Béraud, *La Révolution militaire napoléonienne*, 1, pp. 18 e 25.

2. Clausewitz, *De la guerre*, VII, 2, p. 607.

## NAPOLEÃO BONAPARTE

3. "Campagnes d'Italie (1796-1797)", *Corresp.*, XXIX, p. 184.
4. Clausewitz, *De la guerre*, VII, 4 e 5, pp. 611-612.
5. Bertrand, *Cahiers*, II, pp. 134-135.

### 3. A batalha ofensiva

1. Clausewitz, *De la guerre*, VII, 7, p. 614.
2. *Mémoires*, Montholon, V, p. 215.
3. Fragorosa derrota de Frederico diante de Daun a 18 de junho de 1757: aqui, os austríacos viram perfeitamente, da altura onde se posicionavam, a marcha de flanco dos prussianos contra sua ala direita.
4. Deixado em branco no manuscrito. Provável referência ao general de exército Gerd Heinrich von Manteuffel na batalha de Zorndorf (25 de agosto de 1758). Manteuffel conduzia a vanguarda do ataque oblíquo dos prussianos e suas tropas sofreram pesadas perdas.
5. AN, 390 AP 25, ms do ano de 1818 (outubro), pp. 58-59 e 61 (Bertrand, *Cahiers*, II, pp. 168-169, 173 e 175).
6. *Mémoires*, Montholon, V, p. 297.
7. Robert M. Citino, *The German Way of War. From the Thirty Years' War to the Third Reich*, Lawrence, University Press of Kansas, 2005, p. 89.
8. *Corresp.*, II, n° 1.022, p. 5, ao general Kilmaine, Milão, 3 vendemiário ano V-24 de setembro de 1796.
9. *Ibid.*, IV, n° 3.233, p. 462, a Desaix, Cairo, 18 frutidor ano VI-4 de setembro de 1798.
10. AN, 390 AP 25, ms de outubro de 1817 (24 de outubro), p. 12 (Bertrand, *Cahiers*, I, p. 290).
11. *Ibid.*, II, p. 138.
12. "Essai sur la fortification de campagne", *corresp.*, XXXI, p. 467.
13. *Corresp.*, XIX, n° 15.310, p. 82, a Eugène Napoleão, Schönbrunn, 7 de junho de 1809, 2h30.
14. *Ibid.*, XIX, n° 15.358, p. 116, a Eugène Napoleão, Schönbrunn, 16 de junho de 1809, 17 horas.
15. *Ibid.*, VII, n° 5.514, p. 111, ao cidadão Forfait, ministro da Marinha e das Colônias, Paris, 17 germinal ano IX-7 de abril de 1801.
16. Pierre de Villeneuve comandava a ala direita da esquadra do almirante de Bruyès em Abukir (1798). Escapou do desastre com duas embarcações e duas fragatas. Seria derrotado por Nelson em Trafalgar, em 1805.
17. *Mémoires*, Gourgaud, II, pp. 193-194.

# NOTAS

## 4. A travessia dos rios

1. Clausewitz, *De la guerre*, VII, 8, pp. 616-617.
2. "Campagnes d'Italie (1796-1797)", *Corresp.*, XXIX, pp. 97-98.
3. *Ibid.*, XXIX, p. 188.
4. *Corresp.*, II, n° 1.735, p. 491, ao Diretório Executivo, Leoben, 27 germinal ano V-16 de abril de 1797.
5. AN, 314 AP 30, ms 40 (Gourgaud, *Journal*, II, p. 268).
6. Clausewitz, *De la guerre*, VII, 8, p. 617.
7. "Diplomatie. — Guerre", *Corresp.*, XXX, p. 438.
8. *Ibid.*, XXX, pp. 447-448. A 16 de agosto de 1705, o duque de Vendôme conseguiu, com 10 mil homens, impedir os 24 mil imperiais do príncipe Eugênio de Saboia de atravessar o Adda. Mas os franceses perderam mais de metade de seus efetivos. O cavaleiro de Folard teria incitado o duque a ocupar o velho castelo de Cassano, de onde os franceses puderam atirar nos inimigos reunidos do outro lado do rio (Chagniot, *Le Chevalier de Folard*, p. 43; Archer Jones, *The Art of War in the Western World*, Oxford, Oxford University Press, 1987, p. 286).
9. Dezesseis mil para Alain Pigeard, *Dictionnaire des batailles de Napoléon*, Paris, Tallandier, 2004, p. 488.
10. A ponte de Lesmont, única ponte sobre o Aube, pela qual passou o exército francês vencido em La Rothière a 1° de fevereiro de 1814.
11. AN, 390 AP 25, ms de janeiro-setembro de 1819 (11 de setembro), pp. 130-131 (Bertrand, *Cahiers*, II, pp. 393-394). A respeito da ponte de Lesmont, Bertrand esclarece, numa nota: "Recordo-me muito bem dessa circunstância e de todos os seus detalhes, a cujo desenrolar assisti quase debaixo dos olhos do imperador."

## 5. Ataque a posições defensivas

1. Clausewitz, *De la guerre*, VII, 9, p. 619.
2. *Mémoires*, Montholon, V, p. 100. Em itálico no texto.
3. No texto de Montholon consta, por erro, "fulminante".
4. *Mémoires*, Montholon, V, p. 195 (em itálico no texto).
5. Christopher Duffy, *Frederick the Great. A Military Life*, Londres-Nova York, Routledge, 1985, pp. 124-131; Simon Millar, *Kolin 1757. Frederick the Great's First Defeat*, Oxford, Osprey, 2001, pp. 87-89.
6. Bonnal, "La psychologie militaire de Napoléon", p. 437.
7. *Corresp.*, XIII, n° 10.941, p. 310, a Soult, Würzburg, 5 de outubro de 1806, 11 horas.

NAPOLEÃO BONAPARTE

8. *Ibid.*, XIII, nº 10.982, p. 337, a Lannes, Auma, 12 de outubro de 1806, 4 horas.
9. *Ibid.*, XV, nº 12.755, p. 334, ao grão-duque de Berg, Preussisch-Eylau, 14 de junho de 1807, 3h30.
10. *Ibid.*, XIX, nº 15.310, p. 82, a Eugène, Schönbrunn, 7 de junho de 1809, 2h30.
11. *Ibid.*, XIX, nº 15.694, pp. 379-380, a Clarke, Schönbrunn, 21 de agosto de 1809.
12. Montholon, *Récits de la captivité*, II, p. 169.
13. *Ibid.*, II, pp. 217-218.
14. Alexander Mikaberidze, *The Battle of Borodino. Napoleon Against Kutuzov*, Barnsley, Pen and Sword, 2007, pp. 69-70.
15. AN, 314 AP 30, ms 39 (Gourgaud, *Journal*, II, p. 81).
16. *Corresp.*, XXVI, nº 20.365, p. 38, ao marechal Oudinot, Dresden, 12 de agosto de 1813.
17. *Dernières lettres inédites*, II, nº 2.128, pp. 443-444, a Bertrand, no comando do 4º corpo, Dresden, 13 de agosto de 1813.

## 6. Ataque a uma cordilheira

1. AN, 390 AP 25, ms do ano de 1818 (janeiro), p. 28 (Bertrand, *Cahiers*, II, p. 41).
2. "Précis des opérations de l'armée d'Italie pendant les années 1792, 1793, 1794 et 1795", *Corresp.*, XXIX, p. 30.
3. *Mémoires*, Montholon, V, p. 9 (em itálico no texto).
4. "Précis des événements militaires arrivés pendant les six premiers mois de 1799", *Corresp.*, XXX, pp. 262-263.
5. Clausewitz, *De la guerre*, VI, 16, pp. 486-487.
6. *Ibid.*, VII, 11, p. 624.

## 7. A manobra

1. *Corresp.*, I, nº 1.196, p. 117, ao Diretório Executivo, Verona, 29 brumário ano V-19 de novembro de 1796.
2. *Ibid.*, VI, nº 5.271, p. 561, ao general Moreau, Paris, 19 nivoso ano IX-9 de janeiro de 1801.
3. *Ibid.*, I, nº 27, p. 38, plano para a segunda operação preparatória da abertura da campanha do Piemonte, Colmar, 2 prairial ano II-21 de maio de 1794.
4. *Ibid.*, XI, nº 9.277, p. 253, a M. Otto, Estrasburgo, 6 vendemiário ano XIV-28 de setembro de 1805.

## NOTAS

5. *Corresp. gén.*, V, n° 10.885, p. 741, a Fouché, Estrasburgo, 6 vendemiário ano XIV-28 de setembro de 1805.

6. *Corresp.*, XI, n° 9.325, p. 283, a Brune, Ludwigsburg, 11 vendemiário ano XIV-3 de outubro de 1805.

7. Bruno Colson, "La place et la nature de la manœuvre dans l'art de la guerre napoléonien", em Christian Malis (dir.), *Guerre et manœuvre. Héritages et renouveau*, Paris, Fondation Saint-Cyr-Économica, 2009, pp. 118-140.

8. *Corresp.*, XI, n° 9.372, p. 315, ao príncipe Murat, Augsburg, 20 vendemiário ano XIV-12 de outubro de 1805, 9 horas.

9. "Précis des guerres de Jules César", *Corresp.*, XXXII, p. 51.

10. Jones, *The Art of War*, pp. 75-79.

11. *Corresp.*, I, n° 337, p. 236, ao Diretório Executivo, Tortone, 17 floreal ano IV-6 de maio de 1796.

12. *Corresp.*, XIII, n° 10.970, p. 329, ao marechal Soult, Kronach, 8 de outubro de 1806, 15h30.

13. O que hoje em dia é conhecido em *franglês* como uma manobra de *"décep-tion"*, tendo a palavra inglesa *deception* o significado de "engano" ou "trapaça".

14. Telp, *The Evolution of Operational Art*, pp. 69 e 127; Béraud, *La Révolution militaire napoléonienne*, 1, pp. 237, 291-293.

15. AN, 390 AP 25, ms do ano de 1818 (outubro), pp. 59-60 (Bertrand, *Cahiers*, II, pp. 170-171).

16. Béraud, *La Révolution militaire napoléonienne*, 1, p. 293.

17. "Précis des événements militaires arrivés pendant les six premiers mois de 1799", *Corresp.*, XXX, p. 289.

18. AN, 314 AP 30, ms 50 (Gourgaud, *Journal*, II, pp. 347-348).

19. AN, 390 AP 25, ms do ano de 1818 (janeiro), p. 20 (Bertrand, *Cahiers*, II, p. 44).

20. *Corresp.*, IV, n° 3.234, p. 463, a Berthier, Cairo, 18 frutidor ano VI-4 de setembro de 1798.

21. Clausewitz, *De la guerre*, VII, 13, pp. 627-628.

22. Hubert Camon, "Essai sur Clausewitz", *Journal des sciences militaires*, 1900, p. 117.

## 8. Ataque a fortalezas

1. Clausewitz, *De la guerre*, VII, 17, p. 639.

2. A linha de contravalação, nos cercos, é uma linha de obras contínuas ou a intervalos destinadas a deixar os campos do exército sitiante a salvo das

NAPOLEÃO BONAPARTE

investidas da guarnição sitiada. A linha de circunvalação é de igual tipo, mas é estabelecida na retaguarda dos campos do exército sitiante para protegê-lo dos ataques de um exército de reforço.

3. *Mémoires*, Montholon, V, pp. 245-247.
4. Clausewitz, *De la guerre*, VII, 17, p. 641.
5. O ataque a esta cidade da Estremadura controlada por 4 mil franceses, na noite de 6 para 7 de abril de 1812, custou 3.713 homens a Wellington (Esdaile, *The Peninsular War*, p. 387).
6. Montholon, *Récits de la captivité*, II, p. 171.
7. AN, 314 AP 30, ms 40 (Gourgaud, *Journal*, II, p. 222).
8. *Corresp.*, V, nº 4.009, p. 346, ao general Caffarelli, diante de Jafa, 16 ventoso ano VII-6 de março de 1799.
9. *Ibid.*, XVI, nº 13.733, p. 487, ao grão-duque de Berg, Bordeaux, 10 de abril de 1808, meio-dia.
10. *Ibid.*, XVII, nº 14.223, p. 410, notas sobre a posição atual do exército na Espanha, Baiona, 21 de julho de 1808. A 5 de julho de 1807, 9 mil (e não 12 mil) soldados britânicos atacaram Buenos Aires, tomaram as ruas e sofreram pesadas perdas, debaixo dos tiros dos defensores postados nas casas e terraços.

## 9. A invasão

1. Clausewitz, *De la guerre*, VII, 21, p. 656. Itálico no texto.
2. "Dix-huit notes sur l'ouvrage intitulé *Considérations sur l'art de la guerre*", *Corresp.*, XXXI, p. 417.
3. Clausewitz, *De la guerre*, VII, 21, p. 656.
4. Gourgaud, *Journal*, I, p. 231.
5. "Dix-huit notes sur l'ouvrage intitulé *Considérations sur l'art de la guerre*", *Corresp.*, XXXI, p. 360.
6. "Observations sur le plan de campagne des puissances belligérantes" [em 1799], cópia de uma amostra da caligrafia de Napoleão, Bibliothèque Thiers, Fonds Masson, citado por Tomiche, *Napoléon écrivain*, pp. 309-310.
7. Clausewitz, *De la guerre*, VI, 5, p. 416.
8. *Corresp.*, II, nº 1.431, pp. 287-288, ao general Joubert, Verona, 10 pluvioso ano V-29 de janeiro de 1797.
9. *Ibid.*, IV, nº 2.710, p. 183, proclamação ao exército de terra, a bordo do *Orient*, 4 messidor ano VI-22 de junho de 1798.
10. *Ibid.*, IV, nº 2.778, pp. 224-225, ao general Kléber, Alexandria, 19 messidor ano VI-7 de julho de 1798.

## NOTAS

11. Jacques-François de Boussay, barão de Menou, seria o comandante em chefe do exército do Oriente após o assassinato do general Kléber em junho de 1800. Derrotado pelos ingleses em Canope em 1801, ele capitularia em Alexandria, podendo retornar à França. Levou a extremos a preocupação de conquistar a simpatia dos egípcios, a ponto de se converter ao islamismo. Foi melhor administrador que general.

12. *Corresp. gén.*, II, n° 2.602, p. 182, ao general Menou, Alexandria, 19 messsidor ano VI-7 de julho de 1798.

13. *Lettres inédites*, I, n° 441, p. 307, a Jérôme Napoleão, Burghausen, 29 de abril de 1809.

14. AN, 390 AP 25, ms do ano de 1818 (dezembro), p. 88 (Bertrand, *Cahiers*, II, p. 218).

15. Ali (Louis-Étienne Saint-Denis, chamado), *Souvenirs sur l'empereur Napoléon*, apresentação e notas de C. Bourrachot, Paris, Arléa, 2000 (1ª ed. 1926), p. 238.

16. *Corresp.*, IV, n° 2.967, p. 316, ao general Dupuy, Cairo, 17 termidor ano VI-4 de agosto de 1798.

17. O'Meara, *Napoléon en exil*, I, 2ª parte, pp. 129-130.

18. *Corresp.*, XII, n° 10.086, p. 276, ao rei de Nápoles, Malmaison, 11 de abril de 1806.

19. Guillaume-Joseph-Nicolas de Lafon-Blaniac é na época cavalariço do rei Joseph e coronel do 6° regimento de caçadores a cavalo. É promovido a general de brigada a 12 de setembro de 1806, e a general de divisão em 1813.

20. *Corresp.*, XII, n° 10.156, p. 321, ao rei de Nápoles, Saint-Cloud, 27 de abril de 1806.

21. *Ibid.*, XVIII, n° 14.730, p. 236, a Joseph Napoleão, Valladolid, 16 de janeiro de 1809, no fim do dia.

22. *Ibid.*, XVII, n° 13.875, p. 110, ao marechal Berthier, Baiona, 12 de maio de 1808.

23. *Ibid.*, XVII, n° 13.749, pp. 9-10, notas para o príncipe de Neuchâtel, general de brigada do Grande Exército, Baiona, 16 de abril de 1808.

24. O general de divisão Jean-Baptiste Drouet d'Erlon comanda o 9° corpo do exército da Espanha desde 30 de agosto de 1810. Essa unidade passa ao exército de Portugal sob o comando de Masséna a 10 de setembro.

25. *Corresp.*, XXI, n° 16.921, p. 126, a Berthier, general de brigada do exército da Espanha, Fontainebleau, 18 de setembro de 1810.

26. *Ibid.*, XVII, n° 14.192, p. 382, notas para o general Savary, Baiona, 13 de julho de 1808.

## NAPOLEÃO BONAPARTE

27. *Ibid.*, XII, n° 10.118, p. 298, ao rei de Nápoles, Saint-Cloud, 21 de abril de 1806.

28. *Lettres inédites*, I, n° 273, p. 187, ao príncipe Murat, Baiona, 29 de abril de 1808, 10 horas.

29. Em novembro de 1811, Jean-Marie Lepaige Doursenne, conhecido como Dorsenne, é o comandante em chefe do exército do Norte na Espanha, Marie-François-Auguste Caffarelli du Falga comanda as forças francesas em Biscaia e Navarre, Pierre Thouvenot comanda a província e a praça de São Sebastião.

30. *Corresp.*, XXIII, n° 18.276, p. 27, a Berthier, general de brigada do exército da Espanha, Saint-Cloud, 20 de novembro de 1811.

31. *Ibid.*, IV, n° 2.901, p. 284, ao general Zajonchek, Cairo, 12 termidor ano VI-30 de julho de 1798.

32. *Ibid.*, IV, n° 3.200, p. 444, ao general Dugua, Cairo, 14 frutidor ano VI-31 de agosto de 1798.

33. Honoré Vial comandava as províncias de Damiette e Mansurah no fim do mês de julho de 1798, tendo rechaçado os árabes em agosto e setembro.

34. *Corresp.*, V, n° 3.436, p. 38, ao general Vial, Cairo, 15 vendemiário ano VII-6 de outubro de 1798.

35. *Ibid.*, VI, n° 4.523, p. 87, ao general Brune, Paris, 24 nivoso ano VIII-14 de janeiro de 1800.

36. Esta aldeia da Lombardia, onde os camponeses se tinham revoltado, fora incendiada por ordem de Bonaparte em maio de 1796, durante a primeira campanha da Itália.

37. *Corresp.*, XI, n° 9.678, p. 543, ao general Junot, Stuttgart, 19 de janeiro de 1806.

38. *Ibid.*, XII, n° 9.744, p. 5, a Junot, Paris, 4 de fevereiro de 1806.

39. *Ibid.*, XII, n° 9.844, p. 62, a Junot, Paris, 18 de fevereiro de 1806.

40. *Ibid.*, XII, n° 9.852, p. 66, a Junot, Paris, 19 de fevereiro de 1806.

41. *Ibid.*, XII, n° 9.911, p. 121, ao príncipe Joseph, Paris, 2 de março de 1806.

42. *Ibid.*, XIII, n° 10.657, p. 78, a Joseph, rei de Nápoles, Rambouillet, 17 de agosto de 1806.

43. *Ibid.*, XII, n° 9.944, pp. 165-166, ao príncipe Joseph, Paris, 8 de março de 1806.

44. *Ibid.*, XII, n° 10.042, p. 249, ao príncipe Joseph, Paris, 31 de março de 1806.

45. "Campagnes d'Italie (1796-1797)", *Corresp.*, XXIX, p. 113.

46. *Corresp.*, XVII, n° 14.265, pp. 456-457, ao general Clarke, Saint-Cloud, 22 de agosto de 1808.

47. *Ibid.*, XVII, n° 14.273, pp. 467, ao general Clarke, Saint-Cloud, 27 de agosto de 1808.

## NOTAS

48. Colson, *Le Général Rogniat*, pp. 169-188.
49. "Dix-huit notes sur l'ouvrage intitulé *Considérations sur l'art de la guerre*", *Corresp.*, XXXI, p. 365.
50. *Corresp.*, IV, nº 3.030, p. 348, ao general Zajonchek, Cairo, 29 termidor ano VI-16 de agosto de 1798.
51. *Ibid.*, V, nº 4.374, p. 574, ao general Kléber, Alexandria, 5 frutidor ano VII-22 de agosto de 1799.
52. "Campagnes d'Égypte et de Syrie", *Corresp.*, XXX, pp. 83-86.
53. Englund, *Napoléon*, pp. 172 e 176-178.
54. *Corresp.*, XVII, nº 14.117, p. 322, nota para o général Savary, em missão em Madri, Baiona, 19 de junho de 1808.
55. *Ibid.*, XVIII, nº 14.499, p. 74, a Joseph Napoleão, Burgos, 20 de novembro de 1808.
56. "Campagnes d'Italie (1796-1797)", *Corresp.*, XXIX, p. 113.
57. *Corresp.*, XIII, nº 10.629, p. 61, ao rei de Nápoles, Saint-Cloud, 9 de agosto de 1806.
58. *Ibid.*, XVII, nº 14.104, p. 315, ao marechal Bessières, Baiona, 16 de junho de 1808.
59. Montholon, *Récits de la captivité*, II, pp. 462-463.
60. "Dix-huit notes sur l'ouvrage intitulé *Considérations sur l'art de la guerre*", *Corresp.*, XXXI, p. 340.
61. *Corresp.*, III, nº 2.392, p. 465, ao presidente do Institut national, Paris, 6 nivoso ano VI-26 de dezembro de 1797.
62. A.-M.-T. de Lort de Sérignan, *Napoléon et les grands généraux de la Révolution et de l'Empire*, Paris, Fontemoing, 1914, pp. 61-64.
63. Juan Cole, *Napoleon's Egypt: Invading the Middle East*, Nova York, Palgrave Macmillan, 2007.
64. Bruno Colson, "Napoléon et la guerre irrégulière", *Stratégique*, nº 93-96, 2009, pp. 227-258; Esdaile, *The Peninsular War*, pp. 352-353 e 357-358.

## Conclusão do Livro VII

1. Don W. Alexander, *Rod of Iron. French Counterinsurgency Policy in Aragon during the Peninsular War*, Wilmington, Del., Scholarly Resources, 1985.

## LIVRO VIII — O PLANO DE GUERRA

1. Clausewitz, *De la guerre*, VIII, 2, p. 673.
2. *Ibid.*, VIII, 3, p. 677.

## NAPOLEÃO BONAPARTE

### 1. O plano de campanha

1. [Roederer], *Autour de Bonaparte*, p. 4.
2. Bonnal, "La psychologie militaire de Napoléon", p. 426.
3. AN, 390 AP 25, ms do ano de 1818 (dezembro), p. 87 (Bertrand, *Cahiers*, II, p. 216).
4. *Corresp.*, XIII, n° 10.809, p. 208, ao príncipe Eugène, Saint-Cloud, 18 de setembro de 1806.
5. *Ibid.*, XIII, n° 10.810, p. 210, a Joseph, rei de Nápoles, Saint-Cloud, 18 de setembro de 1806.
6. "Ulm – Moreau", *Corresp.*, XXX, p. 409.
7. Colin, *L'Éducation militaire*, pp. 92-96 e 135-137.
8. Wilkinson, *The Rise of General Bonaparte*, pp. 8-9.
9. Bourcet, *Principes de la guerre de montagnes*, p. 88.
10. *Corresp.*, XVII, p. 502, n° 14.307, ao marechal Berthier, Saint-Cloud, 8 de setembro de 1808.
11. "Observations sur les opérations militaires des campagnes de 1796 et 1797 en Italie", *Corresp.*, XXIX, p. 335.
12. *Corresp.*, XIII, n° 10.845, pp. 239-240, ao rei da Holanda, Saint-Cloud, 20 de setembro de 1806.
13. Béraud, *La Révolution militaire napoléonienne*, 1, p. 245.
14. *Corresp.*, XIII, n° 10.920, pp. 293-294, ao rei da Holanda, Mogúncia, 30 de setembro de 1806.
15. "Dix-huit notes sur l'ouvrage intitulé *Considérations sur l'art de la guerre*", *Corresp.*, XXXI, p. 417.
16. Organismo austríaco de condução da guerra.
17. *Mémoires*, Montholon, IV, pp. 336-337. Em itálico no texto.
18. *Corresp.*, XIII, n° 10.726, p. 131, ao general Dejean, Saint-Cloud, 3 de setembro de 1806.
19. *Ibid.*, XXIII, n° 18.769, p. 469, a Jérôme Napoleão, no comando dos 5°, 7° e 8° corpos do Grande Exército, Thorn, 5 de junho de 1812.

### 2. O objetivo da guerra e o centro de gravidade do inimigo

1. Clausewitz, *De la guerre*, VIII, 3, p. 679.
2. *Ibid.*, VIII, 4, p. 692.
3. *Ibid.*, VIII, 4, p. 695.
4. Strachan, *Carl von Clausewitz's* On War, p. 132; Echevarria II, *Clausewitz and Contemporary War*, pp. 181-182.
5. AN, 390 AP 25, ms de maio de 1817 (18 de maio), p. 4 (Bertrand, *Cahiers*, I, p. 225).

## NOTAS

6. Clausewitz, *De la guerre*, I, 1, p. 69.
7. Comandante em chefe dos exércitos da Itália e de Nápoles, ele saiu vitorioso em Pastrengo a 26 de março mas foi derrotado em Magnano a 5 de abril. Renunciou ao comando a 26 de abril.
8. "Précis des événements militaires arrivés pendant les six premiers mois de 1799", *Corresp.*, XXX, p. 261.
9. Clausewitz, *De la guerre*, VIII, 9, p. 721.
10. "Ulm – Moreau", *Corresp.*, XXX, pp. 409-410.
11. Manifestamo-nos pela autenticidade deste texto na introdução.
12. Esta frase tornou-se emblemática da arte napoleônica da guerra e foi citada inúmeras vezes por Hubert Camon e aqueles que nele se inspiraram.
13. Incrível presciência da sublevação de 1808.
14. Os ingleses de fato utilizariam Portugal para o desembarque das tropas de Wellington.
15. Este parágrafo foi rasurado no manuscrito, provavelmente por Augustin Robespierre.
16. SHD/DAT, 17 C 2, "Note sur la position politique et militaire de nos armées de Piémont et d'Espagne", s.l.n.d., provavelmente no quartel-general de Loano, a 25 messidor ano II (13 de julho de 1794), pp. 2-5.
17. Casanova, *Napoléon et la pensée de son temps*, p. 142.
18. Strachan, *Carl von Clausewitz's* On War, p. 89.
19. Colin, *L'Éducation militaire*, p. 354.
20. Henri Guillaume, "Chasteler", *Biographie nationale*, IV, Bruxelas, Thiry, 1873, p. 34.
21. Pierre Berthezène, *Souvenirs militaires de la République et de l'Empire*, publicado por seu filho, 2 vol., Paris, Dumaine, 1855, II, p. 309 (nova edição com prefácio de N. Griffon de Pleineville, Le Livre chez vous, 2005).
22. *Ibid.*, II, pp. 270, 273, 277, 289, 297. A citação de Berthezène é retomada, sem qualquer referência, pelo marechal Foch (*Des principes de la guerre. Conférences faites en 1900 à l'École supérieure de guerre*, 4ª ed., Paris-Nancy, Berger-Levrault, 1917, p. 55) e por Jean Guitton (*La Pensée et la Guerre*, p. 75).
23. AN, 390 AP 25, ms de janeiro de 1818, p. 95 (Bertrand, *Cahiers*, II, pp. 54-55).

### 3. Guerra e política

1. Clausewitz, *De la guerre*, VIII, 6, p. 703.
2. SHD/DAT, 17 C 2, "Note sur la position politique et militaire de nos armées de Piémont et d'Espagne", s.l.n.d., provavelmente no quartel-general de Loano, a 25 messidor ano II (13 de julho de 1794), p. 1.

NAPOLEÃO BONAPARTE

3. O'Meara, *Napoléon en exil*, II, 3ª parte, p. 57.
4. *Corresp.*, III, nº 2231, p. 320, ao governo provisório de Gênova, Passariano, 4º dia complementar ano V-20 de setembro de 1797.
5. AN, 390 AP 25, ms de janeiro-setembro de 1819 (janeiro), p. 60 (Bertrand, *Cahiers*, II, p. 242).
6. Thierry Lentz, *La France et l'Europe de Napoléon 1804-1814*, Paris, Fayard, 2007, pp. 151-155.
7. Laurent Henninger, "Military Revolutions and Military History", Matthew Huges e William J. Philpott (dir.), *Palgrave Advances in Modern Military History*, Basingstoke, Palgrave Macmillan, 2006, p. 10.
8. [Thibaudeau], *Mémoires*, pp. 77-80. Em itálico no texto.
9. Gilbert Bodinier, "Officiers et soldats de l'armée impériale face à Napoléon", *Napoléon de l'histoire à la légende*, atas da mesa-redonda de 30 de novembro e 1º de dezembro de 1999 no Musée de l'Armée, Paris, Éditions in Forma, Maisonneuve et Larose, 2000, pp. 211-232; Gustave Canton, *Napoléon antimilitariste*, Paris, Alcan, 1902.
10. [Thibaudeau], *Mémoires*, pp. 107-108.
11. *Corresp.*, XII, nº 10.254, p. 387, ao general Junot, Saint-Cloud, 21 de maio 1806.
12. *Ibid.*, XVII, nº 13.882, p. 119, a Fouché, Baiona, 14 de maio de 1808.
13. Bertaud, *Quand les enfants parlaient de gloire*, pp. 99-126.

**4. O general em chefe e o governo**

1. *Corresp.*, I, nº 83, p. 104, nota sobre o exército da Itália, Paris, 29 nivoso ano IV-19 de janeiro de 1796.
2. *Corresp. gén.*, I, nº 553, p. 375, a Barras, s.l.n.d. [fim de abril de 1796].
3. *Corresp.*, I, nº 420, p. 278, ao Diretório Executivo, Lodi, 25 floreal ano IV-14 de maio de 1796.
4. *Ibid.*, I, nº 664, pp. 419-420, ao Diretório Executivo, Bolonha, 3 messidor ano IV-21 de junho de 1796.
5. Antommarchi, *Derniers momens de Napoléon*, II, p. 94.
6. Os números são mais ou menos exatos. Napoleão refere-se à batalha de La Hougue (28 de maio-2 de junho de 1692), quando Luís XIV exigiu que o almirante de Tourville travasse batalha, embora ele ainda não tivesse reunido todas as suas forças.
7. [Jean-Baptiste Jourdan], *Précis des opérations de l'armée du Danube sous les ordres du général Jourdan. Extrait des mémoires manuscrits de ce général*, Paris, Charles, ano VIII.
8. *Mémoires*, Montholon, IV, pp. 316-322. Em itálico no texto.

## NOTAS

9. Strachan, *Carl von Clausewitz's* On War, pp. 168, 170, 176; Echevarria II, *Clausewitz and Contemporary War*, pp. 92-95.
10. *Corresp.*, XXI, n° 17.317, p. 379, ao príncipe de Neuchâtel e de Wagram, Paris, 2 de fevereiro de 1811. Em itálico no texto.

## 5. O plano de guerra quando o objetivo é a destruição do inimigo

1. Agathon-Jean-François Fain, *Manuscrit de mil huit cent douze, contenant le précis des événemens de cette année, pour servir à l'histoire de l'empereur Napoléon*, 2 vol., Bruxelas, Tarlier, 1827, I, pp. 270-272.
2. Clausewitz, *De la guerre*, VIII, 9, pp. 732-733.
3. *Corresp.*, XXIV, n° 19.213, p. 221, a Alexandre I, Moscou, 20 de setembro de 1812.
4. [Caulaincourt], *Mémoires*, II, p. 82.
5. Michael Broers, "The Concept of 'Total War' in the Revolutionary-Napoleonic Period", *War in History*, 15, 2008-3, pp. 247-268.
6. AN, 390 AP 25, ms de abril de 1817 (2 de abril), p. 1 (Bertrand, *Cahiers*, I, pp. 208-209).
7. Las Cases, *Mémorial*, t. 17, pp. 199-201 (ed. Dunan, II, pp. 516-517). Em itálico no texto.
8. Clausewitz, *De la guerre*, VIII, 3, p. 689.
9. Charles-Humbert-Marie Vincent, *Mémorial de l'île d'Elbe*, em *Mémoires de tous. Collection de souvenirs contemporains tendant à établir la vérité dans l'histoire*, 6 vol., Paris, Levavasseur, 1834-1837, III, p. 166. Em sua maioria, as memórias dessa coletânea são apócrifas ou muito suspeitas (Tulard, Garnier, Fierro e d'Huart, *Nouvelle bibliographie critique*, p. 203). Mas o general de engenharia Vincent, ainda coronel em maio de 1814, de fato existiu, e vários detalhes de seu *Mémorial de l'île d'Elbe* (sua longa estada em Saint--Domingue, suas atividades na Toscana) correspondem efetivamente à sua carreira (Danielle e Bernard Quintin, *Dictionnaire des colonels de Napoléon*, Paris, SPM, 1996, p. 875). Isto não basta para provar a autenticidade dessas palavras de Napoleão, pois Vincent faz um relato patriótico e engajado, muito favorável a este, mas a autenticidade aparentemente não deixa margem a dúvida em Antoine Casanova, *Napoléon et la pensée de son temps*, p. 127.

## Conclusão

1. Charles J. Esdaile, "De-Constructing the French Wars: Napoleon as Anti-Strategist", *Journal of Strategic Studies*, 31, 2008-4, pp. 515-552.

NAPOLEÃO BONAPARTE

2. Lentz, *L'Effondrement du système napoléonien*, pp. 624-625.
3. John A. Lynn, "Does Napoleon Really Have Much to Teach Us?", *XXXI Congreso internacional de historia militar*, Madri, Comisión española de historia militar, 2005, pp. 599-608. Lynn também contrasta a morte do Rei Sol, em Versalhes, cercado da família, aos 77 anos, à do imperador derrubado em Santa Helena, aos 52 anos e "envenenado por um membro de seu círculo": ao retomar sem qualquer questionamento a tese do envenenamento, John Lynn enfraquece sua posição.
4. Paul W. Schroeder, *The Transformation of European Politics 1763-1848*, Oxford, Oxford University Press, 1998, e "Napoleon's Foreign Policy: A Criminal Enterprise", *Journal of Military History*, 54, 1990-2, pp. 147-161.
5. Riley, *Napoleon as A General*, pp. 22-23.
6. Lort de Sérignan, *Napoléon et les grands généraux*, pp. 113-114.
7. Henri Bonnal, *Conférences de stratégie et de tactique générales*, École supérieure de guerre, 1892-1893, p. 8, citado por Ganniers, "Napoléon chef d'armée", p. 525.
8. Lort de Sérignan, *Napoléon et les grands généraux*, p. 109.
9. Edward N. Luttwak, *Le Paradoxe de la stratégie*, tradução do inglês, Paris, Odile Jacob, 1989.
10. Chandler, "General Introduction", *op. cit.*, p. 37.
11. Mark Herman *et al.*, *Military Advantage in History*, Falls Church, Virg., Information Assurance Technology Analysis Center e Washington, DC, Office of the Secretary of Defense for Net Assessment, julho de 2002.
12. *Ibid.*, pp. 66 e 72-75.
13. Guitton, *La Pensée et la Guerre*, p. 60.
14. Bell, *The First Total War*, p. 307.
15. Benoît Durieux, *Relire De la guerre de Clausewitz*, Paris, Économica, 2005, p. 46.
16. Bruno Colson, "Clausewitz for Every War. Review Article", *War in History*, 18, 2011-2, pp. 249-261.
17. Jay Luvaas, "Student as Teacher: Clausewitz on Frederick the Great and Napoleon", *Journal of Strategic Studies*, 9, 1986-2 e 3, pp. 150-170.
18. Andreas Herberg-Rothe, *Clausewitz's Puzzle: The Political Theory of War*, Oxford, Oxford University Press, 2007, pp. 2 e 15.
19. Strachan, *Carl von Clausewitz's* On War, p. 84.
20. *Ibid.*, pp. 93-95 e 99.
21. René Girard, *Achever Clausewitz. Entretiens avec Benoît Chantre*, Paris, Carnets Nord, 2007, pp. 42-44, 246, 258.

# Fontes e bibliografia

## Fontes manuscritas

Archives nationales, Paris.

Arquivos particulares, 314, Fonds Gourgaud, carton 30 (314 AP 30), Journal de Sainte-Hélène.

Arquivos particulares, 390, Fonds Bertrand, carton 25 (390 AP 25), Cahiers de Sainte-Hélène.

Archives du Service historique de la Défense, département de l'armée de terre, Vincennes

17 C 2, correspondência de Napoleão de 3 de julho de 1793 a 30 de abril de 1795.

## Fontes impressas

Os títulos sem autoria remetem a textos de Napoleão.

ALI (Louis-Étienne Saint-Denis, dito), *Souvenirs sur l'empereur Napoléon*, apresent. e notas de C. Bourrachot, Paris, Arléa, 2000 (1ª ed. 1926).

ANTOMMARCHI (François), *Derniers momens de Napoléon, ou Complément du Mémorial de Sainte-Hélène*, 2 vols., Bruxelas, Tarlier, 1825.

[BARANTE, Amable-Guillaume-Prosper de], *Souvenirs du baron de Barante de l'Académie française (1782-1866)*, publicados por Cl. de Barante, 8 vols., Paris, Calmann-Lévy, 1890.

BERGÉ (Pierre) *et al.*, *Manuscrits, autographes et très beaux livres anciens et modernes*, Drouot, 7 de dezembro de 2004 (catálogo de leilão contendo no nº 22 *Les Mémoires*, manuscrito ditado por Napoleão aos generais Bertrand, Gourgaud e Montholon, in-fólio de 84 páginas, das quais cerca de 40 manuscritas por Napoleão com tinta ou lápis).

BERTRAND (Henri-Gatien), *Cahiers de Sainte-Hélène*, manuscrito decifrado e anotado por Paul Fleuriot de Langle, 3 vols., Paris, Sulliver et Albin Michel, 1949, 1951 e 1959.

NAPOLEÃO BONAPARTE

BONAPARTE (Napoléon), *Correspondance générale*, 7 vols. publicados em fev. 2011, Paris, Fayard, 2004-(em processo de publicação).

BÜLOW (Adam Heinrich Dietrich von), *Histoire des campagnes de Hohenlinden et de Marengo* [trad. do alem. por C. L. Sevelinges], contendo as notas que Napoleão redigiu sobre este trabalho em 1819, em Santa Helena, conjunto organizado e publicado por Brevet Major Emmett, Londres, Whittaker, Treacher & Arnot, 1831.

[CAULAINCOURT, Armand-Louis-Augustin de], *Mémoires du général de Caulaincourt, duc de Vicence, grand écuyer de l'Empereur,* introd. e notas de Jean Hanoteau, 3 vols., Paris, Plon, 1933.

CHAPTAL (Jean-Antoine), *Mes souvenirs sur Napoléon*, publicados por seu bisneto A. Chaptal, Paris, Plon, 1893. Nova edição, apresentação e notas de Patrice Gueniffey, Paris, Mercure de France, 2009.

*Correspondance de Napoléon I<sup>er</sup> publiée par ordre de l'empereur Napoléon III,* 32 vol., Paris, Plon et Dumaine, 1858-1870. [Os vols. 29 a 32 reúnem as *Œuvres de Napoléon I<sup>er</sup> à Sainte-Hélène.*]

*Correspondance inédite de Napoléon I<sup>er</sup> conservée aux Archives de la Guerre,* publicada por Ernest Picard e Louis Tuetey, 5 vols., Paris, Charles-Lavauzelle, 1912-1925.

*Dernières lettres inédites de Napoléon I<sup>er</sup>,* publicadas por Léonce de Brotonne, 2 vols., Paris, Honoré Champion, 1903.

FAIN (Agathon-Jean-François), *Manuscrit de mil huit cent douze, contenant le précis des événemens de cette année, pour servir à l'histoire de l'empereur Napoléon,* 2 vols., Bruxelas, Tarlier, 1827.

[GOHIER], *Mémoires de Louis-Jérôme Gohier, président du Directoire au 18 Brumaire,* 2 vols., Paris, Bossange, 1824.

GOURGAUD (Gaspard), *Journal de Sainte-Hélène 1815-1818,* edição ampliada com base no texto original, introdução e notas de Octave Aubry, 2 vols., Paris, Flammarion, 1944.

GOUVION SAINT-CYR (Laurent), *Mémoires pour servir à l'histoire militaire sous le Directoire, le Consulat et l'Empire,* 4 vols., Paris, Anselin, 1831.

*Inédits napoléoniens,* publicados por Arthur Chuquet, 2 vols., Paris, Fontemoing et de Boccard, 1913-1919.

[JOMINI, Antoine-Henri], *Guerre d'Espagne. Extrait des souvenirs inédits du général Jomini (1808-1814),* publicado por Ferdinand Lecomte, Paris, L. Baudouin, 1892.

LAS CASES (Emmanuel de), *Mémorial de Sainte-Hélène ou Journal où se trouve consigné, jour par jour, ce qu'a dit et fait Napoléon durant dix-huit mois,* nova ed., revista e ampliada, 20 tomos em 10 vol., Paris, Barbezat, 1830.

## FONTES E BIBLIOGRAFIA

LAS CASES (Emmanuel de), *Le Mémorial de Sainte-Hélène*, 1ª ed. integral e crítica, fixação e notas de Marcel Dunan, 2 vols., Paris, Flammarion, 1983.

[LEJEUNE, Louis-François], *Mémoires du général Lejeune*, publicadas por Germain Bapst, 2 vols., Paris, Firmin-Didot, 1895-1896; Éditions du Grenadier, 2001.

*Lettres inédites de Napoléon Ier (an VIII-1815)*, publicadas por Léon Lecestre, 2 vols., Paris, Plon, 1897.

*Lettres inédites de Napoléon Ier*, publicadas por Léonce de Brotonne, Paris, Honoré Champion, 1898.

[MARCHAND, Louis], *Mémoires de Marchand, premier valet de chambre et exécuteur testamentaire de l'Empereur*, publicadas com base no manuscrito original por Jean Bourguignon e Henry Lachouque, 2 vols., Paris, Plon, 1952-1955. Nova edição em um volume, Paris, Tallandier, 2003.

MARMONT (Auguste-Frédéric-Louis Viesse de), *De l'esprit des institutions militaires*, prefácio de Bruno Colson, Paris, ISC-FRS-Économica, 2001 (1ª ed. 1845).

[MARMONT, A.-F.-L. Viesse de], *Mémoires du duc de Raguse*, 9 vols., Paris, Perrotin, 1857.

*Mémoires pour servir à l'histoire de France, sous Napoléon, écrits à Sainte-Hélène, par les généraux qui ont partagé sa captivité, et publiés sur les manuscrits entièrement corrigés de la main de Napoléon*, 8 vols., Paris, Didot et Bossange, 1823-1825 (2 vols. escritos por Gourgaud, 6 vols. escritos por Montholon); 2 vols. de "Notes et mélanges", escritos por Montholon e constituindo os tomos 9 e 10, Frankfurt-sobre-o-Meno, Sauerländer, 1823, e Paris, Didot et Bossange, Berlim, Reimer e Frankfurt, Sauerländer, 1823.

METTERNICH (Clément-Wenceslas-Lothaire de), *Mémoires, documents et écrits divers laissés par le prince de Metternich, Chancelier de Cour et d'État*, publicados por seu filho Richard de Metternich, classificados e reunidos por M. A. de Klinkowstrœm, 8 vols., Paris, Plon, 1880-1884.

MONTHOLON (Charles-François-Tristan de), *Récits de la captivité de l'empereur Napoléon à Sainte-Hélène*, 2 vol., Paris, Paulin, 1847.

*Napoléon inconnu: papiers inédits (1786-1793)*, publicados por Frédéric Masson e Guido Biagi, 2 vols., Paris, Ollendorff, 1895.

NAPOLEÃO I, *Manuscrits inédits, 1786-1791*, publicados com base nos originais autógrafos por Frédéric Masson e Guido Biagi, Paris, P. Ollendorff, 1907.

"Note sur la position politique et militaire de nos armées de Piémont et d'Espagne", entregue por Augustin Robespierre ao Comitê de Salvação Pública a 1° termidor ano II (19 de julho de 1794), editada por Edmond Bonnal de Ganges, *Les Représentants du peuple en mission près les armées 1791-1797, d'après le Dépôt de la Guerre, les séances de la Convention, les Archives nationales,* 4 vols., Paris, Arthur Savaète, 1898-1899, II, pp. 165-168.

*Notes inédites de l'empereur Napoléon Ier sur les Mémoires militaires du général Lloyd,* publicadas por Ariste Ducaunnès-Duval, Bordeaux, Imprimerie G. Gounouilhou, 1901 (excertos do t. XXXV dos Archives historiques de la Gironde).

"Notes sur la fortification dictées par Napoléon à Sainte-Hélène" [a Gourgaud], *Revue du génie militaire,* t. 14, julho de 1897, pp. 5-20.

O'MEARA (Barry E.), *Napoléon en exil à Sainte-Hélène. Relation contenant les opinions et réflexions de Napoléon sur les événemens les plus importans de sa vie...,* trad. do ingl., 2ª ed., 4 partes em 2 tomos em 1 vol., Bruxelas, Voglet, 1822.

*Œuvres de Napoléon Bonaparte,* 5 vols., Paris, Panckoucke, 1821.

[RÉMUSAT, Claire-Élisabeth-Jeanne Gravier de Vergennes, condessa de], *Mémoires de madame de Rémusat 1802-1808,* publicadas por seu neto, 7ª ed., 3 vols., Paris, Calmann-Lévy, 1880.

[RŒDERER, Pierre-Louis], *Œuvres du comte P.-L. Rœderer...,* publicadas por seu filho, 8 vols., Paris, Firmin-Didot, 1853-1859.

[RŒDERER, Pierre-Louis], *Autour de Bonaparte. Journal du comte P.-L. Rœderer, ministre et conseiller d'État. Notes intimes et politiques d'un familier des Tuileries,* introd. e notas de Maurice Vitrac, Paris, Daragon, 1909.

*Supplément à la correspondance de Napoléon Ier: lettres curieuses omises par le comité de publication, rectifications,* publicado por Albert Du Casse, Paris, E. Dentu, 1887.

[THIBAUDEAU, Antoine-Clair], *Mémoires sur le Consulat. 1799 a 1804,* por um ex-conselheiro de Estado, Paris, Ponthieu et Cie, 1827.

VINCENT (Charles-Humbert-Marie), "Mémorial de l'île d'Elbe, ou détails sur l'arrivée et le séjour de Napoléon dans l'île d'Elbe", em *Mémoires de tous. Collection de souvenirs contemporains tendant à établir la vérité dans l'histoire,* 6 vols., Paris, Levavasseur, 1834-1837, III, pp. 153-206.

## Bibliografia crítica

Incluímos aqui alguns estudos essenciais. Alguns deles podem ampliar o tema. Os instrumentos de trabalho habituais não são reiterados.

ARBOIT (Gérald), *Napoléon et le renseignement,* Centre français de recherche sur le renseignement, nota histórica n° 27, agosto de 2009, (http://www.cf2r. org/images/stories/notes—historique/nh-27.pdf).

## FONTES E BIBLIOGRAFIA

BÉRAUD (Stéphane), *La Révolution militaire napoléonienne*, 1. *Les Manœuvres*, Paris, Bernard Giovanangeli, 2007. [Síntese muito clara, infelizmente sem remissões, da arte operacional napoleônica, de sua aplicação, suas estruturas, por um conhecedor da gestão empresarial.]

BEYERCHEN (Alan D.), "Clausewitz: non-linéarité et imprévisibilité de la guerre", *Théorie, littérature, enseignement*, 12, 1994, pp. 165-198 (http://www.clausewitz.com/readings/Beyerchen/BeyerchenFR.htm, consultado a 19 de outubro de 2009, trad. de "Clausewitz, Nonlinearity and The Unpredictability of War", em *International Security*, 17-3, inverno de 1992-1993, pp. 59-90). [Fundamental para entender Clausewitz e Napoleão.]

BONNAL (Henri), "La psychologie militaire de Napoléon", *Revue hebdomadaire des cours et conférences*, 22 de fevereiro de 1908, pp. 421-440. [Professor na Escola Superior de Guerra, mais lúcido em suas análises históricas que em seu regulamento sobre o serviço em campanha, seguido em 1914.]

CAMON (Hubert), *Quand et comment Napoléon a conçu son système de manœuvre*, Paris, Berger-Levrault, 1931. [Uma das muitas e derradeiras obras, muito repetitivas, desse general que dedicou a vida a esclarecer, de maneira um pouco sistemática demais, a arte operacional napoleônica.]

CASANOVA (Antoine), *Napoléon et la pensée de son temps: une histoire intellectuelle singulière*, Paris, La Boutique de l'Histoire, 2000. [Aborda sobretudo a Revolução e seus aspectos políticos, mas abrindo perspectivas interessantes.]

CHARDIGNY (Louis), *L'Homme Napoléon*, Paris, Perrin, 2010. [Referências imprecisas mas sempre úteis.]

CHEVALLIER (Bernard), DANCOISNE-MARTINEAU (Michel) e LENTZ (Thierry), dir., *Sainte-Hélène, île de mémoire*, Paris, Fayard, 2005. [Magnífico trabalho, o mais completo até hoje sobre os anos de Santa Helena, sob todos os aspectos.]

CLAUSEWITZ (Carl von), *De la guerre*, tradução integral de Denise Naville, Paris, Éditions de Minuit, 1955. Edição abreviada e apresentada por Gérard Chaliand, trad. de Laurent Murawiec, Paris, Perrin "Tempus", 2006.

CLAUSEWITZ (Carl von), *De la Révolution à la Restauration. Écrits et lettres*, seleção de textos trad. do alem. e apresent. por Marie-Louise Steinhauser, Paris, Gallimard, 1976.

CLAUSEWITZ (Carl von), *Théorie du combat*, trad. do alem. e prefaciado por Thomas Lindemann, Paris, ISC-Économica, 1998.

COLIN (Jean), *L'Éducation militaire de Napoléon*, Paris, Chapelot, 1900; Teissèdre, 2001 (sem as peças justificativas). [As evoluções na arte da guerra que tornaram possível Napoleão, suas leituras da juventude e suas primeiras armas.]

NAPOLEÃO BONAPARTE

COLSON (Bruno), *Le Général Rogniat, ingénieur et critique de Napoléon*, Paris, ISC-Économica, 2006. [O general que mais suscitou comentários de Napoleão sobre a guerra.]

COLSON (Bruno), "Napoléon et la guerre irrégulière", em Hervé Coutau--Bégarie, dir., *Stratégies irrégulières*, Paris, ISC-IHEDN-Économica, 2010, pp. 345-371.

COLSON (Bruno), "La place et la nature de la manœuvre dans l'art de la guerre napoléonien", em Christian Malis, dir., *Guerre et manœuvre. Héritages et renouveau*, Paris, Fondation Saint-Cyr-Économica, 2009, pp. 118-140.

CONNELLY (Owen), *Blundering to Glory. Napoleon's Military Campaigns*, 3ª ed., Lanham, Maryland, Rowman & Littlefield Publishers, 2006. [Um olhar renovado, no qual Napoleão surge muito mais como um genial improvisador que comete erros mas consegue levar a melhor até 1809; ênfase na diminuição de sua atividade em campanha a partir de 1812; por um antigo oficial americano de rangers, professor na University of South Carolina.]

DUGGAN (William), *Napoleon's Glance: The Secret of Strategy*, Nova York, Nation Books, 2002. [Interesse e atualidade de Napoleão e de seu processo decisório baseado na intuição estratégica, por um professor da Columbia Business School.]

DUGGAN (William), Coup d'œil: *Strategic Intuition in Army Planning*, Carlisle, Penn., Strategic Studies Institute, 2005 (http://www.StrategicStudiesInstitute. army.mil/, consultado a 2 de dezembro de 2009.)

DWYER (Philip), *Napoleon. The Path to Power, 1769-1799*, Londres, Bloomsbury, 2007. [Primeira parte de uma biografia; o autor não gosta de Napoleão, mas consegue manter-se objetivo e levanta boas questões.]

ENGLUND (Steven), *Napoléon*, trad. do ing., Paris, De Fallois, 2004. [Excelente sobre o Napoleão político, menos rico no plano militar, mas contendo algumas boas análises das bases psicológicas da arte do comando.]

EPSTEIN (Robert M.), *Napoleon's Last Victory and the Emergence of Modern War*, University Press of Kansas, 1994. [Visão nova e pertinente da mudança das condições da guerra a partir de 1809.]

ESDAILE (Charles), *Napoleon's Wars: An International History, 1803-1815*, Londres, Allen Lane, 2007. [Estudo sólido, inteligente e bem arrazoado, mas muito britânico e com fontes francesas às vezes pouco dignas de crédito.]

GANNIERS (Arthur de), "Napoléon chef d'armée. Sa formation intellectuelle, son apogée, son déclin", *Revue des questions historiques*, 73, 1903, pp. 510-578. [Pseudônimo de Lort de Sérignan; admira as qualidades e critica vivamente os defeitos.]

618

## FONTES E BIBLIOGRAFIA

GONNARD (Philippe), *Les Origines de la légende napoléonienne. L'œuvre historique de Napoléon à Sainte-Hélène*, Paris, Calmann-Lévy, 1906. [Sempre útil para captar a complexidade dos escritos de Santa Helena.]

GROOTE (Wolfgang von) e MÜLLER (Klaus Jürgen), dir., *Napoleon I. und das Militärwesen seiner Zeit*, Fribourg-en-Brisgau, Rombach & Co, 1968. [Coletânea de interessantes contribuições, sem equivalente em publicações mais recentes.]

HEALEY (F. G.), "La bibliothèque de Napoléon à Sainte-Hélène. Documents inédits trouvés parmi les *Hudson Lowe Papers*", *Revue de l'Institut Napoléon*, nº 73-74, 1959-1960, pp. 169-178; nº 75, 1960, pp. 203-213; nº 80, 1961, pp. 79-88.

JONES (Archer), *The Art of War in the Western World*, Oxford, Oxford University Press, 1987. [Síntese bem documentada e estimulante, centrada na permanência de certas manobras básicas, o que às vezes tende a redundar numa simplificação das situações históricas.]

LE GALL (Didier), *Napoléon et le Mémorial de Sainte-Hélène. Analyse d'un discours*, Paris, Kimé, 2003. [Baseado em uma excelente tese de doutorado.]

LORT DE SÉRIGNAN (A.-M.-T. de), *Napoléon et les grands généraux de la Révolution et de l'Empire*, Paris, Fontemoing, 1914. [Professor em Saint-Cyr, opõe a escola do exército do Reno ao exército da Itália, onde Napoleão, por mais genial que fosse, não formou alunos.]

MASCILLI MIGLIORINI (Luigi), *Napoléon*, trad. do ital., Paris, Perrin, 2004. [Não se preocupa tanto em relatar os acontecimentos, mas em indicar seu sentido, suas implicações.]

MOTTE (Martin), *Les Marches de l'Empereur*, Paris, Éditions LBM, 2007. [Breve mas excelente síntese, especialmente sobre os antecedentes do sistema napoleônico de guerra.]

RILEY (Jonathon), *Napoleon as a General*, Londres, Hambledon Continuum, 2007. [Ponto de vista interessante de um general britânico familiarizado com as guerras do século XXI.]

ROTHENBERG (Gunther E.), *The Art of Warfare in the Age of Napoleon*, Londres, Batsford, 1977. [Sem um equivalente que leve tanto em conta todos os beligerantes.]

STRACHAN (Hew), *Carl von Clausewitz's* On War: *A Biography*, Londres, Atlantic Books, 2007. [Talvez a melhor introdução à leitura de Clausewitz.]

STRACHAN (Hew) e HERBERG-ROTHE (Andreas), dir., *Clausewitz in the Twenty-First Century*, Oxford, Oxford University Press, 2007. [Leituras úteis de Clausewitz, permitindo entender certos aspectos do pensamento napoleônico.]

NAPOLEÃO BONAPARTE

TELP (Claus), *The Evolution of Operational Art, 1740-1813. From Frederick the Great to Napoleon*, Londres, Frank Cass, 2005. [Mostra bem de que maneira a arte operacional surge na época napoleônica, frisando as relações entre pensamento e ação.]

TOMICHE (Nada), *Napoléon écrivain*, Paris, Armand Colin, 1952. [Boa história intelectual de Napoleão: suas leituras, sua formação, seu método de trabalho, no poder e em Santa Helena.]

VACHÉE (Jean-Baptiste), *Napoléon en campagne*, Paris, Berger-Levrault, 1913; Bernard Giovanangeli Éditeur, 2003. [Sempre útil no que diz respeito à organização, às estruturas do comando napoleônico.]

WILKINSON (Spenser), *The Rise of General Bonaparte*, Oxford, Clarendon Press, 1930. [Até o armistício de Cherasco; mais preciso que Colin quanto às leituras.]

# Índice onomástico

Os nomes de pessoas são reproduzidos de forma simplificada, sem indicação de todos os títulos e funções. Quanto aos oficiais, a nacionalidade será francesa quando não mencionada. Clausewitz e Napoleão não aparecem. Os nomes de batalhas, cercos e combates constam em itálico.

*Abukir*: 434

*Albeck*: 335

Alexandre I, czar da Rússia: 85, 86, 256, 509

Alexandre, o Grande, rei da Macedônia: 13, 67, 72, 92, 99, 126, 151, 164, 165, 347, 494, 495, 509, 513

Ali, L.-E. Saint-Denis, dito o Mameluco: 22

Allemand, Z.-J.-T., vice-almirante: 79

Alvinzy ou Alvinczy von Borberek, Joseph, feld-marechal austríaco: 226, 227, 274

Aníbal, general cartaginês: 67, 72, 81, 126, 143, 151, 164, 165, 211, 236

Antônio, Marco: 211

Antommarchi, François: 23, 134

Aquiles, herói grego: 66

*Arapiles* (*ver também Salamanca*): 81

*Arcis-sur-Aube*: 91

*Arcole*: 94, 141, 227, 265, 274, 448

Aron, Raymond: 44

*Arras*: 166, 167

Aubry, Octave: 24

*Auerstaedt*: 232, 237, 329, 454

Augereau, Charles, marechal de França: 97

*Austerlitz*: 45, 58, 89, 113, 140, 143, 200, 256, 261, 268, 270, 278, 279, 301, 305, 330, 343, 354, 377, 428, 429, 430

*Badajoz*: 240, 455

Bajazet, sultão otomano: 153

Balzac, Honoré de: 14

Barère, Bertrand: 137, 200

*Bassano*: 155, 284, 485

*Bautzen*: 103, 116

Beaulieu de Marconnay, Jean-Pierre: 82, 104, 274, 332, 400, 450

Bell, David: 518

Belle-Isle, marechal de França: 157

Bennigsen, Levin, general russo: 278

*Berezina*: 288

Bernadotte, Jean, marechal de França: 49, 152, 229, 317

Bernard, Simon, general: 103

Bertaut, Jules: 27

Berthezène, Pierre, general: 494

Berthier, Alexandre, marechal da França: 59, 72, 73, 115, 135, 147,

184, 185, 240, 272, 314, 385, 401, 453, 506

Bertrand, Henri-Gatien, general: 15, 16, 23, 24, 25, 29,46, 80, 81, 93, 128, 134, 136, 137, 140, 142, 145, 255, 385, 386, 402

Bessières, Jean-Baptiste, marechal de França: 88, 183, 368, 484

Beyerchen, Alan: 110

Blake, Joachim, general espanhol: 84

Blücher, feld-marechal prussiano: 218, 237

Bonnal de Ganges, Edmond: 21

Bonnal, Henri, general: 73, 441, 516

*Borghetto*: 332

Bossuet: 57

Bourcet, Pierre de: 131, 133, 345, 367, 484

Boussart, André-Joseph, general: 135

*Brenta, la*: 227

*Brienne*: 439

Brunswick, Charles, duque de, feld--marechal prussiano: 237, 406, 458

Brunswick, Ferdinand, duque de: 237, 406, 458

Buffon, naturalista: 94

Bülow, Adam H. Dietrich von: 129, 135, 139, 154, 349

*Cádiz*: 240

Caemmerer, Rudolf von, general alemão: 171

Cambacérès, Jean-Jacques-Régis: 47, 139

Camon, Hubert, general: 21, 450, 493

*Cannes*: 37, 211, 212

Carnot, Lazare, general: 21, 87, 316, 388, 389, 390

Casanova, Antoine: 26

*Castiglione*: 141, 212, 226, 227, 239

Catinat, Nicolas, marechal de França: 151

Caulaincourt, Armand de, general: 25, 58, 98, 163, 292, 509

*Cerea*: 283

César, Júlio: 13, 22, 40, 51, 57, 67, 72, 81, 126, 137, 146, 147, 151, 164, 165, 211, 236, 257, 341, 343, 347, 408, 450, 462

*Champaubert*: 139

Championnet, Jean-Étienne, general: 165

Chandler, David: 15, 25, 26, 273

Chaptal, Jean-Antoine: 25, 71, 266, 274, 406

Carlos XII, rei da Suécia: 94, 152, 153, 178, 232

Carlos, arquiduque da Áustria: 103, 104, 127, 129, 160, 178, 228, 229, 271, 274, 278, 316, 363, 381, 452, 483

Chasteler de Courcelles, Gabriel du, general austríaco: 494

Cícero: 33, 200

Clarke, Henri, marechal de França: 155

Clermont, Louis de Bourbon-Condé, conde de, general: 236

Cobourg, F. J., príncipe de Saxe-Coburgo, dito, feld-marechal austríaco: 378

Colin, Jean, general: 21, 22, 35, 133, 135, 158, 161, 171, 224, 234, 493

Colli da Vigevano, M. von, general austríaco: 36

Colomb, von, oficial prussiano: 59,

Condé, Luís II de Bourbon, príncipe de: 378, 445

## ÍNDICE ONOMÁSTICO

Constant, Benjamin: 76
Corneille: 130
Cornélio Nepos: 33
*Crefeld*: 255
Czernitchev, príncipe, general russo: 105

*Danzig*: 88
Daun, Leopold von, feld-marechal austríaco: 159, 275, 281, 430, 440
Davout, Louis-Nicolas, marechal de França: 134, 232, 233, 278, 337, 409
Dejean, J.-F.-A., general: 521
Demóstenes: 200
*Denain*: 376
*Dennewitz*: 148
Desaix, Louis des Aix de Veygoux, dito, general: 217, 232, 431, 453
Descartes, René: 518
*Dettingen*: 252
Dommartin, E.-A. Cousin de, general: 297
Dorsenne, Jean-Marie, general: 466, 506
*Dresden*: 94, 140, 143, 146, 158, 224, 277, 386, 494
Drouot, Antoine, general: 297
Dumas, Mathieu, general: 22, 77, 155, 228, 234
Dumouriez, C.-F. du Perrier, dito, general: 141, 210, 378, 390, 406
Dunan, Marcel: 23
Dupont de l'Étang, Pierre, general: 55

Echevarria II, Antulio: 171
*Eckmühl*: 98, 278
*Elchingen*: 276, 282, 335
Enghien, duque de: 49

Englund, Steven: 46, 47, 51, 473
Esdaile, Charles: 46, 410, 515
*Essling*: 143, 363
Eugênio de Beauharnais: 71, 107, 181, 322, 325, 339, 432, 433, 521
Eugênio de Savoia, feld-marechal austríaco: 27, 68, 81, 114, 126, 157, 164, 166, 167, 225, 235, 252, 329, 330, 333, 350, 378, 390, 437
Euler, Leonhard: 126, 170
Évain, Louis, general: 88
*Eylau*: 93, 94, 97, 232, 278

*Farsala*: 257
*Favorite*: 141
Ferdinando, arquiduque da Áustria: 255, 282
Feuquière, marquês de: 133, 151, 161, 165, 166, 167, 367
Finck, F. A. von, general prussiano: 275
Fleuriot de Langle, Paul: 24, 128
*Fleurus*: 82, 209, 238, 251
Folard, Jean-Charles de: 133, 134
Fontaine, Pierre, arquiteto: 87
*Fontenoy*: 313
Fouché, Joseph: 161, 200, 239, 449
Fox, Charles, político britânico: 41
Francisco I, rei da França: 53, 169
Frederico II, rei da Prússia: 13, 17, 22, 27, 78, 135, 136, 138, 140, 155, 158, 188, 214, 281, 296, 318, 322, 345, 346, 381, 425, 428, 430, 440, 476, 522,
*Friedland*: 287

Gallois, Pierre-Marie, general: 15
Ganniers, Arthur de, pseudônimo de Lort de Sérignan, 151, 516

Garnier, Jacques: 25, 29

Gassendi, J.-J.-B. de, general: 297

Gaulle, Charles de, general: 498

Gay de Vernon, coronel: 144

Gênova: 33, 38, 351, 401, 462, 491, 503

Gentili, Alberigo: 62

Gérard, Maurice-Étienne, marechal de França: 159

Girard, René: 522

Gohier, Louis-Jérôme: 25, 212, 213

Gonnard, Philippe: 22-24

Gourgaud, Gaspard, general: 24, 25, 37, 103, 123, 135, 136, 140, 144, 159, 167, 183, 259, 300, 442, 455, 456, 476

Gouvion Saint-Cyr, Laurent de, marechal de França: 80, 127, 148, 266

Gribeauval, J.-B. Vaquette de, general: 296, 494

Grotius, Hugo: 62

Grouard, Antoine, tenente-coronel: 14

Guibert, Jacques de, general: 121, 124, 133, 135-138, 170, 279, 298, 362, 363

Guillaume, Paul, general: 105

Guitton, Jean: 78, 113, 267, 518

Gustavo II Adolfo, rei da Suécia: 126, 164, 165

Gustavo III, rei da Suécia: 462


Hanau: 113, 288

Hastembeck: 252

Haxo, François, general: 87

Heilsberg: 269

Henrique III, rei da França: 462

Henrique IV, rei da França: 452, 462

Henrique, príncipe da Prússia: 327

Herberg-Rothe, Andreas: 520

Hercule, Joseph Damingue, dito, chefe de batalhão: 448

Hitler, Adolf: 518

Hobbes, Thomas: 46

Hochstädt: 167

Hohenlinden: 125, 448

Homero: 89

Hondschoote: 167


Iena: 89, 140, 143, 232, 237, 272, 276, 282, 283, 300, 329, 354, 425, 428, 441, 454

Ilerda: 450


Jackson, T. J., general americano: 16

Jafa: 51, 92, 93, 456

João, arquiduque da Áustria: 169, 432, 442

Jemmapes: 209, 210, 251

Jérôme Bonaparte: 78, 108, 115, 133, 197, 233, 339, 461, 487, 521

Joly de Maizeroy, Paul-Gédéon: 129

Jomini, Antoine-Henri, general: 16, 18, 22, 103, 124, 127, 129, 139-142, 153-155, 158, 169-171, 178, 213, 214, 226, 231, 243, 349, 429, 450, 453, 521

Joseph Bonaparte: 16, 336, 339, 370, 382

Josefina de Beauharnais: 94, 104, 335

Joubert, Barthélemy-Catherine, general: 71, 369, 459

Jourdan, Jean-Baptiste, marechal de França: 81, 84, 100, 184, 238, 269, 270, 336, 442, 451, 483, 484, 504

Junot, Andoche, general: 21, 341, 467, 500

## ÍNDICE ONOMÁSTICO

Kellermann, François-Étienne, general: 316

Kléber, Jean-Baptiste, general: 460, 462, 471, 473

*Kolin*: 138, 159, 281, 429, 440, 441

Kutuzov, M., marechal russo: 125, 279, 282, 378, 443

*Kunersdorf*: 158

La Roche-Aymon, C. de, general: 13

Lacretelle, C.-J.-D. de: 167

Lagrange, Louis de: 126

*Landshut*: 183, 278

*Langenau*: 335

Lannes, Jean, marechal de França: 83, 85, 97, 98, 124, 327, 441

Laplace, Pierre-Simon: 68, 69, 75, 126

Lariboisière, J.-A. Baston de, general: 308

Las Cases, Emmanuel de: 15, 23, 24, 25, 74, 76, 112, 161, 252, 296, 391, 392, 510

Lasalle, Charles de, general: 124, 283

Lebrun, Anne-Charles, general: 148

Leclerc, Charles, general: 124

Lecourbe, Claude, general: 158, 228, 365

Lefebvre, François-Joseph, marechal de França: 77, 82, 88, 233

Lefebvre, Georges: 287

*Leipzig*: 128, 305, 521

Lejeune, Louis-François, general: 334

Lemoine, Félix, general: 154

Lemonnier-Delafosse, tenente-coronel: 286

Lentz, Thierry: 515

*Leuthen*: 281, 345, 428-431, 446, 476

Lewal, Jules, general: 28, 177

*Liegnitz*: 430

Ligne, Charles-Joseph de, feld-marechal austríaco: 135

*Ligny*: 103, 116

Lloyd, Henry: 131, 133, 135, 138, 139, 196, 300, 349, 363, 403

*Lodi*: 203, 227, 316, 332, 438

*Lonato*: 201,212, 226, 239

Lort de Sérignan, A.-M.-T. de, tenente--coronel (ver também Ganniers, Arthur de): 516

Loudon, G. E. von, feld-marechal austríaco: 430

Louis Bonaparte: 344, 415, 485, 521

Louvois, F.-M. Le Tellier, marquês de: 406

Lucien Bonaparte: 142

Luís XIV, rei da França: 133, 168, 194, 380, 390, 406, 504, 515

Luís XVI, rei da França: 296

*Lützen*: 116, 225, 266, 300

Lützow, von, oficial prussiano: 59

Luvaas, Jay: 16, 17, 520

Luxemburgo, duque de, marechal de França: 133

Lynn, John: 515, 516

Macdonald, Étienne, marechal de França: 115, 222, 326,

Mack von Leiberich, Karl, general austríaco: 335, 336, 361

*Maida*: 229, 370

Maillebois, marquês de, marechal de França: 151, 157

Maison, Nicolas-Joseph, marechal de França: 159, 402

*Mântua*: 36, 128, 165, 214, 369, 487

Mao Tsé-tung: 518

Maomé: 188, 459, 489

Maquiavel: 55, 133, 251, 425, 469

*Maratona*: 212

Marbot, J.-B.-A.-M. de, general: 142, 144,145

*Marengo*: 43, 83, 125, 232, 258, 265, 268, 277, 322, 334, 345, 394, 428

*Marienthal*: 230

Marlborough, duque de, marechal britânico: 76, 503

Marmont, Auguste Viesse de, marechal de França: 25, 69, 73, 80, 81, 144, 147, 183, 221, 273, 277, 414, 521

Martens, Georges-Frédéric de: 50

Masséna, André, marechal de França: 38, 71, 84, 85, 87, 91, 219, 220, 228, 284, 365, 401, 406, 438

Masson, Frédéric: 14

*Maxen*: 275

Mélas, général austríaco: 143

*Memmingen*: 282, 334, 335

Menou, J.-F. de Boussay de, general: 460, 473

Metternich, Klemens Wenzel Lothar, príncipe de: 94

Milhaud, É.-J.-B., general: 268

*Millesimo*: 451

Molé, Mathieu: 99

Möllendorff, W. J. H. von, feldmarechal prussiano: 237

Monge, Gaspard: 75

Montaigne: 33

Montecuccoli, Raimondo, feldmaréchal austríaco: 13

*Montenotte*: 220, 228, 394

Montesquieu: 33, 493

Montholon, Charles-Tristan de, general: 23, 25, 74, 145

Moreau, Jean-Victor, general: 125, 158, 212, 436, 448, 452, 483

Mortier, Adolphe, marechal de França: 169

*Moskova*: 116

*Mösskirch*: 158

Murad Bey, chefe mameluco: 431, 453, 499

Mouton, Georges, marechal de França: 79

Murat, Joachim, marechal de França (ver também Nápoles, rei de): 76, 83, 88, 91 ,110, 124, 148, 157, 188, 276, 282, 283, 329, 384, 442, 456, 465

*Nangis*: 139

Nápoles, Joachim Murat, rei de: 90, 153, 197, 198, 234, 303, 316, 337, 339, 351, 370, 401, 416, 463, 468, 469, 473, 478, 490, 503

Nelson, Horatio, almirante britânico: 88

*Neresheim*: 335

Newton, Isaac: 127, 170 , 333, 488

Ney, Michel, marechal de França: 76, 83, 88, 91, 139, 148, 204, 232, 233, 266, 277, 439, 441

*Novi*: 212, 228

Nugent von der Grafen, Laval, feld-marechal austríaco: 430

O'Meara, Barry: 23

Oudinot, Nicolas, marechal de França: 91, 127, 185, 186

Paret, Peter: 123

Pezay: 157

*Piave*: 181

Picard, Ernest, coronel: 14, 16

Pichegru, Charles, general: 238

Platão: 33

Plutarco: 33

## ÍNDICE ONOMÁSTICO

Poltava: 232
Pompeia: 450
Praga: 225, 281, 381
Pirro, rei de Epiro: 511

Quasdanowich > Quosdanovich, Peter
Vitius von, général austríaco: 227
Quatre-Bras: 295

Raab: 351, 433
Ramillies: 167
Ramsay, André-Michel de: 161
Rapp, Jean, general: 83
Raucoux: 252
Raynal, abade: 33
Rémusat, Mme de: 25, 67, 68
Reynier, Jean-Louis, general: 84, 229, 303, 370, 371
Riley, Jonathon, general britânico: 74, 117, 354, 516
Rivoli: 141, 166, 169, 226, 227, 400, 403, 486
Robespierre, Augustin: 21, 22, 137
Rogniat, Joseph, general: 22, 87, 126, 142, 144, 236, 284, 300, 304, 328, 329, 331, 386, 390-392, 457, 488
Rohan, Henri de: 151
Rossbach: 78, 181
Rostopchin, Fiodor, governador de Moscou: 509
Rousseau, Jean-Jacques: 46
Roveredo: 156, 239
Rœderer, Pierre-Louis: 25, 67, 73, 483
Rüchel, E. F. W. P. von, general prussiano: 237

Sainte-Beuve, Charles-Augustin: 28
Salamanca (ver também Arapiles): 81, 178, 273

Saragoça: 456, 470
Savary, A.-J.-M.-R., general: 256, 336, 473
Saxe, Maurice de, marechal de França: 13, 62, 75, 78, 85, 135, 148, 283, 284
Scharnhorst, Gerhard von, general prussiano: 131, 133, 165
Schérer, Barthélemy, general: 81, 444, 490
Schroeder, Paul: 515
Schwerin, C. C. von, feld-marechal prussiano: 225
Scott, Winfield, general americano: 16
Sérurier, Jean, marechal de França: 55
Seydlitz, F. W. von, general prussiano: 188
Smolensk: 125, 178, 507, 509
Somosierra: 445
Sorbier, Jean-Barthélemot de, general: 297
Soubise, príncipe de, marechal de França: 78, 236
Soult, Jean de Dieu, marechal de França: 224, 240, 277, 334, 385, 441, 449, 450, 521
Stalin, Joseph: 518
Staël, Mme de: 76
Stockach: 269, 504
Strachan, Hew: 521
Suchet, Louis-Gabriel, marechal de França: 84, 340, 478
Suvorov, A., general russo: 82, 452, 490

Tácito: 33
Talavera: 178, 270, 442
Talleyrand-Périgord, Charles-Maurice de: 55, 58, 270

Tamerlão, khan mongol: 153

Teil, Jean du, general: 133, 297

Thibaudeau, Antoine-Clair: 25, 46

Thiébault, Paul, general: 22

Tito Lívio: 33, 201

Tomiche, Nada: 22

*Toulon*: 67, 91, 151, 201, 366, 434, 483

Tourville, Anne de Costentin de, almirante e marechal de França: 504

Tulard, Jean: 22, 25

Turenne, marechal de França: 22, 27, 37, 68, 72, 75, 77, 81, 126, 148, 152, 161, 164-166, 229, 230, 312, 313, 320, 378, 440

*Turim*: 101, 166, 167

*Ulm*: 140, 203, 207, 275, 276, 282, 288, 330, 335, 336, 343, 354, 403

Vallière, Jean-Florent de, general: 296

*Valmy*: 251, 498

Vattel, Émer de: 50, 62

Vauban, marechal de França: 169, 304, 376, 390, 391, 455

*Vauchamps*: 300

Vegécio: 284

Vendôme, Louis-Joseph de Bourbon, duque de: 157, 437

Victor, Claude-Victor Perrin, dito, marechal de França: 272

Villars, marechal de França: 52, 126, 151, 376, 390

Villeneuve, Pierre-Sylvestre de, almirante: 434

Vincent, C.-H.-M., general: 512

*Vitória*: 98, 178

Voltaire: 146, 194, 232

*Wagram*: 91, 103, 229, 255, 360

*Walcheren*: 360

Walther, Frédéric-Henri, general: 282

Washington, George, presidente americano: 136, 137

*Waterloo*: 98, 143, 268, 286, 427, 430, 432, 442, 451, 476, 498, 521

Wellington, duque de, marechal britânico: 76, 81, 143, 218, 270, 273, 295, 328, 406, 410, 442, 455

*Wertingen*: 335

Wurmser, Dagobert von, feld-marechal austríaco: 104, 128, 156, 165, 212, 214, 274, 284, 332, 333, 485-487

York, Frederick, duque de: 167

*Zela*: 203

*Zorndorf*: 429

*Zurique*: 365

*O texto deste livro foi composto em
Sabon LT Std, corpo 11/15.*

*A impressão se deu sobre papel off-white
pelo Sistema Digital Instant Duplex da
Divisão Gráfica da Distribuidora Record.*